国家出版基金项目

中华茶史

唐代卷

李斌城 韩金科 著

陕西师范大学出版总社有限公司

图书代号：SK13N1167

图书在版编目（CIP）数据

中华茶史. 唐代卷 / 李斌城，韩金科著. — 西安：陕西师范大学出版总社有限公司, 2013.9
ISBN 978-7-5613-7414-6

Ⅰ.①中… Ⅱ.①李…②韩… Ⅲ.①茶叶—文化史—中国—唐代 Ⅳ.① TS971

中国版本图书馆 CIP 数据核字 (2013) 第 214734 号

中华茶史·唐代卷

著　　者 / 李斌城　韩金科
策划编辑 / 侯海英
特邀编辑 / 杨晓华　党晓杰
责任编辑 / 田　丹
封面设计 / 飞铁广告·安　梁
出版发行 / 陕西师范大学出版总社有限公司
西安市长安南路 199 号　（邮政编码 710062）
网　　址 / http://www.snupg.com
印　　刷 / 西安创维印务有限公司
开　　本 / 889mm×1194 mm　1/16
印　　张 / 25.25
插　　页 / 2
字　　数 / 518 千
图　　数 / 179
版　　次 / 2013 年 9 月第 1 版
印　　次 / 2013 年 9 月第 1 次印刷
书　　号 / ISBN 978-7-5613-7414-6
定　　价 / 150 .00 元

读者购书、书店添货或发现印刷装订问题，请与本社营销部联系、调换。
电　　话：（029）85307864　85251046（传真）

多卷本《中华茶史》编撰委员会

编委会主任：李斌城

编委会副主任：韩金科

编　　　委：朱自振　李斌城　陈文华
　　　　　　程启坤　姚国坤　韩金科
　　　　　　余　悦　刘东风

总　主　编：余　悦

精当的信史与创新的学术

——多卷本《中华茶史》总序

余 悦

在中华民族五千年的文明史中，茶的发现和利用几乎同时，其给予世界的贡献与影响甚至能和四大发明比肩。

中国作为茶的原产地，古老的茶树证实了其起源的血脉。先秦、汉魏时期的记载，留下了茶业产生的图像与轨迹。唐代以来的"茶道大兴"，更使茶文化丰富多彩和深入人心。中国的五十六个民族，都有饮茶生活史和不同的茶俗，茶香深深浸透中国人的灵魂和血液，养成了中国人中庸、俭德、明伦、谦和的性格。中国茶深入社会、经济、生活、哲学、历史、文学、艺术、文化、民俗各个领域，博大精深，蔚为大观。

从"东方文化圈"来看，中国茶发挥着黄金纽带的作用。由中国传入朝鲜半岛、日本的茶树、茶籽、茶叶、茶艺、茶书，成为东亚国家共同享受的文明成果。正是由于中国茶文化的影响所及，日本文化吸收其养料，并且与本民族的特性相结合，产生和形成了枝繁叶茂的日本茶道。而在韩国，中国茶文化、朱子家礼等一并传入，经过民族化、本土化的历程，使韩国茶礼演化为文化的奇葩。

站在更为广阔的全球范围来看，甚至可以说茶影响着世界。我们一般习惯所称的丝绸之路、瓷器之路，实际上也可以称之为丝茶之路、茶瓷之路，还有独特的茶马古道、茶叶之路。这些连接世界的道路，既有陆上之路，也有海上之路。正是纵横交错的物质与文化的交流，联系起中外文明的交往与冲突。茶与咖啡、可可一起，成为世界三大无酒精饮料，见证了各种文化与文明的并行不悖。曾有"日不落帝国"之称的英国下午茶习俗的形成，是对中华文明接受的例证。

中国自古就有记录和撰写茶史的学术传统。中国人完成了世界第一本茶书——《茶经》。关于"茶之为饮，发乎神农氏，闻于鲁周公"的记载，从三皇、周、汉直至晋、魏、唐代茶事的列举，成为茶史追寻的滥觞。其后，又有《茶史》《茶史补》《茗史》等茶书问世。现代以来，吴觉农、陈椽、庄晚芳、王泽农等茶学权威，都有不同类型的茶史著作与论文面世。改革开放后，随着中国茶文化的弘扬，茶史著作和论文更是成为学术研究的重要成果之一。

既然如此，为什么还要编撰多卷本的《中华茶史》呢？一是中国茶史内容丰富，远不是仅有的著述就能够反映其整体面貌和规律的；二是已出版的著作或是时间过早，或是字数受限，或是以普及为主，虽然都有不同的学术价值，却也给后来的学术探讨留下了极大的空间；三是随着时间的推移和研究的深入，中国茶史也有重新梳理和写作的必要。而且，由一般习惯性的"中国茶史"到本著述"中华茶史"的一字之改，我们还有其他的考量：多卷本《中华茶史》不仅仅站在单纯的国别史基点来研究，更是立足于茶史在中华民族形成、融合与团结历史过程中的价值和作用，以及对于世界各地华人社会、习俗甚至精神、性格的影响进行追根溯源。

正是从学术的现状与需要出发，我们承担起编撰多卷本《中华茶史》的任务。站在前人已有成果的基石上进行新探讨，这是一项极有意义却又极具挑战的使命。根据设想，我们企盼具有学术的新发现，体系的新架构，成就的新进展，学科的新高度。具体而言：

（一）多卷本《中华茶史》应是一部信史。

所谓中华茶史，其实表现为两极：一极是已经发生的历史事件、历史事项，已经成为历史的"定格"与"遗存物"，是历史的现实存在和不可变更的化石。另外一极，是当代人对历史的认识和感知，是史学家力图再现的历史，用笔触描绘的历史。中华茶史两极的表现，有时是一致的，也有时存在很大的差距，甚至不排除背离的可能。客观地说，在现有的文字记载中，大体存在三种情况：一是科学的历史，一是想象或分析的历史，一是文学的历史。我们希望达到的目标：多卷本《中华茶史》应是有充分史料依据的，符合每个时期历史真实的。当然，它并非是史料的堆砌和罗列，而是理清其真实发展脉络与规律，并且给予当代与未来启示的历史。

（二）多卷本《中华茶史》应是一部全史。

中华茶史的现实存在，与经济的、政治的、民族的、生活的、文化的方方面面都有密不可分的联系与纠葛。从历史学著作本身来看，又有通史的、断代史的、专题史的、地方史的等不同类型。多卷本《中华茶史》是展现宏阔而斑斓茶史的巨幅长卷，是多学科、多侧面、多角度的立体的专门史。这种立足点和定位，决定其历史的时空和整体的架构。根据设计，这套中华茶史，时间起自茶的起源，历经各朝代迄至清末，并且一直延伸到现当代。空间包括中华民族的各个民族，茶事涉及的各个领域，并且扩展到中外茶叶、茶业和茶文化交流的各个层面。完全可以说，这部著作将是中华茶史的一次全面总结和集结。

（三）多卷本《中华茶史》应是一部经得住历史考验的精品力作。

作为一部规模浩大的中华茶史著作，既是历史的丰碑，又需要经受住历史的考验。有人曾经不无调侃地说："报纸只有一天的活命，期刊只有一月的寿命，著作只有一年的生命。"作为一部投入巨大人力、物力、财力的著作，哪怕得领风骚三五年的烟消云散也是得不偿失的。《中华茶史》要经得住历史考验，首先是史料的正确与选择的精当，其次是学术品格的高洁与学术规范的严谨，再次是持论的公正与表述的准确，尤其重要的是有恢宏的视野、深刻的思考、学术的创新。至于编校质量的优良，装帧设计的新颖，印刷水平的上乘，也都是全书整体水准不可忽视的方面。

为了达到上述目标，多卷本《中华茶史》设计分为六本，即：唐前卷（起自先秦，历经两汉、魏晋南北朝，直到隋末），唐代卷（含五代），宋辽金元卷，明清卷，现当代卷。每卷大体包括十二个方面，即为：一、绪论，内容是每卷的概述；二、茶叶生产、科技史；三、茶叶贸易流通史；四、茶政、茶法制度史；五、饮茶社会生活史；六、茶与民族、政治史；七、茶与宗教史；八、茶道、茶艺史；九、茶的文学史；十、茶的艺术史；十一、茶文化思想史与学术史；十二、茶文化传播与交流史。由于各个历史时期茶史发展状况的不同，很难作出整齐划一的规定，均应从实际出发。而且，各个历史时期的史料多寡会有不同，内容详略呈现差异，甚至出现某些缺失，也都一切采取实事求是的态度，因为史实和史迹并非是按照史书的设定载录的。当然，上述各个方面并非是史料的罗列和事项的编排，更是重在真实反映中华茶史数千年来起源、形成、发展的变迁规律，真正探寻茶史历程中物质、精神、制度、社会各层面相互依存与作用的运行机制，真切感知中华茶史的博大、厚重与深刻，以及走向未来的总体格局。

多卷本《中华茶史》还有一个鲜明的特色：这是一部研究型的学术专门史，而非普及型或是单纯的教学用书。这就决定了其史论结合，论从史出。至今，中华茶史还有不少学术难点、学术疑点、学术盲点，也存在着一些争议，甚至有的经常为人引用的资料尚未见到原始的出处。为此，我们不能满足于从现有的资料出发进行全面探讨，而要尽可能地发掘和发现新的第一手资料。对于某些来历不明或是线索不清的材料与说法，尽可能厘清其源头和揭示其真相。对于一时无法解决的问题，要本着求真务实的精神，作出必要的说明或辨析，展示已有的成果，为后人得出正确的结论提供基础和便利。要进一步拓展学术史料的范围，既包括原有的文献资料，又包括新发现的文物和传世的器物；既包括文字性的文献资料，又包括绘画的、书法的、实物的各种形态的材料；既包括中国的文献资料，也包括国内现已失传但流失到海外的典籍；既包括中文的文献资料，也包括国外各种文字的文本与资料。同时，要努力采用新的学术观点和研究方法，使历史能够科学还原，显现本真的面貌。如中国茶的传播与交流，不能满足于原有的国别史和世界史的研究方法，而应是运用"全球史"的新观点与新方法，重视比较研究，并且这种比较是建立在相互影响的基础上，以对话的方式把比较对象进行新的整合或者综合为一种单一的分析构架。只有具备新的视野，运用新的思维，中华茶史研究才会有新的气象。

任何学术研究的成功，最关键的是人才，是进行学术研究人员的风貌。在唐代刘知几"史有三才"的基础上，清代章学诚进一步提出了"史德"。史德、史才、史学、史识，成为编撰史书的"要件"和"硬件"。多卷本《中华茶史》由著名历史学家《中国通史》的主要作者之一李斌城研究员担任编委会主任，著名文史专家、唐代茶文化专家韩金科研究员担任编委会副主任，并且集中了全国著名的历史学家、文献专家、农业考古专家、茶学和茶文化专家陈文华、朱自振、程启坤、姚国坤等研究员担任编委会成员，编辑家刘东风社长也加盟编委会，确保了编委会的权威性和高水准。同时，一批视野开阔、思想敏锐、卓有成就、年富力强的中青年专家学者承担具体写作任务，确保了研究队伍的不随流俗和思维活跃。这是整套著作得以成功的关键所在。而多卷本《中华茶史》编撰的缘起，是由于韩金科、李斌城先生的提议与创意，并且已有相应的学术积累和成果，陕西师范大学出版总社有限公司审时度势，以此契机推出《中华茶史》的厚重之作，已著作完成的《中华茶史·唐代卷》已被新闻出版总署批准为国家出版基金，成为中国茶界和茶文化界的一件大事和喜事，是一项有利当代、有益未来的学术建设工程。现推举我担任《中华茶史》主编，个人虽有长期从事茶文化研究与编辑工作的经历，却深感责任重大和难副其实。好在有编委会睿智的指导和写作团队兢兢业业的努力，一定能够朝着目标前行。

在当前市场经济的大潮下，能够有机会进行"寂然凝虑，思接千载；悄然动容，视通万里"的自由的学术研究，是人生最大的幸福。而能不眷顾物质与金钱的引诱，达到钟情于、醉心于学术的"凝心天海之外，用思元气之前"，"神之于心，处心于境"，是一种高尚的境界。正是有了这种愉悦和境界，我们才能脚踏实地，埋头苦干，不求一己之得，不逞一时之快，敢集数年之功，致力于这一伟大的学术建设工程。囿于学识和条件，著作常会留下遗憾，《中华茶史》也难免有不足与疏误，我们期待着专家和读者的批评指正。

中国伟大的史学家司马迁在撰著《史记》时，自谓其书是"究天人之际，通古今之变，成一家之言"。虽然这是很高的境界和追求的目标，但前贤的恢弘气度依然令我们心向往之！

2013 年 9 月 12 日于洪都旷达斋

目录 CONTENTS

绪论
第一节　唐代茶史的时代背景……………………………2
第二节　唐代茶史分期……………………………………8
第三节　唐代茶的特点……………………………………13
第四节　唐代茶文化的历史地位及其巨大影响…………27

第一章　唐代茶产业
第一节　茶的种植…………………………………………45
第二节　唐代茶的制作……………………………………49
第三节　唐代茶叶产地的分布……………………………54
第四节　唐代的茶园种类与茶民生活……………………56
第五节　茶叶贸易…………………………………………59

第二章　唐代茶政
第一节　贡茶………………………………………………67
第二节　税茶………………………………………………82

第三章　佛教与茶
第一节　唐代佛教徒饮茶成风……………………………100
第二节　茶与佛教徒的修行生活…………………………101
第三节　禅宗与茶…………………………………………104
第四节　唐代其他佛教宗派与茶…………………………116
第五节　佛教徒茶的来源…………………………………120

目录 CONTENTS

第四章 道教与茶

第一节 道教名山茶事……………………………………126

第二节 山居道士的饮茶生活……………………………133

第三节 以茶修道…………………………………………135

第四节 道教徒茶的来源…………………………………138

第五章 唐代茶艺

第一节 用茶………………………………………………143

第二节 用水………………………………………………146

第三节 用火………………………………………………154

第四节 用器（上）——唐代茶具与唐代陶瓷业………157

第五节 用器（中）——唐代陆羽茶具…………………161

第六节 用器（下）——唐代普通茶器…………………165

第七节 烹茶………………………………………………173

第六章 唐代饮茶文化与法门寺地宫茶具

第一节 从茶具的变化解读茶文化的演进………………181

第二节 唐代宫廷茶具的发现……………………………182

第三节 唐代宫廷茶具的社会文化背景…………………184

第四节 唐代宫廷茶具的描述……………………………185

第五节 法门寺地宫茶具的文化内涵诠释………………194

第六节 地宫茶具与陆羽茶具之比较研究………………200

第七节 地宫茶具与唐人的茶道美学……………………202

第八节 地宫茶具出土的历史意义………………………203

目录 CONTENTS

第七章　宫廷茶风与唐代饮茶文化

第一节　天子爱茶 …………………………………… 209
第二节　宫廷茶礼 …………………………………… 211
第三节　宫廷茶俗 …………………………………… 212
第四节　宫廷茶会 …………………………………… 215
第五节　宫廷茶诗 …………………………………… 217
第六节　宫廷茶风的文化内涵 ……………………… 218
第七节　宫廷用茶及宫廷茶人的贡献 ……………… 219

第八章　唐代文士茶人的饮茶生活和历史贡献

第一节　唐代茶人概说 ……………………………… 229
第二节　陆羽及其《茶经》 ………………………… 230
第三节　皎然茶诗及"茶道"的提出 ……………… 237
第四节　卢仝茶诗及七碗茶论 ……………………… 244
第五节　白居易的饮茶生活 ………………………… 248
第六节　皮日休、陆龟蒙用诗诠释《茶经》 ……… 254
第七节　禅僧、诗僧、茶僧贯休 …………………… 264
第八节　佛教茶文化的代表人物——齐己 ………… 267

第九章　茶与文学

第一节　唐代茶诗类别 ……………………………… 273
第二节　唐代茶诗内容 ……………………………… 278
第三节　唐代茶诗一览 ……………………………… 284
第四节　唐代茶事散文 ……………………………… 298

目录
CONTENTS

第十章 茶与艺术

第一节　茶与绘画艺术……………………………………315

第二节　茶与书法艺术……………………………………319

第三节　茶与设计艺术……………………………………320

第四节　唐代茶与歌舞艺术………………………………323

第十一章 茶学思想与茶书的撰写

第一节　陆羽《茶经》……………………………………329

第二节　张又新《煎茶水记》……………………………339

第三节　苏廙《十六汤品》………………………………340

第四节　王敷《茶酒论》…………………………………341

第五节　温庭筠《采茶录》………………………………343

第六节　封演《封氏闻见记》……………………………344

第七节　斐汶《茶述》……………………………………345

第八节　毛文锡《茶谱》…………………………………345

第九节　其他涉茶的文史著作……………………………347

第十节　其他涉茶的医学著作……………………………350

第十二章 唐代茶的传播

第一节　唐代茶对外传播的条件…………………………355

第二节　唐代茶文化在周边少数民族地区的传播及影响…359

第三节　茶与丝绸之路……………………………………364

第四节　唐代茶文化在日本的传播及影响………………367

第五节　唐代茶文化在朝鲜半岛的传播及影响…………383

第六节　唐代茶文化在其他国家和地区的传播及影响…387

后记………………………………………………………390

绪 论

唐，在中国古代史中是最为璀璨而华丽的篇章，人们往往冠其以"大唐"，这不仅仅是因其开明的政治、发达的经济与繁荣的文化，更因其有着开放自由、明朗豁达、博大精深的磅礴气势。它为中华民族创造了诸多辉煌，也为后世留下至尊至贵的物质财富和精神财富。

茶，是唐代文化中浓墨重彩的一笔。茶本是一种平常的植物，是千千万万树木中的一种，它主要生长在浅山丘陵地带，气候、土壤适宜的平原旷野也有它的分布。陆羽《茶经·六之饮》载："茶之为饮，发乎神农氏，闻于鲁周公。"茶从远古走来进入到我们的生活，算起来已有五六千年的历史了，其间经历了漫漫岁月的沧海桑田之变，以及历史长河的改朝换代，茶一直在风风雨雨中与时代同行，成了人们的生活品，成了人们的精神食粮。千年历史演绎出了丰富多彩的茶风茶情茶俗茶艺茶德茶道……精彩纷呈、气象万千，构成了灿烂辉煌、博大精深的中华茶文化，极大地丰富和提升了人们的物质和精神生活水平，塑造了中华民族质朴、和谐、中庸、淡定的品性和默默奉献、勇于牺牲的精神。

中国是茶的故乡，茶文化的基本精神孕育在中国传统文化的基本精神之中，实为中华民族精神的组成部分。文化学者张岱年[1]在《论中国文化的基本精神》中说："文化的基本精神是文化发展过程中精微的内在动力，即是指导民族文化不断前进的基本思想。"而茶文化恰恰是中国传统文化基本精神中不可或缺的内容，主要特质为厚德载物、和谐美好、仁义礼智、天人协调。可以说，中国文化的基本人文要素都较为完好地保存在茶文化之中，构成了华夏民族文化发展过程中精微的内在动力。

西方的"文化"一词源于农作物的种植，发源于人与自然的关系，而中国的"文化"一词是有前提的，是先有人，才有文化，是讨论人类社会的专属语。文化的最终目的是使人向善，着眼于人对道德生活的追求，倾向于人的精神的发展。茶自身在数千年的发展历程中，已潜伏了深刻的文化基因，构成了茶的精神内涵。因此，同为"茶"，"茶文化"里的"茶"，在领悟时已然区别于纯自然科学领域里的"茶"了。茶文化作为一种物质与精神双重存在的综合文化，应该包含制度文化、行为文化与心态文化的全部，以及物态文化中的一部分，具体诠释如下：

物态文化，包括茶叶生产及制作过程中的技艺，饮茶中所涉及的器物和建筑，

---

[1] 张岱年（1909—2004年）：中国现代哲学家、哲学史家。于1933年毕业于北京师范大学，任教于清华大学哲学系。

名茶品牌等；

制度文化，涉及茶叶生产和流通过程中所形成的生产制度、经济制度，比如茶政、茶榷、茶贡、茶税、茶马贸易，包括现代的茶业经济和贸易制度，以及由茶叶生产与经济制度引发的国家、民族之间的联系等；

行为文化，包括各国、各地、各民族之间的饮茶习俗；

心态文化，包括品饮的历史，以品饮艺术为核心形成的价值观念，有关茶的审美情趣和文学艺术，茶与宗教、哲学、美学、社会学、茶学史、茶学教育等。①

茶兴于唐，唐代不仅是中国茶文化发展的重要时期，也是茶文化史上的关键时期及中国茶史上第一个发展高峰。在唐代，以药用功能和食用功能进入人们生活的茶上升至精神层面，奠定了"茶为国饮"的基石，中国茶文化初步定型。在唐代，饮茶风靡全社会，流行于各阶层，传播到诸多地区、民族，这一繁荣气象对后代茶文化产生了重要的历史影响，尤其是在促进中国多民族融洽、和谐，构建中华民族凝聚力方面有极为重要的作用。②

第一节 唐代茶史的时代背景

一、唐代的社会环境条件决定了茶的历史走向

1. 经济因素：唐朝茶叶经济的发展为茶文化兴盛提供了坚实的社会基础

唐朝是当时世界上第一大经济体，GDP占世界经济总量的比重很高，有占1/4到1/2的不同说法。户口是封建王朝赋税的基础。安史之乱前一年的754年，户达906.9254万，口达5288.0488万；安史之乱时期760年户为193.3174万，口为1699.0386万；唐朝中期780年实行两税法，当年税钱1089万8000余缗，谷215万7000余石；唐朝农业生产工具又有新的进步，天宝年间，唐朝耕地面积达到850万顷，粮食产量有所提高。唐朝前期主要手工业有纺织业、陶瓷业和矿冶业。唐后期，南方手工业大幅进步，特别是丝织业、造船业、造纸业和制茶业。有如此强大的经济基础，唐朝文化在世界经济文化中占据的地位自不待言。

历史唯物主义认为，社会存在决定社会意识，社会意识反作用于社会存在。茶文化作为一种社会意识的表现，自然离不开社会存在，即物质生产或经济条件。

玄宗后期爆发了"安史之乱"，这对社会生产力造成了巨大破坏，致使唐政府的国用日益匮乏。为缓解经济紧张的状况，统治者把目标瞄向了刚刚崛起的新兴产业——茶业，于是榷茶收入就顺理成章地成为国家的新税源。李氏王朝之所以能在"安史之乱"后社会动荡、藩镇割据的情况下维持较长时间的政权，一定程度上应得益于茶税从经济上给予的大力支持。

作为唐朝农业部门中商品化程度最高的茶业，大大激发了当时农村经济的活力。茶叶的大面积种植，使得产茶区的许多空闲土地被开辟为茶场，拓展了农业

---

① 王旭峰：《茶文化通论》。
② 王立霞：《论唐代饮茶风习的兴盛及其对后代影响—兼论茶饮在中国多民族融合中的作用》，《农业考古》2011年第5期。

生产的地域范围,土地资源得以充分利用,农民的生产方式也由原来的粗放经营向精耕细作转变。而且南方的一些地区茶叶经营取代粮食生产成为当地的主业,冒出了很多专业化的产茶区域,这改变了几千年来形成的传统农村经济结构。①《册府元龟》中就有记载文宗太和时:"江淮人什二、三以茶为业。"②也曾描述武宗时:"江南百姓营生,多以种茶为业。"③

唐代商品经济能够取得长足的发展,与茶叶经济的崛起不无关系。唐朝安史之乱前后,北方人口大量南迁,为南方茶叶生产提供了必要的劳动力条件。而在南方茶区,带有资本主义萌芽色彩的兼营茶叶生产或专门从事茶叶生产的茶园户④应运而生。中国经济史学家傅筑夫⑤先生对此有精辟的论述:"茶是农业中首先发展起来的商品,茶的种植成为一种专门化的农业生产,茶的焙制作为一种农产品加工,是农业中唯一的一种专门化的商品生产……茶的生产成为很有发展前途的一种商品生产。"广泛的茶叶种植和充足的货源保证使得茶叶流通及销售异常旺盛。大量商业资本涌入产茶地进行茶叶交易,这大大加强了南方茶叶产地与全国其他地区的商贸往来,繁荣了唐代商品经济。白居易诗作《琵琶行》中生动地描绘道:"商人重利轻别离,前月浮梁买茶去。"⑥这些茶商们为利益所驱动,抛妻别子,长途贩运,导致出现了"茶自江淮而来,舟车相继,所在山积,色额甚多"⑦的状况。唐朝经济制度的变革使带有资本主义萌芽色彩的茶业经济迅速发展,既稳定了茶叶供给,也使得新出现的茶商阶层成为茶文化普及的一股重要力量。与此同时,在唐朝广泛出现的商人阶层,为追求社会地位的提高和社会的认可,在茶文化的学习方面也不遗余力,加快了茶文化的世俗化、大众化,使得茶文化进一步在中下层市井社会中普及。

在唐代的茶业生产中,劳动力已经成为一种商品,这是资本主义生产方式在中国出现的先兆。为满足采摘需要,在一些规模较大的国有和私人茶园中甚至出现了雇佣农民进行劳动的现象。在顾渚的官茶园,"贞元以后,每岁以进奉顾山紫笋茶,役工三万人,累月方毕"⑧。九陇的张守珪在仙君山有茶园,"每岁召采茶人力百余人,男女佣工者杂处园中"⑨。

唐朝茶叶发展的经济条件,有学者总结道:唐代茶叶生产发展原因是多方面的。农业生产力提高,粮食产量增加,为茶叶生产提供了根本的条件,使唐代社会可分出一部分资源、劳力发展茶业;南方自然条件优越,宜于植茶;茶叶商品性增强,市场容量扩大,推动了茶叶生产的发展。茶叶生产技术在唐代有了进步,也利于茶叶生产。此外,南方征收赋税时多折钱帛;建中元年(780)实行两税法,推行以钱纳税等,对于茶叶等经济作物的种植也有一定的推动作用。

---

① 卢华语主编:《〈全唐诗〉经济资料辑释与研究》,重庆出版社,2007年版。
② [宋]王钦若等编纂:《册府元龟》卷510《邦计部·重敛》,凤凰出版社,2006年版。
③ [宋]王钦若等编纂:《册府元龟》卷494,《邦计部·山泽二》,凤凰出版社,2006年版。
④ 茶园户:生产茶叶出售以换取收益的植茶者。
⑤ 傅筑夫:中国经济史学家,1921年考入北京师范大学化学系,1936年到英国留学,入伦敦大学政治经济学院,研究经济理论和经济史。主要研究领域是中国经济史。
⑥ 黄钧等校注:《全唐诗》卷435,白居易《琵琶行》,岳麓书社,1998年版。
⑦ [唐]封演:《封氏闻见记》卷6《饮茶》,文苑出版社,2001年版。
⑧ [唐]李吉甫:《元和郡县图志》卷25,《江南道·湖州》,中华书局,1983年版。
⑨ [宋]李昉:《太平广记》卷27《阳平谪仙》,中华书局,2003年版。

有唐一代，茶叶在人们的经济活动中扮演着重要的角色，它不仅增加了政府的财政收入，繁荣了商品经济，而且加速了经济重心的南移和江南地区的开发。同时，也推动了制瓷业和交通运输业的发展，正是由于茶叶经济的发展，才奠定了唐代茶文化繁荣的基础。

2. 政治因素：唐朝的政治运作为唐朝茶文化的确立提供了制度保障

就政治角度而言，它在多个方面都为茶文化的确立和兴盛提供了制度保障。

（1）唐朝国家统一为茶文化在全国推广创造了有利条件

唐朝是我国封建社会中期极为鼎盛的时代，结束了自汉末以来400年的混乱割据和外族入侵的局面，加强了南方与北方、边疆与内地的联系，使南北方之间经常性的经济文化交流成为可能。同时又吸取了隋末农民大起义的经验教训，其制度和政策在一定程度上照顾到农民的利益和要求，因而形成了一个国家空前统一、国力强盛、经济繁荣、社会安定、交通发达、文化空前发展的局面。这样的社会条件为饮茶的进一步普及和茶文化的发展奠定了基础。

（2）皇室崇茶并设立贡茶制度

唐政府规定各地方州县每年必须向皇室贡献土特产品。尽管唐代以前就有贡茶行为，但是唐代皇室长期、大规模的实行贡茶制度，实行茶叶专营、设立茶税，这是前代从未出现过的现象。如果说唐朝茶税政策的实施仅仅在物质层面对茶叶经营和消费产生影响的话，那么唐朝贡茶制度的规范化、规模化就在更深层面提升了茶叶的精神消费内涵，扩大了民间茶叶消费的文化意蕴，并深刻地影响着后世茶文化。如"茶宴""茶会""斗茶""祭茶""喊山"等民间茶俗即多由宫廷采摘贡茶而来。而且，因贡茶制度的设立，贡茶品评也成为官僚重要职责之一。如浙江长兴顾渚紫笋茶与毗邻的江苏宜兴阳羡茶贡茶产地，主管贡茶的太守每年集会于两省交界的境会亭，携带所制贡茶进行品质评比和采制技术交流，称为"茶宴"，白居易曾作诗来描绘当时的盛况。因茶税与贡茶制度的设立，我国产茶地区的格局在唐代基本确立。

（3）唐朝多种形式的政府行为进一步提升了饮茶的文化内涵，刺激了茶业经济的发展

唐代皇室把茶叶作为祭祀、礼佛、赏赐之物。例如，每年清明节的祭祀茶宴，就是从唐朝开始并一直延续到清末。1987年，法门寺地宫出土的金银制全套茶具，更充分显示了唐代宫廷饮茶文化的发达和世俗文化对茶的偏爱。唐代的高级贡茶不但成为上好的饮品，而且是皇室赏赐的必备之物。如唐代王建有诗云："延英引对碧衣郎，江砚宣毫各别床。天子下帘亲考试，宫人手里过茶汤。"[1]大唐天子亲赐茶汤以示恩宠，对于考试的儒生们来说，能喝到一碗天子赐的香茶，真是三生有幸！难怪文人们称茶为"瑞草"之"魁"，又称之为"麒麟草"。上行而下效，以茶为礼便成为全社会的风俗。用于祭祀、礼佛和赏赐的茶，足以反映唐代皇室对茶的重视和推崇。这些举措超越了物质消费的层面，更多的被赋予了文化消费涵义，直接推动了茶文化的发展，也促进了社会其他阶层对茶的双重消费。此外，唐朝实行禁酒令，抑酒扬茶的制度安排，进一步刺激了茶叶的消费，更推动了茶

---

[1] 王建：《宫词一百首》，《全唐诗》卷302，岳麓书社，1998年版。

产业和茶文化的发展。

（4）唐朝活跃的对外交流促进了茶文化向外传播，交通发达、运输便捷也为唐茶的流通提供了有利条件

唐朝国力强盛、政治开明、文化先进，四方纷纷来朝进觐。朝廷为彰显国恩，一方面举办宫廷茶宴，招待达官贵人和四方使节，另一方面也将茶作为回赠礼物，使得茶文化逐渐地推广到周边地区。同时，朝廷也经常赐茶给回纥、吐蕃以及北方的少数民族以示安抚。唐朝时尚未出现炒青制茶工艺，茶的饮用是饼茶加盐的煎茶法，属陆羽所创，这对于举办茶宴、适应少数民族饮食要求也提供了客观基础。

3. 文化因素：正确的文化导向进一步提升了茶文化的内涵

从根本上说，唐代茶文化的形成与发展，更得益于辉煌的唐文化。

唐王朝是我国封建社会中期极为鼎盛的时代，是当时世界上最强大的封建帝国。个人、阶级、国家都处于欣欣向荣的上升阶段，社会的基调昂扬进取，时代的主旋律积极向上，这便是被人们誉为"盛唐之音"的唐文化精神。以此为基础的唐代文化得到了充分发展的际遇，成为整个封建社会文化发展的高峰与典型。正是这种活跃的文化状况为茶文化的发展、成熟提供了丰厚的土地，使茶文化能够吸取它自身发展所必需的各种营养，迅速地完善自身并发展壮大。——这是唐代茶文化形成并走向成熟的文化大背景。

唐文化是极具开创性的文化，它不但承袭了汉魏六朝文化的优良传统，并敢于突破这些传统。同时又不断采撷周边各少数民族文化的精华。这种开创性的文化赋予了唐代茶文化独特的个性。

在唐朝茶文化由形成到兴盛的全过程，文人雅士推波助澜，参与创造，功不可没。他们从饮茶品茗中，来探寻自然之美、品赏生命之乐、体悟人生之理，从而让饮茶具有高妙的审美价值和玄远的生命意味，形成了独特的茶文化。丁文在《唐代茶诗》一书中说唐代茶人的主体是活跃在唐代文坛的文人雅士、墨人骚客，有戴纶巾的士、穿蟒袍的士、披袈裟的士。既有诗人和散文家，又包括画家、书法家、音乐家、舞蹈家。就诗人而言，诗仙李白、诗圣杜甫以及中晚唐诗界名流无不囊括在内。其杰出者有陆羽、卢仝、白居易、皮日休、陆龟蒙、刘禹锡、温庭筠、袁高、杜牧、张文规、颜真卿、柳宗元、齐己、吕岩、贯休等等。他们用生花妙笔诠释茶道真谛。以《全唐诗》为例，融汇了儒、道、释三教文化，对中国茶道形而上主体有着鲜明的表述。全书录唐代茶诗（含赋和联句）600余首，涉及诗人140余位。诗体有古体、律诗、绝句，题材广泛，包括咏名泉、咏采茶、咏造茶、咏煮茶、咏名茶、咏茶具、咏茶礼、咏茶功、咏茶会……凡茶事诸方面无不涉及。可以说，在唐代不饮茶做不了名诗人，名诗人不能不写茶诗。[①]

大唐三教融合的环境充实了大唐茶文化的底蕴。儒教是国教，孔孟学说是统治思想。道教是中国的土特产，是中华民族的"族教"。佛教虽为外来宗教，但自禅宗出现后佛教就已中国化，并为皇帝尊崇，几乎等同国教。由于朝廷的提倡使僧居佛刹遍于全国各地，唐武宗时，僧尼达到495万户，即全国不到20户就有一个和尚。僧尼和尚的大规模发展意味着佛教在全国的兴盛。禅宗提倡静心、

---

① 丁文：《唐代茶诗》，见丁文：《茶魂》，陕西旅游出版社，2004年版。

自悟，参禅的僧人要"跏趺而坐"①"过午不食"②。而茶则有提神养心之用，又可使饥饿感减轻，所以就选茶作为修行的饮料，可见茶与佛门之间的关系密切。

二、茶之本性决定了自身的发展趋向

世上饮料千百种，中国人缘何唯茶是选？究其原因只有一句话：茶叶本身的特性决定了它堪当此任。茶之本性决定了自身的发展趋向，使它成为中国人的文化饮料，并生发出一门茶文化的大学问。

《诗疏》云："椒树、茱萸，蜀人作茶，吴人作茗，皆合煮其叶以为食。"人们对茶最初的认识是视茶为食品。在食物匮乏的远古这点十分重要。

人们对茶之药用价值认识最早，始于"神农尝百草，日遇七十二毒，得荼而解之"。茶有解毒之功效。东汉华佗在《食论》中指出："苦荼久食益思意。"这里增了一项：茶可增智开慧。唐人对茶之药用的研究更为深入。代宗大历十四年（779）王圆题写的"茶药"一词，称茶为药。唐人陈藏器在《本草拾遗》中竟夸大其词地称"茶为万病之药"。苏敬撰的《唐本草》第一次将茶列为药品，归入"木部中品"。明代李时珍在《本草纲目》中明确指出茶具有减肥保健功能，还记载了许多以茶治疗疾病的验方。现代科学证明，茶叶富含人体所必需的多种氨基酸、维生素和微量元素，对人体保健有着特殊的功效。茶本身的这些特性，使茶以最便捷的途径进入人们的日常生活领域，为茶文化的萌芽奠定了物质基础。

此后"秦人取蜀始有茗饮之事"③，西汉王褒④《僮约》中有"烹茶尽具，已而盖藏"的记载，汉王刘邦曾"课僮艺茶"，三国时东吴孙皓对韦曜"密赐茶荈以代酒"……这仅是饮茶的萌芽，且限于宫廷和少数富人，还包括部分开饮茶风气之先的僧人。到隋代隋文帝为治头痛而煮茶为饮，于是出现"轰动效应"，天下人"竞啜"。在唐代，由于陆羽及诸多文人雅士的努力，茶叶真正实现了由药品、食品到饮品的飞跃，饮茶成为了须臾不可或缺的物质需求，并进而被视为"文化饮料"，人们在茶事中寻求更高层次的文化享受。唐人茶事与前朝茶事的根本区别就在这里。

中国人经过与茶数个世纪的接触，久而久之，觉得陪伴左右的茶更像是一个美丽、文静、优雅、温和、大度、多情的草根美人，她的和而不燥、静而不喧、雅而不俗、俭而不陋，堪为红颜知己。古往今来，无数茶人将茶之本性定位于德行之上，表明茶本身特质和德行为世人一致追随与认同。当任何事物进入到精神层次领域，它便成为人类高级的精神追求。茶，就是这样一种能够带领你健身养生、静心去烦、益思无忧的神来佳品，它的发现和推广都凸显出高贵而又耐人寻味的神奇轨迹。这一切的发展变化都归功于茶叶自然天赋的优秀特质。

---

① 跏趺而坐：佛教中修禅者的坐法，两足交叉置于左右股上，称"全跏坐"，又称"吉祥坐"。或单以左足押在右股上，或单以右足押在左股上，称"半跏坐"。假如先将右脚掌置于左大腿上，后再将左脚掌置于右大腿上，也就是反方向，则名为"降魔坐"，或称"金刚坐"。功能不同，所以名称有异。据佛经说，跏趺可以减少妄念，集中思想。

② 过午不食：所谓的过午不食，是佛陀为出家比丘制定的戒律。在律部中正确的说法叫"非时食"。也就是说不能在规定许可以外的时间吃东西。这个时间就是在太阳到正中午后，一直到次日黎明。

③ [清]顾炎武：《日知录集释》，上海古籍出版社，2006年版。

④ 王褒：字子渊，西汉人，蜀资中（今四川省资阳市雁江区墨池坝）人。他是我国历史上著名的辞赋家，写有《洞箫赋》等赋十六篇，与扬雄并称。

三、陆羽及其《茶经》的杰出贡献

严格地讲，前朝仅有饮茶之时尚，而大唐不仅茶事风靡全国，成"比屋之饮"，且形成了严格意义上的"大唐茶文化"。

事实上真正使茶由药用、饮用变为品饮，并且由一种习惯、爱好、生理需要升华为一种文化、一种修养、一种境界的，应该归功于一位伟大的人物和一部伟大的著作，这就是陆羽与他的《茶经》。

陆羽总结了前朝及初唐茶事，认为"茶之为用，味至寒，为饮最宜"，"精行俭德之人，若热渴、凝闷、脑疼、目涩、四肢烦、百节不舒，聊四五啜，与醍醐①、甘露抗衡也"②。

《茶经》的出现是茶史上最引人注目的事件，从此以后，唐代的茶业充满活力，气象万千；茶产日兴，名品纷呈；饮茶之风，遍及朝野；茶叶贸易，十分活跃；封建茶法，应运而生。不唯如此，它也开启了后世茶文化异彩焕发的局面，对中国和世界都产生了巨大的影响。

可以说，唐代"茶道大行"③是陆羽著《茶经》的直接结果。但陆羽的功劳不止于此，此后出现的贡茶制，第一个"国营"茶厂，产、供、销一条龙的经营方式，还有榷茶制④和茶马交易，都与陆羽的参与有直接或间接的关系。此后，茶的用途扩大了，并成为大唐社会最重要的流通商品之一，茶叶生产成了重要的农业生产门类，充当国库重要的财源之一。如《旧唐书·李珏传》⑤所言："茶为食物，无异米盐，于人所资，远近同俗，既祛竭乏，难舍斯须，田间之间，嗜好尤甚。"当陆羽50岁时（782），德宗采纳了赵赞的建议，诏令在交通要道、关口津要置使征税。发展茶业既然关乎国计民生，陆羽的《茶经》及其所创煎茶法便成为全社会的需要，茶为国饮的地位确立。

陆羽对中国茶业和世界茶业发展作出了卓越贡献，被誉为"茶仙"，奉为"茶圣"，祀为"茶神"。其《茶经》的问世，标志着我国的茶文化进入了一个崭新的阶段，是唐代茶文化兴盛的重要体现，更促成了茶文化的进一步昌盛。《茶经》是早期茶叶科学的集大成作品，是中国乃至世界现存最早、最完整、最全面介绍茶的第一部茶学专著，也是具有开创性、转折性和示范性意义的一部里程碑式的著作。

除《茶经》外，陆羽还有《君臣契》《源解》《湖州刺史记》《虎丘山记》《惠山寺记》《顾渚山记》等文，可惜均已散佚。在陆羽之前，虽然也已出现了诸如晋代杜育的《荈赋》、左思的《娇女诗》、张景阳的《登成都楼》等诗赋中关乎茶的审美意识，然而，陆羽《茶经》的审美思想较之前代最值得注意之处，即是陆羽第一次明确地将传统的食用茶观念转变为饮用茶观念，完成了将吃茶的实用性转变成品茶的审美性的过程，从此，品茶进入了一个审美的领域。

自陆羽著《茶经》之后，茶叶专著陆续问世，进一步推动了中国茶事的发展。

---

① 醍醐：酥酪上凝聚的油。佛教指灌输智慧，使人彻底觉悟。比喻听了高明的意见使人受到很大启发，也形容清凉舒适。
② [唐]陆羽：《茶经·一之源》，上海古籍出版社，1998年版。
③ [唐]封演：《封氏见闻记》卷6《饮茶》，文苑出版社，2001年版。
④ 榷茶制：榷（què），本义为独木桥，引申为专利、专卖、垄断。榷茶制即茶叶专卖制，始见于唐朝。
⑤ 《旧唐书·李珏传》，中华书局，2002年版。

代表作品有宋代蔡襄的《茶录》、宋徽宗赵佶《大观茶论》,明代钱椿年撰、顾元庆校《茶谱》、张源的《茶录》,清代刘源长《茶史》、清末程雨亭《整饬皖茶文牍》等等。

第二节 唐代茶史分期

茶的利用已有四千年历史,但真正作饮品不过二千余年历史,西汉文学家王褒的《僮约》内有"烹茶尽具","武阳买茶"等语,表明西汉刘珣时代巴蜀已有饮茶时尚,有专用茶具,有了茶市。茶作为专门饮料的历史亦应提前几百年,上推至周秦时代。所以顾炎武认为"秦人取蜀而后,始有茗饮之事"①。

迨至唐代,全国已形成山南、淮南、浙西、剑南、浙东、黔中、江南、岭南等八大茶区,遍及43个州。陈椽《茶业通史》②中估算:唐德宗贞元九年(793)全国产茶已超过200万市担,人均3.64斤。毫无疑义,中国在唐代便已是世界上唯一的产茶大国和饮茶大国。

建中元年(780),47岁的陆羽积近30年之久的努力,考察完全国32个州,查阅了大批资料,《茶经》经三次修订后定稿并付梓。陆羽《茶经》的问世标志着唐代饮茶社会风尚的形成。当然,唐代的茶风的形成是一个漫长的过程,具有阶段性。以下结合文献和考古材料,拟对唐代茶文化勾勒出大体的演变轨迹。

唐代茶史如何分期?明人高棅《唐诗品汇》划分唐诗分期时说:"唐诗之变渐矣,隋代以还,一变而为初唐,贞观、垂拱之诗是也。再变而为盛唐,开元、天宝之诗是也。三变而为中唐,大历、贞元之诗是也。四变而为晚唐,元和以后之诗是也。"茶文化的发展状况迟于唐诗:天宝、贞元是两条分界线,而陆羽是分期的核心,大体划分如下:

一、初唐(618—732),大唐饮茶文化初始阶段

唐高祖武德元年至开元二十年末,前陆羽时代。

大唐饮茶文化处初始阶段,茶神陆羽尚未出生,大唐茶道尚未形成,《茶经》尚未面世,陆羽的煎茶法尚未创立,社会上流行的还是比较原始的痷茶③和茗粥④的吃茶法。从饮茶文化的内涵看,还仅仅是魏晋南北朝茶风茶俗的自然延续。

初唐人怎么"喝"茶呢?唐代诗人皮日休总结说:"然季疵(陆羽字)以前称茗饮者,必浑以烹之。与夫瀹蔬汤而啜者无异也。"(皮日休《茶中杂咏并序》,《全唐诗》卷611)唐人杨华(晔)《膳夫经手录》中云:"茶,古不闻食之,近晋宋以降,吴人采其叶煮,是为茗粥。"⑤初唐诗人储光羲(707—约760)《吃茗粥作》云:

---

① [清]顾炎武:《日知录》,上海古籍出版社,2006年版。
② 陈椽:《茶业通史》,农业出版社,1984年版。
③ 痷茶:古代饮茶术语。《茶经·六之饮》中载:"有粗茶、散茶、末茶、饼茶者,乃斫、乃熬、乃炀、乃舂,贮于瓶缶之中,以汤沃焉,谓之痷茶。"
④ 茗粥:也称茗粥,指烧煮的浓茶。因其表皮呈稀粥之状,故得名。唐代杨华《膳夫经手录》云:"茶,古不闻食之,近晋宋以降,吴人采其叶煮,是为茗粥。"
⑤ 杨华:《膳夫经手录》,《中国烹饪古籍丛书补遗·膳夫经手录》,2011年版。

"当昼暑气盛，鸟雀静不飞。念君高梧阴，复解山中衣。数片远云度，曾不蔽炎晖。淹留膳茶粥，共我饭蕨薇①。敝庐既不远，日暮徐徐归。"（《全唐诗》卷136）这首茶诗真实地反映了初唐时期以茶作粥的吃法仍很普遍，"淹留膳茶粥，共我饭蕨薇"，蕨薇是两种野菜，嫩叶可食，常见于古诗，时为"贫者之食"。储光羲将茶与其他食物混煮成稠状，以此充饥，却饮以蕨薇汤液，显然，茶仅作食用，与饮料无缘。这是一种很落后的用茶法，较之茶羹还等而下之。初唐时期茶叶绝对不是人们须臾不可或缺的日用消费饮品。

陆羽认为在他著《茶经》之前数百年间流行的烹茶方式主要是淹茶和茗粥，《茶经·六之饮》言："饮有粗茶、散茶、末茶、饼茶者，乃斫、乃熬、乃炀、乃舂，贮于瓶缶之中。以汤沃焉，谓之淹茶。""……或用葱、姜、枣、橘皮、茱萸、薄荷之等煮之百沸，或扬令滑，或煮去沫，斯沟渠间弃水耳，而习俗不已，于戏！"显然，陆羽对延续到唐代的茶羹习俗是持否定态度的，不客气地说用此法烹出的茶汤是"沟渠间弃水"，并发出"习俗不已，于戏"（《茶经·六之饮》）的慨叹。当时茶的制作技术也不精到，《茶经》说："采不时，造不精，饮之成疾"。

初唐茶风不盛，不是人们不喝茶，而是当时的品饮之法太缺乏吸引力，激发不了人们的消费热情。当时的茶叶消费者仅仅限于狭小区域，"南人好饮之，北人初不多饮"（封演《封氏闻见记》卷6《饮茶》）；或仅限于特定阶层，主要是封建上层人士和少数文人，多数文人还在茶文化圈外，所以留存的茶诗、茶文极少；或为药用，用茶提神醒脑助消化，常载入医家的处方或药书；或以茶为礼，唐太宗嫁弘化公主和文成公主，陪嫁奁中均有茶叶。

消费源于喜好，生产则以消费为中心渐次展开。初唐乃至上推到唐之前的魏晋南北朝时期，因为茶艺不精，饮茶的嗜好一时难以形成，饮茶既无普遍的风尚亦非一方习俗，饮茶文化只是处于萌芽阶段，人们普遍的倾向是爱酒不爱茶，出了许多著名的酒徒，却鲜有知名的茶人。如此情况，发展茶叶生产就无驱动力。加之政权更迭频繁，战乱频仍，农业经济遭受到严重的破坏，当时农民只急于解决眼前温饱，无暇顾及经营茶业。从陆羽《茶经》的记载可以看出，那时的产茶地十分分散，根本谈不上规模经营和商品生产。

二、中唐（733—804），大唐饮茶文化形成阶段

唐开元二十一年至贞元二十年，陆羽时代。

大唐饮茶文化处形成阶段，茶圣陆羽在世，大唐茶道形成，《茶经》面世，陆羽煎茶法创立，社会上流行煎茶法。从饮茶文化的内涵看，这是中国茶史上的推陈出新、改革发展的时代。本阶段最重要的标志性事件有：

1. 大历茶风

大历茶风以湖州为中心依次展开。大历年间湖州茶事频频、茶风兴盛，陆羽往来宜兴、钱塘、常州、湖州、扬州、丹阳等地考察茶事，开始充实完善《茶经》。他向常州刺史李栖筠建议贡阳羡茶，赴越州幕府工作负责督造茶叶，唐代宗下诏贡茶"分山析造"，陆羽负责监造，陆羽以顾渚山茶区为基地精研茶的制作工艺和烹饮艺术，颜真卿任职湖州时多次主盟湖州茶会，陆羽在湖州修订《茶

---

① 蕨薇：均为山菜，常用之以指代野蔬。

经》，完成三稿。——大历茶风造就了茶神陆羽，造就了陆羽的《茶经》，造就了文人饮茶团体，造就了延续上千年的贡茶文化，支撑了长安宫廷茶文化。

2.《茶经》的出版

迨至建中元年(780)，47岁的陆羽积近30年之久的努力，考察了全国32个州，查阅了大批资料，《茶经》经3次修订后定稿并付梓。

3. 陆羽"煎茶法"的普及

唐人赵璘[①]《因话录·商部》云：陆羽"始创煎茶法"[②]。煎茶法又称煮茶、烹茶、煮茗。中唐之前茶叶消费水平很低，产量不高。唐代陆羽首创"煎茶法"在中国茶史上是一个划时代的历史事件。陆羽"煎茶法"引起了人们的极大兴趣，获得了唐人的普遍认同，人们开始重视茶艺，茶艺已成为当时社会生活的热点。陆羽"煎茶法"的推广掀起了鉴水热潮，宫廷茶艺有了改进，开启了寺院茶风、宫廷茶风形成，饮茶之风渐次蔓延到周边国家和地区。陆羽"煎茶法"的推广极大地刺激了茶叶的消费，出现了民间茶肆、茶坊，茶的商业化经营渐现端倪。市场对茶叶的需求旺盛，这对于唐代茶产业的发展无疑是个积极的信号。茶农有了扩大茶叶种植的驱动力，商家发现了增加茶叶流通与销售的商机。茶叶已成为执商品界牛耳的大宗商品，它的广泛流通强有力地促进了商品经济的繁荣。茶税的开征成为封建国家的重要财政收入，茶叶的利益以不同方式福惠天下人。茶叶的广泛种植直接带动了山区农业的开发，形成了唐代八大茶区。茶叶消费水平的提升极大地刺激了名茶的培植。总之，茶叶消费的扩大拉动了唐代茶产业的发展，产量和贸易总量倍增。陆羽"煎茶法"的发明和推广是唐代茶产业获得突飞猛进的直接原因。[③] 封演是唐玄宗天宝（742—756）末年进士，著《封氏闻见记》10卷，内云："楚人陆鸿渐为茶论，说茶之功效，并煎茶、炙茶之法。造茶具二十四事，以都统笼贮之。远近倾慕。好事者家藏一副。有常伯熊者，又因鸿渐之论广润色之，于是茶道大行，王公朝士无不饮者。"封演所言的"茶道大行"是指陆羽"煎茶法"的大普及和陆羽茶具的广泛使用。

4. 诗僧、茶僧皎然首次提出"茶道"的概念

皎然《饮茶歌诮崔石使君》一诗云："孰知茶道全尔真，唯有丹丘得如此。"（《全唐诗》卷821）对于饮茶的效果他提出"三饮论"："一饮涤昏寐，情思爽朗满天地；再饮清我神，忽如飞雨洒轻尘；三饮便得道，何须苦心破烦恼。"皎然虽没说明"茶道"一词的含义，但在其诗中对茶道作了诠释，不仅指茶艺，连茶礼、茶韵、茶境、茶禅、茶德、修身、养生等都包括进去了，并认为"茶道"理念的形成与道家学说有一定关系。皎然的"茶道"观包括饮茶的精神与技术两个方面，与现代人对茶道的理解颇为接近。

---

① 赵璘：约公元844年前后在世。字泽章，南阳人，后徙平原。大和八年(834)进士及第。开成三年(838)，博学鸿词登科。大中七年(853)为左补阙。后官衢州刺史。小说家，代表作品有《因话录》六卷。全书按五音宫、商、角、徵、羽分为五部分。《四库全书总目》谓此书"实多可资考证者，在唐人说部之中犹为善本焉"。

② [唐]赵璘：《因话录·商郡》，上海古籍出版社，1979年版。

③ 丁文：《陆羽"煎茶法"的发明和推广拉动了大唐茶叶经济》，中国国际茶文化研究会《陆羽茶经》研究中心，湖北省天门市陆羽研究会，2012年出刊。

5. 茶税的开征

茶税作为中央政府的一项政策和制度始于唐德宗建中年间。《唐会要》卷84《杂税》记载:"建中元年(780)九月,户部侍郎赵赞①请置常平轻重本钱②,从之。赞于是条陈诸道津要都会之所,皆置吏,阅商人财货,计钱每贯税二十文,天下所出竹木茶漆,皆什一税之,充常平本钱。时军用稍广,常赋不足,所税亦随尽,竟莫得充本储积焉。"③《旧唐书》卷49《食货志》称:"建中四年(783),度支侍郎赵赞议常平事,竹木茶漆尽税之。茶之有税,肇于此矣。"④ 当茶成为一种有丰厚的利润又可大规模生产和销售的新的生产行业时,茶业作为国家经济的支柱产业的地位便已确立,并将为朝廷开辟滚滚财源。

6. 贡茶制度的出台

唐代贡茶始于高祖武德三年(620),完善于中唐。贡茶实行双轨制:其一是民贡,由各州郡筹集名茶上交朝廷,全国有15个州郡定为纳贡单位,一般都是土质、气候、交通条件好的名茶区;其二是官焙,即建立官茶园,即相当于今之国营茶庄或制茶厂,时称贡茶院。其制始于大历五年(770)。地址设在湖州常兴和常州义兴二县相交的顾渚山。唐代首创的贡茶制度一直延续近千年之久。

以饮茶文化论,中唐是大唐茶艺和茶道的形成阶段,实现了茶由药用、食用向饮用过渡,由粗放式煮饮向真正的茶艺过渡,由物质层面的茶艺向精神层面的茶道过渡。

三、晚唐(806—907),大唐饮茶文化成熟阶段

唐贞元二十一年至唐末,后陆羽时代。

大唐饮茶文化处成熟阶段,茶风鼎盛,大唐茶道形神皆具,《茶经》风靡全国并传播国外,茶产业大发展。从饮茶文化的内涵看,这是中国茶史上的承前启后、成熟完善的阶段。本阶段最重要的标志性事件有:

1. 卢仝写《走笔》

卢仝(约775—835)是晚唐诗人,自号玉川子,以一首《谢孟谏议寄新茶》(《全唐诗》卷388,以下简称《走笔》)著称于茶界。《走笔》涉及唐代茶事的许多方面,如包装、形制、贡茶、采茶、制茶、吃茶、煎茶、茶政等方面,实际是以诗注解《茶经》,而其中有创意的是"七碗论":"一碗喉吻润;两碗破孤闷;三碗搜枯肠,惟有文字五千卷;四碗发轻汗,平生不平事,尽向毛孔散;五碗肌骨清;六碗通仙灵;七碗吃不得也,唯觉两腋习习清风生……"他对茶的领悟之深刻程度非他人可比,而且这首诗已描绘出文人茶的情致和雅士茶道的文化底蕴。《走笔》在唐代影响颇大,为茶事的普及起了推波助澜的作用,并传为千古绝唱。所以史家

---

① 赵赞:唐德宗时期判度支。建中四年六月,判度支(财政总监)赵赞,为了缓解当时中央财政的压力(主要是由于当时庞大的军费压力)奏请德宗之后出台了两项新税法——"税间架"和"除陌钱"。新税法颁布实施后,虽然在一定程度上缓解了财政压力,可民间却怨声载道。

② 常平轻重本钱:指施行常平法的资金。唐德宗时赵赞议行的方法。《新唐书·食货志二》:"请于两都、江陵、成都、扬、汴、苏、洪置常平轻重本钱,上至百万缗,下至十万,积米、粟、布、帛、丝、麻,贵则下价而出之,贱则加估而收之。诸道津会置吏,阅商贾钱,每缗税二十,竹、木、茶、漆税十之一,以赡常平本钱。"

③ [宋]王溥:《唐会要》,上海古籍出版社,1991年版。

④ [后晋]刘昫等撰:《旧唐书》,中华书局点校本,1975年版。

认为唐代茶业最有影响的三件事：一是陆羽著《茶经》，二是卢仝写《走笔》，三是赵赞的"茶禁"（征茶税）。

2. "吃茶去"公案的出现

佛门茶事的文化层次迅速提高，不再执著于驱睡悦志，僧人在饮茶中发现自己，见性成佛，向佛学和美学的最高境界——禅境挺进。茶文化史上的这次飞跃发端于从谂禅师（778—863），他嗜茶成癖，动辄就说"吃茶去"，因此而形成一桩"公案"。（《广群芳谱·茶谱》）他的"吃茶去"已成禅僧机锋语流传千载，它是"茶禅一味"（或"茶佛一味"）肇始的标志，是佛教茶有别于儒、道而独具特色的标志，是佛教茶具有文化品位的标志。当代诗人、中国佛教协会会长赵朴初先生有诗云："七碗受至味，一壶得真趣；空持百千偈，不如吃茶去。"到公元9世纪中叶，佛教茶文化已是"法相"初具，饮茶成为和尚家风，几乎是无僧不饮茶，僧无日不饮茶，寺院和僧人已成为大唐茶叶消费和生产的主体之一，而且对于宫廷和知识界的茶叶消费起了良好的带动作用。"吃茶去"公案的出现是大唐茶道趋于成熟的标志。

3. 开始了对茶酒文化的比较研究

甘肃敦煌遗书中有一篇《茶酒论》，乃千古妙文！作者王敷，唐代乡贡进士。经考证，确认写作时间在唐代贞元、元和年间，属于晚唐时期的作品。其文用寓言手法写茶与酒坐而争锋，谁为尊？谁有功勋？茶先出言，极夸自己尊贵：我乃"百草之首，万木之花，贵之取蕊，重之摘芽，呼之茗草，号之作茶。贡五侯宅，奉帝王家，时新献入，一世荣华。"酒旋即回击，振振有词："可笑说辞！自古至今，茶贱酒贵。单醪投河，三军告醉。君王饮之，叫呼万岁。群臣饮之，赐卿无畏。和死定生，神明气清。"茶与酒唇枪舌剑，难分伯仲。最后是"水"夫子自道，打个圆场，结论是茶与酒各有用场，相辅相成。用今人的话说，二者皆有利有弊，只是体现不同的品格性情，体现不同的价值追求，一曰"茶壶精神"，一曰"酒神精神"。[①] 这个写本中涉及唐代的茶酒文化，反映了780年以后唐代茶文化的新变化，采用比较研究的方法说明唐人对茶文化有了更深层次的理解和研究。

4. 皇宫茶具供佛

1987年，陕西省考古所发掘了扶风法门寺唐代地宫，出土了大量珍贵的唐代皇室遗留的集群性文物。根据同出的《监送真身使随真身供养道具及恩赐金银器衣物帐》，可断定它们都是晚唐唐懿宗和僖宗父子执政时期使用过的器物，其中就有众多的茶具。这批美轮美奂的茶具工艺之美、质地之优、造价之昂、品位之高无与伦比，它们是作为佛骨舍利的供养物而置于地宫内的，是按密教曼荼罗坛场的仪规放置的，是佛教文化与茶文化的聚汇。这批茶具有丰富的文化内涵，考察这套茶具我们可以得知唐代皇帝如何吃茶，也不难揣知宫廷茶事的辉煌，唐代皇族贵胄们于茶事之中还有更重要的精神追求，茶不过是物质载体而已。

5. 唐代饮茶文化的广泛传播

唐代饮茶文化在后陆羽时代向周边国家及海外广泛传播，显示了大唐茶文化及陆羽煎茶法的巨大影响力。《封氏闻见记》总结说："（饮茶）今人溺之甚。穷

---

① 丁文：《茶酒新论——茶、酒两个文化符号的解读》，《茶博览》，2010年第12期。

日尽夜，殆成风俗，始自中地，流于塞外。"吐蕃在唐人茶风的熏陶下，成为了饮茶民族。唐代人陈陶在《陇西行》诗中写道："自从贵主和亲后，一半胡风似汉家。"史载：湖南衡山茶"自潇湘达于五岭"，"交趾之人，亦常食之"，交趾即今越南。晚唐时期曾在大唐为官的新罗学者崔致远（857—？）在唐时曾作《谢新茶状》（《全唐文》），其中有"所宜烹绿乳于金鼎，泛香膏于玉瓯"，描写的便是陆羽首创的煎茶法。日本弘法大师空海和尚于804年随遣唐使藤原葛野麿来到长安，在青龙寺向惠果学习密宗教义。他入乡随俗，耳濡目染，亦成茶僧。空海于弘仁五年（814）闰七月二十八日献《梵宇悉昙字并释义》等书时所撰的《空海奉献表》呈给嵯峨天皇，汇报在华日常生活云："观练余暇，时学印度之文；茶汤坐来，乍阅振旦之书。"遣唐僧空海和最澄于公元805年由唐返日，这时在唐朝居留多年的西明寺老僧永忠也加入最澄一行的归国行列。这一时期的日本茶文化，是以嵯峨天皇、永忠、最澄、空海为主体，以弘仁年间（810—824）为中心而展开的，这一段时间构成了日本古代茶文化的黄金时代，学术界称之为"弘仁茶风"，当时用的是中国唐代流行的饼茶煎饮法。

上面三个阶段的划分，可以看到唐代茶文化的形成、发展与演进的时间性。事实上，唐代的饮茶主要是从唐代中期及陆羽时代起步的，后陆羽时代得到了广泛的传播。所以我们的结论是饮茶文化兴于中唐、盛于晚唐。[①]

茶是一种社会消费品，茶的消费状况与人们的生活水平有着直接的关系。杜甫曾描绘开元时的繁盛景象，其《忆昔》诗云："忆昔开元全盛日，小邑犹藏万家室。稻米流脂粟米白，公私仓廪俱丰实。"北方经济的恢复及全国经济的繁荣为饮茶的普及奠定了物质基础。也正是因为唐朝经济发达、国力强盛、文化兼容并蓄，其才会与周边少数民族、外国交流频繁，也才能吸引他们，促使他们将包括茶在内的唐代文化、习俗、物品带回自己的部落或国家，饮茶才得以传播至全世界。

第三节　唐代茶的特点

一、茶风鼎盛成比屋之饮

陆羽在《茶经》中说"茶之为饮，发乎神农"，考之历史，神农用茶是"吃"而非"饮"也！严格意义上的茶的品饮要晚两三千年，特别是茶真正成为全国性的"比屋之饮"和庶民百姓日常必需品是唐代中期的事。在这之前，北方少数民族通过战争建立起自己的政权，他们从汉人那里接触到饮茶习惯，为饮茶西传、北传打下了基础。如北魏洛阳鲜卑贵族虽不饮茶，但每次宴会时还是坚持"设茗饮"以满足"江表贱民远来降者好之"的需要。[②] 隋代国家的再次统一和贯通南北的京杭大运河的开凿，大大便利了南北货物的交流，自然对饮茶习俗的普及起到积极作用。唐代是封建社会的鼎盛时期，国土辽阔，修文习武，重视农作，饮茶之风更加普及民间，并远及西北、西南少数民族地区，茶成为真正的"国饮"。

[①] 暨远志：《唐代茶文化的阶段性——敦煌写本〈茶酒论〉研究之二》，《敦煌研究》，1991年第2期。

[②] 朱自振：《茶史初探·第三章　秦汉和六朝茶业》，中国农业出版社，1996年版。

这种局面的出现得力于多种力量的推动——

1. 天子尚茶开风气先

唐初,"北人初不多饮",仅南人"好饮之",表明北国陇右[①]地主阶级还不嗜茶。然而,唐代封建统治阶级终日饱食无事,精神空虚,为提神、消食、治病,便向民间搜茶供饮,高级贡茶不但成为上好饮品,而且是皇家宫廷过节、庆典、迎神、待宾、赏赐的必备之物。唐代王建《宫词一百首》诗云:"延英引对碧衣郎,江砚宣毫各别床。天子下帘亲考试,宫人手里过茶汤。"(《全唐诗》卷302)不仅证明了唐代宫廷饮茶之风盛行,更反映了贵族大夫们把茶看作是一种高贵的饮料,皇帝把茶赐给殿试的考生,以示皇恩浩荡。不仅如此,封建统治者还把茶与拜佛紧密结合起来,法门寺地宫就是历代唐皇迎奉佛骨赐物的密室。1987年不仅出土了弥足珍贵的秘色瓷,而且出土了全套的茶具,包括烘焙器、碾罗器、贮藏器、贮盐器、贮椒器、烹煮器、饮茶器,这些茶具大多非金即银,充分显示了唐代宫廷茶道的发达。宫廷饮茶成风,皇帝把自己饮茶的用物供赐给佛骨,推动了整个社会饮风大盛。天子虽未必是天下最先饮茶的人,但因了天子的至尊地位,他们尚茶具有表率作用,足能开一代新风。

2. 王公朝士跟风饮茶

《封氏闻见记》中说"王公朝士无不饮者",指这批人唯皇帝马首是瞻,上行下效,跟风饮茶。况且正统儒学造就的封建士大夫们,正好以茶标示富贵风雅和清淡廉洁。宰相李德裕嗜茶,为饮茶,竟不远数千里运无锡惠山泉水烹茶。他曾向赴舒州任的亲友求"天柱峰茶可惠三、四角"。兵部员外郎李约,也"性唯嗜茶"[②]。其他嗜茶的王公朝士如:监察御史刘长卿,历官吏部尚书、太子太师、封鲁郡公的唐大臣颜真卿,任过洛阳丞、京兆府功曹和滁州、江州、苏州刺史等职的韦应物,官封谏议大夫、蜀州、彭州刺史、西川节度使等职的高适,官监察御史的储光羲,历官抚州刺史、容管经略使的戴叔伦,任京畿观察使、礼部尚书、湖州刺史的袁高,历官太常博士、兵部侍郎、太子宾客、礼部尚书等职的权德舆,等等。唐代这些王公朝士不仅位高权重,也是对茶情有独钟的资深茶人。

3. 文人雅士唯茶是求

风流洒脱的文人更是把茶看作润吻喉、破孤闷、清肌骨、发文思、除不平的灵丹妙药,他们不但饮茶赠茶,还写下了大量茶诗以寄托文人的思想感情和对人生真谛的体验,这从一个侧面反映出文人嗜茶的真实情况。庞大的文士饮茶集团里,就诗人而言,诗仙李白、诗圣杜甫以及中晚唐诗界名流无不囊括在内。其杰出者有陆羽、卢仝、白居易、皮日休、陆龟蒙、刘禹锡、温庭筠、姚合、杜牧、张文规、柳宗元,等等。其中,白居易写茶诗60余首,自称"别茶人";卢仝的《走笔谢孟谏议寄新茶》是古今茶诗扛鼎之作,传为千古绝唱;皮日休、陆龟蒙各写《茶中杂咏》10首诠释《茶经》;袁高一首《茶山歌》振聋发聩,犯颜诗谏,皇帝纳言,稍苏民困。文人茶诗诗体多样,题材广泛,凡茶事诸方面无不涉及。[③]

[①] 陇右:由陕甘界山的陇山(六盘山)而来。古人以西为右,故称陇山以西为陇右。古时也称陇西。陇右地区位处黄土高原西部,界于青藏、内蒙古、黄土三大高原结合部。

[②] [唐]赵璘:《因话录》,上海古籍出版社,1979年版。

[③] 丁文:《大唐文人茶文化圈和雅士茶道》,见丁文:《大唐茶文化》,东方出版社1979年版。

4. 僧道茶俗独领风骚

唐代封演的《封氏闻见记》卷六《饮茶》载："开元中，泰山灵岩有降魔师大兴禅教，学禅务于不寐，又不夕食，皆许其饮茶，人自怀挟，到处煮饮。从此转相仿效，遂成风俗。"中国僧人认为茶有三德，基于僧人对茶的认识，饮茶便进入山门，由泰山降魔大师"皆许其饮茶"到"百丈清规"，再到赵州从谂"吃茶去"，经几个发展阶段，饮茶已成"和尚家风"，为"茶禅一味"的形成创造了前提条件。中唐时代僧人茶俗独领风骚，道人吕岩赞其"僧家造法极工夫"。在茶事方面佛僧的建树是全方位的，由种到饮，由物质到精神，都有高超的技艺和卓越的见解。寺院以茶供佛，以茶译经，以茶待僧，以茶应酬文人、待俗人，以茶馈赠，茶叶消费量很大，因此寺僧必须亲自植茶、制茶。许多名茶都是首先由寺院创制，然后再流至民间。唐代僧人数十万，寺僧饮茶使其成为唐代最庞大的饮茶群体之一。中国道教茶也有其自身特点。道教基于它的养生思想，将茶列为养生佳品，列为服食首选饮品。中国茶文化之所以千古不衰，其根基植于茶的养生功能，若无这点基础便不可能形成普遍的茶风，更遑论茶道。茶对于道家内修的作用不仅仅是驱睡坐忘，还注入了"道"的思想：一是"无为"思想；二是"自然"主义，即天人合一，返璞归真。唐代僧道茶人著名者有皎然、齐己、灵一、贯休、张志和、李季兰（李冶）、施肩吾、郑遨、吕岩（吕洞宾）等。

5. 民间爱茶无异米盐

唐代饮茶文化的主体是人数众多的平民百姓。其时饮茶已不仅仅是贵族们的专利，也成为平民百姓的日常消费品。他们无钱亦无闲，饮茶不求富贵风雅，或许单为止渴而已。但这个群体不可小觑，因为他们的队伍太庞大了，人口数以千万计。也只有人数众多的平民百姓、贩夫走卒成为饮茶主体，饮茶才有可能真正在社会上流行，茶才会有生命力，茶文化才有了深厚的社会基础。《封氏闻见记》说："自邹、齐、沧、棣、渐至京邑，城市多开店铺煎茶卖之，不问道俗，投钱取饮"。因了他们的积极参与，才有了比比皆是的茶肆茶坊茶店茶铺，茶被视为与盐粟同等重要的生活必需品。"茶为食物，无异米盐，于人所资，远近同俗，既怯竭乏，难舍斯须，田间之间，嗜好尤甚。"[①]"浸时浸俗，盛于国朝，两都（长安、洛阳）并荆、渝间，以为比屋之饮"。[②]可见饮茶已打破身份、地域之界限，成为一切人的嗜好，举凡王公朝士、三教九流、士农工商，无不饮茶。不仅中原广大地区饮茶，而且边疆少数民族地区也饮茶。总之，茶渗透到唐人社会生活的一切领域，"开门七件事，柴米油盐酱醋茶"，足见茶叶是何等的重要。

二、茶艺精湛配套成系

茶作为饮品始于两汉六朝时期，主要饮用野生茶。中唐之前的人们如何喝茶呢？唐代诗人皮日休总结说："然季疵（陆羽字）以前称茗饮者，必浑以烹之，与夫瀹蔬汤啜者无异也。"（皮日休《茶中杂咏序》）基于此，陆羽首创"煎茶法"，这是中国茶史上一个划时代的历史事件。

陆羽煎茶法用的是茶饼，故不能直接冲泡，而要经过几道加工程序。其法见

---

① 《旧唐书·李珏传》中华书局，2002年版。
② [唐]陆羽：《茶经》，上海古籍出版社，1998年版。

于《茶经·五之煮》，其程序是：炙茶、碾茶、筛茶、煮水、投茶、酌茶、吃茶等。为了使煎茶法尽善尽美，为广大茶人所接受，陆羽还总结前人经验，草创蒸青制茶法，提出与之配套的品水之法、辨器之法。

陆羽煎茶法获得了唐人的普遍认同。煎茶法的程序在唐诗中也有较为全面地反映。晚唐诗人秦韬玉所作《采茶歌》描写了陆羽煎茶法由采到煮到饮的全过程，类似的煎茶诗还有白居易的《睡后茶兴忆杨同州》、徐铉的《和门下殷侍郎新茶二十韵》、李咸用《谢僧寄茶》、秦韬玉《采茶歌》等。

陆羽首创煎茶法后，人们开始重视茶艺。相传有常伯熊者积极推广陆羽茶艺，使"茶道大行"，形成"王公朝士无不饮"的兴旺局面[1]。茶艺已成为当时社会生活的热点，陆羽因为精通茶艺被同时代人誉之为"茶仙"[2]、"茶神"[3]、"圣人"[4]。

唐人煮茶过程精微细致，备器、煮茶、分饮过程完备，讲究"四艺"俱佳。四艺是唐人对茶品、茶具、用火及用水的精心选择，即所谓的"精茶、真水、活火、妙器"。茶艺精湛四者缺一不可，茶品以形、色、香、味分高下；水品以清、活、轻、甘、冽别优劣；火以活火为上；器以越州碗、瓯为主。

唐代除陆羽的煎茶法，还有其他烹茶的方法。如淹茶，或曰茗粥。后来宋代流行的点茶法唐代已见端倪，见于文字记载的有唐人冯贽的《记事珠·茗战》："建人谓斗茶为茗战。""建"指建州，今福建建阳一带，因斗茶是点茶比赛，建人以斗茶为戏，不深谙点茶之法何敢上阵以决雌雄。唐德宗饮茶加奶一锅熬，相当于今之蒙古族酥油茶，有书云："皇孙奉节王煎茶加酥、椒之类。"奉节王即德宗李适。大臣李泌作诗云："旋沫翻成碧玉池，添酥散作琉璃眼。"生动形象地描述了酥油茶水乳交融的情状。

三、茶艺审美五美皆备

唐代茶艺饱含艺术审美。唐代茶艺包含着诸多审美因素，它们大体可概括为味之美、器之美、饮之美、境之美、人之美。[5]

1. 味之美

茶引起人们的兴趣，除了解渴、提神的原始功能，首先在于它的味美。要想获得这种美味，只采饮天然的茶还不行，还需要选择茶叶品种，对茶的种植、茶摘、制备等都有特殊的要求。陆羽已经发现并掌握了其中的规律。关于茶的品种，他在《茶经·一之源》中记述道："野者上，园者次。阳崖阴林，紫者上，绿者次；笋者上，牙者次；叶卷上，叶舒次。阴山坡谷者，不堪采掇，性凝滞，结瘕疾。"关于采摘方法和制作程序，《茶经·三之造》云："凡采茶在二月、三月、四月之间……其日有雨不采，晴有云不采；晴，采之，蒸之，捣之，拍之，焙之，穿之，封之，茶之干矣。"他还从味觉上，对茶和同类植物加以鉴别：《茶经·五之煮》"茶性俭，不宜广，（广）则其味暗淡。且如一满碗，啜半而味寡，况其广乎！其色缃也。其馨䔲（bèi）也。其味甘，槚也；不甘而苦，荈也；啜苦咽甘，茶也。"

---

[1] [唐]封演：《封氏闻见记》，文苑出版社，2001年版。
[2] [元]辛文房：《唐才子传·陆羽》卷3，辽宁教育出版社，1998年版。
[3] [宋]欧阳修，宋祁：《新唐书·隐逸》中华书局，1975年版。
[4] [唐]周愿：《三感说》，《全唐文》卷620，上海古籍出版社，1990年版。
[5] 本节资料主要引自姚敏苏《唐代茶艺中的审美因素》。

茶汤的颜色浅黄，香气四溢。味道甜的是"荈"，不甜而苦的是"槚"；入口时有苦味，咽下去又有余甘的是"茶"。"啜苦咽甘"四字，准确传神地道出了茶味的美妙。

优良品种的茶叶制成了串串茶饼，饮用时，还需要碾碎、罗细、煎煮等进一步加工。《茶经》中对加工工具、加工方法也做了细致的规范，还强调了用什么样的炭，什么样的火，什么样的水煎茶味道最好。煎茶（包括后来的泡茶）用水，是历代嗜茶者不厌其烦地讲究、甚至以此炫耀的内容。陆羽在《茶经·五之煮》中，只扼要地谈到"其水用山水上，江水中，井水下"，并进一步解释其中因由。比陆羽稍晚，唐元和年间的张又新写了一部《煎茶水记》，列出七等宜于煎茶的水，它们依次是：扬子江南零水、无锡惠山寺泉水、苏州虎丘寺泉水、丹阳县观音寺水、扬州大明寺水、吴淞江水和淮水。文中还记述了一则陆羽辨水的故事：代宗时，湖州刺使李季卿在扬州巧遇陆羽，相约品茶。命军士乘船去打扬子江南零水。待水打了来，陆羽用勺舀起来一看，说："江水倒是江水，可不是南零的，像是岸边的。"不容那位军士辩解，随手就倒。倒到一半，突然停住手，又舀起来，说："从这儿开始是南零水了。"军士几乎吓了个跟头，只得认罪道："从南零回来的路上，因船只摇荡水洒了一半，怕太少了，舀了些岸边的水添满了瓶子。"① 故事把陆羽辨水的本事夸张得离奇，但确能说明唐代嗜茶者把水对茶味的影响已看得很重。

煎煮的技巧也至关重要，唐人煎茶的煎饮过程充满了诗情画意。煮茶方法很有讲究，唐人用的是蒸青饼茶，煮前先将饼茶烤干，烤到水气完全蒸发为止，烤完趁热贮入纸袋以防香气散失，等到冷却后再碾成细末。先煎水，水初沸时放入适量盐调味。水第二沸时舀出一瓢水备用，再以竹筴在沸水中绕圈搅动形成漩涡，将茶末从漩涡中心投入，待到水第三沸时泡沫飞溅，再将第二沸时舀出的那瓢水重新倒入止沸。这时会泛出汤华。至于汤华，有沫、饽、花三种："沫饽，汤之华也。华之薄者曰沫，厚者曰饽。轻细者曰花，如枣花漂漂然于环池之上；又如回潭曲渚青萍之始生；又如晴天爽朗，有浮云鳞然。其沫者，若绿钱浮于水湄；又如菊英堕于樽俎之中。饽者，以滓煮之，及沸，则重华累沫，皤皤然若积雪耳。"陆羽的这段描写形象生动，运用比喻的修辞手法把汤华形容得美丽动人，充满了美感。唐人的茶诗中到处都有关于汤华的诗句，"育花浮晚菊，沸沫响秋蝉"（张又新《谢庐山僧寄谷帘水》，《全唐诗续补遗》卷5），"末下曲尘香，花浮鱼眼沸"（白居易《睡后茶兴忆杨同州》，《全唐诗》卷453），"桂凝秋露添灵液，茗折香芽泛玉英"（李绅《制石泉》，《全唐诗》卷482）。另外，因为蒸青饼茶的茶末是绿色的，似乳似云，诗中还用"绿乳""绿云""花乳"等来形容。总之，汤华在唐人眼里美丽又清高脱俗，甚至被喻为"青霞"，李群玉诗"满鼎漂青霞"，一个"漂"字绘出了汤华的闲逸、卓尔不群的美丽。

茶味之美在唐代诗人的笔下可见一斑，例如：

"斯须炒成满室香，便酌砌下金沙水。""悠扬喷鼻宿醒散，清峭彻骨烦襟开。""木兰坠露香微似，瑶草临波色不如。"（刘禹锡《西山兰若试茶歌》，《全唐诗》卷356）

---

① [唐]张又新：《煎茶水记》，见黑龙江人民出版社《茶书集成》，2001年版。

"沫下曲尘香，花浮鱼眼沸。盛来有佳色，燕罢余芳气。"（白居易《睡后茶兴忆杨同州》，《全唐诗》卷453）

还有虚写的，即写饮后的感受或以典故暗喻茶香：

"味击诗魔乱，香搜睡思轻。"齐己《尝茶》（《全唐诗》卷838）中一个"乱"字，把饮茶后无以名状的快感写绝了。

"偷嫌曼倩桃无味，捣觉嫦娥药不香。"这是薛能《谢刘相公寄天柱茶》（《全唐诗》卷560）中的句子。其中曼倩即东方朔。虽未直接写茶香，却说连东方朔偷的西王母的桃和嫦娥捣的药都不香了，以此对茶味作反衬。

有的诗句，把茶的美味、佳色，甚至精致的茶具综合描述。味觉、嗅觉和视觉感受俱佳，也正是茶美的特点：

"角开香满室，炉动绿凝铛。"（齐己《咏茶十二韵》，《全唐诗》卷843）"素瓷雪色飘沫香，何似诸仙琼蕊浆。"（皎然《饮茶歌诮崔石使君》，《全唐诗》卷821）

描写茶香的诗句，还有一些连带着煎饮的方法：

"文火香偏胜，寒泉味转嘉。"（皎然《对陆迅饮天目山茶因寄元居士晟》，《全唐诗》卷818）。用山泉水，以文火煎煮，茶味自然佳妙。

"盐损添常诫，姜宜著更夸。"（薛能《蜀州郑使君寄鸟嘴茶因以赠客八韵》，《全唐诗》卷560）

各种繁琐的程序，各种煎饮的方法，无疑为了一个目的：使茶叶的美味达到最佳状态，使饮茶给人带来一种前所未有的生理快感，如此怎能不令浪漫的唐人大加吟诵？

2. 器之美

欣赏茶的美色，需要有适合的器具衬托才更诱人。

唐代的茶碗，以瓷制品为主。陆羽《茶经·四之器》中，根据品茶的要求对七个窑口烧制的茶碗作了如下品评："碗，越州上，鼎州次，婺州次，岳州上，寿州、洪州次，或者以邢州处越州上，殊为不然。若邢瓷类银，越瓷类玉，邢不如越，一也。若邢瓷类雪，则越瓷类冰，邢不如越，二也。邢瓷白而茶色丹，越瓷青而茶色绿，邢不如越，三也。"段安节《乐府杂录》还记载了这样一件事：唐大中初，乐师"郭道源善击瓯，用越瓯、邢瓯十二，旋加减水，以箸击之，其音妙于方响。"能用作打击乐发出美妙的乐音，说明这两种瓷器质地很密，薄厚均匀，质量相当高超。

在唐代茶艺的范畴里，越窑青瓷仍占有明显的优势。前面说过，唐代的制茶法使茶汤颜色偏红。而以自号桑苎翁的陆羽为代表的文人雅士，更希望得到的是茶自然天成的青绿色泽。限于当时的技术条件，浅红色的茶汤在他们看来显然不够完美。为了弥补这个缺憾，用类玉类冰的越窑青瓷碗衬托，是最理想的方法。陆羽在《茶经·四之器》中就毫不隐讳地说："越州瓷、岳瓷皆青，青则益茶，茶作白红之色。邢州瓷白，茶色红；寿州瓷黄，茶色紫；洪州瓷褐，茶色黑，悉不宜茶。"他对茶具的要求，完全取决于他的"茶艺美学"。

随着饮茶活动的推广，嗜茶者除了品饮茶的美味，观赏茶汤与汤花的佳色，也渐渐移情于与茶不可分的越窑茶碗，对它釉色里青中闪绿的朦胧的美，咏唱的诗文越来越多：

"舒铁如金之鼎，越泥似玉之瓯"。（顾况《茶赋》，《全唐诗》卷264）

"蒙茗玉花尽，越瓯荷叶空。"（孟郊《凭周况先辈于朝贤乞茶》，《全唐诗》卷380）

精美的秘色瓷，逐渐脱离民间，成为皇家的贡品。直到1987年陕西扶风法门寺唐塔地宫发掘出有物账记录的秘色瓷实物，它的釉色究竟"秘"在何处？这个谜团随之解开。

此外，法门寺出土的茶具还让我们看到，唐皇室给茶具抹上了一层浓浓的富贵之气。这虽然偏离了文人雅士倡导的茶艺清雅自然的美，但是毕竟与大唐盛世的富丽堂皇相和谐。要谈唐代茶具的美感，这部分贵族化了的茶具呈现出的豪华之美，也是不能忽视的。

3. 饮之美

佳味美器，自是茶诱人的因素，但是能让唐人举国上下风靡起饮茶活动，还有一点值得注意，这就是饮茶过程本身包含着的美。

唐人饮茶，虽未像后来日本茶道那样发展出一套严格的规范，但也要进行一系列复杂的操作规程。

唐人的饮茶生活，有时看似淡然，细细体味却具有隽永的魅力："岳寺春深睡起时，虎跑泉畔思迟迟。蜀茶倩个云僧碾，自拾枯松三四枝。"（成彦雄《煎茶》，《全唐诗》卷759）亲手拾柴煎茶的优雅，不止成彦雄体验过，诗人刘言史与孟郊，还在山野中煎茶呢！他们在洛北野泉上，敲石取火，撇开杂物汲取清泉，又拾来树上落下的鸟窝当柴烧，点起火煮水煎茶。"以兹委曲静，求得正味真。宛如摘山时，自啜指下春。"原产于山野的茶，只有回归自然，才能求得真味。如此去体验饮茶之美，自然是"此游惬醒趣，可以话高人"（刘言史《与孟郊洛北野泉上煎茶》，《全唐诗》卷468）。饮茶风行后，唐人在一般该饮酒的场合，也有以茶代酒的现象。如三月初三修禊日，汉晋以来，这个日子人们都聚集在曲折的小溪畔，席地而坐，用轻巧的耳杯（又称羽觞）盛了酒漂浮在水面上，耳杯顺流而下，到谁的面前，谁就拿起来喝一口，并赋诗一首，叫作曲水流觞。东晋大书法家王羲之著名的《兰亭序》，记述的就是这项活动。中唐诗人吕温，山东泰安人，贞元十四年（798）进士，与柳宗元、刘禹锡是好友。他写过一篇《三月三日茶宴序》，记的同样是三月三的活动，而这几位先生却别出心裁，"议以茶酌而代焉"，还兴致勃勃地找个清静幽雅地方，"乃拨花砌，爱庭阴，清风逐人，日色留兴。卧借青霭，坐攀花枝，闻莺近席而未飞，红蕊拂衣而不散。乃命酌香沫，浮素杯，殷凝琥珀之色"，虽"玉露仙浆，无复加也"。这次茶宴选择的时间好，环境好，客亦佳，茶煎的好，茶具好，茶也喝出了神韵，"不令人醉，微觉清思"。唐代文人能如此潇洒地运用饮茶活动来打破传统，正是发现了它深层的美。

4. 境之美

细读唐代茶诗，我们会发现，诗中描写的饮茶感受，包含着两条递进的线索：

一是由生理愉悦，到心理平衡，从而获得一种更高的心境。卢仝《走笔谢孟谏议寄新茶》一诗中著名的"七碗歌"就是一例："一碗喉吻润，两碗破孤闷。

三碗搜枯肠,惟有文字五千卷。四碗发轻汗,平生不平事,尽向毛孔散。五碗肌骨轻,六碗通仙灵,七碗吃不得,惟觉两腋习习清风生。"释皎然也写道:"一饮涤昏寐,情思爽朗满天地。再饮清我神,忽如飞雨洒轻尘。三饮便得道,何须苦心破烦恼。"(《饮茶歌诮崔石使君》《全唐诗》卷821)

散文诗中也有相同的例子,顾况的《茶赋》中讲到茶对"幽人"的好处时说:"滋饭蔬之精素,攻肉食之膻腻,发当暑之清吟,涤通宵之昏寐。"(《全唐诗》卷264)

一是从描写环境,到退求幽雅的意境,饮茶是目的也是一种心境。像皮日休的《茶中杂咏·茶舍》:"阳崖枕白屋,几口嬉嬉活。棚上汲红泉,焙前蒸紫蕨。乃翁研茗后,中妇拍茶歌。相向掩柴扉,清香满山月。"(《全唐诗》卷611)这首诗描述顾渚山人的制茶情景,富有生活气息,语言通俗流畅,表面写水墨画一般简朴淡然的茶舍环境,进而引申到"清香满山月"的意境,实际则是反映身处这种环境中淡泊适意的心境。再如元稹《一字至七字诗·茶》(《全唐诗》卷423)中的"夜后邀陪明月,晨前命对朝霞",郑愚《茶诗》中描绘的"夜臼和烟捣,寒炉对雪烹"(《全唐诗》卷597),还有白居易《睡后茶兴忆杨同州》(《全唐诗》卷453)中的"婆娑绿阴树,斑驳青苔地。此处置绳床,旁边洗茶器",都是一种清冷、幽暗、悠闲而富有诗意的环境。这种环境给人的感受和茶带给人的感受,在唐人看来是十分和谐的。

两条线索为了同一种追求,其中的因由,自然离不开当时的文化风尚。

5. 人之美

在《茶经》中,陆羽强调饮茶的意义,他认为茶之为饮,"最宜精行俭德之人",也就是说,通过饮茶陶冶情操,使自己成为行为美好、生活俭朴、道德高尚的人。以现代人的眼光看,陆羽对茶道的思想内涵提出了自己的规定和约。

陆羽居湖州期间,特别是唐大历中颜真卿出任湖州刺史的时候,当时许多隐逸高人和社会名流仰慕颜真卿、诗僧皎然和陆羽的名望,云集湖州,参与了由陆羽创立、皎然倡导、颜真卿积极支持的文士茶道活动。以湖州为中心的唐代文士茶出现了一个空前兴盛的发展时期。丁文在《茶魂》一书中说:"湖州是一座具有2300多年历史的江南古城,是'山水清远、农商并重、崇文重教、柔慧通变'的文化湖州,是'丝绸之府、鱼米之乡、清丽之地、文化之邦',是湖笔文化、赵(赵孟頫)体字、吴(吴昌硕)门画为代表的书画圣地,以陆羽、《茶经》、紫笋茶等为代表的茶文化胜地。唐代的湖州不仅富甲天下,且有极好的人文环境。那里是酝酿大唐茶文化的沃土,造就茶坛领袖人物的摇篮。"[1] 在陆羽和皎然的品茗或茶宴活动中,十分注重对人、文、茶、水、器和品茶时环境的选择,伴以赋诗、联句、赏茶、玩月、听琴等各种文艺活动,如皎然《晦夜李侍御萼宅集招潘述汤衡海上人饮茶赋》(《全唐诗》卷817)诗云:"晦夜不生月,琴轩犹为开。墙东隐者在,淇上逸僧来。茗爱传花饮,诗看卷素裁。风流高此会,晓景屡徘徊。"诗中描绘的这场茶宴有官员李侍御、潘述、汤衡两位文人,皎然、海上人两位方外人士共同参与,席间又听琴、赏花、吟诗,高人雅士,诗"茶"风流,充满了闲情雅趣,

---

[1] 丁文:《茶魂》,陕西旅游出版社,2004年版。

怎能不让人流连忘返？茶道和品茶之境相结合，由此影响深远的文人茶道模式顺应时代而生。

受陆羽《茶经》的感召，茶清高脱俗的精神被物化，文人士大夫的精神追求和茶高雅脱俗的品质不谋而合，品茶成为一种时尚，一种文人的生活方式。在唐诗勃兴的年代，诗人在写诗时需要饮茶，在饮茶时灵感迸发也要作诗，茶理所当然成为诗人们吟咏的对象，这便迎来了茶诗的创作高峰。在陆羽周围就有皎然、灵澈、颜真卿、裴迪、刘长卿、皇甫冉、皇甫曾、李冶等诗人和他结交，相互唱和，托茶言志，抒发高洁脱俗的情趣："一生为墨客，几世作茶仙"（耿湋《连句多暇赠陆三山人》，《全唐诗》卷789）。"九日山僧院，东篱菊也黄。俗人多泛酒，谁解助茶香"（皎然《九日与陆处士羽饮茶》，《全唐诗》卷810）。又如白居易，他当过官，为过民，种茶、泡茶、品茶无一不为，他自称"别茶人"，可算是地道的"茶痴"。他精于茶艺，鉴茗、品水、看火、择器无所不能，且有高人一等的见地。他晚年生活尤其注重儒雅闲适，一生创作的涉及茶事之诗流传下来的约60余首，严格意义上的茶诗有38首，居唐人之冠。

综上几点，可见唐人将茶定位于更高层次，进入到茶之本性，把茶之独特魅力挖掘乃至提升到前所未有的层次，同时，也为茶的研究领域开辟了新的空间。像关于茶的科学栽培、煮饮，茶的文学艺术乃至茶的哲学审美都在大唐时期展开了恢弘的篇章。

四、《茶经》问世茶道大兴

中国有茶，茶有文化，文化有"道"。道是指广义的道理、原理、观念、法则之道，亦即"天道""人道""艺道""书道"之"道"。

金岳霖在《论道》中曾经说："中国思想中最崇高的概念似乎是道。所谓行道、修道、得道，都是以道为最终目标。思想与情感两方面最基本的原动力似乎也是道。"① 中国人不轻易言道，在饮食、玩乐诸活动中能升华为"道"的只有茶道。这广义的茶道，是指茶文化所蕴涵的哲学本体意识、价值观念、道德精神、人生境界的融合。概而言之，就是茶文化内在的形而上学的哲学精神。作为形而上学哲学精神的"茶道"，乃是茶文化的核心和灵魂，因而是茶文化的"深层结构"和"上层建筑"。②

大唐自陆羽出，自《茶经》问世，方有茶道。时间自中唐始。

大唐茶文化自中唐后有哪些显著变化呢？

其一，制茶、煎茶已非一般操作技艺，成为一门文化艺能；

其二，茶文化业已成为一门实实在在的学问；

其三，唐代茶文化吸收了唐代多种文化，如本土的儒家文化、道教文化以及外来的佛教文化，茶事体现了大唐三教合一的宗教政策，融汇了三教文化；

其四，茶事已成"道"的载体；

其五，饮茶已成修养教化的手段。

由以上五点可以得出结论：中唐之后，大唐茶文化得到空前的大发展，进入

---

① 金岳霖：《论道》，商务印书馆，1985年版。
② 赵馥洁：《茶之为"道"》，《法门寺茶学论文集》，陕西人民出版社，2005年版。

一个新阶段,形成了唐代茶道。陆羽及其著作的《茶经》,对于唐代茶文化贡献极大,他是唐代茶道的奠基人,但他研究的重点是茶的种植、制作技术和煎茶、品茗艺术,对茶道未及深究。封演的《封氏闻见记》虽明确指出了"茶道大行",但对茶道未作解释,据上下文推测:封氏所云"茶道"仍主要指茶艺、茶俗。皎然在《饮茶歌诮崔石使君》一诗中用了"茶道"一词,内涵是其"三饮论",比封氏所言深刻些,但仍无明确定义。

"茶道"之词始于唐代,至今关于茶道的定义仍众说纷纭。点击现代茶人对"茶道"的理解和解释,较为严谨的定义如:

吴觉农先生在《茶经述评》一书中云:"(茶道是)把茶视为珍贵、高尚的饮料,饮茶是一种精神上的享受,是一种艺术,或是一种修身养性的手段。"①

庄晚芳先生在《中国茶史散论》中说:"茶道就是一种通过饮茶的方式,对人们进行礼法教育、道德修养的一种仪式。"②

陈香白先生认为:中国茶道是"七艺一心",包含茶艺、茶德、茶礼、茶理、茶情、茶学说、茶道引导七种茶义理,茶道精神的核心是"和"。中国茶道就是通过茶是过程,引导个体在美的享受过程中走向完成品格修养以实现全人类和谐安乐之道。

丁文在《茶乘》一书中说:"茶道是一门以饮茶为内容的文化艺能,是茶事与传统文化的完美结合,是社交礼仪、修身养性和道德教化的手段。"③

以上几条茶道的定义基于历史和现实,鉴于茶道雅俗共赏的特点,综合了饮茶的形式和内涵两方面,涵盖了茶艺、茶情、茶德、茶政诸方面。

茶之为道——茶文化的哲学精神,是在漫长的历史过程中,逐渐培育、逐渐积淀而形成的。陆羽《茶经》的出现,标志着茶作为文化的完全形成,也标志着茶之为道的自觉。

五、茶的功用范围广泛

迨至唐代,茶的作用得到充分的发挥,用于方方面面。在唐人眼中茶叶是什么呢?

1. 茶是药品

茶之药用始于前朝,唐人的研究又进了一步。代宗大历十四年(779)王圆题写的有"茶药"一词,称茶为药。苏敬撰的《唐本草》第一次将茶列为药品,归入"木部中品",其词条为:

茗,苦荼。茗,味甘、苦,微寒、无毒。主瘘疮、利小便,去痰、热渴,令人少睡。春采之。苦荼,主下气,消宿食,作饮加茱萸、葱、姜等良。

苏敬对茶的药功认识是准确的,其用法是制成茶饮,这与唐人日常饮茶区别不大。在医家看来,饮茶即服药。

药王孙思邈[④]是唐代人,所著《千金要方》中以茶为单方治厥头痛,文曰:

---

① 吴觉农:《茶经述评》,中国农业出版社,2005年版。
② 庄晚芳:《中国茶史散论》,科学出版社,1988年版。
③ 丁文:《茶乘》,香港天马图书有限公司,1999年版。
④ 孙思邈(581—682):唐朝京兆华原(今陕西耀县)人,是著名的医学家,被后人誉为"药王",许多华人奉之为"医神"。撰《千金要方》《千金翼方》等。

> 治卒头痛如破，非中冷又非中风，是痛是膈中痰厥气上冲所致，名为厥头痛，吐之即差。单煮茗作饮二三升许，适冷暖饮二升，须臾即吐。吐毕又饮，如此数过。剧者须吐胆乃至，不损人。

孙思邈煮茶当药喝，这种"单煮茗作饮"法不加任何佐料，想必口感不错。我国第一位食疗专家孟诜将单茗方收入《食疗本草》，用于治腰痛难转，仅饮五合，但要加醋二合炖服之，药性加强了，口味也败了，酸溜溜的，除非有病需治无可奈何，一般饮者大概不会喜欢。

唐人很重视茶的药用功能，将其写入专著，并散见于唐代诗词作品和散文作品。涉及茶的药用功能的专著如苏敬的《新修本草》(《唐本草》)、陈藏器[①]的《本草拾遗》、孟诜的《食疗本草》、孙思邈的《千金要方》和《千金翼方》、陆羽的《茶经》、李肇[②]的《唐国史补》等医、药、茶、史之类的典籍。

唐人认为茶的药用功用是：

少睡：《新修本草》和《千金翼方》均称茶"令人少睡"，吕岩[③]《大云寺茶诗》云"断送睡魔离几席，增添清气入肌肤"（《全唐诗》卷858）。顾况《茶赋》云"涤通宵之昏寐"（《全唐诗》卷264），杜荀鹤[④]《题德玄上人院》云"解眠茶煮石根泉"（《全唐诗》卷692），郑遨[⑤]《茶诗》云"能令睡思清"（《全唐诗》卷855）。

安神：《茶经》认为茶可"涤烦"，卢仝称茶可"破孤闷"，韦应物《喜园中茶生》云"为饮涤尘烦"（《全唐诗》卷193），施肩吾[⑥]称"茶为涤烦子"。

明目：《本草拾遗》和《茶经》皆云茶可"明目"。

去暑：《千金翼方》《茶经》称茶可治"热渴"，有止渴生津之效。顾况《茶赋》云"发当暑之清吟"。

清热：《食疗本草》称茶可"去热"。

解毒：《本草拾遗》称茶可"除瘴气"。

去腻膻：顾况《茶赋》云茶为"滋饭蔬之精素，攻肉食之膻腻"。又可用于减肥，《本草拾遗》云茶"久食令人瘦"。

消食：《新修本草》称茶可"消宿食"。最典型的例子莫过于宰相李德裕做的"茶功实验"：瓯中贮肉，茶浇于肉上，诘旦后肉竟化为水。李德裕的话未免有些玄乎，但这也说明唐人相信茶有消食去积的神奇作用。

醒酒：白居易《萧员外寄新蜀茶》云"满瓯似乳堪持玩，况是春深酒渴人"（《全

[①] 陈藏器(约687—757)：四明(今浙江宁波)人，唐开元时曾为京兆府三原(今陕西)县尉。陈藏器研习各类本草医书，官宦生涯亦不忘钻研中医理论，撰《本草拾遗》10卷，其"诸药为各病之药，茶为万病之药"论述中提出"本草茶疗"概念。唐玄宗赐其"茶疗鼻祖"，一举奠定了他在我国本草茶疗领域的杰出地位。

[②] 李肇：唐朝人，约813年前后在世。累官尚书左司郎中，迁左补阙，入翰林为学士。著有《翰林志》一卷，《国史补》三卷，并传于世。

[③] 吕岩：也叫做吕洞宾。唐末、五代著名道士。世称吕祖或纯阳祖师，为民间神话故事八仙之一。

[④] 杜荀鹤(846—904)：唐代诗人。字彦之，号九华山人。池州石埭（今安徽石台）人。大顺进士，以诗名，自成一家，尤长于宫词。官至翰学士知制造。自序其文为《唐风集》十卷，今编诗三卷。

[⑤] 郑遨（866—939）：字云叟，唐代诗人，滑州白马（河南滑县）人。传他"少好学，敏于文辞"，是"嫉世远去"之人，有"高士""逍遥先生"之称。

[⑥] 施肩吾（780—861）：唐宪宗元和十五年（公元820年）进士，唐睦州分水县桐岘乡（贤德乡）人，字希圣，号东斋，入道后称栖真子。为唐代著名诗人、道学家、民间开发澎湖第一人。

唐诗》卷437），李德裕《忆茗芽》云"能消醉客醒"（《全唐诗》卷475），陆希声①《茗坡》云"春醒酒病兼消渴"（《全唐诗》卷689），薛能②《题汉州西湖》云"尝茶春味渴，断酒晚怀清"（《全唐诗》卷560）。故以茶解酒，已成酒宴之上常用的"纠偏措施"，茶弭酒祸，而且以茶代酒也不失为节约之道，利国利民。

利二便：《本草拾遗》茶"利大小肠"。

治痢：《食疗本草》云："治热毒下痢，好茶一斤，炙，捣末，浓煎一二盏服。久患痢者，亦宜服。"

去痰：《千金翼方》称茶可"去痰"。

祛风解表：如卢仝《走笔谢孟谏议寄新茶》云"四碗发轻汗，平生不平事，尽向毛孔散；"即言茶有此功。

茶的治疗作用还有坚齿、治头痛、疗饥、益气力、疗疮治瘘等项。唐人简直把茶的药物作用发挥得淋漓尽致。

唐代医学家陈藏器作过总结性评价，认为"诸药为各病之药，茶为万病之药"，这虽夸张些，但茶的保健作用确实早已被人们所认识。两宋时期，日本荣西③禅师来中国学习，回国后写了一本《吃茶养生记》④，书中也说："茶乃养生之仙药，延龄之妙术。山若生之，其地则灵。人若饮之，其寿则长。"像这样的记载举不胜举，茶的药用与医学价值尽显其中。

2．茶是饮品

饮茶之风是兴于唐、盛于唐。如陆羽《茶经》所言：

> 茶之为用，味至寒，为饮最宜。精行俭德之人，若热渴、凝闷、脑疼、目涩、四肢烦、百节不舒，聊四五啜，与醍醐、甘露抗衡也。

陆羽总结了前朝及初唐茶事，认为茶"为饮最宜"，其品位可与醍醐、甘露相提并论。茶作饮品者，广大饮茶人并非为治病而饮茶，而是须臾不可或缺的物质需求，并进而视其为"文化饮料"，在茶事中寻求更高层次的文化享受。

3．茶是供品

在唐代，佛教等同国教待遇，僧人常在30万左右，皇上对僧人优渥有加。赞宁⑤《大宋高僧传》载：德宗贞元八年（792）六月八日，天竺迦毕试国密宗高僧释智慧奉召入西名寺充当译经翻译，唐德宗赐茶为供。内云：

> 缁伍威仪，乐部相间，士女观望，在骑交骈，迎（经）于西名寺翻译。即日赐钱1000贯，茶30串，香一大盒，充其供施。

---

① 陆希声，字鸿磬，自号君阳遁叟，唐代苏州府吴县人氏。博学善属文，唐昭宗时召为给事中，历同中书门下平章事，以太子太师罢。

② 薛能(？—880)：晚唐著名诗人。仕宦显达，官至工部尚书。时人称其"诗古赋纵横，令人畏后生"。薛能一生仕宦他乡，游历众多地方，诗多寄送赠答、游历登临之作。晚唐一些著名诗人多有诗与其唱和。

③ [日]荣西（1141—1215）：为日本镰（字体改正）仓时代前期僧，俗姓贺阳，字明庵，号叶上房，备中（冈山）吉备津人。荣西为研究禅法，二度入宋，参谒天台山万年寺虚庵怀敞禅师，承袭临济宗黄龙派的法脉，而后发展成日本禅宗的主流。

④ 《吃茶养生记》：全书二卷。日本第一部关于茶的著作。收在《大藏经补编》第32册。上卷为"五脏利合门"，下卷为"遣除鬼魅门"。本书为荣西七十四岁时所著。

⑤ 赞宁（919—1001）：北宋僧人，佛教史学家。吴兴德清（今属浙江）人。后唐天成年间在杭州祥符寺出家，后往灵隐寺，专习南山律。与人谈论，辞辩纵横，有"律虎"之称。太平兴国七年编纂《大宋高僧传》，历时七年成书30卷。

日本僧人圆仁[1]在五台山也目睹了皇上赐茶的场面，其所著《入唐求法巡礼行记》云：

  六月六日，敕使来，寺（大花岩刚维寺）中众僧尽迎展，常例每年敕送衣钵、香、花等。使送到山表施十二大寺。细帔[2] 500领，绵500屯，袈裟布1000端[3]，青色染之。香1000两，茶1000斤，手巾1000条。兼敕供巡十二大寺设斋。

圆仁在同一书中还详述了供养七十二贤圣的情形，供养品中就有茶汤。茶饮见于佛供养的方方面面，如圣节、千秋节、国忌日、佛诞日、佛成道日、涅槃日，乃至达摩忌、百丈忌日都有茶汤供养，而且不仅限于节日，扩大到僧人圆寂、请新住持、升堂祝寿，乃至极普通的职事变更、交接手续也都要办茶汤会，简直是无茶不成僧。茶在佛教中的作用是供养佛、法、僧三宝。

法门寺地宫出土的唐宫廷茶具，质地为金银、琉璃、秘色瓷，造型之精美叹为观止。这是密教高僧按曼荼罗坛场的仪规放置的。唐懿宗、僖宗父子以美轮美奂的全套金银、琉璃、秘瓷茶具供养佛陀，其规格之高、造价之昂无与伦比，乃至1113年后地宫开启，重见天日，竟令千余年后的现代人瞠目结舌，可见唐代皇帝对佛的崇拜程度和对茶事的重视程度。唐人将茶派作供品，且较前朝升格，这恰巧说明唐人重视茶饮，才将自己最看重的饮品作为祭祀的"牺牲"。

4. 茶是礼品

文成公主远嫁藏王松赞干布，茶作为香奁之物进藏，随之带去了饮茶习俗，传承至今而不衰。唐时一年一度举办规模盛大的清明茶宴招待群臣，开始有了"急程茶"[4]的定例，中央设立了贡茶院。皇上给功臣和文士赐茶，成了档次很高的奖赏。民间朋友间以寄茶为礼，联络感情。文朋诗友以茶结社交友，办"茶会""茶宴"，又节俭又儒雅，茶助诗情。唐诗中诸多茶诗皆以"谢赠新茶"为题。在唐代，皇上对僧人优渥有加，赐茶以示关怀。茶饮，无形中渗透到僧人生活中的方方面面，茶僧院有"茶堂""茶寮"，以茶待四方佛子、施主和香客。

5. 茶是禅食

唐代封演著《封氏闻见记》载：

  开元中，泰山灵岩寺有降魔师大兴禅教，学禅务于不寐，又不夕食，皆许其饮茶。

这段话说明在唐玄宗时代（713年以后）和尚们正式获准饮茶，茶事因禅宗的出现并伴随佛教中国化的进程正式进入山门。最初禅僧饮的茶是什么样？茗粥

---

[1] [日]圆仁(793—864)：日本佛教天台宗山门派创始人。俗姓壬生。下野国(今栃木县)人。838年入唐求法，值唐武宗灭佛，携佛教典籍559卷归国。于比睿山弘密教及天台教法，倡净土法门。卒后，追谥为慈觉大师。其撰述《入唐求法巡礼行记》具有重要史料价值，另著有《金刚顶经疏》《苏悉地经略疏》《显扬大戒论》等。

[2] 帔(pèi)：古代披在肩背上的服饰。妇女用的帔绣着各种花纹，大领对襟。如：帔子；帔巾；帔肩；帔服(指帔子和裙袄)。如凤冠霞帔，一种类似僧人袈裟的衣服。

[3] 端：古代布帛长度名称。

[4] 急程茶：唐设贡焙于湖常二州相界的顾渚，其贡茶规定须于清明前飞骑送至京城长安。唐代李郢《茶山贡焙歌》："十日王程路四千，到时须及清明宴。"宋代谈钥《嘉泰吴兴志》引《郡国志》载："岁贡凡五等，第一陆递，限清明到京，谓之急程茶。"贡茶到京后，先荐宗庙，再分赐皇亲、近臣。所贡茶宜兴为阳羡茶，长兴为紫笋茶。

而已。一止渴二饱肚三提神,其作用之一是代替禅食(禅僧的饮食),以弥补寺院"不夕食"的缺憾。

6. 茶是商品

由于唐代产茶多、制茶精、茶风盛,茶叶已具商品属性,进入流通领域。在出现城市商业茶馆的同时,茶叶市场亦应运而生。白居易《琵琶行》诗中云"商人重利轻别离,前月浮梁①买茶去"(《全唐诗》卷435),这位商人狠心告诉娇妻,去浮梁买茶,一则说明浮梁是闻名千里的茶市,二则说明正值茶贸旺季,机不可失。浮梁是中心茶区,是茶叶集散地。《元和郡县图志》②云:浮梁"每岁出茶七百万驮。"刘津《婺源诸县都制置新城记》中载:"大和中,以婺源、浮梁、祁门、德兴四县茶货实多,兵甲且众,甚殷户口……"

还有一种茶市,时称草市。杜牧写过一首《入茶山下题水口草市》,诗云:"倚溪侵岭多高树,夸酒书旗有小楼。惊起鸳鸯岂无恨,一双飞去却回头。"(《全唐诗》卷522)从前的荒山野岭,至唐中期后形成一种不大正规的茶市,并盖起了为买卖人服务的酒楼茶肆。

茶的运输在江南一带主要用船,专门运茶的船称"茶樯"。许浑在《送人归吴兴》一诗中言其事,诗云:"绿水棹云月,洞庭归路长。春桥悬酒幔,夜栅集茶樯③"。茶成为商品后有了"内贸"和"外贸",将茶叶运往边陲,交换突厥、回纥、吐蕃的骡马、骆驼,史称"茶马互市"。边关设有交易场所,如今陕西宝鸡市的陇县,历史上是唐丝绸之路上的重要交易点。《封氏闻见记》载:"(饮茶)今人溺之甚。穷日尽夜,殆成风俗,始自中地,流于塞外。往年回纥入朝,大驱名马,市茶而归。"同样的记载还见于《册府元龟》④载:肃宗乾元中(758—759)、代宗大历八年(773)、德宗贞元六年(790)、宪宗元和十年(815)、文宗太和元年(827)多次以茶、丝万计易马万匹。可见交易时间之持久、规模之大。总之,在唐代茶叶的商品属性已经确立,茶叶经营遍布国内外。

7. 茶是政治

唐人不可一日无盐,也不可一日无茶,事关百姓生计,当然重要。故唐朝始有"茶政"一说,与"盐政"相提并论。茶成为朝廷财政重要来源之一,其贡献之大仅次于盐酒,位居第三。建中三年(782)德宗李适采纳户部侍郎赵赞的建议,"税天下茶漆竹木,十取一"。至贞元年间(785—805)茶税收入已岁得40万贯,成为国库最主要的财政来源之一。

茶被用于外交,唐朝廷用茶招待外国使节,茶沿丝绸之路远输海外诸国,既做了生意,又扩大了大唐的国际影响,广交了朋友。作为泱泱大国,唐天子要主沉浮,威加海内,臣伏四方,左右历史的进程。为此,在炫耀武力的同时又开辟西北和西南的丝绸之路,诱之以利,以温和的面孔笼络四夷,从而形成以唐帝国

---

① 浮梁:县名,位于赣东北。当地特产是"一瓷二茶",唐代的浮梁茶曾闻名天下,在敦煌遗书之《茶酒论》曾有"浮梁歙州,万国来求"的美名,于是又被人们赞为"中国名茶之乡"。

② 《元和郡县图志》:写于宪宗元和年间(806—820年),是中国唐代的一部地理总志,对古代政区地理沿革有比较系统的叙述。

③ 樯:帆船上挂风帆的桅杆,引申为帆船或帆。

④ 《册府元龟》:北宋四大部书之一,史学类书。景德二年(1005),宋真宗赵恒命王钦若、杨亿、孙奭等十八人一同编修历代君臣事迹。

为万国之首的政治格局。贞观十五年（641）唐太宗把文成公主远嫁给吐蕃王松赞干布时，陪嫁物中就有茶叶，并且西藏自此有了茗饮之事。《西藏政教鉴附录》称："茶叶亦自文成公主入藏也。"茶流于塞外的另一途径就是"内贸"和"外贸"。马是古代十分重要的"军用物"，茶马交易不仅开了财源、和睦了邻邦，而且加强了唐帝国的军事实力。唐朝廷将茶输边，以茶易马，壮大了唐朝的军事实力，正是以"武功"确保"文治"，从而柔服四夷，出现多年无战乱的太平盛世。唐朝廷用茶和亲，用茶赠送周边少数民族国家，使饮茶风靡华夏。生活在华夏神州的各族人民又多了一种共同的嗜好，中国人喝中国茶，中国茶从客观上扩大了各民族的交流和认同。茶进入唐朝政治，壮了国威，万方来朝；茶流天际，万方来求。

茶的作用虽多，但最主要的作用在唐代是作饮品，并初步确立茶作为"国饮"的地位。而且唐人视茶为文化饮料，茶的物质属性与文化属性都有充分的展示。

第四节　唐代茶文化的历史地位及其巨大影响力

一、唐代茶文化的历史地位

唐代茶文化具有非常重大的意义，它不仅在茶文化本身，而且在整个中国传统文化中占有重要的历史地位，这主要表现在以下五个方面。

1. 唐代是中国茶文化的开创、奠基、形成时期

唐以前，虽然说茶的精神作用已有发见，但并未形成完整的文化体系。唐代茶人在前代茶文化思想进行系统总结的基础上创造了完整的茶艺形式，这样，就使茶文化精神成为可视、可见的东西，把无形之道与有形之艺完美地结合起来，使人们在一种艺术化的饮茶程序中体悟出许多关于人生、社会、自然宇宙发展变化的大道理。

饮茶本来是人们日常生活中的一种习惯，随其不断发展，人们诸多的生活态度与精神追求也渐渐融注于饮茶过程之中。道家从茶的自然属性出发，认为茶集结了天地宇宙的精华，所以，道家饮茶是为在修炼中体会自然的法则，把茶当做沟通人与自然的媒介。而佛教主张从人的内心寻找真理的归宿，所以以茶明心见性。儒家则以茶性比喻人性，特别发现了茶的亲和作用，所以以茶交友，以茶敬客，以茶雅志，以茶养廉，甚至以茶沟通君臣百姓，以至和谐万邦，把茶的和谐、中庸的品质发挥到极致。

然而，在唐以前，茶的这些品质虽然已被提及，但精神的东西总是难以捉摸。陆羽的《茶经》和文人、宫廷、寺院所创造的茶道形式是把这些精神体现在茶艺过程中，使人在一种特殊氛围中体验，这样大道便包含在其中了，所以称之为茶道。茶道出现后，由宋而至元、明、清各代大体上是在唐人茶道的基础上改造和发挥。所以，唐代是中国茶文化开创、奠基时期，也是它的形成时期。

2. 唐代茶文化是许多优秀思想文化的复合体

唐代茶文化吸收了儒道佛各家最优秀的精神，将其荟萃、交融，然后创造了民族新的文化。这种相互学习、吸收的精神，也只有在盛唐才能完成。所以说，茶文化与唐代繁荣的社会、经济、文化状况是相一致的。

唐代茶文化这种宽容大度的态度，不仅在当时推动了思想文化的发展，增强了民族的更新力，即使在现代，对我们仍有极大启发。当今世界多了许多纷争和仇恨，少了些互助与谅解，因此，重新提倡大唐茶文化精神有着重要的现实意义。

3. 唐代茶文化的可塑性与发展空间

唐代茶文化不是僵化、不变的，而是有极大的可变性，这便给后代茶文化留下了不断发展的余地。

唐代茶文化之所以能够如此是与上述的文化复合体有关，由于它是各家优秀文化的集结，各家都可从中找到自己需要的东西，在不同时期、不同情况下加以充分发挥。到宋代，宫廷茶礼、文人茶道、民间俗饮都进一步得到发挥；而到明代，道家、隐士则把茶的艺术境界发挥到空前的地步。唐代茶文化的可变性造成了中国茶文化在此后的历史长河中得以波澜起伏，游刃有余。所以，我们今天在全国各地仍可看到此起彼伏的茶文化热潮。

4. 唐代茶文化有极大的驱动性

由于唐代茶文化含蕴丰富，从而使它有极大的号召力，茶的亲和性能也使它能感召四面八方，以及各层次的人群。所以，尽管各阶层茶道的规模、气氛有所区别，但大家都可以接受它总的精神。

唐代茶文化是我们中华民族凝聚力、亲和力的极好表现，它曾驱动千千万万的人以茶来鼓舞自身，也彼此鼓舞。这一点在后代的茶具文化中表现得极为明显。元明以后，出现"子母茶具"，把茶壶叫做"茶娘"，把茶碗称为"茶子"，表示母亲关怀每一个孩子，祖国关怀着每一个炎黄儿女。茶具艺术家又作了三根连体的茶壶，表示各族人民同祖同根。茶馆文化更是茶道亲和精神的有力倡导者，在中国，至今四面八方、城市乡村，都遍布茶馆，茶馆是思想交流的场所，也是传播信息的场地。在茶馆里，素不相识的人也感到一种祥和亲近的气氛。在四川等地的茶馆里，还调解民事纠纷，产生了矛盾和争执，当地有威望的老人主持，乡亲参与评说，几杯茶便化解了彼此的怨恨。正是因为茶文化有着这种内在的力量，所以驱动性很大，影响千家万户，使茶成为国饮。

5. 唐代茶文化具有国际性

茶文化本身就是中国本土的儒道精神与外来的佛教文化相互结合的产物，当它出现以后又影响世界各国。首先受到中国茶文化影响的是日本，早在唐代，日本学问僧最澄便带回中国的茶籽，当然，也带去了饮茶的方法和礼仪，这样才产生了日本茶道。其他如朝鲜等地，同样是受了中国文化的影响而产生自己的茶道。

二、茶文化对文学艺术的影响

唐诗是中国诗歌的顶峰，大唐茶诗又是唐诗中精彩的篇章。没有震古烁今的"盛唐气象"也就不会产生大唐多姿多彩的茶文化，自然也就不会有精彩的大唐茶诗。

经初唐100年的酝酿，至中唐初，茶文化已趋向繁荣，特别是三教文化对饮茶的影响而出现有法相的佛教茶、道教茶、儒教茶，构成了唐代茶诗繁荣的前提条件。而三教合流的推动者是大唐士子——一个特殊阶层，这批人一般都有儒学的根底，自儒学起步，或一生都是粹然儒者，或自儒入道，或自儒入佛，或杂糅三教。当他们为大唐茶风所濡染而成为雅士茶人后，他们笔下的茶诗无可避免地带上了三教文化的深深烙印。总而言之，大唐茶诗顺理成章地融汇了儒、道、释三教文化，并成为中国茶道"形而上"主体的鲜明表述。

唐代茶诗（含赋和联句）收入《全唐诗》的据初步统计约有640余首，涉及的诗人超过150人。此处所说的茶诗大多是诗中有那么几句涉及茶事，专门写茶的诗不会超过百首。其中，白居易写茶诗约60首，自称"别茶人"①。卢仝的《走笔谢孟谏议寄新茶》是古今茶诗扛鼎之作，传为千古绝唱。皮日休、陆龟蒙各写《茶中杂咏》（《全唐诗》卷610）10首诠释《茶经》。袁高一首《茶山歌》（《全唐诗》卷314）发聋振聩，犯颜诗谏，皇帝纳言，稍苏民困。诗体有古体、律诗、绝句，题材广泛，包括咏名泉、咏采茶、咏造茶、咏煮茶、咏名茶、咏茶具、咏茶礼、咏茶功、咏茶会……凡茶事诸方面无不涉及。可以说，在唐代不饮茶做不了名诗人，名诗人不能不写茶诗。

我们检阅《全唐文》，发现40余篇茶文，当然远逊于茶诗，但与唐以前茶文相较，其发展速度还是惊人的，唐前除杜育②《荈赋》可以差强人意划入茶文范畴外，尚未见到一篇具完整意义的茶文。

唐代茶文有自己的特色，它比较真实和客观地记载了当时的茶文化史实。

唐代的茶文，我们按体裁和内容的特点，可以将它们分为两大类：一是文学色彩比较浓厚的序、记、赋、传等；一是政治色彩比较浓厚的诏、表、奏、疏等。文学色彩比较浓厚的茶文，首先要推崇的是顾况的《茶赋》。在品泉论水的茶文中独孤及③的《慧山寺新泉记》很值得一读。

唐代歌咏茶宴茶会的诗歌很多，但反映茶宴的文章却极为罕见，我们从《全唐文》中仅发现一篇，这就是吕温④的《三月三日茶宴序》。

唐代另一类茶文，如奏议制表、诏书诏令等，具有深厚的政治色彩，其文学价值不很高，但却是人们了解唐代茶政源流重要的参考文献。在唐代，茶叶是天子以示浩荡皇恩而赐给宠臣近侍常见的礼物。这可以从当时众多的《谢赐茶表》中看出。如韩翃⑤的《为田神玉谢茶表》、刘禹锡⑥的《代武中丞谢赐新茶第二表》、白居易的《谢恩赐茶果等状》、柳宗元⑦《为武中丞谢赐新茶表》、杜牧《又谢赐

---

① 别茶人：是白居易对自己的别称，意指鉴别茶叶的人，源自于其一句流传甚广的诗句："不寄他人先寄我，应缘我是别茶人。"白居易是品茶高手，一生写了二千多首诗，提及茶事的有63首之多，应居唐朝诗人之冠。

② 杜育：字方叔，襄城邓陵人，杜袭之孙。生年不详，卒于晋怀帝永嘉五年，即公元311年。美风姿，有才藻，时人号曰杜圣。累迁国子祭酒。著有文集二卷（《隋书》《唐书·经籍志》）传于世。

③ 独孤及（725—777）：唐朝散文家，字至之，河南洛阳人。历任左拾遗、太常博士、礼部员外郎、濠、舒二州刺史，以治课加检校司封郎中，赐金紫。集三十卷，内诗三卷，今编诗二卷。

④ 吕温（771—811）：字和叔，唐河中（今永济市）人。德宗贞元十四年（798）进士，次年又中博学宏词科，历任左拾遗、入蕃副使、户部员外郎、刑部郎中。世称"吕衡州"。

⑤ 韩翃：唐代诗人。南阳（今河南南阳）人。是"大历十才子"之一。天宝十三年（754）考中进士。建中年间，因作《寒食》诗被唐德宗所赏识，因而被提拔为中书舍人。韩翃诗笔法轻巧，写景别致，在当时传诵很广。

⑥ 刘禹锡（772—842）：字梦得，彭城（今徐州）人，祖籍洛阳。唐代中晚期著名诗人，有"诗豪"之称。

⑦ 柳宗元（773—819）：字子厚，唐代河东（今山西运城）人，杰出诗人、哲学家、儒学家乃至成就卓著的政治家，唐宋八大家之一。著名作品有《永州八记》等六百多篇文章，经后人辑为三十卷，名为《柳河东集》。

茶酒状》等，这些茶文多以四六言为主，文辞漂亮，对仗工整，用典较多，内容大多千篇一律，无非是歌功颂德之语。其中崔致远的《谢新茶状》很值得一读。

要了解唐代的茶政历史，那么有关茶的奏疏、诏书等，是这方面的重要文献。我们从《全唐文》中查阅到专写茶的奏疏、诏书共有20余篇，如陆贽[①]《均节赋税恤百姓之条》、张滂《请税茶奏》、令狐楚《请罢榷茶使奏》、李珏《论王播增榷茶使疏》、唐文宗李昂《授王涯开府仪同三司充诸道榷茶使制》、唐宣宗李忱《停税茶敕》等。

除茶著、茶诗、茶文外，唐代茶文献还有几个来源：一是一些随笔式的杂著；二是农书；三是药书。这些著作虽不是专写茶的，但其中论及茶的篇章段落，往往相当精彩，成为人们研究唐代茶文化史的重要参考文献。[②]

茶画是中华茶文化重要的表现形式，读历代茶画可以感受中华茶文化发展史中的许多方面。唐代茶画并不多，堪称经典的如唐人阎立本的《萧翼赚兰亭图》、张萱的《明皇和乐图》、佚名《宫乐图》、周昉的《调琴啜茗图》等。

茶与书法结缘，最有力的证据是陆羽的《释怀素与颜真卿论草书》文章。广德二年(764)，陆羽铸风炉，上书27字，字体遒健古朴，不知是陆羽所书，还是他人代庖，无考。在顾渚山区的唐宋摩崖上留有唐代茶书6处。唐代留存下来的茶书法，比较有影响的有：怀素[③]《苦笋帖》，此帖为绢本，上海博物馆收藏。

茶歌是以茶为主题的歌曲，有旋律有歌词。茶叶成为歌咏的内容，最早见于西晋的孙楚《出歌》，词曰"姜桂茶荈出巴蜀"，这里所说的"茶荈"，就是指茶。唐代陆羽的《六羡歌》时人也称"歌"，皮日休在《茶中杂咏·序》中说："昔晋杜育有荈赋，季疵有茶歌。"唐代中期的茶歌，在《全唐诗》中还能找到如皎然《饮茶歌诮崔石使君》《饮茶歌送郑容》、卢仝《走笔谢孟谏议寄新茶》、刘禹锡《西山兰若试茶歌》等。卢仝的《走笔谢孟谏议寄新茶》，时称"饮茶歌"。[④]

三、茶文化对哲学精神的影响

茶道体现的是茶文化的哲学精神。今人概括《茶经》的哲学思想渊源为"据于道，依于佛，尊于儒"。日本森本司朗说《茶经》系"地道的茶道哲学"[⑤]。其后，随着茶文化的丰富和发展，茶道的内涵也随之充实和深化，具体言之包括以下内容。

1. 阴阳协调之道

中国哲人认为，茶是大自然阴阳之气协调的产物。陆羽《茶经·一之源》云："茶者，南方之嘉木也。"又说：好的茶树应生长于"阳崖阴林"。"嘉"的本义是许多乐器在一起演奏出优美的音乐，其意为"美好"。以"嘉木"赞美茶树，已蕴涵阴阳协调之义，而"阳崖阴林"则更鲜明地指出了茶是阴阳和谐的产物。陆龟蒙《奉和袭美茶具十咏·茶笋》诗云：

---

① 陆贽（754—805）：唐代政治家，文学家。嘉兴（今属浙江）人。大历八年（773）进士。贞元八年（792）出任宰相。有《陆宣公翰苑集》24卷行世。

② 王河：《唐代茶文与茶杂著述略》，《农业考古》，2000年第2期。

③ 怀素（725—785）：字藏真，僧名怀素，俗姓钱，永州零陵（湖南零陵）人。幼年好佛，出家为僧。他是书法史上领一代风骚的草书家，与唐代另一草书家张旭齐名，人称"张颠素狂"或"颠张醉素"。

④ 丁文：《茶与文学艺术》，见丁文：《中华茶典》，陕西人民出版社，2010年版。

⑤ [日]森本司朗：《茶史漫话》，农业出版社，1983年版。

所孕和气深，时抽玉苕短。
轻烟渐结华，嫩蕊初成管。
寻来青霭曙，欲去红云暖。
秀色自难逢，倾筐不曾满。

（《全唐诗》卷620）

这首诗描写了茶芽的生长情况。茶树由于受到和气的孕育，意思是说茶树由于得到阴阳和合之气的孕育，遂萌生出玉色似的茶芽，也从生长过程角度说明了茶道所体现的阴阳和谐之气。不仅茶叶的生长体现了阴阳协调之道，而且茶叶的加工、煎煮、饮用也都体现了阴阳协调之道。陆羽在《茶经·四之器》中谈到煮茶的风炉时说："置墆㠮[①]于其内，设三格：其一格有翟焉，翟者，火禽也；画一卦曰离。其一格有彪焉，彪者，风兽也；画一卦曰巽。其一格有鱼焉，鱼者，水虫也；画一卦曰坎。巽主风，离主火，坎主水。风能兴火，火能熟水，故备其三卦焉。"这段话的意思是说，炉的里边，设有放燃料的炉床，又设三个支鍑[②]的架，架上分别刻着火禽、风兽、水虫，与之对应的是分别刻着离卦、巽卦、坎卦。巽卦是象征风的卦，离卦是象征火的卦，坎卦是象征水的卦。风能助火，火能煮水，三者相"和"方能煎出好茶，所以要有这三个卦。茶器风炉型制以均衡为美，厚、缘阔、足、文字选择的3、6、9、21等数，乃根据易学象数[③]原理严格定其尺寸。"3"是最稳定的复数，三点相连可成一个稳定的三角形，6、9、21皆为"3"的倍数。一足云"体均五行去百疾"，炉体具"五行"之数：锻铁铸造此为"金"，中有薪炭此为"木"，器内盛水此为"水"，燃烧加热此为"火"，置于地上此为"土"——金、木、水、火、土"五行"皆具。但要"均"，即平衡五行生克[④]关系，"平则为福"便可"去百疾"[⑤]。煮茶的过程就是金木水火土五行相生相克并达到和谐平衡的过程。再如他所造的"鍑"（锅），"方其耳，以正令也；广其缘，以务远也；长其脐，以守中也"，这"正令""务远""守中"是儒家治国求太平之术，亦为"和"之术。从各方面表现出陆羽对"中和"这一理想境界的追求，处处体现阴阳协调之道，提倡饮茶"致清导和"的用心良苦。

2. 天人合一之道

天人合一[⑥]是中国哲学的重要观念。天人合一观念包含人与天地自然处于一

---

① 墆㠮（dì niè）：高峻貌，或指高峻的山。

② 鍑：是煮茶用具，与风炉是浑然一体的，它形似大口锅，不同处在于方形耳，底部稍微有点尖，类似肚脐眼。鍑这东西在古代很兴盛，但到了宋朝就慢慢退出历史舞台，现代更很少人再用了。

③ 易学源于易经之学，简称易学。《易经》是中国文化最古老的典籍，是中国人文文化的基础易学的主要奠基人为伏羲、周文王与孔子。中国古代把物象符号化数量化，象数学是用以推测事物关系与变化的一种学说。是中国易学的一个分支。

④ 五行生克：是五行学说的一种观点。五行学说认为宇宙是由金、木、水、火、土五种最基本物质构成的，宇宙中各种事物和现象的发展、变化都是这五种不同属性的物质不断运动和相互作用的结果。五行之间存在着相生相克的规律。相生，含有互相滋生，促进助长的意思。相克，含有互相制约、克制和抑制的意思。五行相生：木生火，火生土，土生金，金生水，水生木。五行相克：木克土，土克水，水克火，火克金，金克木。

⑤ [宋]赵佶：《圣济经》，人民卫生出版社，1990年版。

⑥ 天人合一："天人合一"的思想概念最早是由庄子阐述，后被汉代思想家、阴阳家董仲舒发展为天人合一的哲学思想体系，并由此构建了中华传统文化的主体。其基本思想是人类的政治、伦理等社会现象是自然的直接反映。

个统一体中以及人的德性与天的德性① 相一致这样两种基本含义。

儒家一贯主张天人合一,并十分重视天、人之间的交感作用。以阴阳五行学说为理论模式的中医学甚至于将天、人相比附,认为:

> 天有日月,人有两目。地有九州,人有九窍。天有风雨,人有喜怒。天有雷电,人有音律。天有四时,人有四肢。天有五音,人有五脏。天有六律,人有六腑。地有十二经水,人有十二经脉。岁有三百六十五日,人有三百六十节。②

佛教提出"梵天合一""物我同根",即认为主宰世界的"梵"与个体灵魂的"我"本体上是统一的,所谓"涅槃与世间,无有少分别。涅槃之实际,及与世间际,如是二际者,无毫厘区别"③。这一世界观的特点是认为主体与客体同构,而且主体与客体可以双向交流,打成一片。应当说,儒、道、释三教在这一点上并无根本区别,只是提法不同,都认为人是自然的一部分,人与自然要和谐相处,并在相处中相互感应,相互交流。见之于实践就是要返璞归真、回归自然。

士子介入茶事,便引入这一美学主张,在品茗中返璞归真,茶我两忘。他们对于茶之色、香、味,讲求一个"真"字,要有真色、真香、真味,"真"则自然。主张用本地水煎本地茶,陆羽尝谓"烹茶于所产处无不佳,盖水土之宜也"。主张自然的煎茶,主张自然的饮茶,当然最有趣的还是去山山水水中饮茶。唐人灵一写过《与亢居士青山潭饮茶》(《全唐诗》卷809)一诗,诗人与亢居士划着船儿去山间,取青山潭的水煎茶,二人爱茶也爱山,陶醉于山水之美和香茶之美,饮到日暮方止。表现山林饮茶的野趣,在唐诗中不乏例证,如:

成彦雄《煎茶》云:

> 岳寺春深睡起时,虎跑泉畔思迟迟。
> 蜀僧倩个云僧碾,自拾枯松三四枝。
>
> (《全唐诗》卷759)

又如刘言史《与孟郊北野泉上煎茶》诗云:

> 粉细越笋芽,野煎寒溪滨。
> 恐乖灵草性,触事皆手亲。
> 敲石取鲜火,撇泉避腥鳞。
> 荧荧爨风铛,拾得坠巢薪。
>
> (《全唐诗》卷468)

至于那些山林隐者,在山林中种茶、制茶、品茗,享尽了山林的乐趣。他们与茶融为一体,与自然融为一体,比生活在都市里的茶人更能体味饮茶的自然美。

由于茶本生长于自然,后经人工培植、采摘、炮制而为饮料。煎茶、泡茶之水也汲之于自然,所以,天地自然是茶之源。于是,饮茶过程也就是人与自然亲近的过程,亲和的过程,是天人贯通、天人融合,人与自然相和谐的具体体现。

---

① 德性:"德性"一词在道德思想史上颇受争议。在希腊语中原指事物的特性、品格、特长、功能,亦即一事物成为该事物的本性。近代的哲学界和神学界对道德理论和实践问题的讨论,以及对德性的分析和研究,表现了一种强调道德主体的趋势。
② 《全本黄帝内经》,华文出版社,2010年版。
③ 《中论·观涅槃品》。

因此，饮茶可以使人接近自然，情系自然，既形成尊重、关爱自然的价值意识，又通过与自然融合以拓展人的心胸，提炼人的精神。

由于饮茶随时随地地把人和自然联系起来，使其处于一个统一体中。由此饮茶活动所体现的天人合一境界最为鲜明。①

3. 人际和谐之道②

中华文化以追求和谐为理想，认为天人和谐、人际和谐、生命和谐即是最高的善，最高的美。

"和"源于中国古典哲学的阴阳五行学说。"中国古代辩证法更重视的是矛盾对立之间的渗透、互补（阴阳）和自行调节以保持整个机构、结构的动态的平衡稳定，它强调的是孤阴不生、独阳不生；阴中有阳、阳中有阴"，于诸动态因素中讲求"协调、均衡，强调'权''时''中''和而不同''过犹不及'等等"③。儒家讲中庸，中庸这一哲学思想的核心就是"中和"。这是一种人生的平衡术，平衡诸方矛盾以致太和。佛教讲"中观论"④，否定"边见"⑤"不落二边"为特征的，即不偏执于矛盾的任何一方，不求极端，主张折中。"中观"见之于生活艺术，要求节制精神欲望，做到不偏不倚，保持恬淡适度，即要做一个平常的人，而做一个平常的人就要有一颗平常心。禅宗公案多处涉及如何是"平常心"，禅僧说"平常心是道"⑥。

在茶文化中，包含着十分丰富的"中和""中庸""中观"以及"平常心"的理念。

茶的中和之道首先承载于茶对于人体的调和功能之中，饮茶可以引导人的生理机能达到和谐状态。

茶的和谐之道还蕴涵于大量的风俗习惯和礼节仪式之中。茶可以为婚聘之礼、睦邻之礼、会客之礼、赏赐之礼、丧葬之礼、祭祀之礼。孔子曰："礼之用，和为贵。"茶在各种礼仪民俗中的意义都可归结为一个"和"字。强调和谐，不但有利于社会安定、群体团结，还有利于维护生态平衡。

茶所蕴涵的中和之道，还以道德意识的形式存在着。在儒家思想里，中和是合度，是适宜，是无过亦无不及，是恰到好处。儒家的中和思想，在茶事活动中有充分体现。例如，在泡茶时表现为"酸甜苦涩调太和，掌握迟速量适中"，在饮茶过程中表现为"饮罢佳茗方知深，赞叹此乃草中英"，在品茗的环境与心境方面表现为"普事故雅去虚华，宁静致远隐沉毅"，等等。唐人刘贞亮明确地从道德角度提出"以茶利礼仁"之说。

唐代茶道，凝结着儒家的"中和"理想和"仁礼"精神，通过发扬这种精神就

---

① 丁文：《茶道论稿》。
② 本节参考丁文：《茶道美学思想的核心是个"和"字》。
③ 李泽厚：《中国古代思想史论》，三联书店，2008年版。
④ 中观论：龙树菩萨中观论即《中论颂》。阐述缘起性空深义，揭示生死解脱根本，为三乘共遵之门。《中论颂》为龙树重要的代表作，畅演中道，中观论摧破执空执有的异说，使大乘不再依傍於小乘部派，而能卓然自立，自成大乘中观一格。
⑤ 边见：执著于断、常二见即为边见。认为"我"是永恒的，就是执著"常"；认为人死后一了百了，什么都完了没有了，这就是执著"断"。这两种错误见就是边见。由于缺乏足够的智慧与觉悟，不能正确地洞悉一切事物的本质或义理，无法正确理解"万法唯识、缘起性空、妙有真空"等道理，不是执著于空，就是执著于有，不是执著于"真"，便执著于"幻"等等都为边见。
⑥ [宋]普济：《五灯会元》，海南出版社，2011年版。

能促进和谐，增进友谊，创造人与人之间的和谐气氛，增强社会和民族的凝聚力。

4. 自然无为之道[①]

道教信徒马钰称茶为"无为茶，自然茶"，为道教茶定了性。

道教以老子为教主，老子的主张是在抱雌守一[②]、无为无欲的"虚静"与"超越"状态中体悟"无状之状""无象之象"的"道"。"道"是"大音希声，大象无形"[③]，只可意会不可言传，若诉诸感官则"五色令人目盲，五音令人耳聋，五味令人口爽"，不可得"道"，只有通过"心斋"[④]"坐忘"[⑤]来实现这种体验。去何处"坐忘"呢？当然只能远离尘世，回归自然怀抱。

茶文化所蕴涵的自然无为之道，主要包括如下方面。

崇尚优美的自然环境。茶之成为"自然茶"不仅仅言其是自然之物，还包含饮茶的自然主义，即在大自然中饮自然之茶，并在饮茶中寻求对自然的回归。唐代文士茶人非常重视饮茶环境的优美、幽静。因为在古人看来，茶生于明山秀水之间，与青山为伴，以明月、清风、云雾为侣，可谓得天地之精华，成天地间灵物。而饮茶乃是人们与山水自然结为一体，接受天地雨露恩惠的过程，也是人明心见性、回归自然的精神活动。

保持淡泊的自然心态。茶之为饮，最宜精行修德之人。"冲淡闲洁""精行修德"是对饮茶者淡泊自然心态的形容。北宋诗人唐庚对李德裕"水递"一事评论道："水不问江井，要之贵活。千里致水，伪固不可知，就令识真，已非活水……汲泉煮茗，以取一时之适，此非吾君之力欤！"明代屠隆在《考槃余事》中对此事更是一针见血地指出："清致可嘉，有损盛德！"可见，保持淡泊的自然心态是茶道的重要内容。

追求自由的精神境界。在道家看来，自然和自由是相通的。自由是自然所追求的最终目标，而自然是实现自由的根本途径，此之谓"无为而无不为"。茶文化中也蕴涵着这种由自然而达自由之道。陆羽《六羡歌》（《全唐诗》卷308）云："不羡黄金罍，不羡白玉杯；不羡朝入省，不羡暮入台；千羡万羡西江水，曾向竟陵城下来。"他的意思是说，富贵荣华、高官厚禄对人都是一种外在的束缚和负担，只有在饮茶时，人的精神才能获得自由。他的《茶经》所列茶人，大部分为道教（道家）人物；所述茶事，也颇多由饮茶而羽化飞升的神仙故事。道家既不看重茶的程式，也不探究茶的技巧，而是遵循自然无为、超然物外的旨趣，追求着一种超

[①] 丁文：《茶与自然》。
[②] 抱雌守一：以柔弱的态度处世。《老子》："知其雄，守其雌，为天下谿。"吴澄注："雄，谓刚强；雌，谓柔弱。"晋葛洪《抱朴子·至理》："涤除玄览，守雌抱一。"清龚自珍《释言》诗之一："守默守雌容努力，毋劳上相损宵眠。"鲁迅《坟·文化偏至论》："夫安弱守雌，笃於旧习，固无以争存於天下。"
[③] 大音希声，大象无形：宇宙中有一种声音非常大，但是很少让人听到，宇宙的形状非常大，大得没有形状可以描述它，指一种艺术和美的最高境界。
[④] 心斋：谓摒除杂念，使心境虚静纯一。中国战国时期庄子的哲学用语，就是虚空的心境，即超越功利的审美心境、审美态度。心斋为道教斋法的最高层，指疏沦其心，摒弃智欲，澡雪精神，除却秽累，捂击其智，断绝思虑。
[⑤] 坐忘：本是老庄哲学用语。《庄子·大宗师》云："堕肢体，黜聪明，离形去知，同于大通，此谓坐忘。"坐忘是中国茶道中的一种法门，也可以理解为一种品茶的心态，就是喝茶时要做到心如止水，使自己清静、恬淡、寂寞、无为，使自己的心灵随茶香弥漫，仿佛自己与宇宙融合，升华到"悟我"的境界。

越法则、顺乎自然进而达到自由的最高精神境界。诗僧皎然其诗虽是僧诗却充满道意。如"丹丘羽人轻玉食，采茶饮之生羽翼，名藏仙府世莫知，骨化云宫人不识"。这些诗句，表达了通过饮茶而使人达到"仙府""云宫"这种绝对自由境界的美好愿望，并认为只有如神仙那样自由的人才能真正懂得茶道的真谛。

饮茶作为一门实用艺能，更能直截了当地贯彻自然之道，唐人正是如此——

诗人刘言史"敲石取鲜火，撇泉避腥鳞。荧荧爨风铛，拾得堕巢薪"（《与孟郊洛北野泉上煎茶》《全唐诗》卷468），在洛北作"野外之饮"；

诗人张籍"自看家人摘，寻常触露行"，于清晨露水未干时去茶岭采摘"紫芽连白蕊"（《和韦开州盛山十二首·茶岭》《全唐诗》卷386）；

诗人杜甫"落日平台上，春风啜茗时。石阑斜点笔，桐叶坐题诗。翡翠鸣衣桁，蜻蜓立钓丝"（杜甫《重过何氏》，《全唐诗》卷224），择一佳境，在春日傍晚饮茶题诗；

诗人白居易于名山胜境结茅而居，手辟茶园（《香炉峰下新置草堂，即事咏怀题于石上》，《全唐诗》卷430）。茶人"借"大自然的造化创造一个自然的茶境，而不是"夺"大自然之造化。只有这种环境才可帮助悟道之人建起"心斋"，在静寂中"坐忘"。

5. 清净幽静之道①

中国文化和哲学中，儒家、道家、佛教都有主静之论。儒家言"人生而静，天之性也"（《礼记·乐记》），又云"知止而后有定，定而后能静"（《大学》）。道家言"致虚极，守静笃"，又曰"清静为天下正"（《老子》）。佛教言"静胜三昧""静虑处"。儒、道、释三教传心要法总不离一"静"字。佛教主静之外，尚有"清净"之说。"静""净"不但是一种修养方法，而且还是一种超越境界。因此，也是"道"的内涵之一。

皇甫曾《送陆鸿渐山人采茶》（《全唐诗》卷210）有"寂寂燃灯夜，相思一磬声"句，温庭筠《西陵道士茶歌》（《全唐诗》卷577）有"更觉鹤心通杳冥"句，李群玉《龙山人惠石廪方及团茶》（《全唐诗》卷568）有"凝澄坐晓灯"句，曹邺（或谓李德裕作）《故人寄茶》（《全唐诗》卷592）有"半夜招僧至，孤吟对月烹"句。静与虚常相得益彰，古往今来，无论是儒生、道士还是高僧，都把由"静"而"虚"作为茶道修习的必经之道。因为静则虚、静则明。静可虚怀若谷，静可内敛含藏，静可洞察明澈。茶饮能静心、静神，故有助于陶冶情操、去除杂念、修炼身心。所以说："欲达茶道通玄境，除却静字无妙法"——此心灵之"清静"也。

姚合品茗诗云："竹里延清友，迎风坐夕阳。"唐元稹咏茶云："夜后邀陪明月，晨前命对朝霞"——此环境之幽静也。

清净、幽静之道形成了唐代茶道枯索静寂的美学追求。因为僧人坐禅要求姿势端正，不偏不倚，心里高度宁静，以便于和佛作心灵的对话，实现顿悟成佛的目的。受佛教影响的士子茶人他们有孔学和老庄的文化基因，要"悟道"，要"吾日三省吾身"。儒、道、释三教都讲一个"悟"字，在这一点上并无根本的分歧。所以，士子乐意接受佛教的美学旨趣，将茶境融入禅境，追求一种枯索静寂之美。

---

① 参考丁文：《茶道美学枯索静寂之美与坐禅悟道内省》。

枯索静寂之美是何种情境,是何种韵味?例如:

郑巢《送琇上人》:"古殿焚香处,清羸坐石棱。茶烟开瓦雪,鹤迹上潭冰。"(《全唐诗》卷504)

刘得仁《慈恩寺塔下避暑》:"僧真生我静,水淡发茶香。"(《全唐诗》卷544)

曹松《宿僧溪院》:"少年云溪里,禅心夜更闲;煎茶留静者,靠月坐苍山。"(《全唐诗》卷717)

牟融《游报本寺》:"茶烟袅袅笼禅榻,竹影萧萧扫径苔。"(《全唐诗》卷467)

李嘉祐《同皇甫侍御题荐福寺一公房》:"虚室独焚香,林空静磬长。啜茗翻真偈,燃灯继夕阳。"(《全唐诗》卷206)

严维《奉和独孤中丞游云门寺》:"异迹焚香对,新诗酌茗论。"(《全唐诗》卷263)

温庭筠《西陵道士茶歌》:"仙翁白扇霜鸟翎,拂坛夜读黄庭经。疏香皓齿有余味,更觉鹤心通杳冥。"(《全唐诗》卷577)

这是一种空虚的美,一种不具物象的美,一种超然的美,但这种美是可以靠心灵去感受的。唐代茶道这一美学旨趣对日本茶道的形成产生了深远的影响。正如日本茶学家久松真一先生将"禅艺术"的性格归纳为"不匀称、简索、枯高、自然、幽玄、脱俗、静寂"①,我们从中可以感受到唐代茶文化所蕴含的清净幽静之道。

中国人喜好茶,在茶中寄托自己的情趣,乃至形成茶文化,一个重要原因是茶适应了中国人性格中清淡的一面,即"淡泊以明志,宁静而致远"的情趣追求。

6. 修齐治平之道 ②

修身、齐家、治国、平天下是儒家赋予知识分子的人生使命,也是儒家为广大知识分子所设计的人生道路和人生理想。作为人生之道,"修齐治平"不但指导着人们的人生实践,也广泛渗透于中华文化的许多领域,成了一种文化理念和文化精神。茶也成了这种文化精神的载体之一。

唐代茶叶的生产、饮用、贸易已具前所未有的规模,李唐朝廷确立茶为国饮,并运用政令和选派官吏用多种方式发展茶叶的生产和贸易,开辟财源,富民富国,使饮茶之俗风靡全国并传播海外。茶道靠王道而发展,并成为弘扬王道的特殊方式。

中唐时代,贡茶最有名的是湖州顾渚的紫笋茶和阳羡茶。阳羡茶列为贡品功在陆羽,是他在大历二年(767)向常州刺史李栖筠建议贡阳羡茶(与顾渚紫笋茶在同一茶区),"栖筠从之,始进万两"。陆羽发现了品质优良的茶叶,作为一个儒者,他首先想到的是献给皇帝,以尽臣民的一片忠心。在儒者看来,凡世间好吃的、好喝的、好用的、好看的、好玩的、好穿的,天子当为天下先,此乃天经地义,否则会陷入不仁不义。

---

① 滕军:《日本茶道文化概论》,东方出版社,1992年版。
② 参考丁文:《茶文化与儒佛道的关系》。

我们剖析自李唐王朝开始的贡茶制度，可见王道与霸道并见于茶道，仁政与苛政并见于茶事。茶之制颇合孔孟仁学要旨，"普天下之下，莫非王土。率土之滨，莫非王臣"。王公贵族食毛践土，自然包括誉为"山中灵芝"和"麒麟草"的茶在内。当然，贡茶累民之苦也人所共知。据《唐国史补》记载："长兴贡，限清明日到京（今西安），谓之急程茶。"《唐国史补·食货志》载："李隆基天宝（742—755）中，南岳贡茶，官府星火催春焙，山农苦之。"① 李适贞元五年（789）规定湖州贡茶分五等，第一等贡茶必须于清明节运到京城，一个月行4000里，驿递之苦不堪想象。诗人李郢目睹茶工抢时采制贡茶和急程递解情景，作《茶山贡焙歌》，多侧面极写贡茶扰民之苦，然究竟谁该承担罪责呢？自然不能开罪于皇帝，作为儒者，他并不反对以贡茶表示臣工一片爱君之心，只是希望不违仁政王道，对百姓不可掠夺压榨过度，导致反抗，使封建秩序瓦解，天下大乱。诗人袁高出任湖州刺史，目睹顾渚茶农采焙贡茶之苦，这位以孔孟仁学为追求的儒者以忧愤交加的心情写了一首长长的《茶山诗》，镌于西顾山摩崖，并斗胆进呈唐德宗，表现了一个儒者的伟大人格：忠君忧民、慷慨有节、犯颜直谏、直道热肠。诗人忧民出自仁者的"不忍人之心"，希望以己"不忍人之心"激动君王"不忍人之心"，以尽儒者"修身齐家治国平天下"的天职。

唐代榷茶始末详载于《唐书》。德宗纳赵赞议，为茶农提供常平本钱，然后十税其一，倒不失为官民两利的举措，富国又富民。茶税"岁得钱40万缗"，确实为国家开了巨大财源。文宗即位，王涯兼榷茶使。文宗的新茶法是对茶园不仅"统购、统销"，还要"统筹"，导致民怒沸腾，王涯成了文宗的替罪羊。

中唐的顾渚急程茶害苦了江南茶农，但急程茶之设是为了一年一度的清明茶宴，唐天子以茶宴代替酒宴大会群臣，借此调整君臣关系，显示王者风范和盛唐气象。这一举措无疑是确认茶为国饮，对于茶俗的形成产生了深远而广泛的影响，推动了茶叶的生产、科研和外贸，从治国平天下角度看亦不失为明智之举、创新之举。

观千余年饮茶历史，茶风总是盛于太平年月，其大发展时期多系社会相对稳定时期。因社会安定而茶风兴盛，茶风的兴盛又有助于社会的安定，二者相辅相成、相得益彰。封建王朝以茶调整人际关系，封建皇帝发现茶性平和，可凭借为感情的载体以和君臣。唐天子常以茶赐大臣和文士，唐代有清明茶宴属一种大规模的集体赐茶方式，茶本不足贵，但因是皇帝所赐，便意味着有幸沐浴浩荡皇恩，臣子焉能不感激涕零？叩谢圣恩不算，有的还上谢表，或吟诗作赋。唐代赠茶、赐茶之举多见于唐宋诗文，不胜枚举。

唐代苏鹗《杜阳杂编》云："德宗每赐同昌公主馔，其茶有绿华、紫英之号。"②

杜鸿渐《送茶与杨祭酒书》："顾渚山中紫笋茶两片，一片上太夫人，一片充昆弟同啜，此物但恨帝未得尝，实所叹息。"

大唐时代，茶叶成为朝廷和边的筹码。唐太宗采取和边政策，远嫁文成公主。贞观十五年（641），24岁的文成公主在江夏王李道宗的护送下动身去吐蕃，聘礼中有茶叶。《藏史》记载："藏王松冈布之孙（文成公主之夫）时，始自中国输

---

① [唐]李肇撰：《唐国史补》，上海古籍出版社，1979年版。
② [唐]苏鹗：《杜阳杂编》，《唐五代笔记小说大观》，上海古籍出版社，2000年版。

入茶叶，为茶叶输入西藏之始。"

毫无疑义，历代茶叶边贸不仅仅是互通有无的商业行为，而是立足于"致清导和"这一国策。唐玄宗时期始以茶盐、金帛同少数民族换马。《封氏闻见记》云："饮茶……始自中地，流入塞外，径年回纥入朝，大驱名马，市茶而归。"以茶和边政策是双方面受益：茶作为和平使者，使少数民族增进了对中原民族的了解，增加了民族之间的凝聚力；茶换回了军用必需的马匹，增强了大唐国防实力，亦不失固边良策。

茶在调整中外关系方面发挥了作用。自有茶道，茶也便成为外交领域的"和牌"。唐代丝绸之路运往西亚、欧洲诸国的"唐物"不仅有丝绸、瓷器，还有茶叶；他们正是通过这些"唐物"让西人去感受盛唐气象，并怀着钦佩的心情远道来访，进行双边贸易并了解中国。唐天子亦以泱泱大国的风度礼待外国使节和商人，赐茶是礼节之一。

茶文化所蕴涵的"修齐治平"之道，表现在饮茶人关心国运、关注世情的责任感上，表现在茶人以茶比喻君子的道德节操上，至于利用饮茶聚会之际，评议朝政、谈论国事更是屡见不鲜，比比皆是。茶文化蕴涵着儒家积极用世、齐家治国、仁民爱物的积极精神。

综上所述，茶文化所蕴涵的阴阳协调之道、天人合一之道、人际和谐之道、自然无为之道、清净幽静之道和修齐治平之道，乃是中国哲学的基本观念和基本精神。这些基本观念和基本精神涉及儒、墨、道、释各家学说，在唐代茶文化空前发展的历史阶段得到了最为集中的体现。所以，从一定意义上说，中华茶道是中国传统各派哲学精神凝聚和升华的结晶，是中国传统哲学天道观、人道观、价值观、人生观的集中体现。因此，研究茶道不但能深化我们对中国传统哲学精神的认识和理解，而且更重要的是有助于我们深入地把握和有效地弘扬茶文化的优秀精华，以推动中华民族精神的振兴。从而，为落实以人为本的科学发展观，构建社会主义和谐社会，实现中华民族的伟大复兴作出有益贡献。

四、茶文化对社会习俗的影响

1. 日常生活中不可或缺的饮品

唐人茶风之兴，非前朝可比：南人饮，北人饮，僧人饮，俗人亦饮；城市饮，乡村饮；中地饮，塞外也饮；家居饮，旅途饮；自己煮饮，亦投钱取饮……总而言之，茶成比屋之饮，"穷日尽夜""溺之甚"。上自天皇贵胄，下至庶民百姓；雅如王公朝士，俗如引车卖浆者流；富如石崇，穷如流丐……简直是举国皆饮，茶事已进入千家万户，社会的旮旮旯旯。

茶入山门，无僧不嗜茶，僧人无时不饮茶，为的是静心益思悦志；茶入宫门，茶饮别开生面，独步一时，以茶为高贵饮品，示恩宠助宴饮；茶入儒门，文人饮茶深悟茶趣，以茶助谈悟道，实现自身超越；茶入柴门，庶民视茶为米盐之物，以满足口腹之欲，为清饮解渴之用。（丁文《中国茶道》）《旧唐书·李珏传》如是说："茶为食物，无异米盐，于人所资，远近同俗。既怯竭乏，难舍斯须，田间之间，嗜好尤甚。"此言实际上就是民间谚语所说"开门七件事，柴米油盐酱醋茶"，可见唐代时期茶已经成为人们生活中必备的饮品，举国上下出现"不可一日无茶"

的局面。随之先后出现了茶肆、茶宴、茶会、茶铺、茶行、茶市等，进一步促成茶成为一种全民饮品，形成独树一帜、恢弘庞大的唐代饮茶风尚。

2. 茶宴茶会的盛行

有酒宴，亦有茶宴。所谓茶宴，就是一种以茶宴客的礼仪。它的历史可溯源于三国时期。茶宴最早的记载见于《世说新语·轻低篇》："褚太傅初渡江，尝入东，至金昌亭。吴中豪右燕集亭中，褚公虽素有重名于时，造次不相识，别救左右多与茗汁，少著粽。"① 而"茶宴"一词的最早文字记载，首见于刘宋时山谦之的《吴兴记》，提到"每岁吴兴、昆陵二郡太守采茶宴会于此。"东晋时陆纳驻守江南吴兴，目睹世风奢侈，便力倡以茶代酒，设茶果宴。到了南北朝时，朝贵宴会，添设茗饮，茶酒珍食兼备，随客自便。茶宴初出现时，是士大夫们标榜俭朴，作为酒宴的替代。随着社会的发展，它也演变得铺张、奢华。从茶宴的记录上可以看到，当时人们甚少束缚，自由、快乐，茶宴上有一种蓬勃向上之气。

到了唐代，饮茶之风盛行，又加上茶能提神、消食、明目、祛邪，使茶的地位日益提高，茶宴成了当时社会的一种风尚。茶宴茶会是以茶为联谊的方式，属茶礼之一种。朋友相会，以茶聚饮不亦乐乎！若是一批文人雅士以茶会诗，便又多了一种高雅的乐趣！

中唐时，湖州的紫笋茶和常州的阳羡茶同列为贡品，每年早春采茶季节，湖、常二州太守在顾渚相聚，联合举办茶宴，邀集名流专家品茗，对新茶作出鉴定。有一年，白居易被邀请，因病未能躬逢盛会，最后写诗感叹其事，诗的题目是《夜闻贾常州崔湖州茶山境会想羡欢宴因寄此诗》（《全唐诗》卷447）。这次茶宴不仅是为互通友好，还有经济合作的性质。两州太守既都来自名茶之乡，为确保名茶声誉，提高贡茶品质，邀得龙心大悦，自有必要在一块切磋切磋。

唐会昌五年（845）三月，白居易已73岁高龄，居家洛阳履道坊。阳春三月，正是风光明媚之时，忽来雅兴，办合尚齿之会（排年龄），邀请六贤光临，白居易做东，以茶待友，因会上要求各作诗一首，故称"七老会诗"。白居易此后作了《九老图诗并序》。别看七老已交或将近"耄耋之年"，却"春心未退"，在饮茶赋诗中回味往日的风流文雅，"临阶花笑如歌妓，傍竹松声当管弦"，眼下虽无青娥递舞、红袖添香、丝竹悦耳，但仍有余力"闲夜饮酒""在席挥毫"。

另有一些文人学士往往相互邀请三五知己，在精致雅洁的室内，或在花木掩映的庭院举行品茶会。主人用名茶招待客人，煮好的茶汤注入像酒盆大小的瓷盆内，一边细细品尝，一边吟诗咏赋。《茶事拾遗》曾记载大历十才子之一的钱起，曾与赵莒一块办茶宴，地点选在竹林，但不像竹林七贤那般狂饮，而是以茶代酒，所以能聚首畅谈，洗净尘心，在蝉鸣声中谈到夕阳西下。钱起的《与赵莒茶宴》《全唐诗》卷239）："竹下忘言对紫茶，全胜羽客醉流霞。"鲍君徽的《东亭茶宴》（《全唐诗》卷7）："坐久此中无限兴，更怜团扇起清风。"还应提及的是中唐诗人吕温，与柳宗元、刘禹锡是好友。他写过一篇《三月三日茶宴序》。对茶宴的幽雅环境，品茗的美妙回味，以及令人陶醉的情态，都作了细腻的描绘。王公贵族式的茶宴茶会不必多讲，但就文人儒士的宴饮情形即可知唐代茶宴的风行状态。或宅院或

---

① [南北朝·宋]刘义庆著，张万起，刘尚慈译注：《世说新语译注》，上海古籍出版社，2007年版。

山野，或宏大或微观，君王有曲宴点茶赐饮之例，百姓有茶宴品茗斗试，自上而下，唐代茶宴遍行朝野。文人宴会上以茶代酒，标志着生活习俗的大改变。

茶宴形式多样，据人统计，唐代茶宴有四种形式：一种是古朴典雅，清静脱俗的寺宴；一种是达官贵人和社会名流的官宴；一种是俭朴务实，自然幽闲的宅宴；一种是饱览风光，诗情画意的野宴。茶宴之道，追求清俭朴实，淡雅逸趣，以清俭淡雅为主旨，展示人们希冀和平与安定的心愿。

3. 以茶为礼的风尚

以茶为礼的风尚在唐代被发挥得淋漓尽致，蕴涵于大量的风俗习惯和礼节仪式之中。诸如茶为祭祀之礼、婚聘之礼、待客之礼、友邻之礼、赏赐之礼、结友之礼，等等。这些茶礼习俗在唐代茶文化空前发展的境况下深深根植于人们的日常生活之中，延至今天。

唐代茶礼内容丰富，略举数端：

贡茶：茶被列为贡品，献给天子，以尽君臣之义。唐代时业已制度化，不仅贡茶，还要贡水，建立了贡茶院和递传机构。湖州贡茶院就是为此而设立，全国进贡单位先后有数十处之多。

赐茶：唐代有赐茶之风，如"唐德宗每赐同昌公主馔，其茶有绿华、紫英之号"[1]，"元和时，馆阁汤饮待学士者，煎麒麟草（茶的别名）"[2]，"大中三年，宣皇赐给寿120多岁的东都僧茶50斤"[3]，"金銮故例，翰林当直学士，春晚人困，则日赐成象殿茶果"[4]。皇上赐茶以示恩宠，臣子荷幸，感激涕零，受茶后当上表叩谢，如御史中丞武元衡得皇帝1斤新茶，先后请刘禹锡代写两篇谢表，其一是："臣某言：中使某乙至，奉宣圣旨，赐臣新茶一斤。猥沐深恩，再沾殊锡，承旨庆忭省躬惭惶。伏以贡自外方，珍殊众品，效参药石，芳越椒兰，出自仙厨，俯颁私室，义同推食，空荷于曲成，责在素餐，实惭于虚受。无任。"其实武某亦是大文人，何须他人代庖，且一谢再谢，请了刘禹锡还不够还要拉上柳宗元，为了区区的一斤茶叶忙活了三个大文人，足见赐茶之礼的分量。

赠茶：随着饮茶习俗的普及，赠茶渐成时尚。唐宋诗人喜以谢茶为题吟诗，不乏脍炙人口的佳句，如"蜀茶寄到但惊新，渭水煎来始觉珍"（白居易《萧员外寄新蜀茶》，《全唐诗》卷437）、"不辞缄封寄郡斋"（刘禹锡《西山兰若试茶歌》，《全唐诗》卷356）、"客有衡岳隐，遗余石廪茶"（李群玉《龙山人惠石廪方及团茶》，《全唐诗》卷568）、"愧君千里分滋味，寄与春风酒渴人"（李群玉《答友寄新茗》，《全唐诗》卷570）。他们之间不仅赠茶，还寄赠煎茶之水，诗云"决决山泉出洞霞，石坛封寄野人家"（陆龟蒙《谢山泉》，《全唐诗》卷629）。一些廉洁的官吏，百万巨金相赠婉拒不受，赠茶却肯笑纳。

茶会：茶宴、茶话、茶会形式类似，是以茶联谊，表示友情，也是茶礼之一种。

嫁礼：周代婚姻纳采用雁，纳征用币。文成公主进藏带去佳茗，已有嫁女送

---

[1] [唐]苏鹗：《杜阳杂编》，上海古籍出版社，2000年版。
[2] 《凤翔退耕录》，转引自陆廷灿：《续茶经》，见《生活与博物丛书·饮食起居编·续茶经》，上海古籍出版社，1993年版。
[3] [宋]钱易：《南部新书》，中华书局，2002年版。
[4] [唐]韩偓：《金銮密记》转引自陆廷灿：《续茶经》，见《生活与博物丛书·饮食起居编·续茶经》，上海古籍出版社，1993年版。

礼的含义。然算不上下茶之礼，宋以后才正式赋予茶以婚姻的含义，自此在中国人的语汇中，"茶"已成婚姻的同义语。

　　礼是孔夫子制定的，其用意是：礼为节，理顺方方面面的关系，使社会恢复平衡状态；礼为养，理顺"物"与"欲"的关系；礼为安，社会大治，呈现升平气象。唐代提倡茶礼，也是希望借茶礼实现人与人之间的和谐而致美好境界。孔子曰："礼之用，和为贵。"茶在各种礼仪民俗中的意义都可归结为一个"和"字。强调和谐，不但有利于社会安定、群体团结，还有利于维护社会的生态平衡。

第一章 唐代茶产业

疏香皓齿有余味
更觉鹤心通杳冥

第一节　茶的种植

一、唐代以前茶叶生产利用的状况

茶树栽培与饮茶风习，在我国具有悠久的历史。相传"神农尝百草，日遇七十二毒，得荼而解之"。早期的先民已知采集野生茶叶作为药料，其后茶叶的利用范围渐广。《周礼·地官》载"掌荼聚荼，以供丧事"。《晏子春秋》说"婴相齐景公时，食脱粟之饭，炙三弋五卵茗菜而已"[1]。西汉王褒《僮约》载券文曰："神爵三年（59）正月十五日，资中男子渊，从成都安志里女子杨惠，买亡夫时户下髯奴便了，决贾万五千，奴当从百役使，不得有二言。晨起洒扫，食了洗涤，……烹茶尽具，铺已盖藏，……武阳买茶。"由是观之，茶叶的利用，自氏族社会后期至西汉王朝，由药用、食用、祭祀用，并进而成为日常饮料，经历了一个漫长的历史演变过程。从《僮约》的记载看，西汉时期，茶叶在四川成都一带，不仅成为部分士大夫的日常饮料，而且在产茶集中和交通便利的城镇，已有公开的茶叶买卖，茶叶作为一种商品出现在人们的社会生活中。[2]

王浮《神异记》载："余姚人虞洪，入山采茗，遇一道士，牵三青牛，引洪至瀑布山，曰：'吾丹丘子也，闻子善具饮，常思见。惠山中有大茗可以相给，祈子他日有瓯牺之余，乞相遗也。'因之奠祀，后令家人入山，获大茗焉。"《神异记》记事多带神话色彩，我们固然不可全信，但唐代陆羽《茶经》中亦载："余姚县生瀑布泉岭，曰仙茗，大者殊异，小者与襄州同。"恰与《神异记》的记载相吻合，证实了余姚瀑布山中生长着大小不等的茶树。说明了汉代茶叶在浙江一带也已成为部分居民的日常饮料。

应该指出，此时饮茶风习虽在皇宫和士大夫中流行，并成为一种嗜好，

王褒

---

[1] [春秋·齐]晏婴：《晏子春秋》，中华书局，2007年版。
[2] 参考王洪军《唐代的茶叶生产——唐代茶业史研究之一》，《齐鲁学刊》1987年第6期。

約

僮約

蜀郡王子淵以事到煎上寡婦楊惠舍有一奴名便了倩行酤酒便了提大杖上冢巔曰大夫買便了時只約守冢不約為他家男子酤酒子淵大怒曰奴寧欲賣邪惠曰奴父許人人無欲者子即決賣券之奴復曰欲使皆上不上券便了不能為也子淵曰諾券文曰神爵三年正月十五日資中男子王子淵從成都安志里女子

王諫議集　卷全　約

買席往來都洛當為婦女求脂澤販於小市歸都擔枲轉出旁蹉牽牛販鵝武陽買茶楊氏池中擔荷往來市聚慎護奸偷入市不得夷蹲旁臥惡言醜罵多作刀弓持入益州貨易牛羊奴自交精慧不得癡愚持斧入山斷䡏裁轅若殘當作俎机木屐及彘盤焚薪作炭礨石薄岸治舍蓋屋書削代讀日暮以歸當送乾薪兩三束四月當披五月當穫十月收豆多取蒲苎益作繩索雨墮無所為當編蔣織箔植種桃李梨柿

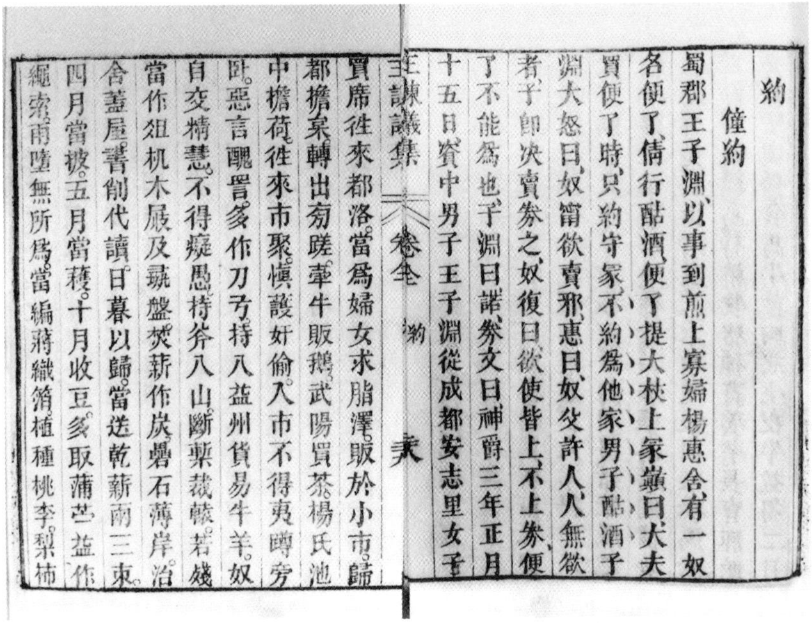

汉代王褒《僮约》书影

但尚未被多数人所接受。比如，惠帝司马衷时代（291—306），“司徒长史王濛好饮茶，司人至辄命饮之，士大夫皆患之，每欲往候，必云今日有水厄？”① 便是明证。

虽然魏晋时期饮茶风习已传入皇宫，且流至北方，但直到南北朝时，北魏统治者对饮茶之事依然视若邪行，不屑一顾。如永安二年（529），北魏中大夫杨元慎曾“口含水噀（陈）庆之曰：吴人之鬼，住居建康，小作冠帽，短制衣裳，……孤稗为饭，茗饮作浆”②，一派戏弄的口吻。他们不仅鄙视南人饮茶，而且对北方士人饮茶也大加攻击。“时给事中刘镐，慕（王）肃之风，专习茗饮，彭城王谓镐曰‘卿不慕王侯八珍，好苍头水厄？海上有逐臭之夫，里内有学颦

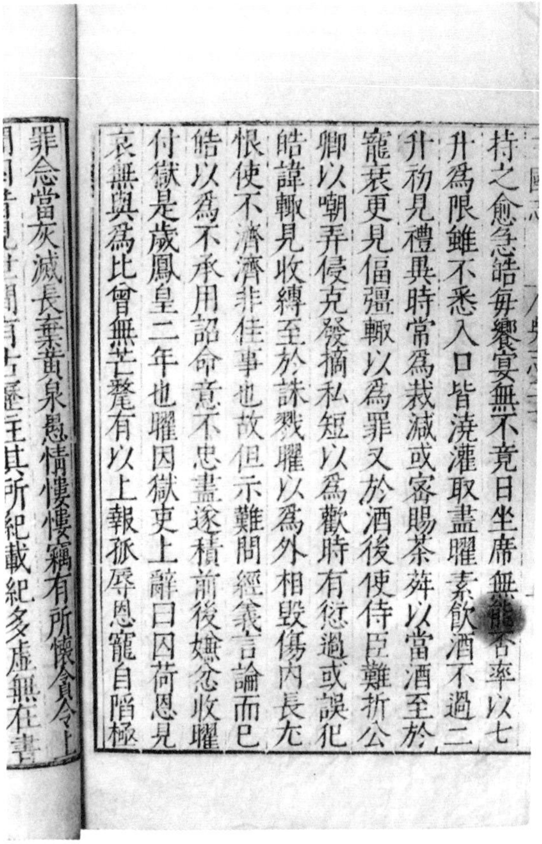

持之愈急皓每饗宴無不竟日坐席無能否率以七升為限雖不悉入口皆澆灌取盡曜素飲酒不過二升初見禮異時常為裁減或密賜茶荈以當酒至於寵衰更見偪彊輒以為罪又於酒後使侍臣難折公卿以嘲弄侵克發摘私短以為歡時有愆過或誤犯皓諱輒見收縛至於誅戮曜以為外相毀傷內長尤恨使不濟濟非佳事也故但示難問經義言論而已皓以為不承用詔命意不忠盡遂積前後嫌忿收曜付獄是歲鳳皇二年也曜因獄吏上辭曰囚荷恩見哀無與為比曾無芒氂有以上報孤辱恩寵自陷極

罪念當灰滅長棄黃泉愚情慺慺竊有所懷貪令上

吴书·韦曜传

① [唐]温庭筠《采茶录》，见《新唐书·艺文志》，中华书局，1975年版。

② [后魏]杨衒之《洛阳伽蓝记》，中华书局，2006版。

之妇，以卿言之，即是也。'其彭城王家有吴奴，以此言戏之，自是朝贵宴会，虽设茗饮，皆耻不复食，惟江表残民远来降者好之。"①北魏统治者上层对茶饮的鄙视态度，恰好从反面说明，此时南方所产的茶叶早就传到了北方。达官贵人虽"耻不复食"，但朝贵宴会仍设茗饮，乃至萧衍之子西丰侯萧正德逃到北魏时，"元义欲为之设茗"②宴加以款待。

此时的南朝却与北方大不相同。"褚太傅初渡江，尝入东，至金昌亭，吴中豪右，燕集亭中。褚公虽素有重名，于时造次不相识别，敕左右多与茗汁，少著粽，计尽辄益。""啄木岭，每岁吴兴、毗陵二郡太守采茶宴会于此，有境会亭。"文人骚客，官吏士人相聚，设茶宴以待，可见南朝饮茶风习之一斑。这从王肃逃到北魏时，"不食羊肉及酪浆等物，常饭鲫鱼羹，渴饮茗汁"，亦可见南朝士人已有难以改变的饮茶习惯。由于南朝宗室和达官贵人喜欢饮茶，因而此时已把茶叶列为一种贡品，"乌程县西有温山，出御荈。"统治者在一些产茶山区设立了专作贡茶的御茶园。③

饮茶风习的这种南北差异，中唐后便被打破了，茶叶生产亦有了突飞猛进的发展。饮茶风习弥漫全国，茶叶生产和茶叶贸易在整个社会经济网络中的地位和作用日益加强。

二、唐代茶树的种植

关于茶树的人工种植，究竟始于何时，人们迄今尚无一致的认识。有人根据常璩的《华阳国志·巴志》"武王克殷，以其宗姬于巴，……植五谷，牲具六畜，桑、蚕、麻、纻、鱼、盐、铜、铁、丹、漆、茶，……皆纳贡之"④和"园有芳蒻香茗"记载，认为"四川茶树栽培可追溯到西周初年"。还有人说"两汉六朝，主要饮

吴理真手植七株仙茶茶园遗址

---

① [后魏]杨衒之《洛阳伽蓝记》，上海古籍出版社，1987年版。
② [后魏]杨衒之《洛阳伽蓝记》，上海古籍出版社，1987年版。
③ 王洪军：《唐代的茶叶生产》，《齐鲁学刊》，1987年第6期。
④ [晋]常璩撰，刘林校注：《华阳国志校注》，巴蜀书社，1984年版。

用野生茶"，对茶树的种植却避而未谈。日本学者则论定"在中国，茶树的栽培开始于公元350年前后"。根据历史文献的记载，综合而论，我国茶树的人工种植约始于汉代。清代《浙江通志·物产》记载："盖竹山，有仙翁茶园，旧传葛元植茗于此。"葛元为汉朝名士，炼丹术家。《四川通志》载："名山之西十五里有蒙山，其山有五顶，中顶最高，名曰上清峰，……即种仙茶之处。"西汉时，甘露寺祖师姓吴，名理真，手植茶树七株于山顶，树一尺，不枯不长，称曰"仙茶"。《洞山岕茶录》亦载："相传古有汉王者，栖迟茗岭之阳，课童艺茶。"再结合西汉王褒《僮约》中令家奴"武阳买茶"的记载，似可论定，汉朝时期在我国西南四川、东南江浙一带已有人工种植的茶树，只是栽培的面积不广，产量不多，影响不大。由于古代人们安土重迁，又受到文化、交通、通讯等社会条件的限制，一项生产技术或知识的传播，往往要经历漫长的岁月。同时，茶叶生产的发展，还要受到整个社会经济发展程度和社会需求的影响，在人们的物质文化生活还处于较低层次时，饮茶风习不会迅速得到传播，茶叶生产也不会迅速发展。

到了唐代，关于茶树的人工种植和栽培技术，在文献中已有了较为明确的记载。茶树是一种常绿灌木和小乔木，适应生长在山坡丘陵地带，需要雨水充足、土质排水好而又微带酸性的土壤，所以种植茶树首先就要选择地势和土壤。陆羽《茶经》云："其生地，上者生烂石，中者生砾壤，下者生黄土。"正指出了茶树生长与土壤、地势的关系。所谓"烂石"，是指岩石风化后而形成的土壤。这种土壤气孔多，排水性好，养分丰富，有利于茶树的生长。而且要选择在"阳崖阴林"处，这样长出的茶芽肥嫩鲜厚，产量高，制出的茶品亦佳。李白的《玉泉仙人掌茶》中也谈到此点："常闻玉山泉，山洞多孔窟……茗生此中石，玉泉流不歇。根柯洒芳津，采服润肌骨。"黄土的黏性较重，肥分贫瘠，物理化学性与"烂石"恰好相反，所以茶树生长不茂，制茶品质最差。其次，陆羽又谈了茶树种植与栽培的两种基本方法。一是移栽技术，"凡艺而不实，植而罕茂"。就是说移栽茶树必须深坑、填土、打实，否则茶树就生长不好。二是播种法，以茶籽播种繁殖。其"法如种瓜，三岁可采"。陆羽在此用当时人所共知的种瓜方法加以比喻。那么，瓜又如何播种呢？这在张攒的《瓜赋》中得到了说明。"于是苍春发岁，天地交和，乃启沃壤，是殖是播。纳佳种于畦畹，应时运而剖芽。"由此可知，籽播法是在春天时进行，选择良种，开畦播种，三年即可采茶。《茶经》约成书于公元760—780年，基本上反映了唐前期和中唐时的茶树种植技术。

由于饮茶风习在全国范围内的盛行，大大促进了唐代茶叶生产和种植技术的进步。在中唐后的一百余年中，茶树种植技术又有了新发展，这主要反映在晚唐五代时人韩鄂的《四时纂要》[①]有关种茶的记叙中。

韩鄂的《四时纂要》一书中有"种茶"和"收茶子"两节的出现，对茶园的选择、茶树的种植、茶园的管理和茶子的收藏等作了翔实而又较为全面的记述。

《四时纂要》认为，茶有两个特点，一是"畏日"，是一种喜阴作物，因此，

---

① 《四时纂要》：约成书于唐末，或五代初。原书在中国早已佚失。1960年，在日本发现了明万历十八年（1590）朝鲜重刻本，且为硕果仅存的本子。1961年，由日本山本书店影印出版。中国根据这个影印本，由缪启愉加以校释，于1981年出版。《四时纂要》为分四季十二个月，列举农家应做事项的月令式农家杂录。

适合种于"树下或北阴之地",所谓"树下",即"桑下、竹阴地种之皆可";"北阴之地",即背阴之地。但不一定是指山坡的背面,因为在《茶经》中已指出:"阴山坡谷者,不堪采摘,性凝滞。"二是"怕水","水浸根,必死",因此适合种植在"山中带坡峻"之地,因为山坡上排水良好;若在平地建茶园,则须"于两畔深开沟垄泄水"。《茶经》中也有同样的看法:"其地,上者生烂石,中者生砾壤,下者生黄土。"把这两个方面的特点结合起来,就是茶树适合种植在背阴的山坡上,即《茶经》所说的"阳崖阴林",向阳且有树木荫蔽的山坡是种植茶树最好的生态环境。

韩鄂《四时纂要》

《四时纂要》介绍的种茶法是一种"区种法":"种茶。二月中,于树下或北阴之地开坎,圆三尺,深一尺,熟所著粪和土,每坑种六七十颗子,盖土厚一寸,强任生草,不得耘。相去二尺种一方,旱即以米泔浇。此物畏日,桑下、竹阴地种之皆可。二年外,方可耘治,以小便、稀粪、蚕沙浇拥之,又不可太多,恐根嫩故也。大概宜山中带坡峻,若于平地,即须于两畔深开沟垄泄水,水浸根必死。三年后,每科收茶八两,每亩计二百四十科,计收茶一百二十斤(约合今143市斤)。茶未成开,四面不妨种雄麻、黍等。收茶子:熟时,收取子和湿沙中拌,筐笼盛之,穰草盖,不尔,即乃冻不生,至二月出种之。"《四时纂要》中"种茶"和"收茶子"两条记载,是已知有关茶树栽培和管理方法最早最详细的记载,后世一些农书或茶书有关茶树栽培的记载都未超出此书的内容。

第二节 唐代茶的制作

茶由食用发展到饮用,其中间环节是制茶。唐代以前无制茶法,往往是直接采生叶煮饮。而唐朝是我国古代茶叶加工制造的成熟时期,尤其经过陆羽等人的研制,茶叶制造日趋精细,制茶工艺逐渐完善。唐代的制茶工艺可以从以下几个方面简要述之。

一、茶叶的采摘

茶业的制作，首先要完成的是茶叶的采摘。

陆羽在《茶经·三之造》中说："凡采茶在二月、三月、四月之间。茶之笋者，生烂石沃土，长四五寸，若薇蕨始抽凌露采焉。茶之芽者，发于丛薄之上，有三枝、四枝、五枝者，选其中枝颖拔者采焉。"（《茶经·三之造》）意思是说每年的二月、三月、四月间是采春茶的季节，对于生长情况不同的茶树，要采取不同的采摘方法。对生在"烂石沃土"的肥芽，待其长到四、五寸长，要早晨带露水采摘。对生在薄瘠土地的瘦芽，待其长出三、四、五枝后，选择其中最好的中枝采。采茶时还要注意到天气的变化，"其日有雨不采，晴有云不采，晴采之"。

晚唐五代时，在采茶和制茶方面多少有些变化。人们不仅采摘春茶，亦有采摘秋茶的。"南平县狼猱山茶黄黑色，渝人重之，十月采贡。"作为贡茶而采摘秋茶的现象，恐伯同统治者对茶叶的急需相关。除去团茶或饼茶外，亦开始制散茶。"其恒源雀舌、鸟嘴、麦颗，盖取其嫩芽所造，以其芽似之也。又有片甲者，即是早春黄茶，芽叶相抱，如片甲也。蝉翼者，其叶嫩薄如蝉翼也。皆散茶之最上也。"① 此外还有一种奇特的采茶制法。"泸州之茶树，夷獠常携瓢置侧，每登树采摘芽茶，必含于口，待其展，然后置于瓢中，旋塞其窍，比归，必置于暖处，其味甚佳。"（《茶经·二之具》）

茶叶采来以后，焙制也十分关键，"择之必精，濯之必洁，蒸之必香，火之必良。一失其度，俱为茶病。"（《东溪试茶录》）然后再经过捣、拍、焙、穿、封几道工序，制成团茶或饼茶。唐代所饮用的茶，基本是团茶和饼茶，只是到了晚唐五代时，才出现了散茶。就现代茶叶制作方法而言，茶叶的焙制基本上分为三种，即不发酵法，半发酵法和发酵法。唐代茶叶的焙制方法属于不发酵法中的蒸青类制茶法。这种方法的优点是杀青迅速而均匀，降低茶叶的苦涩味。但这种制茶技术不易掌握，所以《东溪试茶录》说"一失其度，俱为茶病。"茶饼制成后，用竹篾或纫谷皮将茶饼穿成"串"，因地区的不同，"串"的重量也不同。"江东以一斤为上穿，半斤为中穿，四两、五两为小穿。峡中以一百二十斤为上穿，八十斤为中穿，五十斤为小穿。"（《茶经·二之具》）

二、茶叶的加工和制造

唐朝之前，南方人饮茶还多少保留着采鲜叶而煮饮的方式，如杨晔《膳夫经手录》中就说："茶古不闻食之，近晋宋以降，吴人采其叶煮，是为茗粥。"因鲜茶叶存贮、运输都极不方便，所以，人们开始使用各种方法加工茶叶，使之干燥成型又不失真味。三国魏人张揖的《广雅》记载："荆巴间采茶作饼，成以米膏出之，若饮先炙令色赤，捣末置瓷器中，以汤浇覆之，用姜葱芼之……"说明当时的饮茶方式是先把茶饼炙烤一下，捣成茶末后放入瓷碗中，然后冲入开水，喝时还要加些葱、姜等调料。这是有关制造饼茶的最早记录。虽然早期的制茶技术还不完备，但毕竟给唐人的制茶积累了初步经验。

唐朝是我国古代茶叶加工制造的成熟时期，尤其经过陆羽等人的研制，茶叶制造日趋精细。首先，唐人发现采摘是茶叶生产中的重要环节，因而投入了较多

---

① ［五代］毛文锡：《茶谱》。

笋者上　　　　牙者次　　　　　叶卷上　　　叶舒次

的精力。对陆羽的采茶法，皇甫冉专门写有《送陆鸿渐栖霞寺采茶》一诗，"采茶非采菉，远远上层崖。布叶春风暖，盈筐白日斜。旧知山寺路，时宿野人家。借问王孙草，何时泛碗花"。(《全唐诗》卷249) 唐代人采摘野生茶和种植茶，有时还要深入深山远涧，寻找优质的原生茶种。陆羽《茶经》中还引述了众多的采茶工具，并说茶叶"野者上，园者次。阳崖阴林，紫者上，绿者次；笋者上，牙者次；叶卷上，叶舒次。阴山坡谷者，不堪采掇，性凝滞，结瘕疾"。这些都是当时采茶操作中的宝贵经验。袁高《茶山诗》还用"氓辍耕农未，采采实苦辛。一夫旦当役，尽室皆同臻。扪葛上欹壁，蓬头入荒榛。终朝不盈掬，手足皆鳞皴。悲嗟遍空山，草木为不春"(《全唐诗》卷314) 的诗篇来形容采茶之艰辛。武元衡《津梁寺采新茶与幕中诸公遍赏，芳香尤异，因题四韵兼呈陆郎中》亦云："灵州碧岩下，荑英初散芳。涂涂犹宿露，采采不盈筐。"(《全唐诗》卷316) 可见采茶并不全是一派田园操作、如诗如歌的景象。

采摘来的鲜茶，唐人要进行加工，从而制造出成品茶。陆羽《茶经》卷下说当时"饮有粗茶、散茶、末茶、饼茶者"。其中粗茶应是用梢枝老叶加工的低档茶，也可能是用最简单的办法干制的劣质茶，有关这种茶的具体加工过程，目前已无资料可以详加确考。末茶则是饼茶经蒸舂之后而不加拍制的一种简化碎茶，不成型，故称末茶。《唐国史补》卷上所载："韩晋公滉，闻奉天之难，以夹练囊缄盛茶末，遣健步以进御"，便是指末茶。

比粗茶和末茶优化一等的茶叶便是散茶和饼茶了。

散茶——

散茶是采用炒青、蒸青或晒青等方法加工出的绿茶。刘禹锡《西山兰若试茶歌》有云："山僧后檐茶数丛，春来映竹抽新茸。宛然为客振衣起，自傍芳丛摘鹰嘴。斯须炒成满室香，便酌砌下金沙水。……新芽连拳半未舒，自摘至煎俄顷余。木兰沾露香微似，瑶草临波色不如"。(《全唐诗》卷356)

如此看来，唐人用炒青法制茶，过程比较简短，但能保持茶叶原有的清香，并使鲜茶直接成为干燥型的叶片状。宋人朱翌在《猗觉寮杂记》卷上说："唐造茶与今不同，今采茶者得芽即蒸熟焙干，唐则旋摘旋炒"①。这里所说"旋摘旋炒"，即指用炒青法制造散茶。宋人偏爱饼茶，只是到了南宋后期才又掀起制造炒青散茶的高潮。

唐代的散茶呈碎叶状。李白《答族侄僧中孚赠玉泉仙人掌茶序》中所介绍的"其状如手"的茶叶，便是"茶数十片，拳然重迭"，所以李白名之曰"仙人掌茶"。

---

① [宋]朱翌：《猗觉寮杂记》，台湾商务印书馆，1986年版。

唐代饼茶制茶工序

其诗中有云"丛老卷绿叶,枝枝相接连。曝成仙人掌,似拍洪崖肩。举世未见之,其名定谁传"。(《全唐诗》卷178)

看来,这种散茶是采用晒青法加工而成,所以李白用了"曝"字。另据毛文锡《茶谱》记载,蜀州所产的雀舌、鸟嘴、麦粒、片甲、蝉翼等茶叶都属于"散茶之最上"者,可见唐五代时期,散茶始终流行,并未因饼茶的兴起而消失。

饼茶——

唐代饼茶的制造技术有了很大程度的提高。按陆羽《茶经》卷上所言,唐时饼茶要经过七道工序,最后成饼型而"茶之干矣'。意思是说,采来的茶要先用釜甑蒸熟、再用杵臼捣碎、并经拍打成型和焙干过程,然后用竹篾把茶饼串起来,封装保存。

"蒸茶"之工序,皮日休有诗云:"棚上汲红泉,焙前蒸紫蕨","青琼蒸后凝,绿髓炊来光"(皮日休《茶中杂咏》),陆龟蒙有诗云"盈锅玉泉沸,满甑云芽熟。奇香袭春桂,嫩色凌秋菊"(陆龟蒙《和袭美茶具十咏》)。齐己为此亦有"摘带岳华蒸晓露"(《闻道林诸友尝茶因有寄》)之咏。

有关"捣茶"工序,袁高有诗云"选纳无昼夜,捣声昏继晨"(袁高《茶山诗》),郑邀有诗云"夜臼和烟捣,寒炉对雪烹"(郑邀《茶诗》)。

"拍茶"工序,刘禹锡有诗"生拍芳丛鹰嘴芽"(刘禹锡《尝茶》),李郢有诗云"金饼拍成和雨露"(李郢《酬友人春暮寄枳花茶》),陆龟蒙有诗云"方圆随样拍,次第依层取"(《奉和袭美茶具十咏》)。

"焙茶"之工序,咏者更多,如前引陆龟蒙诗就有"见说焙前人,时时炙花脯"之句。自注"紫花,焙人以花为脯",而皮日休《茶焙》诗更为之全面讴歌,"凿彼碧岩下,恰应深二尺。泥易带云根,烧难碍石脉。初能燥金饼,渐见干琼液。九里共杉林,相望在山侧"。

所谓"穿之"、"封之",是制茶过程的最后一道工序,古人亦相当用心,一般要仔细包装,并在茶封表面印上记号,即所谓"印"。薛能《谢刘相公寄天柱茶》云"两串春团敌夜光,名题天柱印维扬",便是说这两串穿起来的饼茶,题有"天柱"的茶名,并印上了扬州的监制地点之名。徐黄《尚书惠蜡面茶》中说"武夷春暖月初圆……飞鹊印成香蜡片",表明饼茶上印有特殊印记。又卢仝《走笔谢孟谏议寄新茶》中有"白绢斜封三道印"之言,可见当时的优质茶用白绢封缄,多加印记,以为标识。

唐代茶饼形制

按上述工序加工的饼茶虽然去掉了茶中的青草味，但美中不足的是茶的苦涩味仍然很重。所以，后来又出现了将蒸过的茶叶榨去茶汁再制成饼的加工方法。这种榨汁工艺，唐人称之为"出膏"。陆羽《茶经》讲述饼茶时说"出膏者光，含膏者皱"，意为茶汁被压出的饼茶光滑，未被压出来的就皱缩。毛文锡《茶谱》提到的露芽茶也有"压膏露芽、不压膏露芽"之分。李郢《茶山贡焙歌》云"研膏架动轰如雷"，就描写了榨汁出膏工序的动作和声音，而陆龟蒙《奉和袭美茶具十咏》所云"左右捣凝膏，朝昏布烟缕"，就指压膏汁的饼茶制作。

唐人在"出膏"工艺中往往用"研"的手法把茶汁去掉。李咸用《谢僧寄茶》云"匡山茗树朝阳偏，暖萌如爪拿飞鸢。……倾筐短甑蒸新鲜，白纻眼细匀于研。砖排古砌春苔干，殷勤寄我清明前"。描写的便是制茶过程中的蒸、研和焙干程序。《茶中杂咏》所云"棚上汲红泉，焙前蒸紫薇。乃翁研茗后，中妇拍茶歌"，也说明"研"是介于"蒸"和"拍"之间的一道出膏工序。其他如秦韬玉诗"天柱香芽露香发，烂研瑟瑟穿荻篾"，亦指此举。

总起来说，唐代的饼茶虽然复杂而费工，但增强了茶叶贮藏和运输中的防湿性能，提高了原始茶的醇香程度，因此得到唐人的普遍喜欢。中唐以后，饼茶风靡唐土全境，毛文锡《茶谱》所说"临邛数邑茶，又有燔饼，每饼重四十两，入西蕃、党项重之"，便是饼茶的边疆制式。这种饼茶如果压制成团型，又叫做团茶。李群玉《龙山人惠石禀方及团茶》有云"圭璧相压叠，积芳莫能加"，便是唐时团茶流行之一例。卢仝诗云"手阅月团三百片"，其中"月团"即指团茶。宋代团茶大行于世，便是受了唐人的影响。

唐代茶叶制造过程中，很可能使用了掺香工艺。如李郢《茶山贡焙歌》有"蒸之馥之香胜梅"之咏，"馥"，加香也。又《酬友人春暮寄枳花茶》有云："昨日东风吹枳花，酒醒春晚一瓯茶。如云正护幽人堑，……玉尘煎出照烟霞。"这里的枳花些许就是加入茶中的增香剂了。[1]

---

[1] 本节部分内容引自张赛时：《唐代饮食》，齐鲁出版社，2003年版。

第三节　唐代茶叶产地的分布[①]

根据唐、宋人不同时期不同历史文献的记载和不完全统计，唐代茶叶产地大约布于八道九十八州。现将唐代茶叶产地的分布，制表如后。由表中可见，茶叶分布种植相当广泛，而实际产茶州郡恐怕还会超出此数。即便仅拿此数与今天我国产茶地区加以比较，也会发现唐代茶叶生产的规模是非常可观的。不难看出，唐代茶叶产地的分布，已基本具备今天的规模，从而也可证明唐代茶叶生产在我国茶叶生产史上的重要地位。

当然，茶叶生产并非有唐伊始就已分布于这八道九十八州，而是有一个逐渐发展的历史过程。以上的统计中尚杂有宋人所记资料，似仅能说明晚唐五代时茶叶产地的分布状况，而唐人陆羽《茶经》记载的四十四州，则可说明初唐到中唐的基本状况。如果把陆羽《茶经》中所载的四十四州，假定为中唐时产茶州郡的基数，其余的五十四州便为中唐后百余年间新增加的州数了。由此也能使我们看到中唐后茶叶生产发展的大体脉络。

从茶叶产地的分布看，主要的产茶地区是江南道，即今天的浙江、福建、江西、湖南和湖北、安徽、四川部分地区，其次为淮南、剑南、岭南、山南四道，均是我国今天的南方诸省。这是由茶树生产所需的自然条件决定的。茶树原为温带的高山作物，在年平均温度12℃以上，年降雨量1400mm以上的气候里，最适宜其栽培与生长。由于人工移植而广布于气候相似的热带地区，就目前的情况

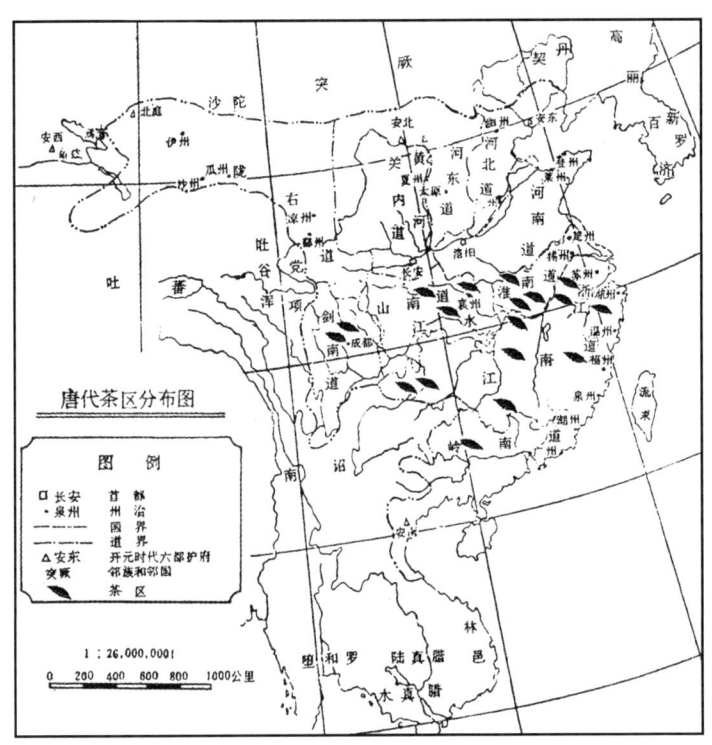

唐代茶区分布图

[①]　参考朱自振：《唐代的茶区分布》，见《茶史初探》，中国农业出版社，1995年版。

而言，它的南限在南纬35°（南非阿扎尼亚），北限在北纬49°（苏联克拉斯达诺尔），而现代的自然科学技术当然是唐代无法比拟的，我国近年来才推到北纬38°的山东蓬莱，但在我们的统计表中，却看到了河南道的莱州（今山东掖县、即墨、莱阳、平度、莱西、海阳等地）亦产茶，可能使人们产生一些怀疑。倘若我们再顾及到我国古代地理气候的变化时，便会找到一些根据。从我国古代地理气候变化的升降表中，我们可以看到，隋唐五代时期，恰巧处在两个寒冷期中间的一个温暖期。在这一时期，我国北方植被覆盖面积又有扩张的趋势，所以说唐代莱州产茶还是具备一定的自然条件的。

表一 唐代茶叶产地统计表

道＼州	州府
关内道	同州
河南道	汴州、蔡州、宋州、莱州
河东道	怀州
山南道	梁州、渝州、均州、郢州、复州、襄州、巴州、唐州、峡州、归州、荆州、夔州、金州、涪州
淮南道	庐州、光州、蕲州、申州、黄州、安州、舒州、和州、寿州、扬州
江南道	润州、常州、明州、钦州、漳州、袁州、江州、池州、杭州、越州、台州、婺州、衡州、处州、福州、建州、汀州、泉州、宣州、饶州、洪州、虔州、抚州、吉州、鄂州、岳州、潭州、衢州、邵州、辰州、施州、朗州、播州、思州、费州、溪州、苏州、湖州、睦州、夷州
剑南道	汉州、彭州、蜀州、眉州、锦州、剑州、邛州、泸州、简州、雅州
岭南道	广州、韶州、封州、恩州、象州、邕州、辩州、白州、牢州、钦州、禺州、滚州、岩州、安南、长州、容州、汤州、古州

唐代产茶州郡竟有九十八州之多，在当时全国州郡总数中所占的比重是相当大的。倘若我们取开元二十八年户部帐的统计数字作为一个基数，可求出一个大概值，其比例如下：

表二 唐代产茶州郡比例表

全国总数	产茶州郡	（％）	备注
州328	98	29	《旧唐书》为358
户8，412，871	3，254，226	38.6	
口48，143，609	18，803，989	39	

产茶州郡中，恩、禺、壤、岩、长、古六州无口数，表中所列口数仅是92州的人口数。

这个比例表只能标出一个大概的坐标系数，以便于我们研究问题时作为参考。当然，这98州的人口不可能全部从事于茶叶生产，但在一些主要生产茶叶的州县，从事茶叶生产的人口自然会多些。武宗以开成五年（840）正月四日即位，十月诏复茶税,盐铁司奏曰："伏以江南百姓营生,多以种茶为业。"泸州官吏百姓状称："前件官到任以来，励精为理，多方以苏疲病，况郡连戎僰，地接巴黔，作业多仰于茗茶,务本不同于秀麦。""益昌民多即山树茶,利私自入。""江淮人什二三以茶为业。"祁门县闾门溪一带,"邑之编民五千四百余户,其疆亦不小,山多而田少,水清而地沃,山且植茗,高下无遗土,千里之内,业于茶者七八矣。由是给衣食,供赋役,悉恃此祁之茗"。可见中唐后从事茶叶生产的人口是相当多的,他们在社会中也已形成一种势力,由此也就不难理解为什么在宋代的户籍中出现了茶户和北宋初年会出现以王小波、李顺为首的四川茶民起义。

第四节　唐代的茶园种类与茶民生活

唐代,随着商品经济的发展、市场的繁荣,以茶叶为代表的商品性农业迅速崛起。茶业成为当时农业、手工业中的新兴产业,而且是最具活力、最有生机、最有潜力和发展前途的产业。在唐代茶叶生产中,存在着一些生产资料的占有方式和劳动形态不尽相同的茶叶种植园。大致说来,有以下几种类型:官属茶园、私人地主茶园、寺院茶园和以茶叶生产而自给自足的小农茶园。

一、官属茶园

官府不仅有茶叶种植园,而且在各地还有专门的茶叶焙制场。据文献记载,唐代统治者手中是拥有一定数量的茶园的。长庆元年(821),穆宗即位后下令:"诸州府除京兆河南府外,应有官庄宅、铺店、碾硙^①、茶菜园、盐畦、车坊等,宜割属所管官府。"在穆宗即位敕文中可以得知,这些官属茶园有专门的官吏进行管理,公元821年以后,归所在州县的官府进行管理。为了满足皇室消费以及把民间茶利收回,唐文宗时,王涯、郑注集团曾尝试把江南的民间茶园收归国有。大和九年(835)九月,"盐铁转运使王涯奏请变江淮岭南茶法"。"以江淮间百姓茶园官自造作,量给其直,分命使者主之",此举遭到了茶农和茶商的激烈反对,随着王涯等人在政治斗争中的失败,民营茶园国有化政策随之流产。但是在江南一些名茶产地(如蒙山、顾渚等地)皆有御茶园。官府不仅有茶叶种植园,而且在各地还有专门的茶叶焙制场。

蒙顶茶园古道

"湖州长兴县啄木岭金沙泉,即每岁造茶之所也。湖、

---

① 碾硙:利用水力启动的石磨。《资治通鉴·唐代宗大历十三年》:"春,正月,辛酉,敕毁白渠支流碾硙以溉田。"胡三省注:"公输班作硙,后人又激水为之,不烦人力,引水激轮,使自旋转,谓之水磨。"

常二郡接界于此，厥土有境会亭，每茶节，二牧①皆至焉。"这种茶叶焙制场，主要焙制贡茶、官府用茶和太守自留茶。而湖、常二州是唐代两个著名的贡茶州，二州所产的顾渚茶、阳羡茶以其质量高、制作精而名满天下。

在焙制场中的劳动者是什么身份，此处并没有说明。"长城

清风楼·唐代督贡紫笋茶官吏的居室

县顾山，在县西北四十二里，贞元以后，每岁以进奉顾山紫笋茶，役工三万人，累月方毕。"由此推测，在官府茶叶种植园中的劳动者恐怕有一部分或大部分是以力役的形式征集而来的，这是一种较为古老和落后的劳动形态。

二、私营地主的茶园

唐代一些封建地主，不仅占有大量的肥田沃土，而且在产茶之地还占有茶山或茶园。试举数例。元和十一年（816），白乐天在庐山构有草堂，"堂北五步，据层崖积石，……又有飞泉植茗，就以烹燀，好事者见，可以销永日"。"王野人名休静，盖同州人，始游浮山观，原未有室居，……积十年，乃构草堂，植茶成园，犁田三十亩供食。……凡居二十四年，……贞元二十五年（799）五月，卒于观原茶园。……观原积无人居，因野人遂成三百家。"陆龟蒙在自传中说："先生嗜茶茗，置小园于顾渚山下，岁入茶租十许，薄为瓯蚁之费。""初，九陇人张守珪居山有茶园，每岁召采茶人力百余人，男女佣工者杂处园中。"以上几例，皆为私人地主茶园，但它们的规模、经营方式和茶园中劳动者的身份大为不同。白乐天庐山草堂附近的茶园较小，因此处只是其山中别墅，大概由其家仆治理，以供自用，这种茶园在社会经济中的意义不大。王野人和陆龟蒙的茶园，规模就要大些，而且他们占有大量耕地、耕夫、耕牛，茶园的经营采取租佃的方式，收取茶租。这种茶园生产出的产品，除缴纳一定数量的茶租外，剩下的将要投入交换中。张守珪的茶园与以上二者大不相同，从文献记载看，他是一个专门经营茶叶种植的大茶园主，每年都要"召采茶人力百余人"来从事茶园的生产。从他召雇的人力数量看，其茶园规模是不小的，在这种茶园中的劳动者，带有一种雇佣性质，这是在封建经济体系中出现的一种新的劳动形态。由于这种茶园中生产出的产品，主要是为了销售，因而它在社会经济中的意义较大。

总之，唐代许多茶园主本身是官僚地主、士大夫。许多地主凭借财势，在江南名茶产地竞置茶园，剥削渔利。他们生产的茶叶除了自己消费一部分外，其余部分进入了市场。因此，私人地主茶园与茶叶市场关系比较密切。

---

① 牧：牧之一职，起源极早。传说舜时置天下为十二州，设立州牧，一称州伯，牧在这里是管理的意思，也就是各个州的行政长官。

三、寺院茶园

唐代，茶叶已经是寺院僧人日常消费品之一。唐大中三年，宣宗召见了一位120岁高龄的僧人。僧人"本好茶，至处为茶是求，或出，异日遇百余碗，如常日亦不下四、五十碗"。此虽有夸张之语，但从中仍可推之僧人嗜茶之情。日本和尚圆仁的《入唐求法巡礼行记》也详细论述了唐代僧人与茶之间的密切关系。开成四年（839）闰正月三日，圆仁在扬州（今江苏扬州）延光寺，"当寺庆僧正入寺，屈诸寺老宿于库头（食堂）空茶空饭。百种周足，兼设音声"。四月七日，圆仁一行到达海州（今江苏连云港）兴国寺，"寺主煎茶"招待他们。同年三月三日，圆仁在楚州（今江苏淮安），听说天台山禅林寺僧敬文从扬州来，遂派弟子惟正前去慰问，"兼赠细茶等"。开成六年二月，从八日到十五日，长安的荐福寺开佛牙供养，"蓝田县从八日到十五日设无碍茶饭，十方僧俗尽来吃"。"从圆仁笔下的'茶'来看，茶在唐代与寺僧的关系相当密切，僧人无论在日常生活消费中，还是在敬佛礼佛活动中，都已离不开茶。"①

正因如此，所以当时江南许多地区的寺院都有自己的茶园。卢子严说："早年随其懿亲郑常侍东之同游宣州当涂，隐居山岩……有僧甚高洁，好事因说其先师，名彦范，姓刘，……所居有小圃，自植茶，……""江夏郡东有黄鹤山，山中头陀大云精舍②，颙师竹院、唯一师茶。"由于唐代佛教的兴起，僧人不仅多喜欢饮茶，而且在寺院周围辟土植茶。被唐太宗赐名"国一禅师"的僧人法钦③，就在寺院亲植茶树，茶林遍野而茶风亦极盛。

因为寺僧们的精心种植、培育，许多茶叶名品在寺院茶园中孕育而生。僧侣阶层在江南名茶的形成和发展过程中发挥了独特的作用。诚如俗语所言："天下名山僧占多。"江南地区众多的名山，峰峦叠翠、清幽宜人，正是方外高士隐逸住锡④的佳处，因之，自六朝以来，江南地区名寺古刹遍布群山。又由于佛教僧侣与茶有着深厚的因缘，僧人们对于茶叶的发现、栽植、采造等十分经意，每多独得之秘。随着文人与僧侣之间的交往不断密切，那些僧人们特殊创制藏在深山人不识的绝佳茶品最终传向社会，成为名噪一时的名茶。

江苏洞庭山水月院的僧人采制的水月茶，是现在皖南屯绿茶的前身。还有浙江云和县惠明寺僧人种制的惠明茶，是当地著名的佛茶。而罗汉供茶原由浙江天台山佛寺所供；香林茶则初为杭州法镜寺所供；云雾茶最早也是江西庐山、云居山及安徽黄山的寺院僧众培育或加工制作出来的闻名遐迩的好茶。还有久享盛名的径山茶、虎丘茶、松萝茶、杭州宝云茶……均属此类。

就一般情况而言，唐代江南寺院茶园规模不太大，多半是由下层僧人治理、采摘、焙制，这些茶园生产的产品，用来投入交换的较少。刘禹锡诗云："山僧后檐茶树丛，春来映竹抽新茸。宛然为客振衣起，自傍芳丛摘鹰嘴……"说明当时寺院茶园与市场联系尚不密切，所产茶叶除寺僧自己吃用外，仅用以馈赠客人。

---

① 马鋆：《试论唐代江南茶叶经济》，南京师范大学硕士学位论文，2007年。
② 精舍：讲学的处所；僧道居住或说法布道的处所。
③ 法钦(714—792)：径山禅寺的开山祖师，号国一大觉禅师。俗姓朱氏，吴郡昆山(今江苏昆山)人。
④ 住锡：谓僧人在某地居留。

四、茶农小茶园

在产茶地区还有大量的茶农小茶园，这是唐代茶叶的主要生产者。入唐以后，我国经济重心逐渐南移，南方经济力量增强，为茶叶生产提供了有利条件。隋代开通的大运河，使南北经济文化交流较为便利，南方饮茶之风北传，北方地区的人们开始喜欢饮茶啜茗，甚至影响及于塞外少数民族，他们也逐渐嗜茶。北方的茶叶市场逐渐形成并不断扩展，这就加速了茶叶的商品化过程。如祁门县阊门溪一带，"千里之内，业于茶者七八矣，由是给衣食，供赋役，悉恃此祁之茗。""江南百姓营生多以种茶为业。"这些茶农像自耕小农一样，只是"务本不同于秀麦"，以经营茶业为主，有自己的一块小茶园，衣食赋役皆出于此。他们生产出的产品首先投入流通领域，用茶换回自己所需的生活和生产用品，生活艰窘，很难再扩大自己的生产规模。另外，在一些产茶地区，还有一部分以采集野生茶来作为经济补充的小农。

这些茶农的生活极为困苦。每到春天采茶季节，使臣官吏就来催促采摘、焙制贡茶。"一夫旦当役，尽室皆同臻。扪葛上欹壁，蓬头入荒榛。终朝不盈掬，手足皆鳞皴。悲嗟遍空山，草木为不春。阴岭芽未吐，使者牒已频……选纳无昼夜，捣声昏继晨。众工何枯栌，俯视弥伤神……茫茫沧海间，丹愤何由申！"（袁高《茶山诗》）真可谓"天子未尝阳羡茶，百草不敢先开花。仁风暗结珠琲瓃，先春抽出黄金芽。摘鲜焙芳旋封裹，至精至好且不奢"。（卢仝《走笔谢孟谏议寄新茶》）贡茶采过以后，也并非就能由茶户自采了，而是"至尊之余合王公"，还要纳给朝堂官吏，然后才能自采。茶户男女老少皆出动，晨起采摘，回来焙制。柳宗元诗云："日午独觉无余声，山童隔竹敲茶臼。"植茶自然要纳税，而且不准私卖。"本州上历收管，重加摇役"，茶户无以为生。有的就被迫卖掉茶园，但政府又不允许，茶户只得忍痛砍掉茶树，以示对封建统治者的反抗。有的茶户与茶商联合起来，"相为表里"，"村乡聚落，皆有兵仗，公然作贼"，以武装反抗其压迫。当公元884年黄巢农民大起义爆发后，这些茶农武装便汇入了这场轰轰烈烈的农民革命的洪流之中。

第五节　茶叶贸易

唐代茶叶生产发展，饮茶风习盛行，贩卖茶叶就成了商人的热门生意。"盖以茶熟之际，四远商人，皆将锦绣缯缬、金钗银钏，入山交易。""将货他郡者，摩肩接迹而至……或乘负，或肩荷，或小辙而陆也如此。""博茶北归本州货卖，循环往来，终而复始。""茶自江淮而来，舟车相继，所在山积，色额甚多。"由此可见，茶叶贸易的繁盛景象。这其中既有远方货茶的巨商、官方的货船，亦有小车装载、肩荷茶担的小贩夹杂其间，由他们在茶叶生产与茶叶市场之间架起了一座流通的桥梁，促进了唐代茶叶生产的进一步发展。

一、茶商

随着唐代茶叶市场的形成，茶商资本不断膨胀，茶商迅速成为一支专业商人队伍。其实唐代以前茶商既已出现，但力量不强，资本无多。最早于西汉王褒的《僮约》

中可见当时从事茶叶买卖的商人。西汉以降,茶叶市场不断发展,茶商队伍也随之壮大,而茶商群体的骤然崛起则是中唐时期的事,其资本、人数、活动区域比历史上任何时候都要宏大。在唐代货茶商人队伍中,大致可分为以下几种不同类型的人,即官商、私商、小贩。

1. 官商

随着茶叶贸易的发展,不仅一般商人以货茶为业,获取厚利,而且封建政府亦插手其间,货茶博利。于德辰①在《陈九事奏》中云:"于襄州自立茶务,收税买茶,足以赡国。"货卖茶叶成为增加国家财政收入的一个手段。但在吏治腐败的情况下,官吏经营往往不善,并不能达到预期的经济目的。如官商的茶叶常常积压滞销,结果是"朽腐则烧弃之,其弊害甚多矣"。更有甚者,将度支、盐铁、户部三司茶纲②,私自"赊卖与人,及借贷人钱物",以此肥己。晚唐五代时期,南方一些割据者,更是以货茶来获取其争雄的资本。乾宁元年(894),"(杨)行密遣押牙③唐令回持茶万余斤如汴贸易"。后汉末,"曾遣三司军将路昌祚于湖南市茶"。可见南北方割据者都派人到对方处去货茶,以窥厚利。更为荒唐的是,卢龙节度使刘仁恭,于天祐三年(906)竟"禁南方茶商无得入境,自采山中草木为茶鬻之","号山曰大恩,以邀利"。当然,这已超出了正常茶贸范围。

2. 私人茶商

在唐代的茶叶贸易中大批的私人茶商在生产和市场之间起着重要的媒介作用,他们从遥远的茶山将茶叶运销各地。"天宝中,有刘清真者,与其徒二十人于寿州作茶,人致一驮,为货至陈留④。""初,萧太后幼去乡里,有弟一人;上即位命福建观察使求访,莫知所在。有茶纲役人萧洪,自言有姊流落……"就连后周柴荣在少年时,也"尝与邺中大商颉跌氏,……往江陵贩卖茶货"。这都是一些资金较厚,所货颇多,又有雇工的大商人,这些大茶商往往与官府勾结,逃避茶税。"如闻皆是江淮富家大户,纳利殊少,影庇至多,私贩茶盐,颇挠文法,州县之弊甚于斯。"这是在茶叶货卖中获利较大的一部分大茶商。

3. 茶商小贩

这类属于做小本生意的私人小贩。如张途在《祁门县新修阊门溪记》中所说的那些"乘负""肩荷"之人。他们以货茶为业,以给衣食,其中亦有少数人在货卖中致富,资本增大,逐渐成为大茶商。但在茶税不断加重的情况下,多数人却常常面临失业的危险,因而他们有时不得不依附于一些大茶商以取得荫庇,但却又要受到大茶商的控制。有时他们也自行联合起来,结伴而行,"凡千万辈,尽贩私茶,亦有已聚徒党","更有江南土人,相为表里",镇戍"止可供仪浆茗,呼召指使而已",这使得地方官吏叫苦不迭,"先是有货茶盗,斗变难制"。

---

① 于德辰:字进明,唐代元城人也。幼敏悟,笃志好学,及射策文场,数上不调。后唐明宗镇邢州,德辰往谒焉,明宗见而器之,因得假官于属邑。后继历仕晋、汉、周,官至工部尚书。

② 纲:中国从唐代起转运大批货物所行的办法。一纲指把货物分批运行,每批车辆船只的计数编号。例如花石纲、生辰纲、茶纲。

③ 押牙:亦称"押衙"。唐宋官名,管领仪仗侍卫。牙,后讹变为"衙"。唐李匡义《资暇集》卷中:"武职令有押衙之名。衙宜作'牙',此职名,非押其府也,盖押牙旗者。"

④ 陈留:今河南省开封市陈留镇。春秋时郑地也,为陈所侵,故曰陈留,战国时魏惠王都大梁,即其地也。秦始皇一统中国后,废分封,置郡县,设立了陈留县,属三川郡治所在,今开封陈留镇。

二、茶马贸易[1]

茶马贸易、茶马互市,是古代中央政府在其边境区域同周边少数民族实行以茶换马的贸易政策。从经济层面上来说,这是一种买卖双方互为市场,开展商品交易的行为。其兴起的根本原因就是由于市场的发展。唐宋时期,中央封建政权与周边各民族频繁的贸易,完全是双方社会经济发展的必然结果。

唐代,随着中央封建政权所辖区域的扩大,一个规模宏大的市场正在形成。由于众多的水陆交通枢纽,这个市场通过各行业商贾紧密地联系在了一起。生产力进一步发展,使得商业基础变得更稳固和发达。

唐代的茶叶贸易,不仅在南北方有广大的市场,茶商往来其间,而且通过茶马互市和私人茶商的贸迁,使南方的茶叶亦流通到边疆少数民族地区,茶逐渐成为他们日常生活的必需品。"往年回鹘入朝,大驱名马,市茶而归。"这种茶马贸易,多由封建政府经营,表面上还存有一种贡纳的形式,唐廷以茶偿其马价。此外,一些私人茶商也到边疆少数民族中进行贸易。"临邛数邑茶,又有燔饼,每饼重四十两,入西番、党项重之。""常鲁使西番,烹茶账中,赞普问曰:'何为者?'鲁曰:'涤烦疗浊,所谓茶也。'赞普曰:'我此亦有。'命取以出。指曰:'此寿州者,此蕲门者。'"陆游《南唐书·契丹传》载,耶律德光及其兄东丹王,各遣使以羊马入贡,"别持羊三万口,马二百匹来,以其价市罗纨茶药"而归。可见在唐代,饮茶风习和茶叶贸易均已扩大到边疆少数民族地区,不仅表现唐代茶叶市场的广大,亦表明茶叶商人活动区域的广阔。我们不妨回顾一下公元五世纪到六世纪时,北方人对南人饮茶之习的鄙视态度,而到了唐代,就连边疆少数民族

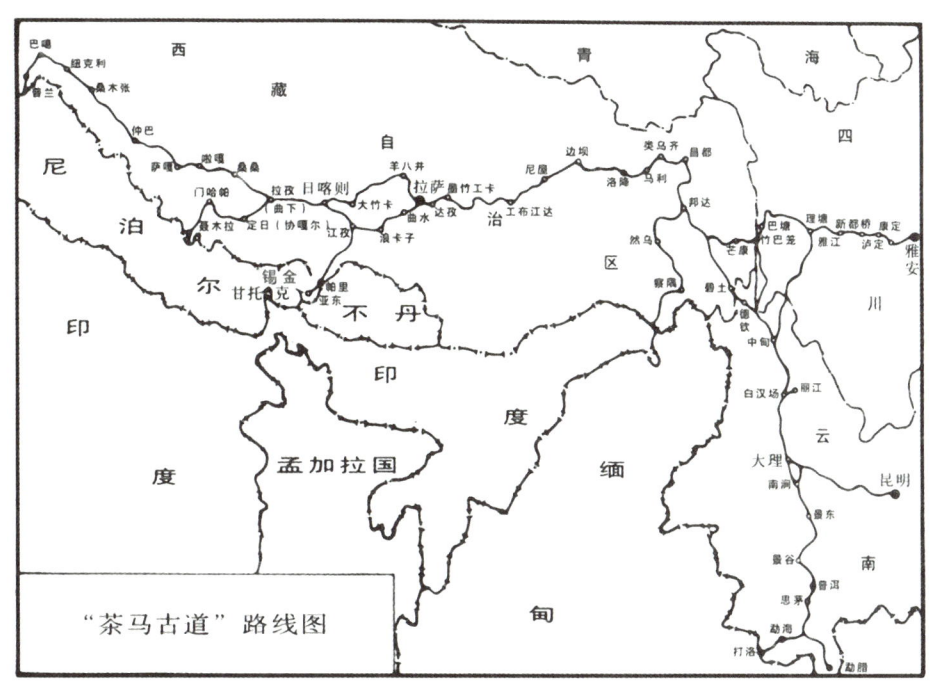

"茶马古道"路线图

---

[1] 参考李睿:《唐宋时期的茶马互市》,《思想战线》2011年6期。

四川名山古茶马司遗址

人也深染此习,以名马贸茶而归。这种社会风习的历史性转折,反过来又促进了唐代茶叶生产的发展。到了五代宋初,饮茶成了一些少数民族人生活中不可缺少的必需品。在宫廷宴席之上,待客迎宾之时,皆设茶以饮,茶马贸易也就成了封建政府的一项重要经济来源。

1. 茶马互市的特点①

唐代时期,茶叶种植逐渐广泛化,由此带动茶业经济的异军突起。唐代茶叶则借助互市贸易,以广阔的市场为前提带动了全国各地人们的全面交流与融合,将大唐的茶叶从中原地区传播到周边少数民族聚居区域,使其成为他们的生活必需品并适应性地向外延伸、扩张。

（1）广泛性

由于互市所用"茶叶产于四川及湖南、湖北等地,而良马又产于西北区域,这构成了茶马互市庞大的交通网络,即南茶北运,北马南运"。无论是处于中原王朝北部的契丹抑或女真,还是处于西南部的吐蕃、大理政权,都被卷入到了这一涉及地域广泛的互市洪流之中。地理环境和自然生产力的差异造就出迥异的物产。在这场南茶北运的互市贸易中,市场经济的力量是无形而又强大的。茶叶作为北部民族"民有所需"的商品,通过茶马互市星罗棋布的交通网络传入千家万户。茶马互市的广泛性可见一斑。

（2）互动性

中国是一个多民族国家,可以说,中国的历史很大程度上也是各民族融合的历史。各民族在长期的交往中交流融合、互通有无。在互市区域中的许多城镇,汉族与藏、回等民族和睦相处,汉文化与藏文化、伊斯兰文化等文化在某些方面相互吸收、相互交融,既互相吸纳了不同的民族文化,又彼此尊重了迥异的民族习俗。随着双方贸易的发展,已经出现了很多通晓蕃语的汉人和通晓汉语的吐蕃人。当时出现的这些"通事"②"牙人"③在茶马互市中发挥了非常重要的作用。列宁曾精辟地指出:"经济流通的需要就会迫切地推动各民族学习一种最便于他们进行商业往来的语言。"语言的互相学习,进一步推动了互市贸易,促进了民族感情以及各民族间的相互了解。

---

① 本节资料主要引自李睿《唐宋时期的茶马互市》,《思想战线》,2006年第6期。
② 通事:旧指翻译人员。《新五代史·晋出帝纪》:"甲辰,契丹使通事来。"
③ 牙人:旧时居于买卖人双方之间,从中撮合,以获取佣金的人。又叫牙子,牙郎,牙侩。

（3）带动性

在唐宋时期社会经济发展力的推动下，以开放的市场为圆点，带动周边小集市的形成，成为市场发展的基本特征。这股强劲的带动力量不仅在中原地区显现，而且还扩散到周边各个少数民族聚居地区，带动、加强了商贸往来，使商品流通的范围大大延伸。东南所产茶叶"转致于西北，以致散于夷狄"，大量输往周边少数民族地区。至宋代，除使用茶叶交易马匹外，内地更多的农产品和手工业品通过互市这种途径输入至少数民族地区，"名为茶法，却贩布并大宁盐及陶器……仍许监官出外招诱"。可见，商品从中原向少数民族地区的流动已不再是偶然的现象，而是一种成规模的、持续不断的商业贸易活动。

2. 茶马互市的作用

（1）推动了中原王朝与周边少数民族的经济文化交流

在契丹族①与汉人频繁接触的过程中，茶叶的传入改变了契丹人的饮食习惯，茶叶贸易加深了两国的文化交流。豪爽的契丹人也把饮茶作为一种时尚。由于茶叶具有生津止渴功能，既可提神醒脑，又可帮助消化，逐渐得到契丹族人的认同与欢迎。与此同时，中原醇厚的茶礼、茶风逐渐渗入到契丹文化中，成为其饮食文化的重要组成部分。

另外，在藏族传统饮食结构中，牛羊肉、酥油所含的脂肪、热量高，但缺少维生素。茶叶，既可补充营养，又能帮助消化、清热解毒。自641年文成公主进藏以来，茶叶作为交流特产之一，逐渐成为藏族生活中的必需品，据明人谈修《滴露漫录》记载："茶之为物，西戎吐蕃，古今皆仰给之。以其腥肉之食，非茶不消；青稞之热，非茶不解。"由于茶叶中含有茶多酚、氨基酸、维生素等多种有益身体的药用成分，这对当时缺少医药的藏族人民防病十分重要。藏医典籍也将茶列为防治感冒、风寒和腹泻的良药。难怪从历代的赞普②、寺庙的喇嘛到普通百姓，都将茶叶视为神圣之物，并"嗜茶如命"——"不可一日无茶以生"。长期以来，独特的酥油茶不仅适合藏族人民日常饮用，成为饮食文化的一部分，更成为招待贵宾的"当家"饮品。

历史上的茶马贸易还带动了其他商品的互相流通，繁荣了边界经济，增强了各少数民族与汉族之间科学技术、文化的交流，促进了民族融合。

（2）成为中原王朝控制周边少数民族的有效手段

经济与政治、军事从来都是紧密相连的。可以说，如果没有经济力量的支撑，任何一个政权的政治和军事地位都是不稳定的。唐宋以降，汉藏茶马贸易空前发展。互市开始被有意识地利用，作为政府军事、政治的辅助手段。只要能有效地控制茶马互市，政府就可以不必单独依靠军事和政治手段来遏制这些民族。通过茶马互市，政府一方面能从茶叶的输出上制约对方；另一方面，能借助足够数量的马匹加强自身军事实力，防御对方。如果说唐代初始的汉藏民族茶马互市是一

---

① 契丹族：出现在中国东北地区的一个民族。自北魏开始，契丹族就开始在辽河上游一带活动，唐末建立了强大的地方政权，907年建立契丹国，后改称辽，统治中国北方，辽先与北宋交战，"澶渊之盟"后，双方长期维持了100多年的和平。辽末，女真族起事，辽帝国迅速走向灭亡，1125年为金所灭，其余部建立了西辽王国，延续了93年。

② 赞普：吐蕃君长的称号。赞，雄强之意，普，男子。在政治制度上，松赞干布仿唐朝的官制，赞普是最高统治者。

茶马古道遗址

徐霞客题"茶马古道"

种自愿互利的商业经济行为，较少强制的、官方的色彩，那么，入宋后，中原政府需招兵买马，增强国力，使茶马贸易变成了政治化的经济行为。

（3）促进了唐宋茶叶生产的发展和市场成长

唐代前期，政府多以铜钱或绢帛易马，增加了政府的财政负担，而用茶易马则可以"易边场之用，利之最大者也"。经常化、大规模的茶马贸易抬高了茶叶的价格，加之唐政府多重茶利，从而鼓励了茶农的植茶热情。宋政府极缺战马，意在用中原茶叶换马，以巩固政权，再次推动了茶叶的生产与发展。可以说，唐宋时期茶业经济的异军突起与茶马互市有密切的关联。换言之，茶叶种植的广泛化是以广阔的市场为前提的。茶叶借助互市贸易这个平台，从中原地区渗透、传播到周边少数民族聚居区域，并成为他们的生活必需品。一方面是中原市场经济强大的带动性，另一方面是周边民族地区市场发展的迫切需要。这两种经济力量的交互作用，推动了双方频繁的贸易交换。

第二章　唐代茶政

疏香皓齿有余味
更觉鹤心通杳冥

茶政是指中国历代朝廷对茶叶的行政管理措施或课税政策的总称，也可以说是茶业经营的立法。我国的贡茶、税茶、榷茶、以马市茶制度均始于唐代，从唐代茶法中也可以窥视唐代茶叶商品经济的发达。唐代茶政主要是贡、税、榷三者并行。

第一节 贡茶

据文献记载，最早的贡茶可追溯至周代。《华阳国志·巴志》云：周武王以其宗姬于巴，爵之以子。其"桑、蚕、麻、苎、鱼、盐、铜、铁、舟、漆、茶……皆纳贡之。其果实之珍者，树有荔枝，蔓有辛蒟，园有芳蒻香茗"。武王伐纣是公元前1046年的事，这是最早的关于贡茶的文字记载。这说明西周贡茶不为宫廷茗饮，而是作为祭祀用、药用或食用。宋代寇宗奭《本草衍义》云："晋温峤上表，贡茶千斤，茗三百斤"。而饮茶最早的文字记载是西汉文学家王褒的《僮约》，此约定于西汉宣帝刘询神爵三年（前59年）。

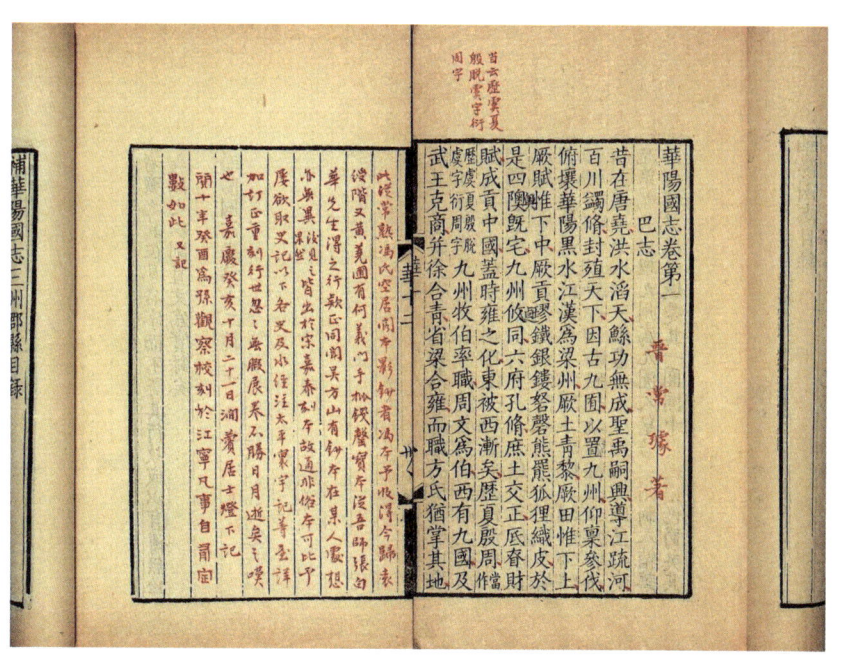

《华阳国志·巴志》

宫廷茶饮大约始于唐代。最早被列为唐宫廷贡茶的是蒙山茶。蒙山产茶历史悠久，距今已有2000多年，许多古籍对此都有记载。如"名山之茶美于蒙，蒙顶又美之上清峰，茶园七株又美之，世传甘露慧禅师手所植也，二千年不枯不长。其茶，叶细而长，味甘而清，色黄而碧，酌杯中香云蒙覆其上，凝结不散，以其异，谓曰仙茶。每岁采贡三百三十五斤……"（清代赵懿《蒙顶茶说》）。有诗云："蒙茸香叶如轻罗，自唐进贡入天府。"此茶在唐代被列为贡品。

唐代贡茶制度始于高祖武德三年（620），即唐王朝建立后第三年，庐江郡（今安徽合肥、六安一带）的土贡有茶。可见唐王朝贡茶距今已有1300余年的历史。

从茶的赋税制度来说，在大历以前，我国茶叶还只有土贡而没有赋税。据《新唐书·地理志》记载，唐朝贡茶的州郡，主要有怀州河内郡（治位今河南济源）、峡州夷陵郡（今湖北宜昌）等地。

盛唐以降，茶叶产地拓展至江淮一带，即所谓"江淮人什二三以茶为业"。南北贩茶更是"舟车相继，所在山积，色额甚多"。此时，茶已不再是贵族豪富宴饮时的奢侈品，而成为一日不可缺少的生活必需品。贩茶可盈大利亦成为各阶层的共识。利数所在，不仅促使富商大贾熙攘趋动，且促使封建政权施以行政干预，乃至直接参与经营贸易以牟利。干预之一就是，设置茶贡院，开创官管官营的贡茶制度。唐代宗大历五年（770），在顾渚置茶贡院，直隶于盐铁转运使，每岁负责办理贡茶事宜。唐文宗时，又设造茶使专司贡茶。干预之二是，各产茶区，每岁定时、定量、定质向朝廷纳贡，使贡茶作为地方实物税进一步走向正规。据《新唐书·地理志》载：怀州河内郡、溪州灵溪郡、左州巴东郡等十六郡每年须奉纳贡茶。四川蒙顶、顾山紫笋、浮梁等名茶作为上品贡物，更要按时按量贡达京师。①

一、唐代贡茶制度

中国自古以来，就有"普天之下，莫非王土；率土之滨，莫非王臣"之说。天下的土地都是君王的，百姓都是君王的臣下。臣下要将最珍贵的物品进贡给君王。唐人杜佑的《通典·食货·赋税上》云：隋唐制兖州"厥贡漆丝，厥筐织文"②，青州贡盐、绨③等，说明隋唐时已有进贡。贡品明目繁多，茶是其一。

唐王朝规定天下各地将特产每年上贡朝廷，仅唐德宗继位时，"减宫中御常贡者千数"（《旧唐书》卷12《德宗纪上》）。而且贡茶形成固定的制度。直至李唐王朝灭亡。如唐文宗《开成改元赦文》云："所在除药物口味、茶果外，不得辄有进献。"即使在皇帝即位、改元加尊号等重大喜庆大赦天下，给予臣民恩惠时，茶也沾不了光，被排在免除进献之外，同时也反映了茶的重要性，天子一时一刻也离不开它。

柳宗元在《代武中丞谢新茶表》中说，贡茶是"灵味（一作品），成自遐（一作远）方，照临而甲坼惟新，煦妪而芬芳可袭。调六气而成美，扶万寿以效珍。岂臣贱微，膺此殊锡？衔恩敢同于尝酒，涤虑方切于饮冰"。他认为贡茶是有灵性的品味，生于远方，芳香无比，可以调节生气，是助人长寿的珍品，同于

---

① 伊敏：《唐代茶政问题初探》，《青海社会科学》，1999年第3期。
② [唐]杜佑：《通典·食货·赋税上》，中华书局，1988年版。
③ 绨：细葛布。

尝酒，涤除烦恼进于饮水。刘禹锡在同样为这位大臣武元衡谢天子赐新茶一斤的表文中说："伏以贡自外方，名集真殊众品，效参药石，芳越椒兰。"认为它是从外地进贡给朝廷的，是诸茶中的精品，其功效如同药石，芳香则超过了花椒和兰花。

唐代宫廷用茶的主要来源是

蒙顶山

贡茶。贡茶制度的产生确保了宫廷用茶在数量上、时间上、质量上的需要。

茶非药草可比，既是御用饮品，须慎之又慎。无论为了皇上的健康，还是为了谋得晋升之阶，臣子都得煞费苦心。例如湖州进贡阳羡茶，经过是：大历二年（767），陆羽向常州刺史李栖筠建议贡义兴茶（阳羡茶）。《唐义兴县修茶舍记》载：

> 义兴（宜）贡茶非旧也。前此，故御史大夫李栖筠典是邦，山僧有献佳茗者，会客尝之。野人陆羽为芬香甘辣冠于他境，可荐于上。栖筠从之，始进万两，此其滥觞也。①

大历五年（770），陆羽与朱放评茶以顾渚紫笋第一。大历六年（771）春，陆羽寄顾渚茶两片至京师，给时任国子祭酒的杨绾，望荐于上，然"恨帝未尝，实所叹息"②。

唐代贡茶之制完善于中唐，其一是民贡，由各州郡筹集名茶上交朝廷，全国15个州郡都须以茶纳贡，一般都是土质、气候和交通条件好的名茶区。确定贡品，实际上是一次名茶评选活动，如士子登科及第，一朝选在君王侧，便身价百倍。这无形中培养了唐人的精品意识，刺激了茶农们培植名品的积极性，于茶叶产业的发展大有益处。其二是官焙，即建立官茶园，时称贡茶院。其制始于大历五年（770）。地址设在湖州常兴和常州义兴二县相交的顾渚山。官焙的出现反映了唐皇室茶风大盛，民贡茶虽不乏精品，但皇室成员在饮茶中已培养出品茗的精细感觉，他们刻意追求的是茶中极品。官茶园的设立可使他们的口腹之欲获得极大的满足，可在清明节前采茶、焙茶，清明节时要举行祭祖大典，还要举办规模浩大、意趣盎然的清明茶宴，民贡不赶趟，贡茶院可集中一切人力、物力、财力并用千

第二章 唐代茶政

---

① 《唐义兴县重修茶舍记》，引自[宋]赵明诚：《金石录》卷29，齐鲁书社，2009年版。
② 《陆鸿渐与杨祭酒书》，见[宋]钱易：《南部新书》，中华书局，2002年版。

吴理真浇灌茶园的井泉

吴理真当年植茶的居室

蒙山皇茶园

里驿传的方式满足他们对茶叶的需求（丁文《茶魂·事业篇》）。

唐代贡茶制度很严格，要求定点、定时、定额纳贡，包装考究，进贡仪规也容不得半点马虎。因为这正是显示臣民忠心和帝王威仪的时刻。

由贡茶院到宫廷茶事，皇亲贵族追求的是美其仪、毕其器，处处要显出皇家气派。不仅要贡茶，还要贡水、贡器。顾渚山的紫笋茶和金沙水为山之二宝，相得益彰。《万历湖州府志》（万历四年刊印）记载："金沙泉在县城北45里，顾渚山侧碧泉涌出，灿如金星，唐宋时注以银瓶，随茶进贡。"贡茶、贡水不算，还贡器。《旧唐书·韦坚传》记载：天宝三年（744），长安的运河广运潭通航后，各地货船歌舞进京，其中豫章郡（今江西）的船上载的贡品有茶釜、茶铛、茶碗。法门寺地宫出土的茶具飞鸿路纹鎏金银笼子底边铭文为"桂管臣李杆进"，可见其是当时臣下进贡的。多数金银茶具为"文思院"打造，然后送给唐僖宗，僖宗命人镌上自己的昵称"五哥"，其中秘色瓷碗属皇家专用。顾渚山的贡茶院、生产金银器皿的文思院、越窑和秘瓷窑厂，产品虽殊，性质无别，皆为生产皇家贡品而设，均为围绕茶文化形成的。

二、唐代贡茶概览

据《新唐书·地理志》记载，高祖武德年间的贡茶有庐江郡的黄芽，蕲春郡（今湖北蕲春县，唐时属荆州）的团黄茶，义阳郡（今河南信阳市）的毛尖茶，湖州吴兴郡（今浙江吴兴县）的紫笋茶（即阳羡茶），长乐郡（今福建闽侯县）的七宝茶，新定郡（浙江建德）的鸠坑茶等。

唐武则天天授二年（691）灵溪郡（今湖南龙山县）的芽茶被列为贡品。

唐肃宗至德二年（757），山南道汉阴郡（今陕西紫阳）的毛尖茶被列为贡品。陆续被列为贡品的还有产于四川雅安的蒙顶石花，寿州（今寿县）、凤阳的黄芽茶，江南西道宣城的雅山瑞草魁茶，峡州（今宜昌）的明月、碧涧、茱萸、方蕊茶，荆州的黄茶，越州（今绍兴）的郯溪茶（产今嵊县）和余姚仙茗，婺州（今金华东阳县）的东白茶，东川（今四川江油）的神泉小团，洪州（今南昌）的白露茶等。

贡茶数额甚巨，顾渚贡焙岁造竟达18408斤。唐代除了在长兴顾渚山设贡焙院外，还规定在若干特定茶叶产地征收贡茶。据《新唐书·地理志》记载，当时的贡茶地区，计有16郡，包括今湖北、四川、陕西、江苏、浙江、福建、江西、湖南、安徽、河南十个省的很多县份。由此可知，凡是当时有名的茶叶产区，都有茶叶进贡。唐代贡茶进贡的数量到底有多少，没有直接的记录，但是在唐元和十二年因财政困难而出库茶30万斤，可见当时贡茶数量巨大。

兹列一《唐代州郡贡茶表》以反映唐代贡茶基本情况：

唐代顾渚贡茶院遗址

道	州郡	贡茶	资料出处	备注
京畿道	怀州内郡（治今河南汾阳）	茶		
关内道				
都畿道				
河南道				
河北道				
山南东道	峡州夷陵郡（治今湖北宜昌市）	茶	《新唐书》卷39《地理志三》《新唐书》卷40《地理志四》	
山南东道	归州巴东郡（治今湖北秭归）	茶	同上书	
山南东道	夔州云安郡（治今四川奉节）	茶	同上书	
山南东道	金州汉阴郡（治今陕西安康市）	茶	同上书	
山南西道	兴元府汉中（治今陕西汉中）	茶	同上书	
陇右道				
淮南道	寿州寿春郡（治今安徽寿县）	茶	《新唐书》卷41《地理志五》	
淮南道	庐州庐江郡（治今安徽合肥市）	茶	同上书	
淮南道	蕲州蕲春郡（治今湖北蕲春）	茶	同上书	
淮南道	申州义阳郡（治今河南信阳市）	茶	同上书	元和十五年（820）三月，唐穆宗"罢申州岁贡茶"。《旧唐书》卷16《穆宗纪》
江南东道	常州晋陵郡（治今江苏常州）	紫笋茶	同上书	
	湖州吴兴郡（治今浙江吴兴）	紫笋茶	《新唐书》卷41《地理志五》	
	睦州新定郡（治今浙江建德东北）	细茶	同上书	
	福州常乐郡（治今福建福州市）	茶	同上书	
江南西道	饶州鄱阳郡（治今江西波安）	茶	同上书	
黔中道	溪州灵溪郡（治今湖南永顺东南）	茶芽	同上书	

道	州郡	贡茶	资料出处	备注
剑南道	雅州庐山郡（治今四川雅安）	茶	《新唐书》卷42《地理志六》	
岭南道				

上表显示：

（1）唐代的十五道中，贡茶者八道，占53.3%。七道不贡茶，占46.7%。唐太宗贞观元年（627），因山川形便，分天下为十道：关内、河南、河东、河北、山南、陇右、淮南、江南、剑南和岭南。唐玄宗开元二十一年（733），又因形势变化与需要，将十道增为十五道。由于《新唐书·地理志》据十五道而言，故此表也以十五道言之。

（2）唐代州政，本表以十五道所属州言之，《新唐书·地理志》开元二十八年（740），户部账云天下"凡郡府三百二十有八，县千五百七十三"。唐代州郡土贡茶者，仅十七，为0.051%。其地域为今河南、湖北、四川、陕西、江西、安徽、江苏、浙江、福建和湖南等十省。

（3）土贡茶中仅有茶、茶芽、紫笋茶和细茶四种，与有唐一代有151种名茶相差甚远。①

（4）《新唐书·地理志》中所列贡茶，可能只是天下诸州贡茶的一部分，有漏载者。如唐哀帝（唐昭宗第九子，唐朝末代皇帝）《停贡橄榄敕》云："每年但供进腊面茶外，不要进奉橄榄子，永为常例。"腊面茶亦称蜡茶，唐宋人诗文中屡见其名，《新唐书·地理志》却无载此茶贡地。

杜佑《通典·食货志·赋税》所记唐代天下诸郡每年常贡茶如下：安康郡（今金州）茶芽一斤；夷陵郡（今峡州）贡茶二百五十斤；灵溪郡（今溪州）茶芽一百斤。

杜佑在唐德宗时当过宰相，长期主管财政，曾兼任掌茶事的诸道盐铁转运史，又精通典章制度，他所记载的天下诸郡每年常贡茶，即安康、夷陵和灵溪三郡贡茶是准确、可信的，《新唐书·地理志》所载十七州贡茶也有安康、夷陵、灵溪三郡。只是少记了十四州，不知何故？但他记了每州贡茶数量，弥补了《新唐书·地理志》

紫笋茶

---

① 程启坤，姚国坤：《唐代茶区与名茶》，《农业考古》，1995年02期。

之不足。安康等三郡，在天下287郡（其中包括9府）中，只占0.01%。

随着皇帝对贡茶需要的增长，以及保证贡茶的数量和质量，唐王朝在天下诸州郡土贡茶之外，又设置了官方的贡茶院，负责贡茶的制作和运送。

大历五年（770），唐代宗在宜兴（今江苏宜兴）和长城（今浙江长兴）交界的顾渚山设置贡茶院，命常、湖二州刺史亲自上山督办贡茶的采集、制作和运送京城长安的事宜。这是中国茶史上第一座由官府直接焙制贡茶的机构。它不仅保证了贡茶的生产，促进了茶叶制作水平的提高，刺激了茶叶的生产，而且对唐以后官办贡茶具有深远的影响，流传至今的镌刻在顾渚山的袁高等人的题名，就是1242年前这些如烟往事的历史见证。

三、唐代刺史修贡题名

1. 唐刺史袁高修贡题名

大唐州刺史官袁高奉诏修茶贡讫，至□山最高堂赋茶山诗，兴元甲子岁三春十日。

此题名分书十一行，在长兴县顾渚山。按《太平寰宇记》：长兴县金沙泉，每岁造茶所也。《国史补》以宜兴造数多，命长兴均贡，限清明日到京，谓之急程茶。《胜说》载："啄木岭金山泉，处沙中，居常无水。湖、常二郡太守至于境会亭，具牺牲拜，敕祭泉，其夕水溢，造毕，即涸矣，守咸还斾。晚时则有风雷之变，

唐代湖州刺史袁高、于頔、杜牧等修贡题名摩崖石刻

此即袁高奉诏修，贡赋诗题名事也"。（《两浙金石志》卷2，载《隋唐五代石刻文献全编》）□山当为顾山。兴元为唐德宗年号之一。甲子岁为兴元元年（784），三春指春季的三个月。十日为三月十日。

《南部新书》的作者宋人钱易说：唐朝制度，湖州（治今浙江吴兴）造茶最多，称为顾渚贡焙，一年生产贡茶一万八千四百零八斤。贡焙位于长城县西北，长城为湖州属县，《新唐书·地理志·湖州吴兴郡·长城》云："顾山有茶，以供贡。"顾山指顾渚山。唐代宗大历五年（770）以后，始有进奉贡茶。至唐德宗建中二年（781）袁高任湖州刺史，每年进贡三千六百串，并诗刻石在贡焙。陆

羽《茶经·二之具》云："江东以一斤为上穿，半斤为中穿，四两为小穿。峡中以一百二十斤为上穿，八十斤为中穿，五十斤为小穿。字旧作钗钏之钏字，或作贯串。"江东为长江中下游一带，峡中或称峡川，为三峡地区，湖州在长江下游一带。贡茶的串，在一斤、半斤和四两之间，则三千六百串，最多只有三千六百斤。故陆鸿渐与杨祭酒书云"顾渚山中紫笋茶两片，此物但恨帝未得尝，实所叹息。一片上太夫人，一片充昆弟同啜，后开成三年（838），贡不如法，停刺史裴充"（《南部新书》戊45页）。陆羽说顾渚山中紫笋茶，但遗憾天子没有品尝，令人叹息。说明他曾向朝廷推荐紫笋茶。

2. 唐刺史于頔修贡题名

使持节湖州诸军事刺史，臣于頔遵奉诏命，诣顾渚茶院脩贡毕。登西顾山最高堂汲岩泉□□茶□□观前刺史袁公留题□刻茶山诗于石。大唐贞元八年，岁在壬申，春三月□□。

此于頔题名，在长兴县顾渚山，正书十六行，行五字。按《长兴县志》记载有境会亭，一名芳岩。唐时吴兴、昆陵二郡守，分山造茶，宴会于此。洪筠轩云："赵明诚《金石录》有唐代袁高《茶山诗》，并于頔撰诗述，李志甫撰碑阴记，共二卷。湖州岁贡茶，高为刺史，作此诗以讽。高恕巳孙碑阴述高所历官甚详。今袁高诗并碑阴俱亡，惟于頔此记存。"①

杨汉公题刻

于頔字允元，河南人，历任华阴尉、侍御史、长安令、吐蕃计会使、大理卿、户部尚书、宰相等，他虽文吏，却"倔强犯命，擅军襄、邓，欲胁制朝廷；杀不辜，留制囚，遮使者，僭正乐"（《新唐书》卷7《于頔传》）。

3. 唐刺史杨汉公等修贡题名

湖州刺史杨汉公、前试右子通事舍人崔行章、军事衙推马祝、州衙推康从礼、乡贡进士郑□、乡贡进士贾□，开成四年□月十五日同游。

---

① 国家图书馆善本金石组编：《隋唐五代石刻文献全编》，国家图书馆，2003年版。

进士杨知本，进士杨知范、进士杨知俭侍从行。

此题名十一行，正书，径寸余，左行。在长兴县顾渚山之明月峡。境僻路险，人踪罕至……郑元庆《石柱记笺释》云："顾渚山下有唐宋贡焙院，院侧有清风楼，绝壁峭立，于大涧中流，乱石飞走，曰明月峡。茶生其间，尤为绝品。"① 陆羽《茶经》以蒙山顶第一、顾渚次之。（唐）代宗时，以宜兴岁造数多，命长兴均贡。贞元五年，岁限清明到京，谓之急程。是时，湖、常二州争先赴期，以趋一时之泽。袁高有茶山诗，备述当时扰民之害。开成三年，刺史杨汉公表奏乞宽限，诏从之。每造茶时，湖常两郡刺史亲至其处，大率以立春后四十五日入山，暨谷雨始还。是时，汉公以贡焙至此，遂与行友诸题名岩壁，此即奏乞宽限之。次年石刻，月份已磨灭，以意推之，大约四月以前。钱少詹大昕云：唐书汉公传但云除舒州刺史，徙湖、亳、苏三州刺史，不言除授之年。湖州府志题名云：汉公开成三年三月，自舒州移往湖州，充本道团练使。此题云四年，则莅任之次年也。后列杨知本等三人从行，当是汉公之子。据本传只载子筹范二人。宰相世系表，汉公子有思愿辉筹范諲知章纂筼簹蘆管十一人，未见有名知本者，殆其子初名乎知范，当即范后去一字耳。汉公兄虞卿之子有知退、知礼，西汉公子亦有知章，盖杨氏群从，多以知联名也。（《两浙金石志》卷2载《隋唐五代石刻文献全编》）

《全唐诗·杨汉公小传》云："杨汉公，字用义，太和八年（834）进士，累官司封郎中，因其兄虞卿事贬官舒州刺史，后徙湖、亳、苏三州刺史、桂林观察使。"其《明月楼》诗云：

吴兴城阙水云中，画舫青帘处处通。
溪上玉楼楼上月，清光合作水晶宫。

（《全唐诗》卷516）

4. 唐刺史杜牧修贡题名

□□□□□□为大中五年刺史，樊川杜牧奉贡讫事□□春□休来□（山？）□□□□□□□□□□中□□时池一枝□□攀丛□□□□□□香感□□。

此题名十行，正书，行六字。在长兴县顾渚山。按（杜）牧又有玲珑山题大中五年八月八日，今未见山。（《两浙金石志》卷3载《隋唐五代石刻文献全编》）

杜牧在任湖州刺史时，写了三首茶诗，其一《春日茶山病不饮酒因呈宾客》：

笙歌登画船，十日清明前。
山秀白云腻，溪光红粉鲜。
欲开未开花，半阴半晴天。
谁知病太守，犹得作茶仙。

（《全唐诗》卷522）

杜牧在清明节前十日，于笙歌乐声中登上雕梁画栋的大船，前往茶山。春光中、白云下的茶山，秀美无比。溪水发出亮光，满山遍野的鲜花，欲开又未怒放。天气晴阴参半，十分宜人。可谁人知道患病的太守大人，犹得做茶仙哩！

其二杜牧在《入茶山下题水口草市绝句》诗中，虽未讲茶，但诗名已点出

---

① [清]郑元庆：《石柱记笺释》，见《四库全书·史部·地理类》。

是在茶山下所吟。这里有个草市，即当地土特产（包括茶）集散市场。它依傍着溪水与山岭，高大树木很多，还有书"酒"字幌子的小楼。舟车往来，人声马嘶，惊起正在欢聚的鸳鸯，它们虽没有怨恨，双双飞去，却恋恋难舍，频频回头。

其三杜牧所作《茶山下作》：

春风最窈窕，日晓柳村西。
娇云光占岫，健水鸣分溪。
燎岩野花远，戛瑟幽鸟啼。
把酒坐芳草，亦有佳人携。

（《全唐诗》卷522）

杜牧在茶山过得很愉悦，情犹未尽，因此到了茶山下，又写了这首茶诗，进一步来达到他对宜兴茶山的春风、晓日、娇云、健水、燎岩、幽鸟、酒香、芳草和佳人的眷恋。

四、唐朝修贡官员的心态

唐朝皇帝对奉诏修贡不得力的官员，处罚是相当严厉的。开成三年，湖州刺史裴元，"以贡不如法"，没有遵照朝廷的规定按时完成修贡任务，被"停刺史"之职。

对那些奉诏修贡的常、湖二州刺史来说，心态也不相同。

一是视为荣耀。杨夔《送杜郎中入茶山修贡》云：

一道澄澜彻底清，仙郎轻棹出重城。
采萍虚得当时称，述职那同此日荣。
剑戟步摇高障黑，绮罗光动百花明。
谢公携妓东山去，何似乘春奉诏行。

（《全唐诗》卷763）

贡茶院博物馆陆羽阁

作者送这位新上任的修贡茶官员杜郎中,将这个使职看作荣耀,即使当年谢公携妓到东山去,也好似杜郎中乘着春风奉天子诏令去修贡。

二是表示忠心。长庆、太和年间常州刺史贾𫗧①《贡茶唱和》云:"殷勤为报春风道,不贡新茶只贡心。"他勤勤恳恳地精心焙制贡茶,进贡给皇帝的,不只是新茶,而且是自己一片赤诚的忠心。

唐僖宗时期,常州刺史王枳也写诗云:"今朝拜贡盈襟泪,不进新芽是进心。"常州旧贡阳羡茶,僖宗幸蜀,枳间关驰贡,故有此句。唐僖宗幸蜀,是指广明元年(880)十二月初五日,黄巢起义军进京城长安之时,僖宗逃往蜀中(今四川)。常州刺史王枳听说后,认为君王蒙尘,惭愧自己没有尽到职责,眼泪沾满了衣襟。他派人抄偏僻小道从常州驰往蜀中进贡该州生产的名茶——阳羡茶,声称贡的不是普通的新茶芽,而是一片忠君之心!

三是志趣相合。杜牧在出任湖州刺史时,写了一首《新转南曹未叙朝散初秋暑退出守吴兴书此篇以自见志》诗,说他奉皇帝诏令去上任,"全家羽翼飞,喜抛新锦帐,荣借旧朱衣。且免材为累,何妨拙有机",喜悦之情溢于言表。因为这个新职,逐了"平生江海志,佩得左鱼归",符合他爱茶山、好品茗的情趣。他还吟了一首《题茶山(在宜兴)》诗云:

山实东吴秀,茶称瑞草魁。
剖符虽俗吏,修贡亦仙才。
溪尽停蛮棹,旗张卓翠苔。
柳村穿窈窕,松涧渡喧豗。
等级云峰峻,宽平洞府开。
拂天闻笑语,特地见楼台。
泉嫩黄金涌,牙香紫璧裁。
拜章期沃日,轻骑疾奔雷。
舞袖岚侵涧,歌声谷答回。
磬音藏叶鸟,雪艳照潭梅。
好是全家到,兼为奉诏来。
树阴香作帐,花径落成堆。
景物残三月,登临怆一杯。
重游难自克,俯首入尘埃。

(《全唐诗》卷522)

四是雅人聚会。有些官员,在完成天子诏令督办官营焙贡茶之余,把它变为诗朋文友聚会品茗、赋诗、宴乐之雅事。

常州宜兴县罨画溪东金沙池泉,有寺,"寺有碑,载当时杭、湖、常三州贡茶唱和。乐天云:'十支画船何处宿,洞庭山脚太湖心'常州太守,忘其姓名,和云。今按:白居易二句是在唐诗447卷宿湖中一诗。同卷有赴苏州至常州答贾舍人。及自到郡斋仅旬日方专公务,未及宴游,偷闲走笔,题二十四韵兼寄常州

---

① 贾𫗧(sù):字子美,河南人,进士及第。唐太和初拜中书舍人礼部侍郎,转兵部,授京兆尹兼御史大夫,封姑臧县男。九年拜中书侍郎同中书门下平章事,加集贤殿大学士。李训谋诛宦官,事败,𫗧罹其祸。

贾舍人、湖州崔郎中,仍呈吴中诸客各诗。知常州太守即贾𫗧"。(《全唐诗外编》下《全唐诗续补遗》卷8贾𫗧《贡茶唱和句》)

白居易《夜闻贾常州崔湖州茶山境会想羡欢宴因寄此诗》云:

> 遥闻境会茶山夜,珠翠歌钟俱绕身。
> 盘下中分两州界,灯前合作一家春。
> 青娥递舞应争妙,紫笋齐尝各斗新。
> 自叹花时北窗下,蒲黄酒对病眠人。
>   (《全唐诗》卷447)

白居易说,风闻常州刺史贾𫗧和湖州崔刺史,在茶山相会,茶山夜满头珠宝翡翠的少女、歌乐和钟声缭绕在身边。此地虽分为常、湖二州交界,而两州在合作焙贡像春天一样温暖的一家人。婆娑起舞的少女们争奇斗艳,人们一齐品尝刚刚焙制的紫笋香茗相互斗新,其乐融融。白居易叹息自己在这花样的时辰,却因坠马受伤,只能卧床在北窗下,用蒲黄酒治病,不能亲临共襄盛会。

曹松《春日自吴门之阳羡道中书事》中载:

> 胜异恣游应未遍,路岐犹去几时还。
> 浪花湖阔虹霓断,柳线村深鸟雀闲。
> 千室绮罗浮画楫,两州丝竹会茶山。
> 眼前便是神仙事,何必须言洞府间。
>   (《全唐诗》卷717)

在他眼里,每年湖、常二州刺史茶山督修贡茶不仅是执行天子诏令的神圣公事,而且是恣情游览奇异胜地的大好时机。在明媚的春光中,浪花、湖阔、虹霓、柳线、村深、鸟闲,成千上万身着绮罗之人浮舟而至,湖、常二州的乐舞尽集茶山,热闹非凡。眼前的景

阳羡茶园

象,就是神仙聚会,没有必要去寻找虚无缥缈的洞府仙境。

五是献媚求宠。有的官员将参与贡茶院事当作升官发财的"终南捷径",严酷催促茶农拼命采制贡茶,靠制作精良的贡茶,取悦天子。也有奸佞者乘机盘剥百姓,讨取君王欢心,为自己升官,动辄花费千金,每每使得千万百姓贫穷困苦。

六是同情民苦。有的正直官员,在亲自参与官焙贡茶中,目睹茶农的艰难困苦,深表同情,对劳民伤财的贡茶制度不满。曾任湖州刺史的袁高是其代表人物。他在《茶山诗》中悲天悯人地深情吟道:

> 禹贡通远俗,所图在安人。
> 后王失其本,职吏不敢陈。

亦有奸佞者，因兹欲求伸。
动生千金费，日使万姓贫。
我来顾渚源，得与茶事亲。
氓辍耕农耒，采采实苦辛。
一夫旦当役，尽室皆同臻。
扪葛上欹壁，蓬头入荒榛。
终朝不盈掬，手足皆鳞皴。
悲嗟遍空山，草木为不春。
阴岭芽未吐，使者牒已频。
心争造化功，走挺麋鹿均。
选纳无昼夜，捣声昏继晨。
众工何枯栌，俯视弥伤神。
皇帝尚巡狩，东郊路多堙。
周回绕天涯，所献愈艰勤。
况减兵革困，重兹固疲民。
未知供御余，谁合分此珍！
顾省忝邦守，又惭复因循。
茫茫沧海间，丹愤何由申！

(《全唐诗》卷314)

袁高说为官顾渚，亲自参与茶事。当地百姓停止农耕植桑，种茶树。采茶实在辛苦，一旦一人服役，全家都得参与。摸着葛藤爬上倾斜的崖壁，蓬头垢面地进入荒凉丛生的草木中。从早到晚，也采不到两手捧的茶。而手和脚都如鱼鳞般，那是因受冻裂开。悲伤叹息之声遍布天空和山林，草木尚未出芽，官家使者拿着催茶的牒（此据《旧唐书》卷131《李勉传》）已经频繁到来。茶农们不分昼夜地选纳茶叶，捣茶从黄昏一直持续到凌晨。茶工瘦得如同骷髅，看着令人黯然神伤。皇帝崇尚巡视、打猎，东郊道路多堵塞，贡茶经常要绕道天涯海角，献茶更加艰难、更加频繁。因为战争的原因，又加重贡茶必定使百姓困顿。不知供给天子品饮之余，什么人分得如此珍贵的贡茶？我反省自己愧为地方官，又惭愧自己只能因循守旧。茫茫天地之间，百姓的愤恨怎样才能申诉？

新、旧唐书无袁高[①]传，其事迹散见唐书多人传记中。他之所以敢于写出触龙鳞的《茶山诗》，是与他不畏权贵、直言敢谏、关心百姓分不开的。

诗人李郢也写了一首《茶山贡焙歌》，进一步揭露了官焙贡茶的扰民害民。诗云：

使君爱客情无已，客在金台价无比。
春风三月贡茶时，尽逐红旌到山里。
焙中清晓朱门开，筐箱渐见新芽来。
陵烟触露不停探，官家赤印连帖催。
朝饥暮匐谁兴哀，喧阗竞纳不盈掬。

[①] 袁高：唐代诗人，字公颐，恕己之孙，擢进士第。建中中，拜京畿观察使。坐累贬韶州刺史，复拜给事中。宪宗时，特赠礼部尚书。

一时一饷还成堆，蒸之馥之香胜梅。
　　研膏架动轰如雷，茶成拜表贡天子。
　　万人争啖春山摧，驿骑鞭声砉流电。
　　半夜驱夫谁复见，十日王程路四千。
　　到时须及清明宴，吾君可谓纳谏君。
　　谏官不谏何由闻，九重城里虽玉食。
　　天涯吏役长纷纷，使君忧民惨容色。
　　就焙尝茶坐诸客，几回到口重咨嗟。
　　嫩绿鲜芳出何力，山中有酒亦有歌。
　　乐营① 房户② 皆仙家，仙家十队酒百斛。
　　金丝宴馔随经过，使君是日忧思多。
　　客亦无言征绮罗，殷勤绕焙复长叹。
　　官府例成期如何！
　　吴民吴民莫憔悴，使君作相期苏尔。
　　　　　　　　　（《全唐诗》卷590）

第二章　唐代茶政

　　阳春三月贡茶时，红旗插遍茶山。清晨焙茶院的红门开了，以筐、箱装的新茶芽逐渐来了。茶农们冒着露水不停地采茶，官府催促贡茶的盖着红色大印的文书接二连三地来了，茶农们早上饥饿，傍晚累得趴下，没有人体恤为之哀伤。茶农们喧闹而杂乱地争着交纳采下的茶，虽然每个人并没有采下来多少茶，还没装满双手，但时间长了大家交纳的茶还是成堆了。蒸茶发出的香气胜过梅花香，研膏时架动的声音如同打雷。茶烘焙成后上表进贡皇帝。成千上万的人等着吃茶，驿站骑马人快马加鞭如同流星闪电，深更半夜里驱使夫役谁又能看见。四千里的路程只有十天时间，必须在清明茶宴前赶到。我们的君主是采纳臣下劝谏的，如果谏官不进谏，君主怎样听到这些实情？京城皇宫尽管吃的精美食物，天涯海角的官吏差役却常是多而杂乱。使君因忧民而脸色悲惨，几次茶到嘴边反复叹息。嫩绿鲜茶出了什么力？山中有酒也有歌，奏乐的人都是"神仙"，"神仙"们十对用酒一百斛，美味佳肴随便吃。使君当天忧思很多，客人们也没有说征集歌舞助兴。积极认真的焙茶而又长叹，官府制定了贡茶制度，还能期望什么？吴地的百姓啊，你们切莫憔悴，使君我如果当了宰相期望减轻你们的负担。

　　读了这样的诗，谁不为之动容，为茶农们洒一掬同情的泪水！

　　李郢是一位平易近人的爱茶之人。其《春日题山家》茶诗论道，一年春天，他偶与山里打柴樵夫邂逅，后日日往来，"嫩茶重搅绿，新酒略炊醅"，樵夫用嫩茶和没有过滤的新酒招待他。他的另一首茶诗《题惠山》，"茶火数星山寂然"，则将惠山之夜，犹有几处煎茶之火，如同天上星辰，闪烁在寂静山林的美景，如画如诗地展现在人们眼前。李郢《自水口入茶山》则描述沿途所见："蒨蒨红裙

---

　　① 乐营：此是使幕宴乐的产物。营妓即配属乐营之妓。其制度远可追溯到汉代，近可原始于盛唐。营妓制度与军士制度相近：有乐籍，固定居住在乐营；衣粮官给；分别从属于各级地方官；由地方最高长官决定去留，无许可，不得脱籍外嫁。故营妓又称"官妓"，或依其所属的级别而称"郡妓""府妓"及"州妓"。军中编制以25人为"两"。一两之长称"两头"，故"营妓"又有两头娘子之称。

　　② 房户：犹门户。

好女儿。相偎相依看人时,使君马上应含笑"的风景线,把金色马鞭横放在马鞍上,腾出手来即兴吟了一首赞美诗。

也许正是袁高的《茶山歌》、李郢的《贡焙茶山诗》所记茶农受贡茶之苦,以及杨汉公向朝廷乞求宽限贡茶的采集焙制时间等行为使皇帝有所触动,故对贡茶的索取有所缓解。

《旧唐书·文宗纪》记载:吴地和蜀中进贡新茶,都是在冬天焙制的,大和七年(833)唐文宗"务恭俭,不欲逆其物性,诏所供新茶,宜于立春后造。"

第二节 税 茶

安史之乱后,唐朝廷国库空虚,军需匮乏,财政上显得捉襟见肘,税茶便作为茶政中一项主要新内容开始出现。据考德宗建中三年(782)九月,唐政府开始实施税茶政策。然而税茶的执行并非一帆风顺,随政局动荡,逮至贞元九年(793)方正式确立。

贞元初,唐德宗采纳户部侍郎赵赞的建议,在两税、盐铁专卖的基础上,"税天下茶、漆、竹、木,十取之一,以为常平钱"。由盐铁转运使主管茶政,其资备赈灾之用。及泾原兵变,唐德宗西遁奉天,便停止征收茶税。可见此时的税茶乃一时权宜,随收随用,并不固定。至贞元九年正月,盐铁使张滂又请税茶,主张在"郡国有茶山及商贾以茶为利之处,设置税场,分三等估价,少征收什一税"。这次税茶较为详细地规定了税茶的方法、税率,反映出唐政府对茶的控制开始增强,《旧唐书·食货志》有"茶之有税,自此始也"之语。追至唐穆宗时,茶税率又由"什一税"增至百分之十五。而到宣宗时,庐、寿、淮南等地皆加半税。税率畸重,税茶亦从此未有中断。①

一、唐代茶税概说

《旧唐书·德宗纪》云:"(建中三年)九月判度支②赵赞上言:请为两都、江陵、成都、扬、汴、苏、洪等州署常平轻重本钱,上至百万贯,下至十万贯,收贮斛③斗匹段丝麻,候贵则下价出卖,贱则加估收籴,权轻重以利民。从之。赞乃于诸道津要置吏税商货,每贯税二十文,竹、木、茶、漆,皆什一税一,以充常平之本。"《旧唐书·食货志》亦云建中三年九月赵赞条奏征收茶等什一之税。《新唐书·德宗纪》记载:建中三年九月"初税商钱,茶、漆、竹、木",虽未明确记载收什一之税,这是欧阳修撰《新唐书》不同于《旧唐书》的简练之笔,但说这是建中三年九月初税,包括茶的税钱,则与上述《旧唐书》应当是一致的。

《唐会要·仓及常平仓》也说建中三年九月起赞条奏收茶什一之税。而《唐

---

① 伊敏:《唐代茶政问题初探》,《青海社会科学》,1999年3期。
② 判度支:官名。判度支掌管全国财赋的统计与支调,即财政总监。《旧唐书·职官志二》:"度支郎中一员,从五品上……掌判天下租赋多少之数,物产丰约之宜,水陆通途之利。每岁计其所出而度其所用,转运征敛送纳,皆准程而节其迟速。"
③ 贮斛:古代常用容量单位由小到大有升、斗、斛(石)、釜、钟,通常学者们以为斛和石相通。自秦汉开始它们之间都是十进制,南宋末年改为五斗为一斛。

《会要·杂税》又云建中元年九月户部侍郎赵赞条奏收什一之茶税。建中四年六月，升任判度支户部侍郎的赵赞，"请行常平税茶之法"。

关于赵赞条奏收什一之茶税的时间建中元年、建中三年、建中四年三种记载中，我们认为建中三年之说较为可信。理由是：①它是正史新旧唐书的记载；②又有《唐会要》的相同记载作为佐证；③《旧唐书》是五代后晋人刘昫等所撰，时间最早，《新唐书》和《唐会要》则是北宋人欧阳修和王溥所撰，晚于前书。

建中元年和建中四年两说均不可靠，理由是：①它们与建中三年说都出自《唐会要》，同书中三种说法互相矛盾；②《唐会要》比《旧唐书》晚出。

上述赵赞条奏中收什一之税，涉及两个重要问题：

其一，收什一之茶税是继续实行常平之法。"旧制，置仓储粟，名曰常平。""常平者，常使谷价如一，大丰不为之减，大俭不为之加，虽遇灾荒，民无菜色。"隋文帝开皇年间（581—600），设置常平性质的社仓，天下无饥饿。唐承隋制，从唐高祖武德元年（618）置社仓和常平监官，至五年底废。唐太宗即位后，复置，并改社仓名曰义仓。其后高宗、武则天、中宗、玄宗、肃宗、代宗和德宗，均一直坚持设置义仓的制度，使之更好地发挥平衡谷价的作用。除唐中宗神龙元年（705）以后，义仓费用被用尽外，均收到了较好的效果。（《旧唐书》卷48《食货志上》）

其二，收什一之茶税是加重税。建中元年杨炎①提出的两税法，是唐代，也是中国赋税史上的具有重要意义的改革，它将唐开国以来实行了一个多世纪的租庸调法废止了，代之以两税法，诏令规定"行商者，在郡县税三十之一"，赵赞条奏的收什一茶税，显然高于税三十之一。《资治通鉴》的作者司马光在评论建中三年（781）唐王朝增商税为什一时所说的"杨炎定税法，商贾三十税一，今增之"，是一致的。

《唐会要·转运盐铁总叙》云："赵赞条奏的收什一之茶税""茶之有税，肇于此矣。"②《旧唐书·食货志下》亦有相同说法。

但这个说法不准确。因为他只是提出了征收杂税，并未形成一个固定的税制。《新唐书·食货志》载：

初，德宗纳户部侍郎赵赞议，税天下茶、漆、竹、木十取一，以为常平本钱。及出奉天（今陕西乾县）乃悼悔，下诏亟罢之。

所谓唐德宗出奉天，是指建中四年"泾原兵变"时事。当时两河（河南、河北）及淮西叛乱，其中李希烈围襄城（今属河南）。唐德宗征发泾原诸道兵救之。泾原节度使姚令言率兵五千至长安，其兵多为子弟，希望获得厚赏。即至，一无所获。京兆尹奉诏犒赏，"惟粝食菜啖"。众怒，踢翻菜食，从长安城东浐水出发时，返回长安，发动兵变，入大明宫抢劫金帛，拥立朱泚称大秦皇帝，改元应天。唐德宗狼狈逃至奉天。

朱泚发兵围攻奉天，对百姓承诺："汝曹勿恐，不夺汝商货僦质矣，不税汝间架陌钱矣。"即不夺商人财货，不税茶等额外钱，以笼络人心。兴元元年（784）

---

① 杨炎：唐代大臣，财政改革家。德宗时，累拜门下侍郎，同中书门下平章事。作两税法，一变租庸调旧制。当时便之。

② [宋]王溥撰：《唐会要》，上海古籍出版社，1991年版。

正月，唐德宗在《奉天改元大赦制》中规定："其所加垫陌钱税、间架、竹、木、茶、漆、榷铁之类，悉宜停罢。"就是说停止三个月前赵赞条奏的收什一之茶税等。"制下，四方人心大悦"[①]。茶农和商人等均大为高兴。

《旧唐书·食货志下》云：

> 贞元九年（793）五月，初税茶。先是，诸道盐铁使张滂奏曰：'伏以去岁水灾，诏令减税。今之国用，须有供储。伏请于出茶州县，及茶山外商人要路，委所由定三等时估，每十税一，充所放两税。其明年以后所得税，外贮之。若诸州遭水旱，赋税不办，以此代之'。诏可之，仍委滂具处置条奏，由此每岁得钱四十万贯。

《旧唐书·德宗纪》《唐会要·杂税》亦云岁得钱四十万贯。《资治通鉴》贞元九年正月条云"自是岁收杂税钱四十万缗"，一缗为一千文铜钱，与一贯相同。而《唐会要·转运盐铁总叙》却云"是岁得缗四十一万"。

《全唐文》卷465陆贽《均节赋税恤百姓六条》、其五《请以税茶钱置义仓以备水旱》云："岁约得五十万贯。"

以上三种说法中四十万贯说较为可信，因为《旧唐书》等史载为证。四十一万缗说、四十万贯说与四十万说均见于《唐会要》，互相抵牾。五十万贯说，出自税茶之翌年，陆贽对当时财政经济情况较为熟悉，不应轻易否定其说。

《唐会要·转运盐铁总叙》云："茶之有税，自（张）滂始也。"

《唐会要·茶税》云："茶之有税，自此始也。"

《资治通鉴》"贞元九年正月条"记《旧唐书·食货志》云："初税茶。"

《通典·杂税》云："贞元九年制：天下出茶州，商人贩者，十分税一。"

《旧唐书·德宗纪》云："初茶税……"

茶之有税，自此始也众说一致，贞元九年初始收茶税无疑。

唐代茶业政策发生性质上的重大变化——由税茶变为榷茶出现于文宗朝。

文宗时，茶政除贡、税外，又增添了一项新的内容——榷茶。所谓"榷者，禁他家，独王家得为之"，"榷，谓专略其利也"。榷茶，亦即所有茶的种植、采摘、焙制、运销完全由国家垄断，私人一律不得经营，即是对茶叶实行专卖制度。《唐会要》云："茶之有榷税，自涯始也。"涯，即王涯，此人曾奏请改江淮、岭南之茶法，献榷茶之利，故文宗让其任诸道盐铁转运使、榷茶使之职，以推行茶叶专卖制度。据史书记载，其具体办法是：设茶官，立茶场，籍没民间茶园；移茶树植于官场，有余者毕使焚弃；官自雇工采摘焙制，售茶所得悉入官府，茶农唯工值论所得。这种官制官销的茶叶专卖便是唐代真正意义上的榷茶。

太和九年（835）十月，文宗采纳大臣郑注"以江湖百姓茶园，官自造作，量给直分，命使者主之"的榷茶方案，诏命诸道盐铁转运使王涯兼任榷茶使，负责具体实施。在实施过程中，王涯进而奏请采取了"使茶山之人，移树官场，旧有贮积，皆使焚弃"的蛮横措施，严厉地推行榷茶之法。从中不难看出，郑王榷茶之法是运用政治权力，强行将私人茶园收归政府所有，由政府任命"使者"（即茶官，见《新唐书》卷179《郑注传》）专司茶园管理，并将先前拥有茶园的茶

[①] [宋]司马光撰：《资治通鉴》卷229"兴元元年正月"条，中华书局点校本，1956年版。

户变为专门为政府生产茶叶的专业户，政府给予他们一定的报酬作为工值，而将生产的茶叶统统控制在政府手中。

但是王涯的榷茶过于主观、偏激，因而遭到朝野的普遍反对，江淮从事茶叶生产和经营者甚至公开扬言要造反入山。其后，令狐楚①接任盐使，变茶法为"纳榷之时，须节级加价"，即官府收买茶叶后加价卖出。这样，官府对茶叶产、供、销的全过程垄断变为民制、官收、商运商销的局部垄断。武宗时进一步加强了榷茶的中心环节——独占销售，即生产茶叶的园户以茶叶折纳两税后，剩余茶叶全部由官府收买，然后转卖给商人，并课以重税。唐朝廷为保证榷茶制度的顺利推行，又以严法相辅。如唐武宗开成五年（840）十月之条款规定："其园户私卖茶，犯十斤至一百斤，征钱一百文，决脊杖十五。至三百斤，决脊杖二十，钱亦如上。累犯累科，三犯以后，委本州上历收管，重动摇役，以戒乡间。"此后，又规定："私鬻三犯皆三百斤，乃论死；长行群旅，茶虽少，皆死；雇载三犯至五百斤，居舍侩保四犯至千斤者，皆死；园户私鬻百斤以上，杖背，三犯，加重徭。"（《新唐书·食货志四》）不仅如此，朝廷对州县官员也有严格的要求，治下如有"伐园失业者，刺史、县令以纵私盐论"（《新唐书·食货志四》）。这些法令的制定和执行，充分反映了茶业经济已在整个封建经济中占有相当的比重。唐德宗初税茶时，每年茶税收入为四五十万贯左右，到宣宗时，"天下税茶，增倍贞元"（《旧唐书·裴休传》），估计已达百万贯以上。这个数字已经接近和超过了全国税酒的总收入，也超过了江淮地区三个大郡财赋上贡的总额。通过严峻的律法，保障了官府对茶利润的垄断，茶政亦更趋于完善。至此，唐代茶政从无到有，从不完善逐步走向完善，几经周折，最终在唐中后期形成了贡、税、榷三者并行的局面。

总之，自贞元九年正月，唐德宗下诏"初税茶"，这是中国历史上政府正式开始收茶税，中国赋税史上新增的税种"史言税茶始此，遂开利孔"（《资治通鉴》卷234贞元五年正月条）。标志着茶的生产与消费，在当时社会经济生活中的地位已相当重要，同时对缓解朝廷财政收入之不足有令人瞩目的作用。

二、税茶办法及作用

"凡州、县产茶及茶山外要路，皆估其直（值），什税一"，即在全国产茶州、县以及茶山外商人出入的重要道路设卡，估算商人茶货的价值"定三等，时估"（《旧唐书》卷49《食货志》），征收十分之一茶税。

这是朝廷对主营天下盐铁的长官——盐铁转运使张滂的奏请而作出的决策。张滂在奏请中说："去岁水灾减税，用度不足，请税茶以足之。自明年以往，税茶之钱，令所在别贮，俟有水旱，以代民田税。"

《旧唐书·王绍传》云：贞元年间（785—804）"时属兵革旱蝗之后，令户部收阙官俸，兼税茶及诸色无名之钱，以为水旱之备。"

著名政治家陆贽的《均节赋税恤百姓六条·其五请以税茶钱置义仓以备水旱》云：近来有司奏请税茶，收入颇丰，天子敕令贮于部，用救百姓凶饥，希望

第二章 唐代茶政

---

① 令狐楚：唐代文学家。宜州华原（今陕西耀县）人。贞元七年(791)登进士第。宪宗时，擢职方员外郎，知制诰。出为华州刺史，拜河阳怀节度使。入为中书侍郎，同平章事。宪宗去世，为山陵使，因亲吏赃污事贬衡州刺史。

令转运使总计诸道户口多少，每年所得税茶钱，使均融分配，由当道巡院掌管。每至谷麦熟时，即与观察使商议，命管内州县和籴，使于当处置仓收纳，每州令录事参军专管此事。仍定观察判官一人，与和籴巡院官共同负责。也以义仓为名，除赈给百姓以外，一切不得贷便之用。如果丰收谷贱伤农，则优惠价钱，广泛收购。若是谷价稍贵，便停收购，收购的多寡，与年上下持平，谷价恒使得中。每遇灾荒，即以赈给，小歉则随事借贷，大荒则录奏分颁，允许灵活行事，务使周济敛散，成为正常制度。这样，就能使蓄财息债者不能耗戍聚谷，幸灾乐祸者无法以牟取大利，"富不至侈，贫不至饥，农不至伤，籴不至贵，一举事而众美"。等到人们有了私人的积蓄，平籴之法斯在，社仓之制兼行，不出十年之中，必能盈余。三年积蓄，坚持下去，天下太平可以期待，使一代百姓永无饥饿、匮乏。"此尧汤所以见称于千古也，愿陛下遵之、慕之、继之、齐之。苟能存诚，蔑有不至"。唐德宗听不进去，陆贽也"以谗言被逐，事无施储"。遗憾的是，这些税茶钱"未尝以救水旱也"，而是被挪为军费等，或被某些贪官污吏中饱私囊了（《资治通鉴》卷234贞元九年正月）。长庆三年（822）闰十月，唐穆宗曾下诏令淮南、浙西东、宣歙、江西、福建等道观察使，"各于当道有水旱处，取常平义仓斛斗，据时估减半价出粜，以惠贫民"（《旧唐书》卷16《穆宗纪》）。

唐代税茶的社会影响可大略分为利和弊两个方面。

就其利来说，唐自贡茶到榷茶的发展过程已说明了茶税收入已在一定程度上缓解了国库入不敷出的局面，茶税亦成为国家重要的财政支柱之一。唐朝廷本想将税茶钱储存起来以待赈灾时支用，但税茶利之丰厚不得不令统治者多次改变初衷，将茶政地位逐步提高。德宗初税茶"得钱四十万缗"，到元和初，饶州浮梁县一地"每岁出茶七百万驮，税十五万余贯"。而开成年间已出现全国诸州县山泽矿冶税收"举天下不过万余绪，不能当一县之茶税"的局面。可见，茶税收入在一定程度上改善了国家财政困乏的局面。同时，榷茶制度在实施过程中所表现出的灵活性也为后世完善榷茶制度提供了有效可行的经验。王涯榷茶时，统治者曾意识到要从"无异于米盐"的茶身上获利就必须垄断生产、流通全过程，凡买贱攀贵，只任凭官府所为，别无他法可选择。但随着货币经济的相对发展，这种垄断势必要损害广大茶农、茶商的利益，引发社会动荡，而令狐楚独占销售的局部专卖政策既缓和了社会矛盾，又增加了政府的收入。

就弊端而言，一是激化了社会各阶层间的矛盾。唐初茶价平稳，民亦能安享。至德宗时茶价逐年上涨，税

陆贽

高利薄，茶商已无法进行正常的商贸活动，以至于违禁贩茶。唐武宗时的池州刺史杜牧称："凡千万辈尽贩私茶……逢遇草市，泊舟津口，便行陆劫，白昼入市，杀人取财。"茶农更是不堪负荷，聚众反抗时有发生。二是加剧了中央与地方在经济上的争夺。茶税虽然可以说是中央政府为避地方锋芒、解决财政危机新辟的一项税源，但从客观上来说它已大大损害了地方政权的利益，地方政权不甘心自己财富的外流，利用各种方法与中央争利。唐武宗时，盐铁转运使崔琪不仅恢复了元和时曾被废除的茶商往来各地的关卡税，而且还在茶商经过的州县征收所谓的"塌地钱"（住宿税）。诸道盐铁使于棕每斤茶除正税外，又增税钱五，且以"剩茶钱"谓之。此番种种茶税不仅加剧了茶商与官府的矛盾，也激发了地方与中央的利益冲突，进一步加剧了唐末的动荡。①

三、茶税的变迁和加重

《旧唐书·食货志上》载："元和十三年，盐铁使程异奏：应诸州府先请置茶盐店收税。伏准今年正月一日赦文，其诸州府因用兵已来，或虑有权置职名，及擅加科配，事非常制，一切禁断者。伏以权税茶、盐，本资财赋，赡济军镇，盖是从权。昨兵罢，自合便停，事久实为重敛。其诸道先所置店及收诸色钱物等，虽非擅加，且异常制，伏请准赦文勒停"（《旧唐书》卷48《食货志上》与《唐会要》卷88《盐铁》记载相同）。

程异所说的"昨兵罢"指的是从元和九年（814）开始的著名的平淮西藩镇吴元济之战。至元和十三年十月，历经三年苦战，终因唐将李愬千里雪夜奔袭而取胜，全国重新大一统。在这种大唐"中兴"的氛围中，程异奏称，今兵已罢，应禁断诸州府因用兵而擅加的非常制的科配的赦文，将虽非擅加，但异常制"实为重敛"的各地所置征收茶盐税的店，勒令停置，得到唐宪宗的批准。

翌年，唐宪宗"从刺史房免让之请"，归还光州（治今河南潢川）"茶园于百姓"（《渊鉴类函》②卷290《食物部·茶》）。

可惜，好景不长。随着唐王朝中央权势的日益衰弱，地方藩镇割据的不断增强，他们不向朝廷上交赋税，唐统治集团穷奢极欲，财政捉襟见肘，对百姓的榨取变本加厉，茶税的征收不断加码。

唐穆宗即位后，认为天下太平，"一切罢之，两税外加率一钱者，以枉法赃论"（《新唐书》卷52《食货志·二》）。可是，言犹在耳，他于元和十五年（820）五月下诏："以国用不足，应天下两税、盐利、榷酒、税茶及户部阙官、除陌③等钱，兼诸道杂榷税等，应合送上都及留州、留使，诸道支用，诸司使职掌人课料等钱，并每贯除旧垫陌外，量抽五十文，仍委本道、本司、本使据数逐季收计。其诸道钱，便差纳部送付度支收管，待国用稍充即依旧制。"（《新唐书》卷16《穆宗纪》）其中茶税每贯抽五十文钱。

至六月，这种"宰臣创抽贯之利，制下，人情不悦，故罢之"（《旧唐书》卷16《穆宗纪》）。

---

① 伊敏：《唐代茶政问题初探》，《青海社会科学》，1999年第3期。
② 《渊鉴类函》是清代朝廷编的《太平御览》的类书。张英、王士祯、王惔等撰，康熙四十年成书。
③ 除陌钱：唐代的杂税之一。德宗建中四年（783）在全国征收除陌钱，规定凡属公私贸易，每一贯收税二十文，后增至五十文；物物交换则折钱计税。

唐穆宗在《长庆元年正月三日南郊改元赦文》中说："度支、盐铁、户部应纳茶税，及诸色见钱兼籴盐价中旧额，须得（诏令作纳）见钱数者，亦与纳时估疋段及斛斗，其轻货即充上供，杂物当处支用，如愿纳见钱者，亦任稳便，永为常式。"

同年五月，盐铁使王播奏："约榷茶额，每百钱加税五十。"浙东西、岭南、福建、荆襄茶，播自领之，两川以户部领之。天下茶加至二十两，播又奏加取焉。榷者，专卖也，他提议朝廷专卖茶，每一百文钱，增税钱五十文，增幅颇大。右拾遗李珏上疏反对，他说："榷率救弊，起自干戈；天下无事，即宜蠲省。况税茶之事，尤出近年，在贞元元年中，不得不尔。今四海镜清，八方砥平，厚敛于人，殊伤国体，其不可一也；茶为食物，无异米盐，于人所资，远近同俗，既祛竭乏，难舍斯须，田间之间，嗜好尤切。今增税既重，时估必增，流弊于民，先及贫弱。其不可二也；且山泽之饶，出无定数，量斤论税，所冀售多。价高则市者稀，价贱则市者广，岁终上计，其利几何？未见阜财，徒闻敛怨。其不可三也。臣不敢远征故事，直以目前所见陈之。伏望暂留聪明，稍垂念虑，特追成命，更赐商量。陛下即位之初，已惩聚敛，外官押贯，旋有诏停，洋洋德音，千古不朽。今若榷茶加税，颇失人情。"①

李珏认为，征收杂税，起源于干戈，贞元元年（应为贞元九年）那是不得已而为之。如今已干戈化为玉帛，茶税就应当免除，再继续征收，是厚敛百姓，特别伤害国体。饮茶已成新的风俗，百姓每天必须食用，与米、盐一样，须臾难离。现在增重茶税，天下百姓尤其是贫弱百姓，必受其害。山泽之饶，没有定数，按斤论税，以卖多为利，茶税增加，茶价水涨船高，卖茶者肯定少，一年下来，朝廷究竟能有多少利益？李珏希望皇帝收回增加茶税的诏令，从长计议。

《唐会要·租税下·杂税》注云："时禁中造百尺楼，国计不充，王播希恩增税，疏奏不省。"当时唐穆宗在大明宫里修建百尺高楼，"土木费钜万，故（王）播亟敛，阴中帝欲"。李珏的奏疏被唐穆宗置之不理，又多次谏诤，被贬出朝廷，任华州一个小小的"下邽令"（《新唐书》卷182《李珏传》）。

唐文宗即位初，也声称要严惩擅加杂税者，太和三年（829）十二月十八日，赦文：天下除两税外，不得妄有科配，其擅加杂榷率，一切宜停，令御史台严加察访。过了三年，御史台奏称这个赦文，"或以督察不严，或以长吏更改，依前即置"（《唐会要》卷84《租税下·杂税》，《旧唐书》卷49《食货志·下》），说明赦文只是一纸空文，妄有科配和擅加杂榷率的弊端没有得到有效遏制，百姓仍被妄加的重杂税困扰，其中也包含了重困的茶农和茶商。

为了保证茶税的征收，唐文宗时期茶法更加严密。工部侍郎兼鲁王傅庾敬修奏称："剑南西川、山南西道年税茶及除陌钱，旧例委度支巡院勾当榷税，当司于上都召商人便换。太和元年，户部侍郎崔元略与西川节度使商量，取其稳便，遂奏请茶税事使司自勾当，每年出钱四万贯送省。近年已来，不依元奏，三道诸色钱物，州府逗留，多不送省。请取江西例，于归州置巡院一所，自勾当收管

---

① 《旧唐书》卷173《李珏传》和《新唐书》卷182《李珏传》文字有所不同："榷率本济军兴，而税茶贞元以来有之。"贞元以来才有茶税之说，也不准确。

诸色钱物送省，所冀免有逋悬。欲令巡官李溦专往与（李）德裕遵古商量制置，续具奏闻"（《旧唐书》卷187《庾敬修传》）。

剑南西川和山南西道，为唐朝行政区域十五道中的两道，前者治所在成都府，"管彭、蜀、汉、眉、嘉、资、简、维、茂、黎、雅、松、扶、文、龙、戎、翼、邛、巂、姚、柘、恭、当、悉、奉、叠、静掌州，使亲王领之"。后者治所在梁州（治今陕西南郑北），管洋、利、凤、兴、成、文、扶、集、壁、巴、蓬、通、开阆、果、渠等十六州。（《新唐书》卷40《地理志》与《旧唐书》卷38《地理志》记载有所不同）这两道每年税茶和除陌钱，过去照例委托度支巡院掌管榷税，有关官员在京城长安召集商贾便换，就可以免除长途负重之劳。便换也称飞钱。唐宪宗时，"商贾至京师（长安），委钱诸道进奏院及诸军、诸使富家，以轻装趋四方，合券乃取之，号飞钱"（《新唐书》卷54《食货志·四》）；类似今之汇款，免除携带巨款四处经商之劳。因唐代货币主要为铜钱，武德四年（621）所铸开元通宝，十文钱重一两，千钱则重6斤4两。唐高宗乾封元年（666），以恶钱多，改铸"乾封泉宝"，重二铢六分，以一当旧钱之十，重量增加了十倍。唐肃宗所铸"乾元重宝"每缗重十斤。绛州所铸"乾元重宝"每缗重十二斤。如果一位商贾腰缠万钱经商，则开元通宝重62斤半，乾元重宝重100斤，绛州版乾元重宝120斤。也有人说"一千（钱）之重，约与一斗米均"（《旧唐书·列传·第七十九》），又易招贼，而使用飞钱，只需交点"汇费"，便可轻松周游天下，招财进宝了。

太和元年，户部侍郎崔元略与剑南西川节度使杜元颖商议，为了税茶的方便安稳，于是向唐文宗奏请有关茶税的事，由朝廷主管部门自己掌管，每年送给尚书省四万贯钱。可是后来，他们不按照原来奏请的办法执行，三个道的各种钱物，州府滞迟，多不送到尚书省。庾敬休请求，按照江南西道之例，在归州（治今湖北秭归）设置巡院一所，中央掌管征收各种钱物送尚书省，希望免除拖欠。庾敬休打算派李溦去找李德裕，商议处理（李德裕任剑南西川节度使的时间为太和五年至六年，《唐方镇年表》卷6《剑南西川》，庾敬休打算派李溦去找李德裕当在这两年当中）。

元和六年（811），唐宪宗在《赈恤百姓德音》（一作《赈货诸道诏》）中宣布："茶商等公私便换见钱亦（诏令作异）须禁断。"《旧唐书·庾敬修传》的记载，说明便换并未禁断，直到唐文宗时仍在行用。

太和九年（835）九月，盐铁转运使王涯"奏改江淮、岭南茶法，增其税"。（《资治通鉴》卷245"太和九年九日"条）《新唐书·王涯传》云："始变茶法，益其税以济用度，下益困。"他用改变茶法的手段增收茶税，茶农和茶商更加困难。《资治通鉴》卷245"太和九年八月"条注称，贞元九年初税茶，长庆元年王播奏茶税一百增文五十，今又改法而增其税，愈重矣（《资治通鉴》卷245"太和九年十月"条）。

凤翔节度使郑注，"每自负经济之略"，唐文宗问以富人之术，他无以对，遂请榷茶。"其法欲置茶官，籍民圃而给其直，工自撷焙，则利悉之官"（《新唐书》卷179《郑注传》）。其榷茶法是打算设置茶官，凭借百姓的茶园，给他钱，种茶自己包揽了，茶利全部归于官府。当时，郑注与宰相李训互相勾结，权势显赫，王涯等人明知榷茶不可取，也不敢反对。

元和九年十日，王涯"献榷茶之利，（唐文宗）乃以涯为榷茶使。茶之有榷税，自涯始也"（《旧唐书》卷17下《文宗纪下》）。唐文宗在《王涯诸道榷茶使制》中说："朕今以茶法稍弊，理须变更。凡斯重难，悉以资委，礼当优异，式表至公。俾进给于三司，仍策勋于八命。"他认为如今的茶法稍微有点弊病，需要改变。唐文宗所谓的弊病，就是茶税收的还少。郑注提议的榷茶，投合他的求富心理，用官府垄断茶叶的办法，增加收入。

《唐会要·转运盐铁总叙》云：王涯任榷茶使后，"表请使茶山之人，移植根本，旧有贮积，皆使焚弃，天下怨之。"民谚云："人挪活，树挪死。"茶树尤忌挪。《天中记》载："凡种茶树必下子，移植则不复生，故旧聘妇必以茶为礼，义固有所取也。"

种茶必须播种茶子，而以移植的方法种茶，茶必死无疑。因此，人们在婚聘娶妻时，必须行茶礼，其含义就是祝愿婚姻像茶树那样不移植，坚贞如一，白头偕老。王涯违背了茶的种植规律，用官府的权势，强行将茶树移植到官方的茶园去，其下场必定是死路一条，也必定引起天下的怨恨。

太和九年十一月，唐文宗依靠郑注、李训等谋诛宦官。以诡称左金吾厅后石榴树宿有甘露，诱左、右中尉仇士良、鱼志弘率诸宦官往视，企图趁机尽杀之。但在关键时刻，左金吾卫大将军赴约"变色流汗……俄风吹幕起，见执兵者甚众，又闻兵杖声，仇顿觉不妙，立即挟持皇帝北出。旋即率兵大杀朝臣。王涯狼狈徒步至永昌里茶肆"，被抓入狱中。年已七十余的王涯，被以桎梏，掠治不胜苦，自诬参与李训逆谋，被腰斩于独柳之下，"百姓观者怨王涯榷茶，或诟骂，或投瓦砾击之"（《资治通鉴》卷245"太和九年十一月"条）。王涯以榷茶事而升官，最后在茶肆中落难，死后还被人咒骂，用瓦砾打，真是极大的讽刺。不过他实际上并未参与郑注、李训等的谋诛宦官，他的被杀，"人以为冤"（《旧唐书》卷169《王涯传》）。《新唐书·王涯传》亦云：唐昭宗天复初年大赦，明（王）涯（李）训之冤追复爵位，官其后裔。剑州巡官李纹私为诗吊之。末句曰："六合茫茫皆汉土，此身无处哭田横。"乃有人欲告之，因而《纂异记》中有喷玉泉幽魂一篇，即甘露之四相也。（《南部新书》）王涯为四相之一。凤翔监军张仲清，奉仇士良所授密敕诛杀郑注，他邀郑注议事，郑注至，"既啜茶，（押牙李）叔和抽刀斩（郑）注"。《南部新书》解释说："古押牙者富平人，有游侠之才，多奇计，往往通于宫禁。"郑注以榷茶向唐文宗邀宠，最后在"啜茶"时被杀，同样是极大的讽刺，但也说明饮茶在唐人生活中的重要性。

太和九年十二月，盐铁转运使令狐楚，奏请"罢榷茶"，他说：

伏以江、淮数年以来，水旱疾疫，凋伤颇甚，愁叹未平。今夏及秋，稍较丰稔，方须惠恤，各使安存。昨者忽奏榷茶，实为蠹政。盖是王涯破灭将至，怨怒合归，岂有令百姓移茶树于官场中栽植，摘茶叶于官场中造作，有同儿戏，不近人情。方在恩权，孰敢沮议？朝班相顾而失色，道路以目而吞声。今宗社降灵，奸凶尽戮，圣明垂祐，黎庶合安。微臣蒙恩，兼领使务……缘军国之用或阙，山泽之利有遗，许臣条疏，续具闻奏。采造将及，妨废为虞……一依旧法，不用新条。唯纳榷之时，须节级加价，商人转卖，必校稍贵，即是钱出万国，利归有司。既不害茶

商，又不扰茶户。上以彰陛下爱人之德，下以竭微臣忧国之心。远近传闻，必当感悦。(《旧唐书》卷172《令狐楚传》)

令狐楚认为郑注提出的设置榷茶使，王涯任其使，确是害民"蠹政"。其命百姓移茶树于官茶园中栽植，不啻"有同儿戏，不近人情"，其结果，必然破坏茶的生长，使茶户受到致命的伤害，茶商无茶可售，朝廷也不可能得实利。令狐楚主张不用这种榷茶新法，还是使用原来的税茶旧法，只不过在纳榷时节借机加价而已，既不损害茶商的利益，又不干扰茶户的生产，还可以彰显天子爱护百姓的德行，百姓必当感激喜悦。

当时，王涯已死，唐文宗批准了令狐楚的奏请，"乃罢榷茶"。李石为宰相，"以茶税皆归盐铁，复贞元之制"(《新唐书》卷54《食货志四》)。

唐文宗"太和中，以婺源、浮梁、祁门、德兴四县，茶货实多，兵甲且众，甚殷户口，素是奥区。其次乐平、千越，悉出厥利，总而管榷，少助时用"。(《全唐文》卷871刘津《婺源诸县都制置新城记》)

婺源、祁门属歙州(治今安徽歙县)，浮梁、德兴属饶州(治今江西鄱阳县)。这两州四县所出产的茶叶很多，比它们较差一点的乐平(属饶州)、千越也都出产茶叶，将这些县出产的茶叶由官府专门经营管理，有助时用。也就是说，这些县所出茶征收的茶税十分可观。

《新唐书·食货志》提到，唐代银、铜、铁、锡之冶官有168处。"开成元年(836)，复以山泽之利归州县，刺史选吏主之，其后诸州牟利以自殖，举天下不过七万余缗，不能当一县之茶税。"(《新唐书》卷54《食货志四》)茶税在唐文宗执政前期朝廷财政收入的重要性可想而知。为了平息因茶税沉重而引起百姓的怨言，唐文宗也采取了一些安抚措施，同时也加强茶政管理。

开成二年(837)十二月，武宁军节度使薛元赏奏称："泗口税场，应是经过衣冠、商客、金、银、羊、马、斛、斗、见钱、茶盐、绫绢等，一物已上并税。今商量，其杂税物请停绝。"唐文宗敕旨，云："淮泗通津，向来京国，自有率税，颇闻怨讟。薛元赏到藩镇之初，首请除去。表章适至，讴诛已兴。泗口税据元赏所奏并停，所置当官所由并罢。委元赏当日张榜告示，其泗口税额，淮徐泗观察使今年前后两度奏状，内竖共得钱一万八千五十五贯文……共息怨咨，以安行旅。"

开成五年(840)九月，唐文宗敕令，税茶法从第二年开始，"却付盐铁使收管"(《唐会要》卷88《盐铁》)。改变王播曾经实行的江淮、浙江东西、岭南、福建和荆襄茶事地方自管，两川属朝廷户部分管之法，由盐铁使统一掌管天下茶事。

唐文宗在《追收江淮诸色人经纪本钱敕》中说："中书门下省所将本钱与诸色人给驱使官文牒，于江淮诸道经纪，每年纳利，并无元额许置。如闻皆是江淮富家大户，纳利殊少，影庇至多，私贩茶盐，颇挠文法，州县之弊，莫甚于斯，宜并勒停。两省先给文牒，仍尽追收。其去年所减人数，虽无挟名，尚执两省文牒，亦宜收讫闻奏，以后不承正敕，不在更置之限。"

敕中所说的朝廷中书门下两省将本钱交给各种人，并给官文书，在江淮一带经商牟利，每年交纳没有定额的利钱。这是唐代袭自隋代的官方放债取利方法，具体掌管此事的官吏叫捉钱令史，承担百姓可享受免除徭役的优待，有罪府县也

第二章 唐代茶政

不敢惩罚。曾有打人头破血流者,"诣闲厩使纳利钱受牒贷罪",名捉钱户。勒文云:听说捉钱户都是江淮地区的富家大户,每年上交的利钱特别少,而打着官府旗号包庇自己牟取暴利很多,私自贩卖茶、盐,颇为阻挠有关法令的执行,州县的弊端没有甚过它的,应当勒令停止。

唐武宗执政后,盐钱转运使崔珙又增加江淮地区的茶税,茶商经过州县要收重税,或者掠夺他们运茶的车、船,放在露天的雨中,设邸屋征收茶税,名叫"拓地钱"。拓者与踏通,踩也,你踩上了我的州县地,就得放下买路钱。为了逃避交税,走私贩茶的人更多了。(《新唐书》卷54《食货志四》),《旧唐书》卷18上《武宗纪》)

为了减轻茶商劳逸不均的弊端,唐武宗继续加强对茶有关例条的管理,以缓解百姓的不满。《文苑英华》卷423所载武宗《会昌二年四月二十三日上尊号赦文》,内中有云:"度支、盐铁、户部诸色所由茶酒盐商人,准敕例条,免户内差役。天下州县豪宿之家,皆名属仓场、盐院,以避徭役,或有违犯了条法,州县不敢追呼。以此富屋皆趋倖门,贫者偏当使役,其中亦有影庇,其真伪难分。"①意思是说从现在开始往后,凡是属于度支、盐铁、户部的三司,以及茶盐商人,各自依据所在的场盐正额人以为限制约束,那些冒名顶替,接脚短途贩运零星少量的人,不在这个界限内,那种小的店铺,所由主人、牙郎、火夫、牛户、父兄、子弟,并于所在州县,"依例使例,所冀劳逸稍均,疲人苏息"。

《新唐书·食货志》云,唐宣宗即位,"茶盐之法益密",对茶税的征收管理更加重视。唐宣宗《大中二年正月三日册尊号赦书》云:度支、盐铁、户部三司茶纲欠负多年,积弊斯久,家业荡尽,无可征索,虚系簿籍,劳于囚系者,复委本司各条流理闻奏,如先将茶赊卖与人,及借贷人钱物,若文帖分明,得知诣实即与帖州县征理,如组织平人妄有指射,推勘了后,重加决责。

茶纲为成批运输茶的组织,由三司负责。度支、盐铁和户部合称三司,是朝廷掌领财政的机构。其所属茶纲多年来亏损欠负的积弊,已经很久了。家业破产,没有可以征收索取的了。委托三司将其具体状况梳理清楚,奏报朝廷,如果先将茶赊账卖给别人,以及借贷别人的钱或物,文帖清楚的,就给帖由州县征理,倘若组织别人妄有指射,调查确实后则加重处罚。有的茶纲中人,为了生计,甚至不惜冒险求财。例如,早在唐文宗时以母族鲜亲,唯舅独存,下诏闽地官员,寻求母族亲属。不久,户部有一个挑茶的役夫叫萧洪,通过皇亲吕璋白见太后,自称是太后之弟。萧太后信以为真,悲不自胜。文宗拜萧洪为金吾将军,出为河阳三城节度使,他因事得罪左军中尉仇士良。不久又有闽中男子萧本,自称是太后之弟。仇士良闻之,以冒充罪将萧洪下狱治罪,文宗下诏流放欢州,半途将他赐死(《穆宗贞献皇后萧氏传》)。

大中六年正月,盐铁转运使裴休奏:"诸道节度、观察使,置店停止茶商,每斤收拓地钱,并税经过商人,颇乖法理。今请厘革横税,以通舟船,商旅既安,课利自厚。今又正税茶商,须举纲条。""其年四月,淮南及天平,多被私贩茶人侵夺其利。今请强干官吏,先于出茶山口,及庐、寿、淮南界内,布置把捉,晓

---

① [宋]李昉等编:《文苑英华》,中华书局,1966年版。

谕招收，量加半税，给陈首帖子，令其所在公行，从此通流，更无苛夺。所冀招恤穷困，下绝奸欺，使私贩者免犯法之忧，正税者无失利之叹。欲寻究根本，须举纲条。"（《旧唐书》卷52）其年四月，淮南及天平军节度使并浙西观察使，皆奏军用困竭，伏乞且赐依旧税茶。当时，方镇"设邸阁居茶取直，因视商人它货横赋之，道路苛扰"，裴休建言："许收邸直，毋擅赋商人"（《新唐书》卷182《裴休传》）。得到皇帝同意后，裴休条疏茶法，事极精详，制置之初，理须画一，并宜准今年正月二十六日敕处分（《旧唐书》卷49《食货志下》）。从这些记载都可以看出茶税的加重和茶业管理的日趋严苛。

《新唐书·方镇表》云：唐肃宗至德元载（756）置淮南节度使，领扬、楚、滁、和、寿、庐、舒、光、蕲、安、黄、申、沔十三州，治扬州。元和十四年（819），置郓曹濮节度使，次年赐号天平军节度使。唐肃宗乾元二年（759）废浙西节度使领升、润、宣、歙、饶、江、苏、常、杭、湖州，治升州。大历元年（766）罢领宣、歙二州置浙西观察使。上元二年（761）徙治宣州。

淮南等三位节度观察使都以军费困难，奏请朝廷允许他们依旧征收茶税。唐宣宗勒令裴休整顿茶法，提出税茶的具体方案。裴休遂立"税茶十二法，人以为便"（此内容《新唐书》卷182《裴休传》与《旧唐书》卷49《食货志下》记载相同）。《唐会要·转运盐铁总叙》云：唐宣宗"大悦"，颁布《停税茶敕》，称赞裴休条疏茶法事极精详。

有关加重茶税的资料还见于孙樵《书何易于》一文。《全唐诗续补遗》卷15《孙樵》云："孙樵，字可之，又字隐之。关东人。从韩愈游。举大中进士，授中书舍人。僖宗幸岐、陇时，诏赴行在，迁职方郎中、上柱国，有《孙可之集》。"孙樵《书何易于》云："盐铁官奏重榷管，诏下所在不得为百姓匿。"盐铁官，当指盐铁转运使，奏请加强对茶的专卖与管理。皇帝颁布有关诏令，并规定各地各级官员不得隐藏诏书，不让百姓知道。《书何易于》书中还说：

> 易于视诏曰："益昌不征茶，百姓尚不可活，矧厚其赋，以毒民乎？"命吏铲去。吏争曰："天子诏，所在不得为百姓匿，今铲去，罪愈重，吏止死，明府公宁免窜海裔耶！"易于曰："吾宁爱一身以毒一邑民乎？亦不使罪蔓尔曹。"即自纵火焚之。观察使闻其状，以易于挺身为民，卒不加劾。①

此文虽是歌颂何易于的德行政绩，也从一个侧面说明了唐代统治者加重茶税，百姓不堪忍受。统治者的横征暴敛会大大影响唐代茶产业的发展。

四、百姓的抗争

茶税在唐德宗贞元九年设立后，每年税额为四十万贯。其后不断增加。唐穆宗长庆元年，在原增加茶税一百钱的基础上再增五十，则每年茶税为六十万贯。唐顺宗时"天下榷盐税茶，其赢六百六十五万缗"（《新唐书》卷54《食货志四》）。

唐宣宗收复被吐蕃在安史之乱中占领的唐河、湟地区后，"天下两税、榷酒茶盐钱，岁入九百二十二万缗"（《新唐书》卷52《食货志二》）。在这些税钱中，茶税虽稍低于盐、酒税，但其税钱也占相当数额。"天下税茶增倍贞元……诸道

---

① 孙樵：《书何易于》，见《文史要览》，北京广播学院出版社，2006年版。

盐铁使于惊，每斤增税钱五，谓之剩茶钱"（《新唐书》卷54《食货志四》）。由此可见，茶税从开始征取以后，一直不断增加。

安史之乱以后，随着地方藩镇势力不断膨胀，河朔三镇等藩镇成为如《新唐书·兵表》所说的"既有其土地，又有其人民，又有其甲兵，又有其财赋，以布列天下"的独立王国。他们父死子继，自除官员，不向中央上交赋税，朝廷能够直接管辖的地区日益缩小。李吉甫在《元和国计簿》中说唐宪宗时，朝廷财赋所入，仅东南的浙西、浙东、宣歙、淮南、江西、鄂岳、福建、湖南等八道，合四十州，一百四十四万户，"比量天宝供税之户，则四分有一"（《唐会要》卷84《杂志》）。唐王朝实际沦落为林立于全国的藩镇中的一员，财政收入相应地大大减少，而唐统治者的穷奢极侈却并未收敛，庞大军费的开支，入不敷出、捉襟见肘的状况非常严重，因此对茶税的征收当然极为重视。为防止茶税的流失，与藩镇争夺茶税的收入，唐统治者在不断加重税额的同时，不惜用严刑峻法制裁私茶的贩运与买卖，史称"民怨茶禁苛急"（《新唐书》卷179《王涯传》）。茶农遂采取各种方式进行抗争，官方则武力镇压。傅璇琮《李德裕年谱》记载：会昌五年（845）六七月间，池州（治今安徽贵池）刺史杜牧，通过明察暗访，得知江淮一带有一伙百十来人的江中盗贼，劫持商旅得到各色财物，财物不敢货于城市，唯有茶山可以销售。杜牧《上李太尉论江贼书》说："盖以茶熟之际，四远商人，皆将锦绣缯缬、金钗银钏，入山交易，妇人稚子，尽衣华服，吏见不问，人见不惊。是以贼徒得异色财物，亦来其间，便有店肆为其囊橐，得茶之后，出为平人。"镇戍兵弱，不敢得罪他们，否则立被杀害。"罪抵止于私茶，故贼云：以茶压身始能行得。凡千万辈，尽贩私茶"。可知私茶贩之多。还有水劫不便，则"逢遇草市，泊舟津口，便行陆劫"，弃船到陆地上打劫。濠（治今安徽凤阳东北）、亳（治今安徽亳县）、徐（今属江苏）、泗（治今江苏盱眙）、汴（治今河南开封市）、宋（治今河南商丘市南）等州的江贼，"多劫江南、淮南、宣、润等道"，许（治今河南许昌）、蔡（治今河南汝南）、申（治今河南信阳市）、光（治今河南潢川）等州的江贼，"多劫荆襄、鄂岳等道"。劫得财物，皆是博茶。北归本州货卖，循环往来，周而复始，更有江南土人，相为表里，校其多少，十居其半。江南有一半的当地人，与私茶贩互相勾结，地方郡守很难抓住他们。杜牧向朝廷建议：命宣（治今安徽宣城）、润（治今江苏镇江）、洪（治今江西南昌市）、鄂（治今湖北武昌）等州，各一百人，淮南四百人，每船三十人为率，一千三百人分为四十船，一人为主将。又在本界江岸并立营垒，择精锐为舟棹，昼夜上下分番巡检，赏罚分明。江南北岸置官渡禁绝私载，这样，可以去掉"三害"："人不冤死，去一害也；乡间获安，无追逮证验之苦，去二害也；每擒一私茶贼，皆称买卖停泊，恣口点染，盐铁监院追扰平人，搜求财货，今私茶尽黜，去三害也。"获得"撷茶之饶，尽入公室等利"。①

杜牧的这篇《上李太尉论江贼书》反映了江、淮地区私茶贩的活动。李太尉指李德裕。所谓"江贼"实际上是指江河中武装走私的茶贩子。

《新唐书·食货志》云：唐宣宗时，"江、吴群盗，以所剽物易茶盐，不受

---

① ［唐］杜牧：《上李太尉论江贼书》，见《樊川文集》，上海古籍出版社，1978年版。

者焚其室庐，吏不敢枝梧"。这也证实了私茶贩在江、淮地区的活跃。唐宣宗的对策是："择尝更两畿辅望县令者为监院官"，负责查处私茶贩等。两畿指京畿（西京长安）、都畿（东都洛阳）。唐代读书人做官多有任县令的经历，既然杜牧建议的武装不能根除私茶贩，唐宣宗选择的手无缚鸡之力的文人出身的县令，又岂能奈何得了私茶贩？唐宣宗在《大中元年正月十七日赦文》中又指出："私茶盐虽要止绝，法或连坐，则害平人。自今以后，但科犯茶盐要人罪，其买茶籴盐，及经过食宿之处，并不要勘问。"这样避免事情扩大化。

主管茶税事的盐铁转运使裴休主张用严刑峻法与怀柔相结合的方法应对私茶贩。《新唐书·食货志》云：盐铁转运使裴休著条约："私鬻三犯皆三百斤，乃论死；长行群旅，茶虽少皆死。雇载三犯至五百斤，居舍侩保四犯至千斤者，皆死。园户私鬻百斤以上，杖背，三犯，加重徭。伐园失业者，刺史、县令以纵私盐论。庐、寿、淮南皆加半税，私商给自首之帖，天下税茶增倍贞元。"

孙樵

裴休所制定的条例规定：凡是私卖私茶三百斤，三次者处以死刑；成群结队长途贩卖私茶者，尽管茶数量不多，也都处以死刑；凡是雇人贩运三次，茶五百斤者，坐在家里拉拢买卖四次，茶至千斤，从中牟利的茶侩，也都处以死刑；茶园户私下卖茶一百斤以上，处以杖背之刑；私卖三次，增加重的徭役。砍伐茶园失业的人，该州的刺史及下属县令，则以纵容私盐贩那样处置。庐（治今安徽合肥市）、寿（治今安徽寿县）、淮南（治今扬州）都增加一半的茶税。私人茶商给自首的帖子，给他们自首减罪的机会。经过采取上述措施，使得天下茶税的钱数，比贞元时间增加了一倍，贞元时茶税年四十万贯，今则增为八十万贯。

裴休是虔诚的佛教徒，《南部新书》云：裴休精于禅律，为多部佛经撰序，身为大官，却"持钵乞食于妓院"。《监戒录·释道》云：他"所生儿女，多名师女僧儿，潜令婢妾承事禅师，留其圣种，当时士族，无不恶之"。佛教标榜慈悲为怀，无奈裴休对贩私茶的百姓（茶农和茶商）毫无慈悲之心。

无论唐统治者的血腥镇压，抑或怀柔之技，都无济于事，因为没有解决茶税沉重的根本问题，茶民的抗争自然不会停罢，在席卷全国的唐末农民大起义中，我们不难看到他们的身影，直至李唐王朝的灭亡。

第三章　佛教与茶

疏香皓齿有余味
更觉鹤心通杳冥

两汉之际传入中国的佛教，经过魏晋南北朝的发展，至隋唐时代，在统治阶级的大力扶植下，僧尼众多，寺院林立，译经兴盛，造像不辍，宗派纷呈，寺院经济繁荣，佛教进入黄金时代。

就佛教宗派而言，隋代僧人智𫖮创立天台宗，信行创立三阶教，唐代僧人玄奘及其弟子窥基创立法相宗（亦名慈恩宗），法藏创立华严宗，慧能创禅宗南宗，神秀创立禅宗北宗，道宣创立律宗（亦称南山宗），善导创立净土宗，善无畏、金刚智和不空创立密宗。古代印度佛教的中国化已完成，中国佛教的基本风貌由此定格。

中国是茶的故乡。从远古时代，生活在神州大地上的中国人就与野生茶结缘

智𫖮

玄奘

慧能

道宣

善导

金刚智

了。在唐玄宗开元年间，茶入寺院，逐渐渗透于佛教徒的整个修行生活中，茶与释氏的结合使中国佛教又增添了一大特色。

第一节　唐代佛教徒饮茶成风

唐代佛教徒饮茶，见于文献记载的，始于开元年间，终唐一代一直不断。安史之乱后的中晚唐时期，品茗之风最盛。

据《卢氏杂说》记载，唐玄宗时，吴道子①"访僧请茶，僧不加礼"。僧虽无礼，佛门饮茶当是人所共知。否则，常在寺壁泼墨的一代丹青画圣，岂会折腰请茶？

僧灵一②《与元居士青山潭饮茶》云：

野泉烟火白云间，
坐饮香茶爱此山。
岩下维舟不忍去，
青溪流水暮潺潺。

（《全唐诗》卷809）

诗僧灵一，与友人元居士在青山潭畔，汲野泉煎茶。茶烟漂浮在蓝天白云之间。他们坐着品饮芳香的茗汤，远眺青山，十分惬意，爱恋此山，甚至山崖下停泊的船也不忍离去。

孟郊

孟郊《与王二十一员外涯游昭成寺》，诗中云"游僧步晚磬，话茗含（一作合）芳春"。王二十一员外涯，为王涯，他在王氏家族中排行是二十一位，这是唐人特有的行第称呼。游僧当是在昭成寺"挂单"的云游僧。

张祜③在普贤寺，与僧人"更共赏新茗"（《全唐诗》卷510张祜《题普贤寺》）。

在澄秀上座院，"林下器未收，何人适煮茗"。（《全唐诗》卷192韦应物《澄秀上座院》）"林下器"当指树林里的茶器，还没有收拾，什么人正好在煮茗？此人当是院之主人澄

---

① 吴道子（约680—759年）：唐代画家。阳翟（今河南禹州）人。约生于永隆元年(680)，卒于乾元元年（758）前后。擅画佛道、人物，长于壁画创作。

② 灵一（约公元764年前后在世）：姓吴氏，人称一公，广陵人。约唐代宗广德中前后在世。童子出家。初隐麻源第三谷中，结庐读书。后居若耶溪云门寺，从学者四方而至。又曾居余杭宜丰寺。禅诵之余，辄赋诗歌。与朱放、强继、皇甫冉兄弟、灵澈为诗友，酬唱不绝。后终于岑山。云一著有诗集一卷，传于世。

③ 张祜：字承吉，邢台清河人，唐代著名诗人，有"海内名士"之誉。张祜的一生，在诗歌创作上取得了卓越成就。"故国三千里，深宫二十年，"张祜以是得名，《全唐诗》收录其349首诗歌。

秀或属下僧人，唐代寺院"每寺上座一人，寺主一人，都维那一人，共纲统众事"（《唐六典》卷4《尚书礼部·祠部郎中》）。

夏日，喻凫在龙翔寺居，所见"数声钟里饭，双影树间茶"（《全唐诗》卷543喻凫《夏日龙翔寺居即事寄崔侍御》），茶是该寺僧人与饭一样的食物。

郑巢①《送琇上人》云："古殿焚香外，清羸坐石棱。茶烟开瓦雪，鹤迹上潭冰。"《释氏要览》卷上称："内有德智，外有胜行，在人之上，名上人。"这位琇和尚是修行造诣较高者，他在古老的佛殿里，焚香修行之外，还煎茶自饮，升腾的茶烟化开了瓦上的雪花。

栖蟾上人《居南岳怀沈彬》中，在石房里，"茗外独支颐"，饮茶之外，悉叹人生无常，"万木还无叶，百年能几时"？清香的茶汤不仅没有振奋这位高僧的精神，反而勾起了他的悲观情绪。

昼公院"舍深原草合，茶疾竹薪干"（《全唐诗》卷503周贺《题昼公院》又作《四明兰若赠寂禅师》），僧人饮茶多了以致茶烟熏黄了翠竹。

有的佛教徒嗜茶如命。《南部新书》云大中三年（849），东都洛阳有"进一僧，年一百二十岁"，唐宣宗问他服何药至此？僧答道："臣少也贱，素不知药性。本好茶至处唯茶是求，或出亦日遇百余碗，如常日，亦不下四五十碗。"一人一天饮四、五十碗，多时甚至超过一百碗茶汤，似有夸张不实之嫌。

也有饮茶少的。僧知宗《盘山上方道宗大师遗行碑》，说这位大师"柏茶半斤，稻米数斗，二年所食，一半犹存"。②茶和米是他的生活必需品，唐一斤为16两，半斤柏茶仅8两，一半犹存，则一年只有4两，一天仅摊得0.01两，只能煎几碗稀茶汤。

僧徒大多饮茶，有的尼姑也品茗，李群玉说："龙安寺的尼姑平日煎茶而饮。"

由于寺院饮茶成风，设置了专门的饮茶场所。如福州九仙山定光多宝塔旁有别殿、僧堂等建筑，还建有僧人饮茶的"茶堂五间"（《全唐书》卷825黄滔《大唐福州报恩定光多宝塔碑记》），可供百人左右饮茶，规模不小。寺院饮茶场所名叫"茶寮"（《渊鉴类函》卷390《食物部·茶》）。

第二节 茶与佛教徒的修行生活

茶在佛教徒的修行生活中用途很多。根据神、人身份的不同，待以等级不同的茶。

觉林院僧人志嵩，收藏着质量不同的三种茶，"最上"的紫耳香茶"以供佛"，"最下"的萱草带茶"以自奉"，自己饮用。"待客以惊雷荚（中等茶）"，尽管质量在上述两种茶之间，也还是较好的茶，所以"客赴茶者，皆以油囊盛余沥以归"③。

---

① 郑巢：公元867年（约唐懿宗咸通中）前后在世。字不详，钱塘人。在世。大中间，举进士。后不仕而终。著有诗一卷。

② 知宗：《盘山上分道宗大师遗行碑》，见《全唐文》卷920，中华书局，1983年版。

③ [唐]·冯贽：《云仙杂记》，见《宋史·艺文志》。

当代四川智矩寺举行皇茶祭天

1. 以茶供佛

上述僧志嵩以上等茶供佛,其实以茶供佛事不仅见于《云仙杂记》,而且载于《大正藏》卷49,《佛祖历代通载》卷14,《渊鉴类函》卷390《实物部·茶》。佛当指佛祖释迦牟尼。作为僧人,佛是心目中至高无上的祖师,当然要用最好的香茗供奉。

2. 以茶祀祖

佛教徒以茶祭祀已故德高望重的尊者、长者。李白《为窦氏小师祭璿和尚文》说这位小和尚以茗药祭祀王璿和尚。

3. 以茶驱睡

李咸用《谢僧寄茶》云:"空门少年初志坚,摘芳为药除睡眠。"这位庐山的年轻小和尚,学习佛法的志向非常坚定,他亲自在茶山采茶,作为驱除睡魔的药物,以便保持头脑清醒,更好地念经、写经、坐禅、做法事,尽快得道成佛。李咸用说,庐山的茗树生长在朝阳的地方,茶长得非常棒。"暖萌如爪挐飞鸢,枝枝膏露凝滴圆。"他将僧人寄给他的清明前庐山茗,碾末,煎出茶汤,"尝来纵使重支枕,胡蝶寂寥空掩关"。品尝后,即使重新放上枕头,闭门不出,也睡不着。

刘得仁①《宿普济寺》中讲,茶汤能使之不眠,能与高僧通宵达旦地谈心。"解眠茶煮石根泉"(杜荀鹤《题德玄上人院》),用石根泉煮的茶汤,饮后可以消除睡意。

4. 以茶助译偈

李嘉祐《同皇甫侍御题荐福寺—公房》云:"啜茗翻真偈,燃灯继夕阳。"以饮茶帮助翻译佛经里的释氏唱词,睡魔被驱逐,白天没有译完,夕阳西下时,又点上灯烛,继续译之。

5. 以茶助诗

"异跡焚香对,新诗酌茗论。"(《全唐诗》卷262严维《奉和独孤中丞游云

---

① 刘得仁:约公元838年前后在世。相传他是公主之子。长庆中(公元823年左右)即有诗名。自开成至大中四朝,昆弟以贵戚皆擢显位,独得仁出入举场30年,竟无所成。著有诗集一卷。

门寺》）在袅袅香烟中，一时啜茗，一时品评新吟之诗。诗人李中说，有时乘着兴头寻京城的先业大师，"煮茗同吟到日西"（《全唐诗》《赠上都先业大师》）因有茶助文思，二人一起吟诗，直到太阳西沉。

6. 僧待俗茶

来寺院拜佛或游览的俗人，佛教徒往往待以茶礼。

李白陪族叔当涂县令游化城寺，在清风亭有人"茗酌待幽客"，当是寺僧以茗招待李白叔侄。

温庭筠《宿一公精舍》，"茶炉天姥客，棋席剡溪僧"。[①] 天姥指天姥山，温庭筠自称天姥客。剡溪在越州（治今剡溪县西南）。僧指一公，他们一时对弈，一时品茶。

司空图《抚事寄同游》中云"春添茶韵时过寺"，也是僧待作者茶礼。

唐彦谦《游南明寺》，山里南明寺的"上人喜延伫，香分宿火熏。茶汲清泉煮，投闻悬万机"。上人高僧非常高兴，长时间站着迎接唐彦谦，用汲来的清泉煮茶招待。

唐宪宗时，虞部郎中陆绍看望表兄于定水寺，因以蜜饵、时果招待院僧。陆绍春邀邻院友僧偕李秀才亦至，环坐笑语。院僧"顾弟子煮新茗"。敬茶汤将遍却未及李秀才，陆绍感到不公平，说："茶初未及李秀才，何也？"僧笑道："如此秀才亦要知茶味？"于是以剩余的茶让他饮。邻院友僧说：秀才是一位术士，座主不可轻言之。院僧又说，他是个不逞之子弟，有何可怕的！李秀才忽然发怒道："我与你素昧相识，你怎知道我是不逞之徒呢？"院僧再次大声说："望酒旗玩变场者，岂有佳者乎？"李秀才对在座者讲："我不免对贵客鲁莽从事了。"但是将手放进袖中，扶着双膝，大声斥责院僧：你这粗行僧人，怎敢如此无礼，拄杖何在？只见僧房后的拄杖，忽然跳出，连击其僧。又命捉此僧向墙投地无数，"僧半日方能言，如中恶状，竟不之测矣。"（《酉阳杂俎》前集卷5《怪术》）李秀才以"怪术"惩罚对他无礼的僧人，是杜撰的故事，不可当真，定水寺僧人，煮新茶待客则是司空见惯的茶礼。

周贺《同朱庆馀宿翙西上人房》，"屋雪凌高烛，山茶称远泉"，正值隆冬，上人以泉水煎热腾腾的山茶伴谈。

太尉朱崖公游甘露寺，访老僧院，老僧"煮茗"相待。（冯翊撰《桂苑丛谈·方竹拄杖》）

唐末，荆州僧尚颜，《与陈陶处士》诗曰："记得曾邀宿，山茶独自携。"他带着山茶去聚会，与陈陶品茶谈心。

据柳公权《小说旧闻记》载，王得臣和鼎陈兄入秦，登南坡兰若佛寺，僧人义海"中夜围炉，设杂果待客颇勤"。

7. 以茶馈赠

唐代寺院，多在名山。佛教徒嗜茶，种茶除自饮外，还以较好的茶作为高雅的礼品，馈赠友人。

李白《答族侄僧中孚赠玉泉仙人掌茶》诗云：

---

① [唐]李林甫撰：《元和郡县图志》，中华书局，1983年版。

序：余闻荆州玉泉寺，近清溪诸山，山洞往往有乳窟，窟中多玉泉交流。其中有白蝙蝠，大如鸦。按仙经，蝙蝠一名仙鼠，千岁之后，体白如雪，栖则倒悬，盖饮乳水而长生也。其水边，处处有茗草罗生，枝叶如碧玉。唯玉泉真公常采而饮之，年八十余岁，颜色如桃花。而此茗清香滑熟异于他者，所以能还童振枯，扶人寿也。余游金陵，见宗僧中孚，示余茶数十片，拳然重叠，其状如手，号为"仙人掌茶"，盖新出乎玉泉之山旷古未觌。因持之见遗，兼赠诗，要余答之，遂有此作。后之高僧大隐，知仙人掌茶，发乎中孚禅子及青莲居士李白也。

常闻玉泉山，山洞多乳窟。
仙鼠如白鸦，倒悬清溪月。
茗生此中石，玉泉流不歇。
根柯洒芳津，采服润肌骨。
丛老卷绿叶，枝枝相接连。
曝成仙人掌，似拍洪崖肩。
举世未见之，其名定谁传。
宗英乃禅伯，投赠有佳篇。
清镜烛无盐，顾惭西子妍。
朝坐有余兴，长吟播诸天。

（《全唐诗》卷178）

林宽《陪郑諴郎中假日省中寓直》云"井寻芸吏汲，茶拆岳僧封"，作者陪伴友人在尚书省值班时，拆开岳僧封寄的茶，汲井水煎饮。

第三节 禅宗与茶

禅宗与茶文化有着极为密切的关系，素有"茶禅一味"的说法，也就是说，禅味与茶味是同一种兴味。苏轼有茶联："茶笋尽禅味，松杉真法音。"明代陆容有诗："江南风致说僧家，石上清香竹里茶。法藏名僧知更好，香烟茶晕满袈裟。"可见禅与茶文化的相互影响。

一、坐禅饮茶风俗的形成

茶禅文化兴起于唐代。唐人封演所著《封氏闻见记·饮茶》云：

开元中，泰山灵岩寺有降魔师，大兴禅教，学禅务于不寐，又不夕食，皆许其饮茶。人自怀挟，到处煮饮，从此转相仿效，遂成风俗。

《五灯会元·降魔藏禅师》记载：泰山灵岩寺降魔师原为赵郡（治今河北赵县）人。姓王，七岁出家。"时属野多妖鬼，魅惑于人。师孤形制伏，曾无少畏，故得降魔名焉。"因神秀说："'汝与少皞之墟有缘'，师寻入泰山。数稔①，学者云集。"神秀指唐代禅宗北宗创始人，强调坐禅，"禅悟"佛道。降魔师及其门徒，是禅宗北宗僧人以茶辅助坐禅的典型。

---

① 稔（rěn）：庄稼成熟。

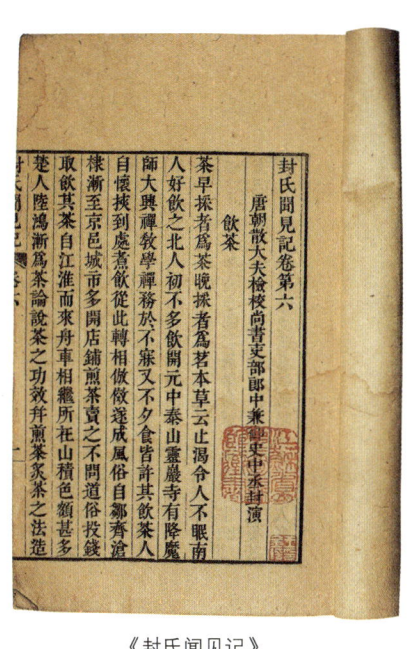
《封氏闻见记》

慧能像

所谓坐禅，"此法门中，一切无碍，处于一切境界上念不起为坐，（内）见本性不乱为禅"（《六祖坛经》敦煌《坛经》读本）。降魔藏禅师等禅宗北宗禅师教人坐禅的方法是：凝心入定，住心看净，起心外照，摄心内证。

坐禅时间长，不免饥渴疲乏，昏昏欲睡。封演引"《本草》云：（茶）止渴，令人不眠"。僧人在枯燥单调的漫长坐禅中，以扑鼻香茶提神醒脑，驱除睡魔，缓解饥渴，实乃心旷神怡之事。同时，茶性平和、淡泊，营造了有利参禅悟道的空灵致远的氛围。

降魔藏禅师允许僧人坐禅饮茶，不仅在本寺收到很好的效果，而且向四面八方辐射，在大唐帝国逐渐形成一个新的风俗——禅茶。

灵云禅师修行于嵩山少林寺，"空山苍然，穷岁默坐，猿对茶碗，鸟栖禅庵"，以茶缓解疲困，终于悟出"彼岭云无心，即我心矣；彼涧水无性，即我性矣"①的禅意。

在慧能创立的禅宗南宗里，有些僧人虽不主张坐禅，茶却是要饮的。唐昭宗时宰相陆希声访沩仰宗②创始人之一慧寂禅师，问和尚持戒、坐禅么？答曰："听老僧一颂：滔滔不持戒，兀兀不坐禅，酽茶三两碗，意在䦆头边。"（《五灯会元》卷9《仰山慧寂禅师》）意思是说，他不持戒律，不坐禅，但饮浓茶三两碗，留意的是用䦆头刨地这样不脱离平常生活的修行。

禅宗灯录等文献表明，在慧能以后传法弟子及其门徒中，修行坐禅，并以茶

---

① 王昶编：《金石萃编》，陕西人民美术出版社，1990年版。
② 沩仰宗：中国佛教中禅宗五家之一。由于此宗的开创者灵祐和他的弟子慧寂先后在潭州的沩山（在今湖南省宁乡县西）、袁州的仰山（在今江西省宜春县南）举扬一家的宗风，后世就称它为沩仰宗。

辅助坐禅的风气仍相当流行。如"开元中，有沙门道一①即马祖大师也住传法院，常日坐禅"（《大正藏》卷51《景德传灯录》卷5《南岳怀让禅师》）。其弟子惟建禅师"一日在法堂后坐禅。马祖见，乃吹师耳"。惟建因专心坐禅而浑然不知。马祖再次吹其耳，始觉，起身，一见是师父，"却复入定"，继续坐禅。马祖也不打扰，回方丈后，命侍者"持一碗茶"给他。（《五灯会元》卷3《泐潭惟建禅师》）

《禅门规式》是马祖道一禅师的高足百丈怀海禅师为禅宗僧人修行制定的清规。《宋高僧传》卷10《怀海传》所载《禅门规式》的各种规式，没有涉及茶。《禅门规式》已遗失。元顺宗命德辉编的《敕修百丈清规》，虽吸收了它的内容，同时吸收了宋代各种禅苑清规，但不能与《禅门规式》相提并论。不能把它有关茶事的诸种清规当作唐代的引用。里面所以规定禅僧"卧必斜枕床唇，谓之带刀睡"，在于"其坐禅既久，略各偃亚而已"（《宋高僧传》卷10《怀海传》，校勘记《怀海传》）。"偃亚"覆压下垂貌、仰面倒下、放倒、偃卧的意思。灯录附百丈禅门规式做"偃息"。此《禅门规式》在禅宗丛林得以推广遵行，也反映了禅门坐禅之普遍。《文苑英华》卷821权德舆《信州南岩草衣禅师宴坐记》云其"足不蹈地，口不尝味，日无昼夜，时无寒暑，寂默之境，一绳床而已，万有嚣然，此心不动"地宴坐"三十年矣"。《五灯会元》卷7《雪峰义存禅师》云严头全奯禅师"每日只是打睡，师（义存禅师）一向坐禅"。

一日，义玄禅师到襄州见华严。华严"倚拄杖作睡势"。义玄说："老和尚瞌睡作么？"华严说："作家禅客宛尔不同。"义玄说："侍者点茶来与和尚吃。"（《大正藏》卷47《镇州临济慧照禅师语录》）

义玄禅师弟子镇州万寿和尚访宝寿禅师。宝寿"坐不起，师展坐具，寿下禅床。师却坐，寿骤入方丈，闭却门"。知事僧见万寿仍坐，说："请和尚库下吃茶。"（《五灯会元》卷11《镇州万寿和尚》）茶成为婉拒客人的缓冲器，万寿则乘机下台阶，归院去了。

一日，钦山二禅师与严头、雪峰坐着，洞山禅师"行茶来"。钦山于是闭上眼睛。洞山问他："什么处去来？"答曰："入定来。"（《五灯会元》卷13《钦山文邃禅师》）所谓入定，外离相曰禅，内不乱曰定。洞山说："定本无门，从何而入？"（《大正藏》卷47《瑞州洞山良价禅师语录》）。

唐末，僧自新入宣城山采药，遇一老僧于草庵坐禅。"旁有一罄火器"，"取石敲火煎茗，香味可爱"。（《宋高僧传》卷30《自新传》）唐人外出旅游、办事，往往带着火器。（《酉阳杂记》前集管14《诺记上》）有些唐人为饮茶的野趣，也常常带着火器，到处煎饮。

二、以茶参禅悟道

禅宗僧人饮茶，没有局限于辅助坐禅，更不是将茶当作一般饮料，喝喝而已。随着品茗日久，对其在参禅悟道中的作用认知越深，则更加看中茶在修行中具有

---

① 道一（709—788）：俗姓马，唐汉州什邡（今四川什邡）人。玄宗开元二十三年（735）来南岳，结庵而住，整日坐禅。怀让以"磨砖成镜"开示，道一豁然契会，侍奉怀让10年后离开南岳，往江西阐扬禅宗。他与石头希迁互相默契，共同努力，使禅宗在全国普遍传播，形成波澜壮阔之势。卒后，宪宗赐谥号"大寂禅师"。后人辑有《马祖道一禅师语录》一书。

不可替代的特殊功能。

今存大量禅宗史载表明：禅师在教授弟子，接待参禅者，面对僧俗询问佛事时，往往以茶表情达意，茶成为承前启后甚至贯穿始终的线索或媒介，这样，既可回避难以言喻的难题，掩饰捉襟见肘的尴尬，因为有关佛、佛性和成佛等敏感话题有时无法解决。同时，又增添了高雅的格调、空灵的禅茶色彩。

禅宗僧人以茶参禅悟道的一般程序是：煎茶、献茶，作为引子，或酝酿机锋，饮茶后探讨佛理。其间又常穿插敬茶、饮茶，或以举茶具（茶盏、茶瓶、茶匙、茶蓝等），或更请饮一瓯茶。

唐德宗时，清田和尚与瑶上座煎茶后，斗起了机锋。清田敲绳床三下，瑶上座也敲三下。清田说："（我）老僧敲，有个善巧，上座敲，有何道理？"瑶答曰："某甲敲，有个方便；和尚敲作么生？"清田"举起（茶）盏子"，以此行为隐喻禅意。曰："善知识眼应需怎么？""茶罢"瑶又曰："和尚您刚才举起茶盏子究竟作什么？"清田说："不可更有别的意思呀。"（《五灯会元》卷4《清田和尚》）

松山和尚与"庞蕴居士吃茶"，庞蕴"举橐子"，说每人均有份，为何不能说呢？橐子就是口袋。这是以茶参禅。松山说只为大家均有份故说不得。庞蕴说明白了。松山"便吃茶"。庞蕴又说老兄吃茶为何不拱手谦让客人？松山问：谁？庞蕴说：庞公我。松山说何需另外谦让。（《五灯会元》卷3《松山和尚》）

崇信禅师请求天皇道悟禅师，"茶罢"。百丈说："有事相借问得么？"上座说幸亏我没说非礼的话，为何开玩笑？又"更请一瓯茶"。百丈说这样可以问了，问"收得安南，又忧塞北"。（《五灯会元》卷7《龙潭崇信禅师》）

唐懿宗、僖宗时，文邃禅师与岩头、雪峰禅师过江西，"到一茶店吃茶饮"，文邃说："不会转身通气者不得茶吃。"岩头说，如果这样"我定不得茶吃"。雪峰说我也这样。文邃说这两个老汉话头也不识？岩头问什么处去也？文邃说："布袋里老鸦虽活如死"。雪峰以手画一圆相。最后文邃讲："有口不得茶吃者多"。（《五灯会元》卷13《钦山文邃禅师》）这些禅师外出也忘不了吃茶，一面品茗，一面滔滔不绝地切磋佛理。

当代杭州中天竺寺僧侣，正在颂佛茶

历村和尚"煎茶饮"。一僧问:"如何是祖师西来意?"什么是禅宗初祖菩提达摩来中国的本意,这是禅宗僧人经常探讨的话题。他们弄不清,或讳言,故屡问而始终不见明确答案。历村和尚以"举茶匙子"示意,僧人不解地问:"莫(非)只遮(这)便当否了?"历村将茶匙子"掷向火中"①(《景德传灯录》卷12《襄州历村和尚》),让他去悟。

三、禅僧茶禅形式多样

禅宗,特别是慧能及其门徒在修行和传法中,尤其强调一个"悟"字。慧能说:"不悟,即佛是众生,一念若悟即众生是佛。故知一切万法,尽在自身心中,何不从于自心,顿见真如本性。"主张让学道者"自本性顿悟",不能自悟者,则需"解最上(大)乘法,直示正路"的"大善知识""示道见性"开导,这样"一悟即至佛地"(《大梵寺佛音——敦煌莫高窟〈坛经〉读本》,《六祖坛经71》)。因此当参禅者问道时,被问者常以隐语或形体动作,或毫不相干之言,甚至棒、喝等作为回应,使问者开动脑筋,冥思苦想,自寻答案,求得解脱。例如:

1. 答非所问

唐德宗时,智常禅师与普愿禅师煎茶饯别。普愿问:"过去我与师兄商量语句,若有人问,应作何答?"智常没有正面回答其问,而说:"这一片地大好卓庵。"(《五灯会元》卷3《归宗智常禅师》)

唐末,资福禅师拜谒延宗禅师,后者请他"且坐吃茶"。问如何是潮汕?延宗答曰"不宿尸"。(《景德传灯录》卷19《吉州潮山延宗禅师》)。问与答可谓风马牛不相及也。

赵州和尚在去桐城县途中,与大同禅师相遇,赵州问:"莫是投子山主么?"大同王顾左右而言他,说"茶盐钱布施我",那你先归庵中坐。大同后携一瓶油归,赵州又问如何是投子?大同提起油瓶说:"油!油!"。(《五灯会元》卷5《投子山大同禅师》)

一僧问:"从上宗乘如何为人?"可观禅师说:"我今日未吃茶。"僧又"请师指示"。可观又不着边际地说:"过也问,正则不问,请师傍指。"(《五灯会元》卷7《金轮可观禅师》)

光绪禅师上堂说佛法,时有僧问:"日里僧驮(佛)像,夜里像驮僧,未审此意如何?"他问的是僧与像的关系,光绪回答却是"阇黎岂不是从茶堂里来"。(《五灯会元》卷8《云峰光绪禅师》)

2. 无言悟道

唐末,景欣禅师与二禅客饮茶,问二人最近离开何处?答曰:"离那边。"又问:"那边事做么生?""彼提起茶盏。"景欣说此犹是这边,那边究竟做什么事?仍表示不理解。"二人无对"。(《景德传灯录》卷16《台州涌泉景欣禅师》)以沉默对之,让他自悟。

3. 反问

唐文宗时,仲兴禅师"因过茶与(道)吾,吾提起(茶)盏曰:'是邪是正'?"仲兴"目视吾",不答其问。道吾说邪则总邪,正则总正。仲兴说我不这么讲,

---

① [宋]道元:《景德传灯录》卷12《襄州历村和尚》,海南出版社,2011年版。

道吾说你作怎么讲？仲兴"夺盏子提起曰：'是邪是正'？"反问道吾，以其人之道还治其人之身。道吾对此十分满意，说："汝不虚为吾侍者。"（《五灯会元》卷5《渐源仲兴禅师》）

4．拳打

唐德宗时，秀溪和尚下禅床，被谷山禅师捉住。谷山问："声色纯真，事作么生？"秀溪"便打一拳"，让他动脑自悟。谷山却没有被这一拳打清醒，想到的是"三十年后要个人下茶也无在"。（《五灯会元》卷3《秀溪和尚》）

大和初年（827—829），普愿禅师听说南泉山下一庵主不愿来见，命弟子赵州和尚前往勘察，庵主也不理会。翌日，普愿"与沙弥携茶一瓶、盏三支，到庵掷向地上，乃曰：'昨日底，昨日底！'"庵主问昨日底是什么？普愿不理他，在"沙弥背上拍一下"，说骗我来，骗我来，说完拂袖而去。（《五灯会元》卷3《南泉普愿禅师》）让庵主从打沙弥之谜中去悟。

以上禅宗悟道的方式均离不开茶，可谓在茶中悟禅，可见茶在禅宗僧侣生活中占重要的地位。

四、特殊的禅机——"吃茶去"

大约唐宪宗时，赵州从谂禅师问一新到者："'曾到此间么？'曰'曾到'。师（从谂）曰'吃茶去'。又问僧，僧曰：

赵州从谂禅师

吃茶去碑·记载的是唐代赵州从谂禅师的法语

'不曾到'。师曰'吃茶去'。后院主问曰'为甚么曾到也云吃茶去，不曾到也云吃茶去？'师召院主，主应喏。师曰'吃茶去'"。(《五灯会元》卷4《赵州从谂禅师》)

自从赵州从谂禅师"吃茶去"的禅机出现后，在禅宗丛林迅速流行，一些禅宗僧人动辄以"吃茶去"应付参禅问道者——

中和三年（883）以前，慧寂禅师到虔州参处微禅师，处微问他名字后，慧寂问："见个什么？"回答是："吃茶去。"(《大正藏》卷47《袁州仰山慧寂禅师语录》)他见到什么，只有天知道。

唐末，贞邃禅师也在问一僧之名后，让他"吃茶去"。(《五灯会元》卷9《资福贞邃禅师》)

当一僧问"久响庐山石门为什么入不得？"行传禅师斥其为钝汉后，叫他"吃茶去"。(《五灯会元》卷13《小谿行传禅师》)

一僧问：古人说路遇道高之人，不以沉默待，不知将如何待？义存禅师不答其问，而是叫他"吃茶去"。其后义存行脚参谒乌石观和尚，全坦禅师问他"平田浅草，尘鹿城群，如何射得鹿中王？"义存仍不答其问，也是重复"吃茶去"。(《五灯会元》卷7《雪峰义存禅师》)如果再有问者，他还是会讲这句话。

义存禅师是著名禅师，其入室弟子仿效他以"吃茶去"应对参禅问道者——

一僧问："如保是暗来底事？"慧稜禅师说："吃茶去。"(《五灯会元》卷7《长庆慧稜禅师》)

一日，从展禅师问慧稜禅师："作么生是如来语？"答曰："聋人争得闻。"从展说"情知和尚向第二头道"。慧稜说你又作什么？从展也叫他"吃茶去"。(《五灯会元》卷7《保福从展禅师》)

一僧问如何是教外别传？神晏国师同样叫他"吃茶去"。(《五灯会元》卷7《鼓山神晏国师》)

义存禅师弟子的弟子，一代又一代地继续以"吃茶去"应对参禅问道者：

清豁、冲煦二长老，仰慕义存禅师二传弟子契如庵主之名，前往拜访。正在采栗的契如问他们如何到此？二人说这是何去处？契如拱手曰"那不吃茶去"。(《五灯会元》卷8《大章契如庵主》)

另一二传弟子五代行崇禅师，在回答一僧问："不涉公私如何言论？"说："吃茶去。"(《五灯会元》卷8《报恩行崇禅师》)

一僧问："既到妙峰顶，谁人为伴侣？"二传弟子五代令含禅师说："到。"僧不明其意，复问："什么人为伴侣？"令含说："吃茶去。"(《五灯会元》卷8《闽出令含禅师》)

一僧问："如何是顺俗违真？"三传弟子五代行钦禅师让其"吃茶去"。又问："如何是正然灯？"行钦还是让其"吃茶去"。(《五灯会元》卷8《福清行钦禅师》)

五代法眼宗颢遥禅师说："不知天地者，刚道有乾坤，不如吃茶去。"(《五灯会元》卷10《尧峰颢遥禅师》)

从上述自晚唐以来在禅宗僧人中流行"吃茶去"禅机的历史来看，它在慧能的弟子中流传很广。参禅者所提之问五花八门，千奇百怪，得到的回答却是千篇一律的三个字"吃茶去"！

"吃茶去"的发轫者赵州从谂禅师没有明释其微言大义。尔后难以数计的学舌者流，同样没有一人画龙点睛。说者津津乐道，而听者则昏昏如坠五里雾中。

我们认为：不少禅宗僧人之所以不约而同地在长达三个多世纪里青睐"吃茶去"，或许奥妙就在于内涵无穷丰富的茶中。让问者在嗅香、察行、观色、玩味的愉悦里，海阔天空地遐想，细致入微地冥思，以期悟出所询之真谛所在。它在客观上启迪了禅思，激发了不断探讨佛理的进取心，促进了禅宗的发展。为此，禅宗僧人可谓殚精竭智。而他们究竟悟出了什么，史书没有记载，大概也难有下文可言。只不过他们使用的"吃茶去"，仿佛是一副灵丹妙药，什么疑难均能迎刃而解，实际上任何问题也不了了之。它只是给问者留下一个"哥德巴赫猜想"式的悬念，也许正因如此扑朔迷离，才吸引了那些虔诚信徒的好奇心与求知欲，从而演绎出连篇累牍、不绝如缕的"公案"。

陈尊宿禅师曾问一僧近离何处？答曰："河北。"又问那里"有赵州，和尚你曾到否？"答我离赵州很近。"赵州有何言句示徒？"僧举吃茶语。陈尊宿"乃呵呵大笑，曰'惭愧！'却问：'赵州意作么生？'曰：'只是一期方便'。师曰：'苦哉，赵州被你将一勺屎泼了也'，便打"。（《五灯会元》卷4《睦州陈尊宿》）这位僧人所说"吃茶去"只是一时便利之言，或许触及了它的本意——那就是用这种"方便"的方法，以不变应万变，即用一句"吃茶去"的口头禅应对一切人的任何疑问，既不着边际，不会留下把柄，又显得莫测高深，禅味十足，成为禅门说不完的话头，参不透的永久之谜。而被某些禅宗僧人奉为圭臬的"吃茶去"，居然被一介名不见经传的僧人说成"一期方便"，被陈尊宿视为殊大不敬，故其叫苦不迭，说赵州和尚被他泼了一头屎，对其大打出手！

五、吃茶是禅僧的"家风"

禅宗僧人的修行和日常生活，都与茶息息相关。除前述参禅悟道吃茶外，尚有以下表现。

1. 以茶招待僧人

当僧人来寺，主人以香茗待之，有时还说佛论道。唐德宗时，凌行婆礼拜浮杯和尚，浮杯和尚"与坐吃茶"。（《五灯会元》卷3《浮杯和尚》）咸通八年（867），义玄禅师行脚至寿州平和尚处，二人在以金牛、金凤为题斗机锋后，平和尚请义玄"且坐吃茶"。（《大正藏》卷47《镇州临济慧照禅师语录》）唐懿宗、僖宗时，咸启禅师在问伏龙禅师从何而来后，让他"且坐吃茶"。（《五灯会元》卷13《天童咸启禅师》）僖宗前后，风穴禅师到潭州谒云盖禅师，切磋"石角穿云路"等后，"且坐吃茶"。（《五灯会元》卷6《潭州云盖禅师》）唐末义存禅师与瓦棺和尚"茶话"。（《五灯会元》卷7《泉州瓦棺和尚》）延宗禅师以"且坐吃茶"接待来参之僧（《景德传灯录》卷9《延宗禅师》）及资福禅师。（《五灯会元》卷7《潮山延宗禅师》）道闲禅师特地为从展禅师"办茶筵"。（《五灯会元》卷7《罗山道闲禅师》）

2. 以茶普施天下僧俗

唐武宗前后，沣州高沙弥向师惟俨禅师辞别，问去何处？答称："且往路边卓（作）个草庵接待往来茶汤去"。（《五灯会元》卷5《澧州高沙弥》）唐懿宗时，法真禅师在蜀川天彭堋口山龙怀寺，"于路旁煎茶，普施三年"。（《五灯会元》卷4《大随法真禅师》）这两位僧人，是要通过给四方云游沙门和旅客提供茶汤，让普天之下芸芸众生皆沐茶恩。

3. 以茶为礼品

唐懿宗时，益州大随法真禅师在行者率众僧参问佛法时，"唤侍者取一帖茶与这僧"。（《五灯会元》卷4《大随法真禅师》）太原孚上座在扬州光孝寺讲罢《涅槃经》，"请（听讲）禅者槃茶"。（《五灯会元》卷7《太原孚上座》）

4. 以茶自奉

禅宗僧人平时经常饮茶。唐德宗时牟融游报本寺，见"茶烟袅袅"与"竹影萧萧""山房寂寂"（《全唐诗》卷467《游报本寺》），相映成趣。唐文宗前后，本空禅师将不符合菩提达摩"施为动转"本意，称为"吃茶说话往往唤作茶话在"。（《五灯会元》卷5《马颊本空禅师》）唐武帝即位前，昙晟禅师"煎茶饮"，道吾禅师问："煎（茶）与阿谁？师曰：'有一人要'，曰'何不教伊自煎？'师曰'幸有某甲在'"（《五灯会元》卷5《云岩昙晟禅师》）这要茶者当是资深禅师。巨源禅师风雨禅思外，"天晚自煎茶"（《文苑英华》卷224，薛能《寄题巨源禅师》），茶品香情趣。如宝禅师在回答一僧问"如何是和尚家风"时说"饭后三碗茶"。（《五灯会元》卷9《资福如宝禅师》）在他看来，每天每顿饭后饮三碗茶，是与饭同样重要的，并视之为禅宗僧人的家风。所谓家风，是一个家庭传承下来的风气。可见茶在禅宗僧人生涯的重要性。

受这种家风的浸润，入唐学习佛法的新罗僧人百丈明照安禅师，在回答一僧关于"一藏圆光，如何是体"时，叫他"更吃一碗茶"。（《五灯会元》卷13《百丈安禅师》）

在禅宗僧人心目中，日常生活离不开茶，修行也是这样。唐末投子禅师"吃茶饮"，对嵇山章禅师说："森罗万象总在这一碗茶里"。嵇山章"便覆却茶云：'森罗万象在什么出？'投子曰：'可惜一碗茶'"（《景德传灯录》卷20《池州嵇山章禅师》）。既然投子把宇宙一切看成在一碗茶里，他们探讨的包括禅宗义理在内的全部奥秘，理所当然地离不开茶了。嵇山章将茶倾覆，森罗万象也因其之不存而将焉附？投子的一声"可惜一碗茶"之叹息，道尽了茶在禅宗僧人心灵深处占有何等重要地位。

受"会昌毁佛"打击的朗州

杭州中天竺僧侣普茶

德山禅师，在唐宣宗重兴释氏后犹心有余悸而不愿出山。武陵刺史薛廷望以"茶笼诬师致之入州"，（《大正藏》卷49《释氏稽古略》卷3）礼敬坚请，他才无奈地就范。

茶对有的禅宗僧人来说，犹如粟帛一样不能须臾或缺，最典型者莫过于法真禅师。当一僧问"生死到来时如何？"他说"遇茶吃茶，遇饭吃饭"。（《五灯会元》卷4《大随法真禅师》）面对生死关头，仍忘不了茶。

六、禅僧饮茶范围广大

唐代禅宗僧人饮茶，首先从禅宗北宗开始。北宋与禅宗南宗并立时期，禅宗南宗在江南地区饮茶。随着慧能弟子分灯各地弘扬顿悟，同时将饮茶之风传播到南北广大地区，涉及台州（治今浙江台州市）、潭州（治今湖南长沙市）、吉州（治今江西吉安）、洪州（治今江西南昌市）、池州（治今安徽贵池）、襄州（治今湖北襄樊市）、舒州（治今安徽庐江）、明州（治今浙江宁波市）、益州（治今四川成都市）、澧州（治今湖南澧县）、睦州（治今浙江建德县）、福州（治今福建福州市）、杭州（治今浙江杭州市）、镇州（治今河北正定）、漳州（治今福建龙海西）、赵州（治今河北赵县）、泉州（治今浙江杭州市）、抚州（治今江西临川）、瑞州（治今江西高安）、袁州（治今江西宜春）、虔州（治今江西赣州市）、南岳、庐山、天台山、泰山和太原（今山西太原西南），凡二十一州、四山、一都（北都太原）。覆盖今浙江、江西、湖北、湖南、安徽、山西、河北、福建、山东和四川等十省，其中以禅宗的南岳怀让和青原行思两大法系及其所在的今湖南和江西一带最为盛行。

七、禅宗僧人种茶

禅宗僧人饮茶普遍，需求量极大。

唐代僧人所饮之茶的来源主要有三：一是皇帝赏赐，二是善男信女布施，三是僧人自种。南宗僧人饮茶，第一条途径很少，少见天子赐茶予禅宗僧人的记载，多为俗人馈赠（参《五灯会元》卷3《麻谷宝彻禅师》，同书卷7《太原孚上座》）和依靠自己种植。

禅宗南宗倡导"农禅合一"[①]。百丈怀海禅师[②]主张"一日不作，一日不食"。（《五灯会元》卷3《百丈怀海禅师》）。他创立的《禅门规式》中有"普请"法，"示上下均力也"（《宋高僧传》卷10《怀海传》）。要求从最高的寺主，到一般僧人，甚至名僧大德，均无例外地参加寺院的各种集体劳动。《五灯会元》卷9《沩山灵祐禅师》记载，受到"相国裴公休尝，咨玄奥，由是天下禅学辐辏[③]焉。"著名禅师灵祐，与普通僧人一样参加"摘茶"作务，怀海本人"凡作务执劳，必先于众"（《五

[①] 农禅合一：农禅合一既是中国古代佛教禅宗寺院赖以生存和发展的经济基础，也是禅宗僧侣所必修的一个"觉悟"法门。禅宗僧侣融禅于农、以农悟道的生活习惯和修行方式，促进了农禅制度的形成与发展。长期开垦荒地和"一日不作一日不食"是农禅的最大特点，并形成了"农禅并重"文化传统。农禅文化是中国禅宗文化的重要组成部分。

[②] 百丈怀海禅师：俗姓王，福州长乐县人。《景德传灯录·怀海禅师章》曰："檀信请（怀海）于洪州新吴界住大雄山，以居住岩峦峻极，故号之百丈。"不久四方禅客云集，由是百丈丛林门风大盛。怀海禅师于唐宪宗元和九年（814）入灭，世寿六十六。穆宗长庆元年（821）敕谥大智禅师。

[③] 辐辏：比喻人或物聚集一处。

灯会元》卷3《百丈怀海禅师》)。寺院设有库头（营仓储）(《景德传灯录》卷《则川和尚》)、火头（烧火）(《五灯会元》卷9《沩山灵圉祐禅师》)、饭头（做饭）(《五灯会元》卷7《雪峰义存禅师》)、柴头（打柴）(《景德传灯录》卷20《池州嵇山山章禅师》) 等，还有种田的（《全唐诗》卷833贯休《怀匡山山长二首》云"耕田半为僧"，《送僧入五洩》云"山响僧担谷"）；牧牛的（《五灯会元》卷9《仰山慧寂禅师》，同书卷3《石鞏慧藏禅师》）；种茶的（《全唐诗》卷821皎然《顾渚行寄悲方舟》云"山僧又是采茶时"）；种菜的（《五灯会元》卷3《归宗智常禅师》）等。

唐代实施北魏以来推行的均田制，规定"凡道士给田三十亩，女冠二十亩，僧尼亦如之"①。即僧尼可与道士女冠一样分得30亩和20亩田。僧尼还有常住田："一百人以上不得过十顷，五十人以上不得过七顷，五十人以下不得过五顷。"(《唐会要》卷59《祠部员外郎》) 开元天宝之际均田制瓦解后，唐王朝不再限制占有田地，僧人通过信佛皇帝赏赐、贵族官僚士大夫的布施、高利贷等占有大量的土地，仅唐武宗"会昌毁佛"没收的寺院"膏腴上田数千万顷"②。"数千万顷"有不实之嫌，可能为数十万顷之讹。寺院大土地所有制在中晚唐大大发展起来。禅宗寺院多建于人烟稀少的山林，可供开垦之地较多，为禅宗僧人推行"农禅合一"之制及种茶提供了有利条件。

禅宗寺院辟有茶园，禅僧在茶园植茶、摘茶。由于禅宗提倡"农禅合一"，农作与参禅合二为一，而茶成为沟通二者之平台，将种茶劳作与参禅悟道结合起来，一面干活，一面以茶探讨佛理，成为禅宗丛林修行不同于其他佛教宗派的一道独特风景线。

唐德宗时，则川和尚在茶园摘茶，庞蕴居士问："法界不容身，师还见我否？"则川说我不是老师，何必回答你的问话，庞说有问有答这是常理。"师（则川和尚）乃摘茶不听。"庞不甘心，说不要见怪我刚才的提问。"师亦不顾。"庞生气地大喝一声：你这无礼的老头，我向明白的请教吧。"师乃抛却茶篮，便归方丈。"(《五灯会元》卷3《则川和尚》) 在整个摘茶过程中，庞一直向则川询问法界之理，则川先是不答，继之不顾，最后干脆抛弃装茶篮子，一走了之，始终不离茶，让问者自悟。

唐宣宗时，灵祐禅师与慧寂禅师在茶园劳作。灵祐说："终日摘茶只闻子（你）声，不见子行。"慧寂"撼茶树"，代为回答：灵祐你的行为只不过得其用，而未得其体。慧寂说不清楚和尚的意思是什么。灵祐很久不语，慧寂说你只是得其体而未得其用。(《五灯会元》卷9《沩山灵祐禅师》)。慧寂以采茶的行动表情达意。

唐懿宗时，悟本禅师"与密师伯锄茶园"。(《大正藏》卷47《筠州洞山悟本禅师语录》)同书同卷《瑞州洞收纳良价禅师语录》云："师一日与神山锄茶园。"悟本为良价之谥号，这里讲的"师"，指潭州神山僧密禅师。悟本掷下镢头说："'我今日一点力气也无'。师曰：'若无力气，争解怎么道？'"(《五灯会元》卷5《神

---

① [唐]李林甫等撰：《唐六典》卷3《尚书户部》，中华书局，1992年版。
② [北宋]宋敏求编：《唐大诏令集》卷113《折寺制》，中华书局，2008年版。

山僧密禅师》）。他抱怨锄茶园太累了。僧密禅师却说他如果没有气力，怎么能够修道呢？

唐末，一日大普请，都维那命佛日禅师给作务的禅僧送茶。佛日说我"为佛法来，不为送茶来"。都维那说和尚叫你送的。佛日遵命。"乃将茶去作务处"，送到后，他"摇茶瓯作声"，让大家来饮茶。夹山禅师回头张望，佛日说："酽茶三五碗，竟在镢头边"，即饮二三碗浓茶，用意在挖土的镢头里边。夹山说："瓶有倾茶势，篮中几个瓯？"即茶瓶有倒茶给众人饮之意，不知提篮里有几只茶瓯？佛日答茶瓶有倒茶之意，提篮里却没有一只茶瓯。当然，茶瓯不会没有，否则岂能"便行茶"，他们这一番以茶之名行切磋禅理之实的对话，引起"众皆举目"。（《五灯会元》卷13《杭州佛日禅师》，参《景德传灯录》卷20《杭州佛日和尚》）

据《茶经·八之出》记载，在陆羽所处的中唐，就有山南、淮南、浙西、剑南、浙东、黔中、江南和岭南八道，大体包括今浙江、江苏、安徽、江西、四川、甘肃、湖北、陕西、河南、湖南、贵州、广东和广西等十三省，凡唐州42八大茶区。除今广西、广东、河南、江苏、陕西、甘肃和贵州七省外，其余今川、鄂、赣、湘、浙、闽和皖等七省，都在禅宗僧人饮茶和种茶所在地区之内，占50%。

除今河南、江苏、陕西和贵州外，其余今鄂、川、皖、闽和赣等五省，均在禅宗僧人饮茶和种茶所在地区之内，占60%。

唐人李肇说本朝"茶之名品"分布于：今四川（剑南"蒙顶石花，或小方，或散芽，号为第一"，"东川有神泉小团、昌明、兽目"，"夔州有香山"）湖北（"陕州有碧涧、明目、方蕊茱萸寮""江陵有南木""蕲州有蕲门团黄"）、福建（"福州有方山之露—作生牙"）、湖南（有"衡山""岳州有㴩湖之含膏"）、江西（"洪州有西山之白露"）、安徽（"寿州有霍方之黄牙"）、江苏（"常州有义兴之紫笋"）、浙江（"睦州有鸠坑"）等地。除江苏的常州外，其余四川、湖北、福建、湖南、江西、安徽、浙江等七省一道，一方镇、八州、一山，都在禅宗僧人活动范围内。

这样得天独厚的优越自然环境，种茶历史传统和制茶的高超技术，为禅宗僧人的种茶和制茶提供了极好的条件，他们在此大量种茶、制茶，精心培育了不少名茶，反过来又有力地促进了这些茶区的发展、繁荣。中晚唐时，茶产业在江南地区的发展与消费增长，就是明显表现。（参杨华《膳夫经手录》）禅宗僧人将饮茶之风带入当时不产茶的今山东、山西和河北一带，促进了茶的生产与消费，为唐代物质文明作出了贡献。

八、余论

唐代禅宗僧人饮茶至少在唐中宗时已见于记载。

"国都教宗，帝室尊奉"的名僧宏景禅师，推荐兰若和尚为荆州南泉大云寺主持。兰若和尚"躬行勤俭，人不所堪，我将禅说（悦），到于舍寝息，齐寒暑，食止一味，茶不非时……（唐）中宗闻之，将以礼召"。（《全唐文》卷319李华《荆州南泉大云寺故兰若和尚碑》）。显示他已将茶用于舍弃睡眠的修行。

此后，随着禅宗僧人饮茶日久，由参与种茶，受以茶斗机锋浸润，对茶在修行中作用体验较深的赵州从谂禅师提出"吃茶去"禅机，似非空穴来风。

在唐末前后，禅宗僧人吃茶参禅不断深入，对"吃茶去"的领悟更加丰富，

影响愈益扩大,将茶在参禅悟道中的作用发挥得淋漓尽致。

唐代禅宗茶文化是唐代佛教茶文化的核心,"吃茶去"则是禅宗茶文化的灵魂。

唐代禅宗僧人以茶为媒体,从中演绎出层出不穷的禅机"公案",茶中有禅,禅从茶出,茶禅融为一体,相得益彰。茶渗透到禅宗僧人修行乃至日常生活中。禅宗僧人视担柴运水、吃饭睡觉等为修行,也将饮茶当作修行,因茶的本性与禅意相通,在品茗中悟,以释其疑,解其惑,最终达到解脱之目的。

禅宗与茶的关系集中体现了佛教与茶的关系。禅宗茶文化是唐代佛教茶文化中最具活力的所在与精髓。禅宗僧人与茶结缘,以茶参禅,极大地活跃了思想,开发了智慧之光。茶禅文化丰富了中国佛教文化,对唐及其以后中国文化具有深远的影响。

第四节　唐代其他佛教宗派与茶

唐代佛教的兴盛,孕育并形成了茶文化。佛教文化和茶文化的紧密结合,是唐代茶文化的重要特征。唐代佛教派别林立,与之相契的茶文化也是缤纷彩呈。

一、天台宗

《金石萃编》的编者王昶,在梁肃《台州隋故智者大师修禅道场碑铭并序》的按语中说,此碑建碑者僧行满,天台山听荆溪讲止观①顿悟②微旨,因栖止于华顶峰下智者院,"充茶头"。

此碑建于唐宪宗元和六年(811)十一月十二日,这时的天台山智者(指天台宗创始人智𫖮③)院,设有茶头,成为寺院掌管各种事务(如仓库、烧火、担水等)固定执事之一,这里僧人饮茶已是寺院修行生活的一个组成部分。天台宗定慧双修④,

天台山国清寺

---

① 止观:佛教修行法门之一。"止"为梵文(奢摩他)的意译,意为扫除妄念,专心一境;"观"为梵文毗钵舍那的意译,意为在"止"的基础上发生智慧,辨清事理。佛教主张通过"止观"即可"悟"到"性空"而成佛。中国佛教天台宗创始人智𫖮著有《摩诃止观》《童蒙止观》等书。

② 顿悟:佛教语。谓不假时间和阶次,直接悟入真理。晋宋间已有道生立顿悟义,后为"直指人心,顿悟成佛"之旨,禅宗南宗更主其说。与"渐悟""渐修"相对。

③ 智𫖮(538—597):南朝陈、隋时代的一位高僧,世称智者大师,是中国天台宗的开宗祖师。俗姓陈,字德安,荆州华容(今湖北潜江西南)人。

④ 定慧双修:佛家功法术语。定,即禅定。慧,即智慧。二者并重,相互促进,称为定慧双修。

重视止观,定即禅定坐禅。茶是坐禅不可或缺的。据《宋高僧传·湛然传》记载,荆溪指世居晋陵荆溪的唐天台宗高僧湛然,隋僧智顗所创天台宗,至唐中叶,由他"中兴"该宗的"止观之盛,始(湛)然之力也"。

卢延让《松寺》所说的"山寺取凉当夏夜,共僧蹲坐石阶前……茶香时拨涧中泉……通宵听论莲华义,不藉松窗一觉眠",(《全唐诗》卷715,《鉴诫录》卷5《容易格》所载此诗,名曰《松门寺》,见于《五代史书汇编》。诗文异者仅一句"不藉松窗半觉眠")反映的是作者在松寺夏夜乘凉时,与僧人煎茶、品茗于茶香四溢中,听他通宵达旦地讲论天台宗信奉的《妙法莲华经》义理,不需要在松窗下睡眠。

经常往还天台山国清寺,于竹木石壁等处题写诗文的诗僧寒山在《诗三百三首》中云:"石室地炉砂鼎沸,松黄柏茗乳香瓯。"他煎茶用的是地炉、砂鼎、松柏,以瓯盛茗汤。

二、密宗

郑谷《题兴善寺》云:

> 寺在帝城阴,清虚胜二林①。
> 藓侵隋画暗,茶助越瓯深。
> 巢鹤和钟唳,诗僧倚锡吟。
> 烟莎后池水,前迹杳难寻。
> (《全唐诗》卷676)

兴善寺是唐代密宗重镇之一。位于京城长安靖善坊,占一坊之地,隋文帝所建,名遵善寺,多松、桐、隋舍利施檀像等,清虚无比。② 郑谷诗中讲藓苔侵蚀的隋画暗淡了,茶却使越瓯显得更深沉了。诗僧依着锡杖吟诗。该诗僧人以茶激发灵感作诗,是密宗僧人饮茶的写照。

大兴善寺

薛能《夏日青龙寺寻僧二首》云:"蜀茗半形(一作邢,一作铏)瓯"。形瓯当为邢州(治今河北邢台市)邢窑生产的白瓷茶瓯。

韩翃《同中书刘舍人题青龙上房》诗云:

---

① 二林:庐山东林寺、西林寺的合称。唐白居易《与微之书》:"仆去年秋,始游庐山,到东西二林间香炉峰下,见云水泉石,胜绝第一,爱不能舍,因置草堂。"

② 徐松编著:《唐两宋城坊考》卷2《西京外廓城·靖善坊》,三秦出版社,2006年版。

西掖归来后，东林静者期。
　　远峰春雪里，寒竹暮天时。
　　笑说（一作问）金人偈①，闲听宝月②诗。
　　更怜茶兴在，好出下方迟。
　　　　（《全唐诗》卷244）

在一个春寒、飘雪、日暮之时，大历诗人韩翃和中书舍人刘某，同游长安青龙寺上房，僧人以茶招待，高兴地说到佛教的偈，听人朗诵宝月诗，茶兴正浓，从下房出来时，已经很晚了。

三、律宗

杜荀鹤《宿东林寺题愿公院》诗云：
　　古寺沈沈僧未眠，搘颐将客说闲缘。
　　一溪月色非尘世，满洞松声似雨天。
　　檐底水涵抄律烛，窗间风引煮茶烟。
　　无由住得吟相伴，心系青云十五年。
　　　　（《全唐诗》卷692）

诗人在非同俗世的古老寺院东林寺借宿时，一位律宗高僧于月光清辉和松声似雨声的夜里，支撑着脸颊与作者闲话人间因缘。窗前煮的茶汤飘散着茶烟，他们不由自主地吟诗助兴。

名僧贯休与律宗僧人多有交往，茶是其纽带之一。《寄题诠律师院》云：
　　锦溪光里耸楼台，师院高凌积翠开。
　　深竹杪闻残磬尽，一瓯中见数帆来。

　　焚香只是看新律，幽步犹疑损绿苔。
　　莫讶题诗又东去，石房清冷在天台。
　　　　（《全唐诗》卷837）

耸立于高高翠绿山林上的诠律师寺院里，从深竹林间传出的残磬声已尽，僧人的茶瓯中犹然漂浮着几片如帆茶芽，袅袅香烟缭绕下，看新律，题诗歌。品茗、看经、题诗，三位一体，何其优雅而富有，文化气息浓厚。

贯休的另一首诗《题淮南惠照寺律师院》云：

东林寺

---

① 偈（jì）：梵语"颂"，即佛经中的唱词。简作"偈"。
② 宝月：明月。唐鲍溶《怀惠明禅师》诗："雪山世界此凉夜，宝月独照瑠璃宫。"

仪冠凝寒玉,端居似沃州。
学徒梧有凤,律藏目无牛。
茗滑香粘齿,钟清雪滴楼。
还须结西社,来往悉诸侯。
　　　　(《全唐诗》卷832)

这座律宗寺院的僧人们,潜心修习律宗,交往者也都是高僧大德者流。饮的茶汤滑而不涩,而且清香长流齿间,当是好茶。

四、法相宗

李洞《题慈恩友人房》诗云:
贾生耽此寺,胜事入诗多。
鹤宿星千树,僧归烧一坡。
塔棱垂雪水,江色映茶锅。
长久堪栖息,休言忆镜波。
　　　　(《全唐诗》卷722)

李洞与慈恩寺友人,在大雁塔"塔棱垂雪水"的冬日,品茗、酬唱诗词,其东曲江池的美丽景色,映现在茶锅里。

权德舆《奉和许阁老霁后慈恩寺杏园看花同用花字口号(时权德舆当直)》诗云:
杏林微雨霁,灼灼满瑶华。
左掖期先至,中园景未斜。
含毫歌白雪,藉草醉流霞。
独限金闺籍,支颐啜茗花。
　　　　(《全唐诗》卷326)

在微微细雨晴后,杏园开满了灼灼的杏花,许阁老等文人雅士到慈恩寺和杏园看花游览,以花字为口号赋歌白雪,当时作者权德舆正在当值,手托脸颊啜着茶汤,吟了此诗。

刘德仁在《慈恩寺塔下避暑》中云,"僧真生我敬,水澹发茶香",这里古松凌巨塔,修竹映空廊,十分凉爽。钟声振夕阳,作者坐在东楼上,一时啜茗,一时放眼眺望四方美景。

唐人喜爱牡丹。寺院道观、达官贵人宅等,多有种植。慈恩寺的牡丹誉满京华。一老僧培育二十年的一丛殷红牡丹,婆娑数百朵,号为极品,秘不示人。后数少年邀老僧看花于曲江池,暗中派数十人用大畚将殷红牡丹掘

慈恩寺

走,"留金三十两,蜀茶三斤,以为(回)报"(《唐语林》卷10《补遗》)。老僧哭笑不得,叹息而已。那三斤上好的蜀茶,大概聊以除去一些烦恼吧。

五、华严宗

大历二年(767)僧无著至五台山华严寺挂锡,"于堂中啜茶",后又在文殊菩萨"显圣"的金刚窟饮"童子捧二瓯茶"(《宋高僧传》卷20《无著传》)。"显圣"系神话,但反映了佛教与茶的关系。日僧圆仁巡礼五台山时,在大花(华)严寺受到老僧等的茶礼款待。

华严寺

马戴《送宗密上人》云"腊高松叶换,雪尽茗芽新"。在雪融化之时,以煎新茶芽为华严宗五祖宗密上人饯行。

第五节 佛教徒茶的来源

唐朝是我国茶业的兴盛时期,僧侣饮茶之风尤其盛行,这与佛教在唐代的发展密不可分。由于坐禅中闭目静思,极易睡着,所以坐禅中"唯许饮茶",为此茶备受佛僧青睐,成为生活必需品,就此有说,寺必有茶,教必有茶,禅必有茶。如此,僧侣必需品——茶来自何处呢?

一、僧人置园种茶

有些寺院和佛信徒,开荒设置茶园,种茶制茶,以供饮用、修行和待客。

庐山的僧人在朝阳的山侧种植茗树,一位年轻的虔诚僧人,将"暖萌如爪拏飞鸢,枝枝膏露凝滴圆"的茶,寄给李咸用。(《全唐诗》卷644《谢僧寄茶》)

《唐语林》卷4《栖逸》云:宣州当涂隐居山岩的刘彦范,年八十,"所居有小圃,自植茶,为鹿所损,众劝以短垣隔之,诸名士悉为运石共成"。诸名士指刘彦范交往的颜真卿、穆赞、韩晋公和独孤及等,这些平时不干这种搬石抹泥粗活的士大夫们,"悉乐为"之。穆赞还从怀中拿出美酒,打趣地对主人说:"和尚饮否?(刘)彦范笑而倾饮。"(《因话录》卷4《角部》)

符载《送崔副使归洪州幕府序》云江夏郡(治今湖北)黄鹤山中,"头陀大云精舍、颢师竹院、惟一师茶圃"。(《文苑英华》卷726)僧惟一辟有种茶的园子。

佛教徒还亲自参加采茶、焙制茶等劳作。柳宗元的僧友巽上人,在竹林里自己采茶,自己饮和赠人。(《全唐诗》卷351柳宗元《巽上人以竹间自采新茶见赠酬之以诗》)

当代僧人采茶、制茶、饮茶

郑巢《送象上人还山中》诗云：

竹锡与袈裟，灵山笑暗霞。
泉痕生净藓，烧力落寒花。
高户闲听雪，空窗静捣茶。
终期宿华顶，须会说三巴①。
（《全唐诗》卷504）

郑巢的僧友象上人，在山中雪天静静地捣茶。

开善寺的僧人锄完芍药苗后，"旋蒸茶嫩叶"。（《全唐诗》卷408元稹《和友封题开善寺十韵员》）

二、皇帝赐茶

除日僧圆仁《入唐求法巡礼行记》记载的唐朝皇帝，赐寺院和个别僧人茶的事外，其他史书也有记载。大历十三年（778），唐代宗令合两街临坛大德14人，于长安安国寺定夺新、旧两部律疏是非，"供送充九十日斋食，用茶二十五串"（《宋高僧传》卷15《圆照传》）。

三、俗人施茶

有些俗人知道佛教徒饮茶，在与其交往中，待以茶礼。孟郊②《送玄亮师》（一作《送道友》）诗云：

---

① 三巴：东汉末益州牧刘璋分巴郡为永宁、固陵、巴三郡，后又改为巴、巴东、巴西三郡，称为三巴。相当于今四川嘉陵江和綦江流域以东的大部。

② 孟郊(751—814)：唐代诗人，字东野。湖州武康（今浙江德清）人。代表作有《游子吟》。有"诗囚"之称，又与贾岛齐名，人称"郊寒岛瘦"。

兰泉涤我襟，杉月栖（一作风栖）我心。
茗啜绿净花，经诵清柔音。
何处（一作事）笑为别，淡（一作然）情愁不侵。
（《全唐诗》卷379）

孟郊用泉水煎茗，茗汤浮着碧绿明净的茶花，飘散着轻柔的芳香，他和玄亮师一时啜茗，一时诵佛经，心情很好，笑着离别，没有常人的伤心忧愁。

喻凫①《蒋处士宅喜闲公至》，从"绝杯"不饮酒，"单钵春过处士斋"，蒋处士春天待他斋饭，品尝茗汤，通宵谈论四大皆空来看，来的这位闲公，当是僧友。

李远《赠潼关不下山僧》诗云：

与君同在苦空间，君得空门我爱闲。
禁足已教修雁塔，终身不拟下鸡山。
窗中遥指三千界，枕上斜看百二②关。
香茗一瓯从此别，转蓬流水几时还？
（《全唐诗》卷519）

李远对潼关不下山的僧友说，我们同在人生苦海、一切均空的人间，你在佛门我爱俗世，我以一瓯茗香的茗汤为你饯行，不知道从此一别，犹如流水和飘飞的蓬草云游四方的你，何时才能归来？

王建《饭僧》，精心准备：

别屋炊香饭，薰辛不入家。
温（一作滤）泉调葛面（一作粉），净手摘藤花。
蒲鲊除青叶，芹齑带紫芽。
愿师常伴食，消气有姜茶。
（《全唐诗》卷299）

鉴于僧俗饮食有别，李远特意在另外屋里做香饭以使荤腥之味不污染家中。摘藤花前洗干净手，蒲鲊必须除去青叶，芹菜和齑则要保留紫色的嫩芽。但愿法师经常与我相伴并放心地食用，还备有放姜的茶汤帮助消化。

---

① 喻凫：唐代诗人。《唐才子传》卷七记载了他简短的生平："凫，毗陵人，开成五年，李从实榜进士，仕为乌程县令，有诗名。"

② 百二：以二敌百。比喻山河险固之地。西汉司马迁《史记·高祖本纪》："秦，形胜之国，带河山之险，县隔千里，持戟百万，秦得百二焉。"

第四章　道教与茶

疏香皓齿有余味
更觉鹤心通杳冥

唐代道教大走鸿运，特别是玄宗时期，李唐王朝因道教主也姓李，便抑佛扬道，打起"载弘道教""畅玄元之风"的旗号。开元三年（715），玄宗称赞老子是"万教之祖"，推崇《道德经》在六经①之上，列百家②之首，要求全国每户一册。唐代近300年，道教虽未压倒儒、佛二教，但基本上受到礼遇，总体上是三分天下有其一。老子被尊为"圣祖"，册封为"玄元皇帝"和"大圣

老子像

赵孟頫小楷《老子道德经》

① 六经：六部儒家经典。始见于《庄子·天运篇》。是指经过孔子整理而传授的六部先秦古籍，曰：《诗经》《尚书》《仪礼》《乐经》《周易》《春秋》。其中《乐经》已失传，所以通常称"五经"。这六部古籍有些（春秋一书为孔子所作）并非孔子所作，而是在孔子之前早已存在。孔子本着"述而不作，信而好古"（《论语·述而》）的原则，只是对这六部古书做了整理的工作。

② 百家：是对春秋战国时期各种学术派别的总称，诸子百家之流传中最为广泛的是儒家、道家、阴阳家、法家、名家、墨家、杂家、农家、小说家、纵横家。

祖高上金阙玄元天皇大帝",庄子、列子①被奉为"真人"②,其著作尊为"真经"。

就唐代而言,如果说,唐代佛教徒饮茶,从唐玄宗开元年间(713—741)泰山灵岩寺僧人以茶坐禅逐渐兴盛,唐代道教徒品茗,早在唐太宗贞观年间就见于文献记载了。

朱桃椎是生活在隋末唐初的一位著名隐士,据南宋名臣王刚中考证,"盖生于周隋之间,历武德贞观,得道仙去,莫知所终"。他主要活动在唐初武德至贞观年间,是初唐的道家茶人。《新唐书·朱桃椎》云他是益州人,不慕名利,结庐山中,尝织芒履③置道上,见者曰"居士履也",为粟米、茗茶易之,置其处,辄取用,终不与人接。高士廉为长史④,备礼降阶与语,不答,瞪视而出。高士廉是唐太宗皇后长孙氏之舅。朱桃椎以芒履与卖米、茗的人交易。《全唐文》卷161《朱桃椎小传》也记载相同。这说明唐初市场上已有茶的买卖了。迨至中晚唐以后,道教徒品茗,以茶修道之雅事,更加风行。

道教祀神鬼,茶便成为沟通人神、人鬼关系的物品,难免带上几分仙气、神气、鬼气。道教以生为乐、重生恶死,注重养生,因此将茶列为养生佳品,成为服食首选饮品。中国茶文化之所以千古不衰,其根基植于茶的养生功能,若无这点基础便不可能形成如此普遍的茶风,更遑论茶道。这其中道家的推广之功不可没。茶对于道家内修的作用不仅仅是驱睡坐忘,还注入了"道"的思想:一是"无为"思想;二是"自然"主义,即天人合一,返璞归真。这比禅僧以茶助禅定的认识高了一筹,触及茶道的深层次。魏晋清谈源于道家学派的启迪,茶助清谈成为社会时尚传承久远。后代道教信徒马钰⑤称茶为"无为茶,自然茶",为道教茶定了性。

第一节 道教名山茶事

唐代道教徒饮茶,以在山林修道者为盛。

一、南岳衡山

《元和郡县图志·衡州衡山县》云"衡山南岳也。一名岣嵝山。在县西三十里",是唐代道教圣地之一。

南岳产茶。道教徒嗜茶。在唐玄宗、肃宗、代宗、德宗朝颇受重用,历官

---

① 列子:战国前期思想家,是老子和庄子之外的又一位道家思想代表人物,其学本于黄帝老子,主张清静无为。《列子》又名《冲虚经》(于前450至前375年所撰),是道家重要典籍。

② 真人:"真人"一词最早出于《黄帝内经·素问·上古天真论第一篇》:"上古有真人者,提挈天地,把握阴阳,呼吸精气,独立守神,肌肉若一,故能寿敝天地,无有终时,此其道生。"是形容修道养生的人。道家称存养本性或修真得道的人。亦泛称"成仙"之人。

③ 芒履:即芒鞋、草鞋,是用植物的叶或杆编织而成的鞋子。

④ 长史:官名,秦置。汉相国、丞相,后汉太尉、司徒、司空、将军府各有长史。

⑤ 马钰(1123—1183):字玄宝,号丹阳子,世称马丹阳。山东宁海(今山东牟平)人。宋末全真教兴起,他是全真道祖师王重阳在山东收下的首位弟子。大定十年王重阳逝世后,马钰成为全真道第二任掌教。在道教历史和信仰中,他与王重阳另外六位弟子合称为"北七真"。著有《洞玄金玉集》十卷。

衡山

至宰相的李泌[1]，因遭李辅国等排挤，曾两次隐居南岳韬晦，以衡山道士张太空为师，修炼栖神辟谷之术。曾有茶诗云："施沫翻成碧玉池，添酥散出琉璃眼。"诗意是，茶在煎时，饽沫旋转，化生出绿色碧玉似的茶汤，茶中添加的佐料——酥，使茶汤又散似琉璃眼。《现代汉语词典·酥》称：古代称酥油为酥，又云面粉和油加糖制成的松而易碎的点心。

道士刘元靖，在南岳所居石室外，引泉环流，伐木诛茅，前构小阁，棋局、茶灶凿石而成。（《历世仙体道通鉴》卷4《刘元靖》，《南岳总胜集》第7《石室隐真崖》）他用石做的茶灶，以泉水煎茶。如果不是对品茗有浓厚兴趣，是不会下极大功夫将坚石一点点地精雕细刻成茶灶的。

《续仙传·聂师道》云：聂师道在南岳山中寻道士蔡真人时，路过一家主人以茶相待："乃揭一合，是茶。主人曰：以汤泼吃。及吃，气味颇异于常茶。"（参《历世真仙体道通鉴》卷41《聂师道》）。合即盒。唐代饮茶的主要方式，是陆羽创造的煎茶法，即将茶投入盛水的茶器中煎或煮或烹。而这位主人却是将茶放在茶碗或茶盏里，用开水冲泡，时称淹茶法。主人实乃蔡真人之子，其家用盒储茶，平日当自饮。据说吃起来，其茶气味很不同于普通茶，作者原意是仙茶，实则可能是质量较好的精品。栖蟾《寄问政山聂师道》云：

先生卧碧岑[2]，诸祖是知音。
得道无一法，孤云同寸心。
岚光薰鹤诏，茶味敌人参。
苦向壶中去，他年许我尊。

（《全唐诗·卷848》）

聂师道又称聂威仪。威仪是道教徒的法号之一。《唐六典》卷4《尚书礼部·祠礼郎中员外郎》云："道士修行有三号：其一曰法师，其二曰威仪师，其三曰律师。"又是道官之一。《唐大诏合集》卷113《停京都检校僧道威仪敕》云："道释二教，

---

[1] 李泌（722—789）：字长源，京兆（今西安）人，唐朝大臣。天宝中，自嵩山上书论施政方略，深得玄宗赏识，令其待诏翰林，为东宫属言。为杨国忠所忌，归隐名山。安禄山叛乱，肃宗即位灵武，召他参谋军事，又为幸臣李辅国等诬陷，复隐衡岳。代宗即位，召为翰林学士，又屡为权相元载、常衮排斥，出为外官。

[2] 碧岑：青山。唐杜甫《上后园山脚》诗："自我登陇首，十年经碧岑。"

必在护持,须置威仪,令自整肃。"此处当指法号。先生是唐人茶道教徒的尊称之一,也是皇帝赐予著名道士的荣誉称号之一。栖蟾说:先生您隐居在碧绿的山岭。诸位先祖是知音。修行得道没有统一的方法,天上的孤云与人心是同一的。茶汤的滋味可与人参匹敌。如果您像壶公①那样成为神仙,请允许我以后去寻找您。

李群玉《龙山人惠石廪方及团茶》:

客有衡岳隐,遗余石廪茶。
自云凌烟露,采摘春山芽。
珪璧相压叠,积芳莫能加。
碾成黄金粉,轻嫩如松花。
红炉爨霜枝,越儿斟井华。
滩声起鱼眼,满鼎漂清霞。
凝澄坐晓灯,病眼如蒙纱。
一瓯拂昏寐,襟鬲开烦拏。
顾渚与方山,谁人留品差?
持瓯默吟味,摇膝空咨嗟。

(《全唐诗》卷568)

隐居南岳衡山的一位客人,馈赠我石廪茶,他自称冒着烟霞露水,采春天的茶芽。经过珪璧压叠,积芳也难以超过它。将茶芽碾成黄金色的茶粉,又轻又嫩,如同松花。用打霜后的树枝烧炉,以井水煎之,鼎中水热有声,泛起鱼眼气泡,漂浮的清霞充满茶鼎,一瓯茶汤能消除昏睡,可以坐到天亮,顾渚与方山的名茶,是什么人留下的品评,捧瓯默默地吟诗品茶,摇摆着膝盖,空叹息。

这首茶诗,不仅是南岳产茶,有名茶石廪方和团茶的证明之一,而且对采茶、煎茶和茶的功能,都有较为准确的表述,是唐人茶诗的上乘之作。

南岳道士还可以茶换取修葺道观的钱财。如九真观道童王仙峤,"携(南)岳中茶入京师教化,尝于城门内施茶",以茶馈赠长安俗人,换取钱物。一日,忽遇宦官高力士②,问之,答称:"为殿宇颓毁,特将茶来共募化施主。"(《南岳总远集》第16《九真观》)

由于南岳道士饮茶,有的俗人在与他们交游中,以茶为礼品赠之。《云仙杂记·日精》引奉真《湘潭记》云:陆展郎中将"茶花蜜送衡山道士"。

二、东岳泰山

在今山东兖州乾封县西北30里,是唐代道教圣地之一。

唐时皇帝多次派宦官、著名道士等到泰山岱岳观,设金箓③宝斋和河图大

---

① 壶公:又名玄壶子,悬壶翁。是东汉时期的卖药人,传说他常悬一壶于市肆中出诊,市罢辄跳入壶中,一般人不能见到他。后来历代医学家学成开业为人治病,多称之为"悬壶",称颂医生常用"悬壶济世"。

② 高力士(684—762):本名冯元一,是中国唐代的著名宦官之一。祖籍潘州(今高州)。他幼年时入宫,由高延福收为养子,遂改名高力士,受到当时女皇帝武则天的赏识。唐玄宗朝,其地位达到顶点,由于曾助唐玄宗平定韦皇后和太平公主之乱,故深得玄宗宠信,累官至骠骑大将军、进开府仪同三司。

③ 金箓:道教谓天帝的诏书,或道场的名称,或神话中形容神仙所用的簿册。

醮①等道教法事，投龙，修功德，并塑造太上老君等道像，绘制天尊壁画等。（《金石萃编》卷53）泰山道教十分兴盛。该书辑者王昶按云："唐时六帝一后，修斋建醮凡二十许。"六帝指唐高宗、中宗、睿宗、玄宗、代宗、德宗，一后指武则天，称她为唐高宗皇后，不承认

东岳泰山

武则天是中国历史上唯一的女皇帝。修斋建醮具体次数，唐高宗二次、武则天七次、唐中宗三次、唐睿宗二次、唐玄宗二次、唐代宗二次、唐德宗二次。

唐人喜欢到泰山游览道教名胜遗迹，在此品茗，甚至举行茶宴，泰山道士也待之茶礼。

《金石萃编·淄州刺史游记》云：

淄州刺史王圆□□□□□山人王□大（庙讳）十四年二月廿七日同登泰岳。时真君道士卜皓然、万岁道士郭紫微，各携茶果，徂候于回马岭，因憩于王母池。登临之兴，无所不至。

剌为刺。"王□"为王昌，又名王昌宇。（《金石萃编》卷53《岱岳观碑》云：大历七年（772）正月，中使内侍宦官魏成信等，奉唐代宗勅于岱岳观修金箓斋醮及于瑶池投告，题记中所记参与此法事者，有"山人王昌宇"。大历十四年祭岳官题名中有"山人王昌寓"。王昌、王昌宇、王昌寓当为同一人）大（庙讳）十四年，为唐代宗大历十四年（779）。真君道士是庙院王检校道门道士，万岁道士当为万岁观道士。王母池在泰山东南麓。淄州（治今山东淄博市）刺史王圆，与山人王昌同游泰山。当时真君庙院主检校道门道士卜皓然、万岁观道士郭紫微，都带着

唐高宗

---

① 醮："醮"的原意是祭，为古代礼仪。道教继承并发展了醮的祭祀一面，借此法以与神灵相交感。"醮"的名目很多，大凡世人有所需就会有相应的建醮名目，如祈雨九龙醮、正一传度醮、罗天大醮等等。斋法与醮法本不一样，后来相互融合，至隋唐以后，"斋醮"合称，流传至今，成为道教科仪的代名词。

茶叶和水果在回马岭等候。众人会合后，到道教著名女神仙西王母（杜光庭《墉城集仙录·西王母传下口道》云：西王母，又号金母元君，又号太灵九光龟台金母，姓缑氏，生而飞翔，天上天下女子登仙者，悉为其管。）①命名的池水边稍事休息，登高望远"一览众山小"，一边品茗吃水果，一边饱览美景。

《金石萃编·任要等祭岳记并诗》云：

> 检校为尚书驾部郎中使持节都督兖州诸军事兼兖州刺史侍御史充太山团练使任要，贞元十四年正月十一日立春祭岳，遂登太平顶宿。其年十二月廿二日立春，再来致祭，茶宴于兹。同游诗客京兆韦淇押衙王迁运乾封县令王忏尉邰程。岳令元寔造车十将程日昇后到续题。

"茶宴于兹"，就是在岱岳观举行的茶宴。《金石萃编》辑者王昶引《金石文字》曰："茶宴者，盖唐时祭（泰岳）毕，犹不用酒"，而以茶代宴会之饮料。父母官刺史大人及诸多官员光临，道士们岂敢怠慢，这茶宴或许是岱岳观特意安排的。

上述《淄州刺史游记》和《任要等祭岳记并诗》中，茶字均写作"荼"，王昶按语引《金石文字记》云：

> 茶荈之茶与荼苦之荼，本是一字，古时未分，麻韵荼荈字，并只读为徒。东汉以下，乃音宅加反而加字音居何反，犹在歌戈韵。梁以下始有今音。又妄减一画为茶字。此碑（岱岳观碑）两见荼字，皆从草从余，可见唐时字体尚未变。《尔雅》槚，苦荼，《广韵》九麻中有荼字，又有茶字，注曰俗是也。

陆羽《茶经·一之源》云茶名"一曰茶，二曰槚，三曰蔎，四曰茗，五曰荈。"在唐人诗文中，茶名用得最多的是茶，其次是茗，槚、蔎、荈偶尔用之。

三、江苏茅山

茅山在江苏，位于江苏省句容市和金坛市交界处，是中国道教名山之一。《元和郡县图·江南道·润州·句容县》云"茅山在县东南六十里"，又名地肺山、三茅山，是唐代最兴盛的道教圣地。

《渊鉴类函·食物·茶》云：

> 昔有客遇茅君，时当大暑，茅君于手巾内解茶，人与一叶。客食之，五内②清凉。茅君曰：此蓬莱山穆陀树叶，众仙食之以当饮。

茅君指茅盈，西汉人，到句曲山（后改称茅山）修道，被尊为茅山上清派③开山祖师。他所说茶是海上三神山之一蓬莱山穆陀树叶，神仙饮料，为无稽之谈，因三神山本为传说，穆陀树亦属子虚乌有，是以道教神仙界想比附茶，不能视为信史。

茅山宗创始人著名道士陶弘景④，在所撰《杂录》中说：

---

① 杜光庭：《墉城集仙录》，见张君房编：《云笈七签》，华夏出版社，1996年版。
② 五内：就是五脏。中医的五脏是指心、肝、脾、肺、肾，六腑是指胆、胃、小肠、大肠、膀胱、三焦。五脏主要是贮藏精气，六腑主要是消化食物，吸取其精华，排除其糟粕。
③ 上清派：是道教宗派中极有影响力的一个派别，形成于东晋时期，以专门传播习炼《上清经》而得名。
④ 陶弘景，南朝梁时丹阳秣陵（今江苏南京）人。著名的医药家、炼丹家、文学家，人称"山中宰相"。作品有《本草经集注》、《集金丹黄白方》、《二牛图》等。

苦荼轻身换骨，昔丹丘子、黄山君服之。

就是说，饮茶可以让人身体变轻，脱胎换骨，变成神仙。若饮茶可令人减肥瘦身也许有点可能，"换骨"与脱胎成仙，则难以置信。

丹丘子事。陆羽《顾渚山记》云："《神异记》曰余姚人虞洪入山采茗，遇一道士……曰：'吾丹丘子也，闻子善茗饮，常思惠。山中有大茗，可以相给。祈子他日有瓯牺之余相遗也。'因立茶祠。后常与人往山，获大茗焉。"丹丘子嗜茶，以致不惜向虞洪乞求剩余茶汤，希望立茶祠以祭祀。

文献记载茅山的茅盈和陶弘景这两位创派立宗的祖师与茶接缘，或许与茅山产茶有关。杜牧《秋晚怀茅山石涵村舍》，诗云：

十亩山田近石涵，村居风俗旧曾谙。
帘前白艾惊春燕，篱上青桑待晚蚕。
云暖采茶来岭北，月明沽酒过溪南。
陵阳秋尽多归思，红树萧萧覆碧潭。
（《全唐诗》卷536）

杜牧说，茅山石涵村的茶农，有在春暖花开、天高云淡的天气里，到山岭北边采茶，月儿高照时在溪南打酒痛饮的风俗。

四、洪州西山

洪州（治今江西南昌市）西山，是唐代道教较为兴盛的名山。
在此山修道的施肩吾《蜀茗词》云：

越碗初盛蜀茗新，
薄烟轻处搅来匀。
山僧问我将何比？
欲道琼浆却未嗔。
（《全唐诗》卷494）

越州（治今浙江绍兴）名窑所烧的青瓷碗，初次盛名品蜀茶，清香新鲜，升腾着薄烟，轻轻地搅匀茶汤品饮，山僧询问我将这比作什么？我想说它像神仙饮的仙酒，却害怕他生气，因为犯了僧人禁酒的戒律。

施肩吾以茶招待道友。其《春霁》诗云：

煎茶水里花千片，
候客亭中酒一樽。
独对春光还寂寞，
罗浮①道士忽敲门。
（《全唐诗》卷494）

一个雨（或雪）后的春天，施肩吾在候客亭精心煎了茶汤，其中飘浮着众多茶花，还准备了一罇酒。独自一人对着明媚的春光，却感到十分寂寞，等待客人正心神不定时，忽然听见敲门声，原来是罗浮山的道士来了。

---

① 罗浮：据《云笈七签》卷二十七《洞天福地》记载，罗浮山为道教十大洞天之"第七洞天"，七十二福地之"第三十四福地"；山中有七十二石室、十八洞天、四百三十二峰峦、九百八十瀑布与飞泉。历代文人墨客、方士道人纷纷前往山中游览、隐居和修炼，为其作赋吟诗，歌颂赞美。

《江淮异人录·于大》云于大在洪州西山应圣宫，用花供奉道教神像。该宫道士"为设茶，置之食案"，待以茶礼。于大饮完茶后，把茶盏放在食案上，长长地施了个礼，以示感谢。

西山因文献记载缺乏，不知此西山在何处，有可能是洪州西山。

唐宪宗时，萧祐曾游西山石堂观，沈生陪他寻访道教真人修行的遗踪，他们爬上崎岖的山顶，"甘瓜剖绿出寒泉，碧瓯浮花酌春茗。嚼瓜啜茗身清凉，汗消絺绤如迎霜"（萧祐《游石堂观》，《全唐诗》卷318）。剖开的甜瓜，流出绿色汁液，宛如冬日寒冷的泉水。春天焙制的茗，盛在有浮雕花纹的碧色茶瓯里，飘浮着芳香的茶花。食瓜品茗，全身感到凉爽，爬山出的汗，消失在粗细相间的葛布衣上，如同凝着一层白霜。

五、吉州东山

吉州（治今江西吉安市）东山有一道观。唐懿宗咸通年间（860—873），杨尊师等道士在此修道。"观侧有三井，一井出盐，一井出茶，一井出豉，每有所阙，师合取之，皆得食之，能疗众疾。"① 豉即豆豉。师指杨尊师。所谓道观侧边的三口井出盐、茶、豉，当不会指井里能生产出它们，"出"当与"购"通用，即井里购存茶等物。杨尊师认为茶等都能吃，还可以治疗各种疾病。

六、白鹤山

唐代著名文人、晚年入道的贺知章②，在《龙瑞宫山界至记》一文中说："白鹤山淘砂径茗鸟宫山鹿迹潭莳田芰池。"《唐龙瑞宫记》亦云："白鹤山淘砂径茗□宫山□□潭莳田芰池□。"（《两浙金石志》卷2载《隋唐五代石刻文献全编》二）龙瑞宫在会稽县宛委山，位于县东南二十五里。道家说黄帝时曾建候仙馆。唐中宗龙朔元年（705）再置，开元二年（714）唐玄宗敕改名为龙瑞宫。白鹤山产茗，当时道士自种自饮。

七、壶公山

古老相传，古仙姓陈名壶公，于此山成道，黄滔③《壶公山（古老相传古仙姓陈名壶公于此山成道因而名焉）》诗云：

危磴千寻④拔，奇花四季鲜。
鹤归悬圃⑤少，凤下碧梧⑥偏。
桃易炎凉熟，茶推醉醒煎。
村家蒙枣栗，俗骨爽猿蝉。
（《全唐诗》卷706）

---

① [五代]杜光庭撰：《录异记》，上海古籍出版社，1995年版。
② 贺知章（659—744）：字季真，号四明狂客。唐越州（今绍兴）永兴（今浙江萧山）人，贺知章诗文以绝句见长，除祭神乐章、应制诗外，其写景、抒怀之作风格独特，清新潇洒，著名的《咏柳》《回乡偶书》两首脍炙人口，千古传诵，今尚存录入《全唐诗》的共19首。
③ 黄滔（840—911）：字文江，莆田城内前埭（今荔城区东里巷）人，晚唐五代著名的文学家，被誉为"福建文坛盟主"、闽中"文章初祖"。《四库全书》收《黄御史集》10卷，附录1卷。
④ 千寻：古以八尺为一寻。"千寻"，形容极高或极长。
⑤ 悬圃：传说在昆仑山顶，有金台、玉楼，为神仙所居，称悬圃，后泛指仙境。又，是上古神话传说中最高天帝——黄帝的花园和居所，悬于空中，植有各种神树异草。
⑥ 碧梧：绿色的梧桐树。又比喻美好的才德或英俊的仪态。

在酒醉时煎茶,以便醒酒。村里人家种有枣和栗树,可以在煎茶时投入汤中。

第二节　山居道士的饮茶生活

山人在历史文献中经常出现。就唐代而言,山人指隐居山林的隐士和道士。道士史崇《妙门由起序》说:"道士立名凡七等",其中"四者山居",即在山中隐居修行的道士,名山居道士。有些道士,有时也被人称为山人。如罗浮山道士轩辕集,亦名"罗浮山人"。(《资治通鉴》卷248会昌六年五月)唐求《题杨山人隐居》云:"深山道者家。"《神仙感遇传·费玄真》中的道士吴子,被人称为"山居之道士"。这些隐居的道士饮茶者极多。

戴叔伦①《春日访山人》,山人"分泉漫煮茶,相携林下坐"。以山泉慢慢地煮茶,主人和客人携手坐于树林之下,品茗谈心,叹息鬓边已经萌生了白发。

李群玉②《与三山人夜话》(一作与《濮阳夏侯吴三山人夜话》),诗云:

　　静谈云鹤(一作壑)趣,高会两三贤。
　　酒思弹琴夜,茶芳向火天。
　　兔裘堆膝暖,鸠杖倚床偏。
　　各厌池笼窄,相看意浩然。
　　　　(《全唐诗》卷569)

在宁静的夜里,李群玉与三位山人朋友畅叙闲云野鹤的情趣。饮酒时弹琴,煎茶散发出的芳香飘向似火的天空,兔子毛制作的裘衣堆在膝盖上十分温暖,鸠杖斜倚床边。厌恶这狭窄的人生牢笼,期望相互鼓动起彼此的浩然之气。

唐敬宗宝历年间(825—826)荆州(治今湖北江陵)有位卢山人,经常显露一些奇迹。贾人③赵元卿想与他交游,故意"设果茗,诈访其息利之术"(《酉阳杂俎》前集卷2《壶史》)。

相国卢钧出任钧州(治今湖北均县西北)刺史时,王山人来访,卢钧"欲召人取汤茶之属"招待(《神仙感遇传》卷3《相国卢钧》)。

李商隐④《访白云山人》,这位隐居山下的主人,"煮茶归来去,刻竹为题名"。

那些在城乡道观修行的道教徒,饮茶的也不少。

周贺⑤《玉芝观王道士》诗云:

---

① 戴叔伦(732—789):唐代诗人,字幼公(一作次公),润州金坛(今属江苏)人。年轻时师事萧颖士。曾任新城令、东阳令、抚州刺史、容管经略使。晚年上表自请为道士。其诗多表现隐逸生活和闲适情调。

② 李群玉:唐代澧州人,极有诗才,"居住沅湘,崇师屈宋"。《湖南通志·李群玉传》称其诗"诗笔妍丽,才力遒健"。

③ 贾人:商人。又,古时官府掌管采购物品的人员。

④ 李商隐:唐代著名诗人,祖籍河内(今河南省焦作市)沁阳,是晚唐最出色的诗人之一,和杜牧合称"小李杜"。其诗构思新奇,风格秾丽,尤其是一些爱情诗和无题诗写得缠绵悱恻,优美动人,广为传诵。因处于牛李党争的夹缝之中,一生很不得志。作品收录为《李义山诗集》。

⑤ 周贺:约公元821年前后在世。字南乡,东洛人(今四川广元西北)。初居庐山为浮屠,名清塞。后客南徐,又来少室、终南间。工近体诗,格调清雅,与贾岛齐名。

四面杉萝合，空堂画老仙。
　　蠹根停雪水，曲角积茶烟。
　　道至心机尽，宵晴琴韵全。
　　暂来还又去，未得坐经年。
　　　　　（《全唐诗》卷503）

　　周贺看见曲角的墙壁上积满了茶烟，当是这位姓王的道士长期煎茶品茗留下的痕迹。

　　"小鼎煎茶面曲池，白须道士竹间棋。"这是李商隐《即目》（一作《即日》）。在京城长安东南隅最著名的游览胜地——曲江池，目睹的一道士饮茶风景：君不见，一位皓然飘逸的老道长，面对美景如画的曲江，以精致的小鼎煎茶，在青青翠竹中，与友人对弈，江水、美景、品茗、下棋，何其悠哉！

　　唐代著名女冠诗人鱼玄机①，在其《访赵炼师不遇》中云"暖炉留煮药，邻院为煎茶"，主人虽不在，邻院的道士却为她煎茶，充分体现了道教的茶礼。

　　诗僧灵一游览妙乐观，"忽见一人擎茶碗"。这位举起茶碗的人，既在观里，可能是该观道士，或在此观"挂单"的云游道士，或俗人游客。

　　许浑《送张尊师归洞庭》云"傍檐山果雨来低，杉松近晚移茶灶（一作花庵）"。这位住在洞庭湖的高道，置有专门煎茶的茶具——茶灶，十分爱护，当傍晚雨来之时，张尊师将其从杉松之中移至避雨地，可见他嗜茶之一斑。

　　《神仙感遇传·卢道流》云唐末，卢道流卖卜洛阳时，忽患重病。"得道者"于瓠中出丹砂，细如芥子，于白茶碗中，当饮茶，顿愈。

　　韦应物②于《简寂观西涧瀑布下作》诗中云："茶果邀真侣，觞酌洽同心。"简寂观道士，以芳茗、时果、美酒邀请招待志同道合的友人，十分开心。

　　著名道士吕洞宾，自称"思茶逐旋煎"，平日想饮茶便立即煎之，说明他备有所需茶具，是位爱茶之人。他对茶的本性、品第、制作、煮法、功效等，均有所识。其《大云寺茶诗》云：

　　玉蕊一枪称绝品，僧家造法极功夫。
　　兔毛瓯浅香云白，虾眼汤翻细浪俱。
　　断送睡魔离几席，增添清气入肌肤。
　　幽丛自落溪岩外，不肯移根入上都。
　　　　　（《全唐诗》卷858）

　　他说玉蕊茶芽可以称为茶中最好的精品，僧人制茶的功夫极为深厚。有兔毛纹饰的浅口茶瓯，盛着白色茶汤散发清香。煎茶时，其沸如虾目，汤翻滚细浪。茶汤驱逐了睡魔，增加清爽之气，浸润了肌肤，令人感到心旷神怡。丛生的茶树生长在溪水岩石之外不愿移植到京华。潜台词为，京华虽好，但茶树挪则死矣。

---

① 鱼玄机：女，晚唐诗人，长安（今陕西西安）人。初名鱼幼微，字蕙兰。咸通（唐懿宗年号，860—874）中为补阙李亿妾，以李妻不能容，进长安咸宜观出家为女道士。后被京兆尹温璋以打死婢女之罪名处死。鱼玄机性聪慧，有才思，好读书，尤工诗。与李冶、薛涛、刘采春并称唐代四大女诗人。其诗作现存五十首，收于《全唐诗》。有《鱼玄机集》一卷。其事迹见《唐才子传》等书。

② 韦应物（737—792）：唐代诗人，长安(今陕西西安)人。今传有10卷本《韦江州集》、两卷本《韦苏州诗集》、10卷本《韦苏州集》。因出任过苏州刺史，世称"韦苏州"。诗风恬淡高远，以善于写景和描写隐逸生活著称。

唐代道教徒认为冥间的人也饮茶。

杜光庭讲，他听宗正卿王太鄘说，崔生赴京参加科举考试，在潼关城外碰见一队人马，"有一步健押茶檐子①"。步健当为步军健儿，押着肩挑盛茶檐子的人。在庙里，受到天官的茶汤招待。（《灵异记》卷3《鬼神》）

唐文宗时，雅州刺史崔公辅，生魂被追入冥间，勘责他曾借丰都县仙都观的真人阴君宝经四卷不归还之罪。厅有"茶饭"，但不能食，"食之不得复归人间"。② 此事系作者造的神话，不可当真。

《江淮异人录·江处士》云他"好道能役制鬼魅"——妇人为鬼所附，江处士应邀御之。他命其家洒扫一室，"令一童烹茶"，一绿衣少年入室见江处士，"乃坐，啜茶，不交一言，再拜而去"。绿衣少年即鬼，走了，妇人无事了。世上并无鬼。为鬼设茶，鬼啜茶，均属子虚，但反映了道教徒做御鬼制魅法事，也与茶有关。

第三节　以茶修道

唐代道教徒之所以青睐饮茶，不仅是喜爱这种清香可口的新饮料，作为鲜渴充饥的佳浆，而且将茶与日常修道结合起来，以茶促进修道。

一、以茶斋醮

斋醮是道教的重要法事。道教徒设斋建醮时，《道门定制·斋品》云祭品有"香花、灯烛、果、酒、茶汤"以及献茶礼仪。

在杜光庭③编纂的《道门科范大全集》中，北斗延生仪的设醮行道、南北二斗同醮仪设醮行道、真武灵应大醮仪设醮行道、解禳④星运仪设醮行道时，都有"降真、献茶"。在做安宅解犯仪法事时，有"降真、上茶"。文昌注禄拜章道场仪散坛行道、誓火禳灾仪中都有"降圣、献茶"。上清升化度仙神首道场仪设醮行道中，有"降圣、上茶"。金箓斋投简仪里灵宝祈求雨雪时，也有"上茶"。在《太上黄箓斋仪》奉请土地域真官降临西席时，有"次上香、上汤、上茶、上酒"，长跪上启文后，再次上香、汤、茶、酒。《伏魔经坛谢恩醮仪》载，有"请班、降圣、安座、献茶"。道教徒认为，设斋建醮时，那些平日难见的仙人们，会来参与，所以奉献茶等祭品，同时施以上茶、献茶的礼仪，以示虔诚和崇敬。

---

① 檐：《集韵》《韵会》《正韵》又作都滥切，音担。通作檐。
② [唐]杜光庭撰：《道教灵验记》卷12，《崔公辅仙都经验》，见[元]马端临：《文献通考》，浙江古籍出版社，2007年版。
③ 杜光庭（850—933）：字圣宾，号东瀛子，缙云人。唐懿宗时，考进士未中，后到天台山入道。僖宗时，为供奉麟德殿文章应制。随僖宗入蜀，后来追随前蜀王建，官至户部侍郎。赐号传真天师。晚年辞官隐居四川青城山。一生著作颇多，有《道德真经广圣义》《道门科范大全集》《广成集》《洞天福地岳渎名山记》《青城山记》《武夷山记》《西湖古迹事实》等。古代著名传奇小说《虬髯客传》相传系他所作。
④ 解禳：即禳解。禳，祭名，祈祷消除灾殃、去邪除恶之祭。禳解，迷信的人向鬼神祈祷以消除灾祸。

当代道士以茶斋醮

二、以茶讲经

道经是道教的三宝之一，也是道教徒通过阅读道经，了解教义，获得阶位，甚至得道成仙的依据之一。而道经，尤其是重要道经，由德高望重的高道讲解，才能领悟。因此，讲经是道教徒修道的重要功课。而讲经，有一整套的礼仪和形式。如《太上元始天尊说孔雀经》云：

讲经

奏乐

弟子处将十供养十方诸圣众

花

灯

经

水

茶：百雀吐灵芽，盏内生花。风清两腋欲升霞，能效卢仝尝七碗，妙相仙家茶奉献

酒

果

斋

衣

香

在讲太上元始天尊说《孔雀经》时，要奏乐，弟子把茶等十种供品供养诸方圣贤。茶是鲜嫩的茶芽，像百鸟吐出的，有灵气的，茶盏内的茶汤饽沫如同长出的花朵，两个腋下清风徐来，欲升起云霞，能够仿效唐代茶人卢仝品赏七碗茶，以茶汤奉献给神仙。所谓卢仝七碗茶，是说他的著名茶诗《走笔谢孟谏议寄新茶》。

三、以茶服气

服气是道教徒修炼养生的一种方式。服气时,如果需要汤药,则"杏仁、姜、蜜及好蜀茶,无妨,力未圆可以调助,唯姜不宜多放"。(《云笈七签》卷60,碧岩先生撰、黄元君注《中山玉柜服气经·服气绝粒第二》)茶是汤药佐料之一。蜀茶指蜀中所产之茶,"好蜀茶"则指李肇所说的蜀茶中的名品,如"剑南有顶石花,或小芳,或散牙,号为第一","东川有神泉,小团、昌明兽目"。(唐·李肇撰《唐·国史补》卷下《叙诸茶品目》)

四、以茶除烦

施肩吾有句名言:"茶为涤烦子。"涤者,洗也;烦者,烦恼。他认为茶有消除人们烦恼的功能。道教徒尽管进了道门,却没有彻底断绝与家庭亲人的千丝万缕的联系,修行得道成仙过程中,也难免有各种困惑,而饮茶则能起到调节安抚作用。

五、以茶思清

郑邀《茶诗》云:

> 嫩芽香且灵,吾谓草中英。
> 夜白和烟捣,寒炉对雪烹。
> 惟忧碧粉散,常见绿花生。
> 最是堪珍重,能令睡思清。
> （《全唐诗》卷855）

他说刚长出来的茶芽,又香又灵气,我赞美它是百草里的精英。夜晚将尚带烟的茶放入茶臼中捣,对着雪景烹煮。只是顾虑碧绿的茶粉飘散了,却经常看见绿色的饽沫茶花产生了。茶是值得最为珍重的,因为它能够使人将睡魔驱逐头脑清醒,有利晚上阅读道经或做法事。

六、以茶供亲

《洞玄灵宝千真科》规定:道教徒在父母由于贫困和疾病而缺乏"茶饼"等时,必须得供营送,作为修道科戒中孝亲内容之一。

七、以茶待客

不少道教徒虽在远离尘世的深山老林修道,但深山老林也不是世外桃源,道教徒并非不食人间烟火的神仙。常有无数慕道者前来朝山进香求师问道,探访仙踪圣迹,游览奇特大自然的绮丽风光。那些在城乡道观修行的道教徒,也要接待拜神问卦以及前来观赏书法、绘画、雕塑、建筑的访者,还有前来参与道教徒做斋醮法事或聆听"天籁之音"[①] 的步虚[②] 声的访者,而茶则是高雅的待客之礼和饮料。如道士刘宏,"煮茗留客"(《文苑英华》卷822李观《道士刘宏山院壁记》),

[①] 天籁之音:古时有"三音"的定义,古琴之音为天籁,土埙之音为地籁,昆曲之音为人籁。天籁泛指自然界的声响,风声、鸟鸣、泉涌,种种凝聚天地,日月精华的声音;后世称诗歌不饰雕琢,得自然之趣者为天籁,现在通俗用法为形容声音好听。

[②] 步虚:是道士在醮坛上讽诵辞章采用的曲调行腔,传说其旋律宛如众仙缥缈步行虚空,故得名"步虚声"。步虚词大都寄托了作者对神仙世界的向往或者对修道生活的追求,曲折地反映了作者对现实世界的不满。但是,大多并未进入后世的道教仪式。

煮芳香可口的茶汤挽留贵客。大历年间水部员外郎王君，以茶酒招待道者裴老，后王君拜访时，裴老也敬以茶酒等（《云笈七签》卷113上《神仙感遇传·王水部》）。赤松道者以山涧之水煮茗和圆瓜招待友人僧贯休。僧齐己与郑谷郎中相约游龙兴观，拜谒道教的七位真人仪像，并声称开始懂得了品茗令人精神清爽之可贵，最终怜惜酒醉消散之迟缓（《全唐诗》卷843齐己《赴郑谷郎中招游龙兴观读题诗板（坂）谒真仪像因有十八韵》）。

第四节 道教徒茶的来源

唐代道教徒饮茶可谓多矣。茶的来源主要有以下三种渠道。

一、道士置园种茶

与僧占名山种茶一样，道教徒也是多于名山种茶。《南岳总胜集·洞灵宫》云衡山洞灵宫置"左右茶园"，南岳所产茶叶较多，除道教徒用于修道和自饮外，还用以换取钱财。胡宿《冲虚观》云："茗园春嫩一旗开。"这座道观种的茶，春暖花开时，新生的嫩茶芽，舒展开来，宛如一面旗帜。天目山出产的茶是唐代名茶之一。

二、皇帝赐茶

道士申元之[①]常扈从唐玄宗游骊山温泉及东都，唐玄宗"命宫嫔赵云容为申元之侍茶药"。《仙传拾遗》引《三洞群仙录》卷10云："明皇与论道，动移题刻，赵云容侍元之茶药意甚恭。"《历世真仙体道通鉴》卷39《申元之》云："赵云容尝侍茶于申元之。"

《云阜山中·仙翁传》云湖南邵陵申道人，被唐玄宗诏入禁城演谈妙道，陈氏"侍茶汤"。唐宣宗召罗游山道士轩辕集，"令宫人侍茶汤"。（《历世真仙体道通鉴》卷42《轩辕集》，《杜阳杂编》卷下）

《唐会要·尊崇道教·观》云：元和八年（813）七月，唐玄宗命中尉彭忠献率徒三百人，修兴唐观，赐钱十万。又"开复道为行幸之所"，以"内库绢千匹、茶千斤"为兴唐观复道"夫役之赐"（《唐西京城坊考》卷3《西京·外郭城·长乐坊》，《全唐文》卷495权德舆《兴唐观新钟铭并序》）

兴唐观在长安长乐坊西南隅，原本司农园地，开元十年（730）造观以寓李唐兴盛之意。唐玄宗因要速建此观，使拆兴庆宫、大明宫的一些宫殿之材建造，宏伟壮观。长乐坊之北，紧靠皇宫禁城，要开复道。复道是封闭的道路，人或马车在其中行走，外人不见，唐朝皇帝修过从皇宫到长安京城旅游胜地曲江的复道。兴唐观修复道是以便皇帝从皇宫到兴唐观，所以唐宪宗命中尉彭忠献重修兴唐观时，"赐钱千万"。（《唐两京城坊考》卷3《西京外部城·长乐坊》，《唐会要》卷50《观》云"赐钱十万"，十万说较为可信。千万的千，可能为十之误。）使其更加壮丽，又从

[①] 申元之：开元年间人，曾游历名山，博采方术。后皇帝把他征召到京城，让他住在开元观。他善于谈论玄妙虚无的旨要。

内库①评出"茶千斤"等作为夫役之赐。

三、俗人赠茶

俗人知道道教饮茶,故在与他们交往中待以茶礼,敬奉茶汤,馈赠名茶和茶器等。

开元权相李林甫②,年青落魄时与道士交往,道士预言他会当二十年宰相。李林甫留宿道士,以"茶果"相待。(《太平广记》卷19《李林甫》)《李林甫传》云:"道士准少食茶果。"

唐代宗大历年间(766—779)水部员外郎王君,"笃好道术,虽居朝列,有布衣方药之士,日与游从",以茶酒招待道士裴坰。(《云笈七签》卷112《神仙感遇传·王水部》)

当代崂山道士饮茶

宰相刘晏③年少时爱好道教,与衡山县"道流王十八相熟后,令妻子见拜之,同坐茶饭。后来王十八用药丸为刘晏治病,遂啜茶一碗而去"(《历世真仙体道鉴》卷34《王十八》)。

刘禹锡《尝茶》云:

　　生拍芳丛鹰嘴芽,
　　老郎封寄谪仙家。
　　今宵更有湘江月,
　　照出菲菲满碗花。
　　(《全唐诗》卷365)

老郎将自己种植的如同鹰嘴的茶芽,缄封好后,寄赠号称谪仙的道教友人。今天夜里,也许他在湘江的月光下煎饮,茶碗里浮满了散发芳香的菲薄的茶的汤花。

---

① 内库:皇宫的府库。

② 李林甫(683—752):唐宗室子弟。通音律,会机变,善钻营。开元中,迁御史中丞、吏部侍郎,深结唐玄宗宠妃武惠妃及宦官等,僭伺帝意,故奏对皆称旨。开元二十二年(734)五月拜相,为礼部尚书、同中书门下三品。开元二十四年(736)底代张九龄为中书令,大权独揽。李林甫居相位十九年,专政自恣,杜绝言路,助成安史之乱。天宝十一载(752年)十月抱病而终。李林甫死后遭杨国忠告发,时尚未下葬,被削去官爵,子孙流岭南,家产没官,改以小棺如庶人礼葬之。

③ 刘晏:是唐代著名的经济改革家和理财家。字士安,曹州南华(今东明县)人。幼年才华横溢,号称神童,名噪京师。历任吏部尚书同平章事,领度支、铸钱、盐铁等使。实施了一系列的财政改革措施,为安史之乱后的唐朝经济发展做出了重要的贡献。因谏臣当道,被敕自尽。

第五章 唐代茶艺

疏香皓齿有余味
更觉鹤心通杳冥

进入中唐，中国茶文化的发展首先从茶艺方面获得突破，陆羽首创的煎茶法是其中最具划时代意义的贡献。考察这段时期茶艺的发展，可看出有四个向度，即用茶、用水、用火和用器。陆羽煎茶法为唐人的探索给出了满意的答案，即要煮出一碗好茶必须具备四个要素：精茶、真水、活火和妙器，四者缺一不可。丁文先生在《中国茶道》一书中总结说："茶品以形、色、香、味分高下，水品以清、活、轻、甘、冽别优劣，火以活火为上，器以陶瓷为佳。"

第五章 唐代茶艺

第一节 用茶

唐人在茶叶的烹煮实践中认识到，茶艺的第一真功夫是识茶。什么是好茶？古人不讲营养成分分析，看重的是茶叶的形、色、香、味。

什么是好茶？好茶千姿百态，真香袭人，色压群芳，味冠六清。

李白在《答族侄僧中孚赠玉泉仙人掌茶》中赞荆州玉泉寺仙人掌茶云："茗生此中石，玉泉流不歇。根柯洒芳津，采服润肌骨。丛老卷绿叶，枝枝相接连。曝成仙人掌，似拍洪崖肩。"（《全唐诗》卷178）

武元衡①《津梁寺采新茶与幕中诸公遍赏，芳香尤异，因题四韵兼呈陆郎中》诗云："灵州碧岩下，荑英初散芳。涂涂犹宿露，采采不盈筐。阴窦藏烟湿，单衣染焙香。幸将调鼎味，一为奏明光。"（《全唐诗》卷316）

刘禹锡《西山兰若试茶歌》诗云："山僧后檐茶数丛，春来映竹抽新茸……自傍芳丛摘鹰嘴……新芽连拳半未舒……木兰沾露香微似，瑶草临波色不如。"（《全唐诗》卷356）

韦处厚②《盛山十二诗·茶岭》诗云："顾渚吴商绝，蒙山蜀信稀。千丛因此始，含露紫英肥。"（《全唐诗》卷479）

姚合③《乞新茶》诗云："嫩绿微黄碧涧春，采时闻道断荤辛。"（《全唐诗》卷500）

唐人用茶饼，好茶饼"如胡人靴者，蹙缩然；犎牛臆者，廉襜然；浮云出山者，

---

① 武元衡（758—815）：唐代诗人、政治家。缑氏（今河南偃师东南）人。武则天曾侄孙。建中四年，登进士第，历任监察御史、比御史中丞、户部侍郎、剑南节度使等职。有《临淮集》十卷，今编诗二卷。

② 韦处厚(773—828)：唐文宗朝宰相。京兆万年(今陕西西安市)人。在朝为官二十多年，历仕宪、穆、敬、文四个皇帝，忠厚宽和，耿直无私，颇受爱重。

③ 姚合：陕州硖石人，约唐文宗太和年间在世。以诗名。登元和十一年（816）进士第。初授武功主簿，人因称为姚武功。历监察御史、户部员外郎、荆、杭二州刺史。后为给事中，陕、虢观察使，任终秘书监。诗与贾岛齐名，号称"姚、贾"。合著有诗集十卷。

轮囷然；轻飘拂水者，涵澹然；有如陶家之子，罗膏土以水澄泚之；又如新治地者，遇暴雨流潦之所经；此皆茶之精腴"。不好的茶饼"有如竹箨者，枝干坚实，艰于蒸捣，故其形籭簁然；有如霜荷者，茎叶凋沮，易其状貌，故厥状委悴然。此皆茶之瘠老者也"。外形观之，"光黑平正"者佳，"皱黄坳垤"者劣。陆羽认为："出膏者光，含膏者皱；宿制者则黑，日成者则黄；蒸压则平正，纵之则坳垤。"（陆羽《茶经·三之造》）意思是说，茶饼有的像（唐代）胡人的靴子，皮革皱缩着；有的像犁牛的胸部，有细微的褶痕；有的像浮云出山，团团盘曲；有的像轻风拂水，微波涟漪；有的像陶匠筛出细土，再用水沉淀出的泥膏般光滑润泽；有的像新平整的土地，被暴雨急流冲刷而高低不平。这些都是精美上等的茶。有的茶叶像笋壳，枝梗坚硬，很难蒸捣，所以制成的茶叶形状像箩筛；有的像经霜的荷叶，茎叶凋败，变了样子，所以制成的茶外貌枯干。这些都是劣茶、老茶。从外形看，成茶光亮、黑色、平整为好，皱缩、黄色、凸凹不平就不好。制茶时压出了茶汁的就光亮，含着茶汁的就皱缩；过了夜制成的色黑，当天制成的色黄；蒸后压得紧的就平整，没压紧的就凸凹不平。

唐代好茶很多，如紫笋、黄芽、团黄、石花、兽目、碧涧、明月、芳蕊、露芽、香雨、含膏、仙人掌、雀舌、仙茗、鸟嘴、麦颗、片甲、蝉翼、九华英、小江园等等。别说品茶，单看这些茶名已大快朵颐。

物种是天然的，改造需费功夫，还要具备科技水平。茶人们能做的事就是运用先进的制茶方法提高茶叶的内在品质。

唐代之前不懂制茶法，茶叶"煮茶汤式"烹而食之。陆羽总结前人经验，草创蒸青制茶法，形制以饼茶为主。

如何才能制出好茶呢？要把握七个环节：采之、蒸之、捣之、拍之、焙之、穿之、封之，所谓"自采至于封，七经目矣"。

一是"采之"：

唐人采茶非常讲究，诸如芽叶形状、采摘时令、天气等因素都会特别注意。

采茶

蒸茶

捣茶

拍茶

焙茶

穿茶

封茶

正如陆羽《茶经·三之造》中所讲："凡采茶，在二月，三月，四月之间。茶之笋者，竿烂石沃土，长四、五寸，若薇蕨始抽，凌露采焉。茶之芽者，发于丛薄之上，有三枝、四枝、五枝者，选其中枝颖拔者采焉。其日，有雨不采，晴有云不采……"如此这样，只为制出好茶。

张籍《和韦开州盛山十二首·茶岭》(《全唐诗》卷386)云："紫芽连白蕊，初向岭头生。自看家人摘，寻常触露行。"

齐己《谢中上人寄茶》(《全唐诗》卷840)："春山谷雨前，并手摘芳烟。"

二是"蒸之"：

李咸用①《谢僧寄茶》(《全唐诗》卷644)载："倾筐短甑蒸新鲜。"

李郢《茶山贡焙歌》(《全唐诗》卷590)载："蒸之馥之香胜梅，研膏架动轰如雷。"

项斯②《山行》(《全唐诗》卷554)："蒸茗气从茅舍出，缲丝声隔竹篱闻。"

三是将蒸好的茶的鲜叶入石臼，"捣之"：

柳宗元《夏昼偶作》(《全唐诗》卷352)："山童隔竹敲茶臼。"

郑遨《茶诗》(《全唐诗》卷855)："夜臼和烟捣。"

郑巢《送象上人还山中》(《全唐诗》卷504)："高户闲听雪，空窗静捣茶。"

四是将捣好的鲜叶入模子，"拍之"：

李郢《酬友人春暮寄枳花茶》(《全唐诗》卷884)："金饼拍成和雨露。"

秦韬玉③《采茶歌》(《全唐诗》卷670)："山童碾破团团月。"

五是将茶饼放入笼子中，入炉或置于茶灶之上，"焙之"：

白居易《即事》(《全唐诗》卷450)："室香罗药气，笼暖焙茶烟。"

顾况《焙茶坞》(《全唐诗》卷267)："新茶已上焙，旧架忧生醭。"

张继④《山家》(《全唐诗》卷142)："板桥人渡泉声，茅檐日午鸡鸣。莫嗔焙茶烟暗，却喜晒谷天晴。"

六是将焙好的茶饼"穿之"：

秦韬玉《采茶歌》(《全唐诗》卷670)："烂研瑟瑟穿荻篾。"

七是对茶饼进行包装和储存，即"封之"：

卢纶⑤《新茶咏寄上西川相公二十三舅大夫二十舅》(《全唐诗》卷279)："贮之玉合才半饼，寄与阿连题数行。"

徐夤⑥《尚书惠蜡面茶》(《全唐诗》卷780)："飞鹊印成香蜡片。"

---

① 李咸用：生卒年不详。族望陇西（今甘肃临洮）。习儒业，久不第，仕途不达，遂寓居庐山等地。工诗，尤擅乐府、律诗。所作多忧乱失意之词。

② 项斯：约公元836年前后在世。字子迁，浙江仙居县人。项斯是台州第一位进士，也是台州第一位走向全国的诗人。他的诗在《全唐诗》中收录了一卷计88首，被列为唐诗百家之一。

③ 秦韬玉：唐代诗人，生卒年不详，字中明，京兆（今陕西西安市）人，或云邠阳（今陕西合阳）人。出生于尚武世家。少有辞藻，工歌吟，却累举不第，后谄附当时有权势的宦官田令孜，充当幕僚。

④ 张继（约715—约779）：字懿孙，襄州人（今湖北襄阳人）。唐代诗人。他的诗爽朗激越，不事雕琢，最著名的诗是《枫桥夜泊》。

⑤ 卢纶（约737—约799）：字允言，唐代诗人，大历十才子之一。河中蒲（今山西省永济县）人。官至检校户部郎中。有《卢户部诗集》。

⑥ 徐夤：字昭梦，莆田人。登乾宁进士第，授秘书省正字。著有《探龙》《钓矶》二集，诗265首。

刘禹锡《西山兰若试茶歌》(《全唐诗》卷 365)："不辞缄封寄郡斋。"

以上是陆羽所创的饼茶制茶法，只要制作如法，就可以制作出好茶来。

第二节　用　水

茶是灵魂之饮，水是生命之源。饮茶离不开水，水的选择是唐人茶艺的关键。

古人烹茶讲究真水。陆羽论择水云："其水，用山水上，江水中，井水下。"（陆羽《茶经·五之煮》）雨水、雪水是"天水"，烹茶亦佳。

茶趣之一是择水，"汲水自煎茗"乃文人雅事，在此之上品水文学成为茶道开出的奇花异卉。

一、山水

陆羽说："其山水，拣乳泉石池漫流者上；其瀑涌湍漱勿食之，久食令人有颈疾。又多别流于山谷者，澄浸不泄，自火天至霜郊（降）以前，或潜龙蓄毒于其间。饮者可决之，以流其恶，使新泉涓涓然，酌之。"

《南部新书》中说："天下山泉，由土石滋润蓄而成泉耳。"

陆羽在《茶经·六之饮》中也说，要饮好茶，必须克服九个困难。其"五曰水"。他认为，"飞湍壅潦，非水也"。流得飞快的水，堵塞的积水，都不是好水。言外之意，都不能用于煎茶。陆羽对天下的水通过考察进行了评价，并引起后人关于水的许多争论。茶人首肯的山水如：

1.康王谷帘水

山水最著名者为庐山康王谷帘水。陆羽在亲自考察天下诸水后，将它列为排行榜之首。

"桑乔山疏云：谷帘泉在康王谷中。王元之序云：泉为石崖所束，班布如琼簾，悬注三百五十丈。"①

康王谷源于战国时代楚康王避难庐山的故事。

楚康王为楚怀王之后，素有贤行，国人立之。秦始皇吞并六国，楚康王穷蹙，逃入庐山东南深谷避难，祷告山神保佑。秦将王翦领兵至谷口，见烟雾濛霾，雷雨暴集，不辨道路，惧而退兵，康王得免。于是入深谷不复出。(《历来真仙体道通鉴》卷10《楚康王》)

张又新在《谢庐山僧寄谷帘泉》中，高度赞颂了此水：

消渴茂陵客，甘凉庐阜泉。
泻从千仞石，寄逐九江船。
竹柜新茶出，铜铛活火煎。
散花浮晚菊，沸沫响秋蝉。
啜忆吴僧共，倾宜越碗圆。

---

① [清]顾祖禹撰，施和金、贺次君著：《读史方舆纪要》，中华书局，2005年版。

康王谷帘水

气清宁怕睡，骨健欲成仙。
吏役寻无暇，诗情得有缘。
深疑尝沆瀣，犹欠听潺湲。
迢递康王谷，尘埃陆羽篇。
何当结茅屋，长在水帘前。

张又新不仅知道陆羽将庐山康王谷帘水列为天下水之冠，而且亲自考察过它，对天下诸水也较为了解。他说，又甜又凉爽的谷帘泉水，是从千仞（古代一仞为七尺或八尺）石中泻下的。从竹子做的茶柜里取出新茶，放入铜质茶铛用活火煎。茶汤沸腾后育华，浮现出晚菊式的茶花，煎沸茶沫的响声宛如秋日之鸣蝉。啜茶时回忆与吴僧共饮之情。饮茶适宜用圆圆的越瓷茶碗。气清怕睡，骨健想要成仙。感谢庐山僧人迢迢远寄康王谷帘水，希望何时在康王谷盖一所茅屋，长久地生活在水帘前。

2. 惠山寺泉水

陆羽在《游慧山寺记》中说："慧山寺在无锡县西七里。其水九曲，甃①以文石，潺湲濯漱。江南山浅土薄，不自流水，而此山泉源滂注崖谷，下溉四十余顷，浓翠可掬，谓之神山。"他把惠山寺泉水定为天下之名水，居排行榜第二位。

惠山寺泉水本来就有名。陆羽赞扬后，其名更著。慕名来游者络绎不绝。

独孤及②《慧山寺新泉记》评论道："慧山寺居吴西神山之足。山多小泉，其高可凭而上。山下灵池异花……陆羽多识名山大川之名，与此峰白云相与为宾主"，"其

---

① 甃：以砖瓦砌的井壁。甃，井壁也。

② 独孤及（725—777）：唐朝散文家，字至之，河南洛阳人。天宝末，以道举高第，补华阴尉。代宗召为左拾遗，俄改太常博士。迁礼部员外郎，历濠、舒二州刺史，以治课加检校司封郎中，赐金紫。徙常州，卒谥曰宪。集三十卷，内诗三卷，今编诗二卷。

惠山泉水

泉伏涌潜泄,潎①渻②舍下,无沚③无窦,蓄而不注","瀑潨有声,聆之耳清。濯其源,饮其泉,能使贪者让,躁者静,静者勤道,道者坚固,境净故也。夫物不自美,因人美之,泉出于山,发于自然,非夫人疏之凿之之功,则水之时用不广。"

李绅④《别石泉》一诗,从煎茶的视角,进一步赞颂了慧山寺泉水。他说:"石泉在惠山寺松竹之下。甘爽乃人间灵液。清澄见肌骨,含漱开神虑,茶得此水皆尽芳味。"其诗云:

素沙见底空无色,青石潜流暗有声。
微度竹风涵渐沥,细浮松月透轻明。
桂凝秋露添灵液,茗折香芽泛玉英。
应是梵宫连洞府,浴池今化醒泉清。

(《全唐诗》卷482)

水很清,可看到水底的素沙(白沙)。水是活水,水在底下流动。泉幽深清明,丹桂飘香增添了泉水的滋味,煎茶时茶汤面上泛似玉英的饽沫。惠泉水质如此优良,应是与仙境圣水相通的,才使只能一般使用的生活用水,变成异常甘洌的宜茶醴泉而名重天下。

唐人李绅的《慧山寺家山记》,更是深情地赞颂道:"(慧山)寺山之泉独称奇,能发诸茗颜色滋味。"对达官贵人们千里递水颇有微词,"公僻居含饮,虽崇贵,未尝辄自优奉,惟辇载慧山泉数千里,不问其费耗"。

李德裕是唐大臣李吉甫之子,武宗时居相位。李德裕嗜茶,精于茶艺,于茶事追求贵族气派,茶必精,水必名,是唐人中最青睐惠山寺泉水者。据《唐语林》卷7《补遗》记载:李德裕尤爱以惠泉水煎茶,便命人用坛封装,从无锡到长安"铺递"。一位要好的僧人允躬对他说:"公迹并伊皋,但有末节,尚损盛德。万里汲水无乃劳乎?"说你的业绩与古代的贤相伊尹、皋陶媲美。但有不足的小节,尚有损你的盛德。你从万里之外汲惠山寺泉水饮茶,不是劳民伤财吗?李德裕回答道,一般末世肤浅的俗人,哪有不嗜欲的,舍此即物外,世网岂能维系?然而我于世俗没有常人的嗜欲,不求财物,不近音乐、舞蹈和女色,没有长夜之欢,

---

① 潎:水沸腾声。
② 渻(xǐ):水貌。
③ 沚:水中的小块陆地。
④ 李绅(772—846):亳州(今属安徽)人,生于乌程(今浙江湖州)。字公垂。27岁考中进士,补国子助教。他是在文学史上产生过巨大影响的新乐府运动的参与者。作有《乐府新题》20首,已佚。《全唐诗》存其诗四卷。

也未曾大醉于酒，"和尚又不许饮水，无乃虐乎？"如果我听从上人你之命，立即停止汲水后，追求聚敛财物，多蓄姬妾侍奉，坐于钟鼓娱乐之中，使家败而身病，又怎么样？僧允躬说：你不知我的用意。你博闻多识，可是只知道常州有惠山寺，却不知道你的脚下有惠山寺井泉。据传说，京城长安的昊天道观，厨房后面的井与常州惠山泉脉相通。因取诸流水与昊天道观水、惠山水称重，只有惠山水与昊天水相等同。李德裕于是停止远取惠山泉水煎茶了。

有的人为了得到好水煎茶，甚至不惜擅自汲取惠山寺泉水，被视为"偷"。若水《题慧山泉》云：

石脉绽寒光，松根喷晓凉。
注瓶云母滑，漱齿茯苓香。
野客偷煎茗，山僧惜净床。
安禅何所问，孤月在中央。
（《全唐诗》卷850）

从石脉和松根中绽喷而出的山泉，闪着寒光，清冽冰凉。游慧山寺的俗人，未经寺僧允许，就用瓶私自汲取泉水煎茶。僧人爱惜干净的禅床，怕煎茶之烟污染。师父安心地坐禅，不要询问发生了何事，一轮孤月在天穹中央滑行。"偷"惠山泉水的行为不可取，也许它也反映了其人品茗思好水的心态，故师父泰然处之。

3. 墨山云母泉

李华①《云母泉诗并序》云："洞庭湖西玄石山，俗谓之墨山。山南有佛寺，寺倚松岭，下有云母泉。泉出石，引流分渠，周遍庭宇。发如乳浑，末派如淳浆。烹茶、浙蒸、灌园、漱齿皆用之……井泉溪涧，色皆纯白。乡人多寿考，无癣瘤疥搔之疾。"诗中说："泽药滋畦茂，气染茶瓯馨。饮液尽眉寿，餐和皆体平。琼浆驻容发，甘露莹心灵。"（《全唐诗》卷153）

4. 王官谷泉水

王官谷周迴十余里，泉石之美冠于一山，有清泉流注谷中，溉良田数十顷。（《南部新书》）宜

王官谷泉水

---

① 李华（约715—766）：唐代散文家，诗人。字遐叔，赵郡赞皇（今属河北）人。开元二十三年(735)进士，天宝二年(743)登博学宏辞科，官监察御使、右补阙。安禄山陷长安时，被迫任凤阁舍人。"安史之乱"平定后，贬为杭州司户参军。其传世名篇有《吊古战场文》。后人辑有《李遐叔文集》四卷。

于煎茶，唐末司空图晚年避战乱隐居于此。

5. 金沙泉

此泉位于湖州长兴县啄木岭，因唐朝皇帝在这里置院焙制贡茶，金沙泉作为贡水而闻名遐迩。宋人张君房《脞说》，以及宋人《诗话》也记载了金沙泉事。唐人很喜欢它。如刘禹锡《西山兰若试茶歌》云："便酌砌下金沙水"。陆龟蒙《以毛公泉献大谏清河公》说此泉"除非紫水脉，即是金沙源"，酌罢可祛蒙昏，涤烦暑，以移焦原。《和袭美赠南阳润卿将归雷平》云："金沙泉若梦中寒"，充分显示陆龟蒙青睐金沙泉。

金沙泉

黄山汤泉

其他如：

黄山汤泉：李敬方《题黄山汤院并序》云："灵泉浴圣源……善烹寒食茗"。

石根泉：杜荀鹤①《题德玄上人院》云："解眠茶煮石根泉"。

涧泉：卢延让《松寺》云："茶香时拨涧中泉"。

野泉：灵一《与元居士青山潭饮茶》云："野泉烟火白云间，坐饮香茶爱此山"，以野泉煎茶，茶汤芳香人。

溪泉：司空图②《重阳日访元秀上人》云："宜茶偏赏雪溪泉"。

石泉：羊士谔③《南池晨望》云："衣沾竹露爽，茶对石泉清"。李咸用《和吴处士题村叟壁》云："甘茶挈石泉"。

北山泉：《录异记》卷6云："开州（治今四川开县）东枕清江，其北山有甘泉，水色温白，游洞者烹茗于此。"

真珠泉：李咸用《谢僧寄茶》云，"林风夕和真珠泉"。

云液泉：吴筠④《庐山云液泉赋》赞该泉水"乃云华之液，疢可蠲，生可益"。痛苦可以免除，有益于生存。

---

① 杜荀鹤(846—904)：唐代诗人，字彦之，号九华山人。池州石埭（今安徽石台）人。大顺进士，以诗名，自成一家，尤长于宫词。

② 司空图（837—908）：晚年诗人、诗论家。字表圣，祖籍临淮（今安徽泗县东南）。唐懿宗咸通十年（869），擢进士上第。司空图成就主要在诗论，《二十四诗品》为不朽之作。《全唐诗》收诗三卷。

③ 羊士谔（约762—819）：泰山（今山东泰安）人。著有《墨池编》。

④ 吴筠：华州华阴(今陕西华阴县)人。字贞节。少举儒子业，进士落第后隐居南阳倚帝山。天宝初召至京师，请隶入道门。后入嵩山。与当时文士李白等交往甚密。大历十三年(778)卒于剡中。弟子私谥"宗元先生"。

醴泉：张说《奏庆山醴泉表》云：该泉"味色甘洁，特异常泉，比仙浆于轩后，均愈疾於汉代"，醴泉味色甘洁，犹如仙酒，能治愈疾病。

南明山泉：唐彦谦《游南明山》云，"茶汲清泉煮"。

从今存唐人诗文看，他们煎茶喜用泉水。贯休①《赠灵鹫山道润禅师院》之"茶烹滴滴泉"。《上冯使君》之"露茗煮红泉"。《题宿禅师院》之"茶香别有泉"。皎然《白云上人精舍寻杼山禅师兼示崔子向何山道上人》之"识妙聆细泉"。齐己《闻道林诸友尝茶因有寄》之"碾和松粉煮春泉"。李洞《锦城秋寄怀弘播上人》之"分泉煎月色，忆就茗林居"。又《送舍弟之山南》之"印茶泉绕石"。徐夤《尚书惠腊面茶》之"晚铛宜煮北山泉"。刘得仁《夏夜会同人》中，烹茶"自汲泉来漱"。为了获得好的泉水煎茶，不少人不惜路途崎岖遥远，必取而后快。如王建②《七泉寺上方》云，"将火寻远泉"。黄滔《题东林寺元祐上人院》中，说他与禅僧"泉远携茶看，峰高结伴登"。陆龟蒙《京口与友生话别》之"茶试远泉甘"。

二、江水

陆羽《茶经·五之煮》云："其江水，取去人远者。"

唐人饮茶也重视江水，刘伯刍排名的天下七等水中，扬子江南零水高居榜首。在他的心目中，扬子江南零水是最好的水，超过了陆羽排名首位的庐山康王谷帘水。吴淞江水位居第六。淮水虽"最下"，也忝列其中。

张又新亲自乘舟检验，结论是"诚如其说"，完全肯定刘伯刍的评定。他又认为桐庐江严子滩水好，以它煎佳茶，鲜馥无比，甚至认为它"愈于扬子南零殊远"③。

陆羽的二十水中，包括扬子江南零水、吴淞江水、桐庐严陵滩水和汉江金州上游中零水等。

李群玉《浔阳观水》云：

朝宗汉水④接阳台，唅呀填坑吼作雷。

莫见九江平隐去，还从三峡崄巇⑤来。

南经梦泽⑥宽浮日，西出岷山劣泛杯。

直至沧溟涵贮尽，深沉不动浸昭回。

作者说，汉水东流，水声高亢犹如雷鸣。不要只是看见流到九江（唐之浔阳，今江西九江市）平静无声无息地流过，还曾经过道路艰险的三峡。汉水南经云楚

第五章 唐代茶艺

---

① 贯休(823—912)：俗姓姜，字德隐，婺州兰豁（一说为江西进贤县）人，唐末五代著名画僧。雅好吟诗，常与僧处默隔篱论诗，或吟寻偶对，或彼此唱和，见者无不惊异。贯休受戒以后，诗名日隆，仍至远近闻名。乾化二年(915)终于所居，世寿81。

② 王建(约767—约830)：字仲初，生于颍川(今河南许昌)，唐朝诗人。家贫，"从军走马十三年"，居乡则"终日忧衣食"。四十岁以后，"白发初为吏"，沉沦于下僚，任县丞、司马之类，世称王司马。他写了大量的乐府，同情百姓疾苦，与张籍齐名。又写过宫词百首，在传统的宫怨之外，还广泛地描绘宫中风物，是研究唐代宫廷生活的重要材料。

③ [元]陶宗仪编纂：《说郛》卷81《煎茶水记》，上海古籍出版社，1990年影印本。

④ 朝宗汉水：《尚书·夏书·禹贡》："江汉朝宗于海。"《旧题汉·孔安国传》："二水经此州而入海，有似于朝，百川以海为宗。宗，尊也。"

⑤ 崄巇：险峻不平。宋王禹偁《赠毋中舍》诗："岭表榆关路崄巇，颂条持节两无辞。"

⑥ 梦泽：楚地有云、梦二泽，云泽在江北，梦泽在江南，今洞庭湖一带。

桐庐严陵滩水

泽，西出岷山千里雪的恶劣气候，直至流入苍茫大海，为其吸纳，才深沉不动。所谓汉水"西出岷山劣泛杯"，似乎作者认为它不宜饮用。若是，则更不宜煎茶。

《南部新书》载，记载宰相杜惊舟过长江三峡的瞿塘峡时，用江水"自泼汤茶吃"。

三、井水

陆羽《茶经·五之煮》云："井取汲多者。"

井，《释名》云："井，清也；泉水清洁者也。"即井水是泉水中清洁之水。《说文》云："八家为一井，象构韩形，䍃象也。"

唐代打井已较普遍。以长安而言，有些佛寺道观，居民宅院等，都有井。如唐文宗开成末年长安永兴坊百姓王乙掘井。（《酉阳杂俎》前集卷15《诺皋记下》）张籍《山中（一作上国）赠日南僧》云："凿石新开井。"刘禹锡在西山一座寺院里见到一口砖井。有公主夏天经过景公寺，"见百姓方汲，令从婢以银稜碗就井承水，误坠碗，经月余，出于渭河"（《酉阳杂俎》前集卷15《诺皋记下》）。景公寺在长安常乐

君山龙涎井

坊。渭河位于长安城北，此井与渭河相通，一个碗要一月余才能从景公寺前街井中，随水漂出渭河。

唐代的井，水质多样，有浑而咸者，有清而甘的。

有不宜饮用的。《唐国史补》卷下云："善和坊旧御井，故老云非可饮之水，地卑水柔，宜用盥潄①。开元中，从骆驼入大内，以给天官。"这口井中水，不能饮用，但可以洗东西。甚至有饮死了人的井水。据《新唐书·韩思复传附朝宗传》记载：襄州，南楚故城，"有昭王井，传言汲者死，行人虽渴困，不敢视"。

但唐代用井水煎茶的人还是不少。如贾岛《原来居喜唐温琪频至》云，"汲井尝泉味"。孟郊《凭周况先辈于朝贤乞茶》云，"锦水有鲜色"，此锦水可能指井水，锦与井通用。也可能指好水，用以煎茶。李洞《宿长安苏雍主簿厅》云，"井锁煎茶水"。

四、其他水

唐人饮茶之风空前兴盛，饮者普及到社会各阶层，地域涵盖至穷乡僻壤，用水量大。煎茶之水当然不局限于陆羽所说的山水、江水和井水，更多的是因地制宜，就地取水。当地水烹煮当地茶，不同的水烹不同的茶，只要如法炮制，茶汤的滋味也不会太差。

陆羽《茶经》认为雪水最差，被列为宜茶之水的最末一种。而唐人在日常生活中饮茶时，并不为陆羽的天下水排名所拘泥，就地取材，大冷天，冰雪易取，故以之煎茶。郑愚②《茶诗》云，"寒炉对雪烹"。《开元天宝遗事·开元·敲冰煮茗》云：逸人王休，"每至冬时，取溪冰敲其精莹者煮建茗，共宾客饮之"。③曹松④《山中寒夜呈进士许裳》云，"煎茶取折冰"。姚合《寄元绪上人》云，"销冰煮茗香"。黄滔《冬暮山舍喜标山人见访》云，"茗汲冰销溜"。

唐代茶人用水就地取材的例子还有很多，如：

姚合《和元八郎中秋居》之"茶将野水煎"。路半千《赏春》中，面对日暖、风和、花开的美好春光，"呼童远取溪心水，待客来煎柳眼茶"。姚合《杏溪十首·杏水》中说，杏水不与江水连接，出自森林中，一日数次，以杏水煎茶。杜牧《游池州林泉寺金碧洞》云，"潺湲声断满溪水，携茶腊月游金碧"。刘言史《与孟郊洛北野泉煎茶》云，"野煎寒溪滨"。韦应物《简寂观西涧瀑布下作》云，"茶果邀真侣，觞酌洽同心"。齐己《自贻》云，"时添瀑布新瓶水"。吕从庆《德山老人送茶至》云，以"涧中波"煎茶。温庭筠《和赵嘏题岳寺》云，"涧茶余爽不成眠"，用山涧之水煎的茶汤清爽可口的余味，令人不能成眠。杜荀鹤《题衡阳隐士山居》云，"布水宵煎觅句茶"。《西阳杂俎前集·酒食》云，中晚唐时，衣冠人家的著名食品，"有萧家馄饨，漉去汤肥，可以瀹（煮）茗"。可见饮茶之水来源十分广泛。

---

① 盥潄：同盥浣。洗涤。《后汉书·列女传·曹世叔妻》："盥浣尘秽，服饰鲜洁。"
② 郑愚：唐晚期诗人，番禺人。咸通中，入为礼部侍郎。黄巢起义平定后，出镇南海，终尚书左仆射。存诗二首。
③ [五代]王仁钰撰，曾贻芬点校：《开元天宝遗事》，中华书局2006年版。
④ 曹松（828—903）：唐代晚期诗人。字梦徵，舒州（今安徽桐城，一今安徽潜山）人。早年曾避乱栖居洪都西山，后依建州刺史李频。李死后，流落江湖，无所遇合。光化四年(901)中进士，年已70余，特授校书郎（秘书省正字）而卒。

第三节 用 火

烹茶用火不易，所以陆羽《茶经·六之饮》中提出，"茶有九难：……四曰火"，又说"膏薪庖炭，非火也"。

能否煎出好的茶汤，用火很重要。用火不只是煎茶时要注意，在制茶到煎茶的全过程中，倘若某个环节用火有所失误，都会影响茶汤的质量。

一、焙茶用火

陆羽《茶经·二之具》云："焙茶时，半干者置于下棚，全干者置于上棚，育以木制之，以竹编之，以纸糊之，中有隔，上有覆，下有床，傍有门，掩一扇，中置一器，贮煻煨火，令熅熅然。江南梅雨时，焚之以火。"茶之干湿，晴日雨季，用火均有不同，操作不当，焙出的茶，自有优劣之别。焙茶用火的标准是"令熅熅然"，是一种没有火焰的火，只是在"江南梅雨时"才用文火。

焙茶的必要设备首先是灶，"灶无用突者"（陆羽《茶经·二之具》），就是不要用有烟囱的，以便使火力集中于锅底。

灶里燃火，锅里炒茶，然后将炒过的茶叶"上焙"。所谓焙，就是火塘，用来生火焙茶。（陆羽《茶经·二之具》）

设计焙的规格是："焙凿地深二尺，阔二尺五寸，长一丈。上作短墙，高二尺，泥之。"与之配套的育，用于摊放茶叶以备烘干。"育以木制之，以竹编之，以纸糊之。中有隔，上有覆，下有床，旁有门，掩一扇。"（陆羽《茶经·二之具》）

顾况《焙茶坞》云：

> 新茶已上焙，旧架忧生醭。
> 旋旋续新烟，呼儿劈寒木。
> （《全唐诗》卷267）

顾况辞官后，携全家隐居茅山，此处茶坞可能在茅山。他自种的新茶，已经上架开始焙了，却担忧旧架长白霉。看到焙里不断地冒出旋转的茶烟，呼唤儿子劈木材，他用木材焙茶，故不断地冒出新烟。"焙茶"其法陆羽《茶经》中言之甚详。在焙茶以前，要做好两件事：一是焙茶用的"棚"要揩洗干净；二是焙茶用柴需要劈成小块。燃料主要还是靠寒木，即冬日不凋之木，如松、柏、杉之类。

张继在《过山农家》一诗中说：

> 板桥人渡泉声，茅檐日午鸡鸣。
> 莫嗔焙茶烟暗，却喜晒谷天晴。
> （《全唐诗》卷264）

人们从板桥渡过，泉声潺潺，山村农家的茅屋檐下，中午鸡儿鸣叫。请你不要不满农家焙茶冒出的黑烟，而应为太阳出来了，可以晒谷子而感到欢喜。焙茶冒黑烟，与农家使用的燃料有关，因是普通山里农家燃料不外柴草之类。

二、炙茶用火

陆羽《茶经·五之煮》云："凡炙茶，慎勿于风烬间炙，熛焰如钻，使凉炎不均。特以逼火，屡其翻正，候炮出培塿状虾蟆背，然后去火五寸。卷而舒，则本其始又炙之。若火干者，以气熟止；日干者，以柔止。其始，若茶之至嫩者，蒸罢，热捣，叶烂而芽笋存焉。"

唐代饮用的饼茶，属于不发酵的蒸压茶类。炙茶就是烤制饼茶，成功与否全在于对火功的掌握。陆羽认为，凡是炙茶，一定不要在风烬间炙茶，飘动的火焰，会使热冷不均匀。夹着茶饼近火烤之，勤翻转，等烤出像蛤蟆背一样的泡来时，然后离火五寸烤，待卷缩的茶饼舒展开再烤一次。若是焙干的饼茶，要烤到水气蒸发完为上；若是晒干的，烤到柔软为止。陆羽在《茶经·六之饮》讲到茶有九难时，认为"外熟内生，非炙也"，即要炙得均匀，里外都得熟了。不能外面熟了，里面还是生的，否则煎出的茶，味道不会正宗。

三、煎茶用火

兵部员外郎李约[①]，"天性唯嗜茶，能自煎，谓人曰：'茶须缓火炙，活火煎'。活火谓炭火之焰者也。客至，不限瓯数，竟日持茶器不倦"（《因话录》卷3《商部上》）。

李约嗜茶，因此亲自动手煎茶，对火候的掌握有较深的体会。认为火力不强，就不会使所炙之茶生熟不均。所谓活火，就是有火焰的炭火。火力较强，容易把茶汤煎开，一沸、二沸、三沸而成。

《茶经·六之饮》云："膏薪庖炭非火也。"意思是说，煎茶所用之火，不能用膏薪、庖炭。膏指油脂，薪指木材，庖原指厨房或厨师，庖炭可能指质量不好的炭。因为使用它们煎茶，会有较浓的烟，破坏茶的香味，影响其质量。

陆羽《茶经·五之煮》主张煎茶时，"其火用炭，次用劲薪。其炭经燔炙，为膻腻所及，及膏木败器不用之。古人有劳薪之味"。他认为炭最宜于煎茶，其次是劲薪，即木质坚实之木材。曾经焚烧重烤，为膻气油腻所污染的炭，以及有油脂的木材，不能使用。

怎样看火候？看火焰燃烧情况无多大意义，主要依据是"看汤"，即观察煮水全过程。古人靠眼、耳判断水是否沸腾。皮日休的《茶中杂咏·煮茶》就写了"三辨"，诗曰：

香泉一合乳，煎作连珠沸。
时看蟹目溅，乍见鱼鳞起。
声疑松带雨，饽恐生烟翠。
尚把沥中山，必无千日醉。
（《全唐诗》卷611）

这首诗形象地描写煮茶的过程中如何通过茶汤的变化来掌握煎茶的火候。

四、燃料的使用

唐人茶诗中，经常见到茶烟，如刘禹锡《秋日过鸿举法师寺院便送归江陵并引》之"客至茶烟起"。贵客临门，首先做的事就是生火煎茶，屋内立即腾起了茶烟，原因是燃料为薪之类，佳炭有焰无烟。无名氏《吹火诗》中有，"吹火青唇动，添薪黑腕斜。遥看烟里面，恰似鸠盘荼"。由于以薪煎茶，必然有烟，加之以吹，烟更弥漫。

唐代诗文显示，唐人煎茶，喜用炭火。唐代燃料中炭的使用较为广泛。《通

[①] 李约：唐宗室，字在博，一作存博。郑王元懿玄孙，官兵部员外郎。特精楷隶，并善画梅。

典》卷26《职官志·司农卿·钩盾署》云："令二人，丞四人，掌薪炭、鹅鸭、蔬泽之物，天宝五载九月，侍御史杨钊充木炭使。"从永泰元年（765）以后，"京兆尹常带使，至大历五年停，贞元十一年八月户部侍郎裴延龄充京西木炭采造使，十二年九月停"（《唐会要》卷66《木炭使》）。据《南部新书》记载，贞元初，度支使杜佑奏请"木炭归之司农"。皇帝的木炭是没有限制的供给，臣下的木炭则是按照不同等级供给的。朝廷供给的炭，包括冬天烤火和其他用火，并不是专门用于煎茶的。对那些嗜茶者来说，不够的炭可从市场采购。唐代市场上有炭出售，白居易的名诗《卖炭翁》讲的就是一位老人"伐薪烧炭南山中"。

在唐代，炭的种类主要有：

兽炭：也许是制成兽形的炭，或用兽粪制作的。有的兽炭是贡品。唐德宗即位初，励精图治，在罢陈诸种贡品中，"罢九成宫贡立兽炭"（《新唐书》卷7《德宗纪》）。栖蟾《除夜》云，"兽炭化春灰"，这里的兽炭，是除夕夜守岁时用于烤火取暖的。用于煎茶的如秦韬玉《采茶歌》云，"兽炭潜然虬珠吐"，兽炭烧茶汤时，泛起了虬龙吐球似的茶沫。李咸用《谢僧寄茶》云，"赤兽呵冰急铁喧"，赤兽指炉中烧红了的兽炭，因火力强，把冰溶化，铁茶鼎发出喧声。

瑞炭：《开元天宝遗事·开元·瑞炭》云，西凉国进炭百条，各长尺余，其炭青色，坚硬如铁，名之曰瑞炭。"烧于炉中，无焰而有光，每条可烧十日，其热气逼人而不可近也。"

金刚炭："有司以进御。炉围径欲及盆口，自唐宋五代皆然，方烧造时，制式以受柴，稍劣者必退之，小炽一炉，可以终日。"（《说郛》卷61《清异录·器具》）

星子炭："唐宣宗命方士作丹，饵之，病中热，不敢衣绵，拥炉。冬月冷，坐殿中，宫人以金盆置麸炭火少许进御，止暖手而已，禁闼因阒麸火为星子炭。"（《说郛》卷61《清异录·器具》）

精炭："张燕公有石绿镜台，得自明川道士。玄宗闻其有异，取以精炭十车，烧之不变乃已。"（《云仙杂记》卷6《石绿镜台》）

怎样才能用炭煎出好茶汤，此非易事。

《剧谈录》卷下《洛中豪士》记载了一个故事：

唐僖宗时，洛阳豪贵士子弟，锦衣玉食，极口腹之欲。敬爱寺僧圣刚对李使君说："豪贵子弟常馔必以炭炊，往往不惬其意，此乃骄逸成性，请召之可见。"李使君设宴请豪贵子弟，但他们不动筷子，主人揖之再三，唯沾果实而已。及至冰餐，俱置一匙于口，各相眴良久，咸若吃蘖吞针。李使君不知何故，翌日，圣刚到豪贵子弟宅询问，怒视很久答称："燔炙煎和未得法"。又答称："凡以炭炊，先烧令熟谓之炼火，方可入爨，不然犹有烟气。"凡是用炭烧火做食物，必须先烧炭，使它熟，经过"炼火"的炭才能使用，否则，就带烟气。[1]洛中豪士认为，用炭要先炼火，使之令熟，才能使用，否则"犹有烟气"，不利煎煮食物。如果这种作法确实能将炭中烟气彻底清除，煎出的茶当会更好。这些豪士，是纨绔子弟，有钱有闲，食不厌精，平时热衷炭炊，故对炭烟有所了解。

在唐代茶诗文中，可以看到人们煎煮茶时，讲烟的地方很多，可知当时人用

---

① ［唐］康骈撰：《剧谈录》，见《笔记小说大观》，上海古籍出版社，2000年版。

火的燃料，除少数是炭外，多数是就地取材，用松、杉树的枝、叶和草等，黑烟弥漫。曹邺《题山居》云"扫叶煎茶摘叶书"（《全唐诗》卷704），他在山中隐居时，扫树的落叶煎茶。皮日休也曾拾树叶煮茶。郑谷《故少师从翁隐岩别墅乱后榛芜感旧怆怀遂有追记》云，"叶积池边路，茶迟雪后薪"（《全唐诗》卷723）。皮日休《夏景冲澹偶然作二首》云"茗炉尽日烧松子"（《全唐诗》卷614）。

第四节 用 器（上）——唐代茶具与唐代陶瓷业

茶艺四事，茶器乃其一端。

茶具的产生和发展是和茶叶生产、饮茶习惯的发展和演变密切相关的。早期茶具多为陶制，且多为一具多用。直到魏晋以后，饮茶渐被看做高雅的精神享受和文明的生活方式。在这种文化背景的影响下，茶具才从其他生活用具中独立出来。

中国茶具在唐代以前基本上是与食器混用，即用煮饭的锅釜代替煎茶器，盛饭的碗代替饮茶器。作为品茗的专用茶具以及专用的制茶用器始创于唐代，陆羽功不可没。

唐代茶具业的大发展与唐代陶瓷工艺水平的提升有莫大关系。可以说，是唐代陶瓷业支撑了唐代茶具系列的出现。

唐代饮茶器一般是白瓷或青瓷。

唐代瓷业界有两大体系，代表南方体系的越窑青瓷和代表北方的邢窑白瓷，体现了当时的最高工艺水准，称之为"南青北白"。诗人皮日休《茶中杂咏·茶瓯》诗云：

邢客与越人，皆能造兹器。
圆似月魂堕，轻如云魄起。
枣花势旋眼，苹沫香沾齿。
松下时一看，支公亦如此。

（《全唐诗》卷611）

先说茶瓯的产地，提到了邢州和越州。皮日休深爱越窑与邢窑所造的茶瓯，极尽溢美之词。诗接着说茶瓯的形状如圆月，其质地似轻云。再说茶瓯中的茶汤，有枣花、苹沫之妙。最后说人们常携带着茶瓯到野外饮茶。而这种野饮的习惯，在晋代便有了。例如，那时的名僧支遁，就在松下饮过茶。

唐代越窑茶具主要有碗、瓯、执壶、杯、釜、罐、盏托和茶碾等数种。碗作为唐时最流行的茶具，造型主要有花瓣形、直腹式和弧腹式等种类，到了晚唐设计出了葵花碗、荷叶碗等精美的茶具。

陆羽很熟悉当时的瓷业状况，对其作了十分精当的评价："或者以邢州处越州上，殊为不然。若邢瓷类银，越瓷类玉，邢不如越一也；若邢瓷类雪，越瓷类冰，邢不如越二也；邢瓷白而茶色丹，越瓷青而茶色绿，邢不如越三也。"

在比较邢瓷和越瓷的优劣时，他说：有人以为邢州产的比越州的还要好，完全不是这样。如果说邢瓷质地像银，那么越瓷就像玉，这是邢瓷不如越瓷的第一

越窑青瓷

邢窑白瓷

点;如果说邢瓷像雪,那么越瓷就像冰,这是邢瓷不如越瓷的第二点;邢瓷白,茶汤泛红色,越瓷青,茶汤呈绿色,"半瓯青泛绿",这是邢瓷不如越瓷的第三点。晋代杜育《荈赋》曾说:"器择陶拣,出自东瓯。"瓯(地名),就是越州。瓯也是越州制的好。瓯的上口唇不卷边,底呈浅弧形,容量不到半升。茶色淡红,邢州瓷色白,使茶汤色红;寿州瓷色黄,使茶汤色紫;洪州瓷色褐,使茶汤色黑,都不宜用于盛茶。只有越州瓷、岳州瓷都呈青色,能增进茶汤色泽。

考古发掘证实,邢瓷和越瓷确为唐代瓷业之冠。甚至当时人用越瓯、邢瓯注水击打,竟发出美妙的乐音。此事见于段安节《乐府杂录》中,文曰:唐大中初,乐师"郭道源善击瓯,用越瓯、邢瓯十二,施加减水,以箸击之,其音妙于方响"。[1]若瓷器质地不细密、薄厚不匀,肯定"呕哑嘲哳难为听"了。

除著名的越窑外,唐代生产茶具的窑口有:

邢窑:窑址在今河北内丘,以白瓷著名。其瓷器胎薄,玉璧底,色泽纯洁,造型轻巧精美,有"圆如月,薄如纸,洁如玉"的美誉,陆羽夸其"类银类雪"。

岳州窑:窑址分布在今湖南湘阴的窑头山、白骨塔和窑滑里一带,东晋时称

茶盏茶托

---

[1] [唐]段安节撰,罗济平点校:《乐府杂录》,辽宁教育出版社,1998年版。

湘阴窑。产品釉色青黄，胎骨灰白。

鼎州窑：窑址在今陕西铜川市黄堡镇，是宋代名窑耀州窑的前身，以生产青瓷为主，兼烧黑釉瓷器。

婺州窑：窑址在今浙江金华、兰溪、义乌、东阳、永康、武义和江山一带。创烧于三国，产品和造型受越窑影响较大。

寿州窑：窑址在今安徽淮南市的上窑镇、徐家圩和李嘴子一带。主要产品有碗、盏、杯、注子等。

洪州窑：窑址在今江西丰城曲江、石滩、郭桥及同田乡一带。主要产品有碗、杯、盏托、碾轮等。

《茶经·四之器》还说："碗，越州上，鼎州、婺州次，岳州次，寿州、洪州次。"陆羽认为，越州（相当于今浙江浦阳江、曹娥江流域及余姚县地方）瓷为上品，鼎州（相当于今陕西铜川黄堡镇，一说陕西富平县，有待专家进一步考证）、婺州（相当于今浙江武义江、金华江流域各县）次之；岳州（相当于今湖南洞庭湖东、南、北沿岸各县地方）瓷为上品，寿州（相当于今安徽寿县、六安、霍山、霍邱等县地方）、洪州（相当于江西修水、锦江流域和南昌、丰城、进贤等县地方）次之。

唐代瓷业兴旺，据《唐国史补》载，河南巩县的窑场为了揽生意，特烧制茶神陆羽像，每购该窑茶具若干件便赠送茶神像一尊。① 由此可见当时窑场之多，产大于销，不得不以此招促销。

陆羽重越窑青瓷，而青瓷中的极品是秘色瓷。

何为"秘"？解作"秘密"，指秘不外传的技艺。据史书记载，越窑承担有贡瓷任务，即烧制一批宫廷专用瓷器，其色青绿，民间不得使用，亦不许仿制。因数量太少，考古发掘一直无所获。直到1987年法门寺地宫开启，始露庐山真面目。

岳州青釉茶碗

寿州瓷碗

洪州茶碗

---

① [唐]李肇：《唐国史补》，上海古籍出版社，1979年版。

邢窑遗址

唐代瓷茶具的广泛使用，在唐代咏瓷诗中有生动的体现。大诗人杜甫、白居易以及孟郊、皮日休、陆龟蒙、郑谷等皆有咏瓷诗篇或诗句传世。杜甫《进艇》有"茗饮蔗浆携所有，瓷罂无谢玉为缸"之句，白居易《睡后茶兴忆杨同州》云，"白瓷瓯甚洁，红炉炭方炽"，孟郊《凭周况先辈于朝贤乞茶》云，"蒙茗玉花尽，越瓯荷叶空"，韩偓《横塘》云，"越瓯犀液发茶香"，郑谷《送吏部惠韵中免

法门寺地宫秘色瓷出土现场

官南归》云，"箧重藏吴画，茶新换越瓯"等等。

中唐时，不但茶具门类齐全，而且讲究茶具质地，注意因茶择具。

茶具的功用不仅仅是盛茶，还涵盖同时代的文化，提供审美对象，增进茶趣，以助茶兴。

银棱漆平脱秘色瓷碗

五瓣葵口秘色瓷碟

第五节 用 器（中）——唐代陆羽茶具

唐代饮茶器大体有三类：一是唐宫茶具，皇宫专用；一是普通茶具，通用于唐朝社会各界；一是陆羽茶具，载于《茶经》。

唐人封演《封氏闻见记·饮茶》一节载：

楚人陆鸿渐为《茶论》，说茶之功效并煎茶炙茶之法，造茶具二十四事以都统笼贮之。远近倾慕，好事者家藏一副。有常伯熊者，又因鸿渐之论广润色之，于是茶道大行，王公朝士无不饮者。

作者封演是唐玄宗天宝末进士，撰定此书在德宗贞元以后。陆羽逝于贞元二十年（804）冬，享年72岁。封演和陆羽是同时代人，他的话自应看作信史。文中"事"是量词，"二十四事"即24种茶具。《茶经·四之器》所载为25种，加上附件灰承、拂末、揭，共28件。封氏所列陆羽茶具可能未将"碗"列入。

陆羽所创制的"陆氏茶具"按其功用可归为八类。

一、生火用具

生火用具四种，包括：

1. 风炉和灰承：风炉用铜铁铸成，形状像古鼎。炉壁厚三分，边缘宽九分，使炉壁和炉腔中间空出六分，用泥涂满。炉有三只脚，上写21个古文字。一脚上铸"坎上巽下离于中"七字，一脚上铸"体均五行去百疾"七字，另一脚上铸"圣唐灭胡明年铸"七字。三脚之间，炉腹上有三个洞口，底部有一个洞口，分别作为通风和出灰的地方。炉腹上铸六个古文字，一个口的上面有"伊公"二字，一个口的上面有"羹陆"二字，一个口的上面有"氏茶"二字，就是"伊公羹，陆氏茶"的意思。炉的里边设有放燃料的炉床，又设三个支锔的架：一个上面有"翟"，翟就是火禽，刻一个离卦；一个有"彪"，彪就是风兽，刻一个巽卦；一个有"鱼"，鱼就是水虫，刻一个坎卦。巽卦是象征风的卦，离卦是象征火的卦，坎卦是象征水的卦。风能助火，火能煮水，所以要有这三个卦。炉身再以花草、山水、图案之类作装饰。风炉，用锻铁或揉泥制成。灰承是有三只脚的铁盘，用以承受炉灰。

2. 筥：用竹编成，高一尺二寸，直径七寸，或先做成筥形的木架，用藤编成表面是六角圆眼状花纹，底盖合拢得像竹箱，盖口锁边有装饰。

3. 炭挝：用六棱形的铁棒制成，长一尺，上头尖，中间粗，在握处细的一头拴上一个小环作为装饰品，就像河陇一带的军人手中所持的木棒一样，或作槌状，或作斧状，各随其便。

4. 火筴：又名火筯，就是火箸，圆而直，长一尺三寸，顶端扁平，不用装饰物，用铁或熟铜制成。

二、煮茶用具

煮茶用具三种，包括：

1. 鍑：即釜或锅，用生铁铸成。冶炼时里面抹上泥，外面抹上沙。抹泥使里面光滑，容易摩擦洗涤；沙使外面粗糙，能吸收火焰高温。将鍑的耳制成方形，使鍑容易放得平正；鍑边制得宽阔，使之能伸展得开；鍑的中心部分要宽，使火力集于中间，水就在当中沸腾，这样茶沫就容易沸扬，滋味也就醇厚了。洪州鍑是瓷制的，莱州鍑是以石制的。瓷和石制的鍑，虽雅致好看，但不够坚实，不耐用。用银制的非常清洁，但近于奢侈。比较而言，还是用铁制的鍑为好。

2. 交床：即胡床，一种可折叠的床，此处借用此名。十字交叉作架，上搁板，剜去中部，作为放鍑之用。

3. 夹：用小青竹制成，长一尺二寸，一头的一寸处有节，剖开节以上部分，用以烤茶。这种小青竹遇火发出津液，借用它的清香来提高茶味，但不在林谷之间就不能办到。或用精铁、熟铜之类制作，可以经久耐用。

三、调茶用具

调茶用具四种，包括：

1. 纸囊：用白而厚的剡藤纸。剡藤纸，产于剡溪（在今浙江嵊县）。双层缝制，贮放烤好的茶，使"精华之气，无所散越"。

2. 碾和拂末：碾由碾盘和堕两部分组成。用质地坚硬、细密且无异味的木材制成。首选橘木，其次用梨、桑、桐、柘木制成。碾盘，内圆外方，内圆便于运转，外方以防止倾倒。碾盘内凿一个圆孔以安置堕，不使它留有空隙。堕是一块圆木，形如车轮（即碾轮），不用辐，只装轴。轴长九寸，阔一寸七分。堕的直径三寸八分，中厚一寸，边厚半寸。轴的中间是方的，柄是圆的。靠运转轴带动堕，借堕和碾盘的交互作用以碾碎茶叶。拂末，用鸟的羽毛制成，作用类似小扫帚，用于扫净碾盘和碾堕上的茶末。

3. 罗合：罗是罗筛，合是盒。罗筛筛下的茶末须用有盖的盒贮藏。把则（量具）放在盒中。罗筛，用剖开的大竹弯曲成圆形，蒙上纱或绢。盒用竹节制成，或用杉木制成，涂上油漆。盒，高三寸，盖一寸，底二寸，口径四寸。

4. 则：用海贝、蛎、蛤等类的壳，或用铜、铁、竹制成的匙、小箕之类充当。则是衡量多少的标准。大致煮一升的水，用一方寸匕的茶末，喜欢喝淡茶的可减少，爱好较浓的可增加，所以叫做则。方寸匕，古代量药的器具。一方寸匕，约指体积一立方寸的容量。

四、水具

水具五种，包括：

1. 水方：用稠木（山毛榉科）或槐、楸（紫葳科或大戟科）、梓（紫葳科

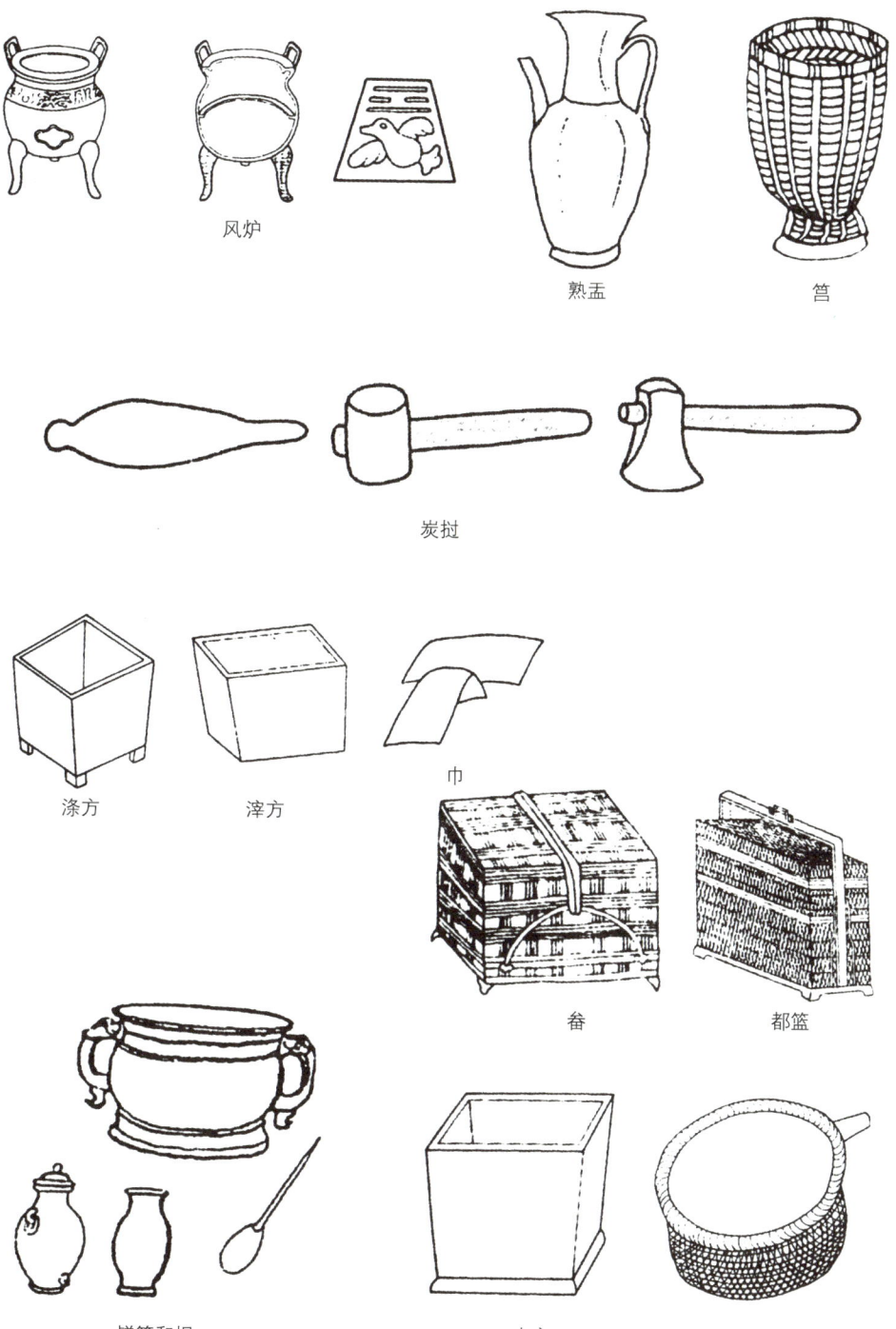

陆羽茶具

或桦木科）等木板制成，缝上绿色的绢，缀上细巧的饰品，用金翠珠宝等制成花朵形的首饰。内外的缝都用漆涂封，可盛水一斗。

2. 漉水囊：滤水用具，囊的骨架用生铜制成。这样，水浸后不会产生苔秽和腥涩味。在林谷里隐居的人，也用竹、木制作，但竹木制的不耐久用，且不便远行携带，所以要用生铜。囊，用青篾丝编织，卷成囊形，再做一个绿油布袋贮存它。囊的圆径五寸，柄长一寸五分。

3. 瓢：瓢又叫牺杓，用葫芦剖开制成，或用木雕成。晋代杜育作的《荈赋》里，有"酌之以瓠"的句子，"瓠"就是瓢，口宽，胫薄，柄短。

4. 竹夹：用桃、柳、蒲葵木制成，或用柿心木制成。长一尺，两头用银包裹。炙茶时用竹夹夹茶饼于火上烤之。陆羽说用竹做的原因是"津润于火，假其香洁，能益茶味"。

5. 熟盂：贮盛开水用，以瓷或陶制，可盛水二升。

五、盐具

盐具有：

鹾簋和揭：鹾簋就是放盐的器皿。以瓷制，圆径四寸，盒形，或瓶形，或壶形。陆羽时代认为茶汤中放入适量的盐花可发茶之清香。揭用竹制成，长四寸一分，阔九分，是取盐的用具。

六、饮茶用具

饮茶用具两种，包括：

1. 碗：饮茶用具，一般是青瓷或白瓷。

2. 札：选取棕榈皮，用茱萸木夹住缚紧，或截一段竹子，在竹管里装上一束棕榈皮，形状像支大笔。此物实为洗涤茶具的大刷子。

七、清洁用具

清洁用具三种，包括：

1. 涤方：用以盛放洗涤后的水。由楸木板制成，制法同水方，可容水八升。
2. 滓方：用以盛放茶滓，制法像涤方，容量五升。
3. 巾：用一种粗绸制成，长二尺，做两块，用以交替擦拭各种器皿。

八、藏陈用具

藏陈用具三种，包括：

1. 畚：用白蒲卷编而成，可放碗10只。也可以用筥来代替，衬以双幅剡纸，夹缝成方形，也可放碗10只。

2. 具列：成床形，或成架形，用木或用竹制成。不论是木制还是竹制，都要能关闭并漆成黄黑色。长三尺，宽二尺，高六寸。具列就是收藏和陈列全部茶具的意思。

3. 都篮：因全部器物都放在这只篮里而得名。里面用竹篾编成三角方眼，外面用宽的双篾作经，以细的单篾缚住，交错地编压在作经线的双道宽篾上，编成方眼，使其玲珑精巧。高一尺五寸，长二尺四寸，宽二尺，篮底宽一尺，高二寸。在《封氏闻见记》中称为"都统笼"。

其实，陆羽本人在撰写《茶经》时，已经考虑到他设计的一套茶器具不是一般饮茶者所能置办的，这不仅有经济上的因素，也有外出携带之不便等原因。因此他在《茶经·九之略》中写道：

> 其煮器，若松间石上可坐，则具列废。用槁薪、鼎𬬻之属，则风炉、灰承、炭挝、火夹、交床等废。若瞰泉临涧，则水方、涤方、漉水囊废。若五人以下，茶可末而精者，则罗废。若援藟跻岩，引絙入洞，于山口炙而末之，或纸包，盒贮，则碾、拂末等废。既瓢、碗、夹、札、熟盂、鹾簋悉以一筥盛之，则都篮废。但城邑之中，王公之门，二十四器阙一，则茶废矣。

陆羽讲得很清楚，王公之门，有钱有闲，置办二十四器不难，以此全套茶器，煎茶饮之，茶才算不废，也可以说，这是正宗的饮茶法。而对于其他人而言，根据不同时间、地点、条件等实际情况，可以减省二十四器中的某些器具，同样可饮茶。有鉴于此，我们就可以明白为什么唐人诗文中讲到的饮茶，器具较为简略。在唐人风情万种的华美诗赋中，在茗香弥漫的意境中，我们既若隐若现地看到了陆羽茶器具的身影，同时又不见其全豹，而更多的则是唐人日常生活中屡见不鲜的器具（一器多用是唐人茶器之显著特点）。当然，诗文，尤其是诗，作为一门艺术，反映的只能是作者的感悟。茶的文化内涵和艺术欣赏，不可能也不会去描写从种茶、焙茶、煎茶、品饮中使用的每一件茶器具。

陆羽在茶具的设计上有明显的推行茶道的意图。茶具的设计不仅有实用价值，还有观赏价值，式样古朴典雅，有情趣，给茶人以美的愉悦。更重要的是既富有中国先秦文化的内涵，又具"当代"（指唐代）特征，反映了唐代的工艺水平，传递了古代文化的信息，体现中国释、道、儒各家优秀文化思想的集结。

第六节　用　器（下）——唐代普通茶器

一、采茶器具

1. 笼：耿沛①有《连句多暇赠陆三山人》，陆三山人指陆羽，他"携笼万壑前"。齐己《谢中上人寄茶》云，"绿嫩难盈笼"。

2. 筐：皇甫冉②《送陆鸿渐栖霞寺采茶》云，"盈筐白日斜……时宿野人家"，实在辛苦。武元衡《津梁寺采新茶与幕中诸公遍赏，芳香尤异，因题四韵兼呈陆郎中》云，"采采不盈筐"。他们采了很久，也没有装满一筐。章孝标③《送张使居赴饶州》说该州因富得名，有农桑、鱼、银、茗，州人"日暖提筐依茗树"。

3. 篓：皮日休④《茶中杂咏并序·茶人》云：顾渚山茶农"腰间佩轻篓"，上山采茶。

---

① 耿沛：字洪源，河东人。登宝应元年进士第，官右拾遗。工诗，与钱起、卢纶、司空曙诸人齐名，号大历十才子。集三卷，今编诗二卷。

② 皇甫冉（717—770）：字茂政，润州（今镇江）丹阳人，著名诗人。天宝十五年进士。曾官无锡尉，大历初入河南节度使王缙幕，终左拾遗、右补阙。其诗清新飘逸，多漂泊之感。

③ 章孝标(791—873)：唐代诗人，字道正，诗人章碣之父。元和十四年(819)中进士。太和年间曾为山南道从事，终秘书省正字。有诗集一卷。

④ 皮日休：字袭美，生于公元834至839年间，辛于公元902年以后，晚唐文学家、散文家。

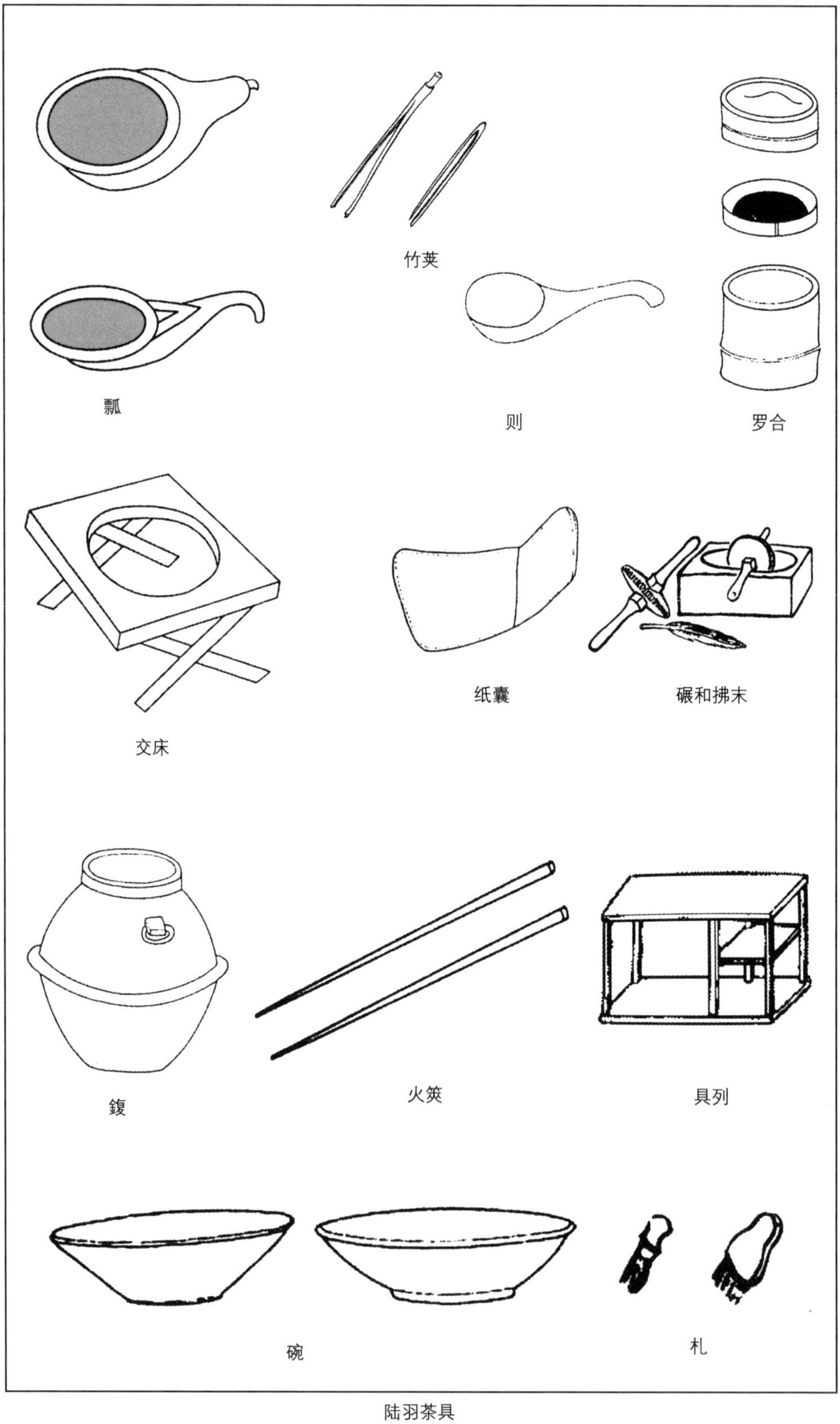

瓢　　　　　竹荚　　　　　则　　　　罗合

交床　　　　纸囊　　　　碾和拂末

鍑　　　　　火筴　　　　具列

碗　　　　　　　　　　　札

陆羽茶具

二、焙茶器具

茶农采茶后要焙制茶。

许浑《村舍》云,"山厨焙茗香"(《全唐诗》卷528),其《冬日宣城开元寺赠元孚上人》云,"露茗山厨焙"(《全唐诗》卷537)。李群玉《龙安寺佳人阿最歌八首》云,"门路穿茶焙,房门映竹烟。"(《全唐诗》卷570)龙安寺的女尼门前有"专置"的茶焙或茶灶,焙茶的茶烟散发在竹间窗前,表现了她们嗜茶的状况。

三、碾茶器具

1. 茶碾子:唐人饮茶成风,故茶诗中咏及碾茶者不仅甚多,而且以优美、形象的诗情画意赞扬碾茶时的声、色及奇妙意境。如李德裕[①]《故人寄茶》云,"碾处乱泉声"。齐己《咏茶十二韵》云,"研通天柱响",又《谢㴩湖茶》云,"碾声通一室"。薛能《蜀州郑史君寄鸟觜茶,因以赠答八韵》云,"拒碾乾声细",拒碾当为巨碾、大碾,碾起茶来声音细小。张祜《闲居作五首·其四》云,"旋碾新茶试",刚下山的新茶碾而尝新,作者喜饮新茶之情溢于言表。秦韬王《采茶歌》云,"山童研破团圆月",研与碾通用。徐寅《尚书惠腊面茶》云,"金槽合碾沉香末",金槽当指茶碾之槽。僧修睦《睡起作》云,"茶碾去年春",去年春指上年的春天所采的茶叶。李群玉《龙山人惠石廪方及团茶》云,"碾成黄金粉"。黄金粉为黄澄澄的茶粉末。崔珏[②]《美人尝茶行》云,"玉郎为碾瑟瑟尘"。司空图《力疾山下吴村看杏花十九首》云,"碾尽明昌几角茶"。齐己《闻道林诸友尝茶因有寄》云"碾和松粉煮春泉",以春天的泉水煮碾后的茶,道林指他诗中多次提及的道林寺,诸友当指僧友。元稹[③]《莺莺传》说莺莺赠张生"文竹

唐代陶瓷茶碾

---

① 李德裕(787—849):字文饶,唐代赵郡赞皇(今河北赞皇县)人,与其父李吉甫均为晚唐名相。李德裕曾两度为相。

② 崔珏(jué):字梦之,唐朝人。尝寄家荆州,登大中进士第,由幕府拜秘书郎,为淇县令,有惠政,官至侍御。

③ 元稹(779—831):字徽之,唐洛阳人(今河南洛阳)。为北魏宗室鲜卑族拓跋部后裔,早年和白居易共同提倡"新乐府"。世人常把他和白居易并称"元白"。

茶碾子一枚",他的《一至七字诗·茶》云,"碾雕白玉"。出土的茶碾子有陕西扶风法门寺地宫出土的鎏金天马流云纹银茶碾子。张洗《济渎庙北海坛祭器碑》的茶器具中,也有茶碾子。

2. 茶臼:郑愚《茶》云,"夜臼和烟捣",夜里将犹带茶烟的茶叶趁热以臼捣之。柳宗元《夏昼偶作》云,"山童隔竹敲茶臼"。

3. 茶槌:出土茶具有茶槌,可能用于捣茶。于鹄①《赠李太守》云,"捣茶书院静"。皇甫冉《寻戴处士》云,"捣茶松院深"。捣是用茶槌撞击茶叶,达到与茶碾、茶臼同样的加工效果。饼茶捣为茶末后才方便煎饮。

四、煎茶器具

1. 灶:张籍《赠姚合少府》云,"为客烧茶灶"。

2. 炉:鲍君徽②《惜花吟》云,"红炉煮茗松花香"。李群玉《龙山人惠石廪方及团茶》云,"红炉爨霜枝"。温庭筠《宿一公精舍》云,"茶炉天姥客"。刘禹锡《西山兰若试茶歌》云,"铜炉损标格",又《浙西李大夫述梦四十韵并浙东元相公酬和斐然继声》云,"茶炉依绿笋"。齐己《咏茶十二韵》云,"炉动绿凝铛"。

3. 风炉:张洗《济渎庙北海坛祭器碑》中的茶器有风炉。陕西扶风法门寺地宫出土的唐代珍宝中有风炉一付。

4. 鼎:唐人诗文中记载用鼎煎煮烹茶者颇多。张祜《苦雨二十韵》云,"浅浅斟茶鼎",其《江南杂题三十首》云,"小小调茶鼎"。刘禹锡《西山兰若试茶歌》云,"骤雨松声入鼎来"。齐己《寄旧居邻友》云,"晚鼎烹茶绿"。顾况《茶赋》云,"舒铁如金之鼎"。李洞《赠昭应沈少府》云,"华山僧别留茶鼎"。李商隐《即目》云,"小鼎煎茶面曲江"。鼎有铁、铜、石等质地的,有大有小,使用方便。

风炉

5. 铛:唐人以铛煎茶者也很普遍。唐玄宗时,豫章郡(治所在今江西南昌市)所进贡的瓷茶器有"铛"。(《新唐书》卷134《韦坚传》)黄滔《和吴学士对春雪献韦令公次韵》云,"茶铛入旋融"。贯休《和毛学士舍人早春》云,"茶癖金铛快",金铛当为铜铛,用它煎茶,茶汤成得迅速。吴融③《和睦州卢中丞题茅堂十韵》云,"烟冷茶铛静",茶汤煎好了,火灭烟冷,茶铛里没有了水沸之声。

6. 茶铫:有流有柄之煮器。元稹《一字至七字诗·茶》云,"铫煎黄蕊色"。

---

① 于鹄:大历、贞元间诗人。隐居汉阳,尝为诸府从事。其诗语言朴实生动,清新可人;题材方面多描写隐逸生活,宣扬禅心道风的作品。代表作有《巴女谣》和《江南曲》两首诗流传最广。

② 鲍君徽:善诗,早寡,无兄弟,奉母以生,与尚宫五宋(宋若昭五姐妹)齐名。德宗尝召入宫,与侍臣赓和,赏赉甚厚。入宫不久,既以奉养老母为由,上疏乞归。约公元804年前后在世。《全唐诗》存诗4首。《惜花吟》和《东亭茶宴》书宫人生活写照,值得一读。

③ 吴融:唐代诗人。字子华,越州山阴(今浙江绍兴)人。他生当晚唐后期,是大唐帝国走向灭亡的见证者之一。

茶铛　　　　　　瓶　　　　　　茶铫

章孝标《思越州山水寄朱庆余》云，"茶挑茗荈鲜"，"挑"与"铫"通用。

7. **瓶**：肚大，颈细，口小，用于盛煎茶用水。《煎茶水记》云：李季卿①命军士"挈瓶操舟"取扬子江南零水，供陆羽煎茶。金地藏②《送童子下山》云，"添瓶涧底休招月"。见于唐人语汇有"提一瓶茶来"的"茗瓶"，瓶本作煎水、汲水、盛水用，也代作饮茶器。

8. **盆**：《煎茶水记》云：陆羽检验军士取回的扬子江南零水，"倾诸盆，至半，陆遽止之。又以杓扬之，曰此南零水也"。

9. **瓢**：吕从庆③《德山老人送茶至》云："引瓢旋汲涧中波"。

10. **匙**：量器。煎茶时用匙勺舀盐或茶末等入鼎或铛或铫中。李咸用《谢僧寄茶》云，"半匙青粉搅潺湲"。

11. **盐台**：陕西扶风法门寺地宫出土盐台一付。

五、盛茶器具

1. **碗**：碗形圆，口敞，内收口下，圈足。唐人饮茶，有专门的茶碗，"碗"也写作"椀"。陕西扶风法门寺地宫出土的茶器中明确记载有茶碗。晚唐长沙窑生产远销海外的茶碗。郑光业在科举考场——试铺里，为人"煎一碗茶"。"冰碗轻涵翠缕烟"（徐夤《尚书惠腊面茶》），处士程修已将丹砂"于白茶碗中，滴洒研碎"治病（《神仙感遇传》卷4《卢道流》）。也有称茗碗的，"茗碗寒供白露芽"（令狐楚《奉和严司空重阳日同崔常侍崔郎及诸公登龙山落帽台佳宴》）。

---

① 李季卿：李适之子。弱冠举明经，颇工文词。肃宗、代宗朝转辗官场。大历二年卒，赠礼部尚书。
② 金地藏：新罗（今朝鲜）僧人，真名金乔觉。汉学修养颇深，其诗作被收入《全唐诗》。唐开元七年（719），金乔觉24岁时西渡来华，几经辗转，住锡九华，并实行农禅制度，披荆斩棘，择地栽茶。据《青阳县志》载："金地茶，相传为金地藏西域携来者，今传梗空筒者是。"九华山的煎茶峰，相传为"金地藏携道侣于前汲泉烹茗"之地。
③ 吕从庆（841—937）：字世赓，号丰溪渔叟，唐末五代诗人。今存《丰溪存稿》一卷，收诗45首。

2. 盌：小盌盂也，作碗。《方言》云"楚魏宋之间，盌谓之盂"。刘禹锡《西山兰若试茶歌》，"白云满盌花徘徊"，又《送蕲州李郎中赴任》之"松花满盌试新茶"。孟郊等《会合联句》有"茗盌纤纤捧"。

3. 瓯：《方言》曰：自关而西谓之瓯，其大者谓之瓯。又曰：自关而西盌之小者谓之瓯。颜师古①为《急就篇》加注，云："甌瓯，瓦盂也，其形大口而庳。一曰：瓯，小盆也。"瓯是食器、酒器，唐代兼作茶器。唐人盛茶汤用得最多的是瓯，其中最好的是"越泥似玉之瓯"（顾况《茶赋》），即越州窑生产的青瓷瓯。"越瓯荷叶空"（孟郊《凭周况先辈于朝贤乞茶》）。"越瓯犀液发茶香"（韩偓②《横塘》），"犀"与"稀"通用。"茶助越瓯深"（郑谷③《题兴善寺》）。"越瓯遥见裂鼻香"（李涉④《春山三竭来》）。有的茶瓯是闽地生产的，如秦韬玉《采茶歌》云，"坐对闽瓯先足"。有的盛茶器具是邢州产的白瓷，陆士修等《五言月夜啜茶联句》云，"素瓷传静夜，芳气满闲轩"，当是白瓷茶瓯或茶碗。吕群《竹》云，"静落（茶瓯）与酒杯"。裴度⑤《凉风亭睡觉》云，"一瓯新茗侍儿煎"。李嘉祐⑥《赠王八衢》云，"桂楫闲迎客，茶瓯对说诗"，待客以茶礼，在茶瓯飘出的清香中，品茗论诗。罗邺《夏月题远公北阁》，"瓯怜昼茗香"，白天瓯中散发着茗之芳香。金地藏《送童子下山》云，"烹茗瓯中罢弄花"。李华《江州卧疾送李侍御序》云，"以簪击茶瓯"。

4. 杯：其形制比碗小，其腹深而浅收的弧度较小，有圈足。唐代著名的是长沙窑出土的有凸唇圆口深腹圆饼底釉下彩杯、尖唇大口扁腹圆饼底酱釉杯、尖

碗

杯、盏

---

① 颜师古（581—645）：字籀，以字行，祖籍琅邪临沂（今属山东）人。后迁为京兆万年（今陕西西安市）人。唐初儒家学者，经学家、语言文字学家、历史学家。少传家业，遵循祖训，博览群书，学问通博，擅长于文字训诂、声韵、校勘之学；他还是研究《汉书》的专家，对两汉以来的经学史十分熟悉。

② 韩偓（842—923）：唐代诗人。字致光，号致尧，晚年又号玉山樵人。陕西万年县（今樊川）人。龙纪元年（889）中进士，初在河中镇节度使幕府任职，后入朝历任左拾遗、左谏议大夫、度支副使、翰林学士。

③ 郑谷（851—910）：字守愚，袁州宜春（今江西宜春）人。唐末诗人。光启年间考中进士，后任京兆参军、右拾遗，又转任都官郎中，人称"郑都官"。

④ 李涉（约806年前后在世）：唐代诗人。自号清溪子，洛（今河南洛阳）人。宪宗时，曾任太子通事舍人。文宗大和（827—835）中，任国子博士，世称"李博士"。著有《李涉诗》一卷。存词6首。

⑤ 裴度（765—839）：唐朝名相，字中立，河东闻喜（今山西闻喜东北）人。唐代后期杰出的政治家。德宗贞元五年进士。宪宗元和时累迁至封员外郎、中书舍人、御史中丞。视行营中军，还朝遇刺伤首。拜中书侍郎，同中书门下平章事。封晋国公，穆宗时期出山镇拜相。官终中书令。

⑥ 李嘉祐：字从一，生卒年俱不可考，赵州（今河北省赵县）人。天宝七年（748）进士，授秘书正字。

唇大口高圈足白釉杯等十种，款式多样。在唐代是次于碗而与瓯相当的重要饮茶器。唐诗云，"杯里紫茶香代酒"（钱起《过张成侍御宅》），"言忘绿茗杯"（钱起《山斋独坐喜玄上人夕至（一作见访）》），"山茗煮时秋雾碧，玉杯斟处彩霞鲜"（刘真《七老会诗》）。

5. **盏**：较小的杯子。白居易诗中有"或饮茶一盏，或吟诗一章"，"散步游林塘，或饮茶一盏"等句。苏廙《十六汤品》云："若盏量合宜，下汤不过六分。"徐夤《贡余秘色茶盏》云："捩翠融青瑞色新，陶成先得贡吾君。巧剜明月染春水，轻旋薄冰盛绿云。"扭转翠绿、融合青色而制作的秘色瓷茶盏，色彩清新，首先进贡给天子。茶汤在盏里轻轻荡漾，如同春水绿云。见于唐代茶诗中的"盏"字很少，看来唐人不常以盏盛汤。盏究为何物？法门寺地宫出土了一套茶盏、茶托，均为淡绿色琉璃器，与碗相比，形状近似，但形制较小，与茶托配套使用。据李匡乂《资暇集》记载，茶托的创意来源于德宗时（780—805）蜀相崔宁之女。崔宁在宝应年间出任成都府尹。他的女儿喜欢喝茶，但每每为茶盏注水后烫手所苦，于是灵机一动，将盏下作以蜡环垫之，然后将带蜡环的茶盏搁在小碟子里。后来又让漆工仿照着做成漆制品，果然饮茶十分方便。崔宁很满意女儿的发明，将碟子称作"托"。于是这一盏一托的茶具便流传开来，"人们愈新其制，以致百状焉"。

6. **樽**：也作鐏。"茶鐏独对余"（皎然《湖南草堂读书招李少府》）。

六、清洗器具

1. **茶巾**：煎饮完毕，要将所用茶器具清洗干净，茶巾是洁器之具之一。韩翃《寻胡处士不遇》，但见"晴日照茶巾"，在晴空下胡处士晾晒的茶巾在微风中飘动。

2. **净巾**："空房置净巾"（王建《原上新居十三首》），净巾可能类同茶巾。

七、储藏器具

1. **竹笼**："竹笼盛茶瓯"（王建《酬柏侍御闻与韦处士同游灵台寺见寄》）。

2. **茶笼子**：据《幽闲鼓吹》记载，宰相崔造退位后，对人说："不得他诸道金铜茶笼子物掩也，遂复起。"① 为了获得一个茶笼子，竟然又复职，以权谋之。

3. **夹练囊**："奉天之难"时，韩滉"以夹练囊缄盛茶末，遣健步以进御"。（《唐国史补》）这可能是非常时期的临时储茶器。

4. **合**：即盒。"贮之玉合才半饼"（卢纶《新茶咏寄上西川相公二十三舅大夫二十舅》）。

5. **藤箧**：藤条编织的箧，密封性好，宜于储茗。"锁茶藤箧密"（王建《原上新居十三首》）。

八、其他茶器具

茶床：朱庆余②《题任处士幽居》云，"杉露滴茶床"。张籍《和陆司业习静寄所知》云，"僧到出茶床"。

还有茶盘。

---

① [唐]张固撰：《幽闲鼓吹》，上海辞书出版社，2000年版。
② 朱庆余：生卒年不详，名可久，以字行。越州（今浙江绍兴）人，宝历二年（826）进士，官至秘书省校书郎。《全唐诗》存其诗两卷。

茶笼子

龟盒

附带提一笔,大批茶叶贮于茶库。江南省驿吏,向新任刺史介绍驿中多所库房,其一曰"茶库","诸茗毕贮,复有一神,问曰:'何?'曰:'陆鸿渐也'。刺史益善之"(《唐国史补》)。

茶器备于饮茶之所,唐人饮茶场所有:

1. **茶阁**:《新唐书·田令孜传》云,长安市上有"茶阁"。
2. **茶轩**:齐己《怀东湖寺》云:"茶轩白鸟还。"
3. **茶房**:张籍《和左司元郎中秋居十首》云,"茶房不垒阶"。
4. **茶舍**:皮日休《茶舍诗》曰,"阳崖忱自屋,几日嬉嬉活,棚上汲红泉,焙前煎柴蕨,乃翁研茶后,中妇拍茶歇,相向掩柴扉,清香满山月"。
5. **茶肆**:五代刘昫等撰《旧唐书·王涯传》:涯等仓皇步出,至永昌里茶肆,为禁兵所擒。

唐人,尤其是中晚唐,饮茶蔚然成风。从他们在家自饮,以茶待客,举行茶宴,参加茶会,外出公干或旅游都随时煎茶品饮来看,许多人都备有茶器具。如吕从庆《山中作》云:"纵有尘事难纠缠,左安药炉右茶具。"朱庆余也置有茶器(《凤翔西池与贾岛纳凉》)。令狐楚《进金花银樱桃笼等状》云进奉"煎茶具"。皮日休、

唐代花岗岩茶具

陆龟蒙[①]、贯休、白居易及皎然等茶人均有茶器具。僧人饮茶盛行，寺院备有较完备的茶器具。

从上述唐人所用茶器具来看，其茶器具并未全部照搬陆羽《茶经·二之具》和《茶经·四之器》所设计的一整套茶器具。而是根据实际需要、自身条件，有取有舍，并增添了不少新的东西，具有鲜明的唐代特色。

第七节 烹 茶

鉴茗、品水、看火、辨器需要经验和技术，本身又是一门艺术，称之为茶艺。有此四端便可制作茶汤了。唐人烹茶方式有好几种，技巧性很强，操作的程序不同、使用的原料不同，便烹出不同的茶，大体有茗粥、痷茶、煎茶、点茶四类，以煎茶为主要方式。某种方式"滂时浸俗"，便成一方茶俗。

一、痷茶

陆羽《茶经·六之饮》言："饮有粗茶、散茶、末茶、饼茶者，乃斫，乃熬，乃炀，乃舂，贮于瓶缶之中，以汤沃焉，谓之痷茶。"

有学者认为"痷"应作"庵"，原指半卧半起的疾病，解作"夹生茶"。是否该代之以"庵"，姑且存疑，录以备考。但陆羽已将"痷茶"说得清清楚楚。稍加分析，陆羽之言包括以下几层意思：

(1)痷茶用茶包括粗茶、散茶、末茶、饼茶四类；
(2)对饼茶进行加工：砍开、熬煮、烤炙、捣细；
(3)将加工好的茶叶放入瓶罐内；
(4)用釜（锅）或鼎将水烧至滚沸；
(5)将开水倒入瓶罐内，浸泡茶叶。

痷茶是用开水冲泡茶末，宜用口小深腹的瓶罐之物盛茶，以防散热太快，不易将茶汁浸出。

据其法可知痷茶即"淹"茶，用开水冲泡，与茗粥的"一锅熬"大不相同。陆羽在《茶经·七之事》引《广雅》云：

> 荆巴间采叶做饼，叶老者，饼成以米膏出之。欲煮茗饮，先炙令赤色，捣末，置瓷器中，以汤浇覆之。用葱、姜、橘子芼之，其饮醒酒，令人不眠。

《广雅》系三国魏人张揖所撰。有学者认为，张揖所言"痷茶法"，距唐约400年。"投茶入器，以汤沃之"倒符合陆羽所言痷茶法的主要特征。《广雅》所云是茶冲好后，"用葱、姜、橘子芼之"，用葱、姜之物的辛辣、芳香味压倒茶叶固有的苦涩味和青草味，使之有良好的口感。《茶经·六之饮》在"谓之痷茶"后又加了几句话："或用葱、姜……煮之百沸，或……或……"，即《广雅》载的茶、食"一锅粥"的茗粥，而非痷茶，因为痷茶是煮水不煮茶，亦不加佐料同煮。

[①] 陆龟蒙（？—881）：唐代农学家、文学家。字鲁望，别号天随子、江湖散人、甫里先生，江苏吴县人。曾任湖州、苏州刺史幕僚，后隐居松江甫里，编著有《甫里先生文集》等。陆龟蒙与皮日休交好，世称"皮陆"。

根据陆羽所述，唐代的淹茶与几百年前《广雅》所载的茶粥有些改进。即不加佐料，类似明清时代出现的冲泡法，同属一种清饮，区别在于唐时用末茶，如今之日本茶俗。若是饼茶，得砍开、炙烤、捣细，进行粗加工，若是散茶亦应捣成茶末。应当说这是了不起的发明，兴盛于明清的冲泡法，唐人早有创意，为何没有推广开呢？原因是唐时制茶工艺尚未为冲泡法创造普及的技术条件。当时制茶由采摘到封藏有七道工序：采、蒸、捣、拍、焙、穿、封，目的是制成饼茶。因未经过杀青和揉捻，又讲求旋摘旋制，所谓"阴采夜焙"，非造也，所以唐时淹茶带有茶叶故有的苦涩味和青草味。

唐代另一位茶学家苏廙在其所著的《十六汤品》一书中提及淹茶之法，内云：

> 且一瓯之茗，多不二钱，茗盏量合宜，下汤不过六分，万一快泻而深积之，茶安在哉！①

苏廙所言是在瓯盏之中沏茶，因未用瓶缶，便被认为是点茶，大谬不然！点茶的基本特征是投茶于盏，然后挑膏注水，回环击拂。苏廙所言是"贮茶于瓶，以汤沃焉"，仅在茶器使用上稍有变化。苏廙并告诉要"下汤六分"，今有"茶七酒八"之说，恐注沸水太多，茶末浮出盏面，则"茶安在哉"。这更能说明苏廙此处所言乃指唐代的淹茶。

淹茶的另一佐证是茶画《明皇和乐图》和《宫乐图》。画中均绘有大盆，内盛冲好的茶汤，一仕女手持长柄木勺在分茶。场面是品茗、饮酒、奏乐，充满宫廷闲适享乐的气氛。显然是先投茶末入盆，然后"以汤沃焉"。因饮茶人较多故以盆代瓶罐。这证明了唐宫淹茶习俗的存在。

二、茗粥

陆羽《茶经·六之饮》言："饮有粗茶、散茶、末茶、饼茶者，……或用葱、姜、枣、橘皮、茱萸、薄荷之等煮之百沸，或扬令滑，或煮去沫，斯沟渠间弃水耳，而习俗不已，于戏！"

这段话包括下列几层意思：

(1)当时的茶叶以形分这四类：粗茶、散茶、末茶、饼茶，均可制作茗粥；
(2)先期加工，要砍开、熬煮、烤炙、捣细；
(3)准备佐料，有属于芳香、辛辣之类的葱、姜、枣、橘皮、茱萸、薄荷之属；
(4)茶与佐料加水同煮，煮透为止；
(5)煮的过程搅拌，扬汤使其汤面润滑，或舀去浮沫；
(6)陆羽评价：无异于使茶汤变成沟渠中废水；
(7)陆羽分析：此系前朝茶俗传承至今，且还会传下去，令人扼腕叹息。

如陆羽所言，茶的这种吃法源远流长。

东晋郭璞注释《尔雅》："槚，苦荼。树小如栀子，冬生叶，可煮作羹饮。"《淮南子》云："古者民茹草饮水。"②

茗粥或叫茶粥、茶羹，是"上古茹草"的遗俗。

---

① [唐]苏廙撰：《十六汤品》，见叶羽：《茶书集成》，黑龙江人民出版社，2001年版。
② [西汉]刘安：《淮南子》，中华书局，2009年版。

大唐虽创造了灿烂的茶文化，但古风犹存。

《唐本草》载："茶作饮，加茱萸、葱、姜良。"①

唐樊绰《蛮书》云："茶出银生城界诸山，散收，无采造法。蒙舍蛮以椒、姜、桂和烹而饮之。"② 银生城即今云南景东县，为唐时南诏国重镇。

唐诗人薛能云："盐损添常诫，姜宜著更夸。"

唐德宗饮茶加奶一锅熬，相当于今之蒙古族的酥油茶。有书云："皇孙奉节王煎茶加酥、椒之类。"奉节王即德宗李适。

陆羽对茗粥吃法颇不赞同，贬之为"沟渠间弃水"。但他也看到，茗粥并未淘汰，不仅在上流社会未绝迹，百姓们"采茶薪樗，食我农夫"（《诗经》）亦不乏其人。他面对现实，承认这个存在，所以在他研制的茶鼎上铸"伊公羹，陆氏茶"六个字。伊指商汤臣伊尹，名挚，是汤妻陪嫁的奴隶，做过厨子，相传他善做羹汤。其含义是：你可用此鼎茶、食同煮制作茶羹，也可用《茶经》中较好的办法煎出陆氏茶来。

三、煎茶

《因话录·商部》云：陆羽"始创煎茶法"。

煎茶法又称煮茶、烹茶、煮茗。

其法见于《茶经·五之煮》，其程序是：

1. **炙茶**：即烤炙饼茶，不能用烈火猛烤，要求炙热均匀，内外烤透。

2. **碾茶**：烤好的饼茶以纸囊贮之，然后用碾茶器将其碾成细小的颗粒状。

3. **筛茶**：碾好的茶叶用罗筛之，盛于合中。茶粒不能细如粉末，应是小颗粒状，如《茶经·六之饮》所言"碧粉缥尘，非末也"。

4. **煮水**：包括择水和看火两方面：水要宜茶的真水，"用山水上，江水中，井水下"；火要活火，以炭为上，次用劲薪。火候的掌握以"三沸"判之："其沸，如鱼目，微有声，为一沸；缘边如涌泉连珠，为二沸；腾波鼓浪，为三沸。已上水老不可食也"。

5. **投茶**：《茶经》云，"凡煮水一升，用末方寸匕，若好薄者减之，嗜浓者增之"。方寸匕是古代量药的器具，一方寸匕容量大约为一立方寸。通常用量是煮水一升投茶末一方寸匕，据各人口味轻重还可酌增酌减。投茶是煎茶时的关键工序，要求在"一沸"（鱼目）时投之椒盐；二沸（连珠）时舀出一瓢沸水，然后用则量茶投茶末入水，同时用竹夹搅动，让茶末随沸水旋围，沉入水中，谓之"击拂"；三沸（鼓浪）后将舀出的开水兑入；《茶经·五之煮》云：

> 初沸，则水合量，调之以盐味，谓弃其啜余，无乃䤂䤃而钟其一味乎？第二沸出水一瓢，以竹夹环激汤心，则量末当中心而下。有顷，势若奔涛溅沫，以所出水止之，而育其华也。

以稍凉的开水止沸，以合适温度煎茶，勿使太过，过则会熬出茶的苦涩味来，掌握得当便会煎出茶的精华。陆羽称这一技巧为"育华"。

6. **酌茶**：三沸后便可酌茶了。酌茶之法是先将汤面黑云母状的水膜舀去，

第五章　唐代茶艺

---

① [唐]苏敬等撰：《唐本草》，又称《新修本草》，安徽科学技术出版社，1981年版。
② [唐]樊绰撰，向达校注：《蛮书校注》，中华书局，1962年版。

然后舀第一瓢茶汤,其味隽永,暂不酌之。此时火还未退,茶汤还会四沸、五沸……便可以"隽永"点之,称此为"育华救沸"。一般煮水一升,酌茶五碗,前三碗茶味较好,后两碗次之,五碗之外便非渴莫饮了。《茶经·六之饮》亦云:

夫珍鲜馥烈者,其碗数三;次之者,碗数五。若坐客数至五,行三碗;

唐代煎茶示意图

至七,行五碗;若六人以下,不约碗数,但缺一人而已,其隽永补所缺人。

陆羽给茶味定了标准,好茶味要"珍鲜馥烈",要"隽永",意即清爽、浓香、醇和。酌茶反复强调"五碗不过岗",反映了陆羽提倡的是品茗之趣,而不是止渴。

7. 吃茶:这也有讲究,酌茶后要"乘热连饮之,以重浊凝其下,精英浮其上。如冷,则精英随气而竭,饮啜不消亦然矣。茶性俭,不宜广,则其味黯淡。且如一满碗,啜半而味寡,况其广乎"!强调热饮,其好处并非是沫饽不消,精英不竭,主要是热则醇和香窜,冷则伤胃。陆羽力主热饮是科学的,有利养生。

至此,陆羽的煎茶法完成。照此办理,便可煮出大好茶味,其先进之处非痷茶、茗粥可比。陆羽的创造给唐人带来了美好享受。他的煎茶法因其美妙而成为一门艺术。没艺术素养的人煎不出"陆氏茶",只配消受"沟渠中弃水"耳。

陆羽煎茶法中称茶沫为"精华""精英",视为茶汤中最有价值的部分,有多种方法"育其华"。酌茶时要求"置诸碗,令沫饽均",多么珍贵的浮沫,竟唯恐分配不均,厚此薄彼,有失公允!吃茶时还要求热饮,以免茶沫消失,并将茶粉、茶水与茶沫一同喝进肚里。陆羽并以诗一般的优美语言赞颂茶沫,《茶经·五之煮》云:

沫饽,汤之华也。华之薄者曰沫,厚者曰饽,细轻者曰花。如枣花漂漂然于环池之上,又如回潭曲渚青萍之始生,又如晴天爽朗有浮云鳞然。其沫者,若绿钱浮于水湄,又如菊英堕于樽俎之中。饽者,以滓煮之,及沸,则重华累沫,皤皤然若积雪耳。《荈赋》所谓"焕如积雪,晔若春藪"有之。

古人很重视茶沫。茶史上第一个诗赞茶沫的是晋代诗人杜育。不过陆羽作了认真的研究，将茶沫分为有害的和有益的：有害的是如黑云母状的水膜，该弃之；有益的是沫、饽、花，薄者为沫，厚者为饽，细轻者为花。又用了许多优美的比喻状其态：沫如枣花漂于环池，如绿苔浮于水面；饽如青萍生于回潭曲渚，如耀目的积雪；花如蓝天鱼鳞般的浮云……无足轻重的浮沫在陆羽眼中成了审美的对象，在其中悟到了诗意。浮沫已非浮沫，是诗，是优美的文化。

为了培育这茶沫，陆羽采取了多种有效措施：如碾茶、罗茶粒度合适，重则沉底无沫，太细则如粉尘浮于盏面，亦无沫；用竹夹环激汤心，或用长柄茶匙击拂，易产生茶沫；二沸后舀出一瓢开水以备培育茶沫；三沸后将舀出的"隽永茶汤"倒入以"育华救沸"……其他如茶具的设计为多些茶沫而匠心独运。

唐代的文人们也热情讴歌茶沫。刘禹锡《西山兰若试茶歌》云："骤雨松风入鼎来，白云满盏花徘徊。"曹邺《故人寄茶》云："碧沉霞脚碎，香泛乳花轻。"施肩吾《蜀茗词》云："越碗初盛蜀茗新，薄烟轻处搅来匀。"……微不足道的茶沫竟享有许多优美的誉称，如白云、乳花、落云、浮萍、积雪、流华、碗花、白花，等等。

我们倒没必要穷研陆羽的煎茶"发泡技术"，也无必要分析沫饽营养成分以说明陆羽煎茶法的正确，这只能说明陆羽和唐代诗人们已将茶叶升格于文化饮料，赋予茶事以诗意。与其说他们在茶中发现了营养，毋宁说他们在茶中找到了灵感。

不要小看陆羽对茶沫的高看一等，其影响是深远的，它直接影响了唐及唐以后茶俗及茶具文化的走向。

四、点茶

痷茶的特点是投茶入瓶，以汤沃之，点茶沿痷茶之路向前走了一步。其烹茶步骤是将烤炙并碾过、罗过的茶末用"则"量好投入盏内，注入少量沸水将茶末调成糊状，称之为"调膏"；将沸水倒入深腹长嘴瓶内，倾瓶注水入盏，或以瓶煎水，直接注入沸水，与此同时，用竹夹之类搅动，茶末上浮，使之形成粥面。

显然，点茶的特点是煎水不煎茶，较痷茶多了"调膏"和"击拂"两道程序。所用茶具也有区别，痷茶以瓶缶盛茶，以鍑（釜）煎水，而点茶以盏或广口浅腰的碗盛茶，以瓶煎水。点茶可烹出更好的茶味，且更具艺术性和技巧性。所以稍加改造，便成为茶之游戏，古人称之"斗茶"或"茗战"。应当说，点茶与斗茶不是一回事，点茶是烹茶方式，斗茶是游戏，是茶事与娱乐文化相结合的产物。斗茶至少得两人以上，而点茶乃家居茶事。

点茶法在宋代普遍推行，其法不加盐，实为明清时代通行的清饮之法，但用的是末茶，而非散茶。

唐代有无点茶习俗呢？苏廙《十六汤品》言及汤瓶使用之法时写道：

茶已就膏，宜以造化成其形。若手颤臂䓕，惟恐其深瓶嘴之端，若存若亡，汤不顺通，故茶不匀粹。是犹人之百脉，气血断续，欲寿奚可，恶毙宜逃。

苏廙称此为"断脉汤"。他所言及的就是点茶法，先调膏、后注水，煎水不煎茶，

唐代茶艺

斗茶图

正符合点茶的特征。使用的是长嘴深瓶，正是点茶最典型的茶器。并说此法的最高追求是"宜以造化成其形"，实际是说点茶的技巧在于倾瓶注水，若断断续续，汤面则无形，这"造化"之功全系于茶人的调膏、煎水、注水、击沸。

唐代点茶的另一个佐证是江苏丁卯桥的出土文物。《江苏丹徒丁卯桥出土唐代银器窖藏》一文中介绍，该地出土两件银执壶，其中一件"长流银执壶，侈口，束颈，长曲流，环形钣，深弧腹，矮圈足，錾'力士'二字。高190毫米、口径60毫米"。[1] 见于绘画《斗茶图》上茶瓶其形制与之相似，入水口呈喇叭嘴状，细颈，大肚，有大把手，瓶嘴细长，呈抛物线形。

唐代点茶见于文字记载的有唐人冯贽的《记事珠·茗战》云："建人谓斗茶为茗战。""建"指建州，今福建建阳一带。因斗茶是点茶比赛，建人以斗茶为戏，不深谙点茶之法何敢上阵以决雌雄。这说明在点茶的基础上唐代帝京和重要茶区已存在斗茶习俗。斗茶的出现与唐代城市生活的繁荣有关，人们有吃有穿了方有雅兴消遣。这与唐代社会的积极向上、励精图治相映成趣，构成了多姿多彩的社会生活画面。

---

[1] 刘建国、刘兴：《江苏丹徒丁卯桥出土唐代银器窖藏》，《文物》1982年第11期。

第六章 与法门寺地宫茶具与唐代饮茶文化

疏香皓齿有余味
更觉鹤心通杳冥

第一节 从茶具的变化解读茶文化的演进

茶文化热是近些年兴起的,茶文化学者的队伍也在蓬勃壮大。茶的诸多历史真相自然离不开各式各样、各种途径的考证。在悠悠五千年的历史长河中,茶文化的发展不断出新,诸多的出土文物给了茶界研究最有力的佐证。历数起来,目前发现与茶相关的文物有茶叶、茶籽和茶具。茶具是最重要,也是最多的部分。很多专家通过各个时期的不同茶具,探究、了解茶文化的发展与社会百相。自有饮茶,就有茶具。我们当今的茶文化研究成果自然离不开茶具文物的全面亮相与深入研究。

茶文化是中国传统文化之重要组成部分,茶具又是茶饮文化的重要组成部分。茶文化的发展带动了茶具的发展,不同时期的茶具被烙上了不同时代的印记,使得茶具呈现出不同的特点。茶具的材质、品种、造型和式样的演变,与时代特征、民族风俗以及审美情趣有着密切的关系。无论粗糙、精致,在某种程度上,茶具的功用不仅仅是盛茶,还蕴涵同时代的文化,提供审美对象,增进茶趣,以助茶兴。

茶道作为一门文化艺能,讲究精茶、真水和活火,还讲究妙器,正所谓名茶配妙器,珠联璧合,相得益彰。

茶具始于何时?西汉末年,王褒的《僮约》有"烹茶尽具"之说,是否有专用茶具不得其详。《广陵耆老传》内云:"晋元帝时,有老姥每旦独提一器茗,往市鬻之,市人竞买,自旦至夕,其器不减。"老姥所提器茗大概是食器兼用作茶具。左思《娇女》诗有"止为茶荈据,吹嘘对鼎䥶"两句,"鼎䥶"也是当时的食器而非茶器。晋代卢琳的《四王起事》记晋惠帝遇难逃亡,返回洛阳,有侍从"持瓦盂承茶,夜暮上之,至尊饮以为佳"。承茶之具是瓦盂,即盛饭菜的土碗。显然,唐代以前是茶具与食器混用的。

汉晋时期的茶具艺术发展无疑还是缓慢的,一直沿着土陶—硬陶—釉陶这么一条曲线前进。最早的茶具是与酒具、食具共用的,是一种小口大肚陶质的缶。近年,在浙江上虞出土的一批东汉时期的瓷器,内有碗、杯、壶等茶具,考古学家认为这是世界上最早的瓷茶具。这个时期的茶具有青瓷钵、陶炉、铜䥶、青瓷罐、陶臼等。青瓷钵用于饮茶,陶炉用于煮茶,铜䥶用于盛茶汤,青瓷罐用于贮藏茶叶,陶臼用于研茶。晋朝造瓷业进一步发展,主要烧制青瓷,瓷质茶具占主要份额。主要茶具有青瓷䥶(盛茶汤的器具)、青瓷孔罐(烘焙茶叶的器具)和青瓷盖盒(贮存茶叶的盒子)。这个时期,饮茶方法大同小异,各地的饮茶器皿也相差无几。

汉朝时期,茶由巴蜀向中原广大地区传播,茶叶生产地区不断扩大,饮茶从上层社会逐渐向民间发展,饮茶较为普遍。从饮茶起始,就有了客来敬茶的礼节,到两晋南北朝时成了普遍的礼仪。而茶具作为茶文化的重要物质载体，在这一时期是其重要的孕育阶段，而佛教、道教徒及儒教的文化根源和民族大融合的社会背景给茶具艺术的发展提供了丰富营养，使茶文化一开始就具有了器物文明和中华文化传承相统一的特点。

唐朝是我国历史上经济和文化最繁荣的时期，各民族和谐相处，社会安定，经济繁荣，茶饮之风也随之呈风起云涌之势。在这一社会大氛围的影响之下，中国茶具首次从食、酒器中分离出来而自成一个体系，为品茶文化的进一步发展打下了坚实的基础。

唐文化博大精深，社会各阶层的文化都得到了较为充分的发展，茶具在这一时期的发展也能体现出这一点。由于饮茶风俗遍及全国各地，饮茶器皿颇受重视，专门的饮茶器皿制造业也应运而生。除了文人士大夫阶层所使用的茶具外，宫廷茶具及民间茶具对中华茶文明发展的作用同样功不可没。宫廷饮茶，茶具奢侈豪华，选材极为考究，制作相当精良，每一件茶具都是当世难得一见的艺术珍品。民间茶具与宫廷茶具的风格形成了鲜明的对比，质朴而实用。茶具作为身份地位的标志要大于作为器具的意义。

在唐代，茶具从食、酒器中分离而自成体系。茶具专用始于唐代，茶具的定型化和系列化，陆羽功不可没。陆羽在《茶经》中列出了包括煮茶、饮茶、炙茶的器具28种，内生火用具有风炉、灰承、筥、炭檛和火夹5种，煮茶用具有鍑（即"釜之大口者也"）和交床2种，制茶用具包括夹、纸囊、碾、拂末、罗合和则6种，水具包括水方、漉水囊、瓢、竹夹和熟盂5种，盐具包括鹾簋和揭2种，饮茶用具包括碗和札2种，清洁用具包括涤方、滓方和巾3种，藏陈用具包括畚、具列和都篮3种。用现代人的观点来看，饮一杯茶有这么多复杂的器具似乎难以理解。但在古代人的眼里，则是完成一定礼仪，是使饮茶更好、更精的必然过程。可见古人对饮茶的讲究，饮茶已不仅仅是一种物质享受，而是追求一种精神意境。说明人们不光是饮茶，亦在品茶，包括对茶具的评品。唐茶具丰富多彩，既有如冰似玉的越瓷，银如白雪的邢瓷，又有黄釉、黑釉、彩釉瓷，造型品种丰富多样。

唐代最典型、最有代表性的茶具无疑应是1987年在陕西省扶风县城北10公里的法门镇法门寺，出土的一套规格极高、工艺精湛的皇家金银茶具。据考究，这套茶具制成于咸通九年到十二年，为僖宗御用的真品，保留得非常完整，是迄今世界上发现的最早、最完善、最精致的茶具文物。

第二节　唐代宫廷茶具的发现

法门寺位于陕西扶风县城北10公里的法门镇，距西安市120公里，是我国古代安置释迦牟尼佛骨舍利的著名古刹，为皇家寺院。

法门寺始建于东汉，寺因塔而建。法门寺塔，又名"真身宝塔"，因葬有释迦牟尼的手指骨一节而得名。塔初建名阿育王塔，唐贞观年间改建成4级木塔。法门寺塔30年开启一次，把佛骨请出来让世人瞻仰。在唐朝300多年历史中，有6位皇帝迎奉过佛骨。唐第17位皇帝唐懿宗于公元873年最后一次从法门寺地宫中请出佛骨，迎到长安供奉。但礼佛仪式还没结束，这位皇帝就突然去世了。继位的唐僖宗只有12岁，他登基后的第一件事就是归送佛骨回法门寺。公元874年，随着巨大的铁锁把最后一道石门锁上，佛指舍利被长久封闭在地宫里。

法门寺木塔于公元1569年在地震中倒塌。1579年，扶风县佛徒募化钱财，开始重建真身宝塔，历时30年，将原来的木塔改建为13层八棱砖塔。1985年，陕西省政府决定仿制明代的砖塔重建新塔。1987年2月，在重建塌毁的真身宝塔时，发现塔基下面有座用石料修建的秘密地宫石室。经过考古发掘，发现唐朝皇室封存于石室的稀世珍宝，供奉佛骨舍利的大批金银器、陶瓷器、石雕、丝绸及服饰等文物600余件。地宫珍宝的数量之多、品种之繁、质量之优、保存之完好、等级之高，在唐代考古上前所未有，对研究当时的政治、经济、文化、宗教、科技、艺术、中外交流等具有极重要的学术价值。这是唐代皇宫秘藏珍宝的一次重大发现，被誉为继秦始皇兵马俑后的"世界第九奇迹"。

令人喜出望外的是，法门寺地宫发掘发现了一套唐代宫廷所使用的金银茶具。这套茶具质地精良，造型优美，工艺先进，系列完整，从中可见唐代帝王对茶文化的重视和供佛的虔诚。

研究表明，这套茶具是唐懿宗、僖宗父子下诏文思院和地方官吏打造的。法门寺地宫所藏宫廷茶具与陆羽《茶经》中记述的民间茶具互为补充，使人们对唐代茶具和唐代宫廷饮茶文化有了更加完整、清晰的认识。它表明中国在唐代时，宫廷达贵饮茶风气已十分盛行。尽管在这以前，我国已有饮茶的茶具和风俗的文字记载，但并无实物为证。这次法门寺地宫出土的一整套茶具正是唐朝饮茶之风盛行的有力物证，为研究我国茶具历史和饮茶习俗提供了佐证。

半壁坍塌的法门寺明代真身宝塔

法门寺唐塔地宫遗址全景

第三节　唐代宫廷茶具的社会文化背景

　　法门寺地宫出土唐代宫廷茶具不是偶然的，这套唐代宫廷茶具的制造和使用有着深刻的社会文化背景。

　　唐代是我国社会饮茶风尚兴盛时期，从僧俗平民到宫廷皇室，无不崇尚饮茶之风。唐代王室及贵族茶事活动的特点与文人僧侣的是截然不同的。王室的贡茶，精美高级的茶具，奢华的饮茶场面，这种以消遣享受为主体的茶事活动，毕其仪，美其器。唐代的文人、僧侣则贯彻了和谐、中庸及淡泊的思想，强调饮茶自修内省。

　　有唐一代，陆羽作经，才出现茶学。唐人嗜茶，茶已渗透到社会生活的一切领域，不局限于一般饮用，而且已升华为一种富有民族特色和时代精神的博大精深的文化。我国唐代的茶文化不但丰富了传统的民族风俗，又相应提高了民族高雅文化的素质。直到这时，茶在我国社会经济文化中，才真正成为一种显著的生产事业和文化。

　　唐人陆羽说："茶之为饮……盛于国朝（唐）。"有唐一代，"茶"去一划始有"茶"字；陆羽作经，才出现茶学；茶始收税，才建立茶政；茶始销边，才开始有边茶的生产和贸易。直到中唐，茶在我国社会经济、文化中，真正成为一种显著的生产事业和文化。茶肆遍天下，"茗为人饮，与盐粟同资"（《新唐书》）。唐人普遍饮茶，僧人嗜茶，文人嗜茶，道士饮茶，军人饮茶，王公朝士无不饮茶，直至皇帝嗜茶。有些唐人嗜茶如命，擅煎茶者受人青睐，不擅饮茶者遭人白眼。茶被唐人视为"赐名臣留上客"的珍品，以茶代酒，以茶代礼，以茶送行，以茶励志，以茶代奖，以茶祭祀。饮之不足，继之以游；饮、游不足，继之以研，茶渗透到唐人生活的一切领域。唐人对茶的功效的认识，比前人大大深入，认为"茶与醍醐、甘露抗衡"。茶可解酒，茶可消夏去暑，茶能驱睡魔，茶可解烦恼，茶能去腻膻，茶能治病，茶能延年益寿，茶能去邪扶正，等等。茶事兴隆，便成为一种推动力，唐代茶人们茶艺精了，饮茶场合多样化了，饮茶时尚形成了，出现比屋之饮、穷日尽夜的饮茶局面。然而，唐人并不以茶对于生活上的需要为满足，而是将饮茶升华为一种文化，把生活需要同精神追求紧密结合起来，使饮茶有益健康、长寿，与陶冶情操，和谐人情，有助悟道参禅、吟诗撰文及艺术享受熔于一炉。在此基础上，唐人已有一整套理论和丰富的实践，以陆羽为翘楚，茶学家纷纷著书立说，或以文言茶，或以诗言茶。茶风盛，茶文兴，茶人出。大唐茶文化最精彩的结果是形成四个茶文化圈，形成四种唐代茶道流派。作为中国文化的一部分，唐茶道颇具中国文化的鲜明个性和大唐文化的气象与神韵。大唐不仅开千年茶饮之先河，亦是中国茶道的开篇。法门寺地宫唐代宫廷茶具正是在这样丰厚的茶文化背景与社会文化背景下应运而生。

第四节　唐代宫廷茶具的描述

法门寺地宫出土的系列茶具，部分见于地宫同时出土的《监送真身使随真身供养道具及恩赐金银器衣物账》石碑（以下简称《物账碑》，刻于唐咸通十五年）。碑载："茶槽子、碾子、茶罗子、匙子一副七事共八十两。""事"是量词，解作"件"。茶罗子、碾子、轴等本身有錾文，如碾罗器底外錾铭文曰："咸通十年文

物账碑

志文碑

思院造银金花茶碾子一枚，共重廿九两，匠臣邵元审，作官臣李师存，判官高品、吴弘，使臣能顺。"咸通是懿宗年号，咸通十年即公元869年。这个碾子是文思院为皇上打造的。银碾轴的圆饼面刻"五哥"字样，"五哥"是僖宗皇帝未即位前的昵称，排名为五，称之"五哥"。饼面有半圈錾文"碾轴重十三两十七字号"。鎏金摩羯纹蕾纽三足架银盐台的支架上錾文"咸通九年文思院准造涂金银盐台一枚"。鎏金飞鸿纹银匙柄上刻画"五哥"字样。《物账碑》又将茶具列于僖宗供物项下。由此可见，这些茶具系宫廷御用茶具，懿宗为未来的僖宗皇帝打造，当属僖宗（873—888）专用茶具无疑。据《大唐咸通启送岐阳真身志文》碑记载，地宫安奉唐懿宗、僖宗皇帝供奉具为"笼子一枚，重十六两半。龟一枚，重二十两。盐台一副，重十三两。结条笼子一枚，重八两三分。茶槽子，碾子，茶罗、匙子一副七事，共八十两，……琉璃钵子一枚，琉璃茶碗托子一副"等。另外，还有长柄银勺、银则、菱弧形银方盒、盘圆座银盐台，无疑都属茶器。还有，秘色瓷器中的小碟、琉璃器中的盘子，也可视为唐代宫廷饮茶器具。

这套茶具大体归类包括有贮茶器、焙炙器、取火器、碾罗器、贮盐器、点茶器、饮茶器、佐食器和洗涤器等。有供碾茶用的鎏金壶门座茶碾子；有供碾茶后作筛粉用的鎏金仙人驾鹤纹壶门座茶罗子；有供烘团茶用的金银丝结条笼子和鎏金镂空飞鸿；毯路纹银笼子；有供贮存茶叶用的鎏金银龟盒；有供放盐和其他调料用的摩羯纹蕾纽三足银盐台和鎏金人物画银坛子；有供调茶用的鎏金伎乐纹银调达子；有供煮茶用壶门座高圈足银风炉；有供煮茶时夹炭用的系链银火筋；有供取茶用的鎏金飞鸿纹银则等。茶器设计科学，使用方便，质地精良，纹饰优美，配套严密，有金银器、琉璃器（玻璃）、秘色瓷器，附属用物有丝织品。这些茶器集中、全面、系统、形象地反映了唐代唐宫廷茶道所达到的最高境界。

兹将部分供奉茶具简介如下：

1. 鎏金镂空飞鸿毯路纹银笼子：模冲成型，通体镂空，纹饰鎏金。带盖，直口，深腹，平底，四足，有提梁。盖为穹顶，口沿下折与龙体扣合，无斧凿之痕。顶面模冲出15只飞鸿，内圈飞鸿引颈内向，外圈飞鸿则两两相对。口沿上端饰一周莲瓣纹，下缘饰一周破式团花，鱼子纹底。龙体腹壁錾三周飞鸿，共4

鎏金飞鸿毬路纹银笼子

只，均相对翱翔。两侧口沿下铆有环儿，耳座为四瓣小团花，环儿套置提梁，其上套置银链，另一端与盖顶相连。足为呈"品"字形组合的花瓣，与笼底边缘铆接，镂空均作毬路纹。通高17.8厘米，足高2.4厘米，重654克。

2. 金银丝结条笼子：笼体椭方形，以银丝编织而成。笼盖呈四曲，笼顶平坦，中部有金丝纺织而成的"塔形花"一朵，衬以金丝莲叶，四周以金丝云纹压边。盖口与笼口以子母扣相扣合，上下口及底边均以涂金银片镶口。笼口上下又以金

金银丝结条笼子

壸门高圈足座银风炉

丝编成的涡流条子压边。提梁亦为金丝编成。四足膝部位天龙铺首，以银丝盘屈的四枚涡纹构成足跟。因笼底亦系镂空编织而成，原有木片垫底，木片已朽。

3. 壸门座高圈足银风炉：钣金成型，通体素净，由盖与身组成。盖沿为三层减收的棱台，盖面呈半球形，上半部镂空，模冲出两层莲瓣。盖顶以三层银片做成的仰莲瓣承托镂空的锥顶状莲蕾。炉身为敛口，深腹，平底，圈足。口沿亦是三层渐收的棱台，每层棱台外沿六曲。腹部上小下大。腹壁内外两层铆和在一起。内层分作六块，与炉底铆接，外焊圈足。其腹部以下镂空六个壸门，底部与平折的足洞套接。炉底除与腹壁铆接外，其下焊作承托的十字形铜片。炉身两侧的口沿下各铆接一个提耳，炉身上铆钉顶端均饰以小银花。通高56厘米，盖高31.3厘米，口径17.7厘米。炉身高25.2厘米，口径20.7厘米，腹深16.5厘米，圈足上径35.8厘米。重3920克。出土时炉盖贴有墨书"大银熏炉，臣杨复恭"的鉴封，表明这件高圈足座银风炉，是由杨复恭奉献的。

4. 鎏金壸门座茶碾子：有鎏金壸门座茶槽架和纯银碢轴二件组成。鎏金壸门座茶碾槽架，呈长方形，由碾槽、辖板、槽身和槽座四部分组成。槽呈半月湖形，口沿外折，与槽座铆接，为碢轴滚槽，辖板呈长方形，插置槽口，两端呈如意云

鎏金壶门座茶碾子

头状，中间焊一宝珠形小捉手，可以抽动开合。捉手两边各錾一只鸿雁，衬流云纹。槽身截面呈"凵"形，碾槽嵌置其中。顶面两端亦为如意云头饰三朵流云纹，侧面两壁镂空壶门，壶门间饰两躯相向天马，间以流云纹。槽座上承槽身，两端做云状，周边饰20朵扁平团花，錾文为"咸通七年文思院造银金华茶碾子一枚共重十九两"。通高7.1厘米，长27.4厘米。重1168克。纯银碢轴浇铸成型，錾文上有"碢轴重一十三两"，轴可来回转动。碾轮轴心饰莲瓣团花一幅及流云纹一周。轮径8.9厘米，边厚0.6厘米，中厚2.2厘米，轴长21.6厘米。两端细，中间粗，两端各錾鎏金草叶纹，一端錾刻"拾七字号"四字及"五哥"二字，据此可知茶碾子确系唐僖宗所供奉，价值极高。

5. **鎏金飞鸿纹银则**：饰面呈卵形，微凹。匙柄扁长，上宽下窄，柄端三角形，上下部位錾花。上段为流云飞鸿，下段为联珠图案，期间錾十字花，均已弦纹和菱形纹为栏界。柄背光素。长19.2厘米，匙纵径4.5厘米，横径2.6厘米，柄上端1.3厘米，下端宽0.7厘米。重44.5克。

鎏金飞鸿纹银则

6. 鎏金仙人驾鹤纹壶门座茶罗子：器呈长方体，由盖、罗、屉、罗架和器座组成。均为钣金成型，纹饰鎏金。盝顶盖面錾两体首尾相对的飞天，头顶及身侧衬以流云，两侧饰如意云头，四周饰莲瓣纹，盖立沿饰流云纹，罗架两侧头饰束髻、着褒衣的执幡驾鹤仙人，另两侧錾相对飞翔的仙鹤，四周饰莲瓣纹。罗、屉均作匣形，中加罗网。屉面饰流云纹，有环状拉手。罗架下焊台形器座，有镂空的桃形壶门。高9.5厘米，器身长13.4厘米，宽8.4厘米。屉长12.7厘米，宽7.5厘米，高2厘米。座长14.9厘米，宽8.9厘米，高2厘米。总重1472克。

鎏金仙人驾鹤纹壶门座茶罗子

7. 鎏金人物画银坛子：钣金成型，纹饰鎏金。带盖，直口，深腹，平底，圈足。盖钮为宝珠形。盖面隆起，分为四瓣。每瓣内模冲出一只飞狮，细部饰以錾刻，底部衬以缠枝蔓草。每瓣凹棱侧饰"S"状二方连续纹样。坛盖与身以子母口扣合，腹壁划分为四个规范的壶门，内各錾刻一人物画。第一幅为二人相对跪坐于蒲团之上，一人吹箫，一人双手捧钵。第二幅为一人双手抚琴跪坐于蒲团之上，其前一凤鸟展翅起舞，下为喇叭形圈足座。上部外凸圆鼓，饰四壶门，内錾凤凰、鸿雁、鸳鸯、鹦鹉等；下部饰四片翻卷的荷叶，荷叶外有露出的鱼头鱼尾。高24.7厘米，口径13.2厘米，腹深11.2厘米，圈足径12.6厘米。总重883.5克。

鎏金人物画银坛子

8. **鎏金伎乐纹银调达子**：钣金成型，纹饰涂金。带盖，直口，深腹，平底，圈足。盖作立沿，沿面饰二方连续的蔓草。盖面高隆，边缘錾水波与莲瓣纹，中心为一宝珠形钮，下衬一周莲瓣。座四周錾两只鸳鸯和一只飞禽，衬以蔓草，腹壁中部刻三名吹乐、舞蹈的伎乐，衬以蔓草，底部一周饰莲瓣。喇叭形圈足，上部有圆凸棱，棱上饰四朵扁团花，下部錾莲叶叶脉纹。通高 11.7 厘米，盖口径 5.6 厘米，杯高 5.8 厘米，杯径 5.4 厘米，足径 6.3 厘米。总重 149.5 克。

鎏金伎乐纹银调达子

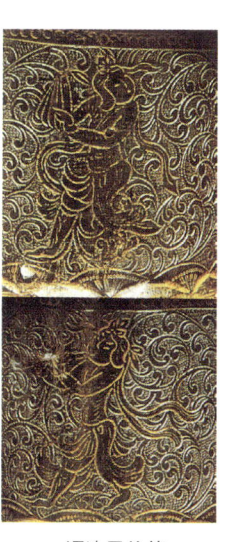

调达子纹饰

鎏金银龟盒

9. **鎏金银龟盒**：通体钣金，焊接成型。龟状，昂首，曲尾，四足内缩，以背甲作盖。内焊椭圆形子口架，尾与龟腹焊接，各部位纹饰与龟体相近，形象逼真，似有流动感。通高13厘米，长28厘米，宽10.3厘米。总重76.5克。

10. **鎏金带盖卷荷叶圈足银羹碗子**：浇铸成型，纹饰鎏金。由盖、碗子和碗托三部分组成。盖呈半球状，有莲蕾形钮，钮座为七瓣梅花，盖面饰镂空如意云纹四朵，盖沿直立。碗子素净，平宽折沿，弧腹，圆底。碗托与圈足焊接，托外为模冲的双层仰莲瓣，圈足饰叶脉，呈卷荷状。通高9.8厘米，盖高4.5厘米，盖径7.1厘米，碗径6.65厘米，深2.4厘米，足径8厘米。总重213.5克。

鎏金带盖卷荷叶圈足银羹碗子

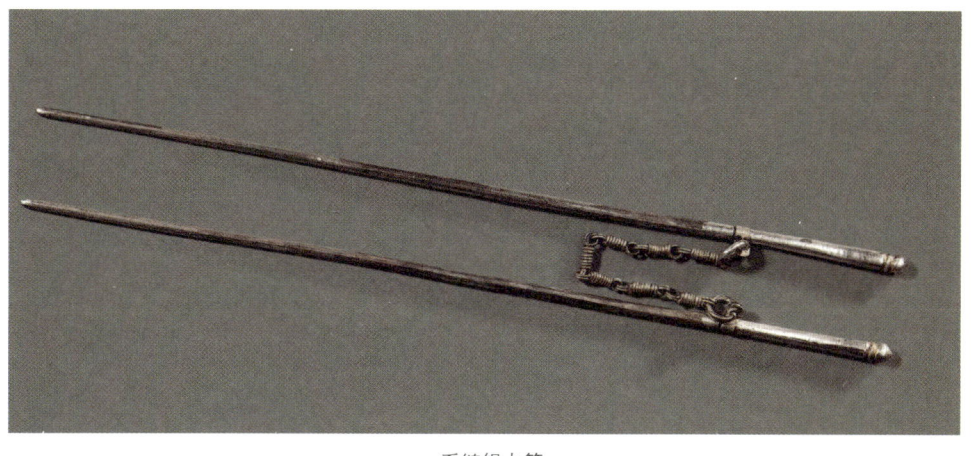

系链银火筯

11. 系链银火筯：圆柱体，上粗下细，通体光素。顶呈宝珠形，其下有 0.5 厘米宽的凹槽，环鼻套嵌其中，将两筯用链系结成一体，链为银丝编成。筯长 27.6 厘米，上端径 0.6 厘米，下端径 0.25 厘米，链长 10.3 厘米。总重 76.5 克。

12. 银盐台：盛盐花的器具。法门寺出土的蕾钮摩羯纹三足银盐台由盖、台

摩羯纹蕾钮三足银盐台

琉璃茶盏、茶托

盘和三足架组成。盖上有中空的莲蕾提手一个,有铰链,可开合为上下两半,并与盖相焊。中空的提手,通常是放胡椒粉用的。与之相连的盖心,饰有团花一周,还饰以摩羯四尾,盖沿为卷荷形,其下是一个与之相配的台盘,用于存放食盐。三足架与台盘焊接,整体形似平展的莲蓬莲叶。支架以银管盘曲而成,中部斜出四枝,枝头为两花蕾、两摩羯。支架上錾有铭文,曰:"咸通九年文思院准造涂金银盐台一枚。"表明该三足盐台制造年份是唐"咸通九年",是文思院为皇上专门制造的通高17厘米,台盘外径16.2厘米,台口径8.4厘米。

13. **琉璃茶盏、茶托**:法门寺出土的素面淡黄色琉璃茶盏、茶托,通体呈淡黄色,有光亮透明感。茶盏侈口,腹壁斜收,茶托口径大于茶盏,呈盘状,高圈足。通高5.3厘米,碗高4.6厘米,口径12.7厘米。这是中国最早的琉璃茶具。

同时出土的五瓣葵口圈足秘色瓷碗等一系列秘色瓷器,色泽青莹柔和,造型朴雅,估计也是唐时的饮茶器。秘瓷乃瓷中绝品。

这批精美绝伦的茶具是作为佛骨舍利的供养物而置于地宫内的,是按密教曼荼罗坛场的仪规放置的。这里是佛教文化与茶文化的接轨之处,具有丰富的文化内涵。

这套法门寺唐代地宫出土的唐僖宗供奉佛祖释迦牟尼指骨舍利系列金银茶具,是迄今世界上发现的最早、最完整、古代茶文化史料都未曾记载的珍贵茶具文物。这套完整成套的绝世珍宝,确凿地证实了唐代皇宫宫廷茶道的存在,是皇室宫廷茶文化的完美表现,也是唐宫廷饮茶风尚极其奢华的见证,为研究我国茶具历史和饮茶习俗提供了有力的佐证,也反映了唐代时宫廷饮茶风气十分盛行。

第五节 法门寺地宫茶具的文化内涵诠释

公元780年,陆羽著成《茶经》,这是一部"茶叶百科全书""茶叶文化宝库"和"世界茶叶的经典",把茶的有关经验、知识总结提高为一门专门学问,从而创建了我国和世界上最早的茶学，于是"茶道大行"。在陆羽的影响和倡导下，茶的应用和茶叶文化在全国范围内较快地发展起来。社会茶文化一旦宫廷化，它至少在物质礼仪等方面，即上升为最高规格的一种文化。地宫出土的不仅仅是宫廷茶具，还有"七事"之外的其他品种饮茶用具，其物名全部没有超出陆羽《茶经·四之器》中所列的茶具内容。法门寺地宫茶具及其文化内涵诠释如次。

一、煮茶器

1. 风炉：煎汤烹茶，必用炭火有焰为活火者，故对炉具要求严格，这种炉具称为风炉。法门寺塔地宫中室出土风炉置于装有秘色瓷碗等具的漆盒之上，反映出此炉与饮茶的密切关系。地宫《物帐碑》中又有"银白成香炉一枚并承铁共重一百三两"的记载，与《茶经》风炉条有"灰承"相符。而与熏炉下附炉台不同，可知地宫《物帐碑》记载误"风"为"香"。此炉当为烹茶之器，应命名为壸门座圈足银风炉。此炉钣金成型，由炉身、炉台两部分组成。炉身每曲内层以银片铆接一层银板，以防炭火烤炙，炉内无污墁痕迹。炉底为两个相同的半圆形银片铺铆而成，其下有宽22—25毫米的十字形铜板条衬于炉底之下。承铁有帐无物，当日并未入藏，其形制不得而知。《茶经·四之器》所载"风炉"或锻铁为之，或运泥为之，如古鼎形，三足，其三足之间设三窗，设三格，备其三卦，其灰承作三足铁盘。银白成香炉当与《茶经·四之器》所载"风炉"形制大体相同。

风炉

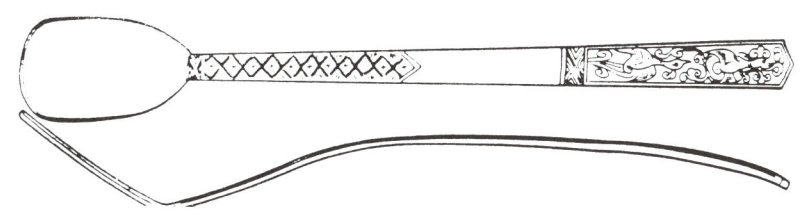

则

2. 火夹：使用炭火风炉，不可缺少夹拨木炭的火夹。据地宫《物帐碑》记载，知唐懿宗曾贡奉火筋一对。《茶经》云："火夹一名箸。若常用者，圆直一尺三寸，顶平截，无葱台勾锁之属，以铁或熟铜制之。"地宫内所出与《茶经》记载长度相近的系链银火筋，上粗下细，顶有宝珠，系链处有凹槽一周，通身素净。筋长276毫米，链长103毫米，重76.5克。

3. 茶匙：茶末投入汤心后，为达到稀稠得中的效果，必须以茶匙不断击沸汤面，使茶末融入汤中。因此，宋蔡襄《茶录》中说："茶匙要重，拂击有力，黄金为上，人间以银铁为主。"① 茶匙因靠汤近火，柄不宜短。地宫《物帐碑》记载有"茶槽子、碾子、茶罗子、匙子一副七事共八十两"，匙子即指鎏金流云纹长柄银匙。匙面呈卵圆形，微凹，匙柄端弧形，因纵裂成两片，故在柄上部套宽7毫米的银箍。柄身自上而下錾三段流云纹，其间以凸起的莲蕾作栏界。纹饰鎏金，柄背光素，中部錾"重二两"三字。

4. 则：《茶经》云："则，以海贝、蛎蛤之属，或以铜、铁、竹（制）匕策之类。则者，量也，准也，度也。凡煮水一升，用末方寸匕。若好薄者，减之；嗜浓者，增之。故云'则'也。"则是投茶时的匕状量具。法门寺塔地宫出土的鎏金飞鸿银则属此物。则匙呈圆卵形，微凹，匙柄扁长，下宽下窄，柄端作三角形，柄面隆起，上下两段錾花鎏金，上段为两只飞鸿衬以鱼子底流云纹，下段以联珠组成菱形为栏。

二、点茶器

调达子：《大观茶论》云："盏色贵青黑，玉毫调达者为上。"② 法门寺出土鎏金伎乐纹银调达子一对。唐时烹茶，先将茶叶烤炙并碾末过罗，用"则"量取投入此内，注入少量沸水将茶末调成糊状，此物供调茶、饮茶用。

三、碾罗器

1. 茶碾子：由于唐人饮饼茶，烹煮时先要将其碾罗成茶末。因此，碾、罗是烹茶的重要器具。法门寺出土的鎏金鸿雁流云纹银茶碾子，此件为专门打造宫廷金银用器的手工作坊"文思院"所制，槽座底部刻有"咸通十年文思院造银金花茶碾子一枚"以及"匠臣邵元番"等字样，推测邵元番就是制作这件器具的工匠师傅，他还在碾轴标上产品编号第"十七字号"。由此可见，此副茶具是有作者签名、独一无二的限量手工精品。《茶经》中亦有此物，说"碾以橘木为之，次以梨、桑、桐、柘为之。内圆而外方。内圆备于运行也；外方制其倾危也。内容堕而外无馀"。银质鎏金，与《茶经》所载形制、功用基本相同，只是材质趋于贵重豪华。

2. 碾轴：与碾子配套使用。《茶经》云："内容堕而外无余。木堕，形如车轮，不辐而轴焉。长九寸，阔一寸七分。堕径三寸八分。中厚一寸，边厚半寸。轴中方而执圆。"法门寺出土鎏金团花纹银碢轴，錾文"碢轴重一十三两"。特别的是在碾轴和槽座处都刻有唐末皇帝僖宗的小名"五哥"，可能是他亲自使用过的器具。

3. 茶罗：碾出的茶末要过罗。罗细则茶浮，粗则水浮，因之对罗孔的粗细

---

① [宋]蔡襄：《茶录》，见《茶书集成》，黑龙江人民出版社，2001年版。
② [宋]赵佶：《大观茶论》，见《茶书集成》，黑龙江人民出版社，2001年版。

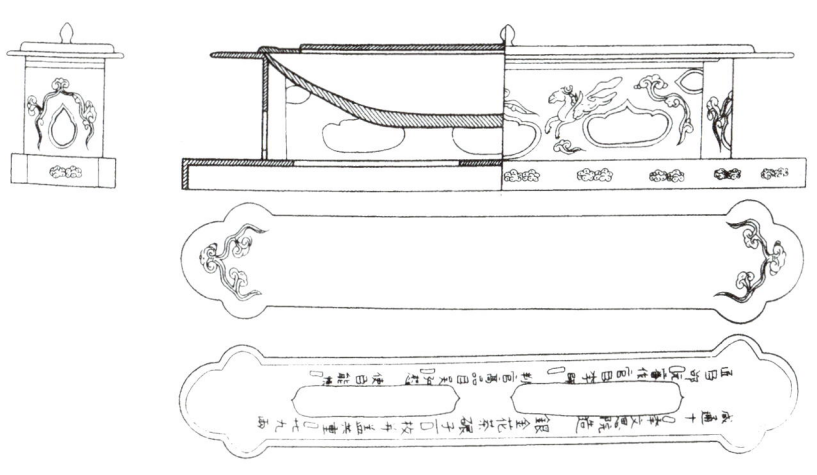

茶碾子

有一定要求。唐诗云"白苎眼细匀于研""半匙青粉搅潺湲",记录了筛茶和下茶粉的生动画面。法门寺出土鎏金仙人架鹤纹壸门座银茶罗子由盖、罗、屉、罗架和座构成的长方带座匣,匣盖里面錾题记五行:"咸通十年文思院造银金/花茶罗子一付全共重卅七/两。匠臣邵元审,作官臣李/师存,判官高品臣吴弘悫/使臣能顺十九字号。"这件茶罗子錾刻的飞天、神仙执幡驭鹤都是中唐画风,有些在敦煌唐代壁画上还可以找到它们的影子。

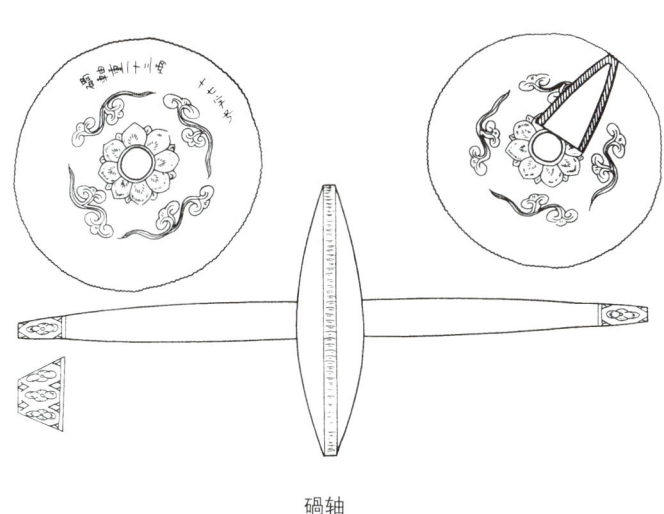

碢轴

四、贮茶器

盒：用来贮藏罗出的茶末。由于往往要将则（匕）置于其中，因之较大的金银盒才是贮茶用的，而较小的则多为药物或脂粉香料用的。贮茶盒子各地发现较多。法门寺出土的鎏金银龟盒，即是贮茶之用。

这件银龟茶盒整体呈龟状，昂首曲尾，四足内缩在地。龟甲为盖，盖甲上有龟背纹，整体造型惟妙惟肖。取茶时，既可揭盖（甲）舀取，也可以龟口中倒出，十分方便。银盒作龟状，这是因为古人认为龟是吉祥和长寿的象征。唐皇室选用鎏金银龟茶盒贮茶，既显示了皇室的高贵富丽气魄，又显露了皇上祈求长生不老的心态。陆羽在《茶经·四之器》篇有"罗合"一节，说它是一个"用巨竹剖而屈之，以纱绢衣之。其合以竹节为之，或屈杉以漆之"的有盖的盒子。二者虽然用途相同，但材料、做工大相径庭，显示出民间茶具与宫廷茶具的差别。

银盐台

五、贮盐器

鹾簋：唐代饮茶加盐。《茶经》中有鹾簋条："鹾簋以瓷为之，圆径四寸，若合形，或瓶，或罍，贮盐花也。其揭竹制，长四寸一分，阔九分。揭，策也。"

六、烘焙器

笼子：茶的贮藏保管自古以来就受到重视。唐代饮用的茶为饼茶，为了使

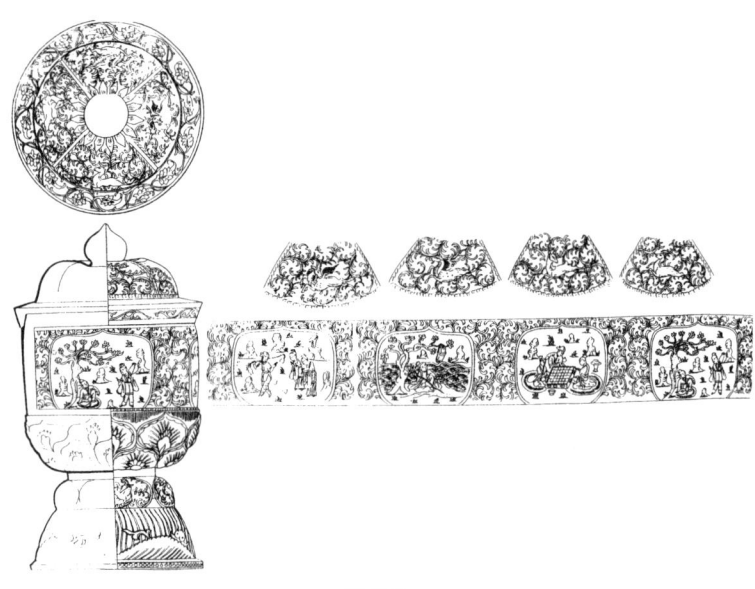

银坛子

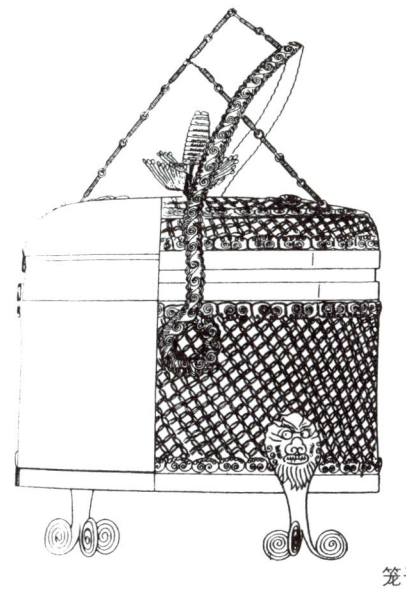

笼子

茶干燥而色味不减，需将茶饼装入吸热方便又易于散发水气的茶焙之中，烘去茶的水分。一般茶焙多用竹编织而成，而法门寺出土的是唐代的皇室茶具，为显其尊贵而用金、银丝编织而成。法门寺出土的金银丝结条笼子和鎏金镂空飞鸿毬路纹银笼子为唐代宫廷系列茶具，供煎茶时烘烤饼茶用，属煎茶器具之烘焙器。此器制作精巧细腻，玲珑剔透，是唐代金银工艺中绝无仅有的精品，代表了晚唐时期金银器制作工艺的最高水平。银茶笼盖面隆起，盖上冲出飞鸿 15 只。笼体腹壁錾飞鸿 3 圈，计 24 只，均做展翅飞翔状，栩栩如生，充分展示了唐代工艺精美，装饰雅丽的风貌。底有铭文"桂管臣李杆进"字样。唐时民间烘焙（烤）茶的器具比较简单。陆羽在《茶经·四之器》中仅提到当时民间烘焙饼茶用的是"竹夹"，由桃、柳或蒲葵木制成。而法门寺出土的茶笼，采用银质鎏金镂空加工而成，显然与民间的烘焙茶具在工艺和质地上有着很大的差别。但它对研究我国饮茶的发展历史，却提供了有力的证据，当为十分珍贵的古代茶具珍品。

此外，法门寺地宫出土唐代宫廷茶托、茶碗（盏）、琉璃杯、秘色瓷盘和鎏金菱弧形银方盒等，都属饮茶器。

总之，法门寺地宫唐代宫廷茶具为比较完备的唐人煎茶之具。其煎法基本依《茶经》而行，有灶、鼎、瓶、炉、铛、锅、瓶、釜；盛茶用具有碗、杯、茶笼子、盒；碾茶用具有茶碾子、茶罗子等。

从地宫出土文物看，属于点茶之器不在少数，可看出唐代宫廷盛行点茶饮法。点茶法在唐代后期已较流行，茶具的种类已较完备，烹点技术已相当讲究，以法门寺为代表的晚唐茶具应属点茶阶段的代表性证明材料。

第六节　地宫茶具与陆羽茶具之比较研究

唐代茶具在此之前和在此之后亦有零星出土。1957年，在西安和平门外（唐长安平康坊东北隅一带）出土唐代银质鎏金仰莲形茶碗托盘7只，分别錾文"大中十四年八月造成浑金鎏茶托子一枚金银共重拾两捌钱叁"和"左策使宅茶库金涂拓子壹拾枚共重玖拾柒两五钱一"①字样。近年在西安何家村等地出土了银质提梁锅和银质双耳提手锅，考古专家认为也是煮茶用具。

这说明，唐代茶具并不限于陆羽《茶经·四之器》的规范。如上流社会使用的是金银茶具，法门寺出土的"地宫茶具"就是其时的高档茶具。

中档的是"陆羽茶具"。因陆羽提倡"精行俭德"，茶学界有种说法，认为陆羽茶具是普及型茶具，换句话说，即要推广到全国为广大百姓普遍使用。但这套茶具唐代百姓用得起吗？

就品类而言，28种备齐不易；就重量而言，一套茶具全入都篮，重约百斤；就制作材料而言，有银、生铁、锻铁、生钢、熟铜、泥、石、白瓷、青瓷、海贝之类金属和非金属材质，有青竹、葫芦、棕榈皮、剡藤纸、木漆、白蒲、鸟羽、绢、粗绸、油布之属，所用木料选用槐、楸、梓、茱萸、桔、梨、桑、桐、柘、桃、柳、蒲葵、柿心之类，一般百姓能备齐这些材料吗？封氏言"远近倾慕，好事者家藏一副"，下面的话便是"王公朝士无不饮者"。什么是"好事者"？用今天的话讲就是"赶时髦的人"。当时有条件赶这个时髦的只能是"王公朝士"，即有钱的达官贵人、富商大贾、僧道雅士，至少是唐代的"中产阶级"。

来自下层社会的陆羽虽设计了一套复杂的造价不低的"陆氏茶具"，自己也明白，他的"陆氏茶具"百姓难于接受，所以他见机而作，来个区别对待，以免因茶具而废了大众茶事。《茶经·九之略》写道：

其煮器，若松间石上可坐，则具列废；用槁薪、鼎枥之属，风炉、灰承、炭挝、火夹、交床等废；若瞰泉临涧，则纽水方、涤方、漉水囊废；若五人已下，茶可味而精者，则罗合废；若援藟跻岩，引絙入洞，于山口炙而末之，或纸包合贮，则碾、拂末等废；既瓢、碗、夹、札、熟盂、醯簋悉以一筥盛之，则都篮废。

一连讲了六个"废"，但废的不是茶事，而是讲茶具的损益。他写了《茶经》也怕人生搬硬套，这种损益是为了顾全大众茶事，认可一般平民茶人可使用低档茶具。唐人饮茶用器倒也不拘泥24事，如喝茶用碗也用杯、瓯、瓶、樽、盏，煎茶用鼎也用瓶、铛、锅。低档茶具的特点是价廉、不成套。作为茶神，陆羽也不肯屈从大众茶事而废了他的精心创造。《茶经·九之略》又补了一"废"："但城邑之中，王公之门，二十四器阙一，则茶废矣。"

这如同唱戏，草台班在服装、道具、器乐方面可以马虎一下，城市大剧院则马虎不得。城乡有别，贫富有别，居城的王公朝士必须按《茶经·四之器》的要求用"陆氏茶具"和"陆羽煎茶法"操作茶事，以全茶艺，否则便等于废了茶事。

由此可见，"陆氏茶具"是为唐代的"中产阶级"设计的"中档茶具"，在其

---

① 马得志：《唐代长安城平康坊出土的鎏金茶托子》，《考古》，1959年第12期。

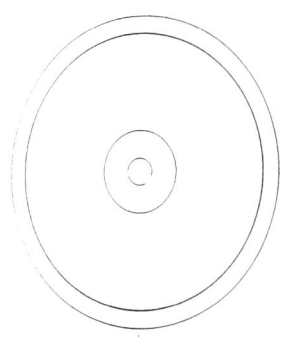
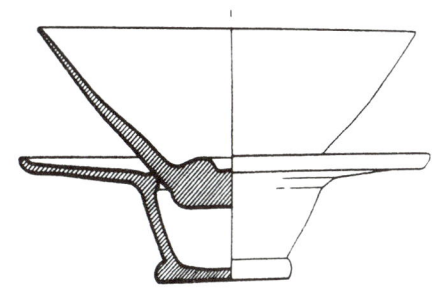

茶盏、茶托

上有高档的"唐宫茶具",在其下有低档的"大众茶具"。

　　法门寺地宫出土的唐代宫廷茶具包括炙茶具、碾茶具、煮茶具、饮茶具、水具、盐具、藏陈具等七大类20余件,质地以金银为主,还有当时比金银更贵重的琉璃、秘色瓷。其工艺水平之高、材料之昂贵在茶具史上都是空前绝后的。它是灿烂辉煌的大唐茶文化的证物。

　　这套宫廷茶具发人深思,陆羽茶具推崇越窑青瓷,而这套茶具崇金贵银,难道金银茶具能比陶瓷茶具烹出更好的茶味?其实并非如此。宫廷茶事已被涂上浓重的皇家色彩,被推向豪华贵重的极致,反映的是另一种价值取向。

　　就如烘焙器而言。陆氏风炉材质铜铁和普通的泥土,式样追求古朴,具周易文化的丰富内涵。而地宫茶具中相对应的是壸门座高圈足银风炉,装饰有莲瓣、仰莲瓣、锥顶状莲瓣、十字形铜片、小银花,突出其豪华的风格及佛教文化的内涵。此物系贡品,是朝廷进贡制度的物证。出土时炉盖贴有墨书"大银熏炉,臣杨复恭"的鉴封。两件器物两种风格,一为雅士茶道的载体,一为贵族茶道的载体。

　　再如碾罗器。陆氏碾罗器包括碾、拂末、罗合,碾盘和堕用质地坚硬细密且无异味的木材制成,拂末用鸟的羽毛制成,罗合材质是竹、杉木、纱绢、油漆为之。而地宫茶具的碾罗器包括鎏金壸门座茶碾子、纯银锅轴、鎏金仙人驾鹤纹壸门座茶罗子。三物皆构造复杂、装饰豪华、材质高档。鎏金壸门座茶碾子錾如意云头、流云纹、鸿雁、天马、扁平团花,錾文为"咸通七年文思院造银金花茶碾子一枚共重十九两"。鎏金仙人驾鹤纹壸门座茶罗子由盖、罗、屉、罗架、器座组成。錾饰飞天、流云、和合云、如意云头、莲瓣纹、仙鹤,饰束髻、着褒衣的执幡驾鹤仙人,錾刻僖宗皇帝小名"五哥"字样。较之质朴雅致的陆氏碾茶器,地宫碾茶器崇金贵银,以豪华尊贵为价值取向,体现的是皇权至上,并可感知到大唐开放的宗教政策。

　　其他如贮茶器,陆氏用廉价的纸囊,地宫茶具相对应的是鎏金银龟盒,通体钣金,焊接成型。龟状,取神龟长寿之意。

　　又如储盐器,陆氏有鹾簋,瓷制;揭,用竹制成。地宫茶具有鎏金人物画银坛子,饰有宝珠形、飞狮、凤凰、鸿雁、鸳鸯、鹦鹉、鱼、荷叶、缠枝蔓草、"S"状二方连续纹样。腹壁划分为四个规范的壸门,内各錾刻一人物画,分别为萧史吹箫、仙人对弈、伯牙奉琴、金蛇吐珠。摩羯纹蕾纽三足架盐台錾文"咸通九年文思院造银涂金盐台一只",表明此物系宫廷金银作坊所打造。

地宫茶具尚非宫廷茶具的全部,但仅就法门寺出土的20余件与陆羽茶具作一比较,已可看出二者之间的差异:

以用途论,地宫茶具是作为地宫唐密曼荼罗的供器出现的,是唐皇室尊崇佛教的生动体现。陆羽茶具则是推行陆羽煎茶艺术的一个创意,是将食具与茶具分离的具划时代意义的创造;

以材质论,地宫茶具多系价值高昂的金银器和琉璃器,陆羽茶具则以铜铁和木材为主;

以时尚论,地宫茶具代表的是贵族时尚,陆羽茶具代表的是雅士时尚;

以装饰论,地宫茶具追求豪华繁缛,陆羽茶具则较为简约、质朴;

以用户论,地宫茶具的使用者系天潢贵胄、王公贵族。陆羽茶具的使用者以文人雅士为主体,属大唐的中产阶级;

以内涵论,地宫茶具负载的是三教文化和皇权思想,陆羽茶具则更多一些儒家思想和平民意识。

毫无疑义,地宫茶具无论材质、工艺及文化内涵,都是中国茶具登峰造极的创造,是盛唐气象的写照。陆羽茶具是推广陆羽煎茶法的具有划时代意义的创造,是拉动大唐茶的文化消费和发展茶产业的助推器。

第七节 地宫茶具与唐人的茶道美学

通观唐代饮茶器具,民间多以陶、瓷为主,而皇室贵族多用金银茶具和当时稀有的秘色瓷及琉璃茶具,法门寺地宫出土的唐代宫廷系列茶具有力地证明了这一点。这套茶具是皇室宫廷茶文化的完美体现,也是大唐帝国宫廷饮茶风尚极其奢华的见证。从不同的侧面、不同的角度,形象、生动、真实地反映了唐人的"吃茶"艺术。

法门寺地宫出土了五瓣葵口圈足秘色瓷碗,色泽晶莹柔和,造型古朴典雅,被初步认定为茶具中的点茶器。陆羽在《茶经·四之器》中,曾对瓷茶器皿的质地和色泽进行了评述。从陆羽的论述中可以看到唐人饮茶对"色香味"很讲究。茶叶的自然本色是绿色,而能昭显茶叶这一自然之美的瓷器即为上品。当时越州窑烧制的青瓷青如天、明如镜、薄如纸、声如磬,其釉彩纹色更是千变万化、姿态纷呈,若作为茶具则的确美不胜言,也难怪唐代诗人发出了"越瓯犀液发香茶"的赞叹。这套茶具质地高贵,造型精巧,纹饰流动,在艺术上具阴柔之美。

当历史的车轮行进到晚唐时期,昔日美学理想中那些奋发昂扬、激越豪迈的精神和美学追求已不复存在,那种"挝金伐鼓下榆关"的豪迈气势,那种"气蒸云梦泽,波撼岳阳城"的壮美境界,已一去不返。时代的剧变,带来精神家园的迁徙,阴柔就成为时代转折期的一种新的美学标志与追求。法门寺地宫出土的茶具,正是这一美学理想和特色的体现。无论是贮茶饼的笼子,碾罗茶面的碾子、罗子,贮茶面的盒子,盛盐、椒的盐台,或是饮茶用的调达子与琉璃茶托、茶盏及佐食用的秘瓷盘等,均精巧玲珑、飘逸轻盈。整体与个体、个体与个体之间互

五瓣葵口圈足秘色瓷碗

相匹配协调，那婉转飞动的纹饰，那色彩绚丽的器体，无不折射出一种自身特有的动人心魄的阴柔之美，而在这种美的意境中，又包含着一种黄老哲学中无为的思想底蕴，这种思想也正是晚唐政治背景的映照，"盛唐气象"黯然失色，审美趣味发生逆转，真是"无可奈何花落去"！

第八节 地宫茶具出土的历史意义

法门寺地宫出土的这套系列宫廷茶具有令学术界为之振奋的学术价值，具有很深刻的历史意义，概而言之，有如下几个方面：

其一，陆羽创制了茶具二十四器，地宫系列茶具的出土为其提供了实物佐证。《茶经》中提到的风炉、火夹、纸囊、碾、罗合、则、揭、碗等，一一见之于地宫系列茶具，说明了陆羽茶具的真实存在。在此之前，虽曾出土过几件唐代茶具，但数量不多，品类少，无法以一斑窥"陆羽茶具"的全貌。地宫系列茶具的出土将使中国古代茶具的研究取得突破性进展。

其二，地宫系列茶具的出土揭示了唐代宫廷茶具的文化渊源。地宫系列茶具表明唐宫接受了陆羽茶具的设计思想，并有所改进。改进的宗旨是要茶具的档次与皇家的身份相称。这种改进体现在：形制更见精美，要体现大唐最高工艺水平；材质非金即银，或者用比金银更昂贵的琉璃和秘色瓷，要体现贵族阶层追求豪华的价值取向；装饰更见繁复，要体现大唐主流社会较为普遍的美学追求。在地宫茶具出土之前，学术界一般只提及《茶经》中的茶具，而不知其他。地宫茶具出土后，我们方知在唐代三种类型茶具的客观存在：

(1)百姓家用的普通茶具。或不配套，或以食具代用，属民间大众化的低档茶具。

(2)中产阶级用的陆氏茶具。细研《茶经·四之器》，陆氏茶具岂止"二十四事"(《封氏闻见记·茶》)，有人细算过，其数应为8类29种40件，一套茶具全入都篮，重约百斤。制作材料数十种之多，有条件赶时髦的只能是大唐的中产阶级，包括有钱有闲的王公朝士、富商大贾和僧道雅士之流。因此，陆氏茶具属中档茶具。

(3)皇宫贵族用的唐宫茶具。唐宫茶具的来历多系贡品或宫廷匠人精心打造，且是皇宫专用品,在封建等级社会里是皇权至上的象征,当属高档茶具。

我们对大唐茶具多样化的认知始于地宫茶具的发现。

其三,向世人展示了大唐宫廷茶道的独特风貌。在此之前,我们知雅士茶、僧道茶和世俗茶,却不知皇宫之内如何饮茶,更不知宫廷有无茶道。地宫茶具告诉我们,皇宫饮茶全面接受了陆羽《茶经》的影响,逐步形成了独具特色的宫廷茶艺或茶道。当然,我们可从唐代诗词中领略唐代宫廷茶的风采,如唐代诗人李郢作"茶成拜表贡天子,万人争喊春山催。驿骑鞭声春流电,半夜驱夫谁复见?十日王程路四千,到时须及清明宴"。唐代诗人张文规《湖州贡焙新茶》诗云:"凤辇寻春半醉回,仙娥进水御帘开。牡丹花笑金钿动,传奏吴兴紫笋来。"(《全唐诗》卷366)宫廷茶风很兴盛,支持宫廷茶风的是贡茶之制。有史表明,唐皇室不仅要臣民贡茶,还要贡天下名水和天下著名茶具,既然"天子未尝阳羡茶,百草不敢先开花"(唐·卢仝《走笔谢孟谏议寄新茶》,《全唐诗》卷388),那天下最好的水和天下著名茶具都应先让皇帝享用。由此可知,宫廷茶道有富贵之风,具霸王之气。地宫茶具表明了唐代宫廷茶道的基本特征:它由贡茶之制演化而成,属贵族茶道的一个分支。贵族茶道的茶人是天潢贵胄、达官贵人、富商大贾或豪门乡绅之流,于茶艺无不求其"高品位",旨在借茶事夸饰富贵,似乎不如此就有损"皇权至上"和"尊贵身份"。大唐天子成为天下第一茶人,将对大唐茶文化趋于鼎盛起到决定的作用。毋庸置疑,唐代宫廷茶道是大唐茶文化的集中体现,也是大唐茶文化趋向成熟的历史标记。从另一个角度讲,这也是盛唐气象的生动体现,因为饮茶乃"盛世之清尚"。

其四,地宫茶具体现了佛教茶文化与宫廷茶文化的相互沟通。地宫茶具的出土向我们传递了一个历史信息:懿宗、僖宗将如此珍贵的茶具用来供奉佛祖并纳入地宫唐密曼荼罗坛场,是期望佛祖保佑"圣寿万春,圣枝万叶,八荒来服,四海无波"。若认为此举仅仅说明了大唐皇帝崇佛有加和对汉地密教的尊崇还远远不够,就茶史论之,它还说明宫廷茶文化与佛教茶文化的相互联系。大唐茶风是由寺院刮起来的,发轫者是禅宗的和尚。唐封演《封氏闻见记》载:"开元中,泰山灵岩寺有降魔师,大兴禅教。学禅,务于不寐,又不夕食,皆许其饮茶。人自怀挟,到处煮饮,从此转相仿效,遂成风俗。"这股风终于吹进了宫门,使一代代大唐天子成为天下第一茶人,其意义十分深远。佛教给宫廷送去寺院茶风,培养了一大批宫廷茶人,带给宫廷的不仅仅是口腹之欲,还有茶道的精神,对于王公贵族的修身养性不无益处。在这样一个熏陶过程中,使王公贵族们有了新的认识:饮茶对于凡人或是圣者,都是最好的饮品,对佛祖最好的表示就是供奉一套最高级的茶具。法门寺是皇家内道场,将弥足珍贵的皇宫系列茶具献给佛祖并封于地宫是最好的表达方式。唐王朝以自己独有的茶具负载唐代茶和茶文化,以此供佛,将茶供和宝供融为一体,有其独特的用意。换言之,大唐皇帝以价值连城的金银茶具供奉佛祖,从一个特殊的角度说明了佛教作为外来宗教终于站稳了脚跟,突破了文化壁垒,征服了唐朝最高统治者,使他们成为虔诚的佛子,并将传播佛教视为治国方略,这是茶的胜利,也是佛教的胜利。

其五,地宫茶具的文化特点是三教融合。中国是以儒治国,辅以佛道,从地宫茶具的形制和装饰可看出大唐皇帝不是独尊儒术,而是主张平衡三教,为我所用。佛教接纳异教色彩的贡品，反映了佛教的权变机敏，客大不欺主，三莲并蒂，共存共荣，这是佛门布道胜出的不二法门。在佛教的第一故乡——印度，宗教矛盾愈演愈烈，乃至僧人脱下了袈裟，放下了钵盂，而披战袍、操干戈；但在中国，却是另一番情形，三教融合，相揖相让。只有农民利用宗教反抗朝廷，却从无宗教战争。究其原因，这与中国历代王朝的宗教政策有莫大关系，这一英明国策奠基于大唐。我们透视地宫茶具的文化底蕴，可揣摩到大唐天子与佛门高僧的良苦用心。

1987年4月，法门寺唐塔地宫出土的宫廷茶具所具的文化内涵及科技水平值得海内外茶学家和科技工作者认真研究。它是唐代茶道文化最真实的体现，特别是证实了陆羽所提倡的茶道文化的真实存在。它的出土，表明了博大精深的大唐茶文化的历史源头和最高层次，填补了茶文化史研究的空白，为唐代茶文化研究开启了新的思路。

中国茶叶的历史进程，凝聚着历代人民的聪明才智。我们的祖先在发明茶的栽培和各类制法的过程中，创造出茶的品饮艺术和茶文化。由法门寺地宫唐代宫廷茶具可见唐代茶文化内涵十分丰富。如果说陆羽《茶经》把我国的饮茶和茶具文化推到一个空前的高度，那么，法门寺地宫唐代宫廷茶具，不但说明了《茶经》一书在社会各阶层中的深远影响，而且用实例证明了唐代在茶具生产上所达到的令人折服的高度。由此看来，大唐茶文化是千百年间我们祖先不断探索、积累的文化和智慧的结晶，是我国文化宝库中的珍贵财富，综合体现了悠久、灿烂的东方文明。

第七章 宫廷茶风与唐代饮茶文化

疏香皓齿有余味
更觉鹤心通杳冥

第一节　天子爱茶

唐代，特别是中唐前后，人们对茶的功能与品质有了进一步的认识。茗饮文化由自然走向自觉，并开始自觉地与中国传统文化精神相契合，完成了由一般的茶饮向精神文化的升华，逐渐形成了中国古代前所未有的茶文化理论和精神，成为唐人的一种综合文化及雅致的生活方式，并开创中国千年茶风。后世大多数有关茶文化的精神与范畴，在此时都已基本形成，并一直影响着后世。

封建时代的帝王集团也是知识分子，受过严格的儒学教育，具有很高的文化素养。他们人数虽极少，但对中国茶道影响很大。概括为八个字："帝王嗜茶，茶为国饮"。

唐朝皇帝多数爱饮茶，纵无此嗜好，出于发展经济的考量也十分热心茶事。所以，当一批文士精心建构中国茶道之时，大唐诸帝运用他们至高无上的地位，推动中国茶业的发展。那个时期，儒、道、释都忙着经营各自的茶文化圈，虽曾产生广泛的影响，但辐射全国的力度不大，都难与皇室比肩。茶神陆羽乃一介布衣，虽可立一家之言以规范茶事，却难以产生全国性的影响。因此皇帝嗜茶非同一般！古语云，上之所好，下必甚焉。皇帝以其"九五之尊"，举足为法，吐词为经，因居高位而蓄积极大的势能，足以影响全国。所以，大唐天子嗜茶，对于抬高了茶的地位，使茶俗风靡大江南北，成为大唐"国饮"起到了至关重要的作用。

贞观十五年（641），太宗将宗室养女文成公主远嫁藏王松赞干布，唐以茶作嫁奁，自此开启了西藏饮茶之风。茶作为婚姻聘礼亦渐成习俗，被称为"下茶礼"。无论是唐太宗或是文成公主，都没想到，他们以茶填陪嫁箱子这一举动会成为茶史佳

唐太宗

第七章　宫廷茶风与唐代饮茶文化

话，产生如此深远的影响。

唐玄宗李隆基（685—762），在位时励精图治，开元年间天下大治，旧史家称之为"开元之治"。开元年间茶叶种植增加，饮风颇盛，茶道大行，所谓"王公朝士无不饮者"。玄宗本人精通茶艺，《梅妃传》记载，李隆基虽日理万机，仍有闲情逸致与爱妃斗茶。斗茶虽盛于宋代，但早在陆羽之前，玄宗便已在宫廷作斗茶游戏，开风气之先，足见他于茶艺十分精通，引领了饮茶新潮流。

唐肃宗李亨（711—762）是乱世天子，在"安史之乱"时"抢班夺权"当了皇帝，在位时间短暂（仅7

唐玄宗

年），无暇顾及茶事。不过，他赐给道士张志和奴婢各一，张志和安排叫"渔童"的捧钓收纶，叫"樵青"的竹里煎茶。这是唐代道教茶的重要记载。肃宗在灵武即位后，御驾亲征，平息安史之乱，韩滉以茶奉君。肃宗朝张巡守睢阳，食尽，为了稳定军心，用皮带和茶熬汁在城头啜饮，以示镇静自若。

唐德宗李适（742—805）饮茶喜加酥椒之类，并喜吟诗以增雅兴。李繁是宰相李泌之子，所著《邺侯家传》载："皇孙奉节王煎茶，加酥椒之类，求泌作诗，泌曰：'旋沫翻成碧玉池，添酥散作琉璃眼。'"德宗不仅自己喜欢饮茶，还常以茶为赐。苏鹗《杜阳杂编》载："唐德宗每赐同昌公主馔，其茶有绿花、紫英之号。"

太和元年（827）登基的唐文宗好博览群书，乐与文人学士切磋经义，节俭儒雅，于茶事有很深的理解。每与学士内廷相见，总命宫女侍茶以助长谈。《杜阳杂编》写道："文宗皇帝……每试进士及诸科举人，上多自出题目，及所司进所试而披览，吟诵终日忘倦，常延学士于内廷讨论经义，较量文章，令宫女已下侍茶汤饮馔。"可见，文宗不仅嗜茶，并且对茶之文化底蕴有较深的理解。

宣宗召翰林学士韦澳入宫论诗，《幽闲鼓吹》一书云："有小黄门置茶。"黄门乃宦者的名称，唐开元中设有"黄门省"，负责宫内事务，侍茶汤亦是职责之一。

唐德宗

宫廷茶风在张文规①的《湖州贡焙新茶》、王建的《宫词》和鲍君徽的《东亭茶宴》中有生动的反映。

上之所好，下必甚焉。皇上如此嗜茶，臣子也要懂茶，以便在一年一度的清明茶宴上谈茶、饮茶。皇上赐茶成为弥足珍贵的嘉奖，诸如此类的茶宴、茶会，层层举办，蔚然成风。饮茶成了非学不可的礼仪，成了"上档次"的雅事，成了时髦事。宫廷茶风对全社会产生了影响。

第二节　宫廷茶礼

冯贽《云仙杂记》中载太宗时期以茶赐公卿大臣乃"唐故例"，内云："翰林当直学士，春晚困，则日赐成象殿茶果。"从中也可看出：宫廷饮茶时可配茶点，如佐以干果。

唐代诗人王建作（一作唐代元稹作）《宫词一百首》（《全唐诗》卷302），其中一首写延英殿②殿试③，天子给考试的文士赐茶的场面。在延英殿上，皇帝对会试④的文士进行廷试，这时，宫女们捧着茶来招待他们。赐茶之举，表示皇帝的爱士之心。对于考试的儒生们来说，能喝到一碗天子赐的香茶，那是在感受浩荡皇恩，心里不由得要三呼万岁！士子的身价高了，茶的身价高了，那是因为这碗茶汤乃皇帝所赐的缘故。

唐天子重视茶事，认为茶是高贵饮料，以茶示恩宠便成了惯例。代宗、武宗时代的诗人刘禹锡（772—842）就曾为大臣武中丞代为书写《代武中丞谢新茶》一文，文曰：

> 臣某言：中使窦国安奉宣圣旨，赐臣新茶一斤。猥降王人，光临私室。恭承庆锡，跪启缄封。臣某中谢。伏以方隅入贡，采撷至珍。自远贡来，以新为贵。捧而观妙，饮以涤烦。顾兰露而惭芳，岂蔗浆而齐味。既荣凡口，倍切丹心。臣无任欢跃感恩之至。

还有一篇柳宗元《为武中丞谢赐新茶表》，文字又有某些不同之处但同样表现出赐茶这种宫廷大礼让臣子受宠若惊，感恩不尽。

朝廷赐茶有一定仪规，非交给完事。由谢茶表可知：皇上派中使窦国宴宣旨，武中丞跪接，启封，然后谢恩。武中丞（元衡）还觉得不够，又请大文人柳宗元撰写谢表，还亲笔写了一篇《谢赐新火及新茶表》，内云："慈泽曲临，恩波下浃，光烛闾里，荣加贱微，惊欢失图……惟当焚灼丹诚，激励愚鲁。"武元衡获茶二斤，区区小数，竟一谢再谢，受宠若惊，恨不得以死图报，这一则说明臣

---

① 张文规：裴度秉政，引为右补阙。累转吏部员外郎，官终桂管观察使。工书法。
② 延英殿：唐代长安大明宫宫殿。建于开元中。殿院外设有中书省、殿中内省等中枢机构。自代宗起，皇帝欲有咨度，或宰臣欲有奏对，即于此殿召开。因旁无侍卫，礼仪从简，人得尽言。后渐定期开延英殿成为皇帝日常接见宰臣百官、听政议事之处。
③ 殿试：是由武则天创立的。又称御试、廷试，即指皇帝亲自出题考试。会试中选者始得参与，目的是对会试合格者区别等第。通过朝廷殿试者为进士。宋朝正式成制，金、元、明、清四代沿用。
④ 会议：是中国古代科举制度中的中央考试。应考者为各省的举人及国子监监生，录取者称为"贡士"，第一名称为"会元"。

子忠君；二则说明赐茶是宫廷大礼，非皇帝宠幸着实难获此殊荣；三则说明贡茶值昂，价比黄金，得之不易。

类似的记载还有许多。永泰元年（765）大宦官鱼朝恩[①]判国子监事，代宗示恩宠，命"中使送酒及茶果，赐充宴乐"（《旧唐书·礼仪志四》）。中书舍人常衮，获"赐茶百串"（《南部新书》）。天祐二年（905），唐哀帝"赐宰相柳璨茶、药"（《旧唐书·哀帝纪》）。

唐后期藩镇割据，为维护统治、彰显恩威，汴州刺史田神玉亦曾获赐1500串紫笋茶（《文苑英华》），并且明确指示要分给将士以下，以达到："念以炎蒸，恤其暴露。荣分紫笋，宠降朱宫……泽被三军，仁加十乘"（《全唐文》卷444韩翃《为田神玉谢茶表》）之目的。为表彰一些"乞假入觐"的臣僚，朝廷亦经常例赐茶果或茶药给他们。白居易在《谢恩赐茶果等状》一文中就曾记载："今日高品杜文清奉宣进旨，以臣等在院进撰制问，赐茶果梨脯等。"（《全唐文》卷668）更有甚者，僖宗时张全义初至东都，竟将茶叶作为鼓励农民恢复生产、勤事耕桑的奖赏品（《资治通鉴》卷257）。可见茶叶在唐代统治者的眼里，已经成为一剂拉拢人心、维护政权的良药。

唐宣宗时代有个僧人活到120岁，皇上令地方官将其送来京城宫廷见驾。皇上问其养生之道，僧人回答说："臣少也贱，素不知药，性本好茶，至处唯茶是求；或出，亦日遇百余碗，如常，日亦不下四、五十碗。"皇上于是赐茶50斤，令居保寿寺，并把饮茶之所称为茶寮。此事出宋人钱易著《南部新书》。

大唐历代皇帝赏赐高僧大德，多用茶奖。惠果于贞元六年（790）入宫，于长生殿为国持念70余日，归时，每人赐绢30匹，茶20串。贞元十四年（798），惠果入内道场，赐绢1匹，茶10串。惠果常以所赐之茶换购丹青颜料，绘制曼荼罗。

赐茶对象还包括皇亲内戚。唐懿宗"咸通九年，同昌公主出降，宅于广化里……上每赐御馔汤物……其茶则绿华、紫英之号……"（《杜阳杂编》）。咸通九年即公元868年。"绿华""紫英"乃唐代贡茶品。茶不仅作婚姻聘礼、陪嫁之物，亦作姻亲的赐品。

第三节　宫廷茶俗

唐代之前的宫廷茶俗大体情况是：东汉之前宫廷以茶为祭，尚无真正意义上的饮茶习俗；东汉、三国、魏晋南北朝及隋代时，饮茶之风传入宫廷，宫廷始有茶俗。唐代饮茶之风兴盛，宫廷茶俗也基本形成。

子兰的《夜直》诗表达了官员们在宫廷值夜班时的饮茶习俗，在富贵豪华但又森严寂寞的宫廷值夜班，是一件十分索然无味的苦差事，但参与值班的子兰别有乐趣，取宫中的泉水煎茶，与人共品香茗，以打发难耐的时光。

钱俶《宫中作》有"西第晚宜供露茗，小池寒欲结冰花"（《全唐诗》卷8），

[①] 鱼朝恩：唐代擅权宦官。泸州泸川（今四川泸县）人。唐玄宗时入宫当太监。安史之乱发生后，随玄宗出逃，侍奉太子李亨，颇得信用，历任三宫检责使、左监门卫将军，主管内侍省。

文苑图

郑谷《南宫寓直》云"曾携新茗伴,更扫落花迎"(《全唐诗》卷676),都是反映宫廷茶事的诗篇。

法门寺地宫茶具的出土,为我们解读大唐宫廷茶俗提供了宝贵的实物证据。解读地宫茶具,可以帮助我们了解生活在长安皇宫里的人们,他们喝什么茶,怎样喝茶,用什么茶具喝茶,有着怎样的精神追求,所崇尚的贵族茶道是何等的风格,他们企图通过饮茶企图展示怎样的文化心理人格,等等。

研究这套茶具可以表明:大唐宫廷茶艺主要采用的是在中唐以后风靡全国的"陆羽饼茶煎饮法"。

陆羽茶艺传入宫廷的另一佐证源于野史。唐代宗李豫既崇佛又嗜茶。董逌《陆羽点茶图跋》云:"竟陵大师积公嗜茶久,非渐儿煎奉不向口。羽出游江湖四五载,师绝于茶味。代宗召师入内供奉,命宫人善茶者烹以饷,师一啜而罢。帝疑其诈,令人私访,得羽召入。翌日,赐师斋,密令羽煎茗遗之,师捧瓯喜动颜色,且赏且啜,一举而尽。上使问之,师曰:'此茶有似渐儿所为者。'帝由是叹师知茶,出羽见之。"这段文字从一个侧面说明陆羽茶艺对宫廷茶俗的影响。

宫廷也有茗粥或痷茶的吃茶法。茶中加佐料,主要是辛辣药物,如姜、葱、茱萸、苏桂、花椒及薄荷之属。前文已说"好煎茶"的唐德宗李适喜欢在茶中加上"酥椒之类"。他未登基时便热心茶事,并向后来任宰相的李泌"赠茶求诗"。

唐代有茶画《明皇和乐图》和《宫乐图》,前一幅系唐代画家张萱所作,后一幅系佚名氏所作。画中均绘有大盆,内盛冲好的茶汤,一仕女手持长柄木勺在分茶。场面是品茗、饮酒、奏乐,充满宫廷闲适享乐的气氛。若从茶艺角度看,她们饮的是较为原始的痷茶,将茶末置入盆中,以汤沃之,以勺分之,以碗盛之,佐以茶点。而不是茶食一体，浑而烹之。这证明了唐宫瀹茶习俗的存在。

要说明的一点是，唐代尚无完全意义上的清饮，连陆羽也不反对茶中加盐花和生姜。薛能诗云，"盐损添常诫，姜宜著更夸"，竟视盐姜必不可少。无论是帝宫茶具还是陆羽茶具，都有专用盐具。

流行于宋代的点茶法，在唐代宫廷早有萌芽。所谓斗茶，又名茗战、点试或点茶，实际上就是点茶比赛。此法源于唐，盛于宋，终于元明。

唐代冯贽在《记事珠·茗战》中云："建人谓斗茶为茗战。"其意是说京畿一带叫斗茶，福建一带叫茗战。这说明唐代帝京和重要茶区已存在斗茶习俗。

如何斗茶？如何判输赢？无唐时文字为证。宋人斗茶的评判标准是：一看茶面汤色的色泽与均匀程度。汤茶面以"冷粥面"为上，汤花呈粟纹为佳。二看茶盏内沿与汤花相接处的水痕。汤花保持时间长，汤花紧贴盏沿而散退的叫"咬盏"，汤花散退若出现水痕的，叫"云脚涣乱"。咬盏为佳，先出现水痕者为败。三品茶汤，观色、闻香、品味，要色、香、味俱佳，方能大获全胜。想必唐人亦不外乎这三条，只是要简单些。

斗茶胜败的关键在于"点茶"的技术水准如何。"调膏""注水""击拂"，还有茶具的选择，要用合适的茶瓶、茶碗和茶盏，盛茶容器的底色要能衬托茶汤的美色，这些都马虎不得。

在唐玄宗李隆基（685—762）时期，大唐宫廷就已有点茶习俗。玄宗宠爱过梅妃[①]，《梅妃传》记载：

> （开元年间，玄宗）与（梅）妃斗茶，顾诸王戏曰："此梅精也。吹白玉笛，作《惊鸿舞》，一座光辉。斗茶今又胜吾矣。"妃应声曰："草木之戏，误胜陛下，设使调和四海，烹饪鼎鼐，万乘自有宪法，贱妾何能较胜负也！"

梅妃色艺双全，会吹笛，会跳舞，艺惊四座，又善斗茶，竟胜了万乘之君。梅妃的明智还在于她对斗茶有正确看法：此乃草木之戏，不足为训！并由茶事言及政事，婉言规劝玄宗不可玩物丧志，天子的使命是"调和四海，烹饮鼎鼐"，应较胜于天下，岂可沉溺于草木之戏！这说明玄宗时代宫廷茶艺已有点茶之法，并有斗茶游戏。

此类草木之戏还见于明人顾炳的《顾氏画谱》，内有唐代画家阎立本《斗茶图》的摹本，是一幅表现民间斗茶游戏的图画。画中六人皆唐代平民装束，画面表现的茶具是小茶碗、带提手的大长流铜壶和炭炉，皆是点茶具。六人神态各异，或提壶慢注，或闻香，或擦碗，或续水，看上去是三人一组的点茶比赛，画家描绘的是品茶、评茶的瞬间。

斗茶的出现与唐代的城市生活繁荣有关，人们有吃有穿了，方有雅兴消遣。这是唐人游戏人生的一面，与唐代社会的积极向上、励精图治相映成趣，构成了多姿多彩的社会生活画面。

---

① 梅妃（710—756）：姓江名采萍，出生于闽地莆田（今福建莆田），唐玄宗早期宠妃。其体态清秀，好淡妆雅服。多才多艺，不仅长于诗文，还通乐器，善歌善舞，是个才貌双全的奇女子。后来，唐玄宗夺媳杨玉环为妃，梅妃渐失宠直至被贬入冷宫上阳东宫。她曾作有《谢赐珍珠》和《楼东赋》等著名诗赋。

第四节　宫廷茶会

宫廷茶会是一种社交茶礼，也是宫廷的一件乐事。

宫廷茶会在唐人张萱所绘《明皇合乐图》和佚名氏所作《宫乐图》中均有生动形象的反映。

传世的《韩熙载夜宴图》表现的是大官僚宴乐生活的场景，虽不是宫廷茶会，但是，可以从中窥见统治阶级生活的奢华。

《明皇合乐图》是一幅帝王饮茶图。画中唐明皇安卧御榻，四女侍立榻侧，其中一人捧茶盘，内有茶食、茶具，如水注①等，像是明皇饮茶已毕，令撤茶食、茶具。

《宫乐图》画面描绘的是宫廷茶会的场面。画面有豪华的长案、精美的绣座，

韩熙载夜宴图

---

① 水注：也称"水滴""砚滴"。是古代文人磨墨时用来装水、滴水的文具，注水于砚面供研墨之用，有嘴的叫"水注"，无嘴的叫"水丞"。唐代水注已成为茶器之一，用于盛水烹茶。

案上有茶和茶具。宫人们各有所事，饮茶、舀茶、取茶点、摇扇、弄笙、吹箫、弹琵琶、吹笛、调琴、放茶碗及端茶碗，另有一女侍立，一女吹排笙。出现的茶具有盆、侈口、带提耳、高圈足，内置分茶用的长柄勺，有漆盒6只，另有小碟放置在每个人面前。为表现气氛的闲适，桌下画一安卧的小狗，目视前方。从画面看，这是一次高雅的茶会，边品茗边奏乐，借以打发宫廷寂寞的时光。

德宗时的宫女诗人鲍君徽，字文姬，工诗能文，与女学士宋昭姊妹五人齐名。唐德宗贞元中寡居，十四年（798）召入宫，与侍臣作诗唱和。百余日后，以母老乞归养。《全唐诗》存诗4首，内有茶诗《东亭茶宴》，对宫人自娱性的茶宴作了生动的描述，诗云：

　　闲朝向晚出帘栊，茗宴东亭四望通。
　　远眺城池山色里，俯聆弦管水声中。
　　幽篁引沼新抽翠，芳槿低檐欲吐红。
　　坐久此中无限兴，更怜团扇起清风。
　　　　　　　　　（《全唐诗》卷7）

宫人们在亭子里举行茶宴。亭子四面都可看到外面的景色，向远处眺望，可见山那边的城市，俯首则可听到河里船上发出的弦管之声。竹林中，新竹的颜色特别翠绿。那低矮的木槿将要绽开红花。大家摇着团扇，兴趣很浓，在亭子里坐了很久。这次茶宴时间当在夏季。其诗雅致可诵，堪称唐诗佳作，也是唐宫茶事的珍贵史料。

宫廷茶会最典型的是"清明宴"。"清明宴"一词最早见于李郢的《茶山贡焙歌》（《全唐诗》卷590）："十日王程路四千，到时须及清明宴"。何谓清明茶宴？史料不多，推之此事，大概源于三秦地区清明习俗。古俗清明节事主要是踏青扫墓，宫廷设茶宴礼待群臣应了节令，也不失为一个创举。可借以联络感情，笼络人心，并显示大唐天下政治清明，亦如这阳春三月的天气，爽朗明丽，万象更新。其仪规大体是由朝廷礼官主持，有仪卫以壮声威，有乐舞以娱宾客，香茶佐以各式点心，并出示精美的宫廷茶具，以茶事展现大唐威震四方、富甲天下的气象，显示君王精行俭德、泽被群臣的风范。

清明茶宴

清明茶宴的内容是品尝明前茶。茶源于各地贡茶,为了赶上茶宴,便为一年一度的清明茶宴办了贡茶院,开辟了千里传递的贡茶路,并称之为"急程茶"。

清明茶宴的具体过程不甚了了。但既是皇宫大宴,当有礼官主持盛典,定有众多的宫娥侍茶,如煎茶、酌茶、分茶、献茶,往来穿梭。两旁仪卫侍立,殿下轻歌曼舞。而为皇帝煎茶的茶具必是奢华无比,极尽人间之富贵。皇上致词,文人颂诗,百官唱赞。殿堂之上,音乐悦耳,茶香弥漫,气氛和谐,其乐融融。皇上所赐的不仅有茶,还有时新茶点,如水果、糕饼及随意小吃,以佐宴饮。

第五节 宫廷茶诗

唐宫茶事是宫廷作派的物化,其精神追求是炫耀富贵权势,显示君临天下的威仪。若言雅,仅仅是附庸风雅,骨子里仍是一个"俗"字,所以宫廷写茶诗者寥寥。

鲍君徽得精研茶事,并能诗。鲍女在《全唐诗》中存诗4首,竟有两首言茶事,另一首《惜花吟》也涉及茶事,诗云:

枝上花,花下人,可怜颜色俱青春。
昨日看花花灼灼,今朝看花花欲落。
不如尽此花下欢,莫待春风总吹却。
莺歌蝶舞韶光长,红炉煮茗松花香。
妆成罢吟恣游后,独把芳枝归洞房。

(《全唐诗》卷7)

另外花蕊夫人《宫词(之六十五首)》(《全唐诗》卷798)也是一首不错的宫廷茶诗。这位花蕊夫人有幸"随驾",伴皇帝出行,照顾皇上的饮食起居,她的重要职责之一就是"煎茶"。看来这位皇帝定是个爱茶人,所以安排专人司茶,以保证须臾不可或缺。花蕊夫人徐氏,青城(四川灌县西)人,作品有《花蕊夫人宫词》。貌美如花,精通诗词,以才貌兼备而得专宠,被蜀主封为慧妃,且得封号"花蕊夫人"。必须告知的是,这位美女诗人生活的年代是唐末及五代十国时期,《辞海》归于隋唐作家,故以唐代诗人视之。

子兰《夜直》诗云:

大内隔重墙,多闻乐未央。
灯明宫树色,茶煮禁泉香。
凤辇通门静,鸡歌入漏长。
宴荣陪御席,话密近龙章①。
吟步彤庭②月,眠分玉署③凉。

---

① 龙章:龙纹,龙形。
② 彤庭:亦作"彤廷"。汉代宫廷。因以朱漆涂饰,故称。汉班固《西都赋》:"於是玄墀扣砌,玉阶彤庭。"也泛指皇宫。
③ 玉署:官署的美称。

欲黏朱绂①重，频草白麻②忙。
笔力将群吏，人情在致唐。
万方瞻仰处，晨夕面吾皇。
　　　　（《全唐诗》卷824）

这些茶诗表现了宫廷茶事，可见茶在宫廷宴会中的地位，唐代宫廷中对茶的喜爱可见一斑。

第六节　宫廷茶风的文化内涵

宫廷茶风培养了一批宫廷茶人，宫廷茶人组成了一个独特的饮茶集团，形成了高高在上的宫廷茶文化圈及相对应的贵族茶道流派。

说得宽泛一点，宫廷茶文化圈和贵族茶道的茶人主体是上流社会的帝王将相、皇亲国戚、文武高官和后宫粉黛，还包括那些无权却腰缠万贯的商人。这个圈内的茶人数以千计。其主要角色有代宗、德宗、文宗和僖宗等多位皇帝，还包括宰相李德裕之类，以及未载入史册的后宫粉黛。较之数千万大唐百姓这是少数，但影响大，多集中在京城，茶事中心又在京城皇宫内，为万众瞩目的所在。看起来人数不太多，但代表了"官本位"，官本位的实质是等级观念，等级高低取决于权位，以皇权为至尊，以官吏为轴心，距至尊近则尊，远则卑。这个统治阶层崇拜权力、身份、金钱和名誉，所以当这批人介入茶事后便很霸气，很豪气，也很俗气，有帝王相、富贵相，也有造作相。"天子须尝阳羡茶，百草不敢先开花"，天下名茶由他们首肯，天下名泉由他们定夺。为了清明茶宴，不惜驱动数万茶农昼夜采焙，不惜千里铺递，累死多少宝马良驹。所用茶具，不问是否宜茶，但要名贵，非金即银，或皇宫专用秘瓷，这一切都是为了与身份相称。他们辉煌的茶事全靠百姓供养，如贡茶、贡水、贡器等。法门寺地宫出土的唐宫茶具质地系金银、琉璃和秘瓷，规格之高、等级之高、造价之昂都令人叹为观止。这是唐宫文化的实物证据，说明陆羽"精行俭德"的茶德教诲难入宫门，因为这有损皇家气派。他们要烹的是苏廙的"富贵汤"，追求的是炫耀权势富贵。这套唐宫茶具供于释迦牟尼尊前对佛祖是大不敬，一生俭朴的佛祖岂敢享用？佛祖说过"众生度尽，方证菩提"③，千万佛子用土碗盛茶，佛陀也不大好意思独用金银茶具。说穿了，帝王心中无佛，只有至尊至贵的自己；帝王心中亦无茶，只为显示至尊至贵的自己。但他们对唐代茶文化的发展却立有功劳，这批茶叶消费者和茶叶生产的组织者，以他们的好恶左右名茶的生产，不断刺激茶农提高茶叶品质的积极性，带动了饮茶时尚的形成，确立了茶的国饮地位。

宫廷茶是帝王茶，属于贵族茶道，其价值取向最重要的有两点：

其一是夸示富贵。

---

① 朱绂：古代礼服上的红色蔽膝，后常作为官府的代称，也指做官。
② 白麻：唐、宋册立皇后、太子，任免将相，决定重大征战等一朝大事，皆有翰林学士以白麻纸书写诏令，不用印，成为白麻。
③ 菩提：梵文Bodhi的音译，意思是觉悟、智慧，用以指人忽如睡醒，豁然开悟，突入彻悟途径，顿悟真理，达到超凡脱俗的境界等。

陆羽在《茶经·一之源》里言"精行俭德",在《茶经·五之煮》里又言"茶性俭",两次提到"俭"。在陆羽看来,以"俭"为特质的茶,应由有"俭德"的茶人享用。对此,唐代的王公贵族并不认同,他们饮茶不仅要满足口腹之欲,还要炫耀尊贵。如茶具,以越瓷为上,但宫廷里的那些贵人们岂肯与百姓同用普通越瓷,于是指令全国技艺最高的窑场烧秘色越器上贡朝廷,所谓"九秋风露越窑开,夺得千峰翠色来。"(陆龟蒙《秘色越器》,《全唐诗》卷626),"捩翠融青瑞色新,陶成先得贡吾君"(徐夤《贡余秘色茶盏》,《全唐诗》卷710)。唐僖宗所用的茶具,非金即银,法门寺地宫出土的《物帐碑》上明文标出:"茶槽子、碾子、茶罗子、匙子一副七事,共八十两。"用金银茶具烹出的茶,未必有好的茶味。至此已经是意不在茶,而在着力夸示富贵,显示君临天下的皇家气派。

所以,同样的饮茶,达官贵人们就很特别:茶要名品,金装银裹,千里驿传,弄得茶叶贵比黄金;水要名泉,千里递水,兴师动众;茶具质地和工艺都是第一流的,超豪华;煎茶用茶僮、女侍,带仪卫,配乐舞,将架子摆足。

其二是致清导和。

皇帝弘扬饮茶文化,不仅仅是让大唐百姓享受生活,更深的一层意义是借茶之"中和"以改变世风,渲染和乐气氛,平衡各方面的矛盾,使社会气象升平,政治清明,舒舒服服做个太平天子。

在唐代,无论天子、布衣或释、道、儒三教,在茶事上都以"致清导和"为价值取向。

"清明茶宴"是一年一度的唐宫例会。茶性平和,茶宴以"和"为贵。天子此举意在赐茶示恩宠,化解隔阂,在袅袅茶烟和乐舞声中搞好官僚集团的团结。此外,如以茶招待外国使节,以茶输边和亲,以茶赐文臣武将,以茶赐文人雅士,以茶赐僧人道士等等都是为了平衡各方面的关系,实现"中和",进而谋求政治之安定、清明。这是颇有效的"维稳"之策。所以唐代上层统治者努力发展茶业,不仅仅是为了国家财政,还希望茶道大行,使饮茶成为盛世之清尚。

唐代宫廷茶文化和贵族茶道作为大唐茶文化最辉煌、最核心、最精彩的一部分,颇具中国文化的鲜明个性和大唐文化的气象与神韵。我们虽然唾弃封建集权制度,但它所创造文化的优良部分仍然是民族宝贵的精神财富,需要我们用辩证的态度吸取精华,去其糟粕,在继承中创新,在继承中发展。

第七节　宫廷用茶及宫廷茶人的贡献

从现存文献资料及考古资料来看,唐人饮茶自开元年间自寺院逐渐向社会辐射,并由中原地区扩展到唐王朝周边少数民族政权及日本、新罗朝鲜半岛等地区和国家。看来,开元是个历史节点。开元以前诸帝——唐高祖、太宗、高宗、武则天、中宗、睿宗,尚未发现他们个人饮茶的记载。

唐玄宗开元时代在位29年,见于记载的也只是他与梅妃斗茶的故事。天宝年间,唐玄宗在位15年,二者几近半个世纪,这位集人间享乐之大成的骄奢淫逸之君,仅此一点茶事,或许是由于茶作为一种新的饮品,始崭露头角,文献记载尚滞后。

第七章　宫廷茶风与唐代饮茶文化

安史之乱以后，特别是陆羽《茶经》如惊雷腾空，茶本身具有的特殊功能远远超过自古以来的所谓"六浆"，为社会各阶层认可并博得域外之青睐。于是饮茶大为流行，与米盐一样一日不可或缺。皇宫虽壁垒森严，而茗饮却不以人们意志为转移，它的冲击波堂而皇之地进入大内。皇帝们对这芳香可口的饮品也逐渐喜爱。此外，茶的消费空前增长，大大刺激了茶叶的生产，茶在当时社会经济中占有了越来越重要的位置。又因为"安史之乱"后，唐王朝由盛而衰，地方藩镇割据势力与中央朝廷分庭抗礼，唐王朝企图改变现状，重振大唐盛世的辉煌。唐德宗时开始削藩，为筹措经费开始征收茶税，推行榷茶政策，于是唐代德、宪、文、宣、僖、哀等皇帝，与茶有关之事，才多见于史载。

唐朝皇帝爱上茗饮不是偶然的，是因为茶在唐朝皇帝执政中发挥了作用，于是进入其中，特定的氛围造就了几位天下第一茶人。

唐朝皇帝是怎样发挥茶事的作用的呢？茶派上了哪些用场呢？

一、用于祭祀

1. 供奉佛祖

陕西扶风法门寺地宫出土的"五哥"茶具，是唐僖宗供奉佛指真身的明证。

2. 祭祀诸神

张洗《济渎庙北海坛祭器碑》（《金石萃编》卷103）云，德宗贞元十三年（797）河南府济源县令张洗列举祭祀济源公时，新置的祭品及沉币双舫杂器物凡一千二百九十二事中，陈设的茶供有"粗茶碗子八枚，茶锅子一并风炉全，茶碾子一"。祭祀是国之大事。迎冬之日，皇帝命官员前往祭祀，用三牲之享，行初献、亚献、终献之礼，封济渎为青源公，北海为广泽王，茶是祭物之一。

3. 祭祀高僧

大历九年（774）唐代宗命内给事刘仙鹤"以香茶之奠"，敬祭于故大辨正广智三藏和尚。

二、用于赏赐

唐朝皇帝赏赐臣下的物品种类繁多，主要有官爵、土地、宅舍、奴婢、良马、金银、珠宝、绢帛、食物和药品等，自茶成为珍贵饮料后，也被列为赐物。故顾况《茶赋》曰"赐名臣"，既显示皇恩浩荡，又笼络人心，和谐关系，使之更加忠君，更好地效劳李唐王朝。

1. 赏赐文臣

常衮向唐代宗进献太清宫圣祖殿前橙子，被赏赐"茶百串"（《全唐文》卷418常衮《谢进橙子赐茶表》）。社日，常衮又得到皇帝赏赐的茶等（《全唐文》卷418《社日谢赐羊酒海味及茶等状》）。

史称唐文宗"尚贤乐善，罕有伦比"，经常宴请学士于内廷讨论经义，较量文章，"令宫女已下侍茶汤饮馔"（《杜阳杂编》卷中）。

据唐张固撰《幽闲鼓吹》记载，一天唐宣宗闲暇，召翰林学士韦澳立即进宫，要与之谈论诗歌。唐宣宗拿出一篇新创作的诗，让韦澳评议，同时"有小黄门置茶"。翰林学士名始于开元二十六年（738），负责为天子起草任命将相等军国大事的诏令。小黄门指年幼宦官。

《云仙杂记·赐成象殿茶果》也说："金銮故例，翰林当直，学士春晚困，则日赐成象殿茶果。"（《金銮密记》）翰林在皇宫值班，以便随时听候皇帝召见或办理政事，春天晚上困倦，便常赐茶叶和水果。

元稹《宫词》（一说王建作）诗云：

延英引对碧衣郎，江砚宣毫各别床。
天子下帘亲考试，宫人手里过茶汤。

（《全唐诗》卷302）

这是元稹28岁时应制举，天子赐茶的情景。唐代科举是读书人入仕做官的重要途径。科举分两种，一为每年举行的常举，人人都可参加；一为制举，是皇帝为了选拔英才亲自主持的不定期的考试，在职官员也可参加。元稹是以秘书省校书郎身份参加制举的，在考中的18人中，"（元）稹为第一"（《旧唐书》卷166《元稹传》，《登科记考》卷16，元和元年《才识兼茂明于体用科》）。延英指唐朝三大皇宫（西内太极宫、东内大明宫、南内兴庆宫）的大明宫延英殿，这是天子平时召集个别重要大臣议政之处。本诗是说天子在这里举行制举考试，考生们分别坐在备有江砚和宣笔的座位上，因为这是元和元年（806）四月的事，天子当为新登基的唐宪宗。宪宗从帘子后面走出来，亲自考试考生们，并让宫女把茶汤赐给大家。

《南部新书》云："大忌，学士进名奉慰，其日，尚食供素膳，赐茶十串。"大忌指皇帝忌日，学士们进奉慰问。当日，朝廷尚食局供应素餐，赏赐茶十串。

白居易在《三月三日谢恩赐曲江宴会状》云："伏奉圣恩赐臣等于曲江宴乐并赐茶果。"

唐哀帝嘉会节赐宰相"名茶"等（《全唐文》卷835钱珝《嘉会节宰相谢酒食表》）。

2. 赏赐武将

唐代宗赐田神玉，"茶一千五百串，令臣分给将士"（《全唐文》卷444韩翃《为田神玉谢茶表》）。田神玉在大历九年（774）二月，权知汴宋节度使留后，十一年五月去世，赐其茶当在此期间（《旧唐书》卷11《代宗纪》，《资治通鉴》卷225大历十一年五月）。

获得皇帝赐茶的臣子，均视之为天恩、殊荣，感激涕零，竞相上表谢恩，极力彰显忠君之心。

常衮得到赐茶（《谢进橙子赐茶表》），深感"荣贲非次，承命兢惶"，表示要更加尽职尽责，及时采摘橙子进奉。在《礼日谢赐羊酒海味及茶等状》中再次表示"承宠若惊，惶恐拜恩，战惧交集"。

韩翃《为田神玉谢茶表》说，皇帝所赐紫笋茶，"味足蠲邪，助其正直，香堪愈病，沃以勤劳，饮德相欢"。前朝犒军，皆是循常例，没听说有这样特殊私恩的，吴主礼贤，方闻置茗，晋臣爱客，才有分茶，岂能如此泽被三军，仁加十乘，表示"以欣以忭，感戴无阶"。

武中丞得到皇帝区区一斤新茶，便激动万分，特请大手笔刘禹锡和柳宗元代写了三篇谢主隆恩表。

刘禹锡在《代武中丞谢新茶表二首》中说：赐茶是贡茶，为不同于众多茶

的特殊珍品,"效参药石,芳樾椒兰"。饮茶可以涤烦,"顾兰露而惭芳,岂蔗浆而齐味"。入我凡人之口,倍感荣幸,加倍丹心事君。

柳宗元在《代武中丞谢新茶表》中表示,忽然获得天子赏赐时珍,惊喜惶恐不已。此灵物可调六气而成美,扶万寿以效珍,"感戴欣忭之至"。

武元衡在《谢赐新火及新茶表》中称,这是陛下"弘上天之私,覆回白日之余光,锡贡颁荣布芳",表白自己"惟当焚灼丹诚,激励愚鲁"报效皇上。

武中丞指武元衡,《旧唐书》卷158《武元衡传》云其唐德宗贞元二十年(804)迁御史中丞。唐顺宗即位后,为德宗山陵仪仗使,监察御史刘禹锡为王叔文①之党,"求充仪仗判官,元衡不与,其党滋不悦"。因此刘禹锡代他撰谢赐新茶表,当在武元衡迁官御史中丞时。因为唐宪宗即位后,刘禹锡因参与"永贞新革"②,被贬官京外,与武元衡已有芥蒂,不可能应邀撰表。柳宗元情况类似。

3. 赏赐僧道

唐代佛教兴盛,道教俨如国教。唐统治者尊崇两教,经常给予其土地和大量钱财,茶是其一。除本书已经提到的赐五台山僧人、长安龙兴观修缮者茶等外,还有大中三年(849),唐宣宗赐嗜茶的东都老僧"茶五十斤"(《南部新书》)。令狐楚《为五台山僧谢赐袈裟状二首》表示:"虔诚报国,以无疆为圣寿,以常乐为昌期,长承覆护之仁,永助清平之理。"以佛教特有的方式,虔诚祈愿,天子圣寿无疆,常乐不已,保护天下太平,以报皇恩。

三、享受口福

除上述政治目的外,皇帝也喜欢饮茶,其不同于广大臣民饮茶之处在于,他要饮最好的茶,用最好的水煎茶,用最好的茶器盛茶汤。于是创立了贡茶制度。

皇帝有至高无上的权力,他们介入茶事,其高消费(贡茶)刺激了生产技术的精益求精,大量赐茶客观上也促进了茶叶生产的发展。但是,也浪费了许多人力、物力,特别是为赶一年一度的清明茶宴而出现的"急程茶",增加了茶农的负担与痛苦。

唐朝皇帝清明茶宴不用当时最有名的蒙顶茶,而用次于它的紫笋茶,重要原因恐怕在于蒙顶茶晚生,赶不上清明宴。《东斋记事》云,蒙顶茶在茶中虽最佳,却"其生最晚,常在春夏之交"。③ 茶长成堪饮,当在夏之后,而清明茶宴所用的茶,必须在清明节前长成焙好,急程送到遥远的京城,蒙顶茶是绝对做不到的。所以天子无奈地求其次,用紫笋茶了。

皇帝饮茶,皇后、嫔妃、诸王和公主等,也沾了光。据《杜阳杂编》卷下记载,唐懿宗每次赏赐给爱女同昌公主的诸多御馔汤物中,"其茶则绿华、紫英之号",这两种茶肯定是当时名茶。

大宦官田令孜,劝帝唐僖宗"籍京师两市蕃旅、华商宝货举送内库,使者监阅柜坊、茶阁,有来诉者,皆杖死京兆府"(《新唐书》卷208《田令孜传》)。

---

① 王叔文(753—806):唐越州山阴人(今绍兴人)。著名政治改革家。历任苏州司功,善围棋。安史之乱以后王叔文进行改革,组成了革新集团。元和元年(806)被赐死。

② 永贞革新:中国唐代顺宗时期官僚士大夫以打击宦官势力为主要目的的改革。因发生于永贞年间,故名。最后因俱文珍等人发动宫变,幽禁顺宗,拥立太子李纯。致使以失败而告终。改革历时100余日。

③ [宋]范镇撰:《东斋纪事》,中华书局,1980年版。

说明唐末京城长安有茶阁,当属茶馆之类。宦官邵光超,奉诏赐淮西节度使"李希烈旌节,希烈赠之(光超)仆、马及缣七百匹,黄茗二百斤"(《资治通鉴》卷225大历十四年六月)。

唐朝皇帝尝到了茶的甜头,也日渐养成了饮茶的习惯。封演《封氏闻见记》所说"茶道大行,王公朝士无不饮者",主要指唐代的皇帝、朝臣及出仕的士子。大唐茶业的发达与他们的关系极大。如贡茶、贡茶院、榷茶、清明茶宴,以及茶叶的输边、和亲、外贸,皆因他们的决定而设,并成为大唐"茶政",茶亦因此而成为"国饮"。

唐太宗李世民宗室养女文成公主,不仅自己饮茶,更是用茶连接起汉、藏民族间的沟通与交流,对促进汉藏两族人民的友好关系和经济文化的发展起了积极作用。她接受了唐太宗的安排,远嫁吐蕃王松赞干布。《旧唐书·吐蕃传》载:

> 贞观十五年(641),太宗以文成公主妻之,令礼部尚书、江夏郡王道宗主婚,持节①送公主于吐蕃。弄赞率其部兵次柏海亲迎于河源。见道宗执子婿之礼甚恭。既而叹大国服饰礼仪之美,俯仰有愧沮之色。及与公主归国,谓所亲曰:"我父祖未有通婚上国者,今我得尚大唐公主,为幸实多。当为公主筑一城,以夸示后代。"遂筑城邑,立栋宇以居处焉。公主恶其人赭面,弄赞令国中权且罢之,自亦释毡裘袭纨绮,渐慕华风,乃遣酋豪子弟请入国学以习诗书。

文成公主像

松赞干布像

---

① 持节:汉末与魏晋南北朝时,掌地方军政的官往往加使持节、持节或假节的称号。使持节得诛杀中级以下官吏;持节得杀无官职的人;假节得杀犯军令者。至隋唐时,持节、假节已有名无实,但仍通称出任刺史、太守为假节。

《藏史》载：

> 藏王松岗布之孙（即松赞干布）时，始自中国输入茶叶，为茶叶输入西藏之始。

在松赞干布之前藏族与茶无缘，是文成公主以茶为嫁奁之物带入西藏，并开始了中原与藏区的茶马交易。唐代名茶大批输入藏区，首先成为吐蕃上层人士的时髦饮品，并以囤积茶叶显示富贵。

唐玄宗李隆基即位初励精图治，使开元年间出现政治开明、社会繁荣、交通发达、边境安定、国威远扬的鼎盛局面，史称"开元之治"或"盛唐"。玄宗时代宫廷茶艺已有点茶之法，并有斗茶游戏，玄宗还曾与梅妃斗茶玄宗知茶、饮茶，是得饮茶风气之先的宫廷茶人。

唐代宗李豫，李亨长子，也是知茶、爱茶的宫廷茶人。史载代宗曾令大德、如净等14人于安国寺就《四分律》新、旧疏佥定一本流行，其间诏令尚食局供应斋食，用茶25串。（《宋高僧传·圆照传》）陆羽一生研究茶学，出成果的时期就在代宗时期。代宗之前已有贡茶制度，大历元年（766）常州义兴贡茶，《元和郡县志》载：

> 顾渚与义兴接，唐代宗以其岁造数多，遂命长兴均贡，自大历五年始分山析造，岁有定额，鲜有禁令，诸乡茶芽，置焙于顾渚，以刺史主之，观察史和之。

大历七年（772）湖州刺史颜真卿就是首任监制贡茶的人。代宗始创的贡茶院是中国最早的官办茶场，对于中国茶业科学的发展意义重大。代宗朝制定的贡茶制延续达600年之久。

唐德宗李适，李豫长子，公元779—805年在位。德宗喜饮茶，未登基时便热心茶事，并向后来任宰相的李泌"赠茶求诗"，一派雅士茶风！德宗时代是唐代茶叶大发展时期，贞元九年（793）全国产茶超过200万市担，人均竟达8斤左右。（陈椽《茶叶通史》）按人均数讲，不仅"史无前例"，亦"后无来者"。建中元年（780）陆羽《茶经》付梓，流布全国。德宗对陆羽很是赏识，采纳颜真卿的荐举，诏命陆羽为太常寺太祝，对于无"文凭"（陆羽无参加科举考试的记载）的陆羽来说，已是破格录用。德宗视茶为珍贵之物，常以茶赐僧人士子。贞元八年（792），北天竺迦毕试国释智慧等奉旨入西明寺译经，德宗"赐钱千贯、茶三十串"（《宋高僧传·智慧传》）。兴元年间，德宗规定翰林学士每年赐新茗等物。建中四年（783）兵士哗变，攻入京城。变兵拥立朱泚[①]为主，朱泚自称大秦皇帝。德宗仓皇出走，逃往奉天（今陕西乾县）避难，镇海节度使韩滉知德宗嗜茶，特遣健卒"以夹练囊盛茶末"敬献。德宗最具历史意义的举措是建中元年（780）纳赵赞议，诏征天下查税，十取其一，是为茶税之始。一方面为唐朝开了财源，另一方面又加重了百姓负担。开始于代宗朝的贡茶制度苛民甚苦，建中二年（781）任湖州刺史的袁高作《茶山诗》抨击茶政，德宗纳谏，减少了茶贡，以苏民困。

唐宪宗李纯（778—820）好佛道，曾迎法门寺佛指舍利入京师供奉，又令山

---

① 朱泚（742—784）：幽州昌平人（今北京昌平南），中国唐代德宗时叛将。

人李泌"寻觅灵草",服食长生药。宪宗也懂茶,他曾以茶礼赐学士,《凤翔退耕传》载:

> 元和时,馆阁汤饮待学士者,煎麒麟草。

称茶为"麒麟草"似是道家的说法。这一茶礼可能是沿袭前朝旧制。据有关史料记载,宪宗迷信长生药,因服食过多而致性情暴躁易怒,于元和十五年(820)被宦官陈宏志杀死。

唐文宗李昂(809—840)即位后,锐意改革,扫除前朝弊政,并任贤爱能,苏鹗《杜阳杂编》载:

> 文宗皇帝尚贤乐善罕与伦比……每试进士诸科举人,上多自出题目,及所司进所试而披览,吟诵终日忘倦,常延学士于内廷讨论经义,较量文章,令宫女已下侍茶汤饮馔。

文宗善茶,并以茶待文士,约他们一边品茗,一边谈政论文,风雅高致。唐末懿宗李漼(833—873),史称他"器本中庸,流于近习[①]",即位后终日游宴,不理朝政,每出游随从者达10万余人。其人崇佛较前朝为盛,咸通十四年(873)二月二十二日,下诏六迎法门寺佛骨舍利,四月八日佛骨至京师。然佛祖并未赐福于懿宗,其在迎佛过程中患病,六月病笃,七月驾崩。

僖宗李儇(862—889)继位,并承父志,于咸通十四年十二月诏送佛指舍利还法门寺,并将一套精妙绝伦、价值连城的金银茶具送于地宫,按密宗曼荼罗坛场陈列以供养佛祖。这套茶具等级之高、器形之美、价值之昂都是空前绝后的,与"盛唐气象"相称,是大唐宫廷茶事的实物见证,足以说明大唐宫廷茶风兴盛,且追求大富大贵,体现王者风范。

唐代诸帝饮茶的直接结果是促使大唐茶风趋于鼎盛,成为千年不衰的"国饮",进而推动了茶叶的生产和消费,及茶税的征收,使饮茶成为大唐人文风景线,成为大唐文明的象征,并为富国强兵起到了积极作用。

---

① 近习:指君主宠爱亲信的人。

第八章 唐代文士茶人的饮茶生活和历史贡献

疏香皓齿有余味
更觉鹤心通杳冥

第一节　唐代茶人概说

茶人概念很宽泛，或许应当指茶的生产者、经营者和品饮者，但从文化角度考量，茶人主要指爱好饮茶且视茶为文化饮料的"精行俭德之人"，如陆羽《茶经·一之源》所云："茶之为用，味至寒，为饮最宜精行俭德之人。"这种人，当然是指文化层次较高的嗜茶者。这批人，喜爱茶，能鉴别茶，他们饮茶不只是出于解渴的生理需要，还要升华到文化层面上，以美学的视角去发掘茶的丰富内涵。从嗅味、观色、把玩茶具到观赏煎煮茶过程的沸如鱼目、涌泉连珠、腾波涌浪，在芳香的愉悦中分茶，敬客品尝，并领略茶的解渴、解乏、祛疾、祭祖、修行、养生和礼仪等真谛。

茶文化形成的一个重要标志是名人参与茶事，茶界出了名人。古人云："万象森罗中，安知无茶星。""茶星"者，茶之明星也。红日高照，茶圣陆羽也。繁星满天，中国历代优秀茶人也。

中国从古至今有一支庞大的文士饮茶队伍，他们薪火相传。特别是隋唐五代时期，文士茶人多如天上的星斗，有诗文可证者，如：

李白、高适、储光羲、刘长卿、颜真卿、杜甫、裴迪、王建、于鹄、张籍、钱起、顾况、戴叔伦、智积、皎然、陆羽、李季兰、张志和、韦应物、李嘉祐、灵一、从谂、张又新、封演、皇甫冉、皇甫曾、卢纶、袁高、武元衡、权德舆、孟郊、刘禹锡、白居易、杨嗣复、李绅、柳宗元、刘言史、牟融、赵赞、王涯、李德裕、韦处厚、施肩吾、姚合、郑巢、周贺、元稹、项斯、张祜、朱庆余、章孝标、卢仝、杜牧、许浑、李商隐、李约、常伯熊、刘得仁、张文规、温庭筠、李郢、李栖筠、李鄩、朱景云、薛能、李群玉、崔珏、曹邺、郑愚、皮日休、陆龟蒙、司空图、李咸用、秦韬玉、郑谷、贯休、齐己、刘兼、虚中、栖蟾、修睦、若水、郑遨、吕岩、陆希声、徐夤、曹松、鲍君徽、徐铉、成彦雄、毛文锡、和凝等。①

有学者评定唐代茶界名人，认为：

中国茶圣：陆羽。

中国茶界三大亚圣：皎然、卢仝、白居易。

唐代文化界十大茶星：张又新、苏廙、刘贞亮、温庭筠、皮日休、封演、李约、吕温、李郢、常伯熊。

唐代宗教界五大茶星：智积、齐己、怀海、从谂、吕岩。

唐代政界十大茶星：文成公主、唐代宗、唐德宗、唐僖宗、赵赞、颜真卿、袁高、

---

① 丁文：《中华茶典》，陕西人民出版社，2010年版。

李季卿、王涯、李德裕。

可以看出，唐代茶人涉及三个界别：

文士饮茶集团：队伍庞大，层次很高。大唐文人稍著名者无不饮茶，可谓茶意文思两相称。

僧道饮茶集团：学禅务于不寐，以茶驱睡魔，这仅是一个因素；另一个因素是佛寺、道观多占名山，而名山出名茶，僧道于茶是近水楼台先得月。中唐前后，全国有僧尼30万左右，道士女冠1.5万之多，尤其是一些高僧和诗僧，投身于茶事后得益匪浅，自身也有出色的表现。

宫廷饮茶集团：封演言"茶道大行，王公朝士无不饮者"，主要指唐代的皇帝、朝臣及出仕的士子，即今之政界人物，大唐茶业的发达与他们的关系极大。如贡茶、贡茶院、榷茶、清明茶宴，以及茶叶的输边、和亲、外贸，皆因他们的决定而设，并成为大唐"茶政"。茶亦因此而成为"国饮"。

茶诗是唐诗的亮点之一。在唐代茶诗空前繁荣中，一大批茶诗人应运而生。他们嗜茶成癖，慧眼识茶，他们是鉴茶、品茶的佼佼者。其中一些杰出的茶诗人，他们不是一般地吟诵歌咏，而是用大众喜闻乐见的方式表现了大唐茶文化的深刻内涵，以及唐代最具历史意义的茶的事件，不仅有欣赏价值，而且具有不可替代的史料价值。

第二节　陆羽及其《茶经》

陆羽（733—804），字鸿渐。唐复州竟陵郡人，湖州（今浙江湖州市）乃其第二故乡。唐复州辖今湖北沔阳、天门、监利等县（市）。竟陵就是全国著名的

清代陆羽石刻像

棉乡——湖北天门市。

《陆文学自传》(李昉《文苑英华》卷793)云："陆子名羽，字鸿渐。""始三岁，惸露，育于竟陵太师积公之禅。"据自传所说，陆羽是三岁时被父母遗弃，为龙盖寺禅师智积和尚收养。唐人赵璘《因话录》亦云："太子陆文学鸿渐，名羽，其先不知何许人。竟陵龙盖寺僧姓陆，于堤上得一初生儿，收育之，遂以陆为氏。"宋人欧阳修、宋祁《新唐书·隐逸》卷196云："唐，陆羽，字鸿渐，一名疾，字季疵。复州竟陵人。不知所生，或言有僧得诸水滨，畜之。既长，以《易》自筮，得'蹇'之'渐'，曰：'鸿渐于陆，其羽可用为仪。'乃以陆为氏，名而字之。"

五代陆羽瓷像

真实的历史不拒绝丰富的想象，大凡传奇人物总要附会一些富有传奇色彩的传闻，以表明天降非常之人必然伴随非常之事的发生。

古人的称谓复杂，幼有名，长有字，有雅号和绰号，还有地望称、官衔称和排行称等。陆羽的称谓有多少呢？有学者统计为20个。丁文《茶魂》查阅了诸多诗文和史料，得出最新统计数：陆羽的名、字、号共有34个之多。

陆羽"而立"之前的经历见于《陆文学自传》。陆文学是陆羽的别称，他在唐肃宗上元初(760)隐居浙江苕溪后，曾诏拜为太子文学，此职为太子东宫的属官，主管经籍并撰写侍奉文章，以职衔称之为"陆文学"。

上元辛丑岁，即唐肃宗上元二年(761)，时年29岁的陆羽以诙谐的语言为自己写小传，追述前半生经历，其文曰：

　　陆子名羽，字鸿渐，不知何许人。或云字羽，名鸿渐，未知孰是。有仲宣、孟阳之貌陋，而有相如、子云之口吃，而为人才辩为性，褊躁多自用意。朋友规谏，豁然不惑。凡与人宴处，意有所适，不言而去。人或疑之，谓生多瞋。又与人为信，纵冰雪千里，虎狼当道，而不愆也。

　　上元初，结庐于苕溪之湄，闭关读书，不杂非类，名僧高士，谈宴永日。常扁舟往来山寺，随身唯纱巾、藤鞋、短褐、犊鼻。往往独行野中，诵佛经，吟古诗，杖击林木，手弄流水，夷犹徘徊，自曙达暮，至日黑兴尽，号泣而归。故楚人相谓："陆子盖今之接舆也。"

始三岁，惸露，育于竟陵太师积公之禅。自九岁学属文，积公示以佛书出世之业，子答曰："终鲜兄弟，无复后嗣，染衣削发，号为释氏，使儒者闻之，得称为孝乎？羽将授孔圣之文。"公曰："善哉！子为孝，殊不知西方染削之道，其名大矣。"公执释典不屈，子执儒典不屈。公因矫怜抚爱，历试贱务：扫寺地，洁僧厕，践泥圬墙，负瓦施屋，牧牛一百二十蹄。竟陵西湖无纸，学书以竹画牛背为字。他日于学者得张衡《南都赋》，不识其字，但于牧所仿青衿小儿，危坐展卷，口动而已。公知之，恐渐渍外典，去道日旷，又束于寺中，令芟剪卉莽，以门人之伯主焉。或时心记文字，憪然若有所遗，灰心木立，过日不作。主者以为慵惰，鞭之，因叹云恐"岁月往矣，不知其书。"呜咽不自胜。主者以为蓄怒，又鞭其背，折其楚乃释。因倦所役，舍主者而去。卷衣诣伶党，著《谑谈》三篇，以身为伶，正弄木人"假吏藏珠"之戏。公追之曰："念尔道丧，惜哉！吾本师有言，我弟子十二时中，许一时外学，令降伏外道也。以吾门人众多，今从尔所欲，可捐乐工书。"

天宝中，郢人酺于沧浪，邑吏召子为伶正之师。时河南尹李公齐物黜守见异，提手拊背，亲授诗集，于是汉沔之俗亦异焉。后负书于火门山邹夫子墅。属礼部郎中崔公国辅出竟陵，因与之游处，凡三年，赠白驴、乌犎牛一头，文槐书函一枚。白驴、犎牛，襄阳太守李憕见遗；文槐函，故卢黄门侍郎所与。此物皆已之所惜也。宜野人乘蓄，故特以相赠。

洎至德初，秦人过江，子亦过江，与吴兴释皎然为缁素忘年之交。

浙江湖州陆羽墓

少好属文，多所讽谕，见人为善，若己有之；见人不善，若己羞之。忠言逆耳，无所回避，由是俗人多忌之。自禄山乱中原，为《四悲诗》；刘展窥江淮，作《天之未明赋》，皆见感激，行哭涕泗。著《君臣契》三卷，《源解》三十卷，《江表四姓谱》八卷，《南北人物志》十卷，《吴兴历官记》三卷，《湖州刺史记》一卷，《茶经》三卷，《占梦》上中下三卷，并贮于褐布囊。上元年辛丑岁子阳秋二十有九日。

《陆文学自传》寥寥千余字，一个褊躁任性、出身寒微而又守信义、重然诺，诙谐、执著，才华横溢的古代士子形象跃然纸上。

《陆文学自传》未交代传主"姓名"和"字"的由来。传说他因貌丑而被父母遗弃，竟陵龙盖寺住持僧智积禅师在当地西湖之滨拾得，留在寺里抚养。他自小就有主见，有自强、自立精神，不轻易为他人所左右。他并未因积公恩重如山而皈依佛门，成为其座下得意弟子。龙盖寺的斋饭养活着的是一个异教徒，吃佛门的饭却读孔门的书，并斗胆质问尊长。在佛、儒每每抵牾的时节，陆羽如此心性，积公何等恼怒可想而知。此后，尽管积公罚他干苦活，以挫其锐气，磨其心志，他仍义无反顾地选择了儒学。积公让了一步，"许一时外学"，他不因有宽松政策而与青灯黄卷、晨钟暮鼓相伴，做士子立志做官，而是皇上给官不做，喜优游林下，结交天下名僧高士。他就这样古怪！但凡他认准了的事却百折不挠，非干到底不可！积公教他煮茶，他学得在心，数十年锲而不舍，研究茶之产、制、煎等事，著茶书，写茶文，竟成一代宗师，这与积公的"启蒙"密不可分。

陆羽于唐至德元年（756）为避安史之乱，离乡背井，流落江南，于上元元年（760）来到湖州茶区（今浙江长兴、吴兴、安吉、德清一带）寓居，时年28岁。此后除建中二年（781）至贞元七年（791）移居湖南、江西外，在湖州寓居前后达34年，直至72岁时在湖州病终，时间是贞元末（804）。湖州是陆羽的第二故乡，其故居青塘别业亦在湖州。这位著名茶学家的一生亦可划为"在复州"和"在湖州"两个阶段，不妨以"三十而立"为人生黄金分割线：前一段是事业打基础阶段，包括向积公学习煮茶技术、考察茶区和写《茶经》初稿；后一段是事业成功阶段，《茶经》修订出版，茶道大行，名噪全国，如日中天，大唐茶业因此而鼎盛，中国茶文化、中国茶道因陆羽奠基而正式形成并远播海外。

陆羽一生有几个特点：

其一是广交朋友。有官吏，有士子，有僧道，他们彼此之间十分默契，一块品茶，一块吟诗，相互唱和，相互提携。正因为有这样的文化氛围，所以才写出一部颇具文化色彩的茶书。

其二是喜游历，广闻博识。所以普天下名茶、名水皆成竹在胸，讲起来滔滔不绝。

其三是躬身实践。陆羽与茶打了60余年交道，30岁左右开始写茶书，此后仍不停地去考察各重要茶区，并以顾渚山为其科研基地。涉及的是茶事的方方面面，包括茶史、茶的生产和制作工艺、烹饮器和制茶具、茶的煎煮方法（鉴茶、品水、看火、辨器）等等。33岁完成《茶经》初稿，48岁付印，其间15年，不间断地补充完善，加工润色，为《茶经》区区7千字倾注了大半生心血。

其四是他惊人的执著。陆羽一头扎进茶学中，再无他念，乃至终身不婚，在

第八章 唐代文士茶人的饮茶生活与历史贡献

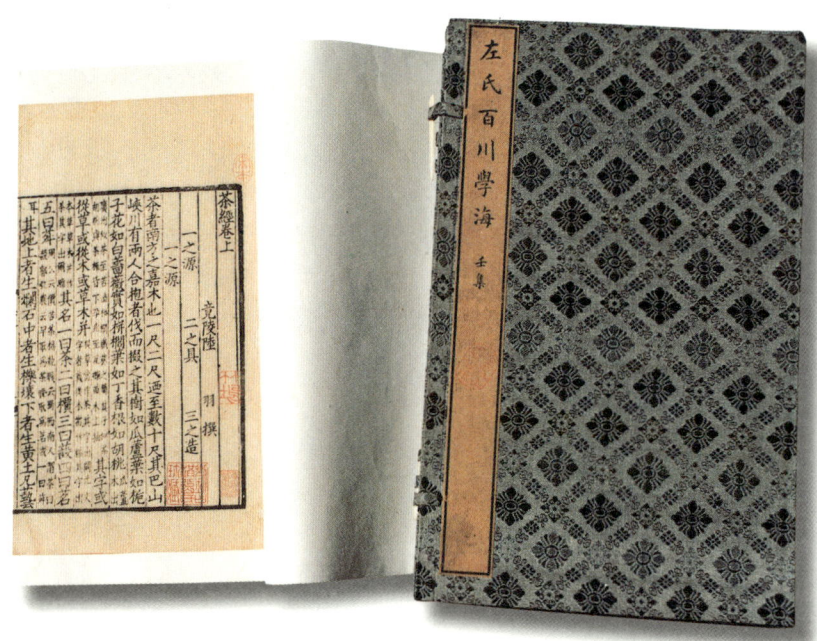

陆羽《茶经》

非僧非俗的境况中打发岁月。他甚至无固定的家,无聊以糊口的职业,虽为士子,却不愿出仕,宁可隐居、漂泊,与名僧高士为伍。

陆羽就是这样一个"不伦不类"的人物:半儒半僧、半官半民、亦庄亦谐,既是文学家又是科学家,他的《茶经》亦半是文化书、半是科技书。但有一点不容置疑:他是中国乃至世界古今第一茶学家!他的成功缘于他的执著追求,由于他的创新精神,所以在同样的文化背景下,是他取得了成功,成为"茶圣",而非别人。

陆羽的《茶经》,是一部关于茶叶生产的历史、源流、现状以及制茶工艺、饮茶艺术、茶德茶风、茶之文化的综合性著述。是一部关于茶的"百科全书",既是富有创意的划时代茶学专著,中国茶业科学的奠基石,又是一部文学品位很高的茶文化发轫之作。全书分三卷十章,其七千余言。目次为:一之源、二之具、三之造、四之器、五之煮、六之饮、七之事、八之出、九之略和十之图。

一之源:讲茶的"其源""其字""其名""其地"和"其用"。开篇就肯

陆羽烹茶图

定了我国乃茶之祖国。令人瞩目的不仅是著者陆羽对茶事的深刻了解，还有他丰富的植物学知识、文学知识、土壤知识及药物知识，他对茶进行的是"广角透视"，用学科交叉的办法对茶作全方位的研究，立论起点很高。

二之具：讲采茶、制茶的15种工具及其形制、规格和用途，并兼叙唐代饼茶制造的"采、蒸、捣、拍、焙、穿、封"7道工艺程序。说明中唐时的制茶工艺已完全成熟，有成套的工具和合乎科学的工艺流程可善其事，能制出高质量的饼茶。

三之造：详述采茶的时间选择及叶片选择，以及茶叶、茶饼优劣的鉴别方法。对茶饼"千万状"的描写多用比喻，准确而生动，真是绝妙好词。

四之器：详述8类29种40件煎茶器的形制、规格、质地和用法，并兼叙陆羽总结前朝及当代的烹饮技艺而规范化了的"煎茶法"，不妨称之为"陆氏茶具"和"陆氏煎茶法"。风炉系陆羽所创，其铭文和造型颇具古文化色彩。

五之煮：讲烹茶艺术，叙炙茶、看火、择水及煎茶、酌茶、分茶之法，进一步说明"煎茶法"的7步操作程序，依次是：炙茶、碾茶、筛茶、煮水、投茶、酌茶、吃茶。文字活泼生动，妙语连珠。

六之饮：讲茶之利、茶之俗和茶之难。重点是"茶有九难"一节，道出茶饮成败之关键，一字一句皆是多年经验的积累，不用心揣摩不能悟其真谛。

七之事：罗列前朝乃至往古茶事史实，涉及茶功、茶俗、茶文化及茶与释、道、儒三教的关系，资料翔实，内容丰富，堪称唐代之前的茶叶简史。

八之出：讲唐代茶区，反映唐代茶叶生产的情况，名茶谱亦在其中。由此可推知陆羽游历考察之宽，涉足全国大部分茶区，他一人独自完成了该由一个全国性的专门机构负责的工作，不下苦功夫又怎能鸟瞰全国茶叶生产情况？茶业乃大唐财政重要来源之一，茶政仅次于盐政，而一介布衣的陆羽不在其位却谋其政，

湖州三癸亭

他对大唐茶业的贡献功昭日月。

九之略：讲制茶工具、煎茶器具在特定情况下可以省略。大概他也估计到一味求全不利于茶事的普及，但亲手创制的24种茶具不在一定范围内照章办事又于心不甘，于是特意提了一笔："但城邑之中，王公之门，二十四器缺一则茶废矣。"在陆羽眼中，茶人是该有等级的，这恰巧证明了唐代多种茶文化圈的客观存在。

十之图：将《茶经》全文书于白绢，张挂室内，经常诵读，达到字字珠玑，《茶经》全面具备经典著作的特征。

就这七千字，把茶事的方方面面全提到了。读了《茶经》，若照此办理，不难成为一个优秀的茶人。美国威廉·乌克斯在1935年出版的《茶叶全书》中指出："中国学者陆羽著述第一部关于茶叶之书籍，于是在当时中国农家以及世界有关者，俱受其惠"，"故无人能否认陆羽之崇高地位"。①

《新唐书》云："羽嗜茶，著《经》三篇，言茶之源、之法、之具尤备，天下益知饮茶矣。时鬻茶者制陶羽形，置炀突间，祀为茶神。"

《太平广记》云："羽有文学，多意思，状一物，莫不尽其妙。"

《大唐传载》又云，陆羽"聪俊多闻，学赡辞逸，诙谐谈辩，若东方曼倩之俦。"

封演《封氏闻见记》云："楚人陆鸿渐为《茶论》，说茶之功效并煎茶炙茶之法，造茶具二十四事以都统笼贮之。远近倾慕，好事者家藏一副。有常伯熊者，又因鸿渐之论广润色之，于是茶道大行，王公朝士无不饮者。"

唐张又新在《煎茶水记》中引湖州刺史李季卿语："陆君善于茶，盖天下闻名矣。"

湖北天门陆公祠

---

① [美]威廉·乌克斯编著，刘涛，姜海蒂译：《茶叶全书》，东方出版社，2011年版。

皮日休在《茶中杂咏序》中云："自周以降，及于国朝茶事，竟陵子陆季疵言之详矣。然季疵之以前，称茗饮者，必浑以烹之，与夫沦蔬而啜者无异也。季疵始为经三卷，由是分其源，制其具，教其造，设其器，命其煮，饮之者除痟而去疠，虽疾，医之不若也。其为利也，于人岂小哉。"

诗人耿沛和陆羽连句，诗云："一生为墨客，几世作茶仙。"

北宋诗人陈师道在《茶经序》中说："夫茶之著书，自羽始。其用于世，亦自羽始。羽诚有功于茶者也！"梅尧臣说："自从陆羽生人间，人间相学事新茶。"吴俶说："清文既传于杜育，精思亦闻于陆羽。"陆羽的遗迹全国有数十处之多，如湖州"苕溪草堂"和"青塘别业"，江西上饶的"陆鸿渐宅"，广州的"陆羽轩"，苏州虎丘的"陆羽楼"，湖州杼山的陆羽墓等等，仅竟陵（今湖北天门）就有文学泉、涵碧堂、陆羽亭、陆子泉、古雁桥、鸿渐关、陆公祠等达14处之多。

第三节 皎然茶诗及"茶道"的提出

《宋高僧传·皎然传》说皎然字昼，姓谢氏，长城（今浙江长兴）人。幼负异才，性与道合，渐加削染，子史经书，各臻其极。文章隽丽，时称一代伟才。精于佛理，为著名诗僧，当时谚语曰："霅之昼，能清秀。"

皎然是著名的佛教徒茶人，他与"茶神"陆羽为忘年莫逆之交。有一个时期，他们的住处相距不远，经常聚会，吟诗品茗，其乐无穷。

皎然《九日与陆处士羽饮茶》云：

> 九日山僧院，东篱菊也黄。
> 俗人多泛酒，谁解助茶香。
> （《全唐诗》卷817）

九九重阳节，山中的寺院里，东篱之下的菊花已经黄了。在"悠然见南山"的美景中，皎然与陆羽一起品茗、畅谈，十分惬意。想到世俗之人在这一天大多饮酒，有谁能理解茶之芳香。

皎然十分想念陆羽。经常不辞路途遥远，跋涉之苦，前往拜访。在《访陆处士羽》一诗中吟道：

> 太湖东西路，吴主古山前。
> 所思不可见，归鸿自翩翩。
> 何山赏春茗，何处弄春泉。
> 莫是沧浪子，悠悠一钓船。
> （《全唐诗》卷816）

皎然拜访陆羽，却没有遇见，于

皎然

是想象他也许在哪座山欣赏春天的茶芽，或在哪里戏弄春天的清泉，或如同隐士，悠然自得地坐在船上钓鱼哩！

《往丹阳寻陆处士不遇》写得十分感人：

> 远客殊未归，我来几惆怅。
> 叩关一日不见人，绕屋寒花笑相向。
> 寒花寂寂遍荒阡，柳色萧萧愁暮蝉。
> 行人无数不相识，独立云阳古驿边。
> 凤翅山中思本寺，鱼竿村口望归船。
> 归船不见见寒烟，离心远水共悠然。
> 他日相期那可定，闲僧著处即经年。
>
> （《全唐诗》卷817）

皎然敲门不见主人，心情十分惆怅。等了整整一天，仍不见陆羽的踪影。绕着其屋开放的花儿笑着相迎，但它生在偏僻荒凉之地。萧萧柳树上的蝉儿，也在夕阳的暮色中发出哀愁的鸣声。伫立云阳古驿站边的皎然望眼欲穿地看着无数往来的行者，却无相识之人。于凤翅山里思念本寺，在鱼竿村口张望回归的白帆。然而白帆不见，唯有冰冷的云烟，离别之心与遥远的水都悠悠然。渴望与陆羽相会之情，溢于言表，感人至深。

皎然虽是看破红尘的方外之士，却与俗人广交朋友，除陆羽外，《宋高僧传·皎然传》云其"常与韦应物、卢幼平、吴季德、李萼、皇甫曾、梁肃、崔子向、薛逢、吕渭、杨逵"等"或簪组，或布衣"的文人墨客，"高吟乐道"，诗歌唱和，联句作赋，而品茗更是不可或缺的元素，在这种场合，皎然即兴创作了送人饮茶歌、茗舍联句和晦夜饮茶赋等诗作。他在《答裴集阳伯明二贤各垂赠二十韵今以一章用酬两作》中云：

> 清宵集我寺，烹茗开禅牖。
> 发论教可垂，正文言不朽。
> 白云供诗用，清吹生座右。
> 不嫌逸令①醉，莫试仙壶酒。
> 皎皎寻阳隐，千年可为偶。
>
> （《全唐诗》卷816）

在清静的夜晚，皎然与友人聚会吴兴兴国寺，皎然烹茗招待客人，一边品茶，一边发表议论，另外也饮酒、赋诗，其乐融融。

皎然《对陆迅饮天目山茶因寄元居士晟》云：

> 喜见幽人会，初开野客茶。
> 日成东井叶，露采北山芽。
> 文火香偏胜，寒泉味转嘉。
> 投铛涌作沫，著碗聚生花。
> 稍与禅经近，聊将睡网赊。
> 知君在天目，此意日无涯。
>
> （《全唐诗》卷818）

---

① 逸令：闲散的官吏，或称呼归隐的官吏。

这首诗叙述了皎然与友人陆迅品饮天目山茶幽人聚会的喜悦,细腻地描绘了品茶的各个细节。清晨趁露水采茶芽,用文火焙茶则茶香无比,以寒泉之水煎北山芽茶可使味道转好。将茶末投入茶铛,使其在泉水中翻滚,涌出茶沫,倒入碗中便聚成了茶的精华。品天目山茶与禅经亲近,因此而延迟了睡眠。皎然还将聚会的欢愉,自己对煎茶的感悟,寄告正在天目山的友人元居士,与之分享无限的茶趣。

皎然《陪卢判官水堂夜宴》云,当时暑气刚消,他们坐在月光下的水堂前,山谷寂静,凉风习习。作者说自己是长期栖身山林之人,初次相逢贤良的朋友。"爱君高野意,烹茗钓沧涟"。沧者,沉没之意。涟为水面波纹。此处可能指他们边烹茗品饮,边垂钓。

《遥和康录事李侍御萼小寒食夜重集康氏园林》云,皎然尽管没有亲临其间,却兴趣盎然地想象他们"还持绿茗赏残春",在啜茗的快感中观赏将要消失的春光。

皎然常感叹友人的欢聚难以持久。他在《送李丞使宣州》时"聊持剡山茗,以代宜城醑",以剡山出产的茶,代替宜城美酒,为奉命出使宣州(治今安徽宣城)的李丞饯行。

皎然《送许丞还洛阳》云:

> 剡茗情来亦好斟,空门一别肯沾襟。
> 悲风不动罢瑶轸①,忘却洛阳归客心。
> (《全唐诗》卷815)

他同样用剡山出产的茗,在佛寺饯别朋友。

皎然在《湖南草堂读书招李少府》一诗中说:"药院常无客,茶樽独对余。"

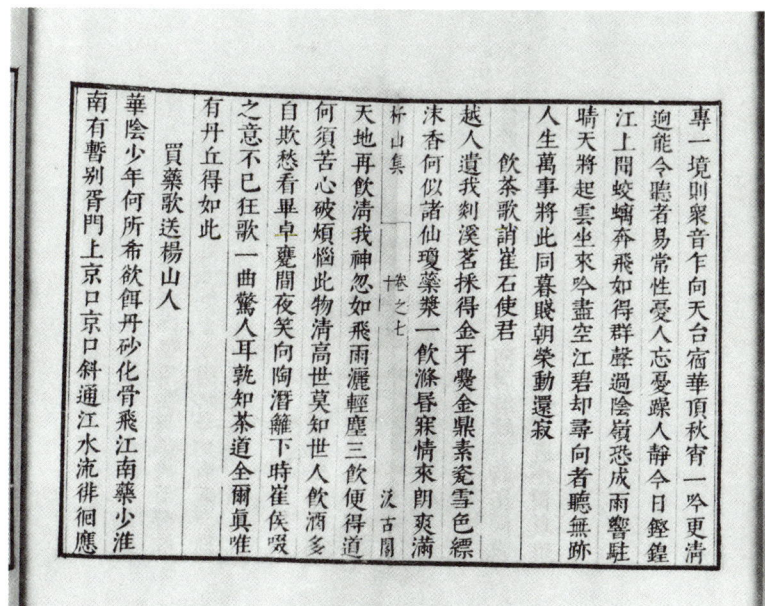

皎然《杼山集》

---

① 瑶轸:玉制的琴轸,借指琴,也指琴曲。

药院经常没有客人,他只好独自对着茶樽品茗。

据《宋高僧传·皎然传》记载,皎然中年以后,"谒诸禅祖,了心地法门",对禅宗有较深的造诣。皎然在《白云上人精舍寻杼山禅师兼示崔子向何山道上人》云:

> 果见栖禅子,潺湲灌真顶。
> 积疑一念破,澄息万缘静。
> 世事花上尘,惠心空中境。
> 清闲诱我性,遂使肠(一作烦)虑屏。
> ……
> 识妙聆细泉,悟深涤清茗。
> ……
> 此心谁得失,笑向西林永。
> (《全唐诗》卷816)

皎然认为,禅宗南宗慧能倡导的顿悟法门,一旦悟道,所有疑惑都会破除,澄清一切杂念,归于安静。要认识玄妙的禅理,只有聆听泉水细细地流淌,欲深悟其理则需要靠清茗洗涤杂念。我的心思谁能懂得?此诗是皎然引茗悟禅的感悟。

为了更好地品茗以利修行,皎然还不时地走出佛门,游览茶山,考察茶事。

《山居示灵澈上人》云:

> 晴明路出山初暖,行踏春芜看茗归。

皎然灵塔

乍削柳枝聊代札，时窥云影学裁衣。
身闲始觉骧名是，心了方知苦行非。
外物寂中谁似我，松声草色共无机。
　　　（《全唐诗》卷815）

在晴明初暖之日，皎然上茶山观赏春茗。回归时，忽然削一柳枝，权且作为写字的札。有时抬头仰望蓝天的云影，好似在学着裁衣。感慨道：身闲时才感觉为身名所累是多么令人心烦，心里了断才晓得人生是苦行。外物空寂中谁最像我？松的声音、草的颜色，都忘记了。

皎然去顾渚山后，在寄给友人裴方舟的茶诗《顾渚行寄裴方舟》中说：

我有云泉邻渚山，山中茶事颇相关。
鶗鴂鸣时芳草死，山家渐欲收茶子。
伯劳飞日芳草滋，山僧又是采茶时。
由来惯采无近远，阴岭长兮阳崖浅。
大寒山下叶未生，小寒山中叶初卷。
吴婉携笼上翠微，蒙蒙香刺胃春衣。
迷山乍被落花乱，度水时惊啼鸟飞。
家园不远乘露摘，归时露彩犹滴沥。
初看怕出欺玉英，更取煎来胜金液。
昨夜西峰雨色过，朝寻新茗复如何。
女宫露涩青芽老，尧市人稀紫笋多。
紫笋青芽谁得识，日暮采之长太息。
清泠真人侍子元，贮此芳香思何极。
　　　（《全唐诗》卷821）

该山的灵泉，与山中的茶事关系密切。山里阴岭很长，阳崖较浅短。大寒山下茶树叶还没生长，小寒山里的茶叶已经开始成卷。山里的茶农和寺院僧人又开始采茶了，人们的习惯是无论远近，哪里有茶就去采。吴地美丽妇人携带茶笼上茶山，趁清晨露水摘茶，采完回家时露水犹存。煎出的茶汤胜过金色的液体。昨天夜里西峰下雨，清晨寻觅新长出的茶怎么样了？市场上买茶的人很少，紫笋茶多却无人买，谁认识青芽茶，茶农傍晚采它长久地叹息。"清泠真人侍子元（仙传清泠真人裴君与道人支子元为友），贮此芳香思何极"。

皎然的《饮茶歌诮崔石使君》，则是他对茶的内涵的进一步思考的佳作。他吟道：

越人遗我剡溪茗，采得金牙爨金鼎。
素瓷雪色缥香，何似诸仙琼蕊浆。
一饮涤昏寐，情来朗爽满天地。
再饮清我神，忽如飞雨洒轻尘。
三饮便得道，何须苦心破烦恼。
此物清高世莫知，世人饮酒多自欺。
愁看毕卓瓮间夜，笑向陶潜篱下时。
崔侯啜之意不已，狂歌一曲惊人耳。

熟知茶道全尔真，唯有丹丘得如此。
（《全唐诗》卷821）

这是一首著名的茶诗，在唐代茶诗中占有重要地位，诗中不仅首次提及中国茶史上"茶道"二字，而且精辟地论述了唐人饮茶的深刻内涵。他说：越人赠我剡溪茶，采得最好的茶芽，投入最好的茶鼎煎茶汤，倒在白瓷碗里飘着茶沫的芳香，多么像琼蕊仙酒。饮一碗茶汤，可以涤除昏寐，情思爽朗，活跃无比。再饮一碗茶汤，使我清醒，有如突来飞雨，将大地的尘埃洗净。第三碗茶汤下肚，就得道了，无须苦苦地破除人生烦恼。茶性清纯高贵，世俗不知，世人饮酒徒然自欺。

这首诗不仅婉转地评说了好友陆羽所撰《茶经》（当是在社会上传抄的《茶经》初稿），而且表明了他对饮三碗茶、即茶的功能的深刻体会。在诗中，皎然明确地提到"茶道"二字，这是唐人诗文中最先提出的，也是世界茶史上的首创。尽管诗中没有进一步诠释"茶道"的微言大义。但他说的饮三碗茶，特别是说茶性情高贵，世俗不知，已经透露出他心目中的茶道深刻内涵了。当然，皎然这里所说的"茶道"，只是他对茶道的初步领悟，也许与当时整个茶界人们的认识水平有关。

皎然是一位虔诚的佛教徒，游走在释、道、儒三教之间，也是著名诗僧。他对新兴的茶文化情有独钟，结交了一大批茶友，他们经常聚会品茗、论诗、谈禅、论道。他能够写出"楚人《茶经》虚得名"的诗句，就充分说明他对《茶经》的内容与价值理论，是深入研究了的。没有广博的茶学知识，深厚的学养，正直的品德，是不会有这样一针见血的理论和言简意赅的评论的。陆羽毕竟是陆羽，对挚友的批评虚心接受，并下工夫认真修改《茶经》，精益求精，终成流芳千古的茶学经典。就此而言，皎然功不可没。正是在当时饮茶成风，文人士大夫为茶注入文化艺术营养，品茗形成一道靓丽人文景观的时代背景下，加之皎然本人对茶文化的独特感悟，才在《饮茶歌诮崔石使君》一诗中首先提出了"茶道"概念，这是世界茶学文化史上最早提及的"茶道"，在中国茶史上具有里程碑式的历史意义。

然而，在以往学术界，相当多的人认为最早提到茶道的是唐人封演的《封氏闻见记》，书中说："楚人陆鸿渐为《茶论》，说茶之功效并煎茶炙茶之法，造茶具二十四事以都统笼贮之。远近倾慕，好事者家藏一副，有常伯熊者，又因鸿渐之论广润色之，于是茶道大行，王公朝士无不饮者。"

近年来，有些学者对此传统看法提出异议，认为中国"茶道"一词最早记载，不是封氏之说，而是唐代著名诗僧皎然《饮茶歌诮崔石使君》中的"孰知茶道全尔真，唯有丹丘得如此"。1995年，李斌城先生在《唐人与茶》[①]一文中也曾提出中国"茶道"一词最早见于皎然的这首茶诗。

封演和皎然提到的"茶道"一词，究竟谁早谁晚，取决于他们写作时间之先后。

1.《封氏闻见记》：撰定于唐德宗贞元十六年（800）以后，关于该书撰定时

---

① 李斌城：《唐人与茶》，《农业考古》，1995年第2期。

间，史载不一。

《金石萃编》卷97颜真卿撰《宋璟传》按语云：封演所撰《封氏闻见记》，"当在（唐）德宗贞元间"。贞元间当为贞元年间，贞元凡二十年，不知所指其中哪一年。

《四库全书总目提要》卷120《封氏闻见记》未言撰定时间，但说该书"尊号一条记贞元间事"，也较为笼统。

《封氏闻见记校注》作者赵贞信，在序文中引述著名学者岑仲勉和余嘉锡对封演生平的详细稽考，结论是《封氏闻见记》的撰定必在唐德宗贞元十六年（800）以后。我们认为，他们的稽考，用该书的记载，与当时史事相互印证，论述翔实，说服力强，较为可信。

《唐语林校订附录·封氏闻见记》亦云："《封氏闻见记》一书，作于贞元十六年（800）之后。"

还有一些学者认为《封氏闻见记》撰于贞元末年。

2. 皎然《饮茶歌诮崔石使君》：创作于贞元八年以前。

此诗创作于何年，皎然未置一词。但这个问题却非常重要，因为弄清它，就能知晓皎然讲"茶道"一词的时间，从而确定它比封氏之说早或晚。

解决这个问题的关键，是皎然驾鹤西行的卒年，因其诗是在其生前创作的。

《中国佛教人名大词典》《辞海》《中国历史大辞典·隋唐五代史卷·皎然》等未注皎然生卒年。《宋高僧传·皎然传》等有关文献亦未载其准确生卒年。学术界意见则有贞元元年（785）、贞元初年、贞元中、贞元末、贞元二十年（804）、元和四年前不久等说。

有关皎然的文献中，《宋高僧传·皎然传》记载较为全面。该传叙其生平云："贞元初，居于东溪草堂。"按唐人习惯，皇帝年号可分为初、中、末三个时段，皎然在贞元初，在东溪草堂居住，说明其贞元初卒说不能成立，贞元元年卒说则更不能成立。

该传又云："至（贞元）五年五月，会前御史中丞李洪自河北负谴，再移为湖（州太）守，初相见未交一言，恍若神合。"就是说，贞元五年皎然仍然健在，再次证明皎然贞元元年卒说不能成立。

该传又云：皎然"以贞元年终山寺。有集十卷，于頔序集。贞元八年正月（唐德宗）敕写其文集入

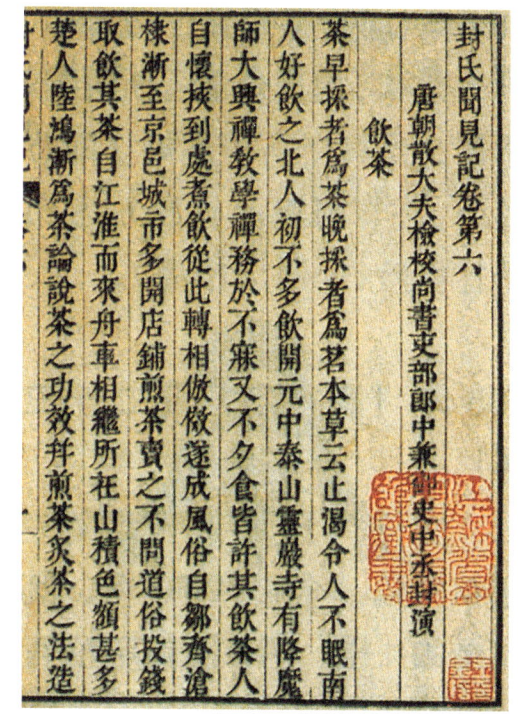

《封氏闻见记》书影

于秘阁①。天下荣之……昼生常与韦应物、卢幼平……交结"。昼是皎然的别名，其生前常与韦应物等文人交游。有诗文集十卷，于頔撰序。贞元八年正月，唐德宗令写皎然诗文集，收藏于朝廷秘阁，天下人认为这是皎然的荣誉。

皎然之卒，文献多有记载。唐人李肇说：皎然"及卒，（唐）德宗降使取其遗文"。宋人王谠说：皎然"及卒，德宗遣使取其遗文"。元人僧觉岸说："昼卒，相国于頔序之，进于朝，德宗诏藏秘阁。"于頔当时任湖州刺史，任相国大约贞元末至唐宪宗即位前时期。著名学者范文澜说："皎然死后，有文集十卷，宰相于頔作序，唐德宗敕写其文集藏于秘阁。"在唐代，名人死后皇帝（或朝廷）派人搜集其遗作，藏诸秘阁，是给予仙逝名流的哀荣。如王维去世后，"（唐）代宗访（王）维文章，于弟（王）缙裒集（王维）十卷上之"，"帝优诏褒赏"。卢纶死后，唐宪宗"诏中书舍人张仲素访集遗文。（唐）文宗尤爱其诗"，"遣中人悉索家笥，得诗五百篇以闻。"《中国历史大辞典·隋唐五代史·皎然集》云：又名《杼山②集》，贞元八年（792）成书，得诗五百四十六首，湖州刺史于頔为序。皎然的身后事也是如此。由此可见，上述《宋高僧传·皎然传》中所说的正是皎然死后，时任湖州刺史的于頔为其诗文集撰序，贞元八年唐德宗下令，将其藏于秘阁。可知皎然卒年当在贞元八年以前，其诗《饮茶歌诮崔石使君》当创作于此前，"茶道"一词较《封氏闻见记》出现早。

第四节　卢仝茶诗及七碗茶论

卢仝（约775-835），自号玉川子，范阳（今河北涿州市）人，少有才名，未满20岁便隐居嵩山少室山，不愿仕进。朝廷曾两度要起用他为谏议大夫，均不就。《新唐书·韩愈传附卢仝传》云：他曾为"月蚀诗以讥切元和逆党"。时任河南尹的韩愈"爱其诗，厚礼之"。

韩愈《寄卢仝》一诗中说："玉川先生洛城里，破屋数间而已矣。一奴长须不裹头，一婢赤脚老无齿。辛勤奉养十余人，上有慈亲下妻子"，说明其家境不大富裕。卢仝广交僧俗人等，不巴结达官贵人，"往年弄笔嘲同异，怪词惊众谤不已"，"先生抱才终大用，宰相未许终不仕"。

"宿春连晓不成米，日高始进一碗

卢仝

---

① 秘阁：是古代宫廷藏书之处。自晋、南朝宋至隋、唐，皆设有秘阁藏书。
② 杼山：因夏王杼巡狩至此而得名。唐时，颜真卿、陆羽、皎然等著名文人常在杼山活动。颜真卿在大历八年（773）十月二十一日为茶圣陆羽建三癸亭，因建亭时间是癸丑年癸卯月癸亥日，所以名三癸亭。唐德宗贞元二十年（804），陆羽在湖州逝世，终年71岁，安葬于杼山。

茶。气力龙钟头欲白，凭仗添丁莫恼爷。"（《全唐诗》卷387，卢仝《示添丁》）卢仝喜得孙子，整晚都没舂成米，日上三竿才饮了一碗茶。年纪大了，老态龙钟，头发也快白了，虽然添了男丁，可别累恼了爷爷。信笔写来，天伦之乐油然有趣。

河南人马异，与卢仝友善，《答卢仝结交诗》云：他收到卢仝的鸿雁传诗，称赞"此诗峭绝天边格，力与文星色相射"，极力赞扬卢仝"吟（诗）能文"，同时提醒他，在这"悲蚯蚓兮安翅羽""使良骥兮捕老鼠"的"乱邦不平年"，需要提高警惕。

可惜，"性僻面黑"的卢仝没有在意马异之忠告。大和九年（835），唐文宗与李训、郑注等密谋尽诛专权的"甘露事变"①时，卢仝遇难。《南部新书》②记载：十一月二十日夜，卢仝"偶宿涯馆，明日，左军屠涯家族，随而遭戮"。"涯"指宰相王涯。"左军"指左神策军。王涯未参与谋诛宦官，无辜被杀，卢仝更是无辜。一代茶人卢仝可说宿错了王涯宅而冤死，令人扼腕！

卢仝留存至今的茶诗，虽仅屈指可数的4首，但他之所以成为唐代最著名的茶人之一，在于他写过一首堪称经典的茶诗——《走笔谢孟谏议寄新茶》。其诗云：

> 日高丈五睡正浓，军将打门惊周公。
> 口云谏议送书信，白绢斜封三道印。
> 开缄宛见谏议面，手阅月团③三百片。
> 闻道新年入山里，蛰虫惊动春风起。
> 天子须尝阳羡茶，百草不敢先开花。
> 仁风暗结珠琲瓃，先春抽出黄金芽。
> 摘鲜焙芳旋封裹，至精至好且不奢。
> 至尊之余合王公，何事便到山人家。
> 柴门反关无俗客，纱帽笼头自煎吃。
> 碧云引风吹不断，白花浮光凝碗面。
> 一碗喉吻润，两碗破孤闷；
> 三碗搜枯肠，唯有文字五千卷；
> 四碗发轻汗，平生不平事，尽向毛孔散；
> 五碗肌骨清；
> 六碗通仙灵；
> 七碗吃不得也，唯觉两腋习习清风生。
> 蓬莱山，在何处。

---

① 甘露事变：公元835年（唐大和九年），27岁的唐文宗不甘为宦官控制，和李训、郑注策划诛杀宦官，夺回丧失的权力。11月21日，唐文宗以观露为名，将宦官头目仇士良骗至禁卫军的后院欲斩杀，被仇士良发觉，双方激烈战斗，结果李训、王涯、贾𢠢、舒元舆、王璠、郭行余、罗立言、李孝本、韩约等朝廷重要官员被宦官杀死，其家人也受到牵连而灭门，这次事变后受株连被杀的有一千多人。史称"甘露之变"。

② 《南部新书》：北宋钱易撰，宋代笔记小说，具有内容驳杂的特点。《南部新书》共分10卷，计800余条，内容大多为唐代事，少数是有关五代的。书中所述诸人轶事，以士大夫居多，合而观之，有唐一代的官僚百相图宛然在目。《南部新书》被收入清乾隆时编集的四库全书。

③ 月团：团茶的一种。宋无名氏《李师师外传》："月团、凤团、蒙顶等茶百斤。"

卢仝《七碗茶歌》　　　　卢仝《走笔谢孟谏议寄新茶》

玉川子，乘此清风欲归去。

山上群仙司下土，地位清高隔风雨。

安得知百万亿苍生命，堕在巅崖受辛苦。

便为谏议问苍生，到头还得苏息否。

（《全唐诗》卷388）

日上三竿时，卢仝犹睡意正浓，一位军将敲门把他惊醒了。军将口称谏议大夫大人派我来送书信，白绢书信斜封着三道印泥。卢仝打开书信，如同见到了谏议大夫的面，里面装着月团茶三百片。听说新年进山里，蛰伏的昆虫起来了，大地也刮起了春风。阳羡茶非常有名，连至高无上的皇帝也要品尝它。阳春三月，百草都不敢先开花，因为茶是草中的英豪，又是天子要的贡茶。早春茶树抽出了比黄金还贵的嫩芽。茶农们采下鲜茶芽，焙茶，旋即封上包好，这种茶最为精好。皇帝品尝之余，王公贵族再品尝。

家里没有庸俗的客人，卢仝把大门关上，随意自煎自饮，碧色的茶汤不断翻腾，在茶碗里凝聚成闪亮的白花。饮一碗茶汤能够滋润喉咙和嘴唇。第二碗可破除孤独和苦闷。第三碗则可以激发灵感，写出数以千计的诗文。第四碗热茶汤下肚后，身上散发出轻汗，平日一切愤愤不平的事，全部消失殆尽了。第五碗茶令人感到全身的肌肉、骨头都清爽了。第六碗茶竟然感到与仙灵相通了。第七碗茶汤吃下去，不得了啊，觉得两腋生风，欲乘清风归去。蓬莱仙山，在什么地方？我玉川子欲乘此清风到蓬莱山去，蓬莱山的神仙掌管地下的百姓，他们的地位清高但隔着风雨，怎能知道地下百万亿普通百姓的生命，堕在崖巅受苦受难，便替谏议大夫询问，普通百姓是否能得到休养生息？

卢仝在这首诗中关于饮七碗茶的感悟，将饮茶能够解除孤闷、激发文思、消除烦恼、舒肌润骨、有益健康等特殊功能，表达得淋漓尽致。至于他说饮茶能通仙灵、两腋生清风、飘飘欲仙，则是他受道教神仙思想影响产生的想象而已。

卢仝这首诗的影响极大，不仅深受当时唐人的赞扬，而且被其后宋、明、清的一些文人墨客追捧，不断提及、引用，"七碗茶"成为中国茶史上的典故。卢仝及其"七碗茶"诗意一再地被人或图之以画，或融之以诗，或融入讲经。如此广泛而深入的流风遗韵，众多唐代茶诗未有，中国茶诗中亦罕有其匹。

卢仝还作有《忆金鹅山沈山人二首》茶诗，诗云：

君家山头松树风，适来入我竹林里。
　　一片新茶破鼻香，请君速来助我喜。
　　莫合九转大还丹，莫读三十六部大洞经。
　　闲来共我说真意，齿下领取真长生。
　　……
（《全唐诗》卷388）

沈山人到卢仝的竹林，卢仝待之以茶礼。一片新茶，散发出扑鼻的芳香，他邀请客人快来分享他的喜悦。卢仝说，你不用烧炼九转金丹。（王明著《抱朴子内篇校释》云："九转之丹，服之三日得仙。"①）也不用阅读三十六部大洞道经。有空时来与我共同讨论真意，只要饮茶就能从口中获得真正的长生经。其诗意与《走笔谢孟谏议寄新茶》中所说五碗肌骨清，六碗通仙灵，七碗飘飘欲仙的语境一脉相承。

卢仝的另一首茶诗《萧宅二三子赠答诗二十首·客谢竹》云：
　　扬州驳杂地，不辨龙蜥蜴。
　　客身正干枯，行处无膏泽。
　　太山道不远，相庇实无力。
　　君若随我行，必有煎茶厄。
（《全唐诗》卷387）

此诗作于卢仝客居扬州萧才子欲卖之宅，主人有事去歙州（治今安徽歙县）之际。卢仝以寓言的体裁，用客与石、竹、井、马兰（小草）、蛱蝶和蝦蟆，互相请答的形式，畅述人生感悟，洋溢着轻松诙谐之情。在这首《客谢竹》中，卢仝说：你如果跟随我走，必定会有煎茶的灾难。言外之意，他饮茶多，跟他一起走，免不了饮茶，

---

① 王明：《抱朴子内篇校释》卷4《金丹》，中华书局，1985年版。

钱选《卢仝烹茶图》

会遭遇煎茶之厄运。卢仝茶人本色于此也可见一斑。

第五节　白居易的饮茶生活

白居易（772—846），字乐天，唐代大诗人。其先太原（今山西境内）人，后迁居下邽（今陕西渭南北）。贞元十四年进士。十年之间，三登科第，历任秘书省校书郎、集贤校理、翰林学士、左拾遗、忠州刺史、知制诰、杭州刺史、太子宾客和刑部尚书等。白居易重儒喜释，浪迹老庄，自号香山居士，以醉吟先生自况。

白居易一生与诗、酒及茶相伴，晚年嗜茶更甚，自称"竟日何所为，或饮一瓯茗，或吟两句诗"（《首夏病间》）。其在《谢李六郎中寄新蜀茶》诗中云："不寄他人先寄我，应缘我是别茶人[①]。"《山泉煎茶有怀》诗中云："无由持一碗，寄与爱茶人。"他是"别茶人""爱茶人"，是地道的"茶痴"。一日三遍饮，晚年尤甚，对于茶艺尤精，鉴茗、品水、看火、择器无一不能，且有高人一等的见地。如"琴里知闻唯渌水[②]，茶中故旧是蒙山"，"闷吟工部新来句，渴饮毗陵远到茶"，"醉对数丛红芍药，渴尝一碗绿昌明"，"吟咏霜毛句，闲尝雪水茶"，"蜀茶寄到但惊新，渭水煎来始觉珍"，"酒渴春深一碗茶，每夜坐禅观水月"等等，这些诗句都反映了他精研茶艺，不愧为众人称誉的烹茗高手。晚年他还主办"九老茶会"，写有《洛中九老会》一诗。

白居易本人所写的茶诗约六七十首，为唐人茶诗数量之冠。其饮茶生活丰富多彩，全面而深刻地诠释了雅士茶道的文化内涵。

第一，他爱茶，嗜茶。

白居易三次迁官后又回到京城，在新昌坊盖了个新居，说他尚有妻子拖累，官职缠身，但终究要抛禄弃爵，将是非付之一梦，而结缘静中，携杖徐吟诗，歌颂他所喜欢的名品如：

蒙茶：《新昌新居书事四十韵因寄元郎中张博士》云："蒙茶到始煎。"蒙茶当指蒙顶茶。《唐国史补》云："风俗贵茶，茶之名品益众。剑南有蒙顶石花，或小方，或散芽，号为第一。"白居易特别喜欢号称唐茶首品的蒙顶茶，一到辄煎饮。

白居易

[①]　别茶人：是白居易对自己的别称，意指鉴别茶叶的人。
[②]　渌水：古曲名。《文选》卷18马融《长笛赋》："中取度于《白雪》《渌水》。"李周翰注："《白雪》《渌水》，雅曲名。"

白茗芽《春末夏初闲游江郭二首》云："嫩剥青菱角，浓煎白茗芽。"

绿昌明《春尽日》云："渴尝一碗绿昌明"。绿昌明，蜀茶之名。

毗陵茶《晚春闲居杨工部寄诗杨常州寄茶同到因以长句答之》云："闷吟工部新来句，渴饮毗陵远到茶"。毗陵郡即常州。

紫笋茶《题周皓大夫新亭子二十二韵》云："茶香飘紫笋。"

六班茶《渊鉴类函》卷390《食物部·茶》记载："白乐天入关，刘禹锡正病酒，禹锡乃馈菊苗齑芦菔鲊，换取乐天六班茶二囊以醒酒。"

蜀茶 白居易作有《萧员外寄新蜀茶》一诗。蜀茶指蜀中所产之茶，其中名茶，除剑南的蒙顶石花外，尚有东川的"神泉小团、昌明兽目"（《唐国史补》）。

白居易还喜欢品新茶，在收到萧员外寄来的新蜀茶时，赋诗云："蜀茶寄到但惊新。"一个"惊"字，将他钟爱新茶之情表达无遗。

白居易致仕后，"内无忧患迫，外无职役羁"（《全唐诗》卷429白居易《首夏病间》）。内心没有了"非忧即有疾"的压力，外无为官京华凌晨提着灯笼骑马上朝，或坐衙理政的羁绊（《全唐诗》卷429白居易《首夏病间》）。在洛阳履道里，得故散骑常侍杨凭宅，有池、竹、堂、亭、桥、船、书、酒、歌、弦，白居易"白须飒然"，其中"妻孥熙熙，鸡犬闲闲，优哉游哉"（《旧唐书》卷166《白居易传》）。每日所为，"或饮一瓯茗，或吟两句诗"（《首夏病间》）。其实，白居易一天所饮茶，不是一瓯，也不是他自称的。"尽日一餐茶两碗，更无所要到明朝"（《闲眠》）。而是"茶不离身"，君不见：

"檐前新叶覆残花，席上余杯对早茶"（《不出》）。

"食罢一觉睡，起来两瓯茶"（《食后》）。

"午茶能散睡，卯酒善消愁。"（《府西池北新葺水斋即事招宾偶题十六韵》）。午是正午十二点钟，这时饮茶能消除瞌睡。

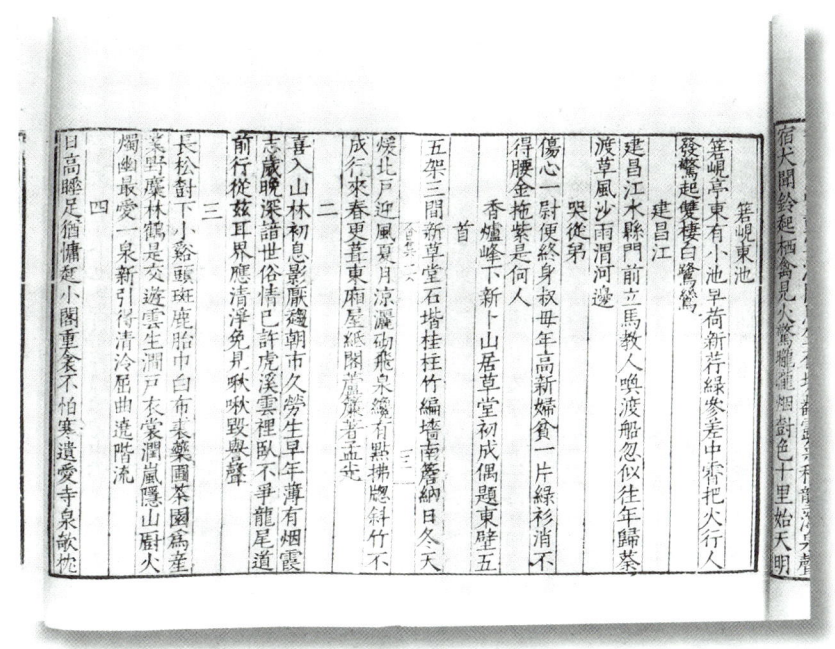

白居易诗歌

日西倚着拐杖散步,"或饮茶一盏"(《偶作二首》)。

"夜饮归常晚,朝眠起更迟。举头中酒后,引手索茶时"(《和杨同州寒食干坑会后闻杨工部欲到知予与工部有宿酲》)。白居易嗜酒,醉后常以茶解之,事例甚多。除一日之中,从早、午、晚至夜饮茶外,白居易还在多种场合饮茶:"新年多暇日""稍蓺煎茶火"(《郡斋暇日,辱常州陈郎中使君早春晚坐水西馆书事诗十六韵见寄,亦以十六韵酬之》)。

白居易说,林间背日之楼,池上随风之舟好追凉。"游罢睡一觉,觉来茶一瓯"(《何处堪避暑》)。

外出时,也不忘携带茶器,随时煎饮。王谠《唐语林》录唐人笔记,内有白居易烹茶泛舟的故事,文曰:

> (卢尚书)见居人以叶舟浮泛,就食菰米鲈鱼,思之不忘。逡巡,忽有二人,衣蓑笠,循岸而来,牵引篷艇。船头覆青幕,中有白衣人与衲僧偶坐,船后有小灶,安铜甑而炊,丱角仆烹鱼煮茗,溯流过于槛前,闻舟中吟笑方甚。卢叹其高逸,不知何人。从而问之,乃白居易与僧佛光,自建春门往香山精舍。

白居易与僧佛光坐篷船,自洛阳建春门往香山精舍,"船后有小灶,安铜甑而炊,丱角仆烹鱼煮茗""舟中吟笑方甚"。铜甑当为铜制之甑,建春门为东都洛阳城东之中门,丱角仆当指未成年的奴仆。

白居易《江州赴忠州至江陵已来舟中示舍弟五十韵》云:"水餐红粒稻,野茹紫花菁。瓯泛茶如乳,台粘酒似饧。"

白居易多山水野趣,偶遇胜景,则驻足观赏,"泉憩茶数瓯"(《山路偶兴》),稍事小憩,也要汲山泉,畅饮数瓯。

"斑竹盛茶柜"(《宿杜曲花下》),可能是用带斑点的好竹做成的盛茶柜子。竹子干燥,又通风,宜于存放茶。白居易有茶柜,说明他饮茶多,如果不多,就不必设置专用的茶柜了。

白居易直到老病依然对茶一往情深。他"老去齿衰嫌橘醋,病来肺渴觉茶香"(《东院》),虽病魔缠身,也感觉茶汤芳香,离不开茶。茶是白居易自称的人生三乐之一,"融雪煎香茗,调酥煮乳糜",此外还有"酒性温无毒,琴声淡不悲,荣公三乐①外,仍弄小男儿"(《晚起》)。白居易说:"谁谓荼蘗苦,荼蘗甘如饴。"(《和晨兴因报问龟儿》)他认为茶芽不苦,而是甜似饴糖。

为了更好地了解茶,煎好茶,品好茶,白居易亲自参与种茶、焙茶、煮茶和啜茗。他喜欢游茶山,《夜泛阳坞入明月湾即事寄崔湖州》中有"为报茶山崔太守,与君各是一家游"。白居易热爱大自然,喜游山水,但也不排除考察茶山,是亲身实践去进一步认识茶。

白居易饮茶用的盛茶器具为勺,"夜茶一两勺"(《立秋夕有怀梦得》)。用得较多的茶器是茶瓯。他在《江州赴忠州至江陵已来舟中示舍弟五十韵》《重修

---

① 荣公三乐:三种乐事。随文而异。《列子·天瑞》:"孔子游於泰山,见荣启期行乎郕之野,鹿裘带索,鼓琴而歌。孔子曰:'先生何以为乐?'曰:'天生万物,惟人为贵,吾得为人,一乐也;男贵女贱,吾得为男,二乐也;人生有不见日月,不免襁褓者,吾既已行年九十矣,是三乐也。'"又,或三种爱好,或春、夏、秋时节三乐,或祀天、地、鬼的三种音乐,或佛学术语天乐、禅乐、涅槃乐。

香山寺毕题二十二韵以纪之》《食后》《何处堪避暑》《想东游五十韵并序》《招韬光禅师》中都讲到用瓯盛茶,"白瓷瓯甚洁"(《睡后茶兴忆杨同州》)。在各地出产的瓯中,白居易喜用白瓯,它显得净洁。有时用盏盛茶汤,"饮茶一盏"(《偶作二首》);有时用碗,"无由持一碗"(《山泉煎茶有怀》)。

白居易煎茶用水较为随意,有时用山泉,曾吟有《山泉煎茶有怀》诗。有时用雪水,"闲尝雪水茶"(《吟元郎中白发诗兼饮雪水茶因题壁上》),"融雪煎香茗"(《晚起》)。有时用家乡的渭河水,"渭水煎来始觉珍"(《萧员外寄新蜀茶》)。

煎茶的燃料有炭,"红炉炭方炽"(《睡后茶兴忆杨同州》)。

白居易煎茶用佐料,一是加酥,"调酥煮乳糜"(《晚起》);二是加姜,"红姜带紫芽"(《招韬光禅师》)。这种加姜茶汤,是与香饭、葛粉、藤花和青芥一起,作为斋饭招待韬光禅师的。无论白居易是否知道陆羽在《茶经·六之饮》中所说"或用葱、姜、枣、橘皮、茱萸、薄荷之等煮之百沸,或扬令滑,或煮去沫,斯沟渠间弃水耳",但他确实煮茶加姜和酥,并以之待客,可见他对这种吃茶法很感兴趣。白居易仍坚持袭用唐以前的传统煮茶法,唐人中也一直有人对此乐此不疲。直至千百余年后的今天,广西民间盛行的油茶,在茶中加葱、姜、蒜、盐等煮成的茶汤,就着油炸米糕、香菜等食之,解渴又饱肚,深受欢迎,当是它的流风遗韵。如陆羽地下有知,不晓得会不会有比"习俗不已"更深重之叹矣。

第二,他以茶破睡,散闷,醒酒。

白居易认为,驱除忧愁知道酒的力量,而破除睡魔,则能看见茶的功夫。《赠东邻王十三》诗云:

携手池边月,开襟竹下风。
驱愁知酒力,破睡见茶功。
居处东西接,年颜老少同。
能来为伴否,伊上作渔翁。
　　(《全唐诗》卷448)

白居易还认为茶能散闷。《镜换杯》诗云:

茶能散闷为功浅,萱纵忘忧得力迟。
不似杜康神用速,十分一盏便开眉。
　　(《全唐诗》卷449)

白居易认为茶消散烦闷的功效不深,萱草纵然能使人忘记忧郁,却见效迟缓,不像杜康酒那样效应神速,一盏十分酒下肚,立马便可愁眉舒展。

白居易嗜酒,其诗中饮酒俯拾皆是,经常痛饮而醉。"酒渴春深一碗茶"(《早服云母散》),香茗成了解酒之物。白居易诗中常见口渴,就是饮酒过多的反映,往往靠茶解之,以致"病闻和药气,渴听碾茶声"(《酬梦得秋夕不寐见寄》)。白居易在诗中对诗友刘禹锡说:他患病便闻到了制药的气味,酒醉口渴就听到了碾茶之声。其实,他酒渴随时,有时甚至半夜,哪来碾茶?这不过是他以茶醒酒的反映而已。《春尽日》诗云,美丽的春景已经凋残了,火热的暑气出现了,白居易有感于时局,思考大事,合情而坐,独自倾饮,"醉对数丛红芍药,渴尝一碗绿昌明","昏昏醉卧翁,鼻香茶熟后"(《闲卧寄刘同州》),白居易酒醉昏昏而睡中，居然闻到了煎熟茶汤的扑鼻芳香，并感叹"可怜闲气味，唯欠与君同"，不能与刘禹锡一起分享这气味！

第三，他以茶帮助坐禅。

白居易是虔诚的佛教徒，与僧人过从甚密，向往往生西方极乐世界的净土宗，所以"夜学禅多坐"（《闲咏》），"每夜坐禅观水月"，是"身不出家心出家"（《早服云母散》）的香山居士。坐禅既久，必然饥饿困倦，喝上一碗香喷喷的芳茗，以助坐禅。

第四，他以茶助诗。

茶使人头脑清醒，能激发灵感，有助吟诗。《酬梦得秋夕不寐见寄》诗云：

碧簟绛纱帐，夜凉风景清。
病闻和药气，渴听碾茶声。
露竹偷灯影，烟松护月明。
何言千里隔，秋思一时生。

（《全唐诗》卷449）

白居易从病闻制药的气味和渴时所见碾茶之声中，涌出文思，你看，露竹、灯影、烟松和月明交相辉映，别有一番情趣，何必讲你我远隔千里，金秋之夜，相思之情一样油然而生。

第五，他以茶结友。

茶在白居易的日常生活中，是广交友朋的高雅媒介之一。在《北亭招客》中，那里"春风北户千茎竹，晚日东园一树花"，美景如画。作为一州之长，他放了晚衙，与郡丞等尽日对弈，小盏尝冷酒，"深炉敲火炙新茶"，用火石相击取火的原始方式炙新茶、煎香茗，以和谐太守与属吏的情感，其乐也融融。

一个雨夜，麹生叩门来访，"村家何所有，茶果迎来客"，听着窗外的雨滴声，白居易谓"不是爱闲人，肯来同此夕"（《麹生访宿》）。

白居易招待客人，有酒有茶，各取所好。《春尽劝客酒》诗云：

林下春将尽，池边日半斜。
樱桃落砌颗，夜合隔帘花。
尝酒留闲客，行茶使小娃。
残杯劝不饮，留醉向谁家。

（《全唐诗》卷447）

《想东游五十韵并序》云，"客迎携酒榼①，僧待置茶瓯"（《全唐诗》卷450）。

白居易对来的俗人朋友，以酒相待，若是佛门弟子光临，则待以茶礼，尊重其禁酒戒律，而僧人也还之以茶礼，如白居易《游宝称寺》，主人"酒嫩倾金液，茶新碾玉尘"，主人待客马上碾新茶，煎而敬之。

白居易还以香茗挽留客人，《新居早春二首》诗云：

地润东风暖，闲行踏草芽。

---

① 榼：古代盛酒的器具。

呼童遣移竹，留客伴尝茶。
（《全唐诗》卷442）

如果实在留不住友人，也以茶饯行。《清明日送韦侍御贬虔州》诗云：

寂寞清明日，萧条司马家。
留饧和冷粥，出火煮新茶。
欲别能无酒，相留亦有花。
南迁更何处，此地已天涯。
（《全唐诗》卷440）

友人贬官心情不好，谪官司马的白居易，家境也十分萧条。饯别没酒还可以，挽留客人要有茶。生火煎新茗，以热腾腾的茶汤，温暖南迁天涯人之心。

白居易有时也"聊将茶代酒"（《宿蓝桥题月》），自奉或敬人。

白居易饮茶之多，在唐人中是少有的，其茶之来源主要有二。

一是亲友馈赠。白居易说"蜀茶寄到但惊新"（《萧员外寄新蜀茶》）。《晚春闲居杨工部寄诗杨常州寄茶同到因以长句答之》一诗中，"渴饮毗陵远到茶"，指的也是赠茶。《谢杨东川寄衣服》云，白居易感慨"年年衰老交游少，处处萧条书信稀，唯有巢兄不相忘，春茶未断寄秋衣"。巢兄指杨东川，东川指剑南东川节度使杨汝士，字慕巢（《旧唐书》卷176《杨虞卿传附汝士传》，参《全唐诗》卷457《和东川杨慕巢尚书府中独坐感戚在怀见寄十四韵》）。白居易说：在暮年潦倒、世态炎凉中，只有您这位仁兄没有遗忘我，不断寄来新茶。

《谢李六郎中寄新蜀茶》云：

故情周匝向交亲，新茗分张及病身。
红纸一封书后信，绿芽十片火前春①。
汤添勺水煎鱼眼，末下刀圭②搅曲尘③。
不寄他人先寄我，应缘我是别茶人。
（《全唐诗》卷439）

白居易说，故旧友人李六郎中不寄新茗芽给其他人，首先寄给我这个有病之身，其缘由乃是认为我是能鉴赏茶的别茶人！请看，白居易一眼就准确地辨认出这新茗是火前春茶，并立即饶有兴味地生火开炉煎茗。茗汤中添了一勺水，煎得现出了鱼眼，将一刀圭的茶末倒入汤中，以竹筴搅激汤心曲尘，这与陆羽在《茶经·五之煮》里所说"其沸如鱼目，微有声为一沸……二沸出水一瓢，以竹筴环激汤心，则量末当中心而下有顷，势若奔涛溅沫"，何其相似。

白居易特别喜饮蜀茶，在《杨六尚书新授东川节度使代妻戏贺兄嫂二绝》中，曾开玩笑地希望他们"可能空寄蜀茶来"。友人馈赠尽管时有，而"春茶未断"者毕竟凤毛麟角，实难满足天天啜茗、一日多次、喝几大瓯茶汤的白老爷子的茶瘾。

二是自己辟园种茶。白居易晚年自称老去归山，如"倦鸟得茂树，涸鱼返清源。在流水潺潺、松竹叠翠、了无人烟的庐山香炉峰下新置草堂。"架岩结茅宇，斫壑开茶园"。《香炉峰下新置草堂，即事咏怀题于石上》，自云"药圃茶园为产业，

第八章 唐代文士茶人的饮茶生活与历史贡献

---

① 火前春：火前谓寒食节禁火之前。火前春即火前茶。
② 刀圭：汤匙。
③ 曲尘：指茶。

野麇林鹤是交游"（《重提》）。他在《庐山草堂记》中说："匡庐奇秀，甲天下山。山北峰曰香炉峰，北寺曰遗爱寺，介峰寺间，其境胜绝，又甲庐山。元和十一年秋，太原人白乐天见而爱之，若远行客过故乡，恋恋不能去，因面峰腋寺，作为草堂"。又有"飞泉植茗，就以烹燀"①，"凡二十有二人具斋，施茶果以落之"（《文苑英华》卷827）。白居易将茶园视为自己诸产业之一，足见其重视之意。他可能还有一层意思，即亲自体验从开荒种植，管理采摘到焙制新茶的全过程，以充实对茶事的认识。

白居易的茶诗，还反映了晚唐的一些茶事。

他的代表作《琵琶行并序》中"商人重利轻别离，前月浮梁买茶去"，成为研究唐代茶业贸易、唐代茶市的珍贵史料，茶书中反复引用。该诗述说了元和十年（815）白居易左迁江郡司马，在浔浦口邂逅"前月浮梁买茶去"的茶商之妇。这位茶商能将原为长安城善弹琵琶的倡女娶为妻子，可见其富有。年长色衰沦为茶商妇者，虽锦衣玉食，却被重利轻离别的丈夫安置于"江口守空船"。

白居易《送张山人归嵩阳》，山人说，我客居长安十余月，暮宿"残茶冷酒愁煞人"。茶本来是敬客人的珍品，而那些有钱有势的王公贵族，却以"残茶"冷淡贫穷的客人。

白居易的茶诗，内涵丰富，覆盖面广，凡与茶有关之人事，无论大小、雅俗，无不入诗。从喜茶、识茗、品茶、悟茗，以茶激文、解酒、待客、悟道，到置茶园、种茗树、采茗茶、修茶笼、焙制茶、煎茶汤、洗茶瓯等，无不躬亲，热情为之，以"爱茶人""别茶人"自诩，他是当之无愧的唐代茶人。论其对大唐茶文化的建树，次于陆羽、皎然，当与卢仝并称。

第六节　皮日休、陆龟蒙用诗诠释《茶经》

晚唐诗人皮日休和陆龟蒙相识于苏州，之后友情日深，经常以诗歌相酬唱，时人以"皮陆"并称。二人之所以能"交拟金兰"，来源于共同的爱好和对对方学识的倾慕。二人皆嗜酒，亦好饮茶。陆龟蒙曾在顾渚山下辟一茶园，每年收取新茶为租税，用以品鉴。二人经常以诗歌相酬唱，共同谱写了一曲友情的颂歌，为文坛增添了一段佳话。

皮日休和陆龟蒙同是大唐著名茶诗人，他俩对陆羽评价甚高，并有很深的理解。两人用诗诠释陆羽《茶经》的文化内涵，全面而丰富，对于《茶经》和陆羽茶艺的传播起了很大的作用，在中国茶史上留下了精彩的一笔。

皮日休，字袭美，一字逸少，襄阳（今属湖北）人，隐居鹿门，号间气布衣，咸通八年（867）进士，任太常博士，黄巢大齐政权②学士。一说因作谶词③"头丑掠鬓不尽"，黄巢疑其讥己而及祸。

---

① 燀（chǎn）：烧也。

② 大齐政权：唐末农民起义中黄巢所建立的政权。唐乾符二年（875）初，唐末农民战争爆发。五月，黄巢募众数千响应。广明元年（880），攻下了京师长安。广明元年十二月十三日（881年1月16日），黄巢即位于含元殿，国号大齐，改元金统。中和四年（884年）六月十七日，黄巢兵败自杀。

③ 谶词：谶语，即迷信的人指事后应验的话。

皮日休《茶中杂咏并序》文短而精萃，堪称茶史上重要文献。文曰：

案《周礼》：酒正①之职，辨四饮之物。其三曰浆，又浆人②之职，共王之六饮③：水、浆、醴、凉、医、酏。入于酒府。郑司农④云，以水和酒也。盖当时人率以酒醴为饮，谓乎六浆，酒之醨⑤者也。何得姬公⑥制。《尔雅》云：槚，苦荼。即不撷而饮之。岂圣人纯于用乎。抑草木之济人，取舍有时也。自周已降⑦，及于国朝茶事，竟陵子陆季疵言之详矣。然季疵以前，称茗饮者必浑以烹之，夫瀹蔬⑧而啜者无异也。季疵始为《经》三卷。由是分其源、制其具、教其造、设其器、命其煮。俾饮之者除痟⑨而去疠，虽疾医⑩之不若也。其为利也，于人岂小哉。余始得季疵书，以为备矣。后又获其《顾渚山记》二篇，其中多茶事。后又太原温从云、武威段碣之，各补茶事十数节，并存于方册。茶之事，由周至于今，竟无纤遗矣。昔晋杜育有《荈赋》，季疵有《茶歌》，余缺然于怀者，谓有其具而不形于诗，亦季疵之余恨也。遂为十咏，寄天随子⑪。

（《全唐诗》卷611）

《茶中杂咏并序》中皮日休论述了中国古代酒、水等饮料，以及茶饮的益处。他说自周朝至唐代，关于茶事，陆羽讲得很详细了，然而在他以前，茗饮的人，必定混杂其他食物而烹，与煮蔬菜吃没有不同。陆羽开始撰写《茶经》三卷，于是区分茶的来源，制作茶具，教人制作茶，设置茶器，教人煮茶，使饮茶的人，可以祛病健身，即使医生也不如。茶之益处，对人来讲不少啊。我们得陆羽的《茶经》，以为已经齐备了。后来又获得他撰写的《顾渚山记》二篇，书中记载了许多有关茶的事迹。其后又有太原人温从云、武威人段碣之各补茶事十多节，并保存在方册里。从周朝至今，终于没有一点遗漏的。晋朝人杜育撰有《荈赋》，陆羽写有《茶歌》，遗憾的是，陆羽有茶具而没有将其写于诗里，这也是陆羽的

---

① 酒正：《周礼》谓天官所属有酒正，为酒官之长，有中士四人、下士八人及府、史、胥、徒等，掌酒的生产与供给。所属酒官，《周礼》谓有酒人（掌造酒）、浆人（掌供应水、浆、醴等六种饮料）。《周礼·天官·酒正》："（酒正）掌酒之政令，以式法授酒材。"郑玄注："酒正，酒官之长。"后用以称朝廷的酒官。

② 浆人：《周礼》官名。《周礼·天官·浆人》："浆人，掌共王之六饮：水、浆、醴、凉、医、酏。"

③ 六饮：也称"六清"。周代宫廷中的六种饮料。据《周礼》载，其名为：水、浆、醴、凉、医、酏。浆，以料汁为之，是一种微酸的酒类饮料；醴，为一种薄酒，曲少米多，一宿而熟，味稍甜；凉，以糗饭加水及冰制成的冷饮；医，煮粥而加曲后酿成的饮料，清于醴；酏，更薄于"医"的饮料。皆由浆人掌管之。《周礼·天官浆人》："掌共（供）宾客之稍礼，共（供）夫人致饮于宾客之礼，清、醴、医、酏、糟而奉之。凡饮共（供）之。"又《周礼·天官·膳夫》："饮用六清。"

④ 郑司农（？—83）：指汉经学家郑众。因其曾官大司农，故称。后亦用以称誉博学的人。

⑤ 醨：浅薄；不醇厚者也。

⑥ 姬公：指周公姬旦。（南朝宋）宗炳《明佛论》："今黄帝、虞舜、姬公、孔父，世之所仰而信者也。"

⑦ 降：以来，表时间的名词。

⑧ 瀹蔬：煮菜。瀹（yuè）：煮的意思。

⑨ 痟：同宵，头痛意。

⑩ 疾医：官名，周礼天官之属，掌管万民之疾病。这里泛指医术高明的医生。

⑪ 天随子：即皮日休的朋友陆龟蒙，因其泛游江湖，故称江湖散人，又号天随子。

余恨。

这段话介绍了《茶经》的内容和价值，评价了茶之功效，传递了一个信息：陆羽曾作《顾渚山记》二篇，可佐证陆羽以顾渚山为其科研基地的史实。陆羽还自造了一套精美的"茶具"。皮日休和陆龟蒙诵诗唱和。他们的唱和诗内容包括茶坞、茶人、茶笋、茶籝、茶舍、茶灶、茶焙、茶鼎、茶瓯和煮茶等十项内容，一题十咏注释了《茶经》某些章节，对于了解唐代茶园、茶舍、茶农、茶具以及茶业的种植、焙制、烹饮情况，是弥足珍贵的历史资料，对唐代茶文化和饮茶历史的研究，具有很重要的意义。

皮日休的一题十咏《全唐诗》卷611是：

1.《茶坞》

闲寻尧氏山，遂入深深坞。
种莳已成园，栽葭宁记亩。
石洼泉似掬，岩罅云如缕。
好是夏初时，白花满烟雨。

坞为中间凹周边高之地，似盆地，茶坞就是种茶的坞。皮日休说，他乘闲时，寻找尧氏山，于是进入了很深的茶坞，种的莳（茶）已经生长成茶园了。栽种葭（茶）时，哪里记得亩数。低洼的泉水似乎可以用手捧，山岩的缝隙可以看见白云如缕，最好的景色是夏初时节，满山遍野开着白色茶花。

2.《茶人》

生于顾渚山，老在漫石坞。
语气为茶荈，衣香是烟雾。
庭从𣗳子遮，果任獳师虏。
日晚相笑归，腰间佩轻篓。

描写了顾渚山茶人的生活状况，他们一生都住在这个山坞里，以茶为生计。虽然辛苦但是劳动得较为愉快。

3.《茶笋》

褎然三五寸，生必依岩洞。
寒恐结红铅，暖疑销紫汞。
圆如玉轴光，脆似琼英冻。
每为遇之疏，南山挂幽梦。

描写茶芽的生长发育状况。茶芽生长在岩洞边的茶树上，长势很旺。一个芽梢可以长到三五寸长，天冷的时候茶芽生长停滞，天气转暖后它又旺发起来。茶芽的嫩茎有玉的光泽而脆弱易断。茶人们常因采到的茶叶数量少，以致在睡梦中还在南山上找寻茶叶采摘。

4.《茶籝①》

筤筹②晓携去，蓦个山桑坞。
开时送紫茗，负处沾清露。

---

① 茶籝（ying）：竹笼。
② 筤筹：芘莉，又叫籝子或筹筤。用两根各长三尺的小竹竿，制成身长二尺五寸，手柄长五寸，宽二尺的工具，当中用篾织成方眼，好像种菜人用的土筛，用来放置茶。

歇把傍云泉，归将挂烟树。
满此是生涯，黄金何足数。

茶籝为箱子、笼子之类的茶器。清晨，茶人便拿着茶籯进高山采茶，来到桑坞，打开茶籯装进紫茗，背的地方沾着清晨的露水。疲乏了就泉水边休息一下，采茶归来便把鲜叶送到加工地点，然后把空籯挂到树上，一天的采茶工作便结束了。茶籯里面装满的紫茗是生活的依靠，黄金也不能与它相比。茶农们对这种生活还颇为满足。

5.《茶舍》
阳崖枕白屋，几口嬉嬉活。
棚上汲红泉，焙前蒸紫蕨。
乃翁研茗后，中妇拍茶歌。
相向掩柴扉，清香满山月。

朝阳山崖的茶舍，晚上茶农还在劳动。焙茶之前，先蒸供食的植物紫色的蕨。然后老翁研茗，中年妇女拍茶事完毕后，把柴门关上，茶的清香弥漫在月光下的山中。

6.《茶灶》
南山茶事动，灶起岩根傍。
水煮石发气，薪燃杉脂香。
青琼①蒸后凝，绿髓炊来光，
如何重辛苦，一一输膏粱②。

南山上开始做茶事了，茶灶被置于山岩旁边。石锅里煮的水散发出蒸气，燃烧的薪材散发着杉树脂的香味。为什么茶农辛辛苦苦制作好茶都送给了官府，他们的劳动成果都为富贵人家所占有，作者在这里为他们鸣不平，并对茶农的辛苦表示深切的同情。

7.《茶焙》
凿彼碧岩下，恰应深二尺。
泥易带云根，烧难碍石脉。
初能燥金饼，渐见干琼液。
九里共杉林，相望在山侧。

作者讲了茶焙的大小（深二尺左右），也讲了茶焙的功用，即烘干茶饼。在碧岩下凿二尺深的茶焙，抹上泥，初焙能成茶饼，逐渐可见干的琼浆。相隔九里的茶焙，两处彼此相望在山侧。

8.《茶鼎》
龙舒③有良匠，铸此佳样成。
立作菌蠢势，煎为潺湲声。
草堂暮云阴，松窗残雪明。

① 青琼：喻指茶叶。
② 膏粱：肥肉和细粮，泛指美味的饭菜。指精美的饮食，代指富贵生活。
③ 龙舒：地名。位置大致在今安徽省舒城县晓天镇。汉高祖五年置龙舒县。唐开元二十三年设舒城县。

此时勺复茗，野语知逾清。

　　龙舒有优秀工匠，铸成了美好的茶鼎。煎茶发出茶水潺湲之声，草堂日暮云阴，松窗残雪明亮，这时用勺舀茶汤，以此助谈兴。

9.《茶瓯》

　　邢客与越人，皆能造兹器。
　　圆似月魂堕，轻如云魄起。
　　枣花势旋眼，苹沫香沾齿。
　　松下时一看，支公亦如此。

　　邢州和越州的人都会制作茶瓯，它圆如月魂坠落下，轻如云魄升起。茶沫如白色枣花，气势如同旋转的鱼眼，如同苹草的茶沫芳香沾在牙齿上。在松下看，支公（指东晋高僧支道林）也是这样。①

10.《煮茶》

　　香泉一合乳，煎作连珠沸。
　　时看蟹目溅，乍见鱼鳞起。
　　声疑松带雨，饽恐生烟翠，
　　尚把沥中山，必无千日醉。

　　用泉水煎茶，茶汤二沸后缘边如涌泉连珠。时常看到初沸时，像蟹眼的小水泡飞溅，忽然又有鱼鳞般的茶沫泛起，其声疑似松带雨，茶汤表面的浮沫，恐怕生出青烟，就没有好的醉人的茶汤了。这首诗形象地描写了煮茶的过程，兼述了茶的功用。

　　皮日休的《茶中杂咏并序》是唐代茶诗中极为重要的一首，论述了作者对中国古代酒、水、茶的认识和历史梳理，特别是重点介绍了陆羽在茶学方面的巨大贡献，是作为一代茶人的皮日休爱茶、识茶的集中表现。

　　陆龟蒙与皮日休为莫逆之交，二人经常诗歌唱和，品茗论茶是其话题之一。

　　陆龟蒙，字鲁望。苏州人。通六经大义，尤精《春秋》，考进士不中。《唐才子传》卷八载，龟蒙"居松江甫里，多所撰论……有田数百亩，屋三十楹，田苦下，雨潦则与江通，故常患饥。身自耒耜，薅刺无休时……龟蒙嗜饮茶，置小园顾渚山下，岁入茶租，薄为瓯蚁之费。著书一编，继《茶经》《茶诀》之后，又判品张又新水说为七种。好事者虽慧山、虎丘、松江，不远百里为致之。又不喜与流俗交，虽造门，亦罕纳。不乘马，每寒暑得中，体无事，时放扁舟，挂篷席，赍束书、茶灶、笔床、钓具，鼓棹鸣榔，太湖三万六千顷，水天一色，直入空明。或往来别浦，所诣小不会意，径往不留。自称'江湖散人'，又号'天随子''甫里先生'，汉涪翁、渔父、江上丈人，尝谓即己。后以高士征，不至。苦吟，极清丽。与皮日休为耐久交。"陆龟蒙是晚唐与皮日休齐名的著名茶诗人，其茶诗代表作是《奉和袭美茶具十咏》，他的《秘色越器》一直为瓷学界所重视，自法门寺秘色瓷器出土后，此诗更广为引用。著有《甫里集》。

　　陆龟蒙收到皮日休寄来的《茶中杂咏并序》后颇有感触，也兴趣盎然地酬答了一组同样的茶诗，题曰《奉和袭美茶具十咏》（《全唐诗》卷620），包括：

---

① 余嘉锡：《世说新语笺疏》上卷下《文学第四》，中华书局，2007年版。

1.《茶坞》

茗地曲隈回，野行多缭绕。
向阳就中密，背涧差还少。
遥盘云髻慢，乱簇香篝小。
何处好幽期，满岩春露晓。

茶园在山中弯曲回环之地，去茶园多需绕行。向着太阳的地方茶树茂密，背阳的山涧茶树较少。采茶的姑娘们慢慢地盘起头上像云彩般的发髻，什么地方是幽会的好地方，满山崖都是春天早上的露水。

2.《茶人》

天赋识灵草，自然钟野姿。
闲来北山下，似与东风期。
雨后探芳去，云间幽路危。
唯应报春鸟，得共斯人知。

陆龟蒙把茶人与"东风"和"报春鸟"联系起来，好像春天的采茶，是茶人和东风早已约定好的，而报春鸟又是茶人的好朋友，能把春天的信息及时告知他们。作者还描述了茶人的辛勤劳动。这与皮日休的"日晚"两句的意境有别。采茶如探芳，虽亦履险蹈危，然在雅人眼中此事雅致得很：身佩轻篓，衣襟带香，相笑偕归，实在富有诗情画意！

3.《茶笋》

所孕和气深，时抽玉茗① 短。
轻烟渐结华，嫩蕊初成管。
寻来青霭曙，欲去红云暖。
秀色自难逢，倾筐不曾满。

这首诗描写了茶芽的生长情况。说茶树由于受到和气的孕育，抽出了玉色似的茶芽，然后又生长成为有嫩茎的芽梢。来时刚天亮，欲归已夕阳红，秀美的景色自然难以相逢，采的茶全部倒出还没有装满一筐。

4.《茶籝》

金刀劈翠筠，织似波文斜。
制作自野老，携持伴山娃。
昨日斗烟粒，今朝贮绿华。
争歌调笑曲，日暮方还家。

闪光的刀劈青竹，编织似波斜纹的茶篮。这是茶农自己制作的，采茶人——年轻的山村姑娘们拿着茶篮上山，她们边采茶边唱歌曲，傍晚才回家。今之茶山采茶亦唱和茶歌，气氛热烈，似是唐代流风余韵。

5.《茶舍》

旋取山上材，架为山下屋。
门因水势斜，壁任岩隈曲。
朝随鸟俱散，暮与云同宿。

---

① 玉茗：植物嫩芽的美称。

不惮采掇劳，只忧官未足。

诗中写了茶舍，也写了茶农。茶舍的建造是临时取用茶山上的木材，在山下架起一座茶屋。这座茶舍可能是为了采茶方便临时搭的简易小屋。门因为水流形势而斜，墙壁由于山岩弯曲而弯曲。茶农白天像鸟一样分散采茶，傍晚与云一起回家；不害怕采茶的劳苦，只是担忧官府的索取无穷无尽。这首诗表现了作者对茶农生活的关心和同情。

6.《茶灶》

　　无突抱轻岚，有烟映初旭。
　　盈锅玉泉沸，满甑云芽熟。
　　奇香袭春桂，嫩色凌秋菊。
　　炀者若吾徒，年年看不足。

从茶灶的形状（没有烟囱的灶）讲到蒸茶的过程（以玉泉水蒸茶），而蒸后的茶，香如春桂，色如秋菊，真是色香俱佳。没有烟筒的茶灶被轻轻的山中雾气包围着，茶烟映照着初升的太阳，满锅的泉水沸腾，满甑的云芽茶汤熟了，散发出的奇香袭击春天的桂树，茶汤的嫩色侵凌秋天的菊花。煮茶的人如果是我们，这样美妙的景观年年看也不会满足。此诗是陆羽《茶经·二之具》"蒸"茶工序的最好注脚。

7.《茶焙》

　　左右捣凝膏，朝昏布烟缕。
　　方圆随样拍，次第依层取。
　　山谣纵高下，火候还文武。
　　见说焙前人，时时炙花脯。

这首诗描写了茶叶的加工情况。左右捣茶叶为凝膏，茶焙早晚散布缕缕茶烟。制作方的、圆的茶饼，随着模样拍打，按照顺序一层层地取。烘时掌握好火候，有时用武火，有时用文火，还唱着山歌。诗的最后两句加注云："紫花焙，人以花为脯。""脯"乃古代食物的制作法之一种，干肉叫肉脯，淡干的乌贼叫鲞脯，其法是脱水，以便于保存。焙茶缘何又焙花呢？唐人在山上焙茶，并采野花以焙之，以助茶香，这是后世花茶的萌芽。

8.《茶鼎》

　　新泉气味良，古铁形状丑。
　　那堪风雪夜，更值烟霞友。
　　曾过颓石下，又住清溪口，
　　且共荐皋卢①，何劳倾斗酒？

新鲜的泉水气味很好，古铁制作的茶鼎形状丑陋，但茶味却很美。不能忍受的风雪之夜，更碰上修道的友人。曾经到过江南产茶的颓石清溪，且共同推荐过皋卢茶，茶事别有一番情趣，何需饮酒呢！

---

① 皋卢：木名。叶状如茶而大，味苦涩，可代饮料。皋卢茶，苦丁茶的古称，冬青科苦丁茶属植物，是药饮两用的名贵珍品，已有2000多年的历史。

9.《茶瓯》

昔人谢瓯㼼①，徒为妍词饰。
岂如珪璧姿，又有烟岚色。
光参筠席上，韵雅金罍②侧。
直使于阗君，从来未尝识。

诗中着重描述茶瓯的色泽和形状。认为茶瓯有"珪璧姿""烟岚色"。如果放在竹席上则光彩照人，如果放在金罍侧也雅致相宜。末联用夸张手法，说就连产玉之国的于阗国王，也未见过这样美好的茶瓯。

10.《煮茶》

闲来松间坐，看煮松上雪。
时于浪花里，并下蓝英末。
倾余精爽健，忽似氛埃灭。
不合别观书，但宜窥玉札。

陆龟蒙空闲时，便坐在松树下，观看用松树上落的雪水煮茶。按时于沸腾起浪花的水里，放入兰花茶末。饮了煮好的茶汤，不久，顿觉精神爽快，好像思维中的尘埃没有了。这时不适宜看书，但适宜窥探书信。诗后三句是说茶的功效，茶使人精神爽健，俗念全消。

陆龟蒙《奉和袭美茶具十咏》最著名，与皮诗《茶中杂咏》同题，亦异曲同工，诠释茶艺，全面细致。

皮、陆二人茶诗较多，还可以举出几首以飨读者。

皮日休在《临顿为吴中偏胜之地，陆鲁望居之不出，郛郭旷若郊墅。余每相访款然惜去。因成五言十首奉题屋壁（第二首）》，说陆龟蒙"煎茶拾野巢"，用拣来的搭鸟巢的树枝煮茗。诗云：

篱疏从绿槿，檐乱任黄茅。
压酒移溪石，煎茶拾野巢。
静窗悬雨笠，闲壁挂烟匏。
支遁今无骨，谁为世外交。

（《全唐诗》卷612）

皮日休写了一组太湖诗，其中的茶诗有：
其一，《太湖诗·孤园寺》云：

老僧方瞑坐，见客还强起。
指兹正险绝，何以来到此。
先言洞壑数，次话真如理。
磬韵醒闲心，茶香凝皓齿。

说他游孤园寺，在一座写着古天竺佛经、放着贝叶纸和烟熏的小殿里，一位老僧正在闭眼坐禅，见到施主来，强行起立待客。说此处险绝，为什么来这里？老僧先讲洞壑，次说佛门真如之理，然后敬以茶礼，食之糕饼，茶香凝聚在皓齿

① 瓯㼼：有底座的瓯。
② 金罍：大型盛酒器和礼器。流行于商晚期至春秋中期。造型有圆形、方形两种。

上，使皮日休感到"数刻得清静，终身欲依止"，想终身投身佛门。

其二，《太湖寺·包山祠》云：

白云最深处，像设盈岩堂。
村祭足茗粣，水奠多桃浆。

（《全唐诗》卷610）

在白云缭绕的包山祠里，堂中布满了神像。村中父老村祭时用茶粣，水奠则多用桃制的浆水。

其三，《太湖诗·崦里〈傍龟山下有良田二十顷〉》云，罢钓时煮菱，停缲或焙茗。在太湖龟山下有良田二十顷，一位八十老翁和家人在这里，钓鱼、煮菱角、缝纫和焙制茗茶。诗云：

崦里何幽奇，膏腴二十顷。
风吹稻花香，直过龟山顶。
青苗细腻卧，白羽悠溶静。
塍畔起鸊鹈①，田中通舴艋②。
几家傍潭洞，孤戍当林岭。
罢钓时煮菱，停缲或焙茗。
峭然八十翁，生计于此永。
苦力供征赋，怡颜过朝暝。
洞庭取异事，包山极幽景。
念尔饱得知，亦是遗民幸。

（《全唐诗》卷610）

《闲夜酒醒》诗云：

醒来山月高，孤枕琴书里。
酒渴漫思茶，山童呼不起。

（《全唐诗》卷615）

皮日休半夜醒来，眼见月儿挂在高山，他孤零零地躺在书堆里，因酒喝多了口渴，呼小山童拿茶来，然而山童正酣睡未醒。

皮日休《友人以人参见惠因以诗谢之》（《全唐诗》卷614），认为人参别名神草，可以延年益寿，出自道家之说。"名士寄来消酒渴，野人煎处撇泉华。从今汤剂如相续，不用金山焙上茶。"在惠寄人参之后，还应附带寄来蒙顶石花茶，它能消除醉酒口渴。从今往后如果继续熬汤剂，就不必费大气力焙制上品好茶了。

"茗炉尽日烧松子"（《夏景冲澹偶然作二首》），皮日休以茗炉煎茶，有时以松树子为燃料。他对煎茶观察得十分仔细，一句"茶旗经雨展"（《奉和鲁望秋日遣怀次韵》），蕴含着十分丰富的内容与想象。所谓"茶旗"，是指茶芽舒展似旗。"经雨展"则是指茶芽经三沸，腾波涌浪、汤涛溅沫如雨的煎熬，始如一面旗帜舒展开来。

---

① 鸊鹈（bì tí）：是一种类似鸭子的水鸟，脚趾并不由蹼连在一起，而是分开的，每个脚趾上都有蹼。鸊鹈身长10至20英寸（30至50厘米），扁平，几乎无尾。头部和颈部窄细，嘴巴短且带尖。鸊鹈夏天时通常为褐色或黑色，冬天时为灰色。鸊鹈是游泳和潜水的高手，但不善于飞行。主要以鱼、小龙虾和昆虫为食。

② 舴艋：形似蚱蜢的小船。

《冬晓章上人院》诗云："松扉欲启如鸣鹤，石鼎初煎著聚蚊。"想打开松质门扇，声响如同鹤唳，用石鼎煎茶之声，好像聚在一起的蚊子嗡嗡叫。

《吴中苦雨因书一百韵寄鲁望》诗云："十分煎皋卢，半榼挽醽醁①。"皮日休用煎十分皋卢为饮，半杯美酒醽醁，招待挚友陆龟蒙，二人高谈阔论无，以致抱怨夜里时间过得太快。

陆龟蒙还有首与皮日休酬唱的茶诗《奉和袭美初冬章上人院》。一年初冬，他与皮日休结伴到章上人院，拜访这位高僧，"菊承荒砌露，茶待远山泉。画古全无迹，林寒却有烟。相看吟未竟，金磬已泠然"（《全唐诗》卷622）。主人从远处取来山泉煮茶，众人品茗、观画、吟诗、谈禅，高雅惬意。

皮、陆二人在《寂上人院联句》中有"尝泉欲试茶"。品尝泉水之味好坏，要试着煎茶。陆龟蒙《和访寂上人不遇》，云其竹房里"茶器空怀碧饽香"。《和袭美冬晓章上人院》云："故人书信纳新磨，闲临静案修茶品"。《袭美先辈以龟蒙所献五百言既蒙见和复示荣唱至于千字，提奖之重蔑有称实再抒鄙怀用伸酬谢》云"酌茗烦瓯栖"，他用茶瓯盛茶汤。《奉酬袭美先辈吴中苦雨一百韵》云"茶枪露中撷"。茶芽未展者曰枪，已展者曰旗。他讲尚卷而未舒展的茶芽，当在有露水的清晨摘取，与陆羽《茶经·三之造》所说采茶"薇蕨始抽，凌露采焉"一致。陆龟蒙《奉和袭美夏景冲澹偶作次韵二首》云"闲开茗焙尝须遍"，他们闲暇时，亲自打开茗焙，尝遍新焙的各种茶。陆龟蒙《江南秋怀寄华阳山人》一诗中，对这位道教友人倾诉他的生活，"炼药传丹鼎，尝茶试石甗"。陆龟蒙《京口与友生活别》中有"茶试远泉甘"，用远离人的山泉煎茶，茶汤甜美，为其饯行。陆龟蒙的《任诗》，追忆了"吴之辟疆园，在昔胜概敌。前闻富修竹，后说纷怪石"的今昔沧桑，调侃自己真任诞，但知醉还醒。诗的灵感源自"竟陵子陆羽玩月诗云，辟疆旧林园，怪石纷相向"。

陆龟蒙《袭美留振文宴龟蒙抱病不赴猥示倡和因次韵酬谢》诗云：

绮席风开照露晴，只将茶荈代云觥②。
繁弦似玉纷纷碎，佳妓如鸿一一惊。
毫健几多飞藻客，羽寒寥落映花莺。
幽人独自西窗晚，闲凭香樘反照明。

（《全唐诗》卷626）

在一个风和露散的日子，皮日休为贵客振文设宴，以香茗代酒，丝竹赏心悦耳，年轻美貌的乐伎轻歌曼舞，势若惊鸿。陆龟蒙因病未能赴盛会，吟了这首诗，想象他们宴会的热烈场面，以此酬谢老友的邀请。

陆龟蒙与佛道二教中人也颇有交往。其《谢山泉》诗云：

决决春泉出洞霞，石坛封寄野人家。
草堂尽日留僧坐，自向前溪摘茗芽。

（《全唐诗》卷629）

---

① 醽醁：史书记载，唐太宗李世民在收复高昌后以酒庆功，尝进贡之陈窖老酒，龙颜大悦，命魏徵研习制酒技法。魏徵经实验改良，制绿酒为"翠涛"，另一种为"醽醁"。太宗作诗盛赞："醽醁胜兰生，翠涛过玉薤。千日醉不醒，十年味不败。"

② 觥：盛酒器。流行于商晚期至西周早期。椭圆形或方形器身，圈足或四足。

一位友人用石坛封好山中泉水寄给陆龟蒙。僧人访，陆龟蒙便把他留在草堂坐，并亲自到前溪茶园，摘取刚长出的鲜嫩茗芽，用泉水煎茶招待他。

陆龟蒙还有一个突出贡献，就是有诗描写《秘色越器》，诗云：

九秋风露越窑开，夺得千峰翠色来。

好向中宵盛沆瀣，共嵇中散斗遗杯。

(《全唐诗》卷629)

陆羽重越窑青瓷，而青瓷中的极品是秘色瓷。千峰翠色都被夺来，融入其中，好像夜里盛的水汽，可以与嵇康比饮酒，嵇中散指"竹林七贤"之一的嵇康，称平生有酒一杯，弹琴一曲，志意毕矣，因官拜中散大夫，故人称嵇中散（《晋书》卷49《嵇康传》）。以此来借指拥有秘色瓷器来饮茶是何其快乐的事情。

这是陆龟蒙茶诗中最有名的一首，有名不在诗的艺术性特别高，而是诗里讲的秘色瓷器。何谓"秘色"？"秘"解作"秘密"，指秘不外传的技艺。据史书记载，越窑承担有贡瓷任务，即烧制一批长安宫廷专用瓷器，其色青绿，民间不得使用，亦不许仿制。唐后仅见文人诗诵，不见秘色瓷实物。直到陕西扶风法门寺地宫出土的大批唐代珍宝中，面世了13件秘色瓷器，人们才亲眼目睹了它的庐山真面目，同时出土的监送真身使刻制的《应从重真寺随真身供养道具及恩赐金银器物宝函笫并新恩赐到金银宝器衣物帐》中明确记载了："瓷秘色碗七口，内二口银棱瓷秘色盘子、叠子共六枚。"

第七节　禅僧、诗僧、茶僧贯休

《宋高僧传·贯休传》云，其字德隐，俗姓姜氏，金华兰溪登高人。七岁入寺为童侍，日诵《法华经》千言。唐末谒武肃王钱氏，甚得欢心。谒荆帅成汭，初甚礼之，后被谮①而入蜀，王建待之厚，号禅月大师。其人"肥而矬"。善小笔，长水墨，能草圣，歌吟"体调不下二李（白、贺也）"，是唐末五代初著名高僧、诗僧、茶僧。

贯休嗜茶，在《别杜将军》一诗中说："伊余本是胡为者，采蕈锄茶在穷野。"贯休年少时，曾在田野锄茶，与茶结缘较早，其后一直喜欢饮茶，即使患病也不忘品茗。《冬末病中作二首》云："山童顽且小，用之复何益。教洗煮茶铛，雪团打邻壁。"山童可能是服侍贯休的童仆，年幼，顽皮。教他洗涤煮茶的茶铛，他不好好学，反而用雪球打邻居的墙壁。贯休将品茗视为雅事，在吟诗、论道和交游中融入了品茗。他大约写了三十多首茶诗，在唐人中仅次于白居易。如果说白居易是士大夫茶文化的代表，那么贯休则是佛教徒饮茶文化的代表之一。

贯休所处时代，为唐末至五代十国初年。

黄巢大起义，唐僖宗逃往蜀中，天下大乱，其后唐昭宗时，仍战乱不已。贯休在避乱毗陵（今江苏常州）和荆南（今湖北江陵）等地时仍不忘茶事。《避地毗陵寒月上孙徽使君兼寄东阳王使君三首》云："松声冷浸茶轩碧，苔点狂吞衲线青。"昆陵即毗陵，为唐代常州郡，是当时著名茶区。贯休在此虽置有专门的

---

① 谮：诬陷；中伤。

煎饮香茗的"茶轩",但松声冷浸,病客寂寞,点雨滴阶,楚香闭局,锦绣文章无法传达至文友和朝廷,只有隔着墙听穿短衣裤子的平民男子在歌唱它们。

贯休作《桐江闲居作十二首》,其中有三首茶诗:

其一,"猛烧侵茶坞,残霞照角楼。"桐江有茶坞,产茶当不少,贯休品茗自然方便,故入之于诗。

其二,"红黍饭溪苔,清吟茗数杯。"贯休闲居"门更不曾开",过着红黄黍米为食的清贫生活,一面吟诗,一面饮几杯茶。

其三,"静室焚檀印①,深炉烧铁瓶。茶和阿魏②暖,火种柏根馨。数支飞来鹤,成堆读了经。何妨似支遁,骑马入青冥。"作为僧人的贯休,尽管避乱闲居,但仍于静室焚香修行,在深炉里用柏树根烧铁瓶煎茶,柏树根散发着馨香,茶汤中加上阿魏,其味温暖,几只仙鹤似乎闻到如此美味也飞来了,"成堆读了经"。贯休触景生情,心中冒出何妨像高僧支遁骑马上青冥的想法。据《宋高僧传》记载,支遁为东晋高僧,出身奉佛世家,佛学造诣颇深,又好玄学,不少唐代僧俗都崇敬他。

史载唐懿宗咸通五年(864),贯休在钟陵作《山居诗二十四首并序》,稿本失窃,后流传人口者,多字句舛错。唐僖宗乾符辛丑岁,贯休避乱于山寺,偶搜全其本,遂除之修之补之。乾符凡六年,无辛丑年。辛丑年为唐僖宗广明二年(881),所避之寇指黄巢。贯休在避乱山居时,写了24首茶诗,他在《山居诗二十四首并序》中说,他置有茶棚,十分高大,夸张为与山峰一样高。贯休有茶器,既称茶器,当不止一件,而是多件,甚至一套。贯休喜饮好茶,白色茶叶浮立在茶汤表面,"好鸟声长睡眼开,好茶擎乳坐莓苔。"好的鸟叫声长眼大开,好的茶汤上面浮起乳白色。"闲担茶器缘青嶂,静衲禅袍坐绿崖。虚作新诗反招隐,出来多与此心乖。"贯休是非常重视饮茶的,穿着禅袍静静地坐在绿色的山崖上,一面品茗,一面观赏美景,同时创作新诗。"石炉金鼎红蕖嫩,香阁茶棚绿巘齐。"石凿的炉子,铜质的鼎,红荷花鲜嫩,香木的阁和茶棚与绿色的山峰齐肩。

贯休作为名僧,经常云游四方,在与各地僧人交往中,茶扮演了媒介的角色。《春游凉泉寺》诗云:

一到凉泉未拟归,迸珠喷玉落阶除。
几多僧只因泉在,无限松如泼墨为。
云堑含香啼鸟细,茗瓯擎乳落花迟。
青山看著不可上,多病多慵争奈伊。

(《全唐诗》卷837)

凉泉寺的泉水如同珠玉一样喷涌,滴落阶前,许多僧人由于喜爱凉泉而在此寺修行。用凉泉煎茶,盛在瓯中,茶汤宛似白色乳花落在池中。

《春游灵泉寺》诗云:

水蹴危梁翠拥沙,钟声微径入深花。
嘴红涧鸟啼芳草,头白山僧自杵茶。

---

① 檀印:檀香。
② 阿魏:是新疆一种独特的药材。多年生一次结果草本,阿魏味辛、温,有理气消肿、活血消疲、祛痰和兴奋神经的功效。

松色摧残遭贼火,水声幽咽落人家。
因寻古迹空惆怅,满袖香风白日斜。
(《全唐诗》卷835)

一位年老僧人,亲自用杵在臼里捣茶,用灵泉水煎茶。这座寺院,因灵泉而得名,可见泉水之好。自从唐武宗会昌年间毁佛,沙汰僧尼,拆毁寺院,寺及泉被俗人占用。贯休因寻觅其寺,但见古迹,不见灵泉,而心情惆怅,香风满袖,残阳西下。

贯休在寄给僧人的诗中,也离不开茶情。《寄怀楚和尚二首》云:"铁盂汤雪早,石炭煮茶迟。"盂是盛液体的器物,石炭古代指煤,以碳煮茶,因其不像木炭火旺、力强,煮熟较慢。

贯休前往灵鹫山,拜访"闻名二十年"的高僧道润禅师,后者"薪拾纷纷叶,茶烹滴滴泉"(《赠灵鹫山道润禅师院》),用捡来的树叶生火,滴滴泉水烹茶,款待他。

在《别东林僧》(《全唐诗》卷832)诗中,贯休说他游览此寺,还在大士宅住宿,当他离别时东林寺僧"苦相留",以致"孤云傍茗瓯","徘徊不能去"。在以茶饯别时,似乎孤单的云彩依傍着茶瓯,徘徊犹豫不愿离去,友情之深自在不言中。

如上所述,贯休云游各地寺院时,僧人们无不待以茶礼。他在僧友来访时,也回敬以香茗。《宝禅师见访》(《全唐诗》卷833),贯休对这位"心似我"的"山兄",因山水遥远,难以常交,"不见还相忆,来唯添寂寥",开炉烹茶,"茶烟粘衲叶",品茶谈心,"因话流年事,斯须不可抛"。

"青云名士时相访,茶煮西峰瀑布冰"(贯休《题兰江言上人院》)。名士来访时,这位高僧以权西峰瀑布冰煮茶相待。瀑布冰是瀑布水因天极寒,凝固而成,实乃瀑布水,陆羽《茶经·五之煮》云:山水中,其瀑涌湍漱,勿食之,久食令人有颈疾,但并非完全如此。张又新《煎茶水记》所载陆羽所评天下水二十排行中,洪州西山之西东瀑布水名列第八,天台山西南峰千丈瀑布水第十七,尽管排名不高,却是煎茶可饮之水,故言上人的瀑布水招待身份不俗之客,亦还说得过去。他之所以这样用水,也许与就地取之方便有关。

《题宿禅师院》诗云:

身闲心亦然,如此已多年。
语淡不著物,茶香别有泉。
古衣和藓衲,新偈几人传。
时说秋归梦,孤峰在海边。
(《全唐诗》卷830)

贯休在禅师院"挂单",晚上睡觉时,感慨自己多年以来,身闲心也闲,新作的佛教诗偈语言平淡,又空洞无物,能有几人传抄?而泉水煎的茶汤却是香的。

贯休在一些寺院题诗中,多次以诗意盎然的语言,表现了佛门的茶景:

"岚飞粘似雾,茶好碧于苔。"(《题灵溪畅公墅》)山气飘动似黏稠的雾,好茶碧绿得如同苔藓。

"岳茶如乳庭花开"(《题弘顗三藏院》),岳茶汤宛如庭院盛开的白花。

"檐垂坞茗香"（《题方公院寄夏侯明府》），僧人在茶坞自种的茶，采摘后垂挂在屋檐，散发出缕缕清香。

贯休在与俗人的交往中，茶是媒介。他与冯使君是莫逆之交，也是密切的茶友。《上冯使君山水障子》讲他将自己隐居山林修行画成障子，献给冯使君。"柴棚坐逸士，露茗煮红泉"，他在简朴的柴棚里，以泉水煮茗招待来访的隐逸之士。

贯休外出也要饮茶，并以茶吟诗助兴。在《上冯使君五首》中，贯休还记述了他们泛舟碧江之上，以桃花水煮茶，品茶捕捉灵感，手扣船舷获得新诗，所谓"扣舷得新诗，茶煮桃花水"，桃花水当是桃花雨时节的江水。

"帘卷茶烟紫堕叶，月明棋子落深苔"。（《将入匡山宿韩判官宅》）主人以茶相待，在月明之夜品茶对弈，袅袅茶烟紫绕着不时坠落的落叶，圆圆的棋子不时地落在深绿色的石苔上。

"境涉名山烹锦水，睡忘东白洞平茶"（《酬周相公见赠》）。周相公赠诗贯休，贯休和之曰：我是跳出三界的出家人，哪里适宜攀龙附凤目睹新颁发的任命状。登上高高的名山，用好水烹茗茶——东白洞平茶，饮之睡意全消矣。

梅雨季节，地虚木壮，庭花狼藉，贯休"吟高好鸟觑，风静茶烟直"（《寄王涤》）。吟诗，品茗，永日无人来，唯思友人王涤。

客也待他茶，贯休拜访对他热情有如的好友倪氏，"将为数日已一月，主人于我特地切"，本来打算住几天的，已经一个月了，主人待他格外亲切，"茶烹绿乳花映帘"，"面揉玉尘饼挑雪"（《书倪氏屋壁三道》），用白如玉的面饼和碧绿乳茶汤招待我，不让我离去。

贯休《和韦相公见示闲卧》："饼忆莼羹美，茶思岳瀑煎。"莼是浮在水面的叶成椭圆形的水草，开红花，叶嫩，可做羹汤。贯休咬饼时回忆味美的莼汤，啜茶时思煎茶的五岳瀑布水。贯休讲茶时，多次提及瀑布水，可见其大概喜欢用它煎茶。一位"千骑拥朱轮①"的大官——刘相公来访，衲衣人贯休以"桃熟多红璺，茶香有碧筋"，招待客人。（《全唐诗》卷830贯休《刘相公见访》）

第八节 佛教茶文化的代表人物——齐己

齐己原姓胡，名得生，益阳（今属湖南）人，同庆寺出家后，自称衡岳沙门，曾任荆南僧正。他是著名诗僧，佛教茶文化的代表人物之一，有茶诗21首。

齐己是位爱茶人。《送人游衡岳》云："石桥僧问我，应寄岳茶还。"（《全唐诗》卷840）如果石桥僧询问我，便说回来时一定要寄我岳茶。岳茶指南岳衡山所产茶。《膳夫经手录》云："衡山茶，团饼而巨串，岁取十万。"因为唐代南岳道教徒种茶，在此山修行的佛教徒，当也种茶。不然，齐己何以向他们要茶？

齐己《自贻》云其用"时添瀑布新瓶水"煎茶。《闻落叶》，以其"煮茗烧干脆"。瀑布水不是煎茶好水，落叶虽烧起来很爽，也不是宜茶的燃料，反映齐己饮茶随意，不大讲究用水和用火。

齐己因爱茶而对茶神陆羽有崇敬之情，曾不远千里寻觅他的故事，《过陆鸿

---

① 朱轮：古代王侯显贵所乘的车子，因用朱红漆轮，故称。也借指禄至二千石之官。

渐旧居》云：

> 楚客西来过旧居，读碑寻传见终初。
> 佯狂未必轻儒业，高尚何妨诵佛书。
> 种竹岸香连菡萏，煮茶泉影落蟾蜍。
> 如今若更生来此，知有何人赠白驴。
>
> （《全唐诗》卷846）

齐己是湖南益阳人，故以楚人自居，因而又称楚客。拜访陆羽旧居，阅读旧居立的碑，得知陆羽的生平。齐己说，他的言行佯狂，不一定是轻视儒家的事业，高尚之举，不妨碍他诵读佛教经籍。陆羽在故居周边种植的散发清香的竹林，迎着荷花，用泉水煮茶的身影落在月光下。齐己感叹道，如果今日陆鸿渐转世重生，不知有谁像当年竟陵太守崔国辅那样，馈赠他一头白色毛驴。

由于爱茶，齐己经常结伴游览茶山，有时还亲自参加采茶、制茶和尝茶，以体验茶的种植和制作过程，汲取相关的知识。《与节供奉大德游京口寺留题》诗云：

> 柳岸晴缘十里来，水边精舍绝尘埃。
> 煮茶尝摘兴何极，直至残阳未欲回。
>
> （《全唐诗》卷847）

齐己与节供奉大德游京口寺，在柳岸水边的十里茶山与采茶者一起摘、煮、尝茶，高兴到极点了，以至直到夕阳西下，还不愿离去。

齐己的友人知道他爱茶、嗜茶，不断有人以名茶馈赠，因而他的茶源较为充足，但他并不独享，而是分与知己共饮。《谢人惠扇子及茶》诗云：

> 枪旗封蜀茗，圆洁制鲛绡。
> 好客分烹煮，青蝇避动摇。
> 陆生夸妙法，班女恨凉飙。
> 多谢崔居士，相思寄寂寥。
>
> （《全唐诗》卷841）

毛文锡《茶谱》云："团黄有一旗二枪之号，言一叶二芽也。"作者感谢崔居士，想念友人寄来消除寂寞的蜀茶，分给友人烹而饮之。陆生当指陆羽，夸耀他所独创的煎茶妙法。崔居士的赠茶赠扇，引起了作者的怀古之情，由茶想起了陆羽，想起了陆羽的煎饮茶叶的妙法。由扇子想起了班倢伃，想起了她的不幸遭遇。

《闻道林诸友尝茶因有寄》诗云：

> 枪旗舟舟绿丛园，谷雨初晴叫杜鹃。
> 摘带岳华蒸晓露，碾和松粉煮春泉。
> 高人梦惜藏岩里，白硾封题寄火前。
> 应念苦吟耽睡起，不堪无过夕阳天。
>
> （《全唐诗》卷846）

茶芽和茶叶慢慢生长的绿色茶园，谷雨节初晴，杜鹃叫了，摘下的茶犹带清晨的露珠。蒸罢碾后用春泉煮茶品尝，高人们在爱惜这些好茶，将其收藏在岩缝里，用白瓶封题，在寒食节前寄给我，念在我苦苦吟诗耽误睡觉的辛苦。

《谢中上人寄茶》诗云：

　　春山谷雨前，并手摘芳烟。
　　绿嫩难盈笼，清和易晚天。
　　且招邻院客，试煮落花泉。
　　地远劳相寄，无来又隔年。
　　　　（《全唐诗》卷840）

齐己非常感谢高僧中上人从遥远之地寄茶来，否则只能等到明年了。他知道，采茶极为辛苦，农历谷雨节之前，在春天的茶山采茶，手都磨起了老茧，又绿又嫩的新茶难以装满一个茶笼。齐己把邻院的客人请来，用落花泉水试着煎寄来的茶，一起品尝。

《谢湛湖茶》诗云：

　　湛湖唯上贡，何以惠寻常。
　　还是诗心苦，堪消蜡面香。
　　碾声通一室，烹色带残阳。
　　若有新春者，西来信勿忘。
　　　　（《全唐诗》卷840）

齐己收到友人寄来的湛湖茶，十分高兴。他说湛湖茶只是上贡朝廷的，为何惠赠我这样的寻常僧人呢？还是作诗心里很苦，正需要蜡面香茶激发灵感。碾茶声全室都能听到，烹出的茶色如同西沉的红色残阳。如果有新的春茶，从江南西来时，希望不要忘了带给我。齐己嗜茶之心态表露无遗。《膳夫经手录》云，湛湖茶出身岳州（治今湖南岳阳），其好者，可同于峡州（治今湖北宜昌）所产，类似顾渚紫笋茶的茱萸寮茶。

齐己对友人的多次馈赠名茶，十分感激，再一次收到一位"高人"寄赠时，深情地抒发了他对茶的益处、陆羽的贡献的赞颂，写了《咏茶十二韵》。诗云：

　　百草让为灵，功先百草成。
　　甘传天下口，贵占火前名。
　　出处春无雁，收时谷有莺。
　　封题从泽国，贡献入秦京。
　　嗅觉精新极，尝知骨自轻。
　　研通天柱响，摘绕蜀山明。
　　赋客秋吟起，禅师昼卧惊。
　　角开香满室，炉动绿凝铛。
　　晚忆凉泉对，闲思异果平。
　　松黄干旋泛，云母滑随倾。
　　颇贵高人寄，尤宜别匦盛。
　　曾寻修事法，妙尽陆先生。
　　　　（《全唐诗》卷843）

齐己说茶是百草之灵，其味甘香传于天下人之口。茶生出的春天，南飞的雁尚未归来，而收获茶时，山谷里已经有了黄莺。从江南一带封题的茶，进贡到西京长安。嗅到极为清新的茶香，品尝后，自觉骨头轻了，可以通神灵了。碾天柱

第八章　唐代文士茶人的饮茶生活与历史贡献

茶时出现声响，摘蜀中茶时月光明亮。作赋的客人秋天吟咏，禅师白天惊梦，难以入眠，于是进入茶室，充满清香，烧起茶炉，绿茶汤凝聚于茶铛。高人寄来的贵重的茶，特别适宜用茶柜贮存。煎茶之事，陆羽先生曲尽其妙。毛文锡《茶谱》（《太平寰宇记》卷93引《茶谱》）云："舒州贡开火茶。"可证天柱茶是贡茶。正如《膳夫经手录》所云："舒州天柱茶，虽不峻拔遒劲，亦甚甘香芳美。"蜀茶之名，则人所共知。

　　僧人从落发之日起，已斩断世缘，齐己却对尘世友朋怀有较浓的情感。他在不少怀旧诗中，经常回忆与朋友共度的欢乐时光。在江南《逢乡友》中（《全唐诗》卷838），以"茶香在白瓯"招待，在品茗中共同回忆昔日相识于他州，心道相合的往事。《寄孙辟呈郑谷郎中》（《全唐诗》卷841）说他们分别才半月，酬唱的诗就快要装满箱子了，"清吟恋省郎"，"茶添语话香"，平添了无限温馨。在《寄江西幕中孙鲂员外》（《全唐诗》卷839）一诗讲述了他们结社缘于"芙蓉园"，在北门"茶影中残月"，松声里落泉的夜景中，一起谈心，意犹未尽。齐己对一位邻居旧友，尽管不知别后所作所为，却想象他"晚鼎烹茶绿，晨厨爨粟红"（《全唐诗》卷843《寄旧居邻友》），晚饮绿茶，早食红粟饭，关心地询问他"何时携卷出，世代有名公"。为了探讨篇章，齐己曾经踏雪《宿沈彬进士书院》（《全唐诗》卷844），在"窗扉初掩岳茶香"的氛围里，通宵达旦地"共思量"。齐己《逢进士沈彬》（《全唐诗》卷846），问他"时应记得长安事，曾向文场属思劳"。齐己陪郑谷郎中浏览道教龙兴观，在谒道神七真像、论佛教禅意中，"始贵茶巡爽，终怜酒散迟"（《全唐诗》卷843《赴郑谷郎中招游龙兴观读题诗板谒七真仪像因有十八韵》），才懂得了饮茶令人精神爽快，酒醉迟迟难醒的道理。

　　齐己毕竟是僧人，对佛门之人之事较为关心。闰年春天过了，山寺的花才开，却还有人来寺赏花，寺中僧人十分欢喜，"茶好味重回"（《全唐诗》卷839《山寺喜道者至》），以好茶相待。僧清越，在山色古朴的敬亭修行了四十春秋，他"鼎尝天柱茗，诗硾剡溪笺"（《全唐诗》卷939齐己《寄敬亭清越》），以茶鼎煎佳茗——天柱茶品饮，用著名的剡溪笺题诗，当是一位富有的上层僧人。真州精舍的僧人，用石质茶鼎煎好了茶，茶汤宛如金秋的平静波涛，"禅回有岳茶"（《全唐诗》卷840《题真州精舍》），僧人们修行禅有岳茶，疲劳和饥饿都解除了。齐己用诗生动地描绘了当时佛家弟子的饮茶生活。

第九章 茶与文学

疏香皓齿有余味
更觉鹤心通杳冥

第一节　唐代茶诗类别

　　唐代以前，文人墨客以文字形式反映茶事的，有《茶歌》《茶赋》之类的作品，似乎不见茶诗。它们只不过是偶尔之作，犹如浩瀚茶海中忽然泛起的转瞬即逝的几朵小小浪花，在源远流长的茶文化层面上留下的一丝痕迹，未成大气候。

　　当中国历史迎来了大唐盛世，茶事也同样出现了辉煌。饮茶已进入文人雅士的日常生活，以诗表现茶事顺理成章，茶诗这一品类开始出现。

　　茶以其独特的魅力迅速为大唐布衣、僧人、道徒、士大夫、贵族，乃至皇帝所喜爱，从两京通衢大邑到穷乡僻壤。茶店之类的饮茶场所如雨后春笋般遍及天下，人们只要交钱，就可以随时品饮。在这样的文化氛围里，茶诗大量涌现，茶人阶层迅速形成。如果说唐诗是大唐盛世文化繁荣的最高成就，那么茶诗则是茶叶生产发达、唐人饮茶蔚然成风的里程碑。

　　唐中期陆羽《茶经》的出现，不仅影响到人们对生活的态度，也改变了人们的精神面貌。受其《茶经》的感召，茶清高脱俗的精神被物化，文人士大夫的精神追求和茶高雅脱俗的品质不谋而合，使他们成为饮茶和推崇文人茶的主体，品茶成为一种时尚，一种文人生活方式。在唐诗勃兴的年代，诗人在写诗时需要饮茶，在饮茶时灵感迸发也要作诗，茶理所当然成为诗人们吟咏的对象，由此迎来了茶诗的创作高峰。

　　茶诗是唐人在诗苑开拓的一片新天地，绽放出的一朵奇葩，并对唐以后的茶诗影响深远，成为中国诗歌史上一道靓丽的风景线。

　　经初唐100年的酝酿，至中唐初，茶文化已趋向繁荣，特别是三教文化对饮茶产生影响进而出现有法相的佛教茶、道教茶和儒教茶，构成了唐代茶诗繁荣的前提条件。而三教合流的推动者是大唐士子——一个特殊阶层，这批人一般都有儒学的根底，自儒学起步，或一生都是儒者，或自儒入道，或自儒入佛，或杂糅三教。当他们为大唐茶风所濡染而成为雅士茶人后，他们笔下的茶诗不可避免地带上了三教文化的深深烙印。大唐茶诗顺理成章地融汇了儒、道、释三教文化，并成为中国茶道"形而上"主体的鲜明表述。

　　唐代茶诗（含赋和联句）诗体有古体、律诗、绝句，题材广泛，包括咏名泉、咏采茶、咏造茶、咏煮茶、咏名茶、咏茶具、咏茶礼、咏茶功、咏茶会……凡茶事诸方面无不涉及。

　　唐代茶人主体是活跃在唐代文坛的诗人和散文家，还包括画家、书法家、音乐家、舞蹈家等。就诗人而言，中晚唐诗界名流无不囊括在内。其杰出者有诗仙李白、诗圣杜甫、陆羽、卢仝、白居易、皮日休、陆龟蒙、刘禹锡、温庭筠、姚合、袁高、杜牧、张文规、颜真卿、柳宗元等等。

可以说，在唐代不饮茶做不了名诗人，名诗人则不能不写茶诗。唐代茶诗有如下几类。

一、贡茶诗

吟咏贡茶的有张文规《湖州贡焙新茶》、杜牧的《题宜兴茶山》，这些都是正面歌颂顾渚贡茶的。但顾渚茶芬芳馥郁的外观之下实际沾染了茶农的斑斑血泪，如李郢《茶山贡焙歌》：

> 驿骑鞭声砉流电，半夜驱夫谁复见？
> 十日王程路四千，到时须及清明宴。
> （《全唐诗》卷590）

宋代谈钥《嘉泰吴兴志》引《郡国志》载："岁贡凡五等，第一陆递，限清明到京，谓之急程茶。"即顾渚紫笋中的头批贡茶必须在清明节前送到长安，贡茶到京后，先荐宗庙，再分赐皇亲、近臣。其余的以四月底为最后期限。一般采茶是从"立春后四十五日"的春分开始，到清明才15天的时间，从浙江长兴到长安有4000里之遥，快马加鞭也要10天。加之采摘、烘焙制茶时间，15天时间真的非常仓促。更何况江南三月阴雨连绵，按照陆羽《茶经》所言，并不是适合摘茶的时候，因此18000多斤的贡茶对于茶农来说就异常艰巨。而为保住自己的乌纱帽，督造贡茶任务的官吏只能役使百姓提早采摘，对完不成任务的茶农更是打骂相向，底层农民生活在水深火热之中。

另一位同样做过湖州刺史的袁高，同情茶农赶制贡茶的艰辛，在建中二年（781），不顾朝廷加罪，减少了贡茶的数量，并用白描手法赋了一首《茶山诗》，连同3600串紫笋茶呈给了唐德宗。诗云：

> 禹贡通远俗，所图在安人。
> 后王失其本，职吏不敢陈。
> 亦有奸佞者，因兹欲求伸。
> 动生千金费，日使万姓贫。
> 我来顾渚源，得与茶事亲。
> 氓辍耕农耒，采采实苦辛。
> 一夫旦当役，尽室皆同臻。
> 扪葛上欹壁，蓬头入荒榛。
> 终朝不盈掬，手足皆鳞皴。
> 悲嗟遍空山，草木为不春。
> 阴岭芽未吐，使者牒已频。
> 心争造化功，走挺麋鹿均。
> 选纳无昼夜，捣声昏继晨。
> 众工何枯栌，俯视弥伤神。
> 皇帝尚巡狩，东郊路多堙。
> 周回绕天涯，所献愈艰勤。

况减兵革困，重兹固疲民。
未知供御余，谁合分此珍！
顾省忝邦守，又惭复因循。
茫茫沧海间，丹愤何由申！
（《全唐诗》卷314）

诗中大胆抨击茶政，"后王失其本，职吏不敢陈"，指斥贪官污吏心术不正借修贡鱼肉百姓，谋晋升之途，并大声疾呼："茫茫沧海间，丹愤何由申！"这首贡茶诗讥刺朝政，敢于为民请命，内容厚重，是现实主义力作。史书称誉作者"天下仰其直，及卒，中外怅惜"，可见袁高是封建社会的一位好官吏。唐代茶诗多平和之音，展示的是盛唐气象，唯贡茶诗多嘈杂噍杀之声。这首长诗的内容虽是写湖州修贡，但问题的根子却在长安。《西吴里语》说："袁高刺郡，进茶3600串，并诗一章。"① 《石柱记笺释》云："自袁高以诗进规，遂为贡茶轻省之始。"② 这首诗让历史记住了袁高，也让千载之下的我们了解了唐代贡茶的历史。

二、咏茶诗

唐代文人茶诗对茶本身的吟咏主要限于名茶、茶品、名泉、茶具、煮茶、饮茶的环境等方面，细细品来，意味隽永。

比如茶名，唐代诗人在品茶时还注重茶之香气，因此称茶叶为"香茗""香芽""芳茗"。根据茶的色泽，就有"紫芽"和"绿茶"之分。从茶叶的形状及烹茶时的声态而得了"紫笋""雀舌""鹰爪"这些别号。另外，唐代的诗人因为在品茶过程中获得灵感，有益于诗思，因此认为茶是赋有灵性的圣洁之物，给茶起了很多富有诗意的别号。"百草让为灵，功先百草成"（齐己《咏茶十二韵》），"山实东吴秀，茶称瑞草魁"（杜牧《题茶山》），"恐乖灵草性，触事皆手亲"（刘言史③《与孟郊洛北野泉上煎茶》）。

三、赠茶诗

唐代饮茶盛行，士人们把饮茶看做是一件雅事，因此经常把茶赠送给朋友以示彼此间的深情厚谊。如：白居易《萧员外寄新蜀茶》《谢李六郎中寄新蜀茶》，薛能《蜀州郑使君寄鸟嘴茶，因以赠答八韵》《谢刘相寄天柱茶》，李群玉《龙山人惠石廪方及团茶》，齐己《谢㵐湖茶》等。这些诗歌虽无一例外为答谢诗，但表达的内容却是多种多样。诗中可见，在当时社会，唐王朝在全国很多地方都有名茶、贡茶，茶叶等级亦有高低。朋友们分别之后天各一方，往往会千里赠茶表达牵挂，对方收到之后往往会赋诗答谢。白居易《萧员外寄新蜀茶》诗云：

蜀茶寄到但惊新，渭水煎来始觉珍。
满瓯似乳堪持玩，况是春深酒渴人。
（《全唐诗》卷437）

---

① [明]宋雷：《西吴里语》，广陵书社，2003年版。
② [清]郑元庆：《石柱记笺释》，商务印书馆，1937年版。
③ 刘言史：字不详，唐代诗人，赵州邯郸人。生卒年均不详，约自唐玄宗天宝元年至宪宗元和八年间在世。少尚气节，不举进士。与李贺同时，工诗。亦与孟郊友善。卒后，葬于襄阳，孟郊作歌哭之。著有歌诗六卷，《新唐书·艺文志》传于世。

估计此诗作于元和五年（810）至元和九年（814），白居易在渭村守孝期间。他在渭村收到了好朋友萧员外寄来的新蜀茶，喜出望外。于是就地取材，用从家乡流过的渭水煎煮新蜀茶，用瓯盛茶汤，竟然"满瓯似乳"，看着满满一碗茶花，顿生无限审美情趣。

四、茶会茶宴诗

元稹说茶"慕僧客，爱诗家"。在唐朝，一些僧人文士常举行各种茶集、茶会和茶宴，它实际上是一种以茶代酒的充满诗情画意的文人聚会，现存的最早的有关茶会的诗是王昌龄《洛阳尉刘晏与府掾诸公茶集天宫寺岸道上人房》，诗云：

良友呼我宿，月明悬天宫。
道安①风尘外，洒扫青林中。
削去府县理，豁然神机空。
自从三湘还，始得今夕同。
旧居太行北，远宦沧溟东。
各有四方事，白云处处通。

（《全唐诗》卷141）

茶会至少从唐代中期开始在全国各地流行起来，在茶会上士人和僧人往往无拘无束，畅叙胸怀。内容多为品茗赋诗，谈经论道，以茶明理，以茶论玄机，借以修心养性，增进情谊。

钱起《过长孙宅与朗上人茶会》诗云：

偶与息心侣，忘归才子家。
玄谈兼藻思，绿茗代榴花。
岸帻看云卷，含毫任景斜。
松乔若逢此，不复醉流霞。

（《全唐诗》卷239）

钱起在京都为官，喜交游，与文士为友，与僧道为友。长孙氏是朝廷显贵，又是文人雅士，钱起偶遇知心朋友朗上人，于是就在长孙家举行僧俗三人茶会（即朗上人、长孙、钱起），以茶"绿茗"代替"榴花"美酒，喝得兴致盎然，席间谈玄论道，挥毫赋诗，乐而忘归。末联认为即使仙人赤松子和王子乔到此也不会再留恋流霞仙酿了，茶会的妙处由此被准确地传达出来，意味无穷。钱起除这首流传千古的五律外，还有《与赵莒茶宴》《过张成侍御宅》两首关于茶会的诗。

另外，刘长卿《惠福寺与陈留诸官茶会》、陆士修等的《五言月夜啜茶联句》、皎然《晦夜李侍御萼宅集招潘述、汤衡、海上人饮茶赋》《同李侍御萼李判官集陆处士羽新宅》《遥和康录事李侍御萼小寒食夜重集康氏园林》等诗都涉及茶会，与会者都要在茶会上饮茶赋诗，通过阅读这些诗作可以了解唐代茶会的一些具体情景。

---

① 道安：东晋时代杰出的佛教学者，生于西晋怀帝永嘉六年（312），卒于东晋孝武太元十年（385）。出生于常山扶柳县（今河北省冀州境）的一个读书人家里，18岁出家。

五、茶功诗

唐代文人爱茶、重茶，把茶的功效赞美得无以复加。首先，茶有助于诗思。李德裕《故人寄茶》诗云：

> 剑外九华英，缄题下玉京。
> 开时微月上，碾处乱泉声。
> 半夜邀僧至，孤吟对竹烹。
> 碧流霞脚碎，香泛乳花轻。
> 六腑睡神去，数朝诗思清。
> 其余不敢费，留伴读书行。
> 　　　　　　（《全唐诗》卷475）

这是一首脍炙人口的经典茶诗，出自著名宰相之手，唐人对茶的重视和茶文化的繁荣可见一斑。

李德裕身为宰相，一人之下，万人之上，但对于茶事颇为用心，是陆羽《茶经》的笃行者。这首著名的饮茶诗，有着丰富的文化内涵。夜月、泉水、竹丛，环境优美；僧为茶友，主客默契；精茶真水，如法操作；品茶吟诗，风流儒雅；提神醒脑，大快朵颐。诗思即诗歌的创作灵感，葛立方说："诗之有思，卒然遇之而莫遏，有物败之则失之矣。"诗思感物而生，取决于诗人当时的情绪、态度、情感、意志，而"清"在文学领域中是一个涵盖很广的审美意蕴，从魏晋时期就开始受人崇尚。

秦韬玉《采茶歌》(《全唐诗》卷670）也和李德裕《故人寄茶》表达了同样的意思，"洗我胸中幽思清，鬼神应愁歌欲成"。诗应饮茶而得，能让原本含混朦胧的诗情化于笔下，可见茶为灵物，其功效超越了一般饮品。

其次，茶一旦入喉，去腻解烦、涤昏清神，最后能够进入飘然得道的境界。"洁性不可污，为饮涤尘烦。此物信灵味，本自出山原"(《全唐诗》卷193韦应物《喜园中茶生》)，"流华净肌骨，疏瀹涤心源"(《全唐诗》卷788颜真卿《五言月夜啜茶联句》)，这还是偏于茶的社会功效。皎然《饮茶歌诮崔石使君》(《全唐诗》卷821)："一饮涤昏昧，情思爽朗满天地。再饮清我神，忽如飞雨洒轻尘。三饮便得道，何须苦心破烦恼。"涤昏清神是饮茶过程的较低层次，得道才是最高层次，属于真正的品茶悟道。到了最高境界，世间的所有愁苦烦闷都烟消云散，内心纤尘不染。卢仝的《走笔谢孟谏议寄新茶》(《全唐诗》卷388）更是用夸张的笔触道出了茶功的神奇。一碗茶，能让诗人润喉除烦，下笔有神，并生出羽化成仙的美境，写出来茶道之妙，这与皎然的诗歌有异曲同工之妙，把唐代的品茶之道上升到了更高层次，丰富了茶道的内涵。可见，在唐代，以皎然和卢仝为代表的爱茶人已了悟茶道"全尔真"的真谛，是我国品茶艺术史上的重大成就。这是一种品位极高的艺术审美，强调了饮茶过程中最大的精神愉悦，它熔铸到中华民族的骨髓里，成就了民族性格的一部分。

不可否认，唐代这些美轮美奂的茶诗繁英，为唐代茶文化注入了最为鲜活的文化精华。

第二节 唐代茶诗内容

唐代茶诗是唐代茶事的缩影，是博大精深的大唐文化百花苑里的一朵奇葩。它在唐诗中开拓了一片绚丽多彩的新天地，多视角全方位地展示了唐代茶事的全貌，使一千余载后的今人，能够形象而直观地了解唐人对茶的认知。茶诗表现了种茶、采茶、焙茶、煎茶、品饮等活动，以茶去睡、醒酒、祛疾、除暑等自然功能，以茶赏赐臣下、和谐邻邦、招待客人、激发文思、馈赠亲友、坐禅念佛、修道成仙等人文精神和社会效应。唐代茶诗涉及的内容有如下几个方面。

一、饮茶成风

李嘉祐《奉和杜相公长兴新宅即事呈元相公》云："当山不掩户，映日自倾茶"，官吏饮茶。戴叔伦与友人过山寺，"茶香别院风"，僧人饮茶。李商隐《访白云山人》时"煮茶归未去"，山人煮好了茶，却不知哪去了。

"不论秋菊与春花，个个能噇空腹茶。"（李昌符《婢仆诗》）他家的仆人，都能空着肚子毫无节制地狂饮茶汤。杜甫在安史之乱的长期漂泊生活中也时常饮茶，《进艇》云"茗饮蔗浆携所有"，《回棹》云"强饭莼添滑，端居茗续煎"（《全唐诗》卷232），《大历三年春白帝城放船出瞿塘峡久居夔府将适江陵漂泊有诗凡四十韵》云"山林托疲茶，未必免崎岖"，在山林中奔波，饮茶也未必能够避免山路崎岖的疲劳。

有些年幼的孩子，在大人好茶的熏陶下参与茶事，还学会了煎茶的技艺。李咸用《访友人不遇》，却见其"稚女学擎茶"。路半千《赏春》云"呼童远取溪心水，待客来煎柳眼茶。"僧乾康《投谒齐己》，要"烹茶童子休相问，报道门前是衲僧"。齐己是位嗜茶的茶人，这位专门为他烹茶的幼年儿童，茶艺必定较高，否则难以侍候师父。杜荀鹤也是一位爱茶识茶的茶人，却在《赠元上人》说"煮茶童子闲胜我，犹得依时把磬敲"，这位儿童的烹茶本领比自己强，而且烹茶时，还能按时辰敲磬做法事。可见这些童子掌握了娴熟的烹茶技艺。

二、深识茶性

唐人在长期的饮茶生活中，逐渐对茶的本性有了较深入的了解。

茶能驱睡 刘得仁《宿普济寺》云"饮茶除假寐"，杜荀鹤《题德玄上人院》云"罢定磬敲松罅月，解眠茶煮石根泉"。吕岩《大云寺茶诗》云"断送睡魔离几席，增添清气入肌肤"，茶汤驱逐了睡魔，增加了清气，浸润了肌肤，使人感到舒适。唐代僧人利用茶的这一功能，驱除坐禅的饥困，以助修行。李咸用《谢僧寄茶》云：庐山修行的少年僧人，"摘芳为药除睡眠"，煎饮后，"尝来纵使重支枕，胡蝶寂寥空掩关"，即使重新放上枕头、闭关，也睡不着觉。杜荀鹤《宿东林寺题愿公院》云"古寺沈沈僧未眠，支颐将客说闲缘"，"檐底水涵抄律烛，窗间风引煮茶烟"。寺僧用院檐底水煎茶，头脑清醒，一直抄写有关戒律的佛经，入夜点蜡烛，煮茗伴随吟诵。李嘉祐《同皇甫侍御题荐福寺一公房》云"啜茗翻真偈，然灯继夕阳"。啜茗翻译佛教诗，茗能去困提神，故从白天到夜晚工作不辍。

茶可求仙 唐代道教盛行，神仙思想影响很大。不少人向往所谓极乐的神仙世界。李涉《春山三朅来》云："山上朅来采新茗，新花乱发前山顶。琼英动摇钟乳碧，丛丛高下随崖岭。未必蓬莱有仙药，能向鼎中云漠漠。越瓯遥见裂鼻香，欲觉身轻骑白鹤。"上山采新茶，新茶花开满山顶。茶花在风中摇曳如同钟乳在碧海中，一丛丛地生长在高低不平的崖岭上。海上蓬莱仙岛未见得有成仙的药，越州窑出的茶瓯盛的茶汤远远地就闻到了冲天香气，饮茶汤后似乎觉得身体轻了，骑着白鹤成仙了。

三、品茶吟诗

李德裕《故人寄茶》云饮茶汤后，"六腑睡神去，数朝诗思清"。朱庆余《夏日题武功姚主簿》云："亭午无公事，垂帘树色间。僧来茶灶动，吏去印床闲。傍竹行寻巷，当门立看山。吟诗老不倦，未省话官班。"雍州（治今陕西西安）武功县主簿无公事时，有僧人来访，便立即动手煎茶，二人品茗赋诗，乐此不疲。杜甫《重过何氏五首》，深情地怀念当年在落日余晖平台上，春风啜茗，"石阑斜点笔，桐叶坐题诗"的美妙时光。韩翃《送南少府归寿春》，叮嘱他"楚雨移茶灶"，"题诗一相报"。杜荀鹤《题衡阳隐士山居》，说此人"布水宵煎觅句茶"，夜里煎茶辅助觅诗句。严维《奉和独孤中丞游云门寺》云"新诗酌茗论"。唐彦谦《逢韩喜》说"借书消茗困，索句写梅真。此去青云上，知君有几人"。你以茗除困倦，赋诗抒发真情，从而飞黄腾达，可是了解你的，能有几人。

四、以茶待客

俗人以茶待僧 杜甫《寄赞上人》云："柴荆具茶茗，迳路通林丘。与子成二老，来往亦风流"。杜甫与不少僧人有交情，与赞上人来往尤多，说他俩虽相距遥望，但心是相通的，交往是潇洒风流的，杜甫在自己简陋的宅中准备了茶，渴望其前

《十八学士图》

来相聚。杜荀鹤《春日山中对雪有作》云"满添茶鼎候吟僧",把茶鼎中的茶汤添满,等候诗僧前来相聚,以茶助诗兴。项斯《早春题湖上顾氏新居二首》云:"劝酒客初醒,留茶僧未来。"

俗人以茶待客 张籍患病辞官隐居,却"为客烧茶灶"(《赠姚合少府》)。张正则评事奉命到秦系①所住山中邀他出任右卫佐之职,秦系用山中生产的茶招待这位贵客,"山茶邀上客",希望他不要强迫自己出任(《山中赠张正则评事(系时授右卫佐,以疾不就)》)。

僧以茗待俗人 朱庆余与石昼秀才经过普照寺,一年到头忙碌十分疲倦,难得半天与僧相处,"更共尝新茗"(《与石昼秀才过普照寺》)。李白《陪族叔当涂宰,游化城寺升公清风亭》,寺僧"茗酌待幽客"。诗僧灵一,与友人元居士在青山潭畔,汲野泉煎茶。茶烟漂浮在蓝天白云之间。他们"坐饮香茶爱此山",坐着品饮芳香的茗汤,远眺青山,十分惬意,爱恋此山,甚至"山岩维舟不忍去"(灵一《与元居士青山潭饮茶》)。

五、以茶去热

唐人认为,茶有去热功能,煮成茗粥,尤为盛夏除暑佳品。杨衡《经端溪峡中》说"搴茗庶蠲热,漱泉聊析酲"。搴为拔,庶为几乎,蠲为免除。摘茶煎饮,几乎消除了炎热。储光羲《吃茗粥作》云:"当昼暑气盛,鸟雀静不飞。念君高梧阴,复解山中衣。数片远云度,曾不蔽炎晖。淹留膳茶粥,共我饭蕨薇,敝庐既不远,日暮徐徐归"。在一个极为暑热的炎夏,储光羲为住在不远的客人煮了茶粥,以此去暑。

六、以茶代酒

据《吴志》记载,早在三国时代已有以茶代酒的吴主孙皓,每一次餐宴,无论能否饮酒,大抵以七升为限度。谁不全部入口,都要强灌干净。韦曜不胜酒,其量不过二升起。孙皓时常为他减酒升数,或"密赐茶荈以当酒"。在饮茶成风的唐代,亲友聚会,饯别友人以及其他一些场合,以茶代酒成为新风尚。酒虽仍为人们所喜爱,茶却越来越受到人们的青睐。所以有的场合,茶酒兼备,各取所需。

七、以茶饯行

唐代是个开放的时代,中外交往频繁。唐人为了求学、入仕、商贸、公干、旅游,悲欢离合,五味杂陈,因此,饯行经常伴随着人生。尽管昔日人们以酒饯行的习俗仍然存在,茶却无声无息地进入了这一场合,弥补了那些不能饮酒者的遗憾。张谓②《道林寺送莫侍御》云:"饮茶胜饮酒,聊以送将归"。王建与著作

---

① 秦系(约720—810):字公绪,越州会稽人。天宝末,避乱居剡溪,自号东海钓客。大历五年(770)北都留守薛兼训爱其文,奏为右卫率府仓曹军,不就。后客居泉州南安,结庐九日山中,自号南安居士。穴石为砚,注老子,终年不出。张建封闻系不可致,就加校书郎。姜公辅以直言罢为泉州别驾,朝夕与见,遂忘流落之苦。与刘长卿、韦应物善,常以诗相赠答。秦系著有诗集一卷。

② 张谓(?—约778):字正言,唐代河内(今河南沁阳县)人。天宝二年登进士第,乾元中为尚书郎,大历年间潭州刺史,后官至礼部侍郎,三典贡举。其诗辞精意深,讲究格律,诗风清正,多饮宴送别之作。代表作有《早梅》《邵陵作》《送裴侍御归上都》等,诗一卷。

郎李肇在荆南分别时，以茶饯行，王建《荆南赠别李肇著作转韵诗》云："楚笔防寄书，蜀茶忧远热。关山足重叠，会合何时节。"他们各自从军，相距遥远，不知何时才能相聚。秋天夜里，朱庆余设宴为卢侍御饯行，弦管乐已奏完，计时的漏壶滴水又新响了一声，夜已很深了，主人以"绿茗香醒酒"，寒灯静静地照着人们。劝慰卢侍御说清闲的官职也没有什么值得留恋的，从此以后就可以隐居观青山，不用去迎逢了（《秋宵宴别卢侍御》）。

八、茶酒兼备

柳宗元与好友刘禹锡述旧言怀感时书事，吟了八十韵诗，题为《同刘二十八院长述旧言怀感时书事奉寄澧州……赠二君子》（《全唐诗》卷351）。"劝策扶危杖，邀持当酒茶"，"方期饮甘露，更欲吸流霞"。

九、以茶馈赠

唐人将茶，尤其是名茶作为珍贵礼品馈赠亲友，是一种新的时尚。茶不仅是可口的饮品，有益延年益寿的养生佳品，而且具有联络感情、增进友谊、高雅不俗的作用和特点。受赠者则视之为特殊的深情厚谊之证明，乐不可支。徐夤《尚书惠蜡面茶》云："金槽和碾沉香末，冰碗轻涵翠缕烟。分赠恩深知最异，晚铛宜煮北山泉"（《全唐诗》卷708）。徐夤收到尚书惠赠的蜡面茶，认为它是武夷山出产的名茶，又是春暖刚摘的新茶芽，赠送者精心制作成香蜡片，本应献给地上仙人的，却分赠予他，故受宠若惊，立即拿出茶器，亲自煎饮享用。卢纶《新茶咏寄上西川相公二十三舅大夫二十舅》云："三献蓬莱始一尝，日调金鼎阅芳香。贮之玉合才半饼，寄与阿连题数行"（《全唐诗》卷279）。蓬莱指《史记》中所载的著名的海上蓬莱、方丈、瀛洲三座仙山，是当年秦始皇、汉武帝东巡访仙寻药祈求长生不老的地方，是中国东方神话的源头。卢纶所说的煎茶的金鼎，一般而言，当指铜鼎，而非黄金制作的茶鼎。合，即盒，

赵佶《文会图》

玉合当为玉石质地的贮茶器。二十三舅、二十舅并非他有那么多舅,而是他们在家族内的排行相称,唐人有行第之称的习俗,无论高低贵贱均以此相称。这一新茶,多次献给高贵的人后,自己才舍得尝一尝,存在贵重的玉石茶盒里的只有半个茶饼,足见其名贵。赠茶,还要题上几行诗,名茶与新诗相得益彰,高贵而风雅。杨嗣复①《谢寄新茶》云:"石上生芽二月中,蒙山顾渚莫争雄。封题寄与杨司马,应为前衔是相公"(《全唐诗》卷464)。《新唐书》《旧唐书》杨嗣复后传均记他从宰相贬官后,任湖南观察使、潮州刺史,未言曾任司马。因此此诗作者可能并非他,但却不影响其赠茶之意。

唐人饮茶多,光靠亲友馈赠只是杯水车薪而已。因此他们还要从市场上购买茶,但是由于唐统治者征收茶税,并不断加重茶税,茶价也水涨船高。茶中还有假的,如卢龙节度使刘仁恭,"骄侈贪暴,……禁江南茶商无得入境,自采山中草木为茶,鬻(卖)之"(《资治通鉴》卷266开平元年三月)。唐人诗文经常

刘松年《茗园赌市图》

---

① 杨嗣复(783—848):字继之或继子。八岁能文,主考官权德舆录为进士,二十岁登博学鸿词科,受到宰相武元衡赏识,累迁中书舍人。由户部侍郎擢尚书右丞,封爵弘农伯。李德裕辅政,被黜为湖南观察使。会昌元年(841年)三月被贬潮州。唐宣宗大中初,召为吏部尚书。

提及蒙顶茶，给人的印象除了他们能够拥有或享用这一顶尖名茶外，似乎它的产量较多，否则不可能在社会上广泛流通。而实际上，蒙顶茶的产量是很少的，其中必有一些是冒牌的。有些嗜茶者，开荒置园，亲自种茶，或雇工经营，除自饮外，或出售获利。韦应物说茶："洁性不可污，为饮涤尘烦。此物信灵味，本自出山原。"自己在处理郡务之余，"率尔植荒园，喜随众草长"（《喜园中茶生》）。张籍《山中赠日南僧》云："尮石新开井，穿林自种茶"（《全唐诗》卷731）。滕白《题文川村居》云："种茶岩接红霞坞。"

十、游览茶山

大唐，尤其是开元、天宝近半个世纪，处盛世的唐人，充满自信，朝气蓬勃。唐人，特别是年轻人，热爱大好河山的自然风光，踏青、拔禊，赏遍天下的园林。壁画、雕塑、书法、戏剧、俗讲、赏牡丹，各种文化活动蓬勃发展。后来茶文化横空出世，唐人的旅游中增加了一个新的项目——游览茶山。张籍《寄友人》云："忆在江南日，同游三月时。采茶寻远涧，斗鸭向春池"（《全唐诗》卷384）。张籍和友人，阳春三月，游茶山采茶。在唐代，人们不仅喜欢饮茶，而且喜欢到茶山去游玩，看看茶是长在什么地方，怎样生长。兴之所至，还要参加采茶劳动，一面采茶，一面听茶农唱茶歌，分享丰收的喜悦。陆希声①《茗坡》云："二月山家谷雨天，半坡芳茗露华鲜。春醒酒病兼消渴，惜取新芽旋摘煎。"茶山确实很美，谷雨时节，山坡茶散发芳香，叶上露珠晶莹透亮，醒酒消除口渴，唯有摘取新出的茶芽，并立即煎茶汤饮之。孟郊《越中山水》说：越中山水非常美丽，仿佛是海上蓬莱、瀛洲仙山，"碧嶂几千绕，清泉万余流……菱湖有余翠，茗圃无荒畴"（《全唐诗》卷375）。茶园没有荒凉的，如此美景，"去矣销人忧"，只要到此一游，就能消除心中的忧愁。

十一、反映茶事

唐诗涉及的内容非常广泛，凡是与茶事有关的事，多有记载。

官员赐秀才茶 元和五年（810）冬，河南府岁贡英才考试后，时任河南令的韩愈宴请秀才。宴席十分丰盛，"柿红蒲萄紫，肴果相扶擎。芳茶出蜀门，好酒浓且清"（《全唐诗》卷339韩愈《燕河南府秀才得生字》）。在唐人较为隆重的宴会上，名茶是不可或缺的。

茶市 到了傍晚，汴州（治今河南开封）的水门，茶商云集，十分热闹。"水门向晚茶商闹，桥市通宵酒客行。秋日梁王池阁好，新歌散入管弦声"（《全唐诗》卷300王建《寄汴州令狐相公》）。韦处厚《茶岭》云：由于"顾渚吴商绝，蒙山蜀信稀"（《全唐诗》卷479），千丛茶岭开始种植，含着露水的紫花硕大无比。

吴兴三绝之一——茶 张文规《吴兴三绝》云："蘋洲须觉池沼俗，苎布直胜罗纨轻。清风楼下草初出，明月峡中茶始生。"苎布、罗纨和明月峡茶是吴兴的三大特产。

---

① 陆希声：字鸿磬，自号君阳遁叟（一称君阳道人），唐代苏州府吴县人氏。博学善属文，昭宗时召为给事中，历同中书门下平章事，以太子太师罢。家世有书名，至希声一出，遂能复振家法。

第三节 唐代茶诗一览

唐代茶诗就是唐代茶文化的一面镜子，真实而生动地再现了大唐茶文化的方方面面，其间唐代诸多诗人以茶抒情，以茶交友，以茶联谊，以茶记事。各自以不同凡响的才情为中国茶文化的源远流长，为世界茶文化文明留下脍炙人口、经久不衰的卓越篇章。纵观唐代诗人及茶诗，数目非凡，在此不一一赘述，下面仅借一席之地概阅一览。

唐代茶诗一览表

编号	作者	简历	茶诗数目	茶诗内容	备注
1	苏颋	唐朝大臣、文学家。字廷硕，京兆武功人	1	香名展骥	
2	王昌龄	字少伯，京兆长安（今陕西西安）人，开元进士，历官校书郎、氾水尉等，为刺史闾丘晓所杀	1	茶伴坐禅	
3	王维	字摩诘，开元进士，多才多艺，历官右拾遗，监察御史给事中、尚书右丞等，好佛长斋，斋中无所有，唯茶铛等	2	1.茗縻御暑；2.但倾茶碗	
4	皇甫冉	字茂政，安定人，一说润州丹阳人，天宝进士，历官无锡尉、右补阙等，安史之乱时避于阳羡	2	1.深院捣茶；2.送人采茶	
5	皇甫曾	字孝常，冉之弟，天宝进士，历官殿中侍御史，后贬舒州司马	1	陆羽采茶	
6	包佶	字幼正，天宝进士，历官秘书监、汴东两税使、刑部侍郎、御史中丞等	1	以茶调气	
7	李嘉祐	字从一，赵州人，天宝进士，历官秘书正字、台袁二州刺史，曾谪官南荒。其诗丽婉	4	1.啜茗翻偈；2.映日倾茶；3.茶留稚子；4.美酒香茶	
8	岑参	江陵人，天宝进士，历官右补阙、职方郎中、嘉州刺史等，其边塞诗与高适齐名	3	1.僧茶待俗；2.自己种茶；3.煎茶品饮	
9	张继	字懿孙，襄州人，天宝进士。早振词名，历官盐铁判官、检校祠部郎中等	1	山民焙茶	

续表

编号	作者	简历	茶诗数目	茶诗内容	备注
10	独孤及	字至之，河南洛阳人，天宝道举高第。历官左拾遗、礼部员外郎、舒常濠三州刺史等。诗格调高古	1	谁谓茶苦	
11	顾况	字逋翁，苏州海盐人。至德进士，曾官著作佐郎。其诗重气骨	1	茶赋颂茗	
12	张谓	字正言，河内人，天宝进士，历官潭州刺史、礼部侍郎等。工诗	1	饮茶胜酒	
13	钱起	字仲文，吴兴人，天宝进士，历官校书郎、考功郎中、翰林学士。诗体新奇，"大历十才子"之一	1	以茶待僧	
14	韩翃	字君平，南阳人，天宝进士，官至中书舍人	3	1.处士饮茶；2.雨移茶灶；3.以茶送人	
15	严维	字正文，越州山阴人，至德进士，历官秘书郎、余姚令、右补阙等。诗情雅重	1	酌茗论诗	
16	耿湋	河东人，宝应进士，历官左拾遗、大理司法等。"大历十才子"之一，诗才不可多得	1	欲作茶仙	
17	王建	字仲初，许州人，大历进士	1	宫廷茶事	
18	武元衡	字伯苍，河南缑氏人，建中进士，工五言诗。历官监察御史、华原县令、宰相。因支持唐宪宗平定不法藩镇被刺杀	1	晚春茶会	
19	刘禹锡	字梦得，洛阳人贞元进士，工诗文章，参加永贞革新，坐贬郎州司马。后历官太子宾客等。晚年与白居易诗歌唱和，有"诗豪"之誉	8	1.西山茶歌；2.茶笋棋桃；3.携妓茶山；4.以茶送人；5.茗园龙鳞；6.客至茶烟；7.茶助诗情；8.碧涧早茶	
20	令狐楚	字壳士，宜州华原人，贞元进士，历官掌书记、判官、知制诰、宰相。工诗，与元稹、白居易、刘禹锡唱和	1	宴会有茗	

续表

编号	作者	简历	茶诗数目	茶诗内容	备注
21	戴叔伦	字幼公，润州金坛人，历官抚州刺史、容管经略使等，后为道士。诗兴悠远，每作惊人	2	1.松火烹茶；2.僧茶待客	
22	羊士谔	贞元进士，历官宣歙巡官、监察御史，二次贬官。工诗	1	泉水煎茶	
23	柳宗元	字子厚，河东人。贞元进士，历官校书郎、监察御史，因参加永贞革新，被贬邵州刺史，再贬永州司马。著述之盛，名动于时，其诗可一唱三叹	5	1.茶如甘露；2.谐笑柏茶；3.僧赠新茶；4.茶蕈自薅；5.敲打茶臼	
24	陆羽	字鸿渐，又字季疵，复州竟陵人。撰《茶经》三卷，或云自太子文学徙太常寺太祝，不就	2	1.井泉试茶；2.康王谷泉	
25	张籍	字文昌，和州乌江人，贞元进士。历官太常寺太祝、国子博士、水部员外郎等。尤工乐府词	9	1.穿林种茶；2.僧到出茶；3.为客烧茗；4.茶过卯煎；5.秋茶勿饮；6.僧至茶床；7.触露摘茶；8.煎茶别僧；9.采茶远涧	
26	孟郊	字东野，湖州武康人，为嵩山处士，性孤僻，与韩愈为忘年交。贞元进士。任溧阳尉。时终日诗酒，不务职事，后辞官家居，贫穷。诗思奇涩，哀怨	4	1.茗啜送人；2.乞寄名茶；3.茗圃无荒；4.昼情茶新	
27	杨嗣复	字继之，贞元进士，历官右拾遗、中书舍人、宰相等	1	馈赠新茶	
28	韩愈	字退之，南阳人，贞元进士，历官监察御史、国子博士、刑部侍郎等。一代文宗	1	官茶赠秀才	
29	元稹	字微之，河南人，贞元进士，历官监察御史、知制诰、中书舍人、宰相。与白居易千里神交，唱和时号"元白"	8	1.梦觉茶香；2.旋蒸嫩茶；3.寄托采茶；4.饮白露芽；5.山茗鹰嘴；6.天子赐茶；7.亥茶蒲市；8.铫煎茶汤	

续表

编号	作者	简历	茶诗数目	茶诗内容	备注
30	章孝标	字道正，钱塘人，元和进士，历官校书郎、大理寺评事等	4	1.提筐采茶；2.午后饮茶；3.茶挑茗眼；4.野客偷煎	
31	裴度	字中立，河东闻喜人，贞元进士，历官监察御史、起居舍人。以平淮西闻名，屡秉国政	1	侍儿煎茶	
32	吕群	元和及第	1	茶瓯	
33	韦处厚	字德载，京兆万年人，元和进士，历官右拾遗、宰相等。藏书万卷	1	千丛茶岭	
34	姚合	字大疑，陕州硖石人，元和进士，历官武功主簿、给事中等。颓然自放，以诗闻名	10	1.药污茶铛；2.僧寄封茗；3.采茶进贡；4.茶鼎煎菊；5.折柴煎茗；6.杏水烹茶；7.诗乞新茶；8.野水煎茶；9.花落煎茶；10.销冰煮茗	
35	李敬方	字中虔，长庆进士，历官歙州刺史等	1	善烹茗汤	
36	朱庆余	名可久，以字行，越州人，宝历进士，官秘书省校书郎。其诗气平意绝	6	1.石安茶器 2.僧来烹茶 3.僧俗尝茗 4.处士茶林 5.不废茶瓯 6.绿茗醒酒	
37	杜牧	字牧之，京兆万年人，大和进士，历官江西团练府巡官、监察御史、殿中侍御史、中书舍人等。诗情豪迈，敢论大事，人称"小杜甫"	7	1.携茶游洞；2.春游茶山；3.瑞草魁茶；4.欲作茶仙；5.茶山草市；6.禅僧饮茶 7.晚秋采茶	
38	许浑	字仲晦，润州丹阳人，大和进士，历官虞部员外郎及睦、郢二州刺史等，其诗格调豪丽	6	1.山厨焙茶；2.处士捣茶；3.夜集茶樯；4.秋茶露细；5.雨移茶灶；6.僧俗诗茗	
39	李商隐	字义山，怀州人，博学强记，文思清丽。开成进士，历官秘书郎和东川节度使判官，为藩镇幕僚，涉嫌"牛李党争"，仕途坎坷。自成西昆体	2	1.道士品茗；2.煮茶未去	

续表

编号	作者	简历	茶诗数目	茶诗内容	备注
40	白居易	字乐天，晚年又号香山居士，其先太原人，贞元进士，历官秘书省校书郎、江州刺史、刑部尚书等。唐代伟大的现实主义诗人，中国文学史上负有盛名且影响深远的诗人和文学家。他的诗歌题材广泛，形式多样，语言平易通俗。有《白氏长庆集》传世	55	1.睡后饮茶；2.品茗吟诗；3.以茶迎安；4.读书尝茗；5.山泉煎茶；6.自开茶园；7.自己煎茶；8.茶酒招客；9.残茶杀人；10.浮梁买茶；11.友人寄茶；12.宴会有茶；13.僧茶待客；14.浓煎名茶；15.友人寄茶；16.舟中饮茶；17.雪水煎茶；18.留客尝茶；19.煎饮蒙茶；20.山泉煎茶；21.病觉茶香；22.茶檗如饴；23.饮茶吟诗；24.浏览茶山；25.茶山观宴；26.小娃行茶；27.琴茶不离；28.茶能破睡；29.竹盛茶柜；30.茶能散闷；31.病深停茶；32.早起饮茶；33.渴听碾茶；34.常州寄茶；35.以茶解酒；36.引手索茶；37.鼻香茶熟；38.暖泥茶灶；39.惠寄蜀茶；40.屡赠春茶；41.茶药似金；42.尝绿昌明；43.一餐两茶；44.待僧以茶；45.茶酒待客；46.笼暖焙茶；47.自泥茶灶；48.调酥煎茗；49.午茶散睡；50.夜茶用勺；51.睡后茶兴；52.睡后一瓯；53.泉洗茶瓯；54.茶加佐料；55.新茶钱行	
41	李远	字求古，大和进士，历官忠、建、江三州刺史及御史中丞等。诗多逸气	1	以茶送僧	
42	章碣	字丽山，乾符进士	1	客奇茶味	

续表

编号	作者	简历	茶诗数目	茶诗内容	备注
43	喻凫	毗陵人，开成进士，官乌程县令	1	煮雪问茶	
44	马戴	字虞臣，华州人，会昌进士，为大同军幕僚，终日吟诗，田园无岁计。其诗壮丽	1	雪尽茗新	
45	薛能	字大拙，汾州人，会昌进士，历官嘉、同二州刺史等	10	1.茶留诗客；2.蜀茗邢瓯；3.以茶消食；4.赠乌嘴茶；5.山径茶苗；6.茶助诗心；7.茶酒幽趣；8.茶礼紫笋；9.谢友寄茶；10.闲吟煎茶	
46	项斯	字子迁，台州乐安人，会昌进士，官丹徒县尉。其诗清妙奇绝	2	1.留茶僧来；2.茅舍蒸茗	
47	李郢	字楚望，长安人，大中进士，历官侍御史。其诗理密辞闲	2	1.茶火夜烧；2.友人寄茶	
48	崔珏	字梦之，大中进士，为人恣心狂狷。与赵光远唱和	1	美人尝茶	
49	曹邺	字邺之，桂州阳朔人，大中进士，官洋州刺史、吏部郎中等。其诗多佳句	2	1.扫叶煎茶；2.故人寄茶	
50	郑巢	钱塘人，大中进士	3	1.僧人捣茶；2.僧人饮茶；3.坐石尝茶	
51	唐彦谦	字茂业，并州晋阳人，历官晋、绛、阆等州刺史等，博学多艺，尤长于诗	1	品茗消困	
52	李昌符	字岩梦，咸通进士，官膳部员外郎，因有人弹劾他轻薄为文，多妨政务，谪官	1	嗔空腹茶	
53	司空图	字表圣，河中人，咸通进士，历官知制诰、中书舍人等。避乱王官谷，日以诗酒自适，唐昭宗屡招不赴。唐末代皇帝被杀，司空图不食，扼腕呕血而死	8	1.春添茶韵；2.旋碾新茶；3.赏雪溪泉；4.茶爽添诗；5.茶坡日暖；6.中宵煎茶；7.喜摘新茶；8.碾明昌茶	

续表

编号	作者	简历	茶诗数目	茶诗内容	备注
54	李绅	字公垂，无锡人，元和进士，历官国子助教、中书舍人、宰相等，受李逢吉朋党排挤贬官	2	1.虎害茶农；2.惠山泉美	
55	皮日休	字逸之，后改袭美，襄阳人。尝居鹿门山，自号鹿门子，又号间气布衣、醉吟先生，与陆龟蒙齐名，世称"皮陆"。咸通进士，历官苏州军事判官、著作佐郎、太常博士、毗陵副使。后参加黄巢起义，任翰林学士，起义失败后不知所踪	26	1.茶坞；2.茶笋；3.茶籝；4.茶舍；5.茶灶；6.茶焙；7.茶鼎；8.茶瓯；9.煮茶；10.茶人；11.煎饮皋卢；12.茶香皓齿；13.以茗祭神；14.树枝煎茶；15.南宗僧茶；16.松子煎茗；17.焙上等茶；18.运水劳民；19.茗祭山神；20.崦里焙茗；21.煎茶如蚁；22.褚家茶具；23.酒渴思茶；24.香阁茶棚；25.好茶擎乳；26.瀑布冰茶	
56	秦韬玉	字中明，京兆人，中和进士，历官工部侍郎等。其诗广为传诵	1	紫笋茶歌	
57	郑谷	字守愚，宜春人，光启进士，历官右拾遗、都官郎中等。人称当为一代风骚主	12	1.宗人惠茶；2.茶新越瓯；3.淡烹新茗；4.紫笋茶香；5.共究茶事；6.雪溪宜茶；7.春游茶山；8.鸦山鸟嘴；9.蒙顶浣花；10.僧舍茶烟；11.以茶送行；12.雪薪茶迟	
58	吴融	字子华，越州山阴人，龙纪进士，历官侍御史、中书舍人、翰林承旨等	2	1.茶铛煎茶；2.茗煮沫聚	
59	韩偓	字致尧，京兆万年人，龙纪进士，历官左拾遗、翰林学士、兵部侍郎等。工诗	4	1.火前茶香；2.俗摘茶歌；3.品茗观经；4.越瓯盛茶	

续表

编号	作者	简历	茶诗数目	茶诗内容	备注
60	杜荀鹤	字彦之,池州石埭人,大顺进士,历官翰林学士等。苦吟处乱世,诗多忧惋	7	1.窗底水茶;2.亲自泥灶;3.山村茶盘;4.泉茶解眠;5.煮茶童子;6.煎茶候僧;7.煎茶觅诗	
61	徐寅	字昭梦,莆田人,须发皆白,始得官秘书省正字	3	1.采茗驰使;2.秘色茶盏;3.尚书馈茗	
62	黄滔	字文江,莆田人,乾宁进士,唐末五代人,诗文称绝	9	1.以茶饯行;2.僧俗饮茶;3.品茗谈佛;4.聚会饮茶;5.僧俗茶棋;6.僧欲茶琴;7.品茗净心;8.读书饮茶;9.煎茶醒酒	
63	曹松	字梦徵,舒州人,天复进士,官校书郎,诗别一味	3	1.以冰煎茶;2.茶留静者;3.云湿煎茶	
64	卢延让	字子善,范阳人,光化进士,历官水部员外郎、给事中、刑部侍郎。其诗去人远绝,无有蹈袭	1	饮茶讲经	
65	杜甫	字子美,京兆人,一说本襄阳人,后徙河南巩县,举进士不第。历官左拾遗、检校工部员外郎等。安史之乱时流亡,备尝艰辛,与李白齐名,有"诗圣"之誉	6	1.以茶待僧;2.续煎香茗;3.茗汤蔗浆;4.山林疲茶;5.愁坐葭萌;6.春茶诗钓	
66	李白	字太白,天宝初,因吴筠推荐,待诏翰林院,后被高力士等排挤,赐金还山。安史之乱时,因被永王李璘辟为从事,长流夜郎。其诗如天马行空,有"诗仙"之赞	2	1.茗待幽客;2.僧赠仙掌	
67	郑良士	字君梦,屡举进士不中,后因献诗唐昭宗敕授国子四门博士	1	煮茶为客	
68	孟浩然	襄阳人,隐居鹿门山,工五言诗,应进士不第,张九龄镇荆州任从事,因"不才明主弃"诗,被唐玄宗命还南山	1	以茗代醉	

续表

编号	作者	简历	茶诗数目	茶诗内容	备注
69	李洞	李唐宗室，家贫，吟诗极苦，三次考科举不第	6	1.孤灯茶影；2.顾渚茗花；3.分泉就茗；4.煎茶扫地；5.僧留茶鼎；6.柏茶吟诗	
70	温庭筠	字飞卿，太原人。才思敏捷，诗艳丽，尤工律赋，与李商隐齐名，时号"温李"。却连举进士不第	6	1.道士茶歌；2.茶炉棋席；3.刑避秋茶；4.茶山候吏；5.僧俗茶棋；6.润茶不眠	
71	罗邺	余杭人，父为盐铁吏，富有，尤长律诗，屡考科举不中，光化时追赠进士	1	远公茶香	
72	卢纶	字允言，河中人，举进士不第，"大历十才子"之一	1	歌咏新茶	
73	罗隐	字昭谏，杭州新城人，虽工诗文，却十考进士不第	1	茶歌诗咏	
74	刘得仁	科举二十年不中，五言诗独步文坛	2	1.烹茶玉漏；2.茶除假寐	
75	方干	字雄飞，新定人，考进士不中，其诗名满江南	4	1.烧松啜茗；2.采茶失路；3.战后种茗；4.趁鲜采茗	
76	长孙佐辅	朔方人，举进士不第，隐居。其诗有卓然英气	1	喜茶	
77	陈陶	字嵩伯，岭南人，举进士辄下，遂不求进达，自称三教布衣	1	茶香入灶	
78	李贺	字长吉，福昌人，七岁辞章名动京华，因避父讳不得举进士，历官至太常寺奉礼郎。其诗崇尚奇诡	1	土甑封茶	
79	刘言史	赵州人，不举进士，历官司功橡，人称其赋"雕金篆玉，牢奇笼怪"	2	1.野泉煎茶；2.贫者茶少	
80	张祜	字承吉，贝州清河人，隐居不仕，其诗辈流所推，风格罕及	5	1.茶风奈笔；2.浅斟茶鼎；3.烧竹焙茶；4.与僧尝茶；5.角积茶烟	
81	卢仝	范阳人，早年隐少室山，自号玉川子。博览经史，工诗精文，不愿仕进。是韩孟诗派重要人物之一	4	1.以茶充饥；2.友寄新茶；3.饮茶成仙；4.煎茶之厄	

续表

编号	作者	简历	茶诗数目	茶诗内容	备注
82	李涉	洛阳人，仕途不顺，隐居少室山，自耕妾织，罕交人事，诗意卓荦，如行云流水	1	新茗鼻香	
83	徐凝	睦州人，隐居不仕，有诗名，老病且贫，但无恼优悠	1	与僧品茗	
84	陆龟蒙	字鲁望，别号天随子、江湖散人、甫里先生。姑苏人。曾任湖州、苏州刺史幕僚，后隐居松江甫里，编著有《甫里先生文集》等	21	1.茶坞；2.茶笋；3.茶籝；4.茶舍；5.茶灶；6.茶焙；7.茶鼎；8.茶瓯；9.煮茶；10.焙茶；11.僧人茶器；12.撰修《茶品》；13.谢寄春泉；14.以荈代酒；15.秘色越瓷；16.茶试远泉；17.梦金沙水；18.源金沙泉；19.茶器空在；20.旗枪露撷；21.茶人	
85	廖融	隐士	1	拨棹茶川	
86	杨夔	江南处士，工诗文	1	送友修贡	
87	张乔	池州人，隐居九华山，诗句清雅，与东南才子郑谷等号为"十哲"	1	友人饮茶	
88	李群玉	字文山，澧州人，不乐仕进，敕授弘文馆校书郎，诗笔道丽，文体丰妍	5	1.山人惠茶；2.以茶待僧；3.茶待道士；4.僧工焙茶；5.汉水劣杯	
89	吕从庆	隐士，自称"丰溪渔叟"	4	1.老人送茶；2.茶具诗句；3.老衲烹茶；4.绿茗舒芽	
90	秦系	字公绪，会稽人，避安史之乱于剡溪，与刘长卿等交好	1	山茶邀客	
91	护国	代宗时江南诗僧	1	道士饮茶	一说灵一诗
92	修睦	昭宗时洪州僧正	1	吟偈碾茶	

续表

编号	作者	简历	茶诗数目	茶诗内容	备注
93	皎然	唐代诗僧。俗姓谢,字清昼,湖州人。南朝谢灵运十世孙。有诗名。其《诗式》为当时诗格一类作品中较有价值的一部。其诗清丽闲淡,多为赠答送别、山水游赏之作。	16	1.观看茗归;2.刬茗好斟;3.持茗赏春;4.悟深清茗;5.僧俗茗文;6.赏茗弄泉;7.水堂夜宴;8.僧俗茶赋;9.谁解茶香;10.以茶代酒;11.熟知茶道;12.茶歌送友;13.山僧采茶;14.独自饮茶;15.不遇陆羽;16.啜茶联句	
94	尚颜	字茂圣,唐末荆门僧,工五言诗	1	山茶独携	
95	栖蟾	唐末诗僧	2	1.品茗怀友;2.茶敌人参	
96	齐己	俗姓胡,名得生,潭州益阳人。早失父母,出家为僧,为僧不拘小节,与郑谷等制定诗韵,撰有《诗格》等	28	1.咏茶十二韵;2.谢人惠扇子及茶;3.谢澄湖茶;4.山绿过茶;5.留客尝茶;6.白瓯茶香;7.相忆绕茶;8.茶好味回;9.茶影残月;10.尝天柱茗;11.谢澄湖茶;12禅回岳茶;13.应寄岳茶;14.招客煮茗;15.楡旗封茗;16.茶添话香;17.落叶煮茶;18.白鸟茶轩;19.茶味不同;20.茶贵火前;21.贵茶巡爽;22.鼎煮茶绿;23.扉掩茶香;24.烹香忆潭;25.煮茶泉影;26.诸友尝茶;27.摘煮尝茶;28.茶绿凝铛	
97	常达	唐宣宗时僧	1	茶思好水	
98	吕岩	字洞宾,京兆人,咸通进士。多提诗于壁,有道术,后人称其为"八仙"之一	3	1.茶涤烦心;2.玉蕊绝品;3.思茶旋煎	

续表

编号	作者	简历	茶诗数目	茶诗内容	备注
99	贾岛	字阆仙,范阳人,苦吟不辍。曾为僧,恃才傲慢,骑驴吟诗,误撞京兆尹,夺微服私访唐宣宗手中诗。历官遂州长江主簿、普州司仓参军	8	1.僧茶伴诗;2.茗芽新爽;3.井味试铛;4.尝茶怀友;5.防患通茶;6.瘴士无茶;7.雪茗芽新;8.檐水煮茶	
100	周贺	字南卿,东洛人,曾出家为僧,名清塞,后还俗改今名	5	1.僧茶待俗;2.俗茶待僧;3.道士品茗;4.僧人饮茶;5.茶礼敬客	
101	鱼玄机	字幼微,长安人,入道咸宜观,为唐代女冠诗人。为补阙李忆妾,夫人妒,因笞杀女童绿翘,犯法被诛	1	道士待茶	
102	贯休	俗姓姜,字德隐,婺州兰溪人,唐末五代著名画僧。雅好吟诗,常与僧处默隔篱论诗,或吟寻偶对,或彼此唱和,见者无不惊异。贯休受戒以后,诗名日隆,远近闻名	38	1.瀑布冰茶;2.茶轩碧汤;3.好茶擎乳;4.香阁茶棚;5.青嶂茶器;6.露茗玉杯;7.茗烟青青;8.茗瓯擎乳;9.茶烟堕叶;10.茶中数帆;11.野果荐茗;12.紫阁封茶;13.东洞平茶;14.僧自杵茶;15.闲担茶器;16.云里茗烟;17.山茶花开;18.涧茶园瓜;19.岳茶如乳;20.教童茶事;21.茶香碧筋;22.茶助新诗;23.茶烹绿乳;24.红泉煮茗;25.石炭茶迟;26.茗滑黏齿;27.茶烹滴泉;28.云傍茗瓯;29.堰茗红枣;30.檐垂坞茗;31.茶烟粘齿;32.冷浸茶轩;33.烧侵茶坞;34.品茗清吟;35.茶好过苔;36.茶癖金铛;37.锄茶穷野;38.风静茶烟直	

续表

编号	作者	简历	茶诗数目	茶诗内容	备注
103	吕温	字和叔,河东人。贞元进士,历官左拾遗、户部员外郎等	1	穿林种茶	
104	王枳	僖宗时常州刺史	1	贡忠心茶	
105	乾康	零陵人,僧人	1	烹茶童子	
106	若水	生平不详	1	野客偷泉	
107	无名氏	生平不详	2	1.似鸠盘茶；2.赋茶三片	
108	胡宿	唐末人	1	茗园嫩茶	
109	于鹄	大历贞元间人,隐居汉阳,其诗纵横放逸	2	1.爱好饮茶；2.亲自捣茶	
110	鲍君徽	唐德宗时才女	2	1.独自煮茗；2.茶宴聚会	
111	杨衡	字仲师,吴兴人,历官大理评事	1	以茶除暑	
112	陆士修	皎然之友	1	茗舍留客	
113	刘真	唐武宗时磁州刺史	1	七老茗会	
114	郑良士	字梦君,历官补阙等	1	煮茗为客	
115	林宽	生平不详	1	僧寄友茶	
116	滕白	台省郎中	1	种茶霞坞	
117	修睦	唐昭宗时洪州僧正	1	茶煎沫聚	
118	吴融	唐昭宗龙纪进士	1	茶煎沫聚	
119	李咸用	唐末五代人,其诗气卑格下	4	1.谢僧寄茶；2.稚女学茶；3.僧喜煎茶；4.泉茶甜香	
120	权德舆	字载之,天水略阳人。历官太常博士、中书舍人、宰相等,手不释卷	2	1.啜茗吟诗；2.茗花土埂	
121	崔橹	工杂文,多警句	1	石鼎煎茶	
122	路半千	生平不详	1	以茶待客	
123	卞震	生平不详	1	茶香解睡	
124	崔子向	历官监察御史	2	1.浏览茗园；2.聚会茗舍	
125	高适	与岑参齐名之边塞诗人	1	饮酒不茶	

续表

编号	作者	简历	茶诗数目	茶诗内容	备注
126	崔峒	约766年前后在世,博陵人,"大历十才子"之一	1	茶宴	
127	张文规	唐文宗前后人,历官吴兴太守、吏部员外郎等	2	1.明月峡茶;2.湖州贡焙	
128	李德裕	字文饶,以官荫入仕,历官监察御史、中书舍人、宰相等。因"牛李党争"而宦海浮沉不已	2	1.故人寄茶;2.回忆茗茶	
129	朱景玄	唐武宗时人,历官太子谕德	1	茶亭寂寞	
130	陆希声	字鸿磬,吴县人,历官右拾遗、给事中、宰相等,尤工书	1	芳茗露华	
131	郑愚	番禺人,历官礼部侍郎、尚书左仆射等	1	草中英茶	
132	裴迪	关中人,官蜀州刺史及尚书省郎。著名山水田园诗人,王维诗友	1	陆羽茶泉	一说非裴迪诗
133	韦应物	字义博,京兆万年人。初任三卫郎,后历官洛阳丞、左司郎中等。其诗清深雅丽	3	1.僧人煮茗;2.茶邀真侣;3.自辟茶园	
134	崔道融	唐末永嘉县令	1	宦官赠茶	
135	袁高	字公颐,历官京畿观察使、韶州刺史、给事中、礼部尚书等	1	贡茶祸民	
136	蒋贻恭	唐末人	1	友人赠茶	

上表资料来源为《全唐诗》(中华书局1960年版)和王重民、孙望、童养年辑录《全唐诗外编》(上、下)(中华书局1982年版)。

《全唐诗》收唐代诗:共收诗48900余首,作者2200余人,总900卷(《点校说明》)。《全唐诗外编》辑录唐人诗1664首又306句,作者566人[①](包括生于唐末及五代十国者,其作者与《全唐诗》作者基本相同)。因此,我们计算唐诗数量为两书相加之数,即48900余首加2145首,共51045首,作者则仍以《全

---

① 陈尚君:《唐代文学丛考》,中国社会科学出版社,1997年版,第483页。

唐诗》作者数为准，即 2200 余人。

唐人茶诗共 459 首，有的茶诗作者不止一人，如杜牧、许浑各有一首同名诗，本处统计只算一人一首，而不是二人二首。作者 136 人。唐人茶诗的数量虽大大超过了以前任何一个朝代，但是，无论数量或作者人数，都占唐诗不到百分之一。也就是说在唐诗光辉灿烂的百花园中，茶诗只占有了小小的一席之地。

茶诗的作者大体可分为以下四类：

1. 有进士资历者

唐代科举常举的诸种科目中，最重要的是进士明经二科，时谚云："三十老明经，五十少进士。"意思是说，三十岁考上明经，已经算年龄大了，而五十岁才中进士还算年轻的，说明中进士之难。中了进士无异于登龙门，日后可以官运亨通，飞黄腾达。故在唐代，进士是儒生中的佼佼者。唐代科举又重诗，为了考进士，人们髫发即学诗，其后吟之不辍。仕后官场应酬，文人墨客聚会，无不以吟诗的修养较其优劣。其中有些人，还是唐代著名诗人，如白居易、元稹、王维、刘禹锡、杜牧等。这些有诗歌修养的进士出身者爱茶、识茶、嗜茶，并纳之于诗，给茶注入了诗魂，提升了茶诗的艺术水平，丰富了其文化内涵，对推动茶文化的发展、繁荣作出了重大贡献。

2. 未入仕者

茶诗作者中，有不少是屡考进士名落孙山者和由于种种原因不愿入仕的处士，或隐居山林的隐士，由于没有宦海浮沉的干扰，身处山林环境，能静心关注茶事，研究茶艺，有的人甚至亲自开荒置园种茶、采茶、焙茶、修缮茶具，煎之自饮或待客、馈赠亲友，全身心地投入茶诗的创作，写下了不少脍炙人口的名篇佳作。

3. 佛教中人

一些佛教中人生活在宜茶、种茶、焙制茶的江南一带茶区，较多地参与了有关茶事的实践，又将茶与修行，尤其是坐禅紧密结合起来，引佛理入茶。他们不事生产，时间充裕，文化修养较高，对茶的领悟较好。唐代有著名茶人僧皎然、贯休和齐己参与创作茶诗，其茶诗富有鲜明的释氏色彩，在唐代茶诗苑中独树一帜，对唐代茶诗的创作和繁荣作出了令人瞩目的贡献。

相对佛教徒而言，唐代道教徒在茶诗创作中明显低了一筹。道教徒虽也将饮茶纳入修道成仙，但茶诗成果较少，精品也不多，在唐代十大茶人中竟然不见一位黄冠的身影。

第四节　唐代茶事散文

古今茶文琳琅满目，就体裁而言，它的主体是记事、记人、写景、状物的叙事和抒情茶文，其他还有小说以及赋、记、序、跋、传、表、启、颂、铭、檄等。

唐代茶事散文不算丰富，数量虽然不多，品类倒还齐全，也有少数精品传世，兹重点介绍如后。

一、记事散文

甘肃敦煌遗书中有一篇《茶酒论》，乃千古妙文，作者王敷，唐代乡贡进士。

其文用寓言手法写茶与酒坐而争锋，谁为尊，谁有功勋。茶先出言，极夸自己尊贵；酒旋即回击，振振有词。茶与酒唇枪舌剑，难分伯仲。最后是"水"夫子自道，打个圆场，结论是茶与酒各有用场，相辅相成。全文以一问一答的方式，并且都用韵，也有对仗，读来饶有趣味，可以看做是带韵的记事散文。

张途《祁门县新修阊门溪记》是一篇很有史料价值的记事散文，开篇就记述阊门的形胜："县西南一十三里，溪名阊门，有山对耸而近，因以名焉。水自叠嶂积石而下，通于鄱阳，合于大江。其济人利物，不为不至矣。"其中叙说当时的茶叶生产引起了当代茶学家和经济学家的高度关注，文中说祁门县：

> 邑之编籍民五千四百余户，其疆境亦不为小。山多而田少，水清而地沃，山且植茗，高下无遗土。千里之内，业于茶者七八矣。由是给衣食，供赋役，悉持此祁之茗。色黄而香，贾客咸议，愈于诸方。每岁二三月，赍银缗缯素求市，将货他郡者，摩肩接迹而至。虽然其欲广市多载，不果遂也。或乘负，或肩荷，或小辙而陆也如此。纵有多市，将泛大川，必先以轻舟寡载，就其巨舰，盖是阊门之险。元和初，县令路君常患之，闻于太守故光禄大夫范卿，因修作斯处。其后商旅知不履阊门，果竟至，籍户由是为之泰，其来已五十五载矣。元和咸通，伏腊^①相远。阊门始废之时，功未甚至，犹利于人且久。长庆中，县令王迅曾略见旧址，盖茶务委州县，贵珥邀商贾而已。今则颍川陈甘节为祁门，一年而政成。孜孜求闾里之患，果得阊门溪焉。乃速诣，目击险状，吁可畏也。必期改险阻为安流，回激湍为澄碧。乃录其始制之实，闻于太守清和崔公，自请以俸钱及茶美利充市木石之用。因召土客商人船户接助，夫使咸适其愿，无差役之患，无箕敛^②之弊。公悦而从之。……自春徂秋，亦足以劝六乡^③之人业于茗者，专勤是谋，衣食之源，不虑不忧。……

此文系唐代歙州司马张途作于咸通三年秋七月十八日。全文记述了阊门溪的人文地理情况及其修建经过。当代人则从中发现：由唐至宋，茶叶生产的专业化水平不断提高，许多兼营茶叶生产的农户向专门从事茶叶生产的方向迈进。迟至唐中叶，农业领域中已涌现出了一批茶叶生产专业户，并且随着时间的推移，其数量不断扩大，分布区域也不断扩展。

关于茶神陆羽的散文值得关注。其中有陆羽的《陆文学自传》，本书已有专门的章节介绍。《方舆胜览》卷31——复州"八十年前棠树^④阴"条曰："李齐物为竟陵太守，生李监察。后复为竟陵太守，故周愿《三感吟》云云。"^⑤周愿生

---

① 伏腊：古代两种祭祀的名称。"伏"在夏季伏日，"腊"在农历十二月。

② 箕敛：以箕收取，谓苛敛民财。

③ 六乡：周制：王城之外百里以内，分为六乡，每乡设乡大夫管理政务。六乡为：比、闾、族、党、州、乡。相互之间具有血缘关系，是西周国家的公民，围绕都城而居。即文献中常出现的"国人"，相当于普通自由民，而不是奴隶，有自己的土地，实行井田制，有赋役。仅仅在西周国都的周围存在，六乡之外是六遂，也即文献中出现的"野人"。

④ 棠树："召公巡行乡邑，有棠树，决狱政事其下，自侯伯至庶人各得其所，无失职者。召公卒，而民人思召公之政，怀棠树不敢伐，歌咏之，作《甘棠》之诗。"后因以"棠树"喻惠政。

⑤ [宋]祝穆：《方舆胜览》，台湾商务印书馆，1986年影印本。

平事迹在唐人诗文、笔记中颇有记载；特别是他在竞陵时所撰《牧守竞陵因游西塔著三感说》（简称《三感说》）一文，乃追忆与马摁、李齐物父子及陆羽交往始末的"感旧"之作。周愿早年与颜真卿有交往，曾参与《韵海镜源》的编著工作。颜真卿大历七年（772）刺湖州，与陆羽等日相讨论，八年春成书，时有"后进周愿"等"亦尝同修，未毕，各以事去"。

唐代比较精粹的茶事散文还有张又新的《煎茶水记》，讲了陆羽鉴水的传奇故事。古代辨水最精彩的是那桩传为佳话的"品水公案"，围绕孰是天下名水、孰是天下第一泉展开争鸣，由中唐至清乾隆朝，争论了1000多年。这场论争是张又新挑起来的。张又新在唐宪宗时任左司郎，河北深州人，比陆羽大约晚出几十年，唐宪宗元和九年（814）张又新初成名时，陆羽已作古10年。张又新作为中唐著名鉴水专家深受陆羽的影响，这毫无疑义。

孙樵《书何易于》是一篇值得注意的涉茶散文。盐铁转运使奏请加强对茶的专卖与管理，皇帝颁布有关诏令，益昌县令何易于看了诏书后说："益昌人不征茶，百姓尚不可活，刻厚其赋以毒民乎？"又说："吾宁爱一身以毒一邑民乎？亦不使罪蔓尔曹。即自纵火焚之。"这篇散文以反对加重茶税为主题，塑造了一个为民请命的清官形象。

陆龟蒙的《甫里先生传》涉及传主的饮茶生活，言说甫里"先生嗜茶，置小园于顾渚山下，岁入茶租十许薄为瓯蚁之费。自为《品第书》一篇，继《茶经》《茶诀》之后。南阳张又新尝为《水说》，凡七等，其二曰'惠山寺石泉'，其三曰'虎邱寺石井'，其六曰'吴松江'，是三水距先生远不百里，高僧逸人时致之，以助其好"，"或寒暑得中，体佳无事时，则乘小舟，设蓬席，赍一束书茶灶笔床钓具棹船郎而已。所诣小不会意，径还不留，虽水禽决起山鹿骇走之不若也。人谓之江湖散人，先生乃著《江湖散人传》而歌咏之"。

唐代专门写茶的散文不多，但有那么几句或一小段涉及茶事的散文比比皆是，不一一列举。

二、茶事小说

唐代以茶事为主要内容的叙事作品，或为逸闻趣事，或为虚构情节的小说，从文体上考量，与今之小说相比，称之为小说有些勉强。但毕竟开了小说先河，姑且以"茶事小说"称之。

茶事小说发端于魏晋时期，陆羽《茶经·七之事》有较为详细的记载，例如西晋王浮《神异记》有"虞洪获大茗"神异故事，东晋干宝《搜神记》有"夏侯恺死后饮茶"诡异故事，《搜神后记》有"秦精采茗遇毛人"神异故事，南朝宋刘敬叔《异苑》有"陈务妻好饮茶"诡异故事。内容很简单，反映了魏晋时代文化人喜欢谈玄说怪的风尚。这一趋势到唐代有所变化，此时的小说开始从志怪小说向轶事小说过渡，增强了纪实性。

唐人小说，有唐人传奇和各种笔记小说等在反映唐代纷纭复杂的社会与生活时，也记载了不少茶事，是我们今天研究唐代茶史的珍贵资料之一。

唐至五代茶事小说不过区区数十篇，散见于刘肃的《大唐新语》、段成式的《酉阳杂俎》、苏鹗的《杜阳杂编》、王定保的《唐摭言》、冯贽的《云仙杂记》、王仁裕的《开元天宝遗事》、孙光宪的《北梦琐言》、佚名的《玉泉子》等集子中。除《酉阳杂俎》为志怪传奇小说集外，其余均为轶事小说集。也就是说，唐五代茶事小说的主要内容是记人物言行和琐闻轶事，纪实性较强。

赵璘《因话录》卷3《商部下》云：

> 太子陆文学鸿渐名羽，其先不知何许人，竟陵龙盖寺僧，姓陆，于堤上得一初生儿，收育之，遂以陆为氏。及长，聪俊多能，学瞻辞逸，诙谐纵辩，盖东方曼倩之俦。与余外祖户曹府君（外族柳氏，外祖洪府户曹，讳澹，字中庸，别有传）交契深至。外祖有笺事状，陆君所撰。性嗜茶，始创煎茶法，至今鬻茶之家，陶为其像，置于炀器之间，云宜茶足利。余幼年尚记识一复州老僧，是陆僧弟子。常讽其歌云："不羡黄金罍，不羡白玉杯，不羡朝入省，不羡暮入台。千羡万羡西江水，曾向竟陵城下来。"又有追感陆僧诗至多。

赵璘说：陆羽"聪俊多能，学瞻辞逸，诙谐纵辩，盖东方曼倩之俦。"俊者，相貌英俊也。不像有的记录他貌丑又口吃。东方曼倩当指汉代学识渊博又诙谐幽默的东方朔。盖者，大概也。俦者，同类也。说陆羽大概像东方朔之类的人。与赵璘的外祖父洪府户曹参军柳澹交情很深，外祖有信札事状，均由陆羽撰写。赵璘说，幼年还记得认识一位复州老僧，是陆僧弟子，经常咏诵其"不羡黄金罍歌"。

冯贽《云仙杂记》卷4《茶焦缚奴投火》云：

> 陆鸿渐采越江茶，使小奴子看焙，奴失睡，茶焦烁，鸿渐怒，以铁绳缚奴投火中。

此事虚妄，经不起推敲。

唐佚名《玉泉子》、南唐尉迟偓《中朝故事》、北宋王谠《唐语林》三书都记载有唐朝大臣李德裕用天柱峰茶化肉食的茶功表演以及李德裕辨水、千里递水的故事。

明仇英《松亭试泉图》

李德裕辨水的故事：

> 赞皇公李德裕，博达士。居廊庙日，有亲知奉使于京口，李曰："还日，金山下扬子江中零水，与取一壶来。"其人举棹日①，醉而忘之。泛舟止

---

① 举棹日：棹划船的一种工具，形状和桨差不多。举棹日指开船那天。

唐寅《事茗图》

石城下，方忆。乃汲一瓶于江中，归京献之。李公饮后，叹讶非常。曰："江表水味，有异于顷岁矣。此水颇似建业①石城下水。"其人谢过不隐也。

（出《中朝故事》，选自李昉《太平广记》卷399《水》）

李德裕铺递惠山泉②的故事：

李德裕在中书，常饮常州惠山井泉，自毗陵至京，致递铺。有僧人诣谒，德裕好奇，凡有游其门，虽布素，皆引接。僧曰德裕："相公在位，昆虫遂性，万汇得所。水递事亦日月之薄蚀，微僧窃有感也。敢以上谒，欲沮③此可乎？"德裕颔颐之曰："大凡为人，未有无嗜欲者。至于烧汞，亦是所短。况三惑博塞弋奕之事，弟子悉无所染。而和尚有不许弟子饮水，无乃虐乎？为上人停之，即三惑驰骋，怠慢必生焉。"僧人曰："贫道所谓相公者，为足下通常州水脉，京都一眼井，与惠山寺泉脉相通。"德裕大笑："真荒唐也。"僧曰："相公但取此井水。"曰："井在何坊曲？"曰："在昊天观常住库后是也。"但以惠山一罂④，昊天一罂，杂以八瓶一类，都十瓶，暗记出处，遣僧辨析。僧因啜尝，取惠山寺与昊天，余

---

① 建业：今指南京。汉末三国鼎立之初，公元229年，孙权在武昌称帝，9月即迁都于此，称作建业，为南京建都之始。

② 惠山泉：相传经唐代陆羽亲品其味，故一名陆子泉，经乾隆御封为"天下第二泉"，位于江苏省无锡市西郊惠山山麓锡惠公园内。

③ 沮：阻止。

④ 罂：大腹小口的瓦器。

文徵明《惠山茶会图》

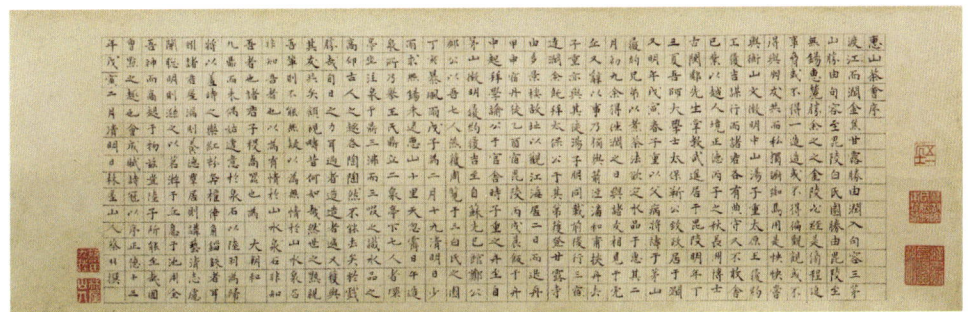

蔡羽《惠山茶会序》

八乃同味。德裕大奇之，当时停其水递，人不告劳，浮议弭焉。（出《芝田录》，选自李昉《太平广记》卷第399，《水（井附）》）

消食茶的故事：

  唐有人授舒州牧。李德裕谓之曰："到彼郡日，天柱峰茶，可惠三数角。"其人献之数十斤。李不受，退还。明年罢郡。用意精求，获数角。投之。德裕阅之而受。曰："此茶可以消酒食毒。"乃命烹一瓯，沃于肉食内，以银合闭之。诘旦开视，其肉已化为水矣。众伏其广识也。

（出《中朝故事》，选自李昉《太平广记》卷412《草木七》）

段成式《酉阳杂俎》前集卷4《境异》云：晚唐时，一位海客去新罗，船被风吹至岛上，"满岛悉是黑漆匙筯"。匙筯"乃木之花与须也。"他拾了百余匙筯回，不能使用，"后偶取搅茶，随搅而消焉"。匙箸究竟是什么东西不大清楚，为什么搅茶消失了，也不甚了了，这位海客平时饮茶当是事实。

《酉阳杂俎》前集卷15《诺皋记下》云：刘积中尝俎于京城近县庄居，其妻病重。一天傍晚，"忽有妇人白首长才三尺，自灯影中出"，说能治其妻病，刘积中认为她是鬼，但为治其病不得已请她，鬼用咒过之茶治病，"乃索茶一瓯，向口如咒状，顾命灌夫人，茶才入口，痛愈"。

《酉阳杂俎》前集卷7《酒食》云：中天竺术士那罗迩娑婆，"言婆罗门国有药名畔茶佉水……能消草木金铁，人手入则消烂"。

韦绚《刘宾客嘉话录》云：安史之乱时，张巡守睢阳（今河南商丘南），当时唐玄宗已逃亡蜀川，张巡率军民英勇抗击叛军，终因敌众我寡，"城孤势蹙，人食竭以绨布切煮而食之，时以茶汁和之，而意气自如"，"被围七旬余，亲经百战"。

睢阳军民,以绨布(葛麻织品)混合茶汁充饥,坚持抗击叛军长达七十天,作战一百多次,可歌可泣。

李肇《唐国史补》卷中云:"故老言,五十年前,多患热黄,坊曲必有大署其门,以烙黄为业者。灞浐水中,常有昼至暮去者,谓之浸黄。近代悉无,而患腰脚者众耳,疑其茶为之也。"

唐代叙事文学还见于诸多典籍,例如:《五灯会元》记赵州从谂禅师"吃茶去"的故事,宋人王谠《唐语林》记载的唐代诗人郎士元与马镇西赌茶,张又新《煎茶水记》记陆羽鉴水,《旧唐书·陆贽传》记唐代进士陆贽拒收张镒赠钱百万却受茶一串,《开元天宝遗事》记嗜茶的高士王沐在太白山中敲冰煮茗。这些逸闻趣事点点滴滴,大体上可以归为茶事小说一类。

三、其他品类

长期以来,学术界将唐代文学定位于诗歌、散文、小说、戏剧等方面。近年来,有的学者以新的视角论述唐代文学。除包括原来的诗歌、散文等内容外,把唐代的祭文、表文、疏奏、碑志、序论等文体,都纳入文学的范畴。这种大文学的观念,符合唐代文史不分的历史实际,大大地扩展、丰富了唐代文学的内涵,是唐代文学研究的突破与创新。我们依据这种观念,增补涉茶的其他文学品类如次:

1. 赋

赋是中国古代文体之一,晋代杜育《荈赋》可能是最早的著名茶赋。

唐代顾况(约730—806后),字逋翁,苏州人。至德二年(757)进士。《唐才子传》卷8云:顾况"善为歌诗,性诙谐,不修检操。工画山水。初为韩晋江判官。德宗时,柳浑辅政,荐为秘书郎。况素善于李泌,遂师事之,得其服气之法,能终日不食。及泌相,自谓当得达官,久之,迁著作郎。及泌卒,作《海鸥咏》嘲诮权贵,大为所嫉,被劾贬饶州司户。作诗曰:'万里飞来为客鸟,曾蒙丹凤借枝柯。一朝风去梧桐死,[①]满目鸱鸢奈尔何!'遂全家去,隐茅山,炼金拜斗[②],身轻如羽"。有《华阳集》。

顾况《茶赋》云:

稽天地之不平兮,兰何为兮早秀?菊何为兮迟荣?皇天既孕此灵物兮,厚地复糅之而萌。惜下国之偏多,嗟上林之不生。至如罗玳筵,展瑶席。凝藻思,开灵液。赐名臣,留上客。谷莺啭,宫女嚬,泛浓华,漱芳津。出恒品,先众珍。君门九重,圣寿万春。此茶上达于天子也,滋饭蔬之精素,攻肉食之膻腻,发当暑之清吟,涤通宵之昏寐。杏树桃花之深洞,竹林草堂之古寺。乘槎[③]海上来,飞锡[④]云中至。此茶下被于幽人也,雅曰:"不知我者,谓我何求?"可怜翠涧阴,中有碧泉流。舒铁如金之鼎,越泥似玉之瓯。轻烟细沫霭然浮,爽气淡烟风雨秋。梦里还钱,怀中赠橘,虽神秘而焉求?

---

① [元]辛文房著,李立朴译:《唐才子传全译》,贵州人民出版社,1995年版。
② 拜斗:礼拜北斗星,道教祈祷的一种。
③ 槎:木筏。
④ 飞锡:佛教语。指僧人往来。

文徵明《品茶图》

(《全唐文》卷528)

《茶赋》开篇将茶与兰菊并称，接着铺叙茶功、茶器，赞颂茶乃造化孕育之灵物，上可达于天子，下可广被百姓。作者只想在翠阴下用舒州鼎（风炉）烹泉煎茶，用越州瓯来品茶，在茶烟袅袅中消磨时光，并不指望像陈务妻子那样得到古冢茶魂的赠钱、像秦精那样得到毛人赠橘，抒发了其隐逸山林、无为淡泊的情怀。其最精彩处在于表现茶在宫廷和文人中的区别：王公贵族视茶为消食、消暑、提神之物；而雅士们以茶为友，虽无名贵茶器，却能得茶之"爽气"。顾况用赋说明了贵族茶道与雅士茶道的本质区别。

2. 联句

联句，是唐诗中的诗体之一，是文人墨客以诗会友，各显才华的结晶。

耿湋，河东（今山西永济西南）人。宝应二年（763）进士。初为大理司法，充括图书使来江淮，穷山水之胜。仕终左拾遗。诗才俊爽，有诗集2卷今传。

耿湋《连句多暇赠陆三山人》是一篇以茶人友谊为主要内容的联句佳作。内容是：

> 一生为墨客，几世作茶仙。——耿湋
> 喜是攀阑者，惭非负鼎贤。——陆羽
> 禁门闻曙漏，顾渚入晨烟。——耿湋
> 拜井孤城里，携笼万壑前。——陆羽
> 闲喧悲异趣，语默取同年①。——耿湋
> 历落惊相偶，衰羸猥见怜。——陆羽

---

① 同年：指年岁相同。又，科举时代同榜录取的人互称同年。

诗书闻讲诵，文雅接兰荃①。——耿湋
　　未敢重芳席，焉能弄彩笺。——陆羽
　　黑池流研水，径石涩苔钱。——耿湋
　　何事亲香案，无端狎钓船。——陆羽
　　野中求逸礼②，江上访遗编。——耿湋
　　莫发搜歌意，予心或不然。——陆羽
　　　　　　　　　　　　　　　（《全唐诗》卷789）

"大历十才子"③之一的耿湋曾以扩图书使的身份旅居江南多年，其间曾小隐顾渚茶区。大历五年（770）以湖州司法参军的身份参与顾渚修贡。与陆羽有过密切的交往，《连句多暇赠陆三山人》就是其间的作品。这首联句提供了很多历史信息，由联句知：耿湋赞誉陆羽"一生为墨客"，"诗书闻讲诵，文雅接兰荃"。在大唐时期，人们首先认为陆羽是一位诗人或散文家；耿湋赞誉陆羽"几世作茶仙"，说明他不仅在文坛占据一席之地，还是一位茶学大家。陆羽谦虚地说：我是一个闲人，我没有伊尹那样的才干。"茶仙"的誉称是耿湋奉赠的，陆羽当之无愧；"顾渚入晨烟""携笼万壑前"两句告诉我们，陆羽参与了顾渚修贡，在中国贡茶史上理当记载一笔；"野中求逸礼，江上访遗编"，是说陆羽游历天下，一路采访民风民俗，搜罗遗存的古代典籍，故这位文学家、茶学家又成为颇有建树的方志学家、民俗学家、地理学家；"语默取同年"，为我们考证陆羽的生年提供了依据，他和耿湋同年出生；陆羽把朋友的赞誉视作勉励，谦而受之，表示要不负朋友厚望努力奋进，俨然一君子也。

颜真卿（708—784），字清臣，唐大臣、书法家。京兆万年（今陕西西安）人。开元进士，任殿中侍御史。大历七年（772）贬往湖州任刺史，任期在顾渚山监制贡茶。他嗜茶又精通书法、诗文，结交了一批茶友诗友，如陆羽、皎然、张志和、袁高、耿湋、皇甫冉等数以十计。频繁举办茶宴、酒宴，或登山泛舟，常相唱和，仅载入《全唐诗》的联句就有20余组。其中点明是"茶会"的有《五言月夜啜茶联句》。陆羽参与的联句有《登岘山观李左相石尊联句》《水堂送诸文士戏赠潘丞联句》《与耿湋水亭咏风联句》《又溪馆听蝉联句》《三言喜皇甫曾侍御见过南楼玩月》《七言重联句》等。颜真卿《五言月夜啜茶联句》内容是：

　　泛花邀过客，代饮引清言④。——陆士修
　　醒酒宜华席，留僧想独园⑤。——张荐
　　不须攀月桂，何暇树庭萱。——李崿
　　御史秋风劲，尚书北斗尊。——崔万
　　流华净肌骨，疏瀹涤心原。——颜真卿

---

① 荃：古书上说的一种香草。
② 逸礼：失传的礼仪。
③ 大历十才子：唐代宗大历年间十位诗人所代表的一个诗歌流派。他们的共同特点是偏重诗歌形式技巧。据姚合《极玄集》和《新唐书》载：十才子为李端、卢纶、吉中孚、韩翃、钱起、司空曙、苗发、崔峒、耿湋、夏侯审。宋以后有异说，但不可信。
④ 清言：高雅的言论。
⑤ 独园：佛教语。孤独园的省称。亦泛指寺院。唐杜甫《题忠州龙兴寺所居院壁》诗："淹泊仍愁虎，深居赖独园。"仇兆鳌注："居独园，在寺院也。"

不似春醪醉,何辞绿菽繁。——清昼
素瓷传静夜,芳气满闲轩。——陆士修
　　(《全唐诗》卷788)

　　颜真卿和清昼(即皎然)等6位僧俗诗人,在一个美丽的月夜,以五言诗的形式,一面品茗,一面赋诗联句。陆士修说:泛着茶花的清茗邀请客人,以品茗引出诗情。张荐接着说:醒酒适宜豪华的宴席,挽留僧客则想独园。颜真卿说:茶能清净人的肌骨,能疏通洗涤心愿。清昼(皎然)说,茶不像酒那样醉人,何必不多饮几碗绿茶。陆士修最后又说:白瓷茶瓯在静静的月夜频频相传,茶汤的芳香充满闲轩。这首啜茶联句的几位作者各自别出心裁地搜索诗句,于是出现了许多与啜茶有关的代用词,诸如"泛花""代饮""醒酒""流华""疏瀹""不似春醪""素瓷""芳气"等。因为是月夜啜茶,所以也有人用了"月桂"这个词。"御史"两句表明颜真卿为众望所归,加强了宾主间的融洽气氛。用联句来咏茶也很少见。

颜真卿

3. 序

　　最有名的茶文序言是皮日休的《茶中杂咏·序》曰:"……自周以降,及于国朝,茶事,竟陵子陆季疵言之详矣。然季疵以前,称茗饮者必浑以烹之,与夫瀹蔬而啜者无异也。季子之始为《经》三卷,由是分其源、制其具、教其造、设其器、命其煮。俾饮之者除痟而去疠,虽疾医之未若也。其为利也,于人岂小哉!"这段话对陆羽有个正确的评价,介绍了《茶经》的内容和价值,肯定了茶之功效。

　　皇甫冉《送陆鸿渐赴越》的序文(《全唐诗》卷250)是写茶神陆羽的,文字精粹,值得一读——

　　　序:君自数百里访,予羁病,牵力迎门,握手心喜,宜涉旬日始至焉。究孔释之明理,穷歌诗之丽则。远墅孤岛,通舟必行;鱼梁钓矶,随意而往。余兴未尽,告去遄征。夫越地称山水之乡,辕门当节钺之重。进可以自荐求试,退可以闲居保和。吾子所行,盖不在此。尚书郎鲍侯知子爱子者,将推食解衣,以拯其极;讲德游艺,以凌其深。岂徒尝镜水之鱼,宿耶溪之月而已。吾是以无间劝其晨装,同赋送远客一绝。

　　大历三年(768),皇甫冉卧病丹阳鱼竿村,陆羽前去探望。皇甫冉劝陆羽赴越州(今浙江绍兴)谒见"尚书郎鲍侯",即鲍防,《唐才子传》说他"善辞章,笃志于学。累官至太原尹、河东节度使,人乐其治,不减龚、黄(龚遂、黄霸,汉代良吏)"。鲍防曾以尚书郎事越,颇有政绩。皇甫冉并作《送陆鸿渐赴越并序》。诗一般,但序是十分珍贵的历史资料。序中说他与陆羽终日畅谈,"究孔释之明理,穷歌诗之丽则"，陆羽去越地做事"进可以自荐求试，退可以闲居保和"，有"鲍侯知子爱子者，将推食解衣"，而且可以在一块"讲德游艺"，的确为陆羽想得周到。有进有退，既浪漫又现实。从中可以探知：陆羽从事茶事考察和科学研究的经费来源，渠道之一是为官家做幕僚或者技术指导。

李白的《答族侄僧中孚赠玉泉仙人掌茶·序》是绝妙好文，序曰：

> 余闻荆州玉泉寺①，近清溪诸山，山洞往往有乳窟②，窟中多玉泉交流。其中有白蝙蝠，大如鸦。按山经，蝙蝠一名仙鼠，千岁之后，体白如雪，栖则倒悬，盖饮乳水而长生也。其水边，处处有茗草罗生，枝叶如碧玉。唯玉泉真公常采而饮之，年八十余岁，颜色如桃李。而此茗清香滑熟异于他者，所以能还童振枯扶人寿也。余游金陵，见宗僧中孚示余茶数十片，拳然重叠，其状如手，号为"仙人掌茶"，盖新出乎玉泉之山旷古未觌。因持之见遗，兼赠诗，要余答之，遂有此作。后之高僧大隐，知仙人掌茶，发乎中孚禅子及青莲居士李白也。
>
> （《全唐诗》卷178）

文中说，玉泉山中有玉泉，玉泉旁有玉泉寺，寺僧李英，法名中孚，通佛理又喜饮茶。这样一个神仙洞府居然还产茶，真是天宫赐福！中孚每年在乳窟采茶，制成仙茗，以形名之"仙人掌"。以茶待四方宾客，以茶供佛。云游金陵栖霞寺，幸逢族人李白，以仙人掌茶相赠，李白以诗作答。茶因人名，于是仙人掌也便叨光入了唐代名茶谱。

还应提及的是中唐诗人吕温，与柳宗元、刘禹锡是好友。他写过一篇《三月三日茶宴序》，文曰：

> 三月三日，上巳禊饮之日③也。诸子议以茶酌而代焉。乃拨花砌，憩庭阴，清风逐人，日色留兴。卧指青霭，坐攀香枝，闲莺近席而未飞，红蕊拂衣而不散。道命酌香沫，浮素杯，殷凝琥珀之色；不令人醉，微觉清思；虽五云仙浆，无复加也。座右才子南阳邹子、高阳许侯，与二三子顷为尘外之赏，而曷不言诗矣。
>
> （《全唐诗》卷628）

文人宴会上以茶代酒，标志着生活习俗的大改变。不用说，茶宴是中国文人的创造，创造者包括入仕的士和未入仕的士。这次茶宴选择的时间好，三月三日，春光明媚，百花盛开。环境好，"卧指青霭""坐攀香枝""闻莺近席"、"红蕊拂衣"，人已回归大自然。客亦佳，什么"南阳邹子""高阳许侯"，皆是鸿儒而非白丁。茶煎得好，茶具好，茶也喝出了神韵，"不令人醉，微觉清思"，正好"言诗"。这篇序比陆羽的《茶经》更生动形象地表现了中国茶道。

---

① 玉泉寺：是禅宗北宗祖庭唐国师神秀的道场。唐仪凤年间（676—678），神秀自黄梅五祖来到玉泉寺，在寺东开辟道场驻锡传禅20余年，朝野钦重，后被武则天恭请到京，时称"两京法主、三帝国师"，圆寂后，灵骨归葬于玉泉寺东楞伽峰。自唐以来，玉泉寺教、律、密、禅、净兼修，诸宗竞秀，各派流光，高僧辈出，见诸记载的有一百二十多位大德高僧，其中被历代帝王封为"大师"和"国师"称号的就有十人之多。

② 乳窟：石钟乳丛生的洞穴。

③ 上巳禊饮之日：原定于三月上旬的一个巳日，所以叫上巳。旧俗以此日在水边洗濯污垢，祭祀祖先，叫做被禊、修禊。魏晋以后把上巳节固定为三月三日，此后便成了水边饮宴、郊外游春的节日。所谓水边饮宴，称之为"流杯曲水之饮"。此风在唐尤甚。

辽墓壁画煮汤图

4. 表

表是一种较为特殊的小散文，严格地说，应当归属于应用文一类。

谢茶表反映的是茶礼。茶若为皇上所赐，那就应当上表谢茶了。谢茶表的内容不外乎三方面：一是说茶之功效，以突出其珍贵；二是感谢浩荡皇恩，说些感恩戴德的话；三是表白臣子的忠心。

茶书中经常提及的有刘禹锡《代武中丞谢赐新茶表》，文曰：

臣某言：中使窦国安奉宣圣旨，赐臣新茶一斤。猥降王人，光临私室。恭承庆锡，跪启缄封。臣某中谢。伏以方隅入贡，采撷至珍。自远爱来，以新为贵。捧而观妙，饮以涤烦。顾兰露而惭芳，岂蔗浆而齐味。既荣凡口，倍切丹心。臣无任欢跃感恩之至。

又——

臣某言：中使某乙奉宣圣旨，赐臣新茶一斤。猥沐深恩，再沾殊赐，承旨庆抃，省躬惭惶。臣某中谢。伏以贡自外方，名殊众品，效参药石，芳越椒兰，出自仙厨，府颁私室。义同推食，空荷于曲成，责在素餐，实惭于虚受。

（《全唐文》卷602）

还有一篇柳宗元《为武中丞谢赐新茶表》，文字又有某些不同之处——

臣某言：中使窦某至，奉宣旨，赐臣新茶一斤者。天春忽临，时珍俯及，捧戴惊忭，以喜以惶。中谢。臣以无能，谬司邦宪。大明首出，得亲仰于云霄；渥泽遂行，忽先沾于草木。况兹灵味，成自遐方，照临而甲坼惟新，煎妪而芬芳可袭，调六气而成美，扶万寿以效珍。岂臣贱微，膺此殊锡？衔恩敢同于尝酒，涤虑方切于饮冰。抚事循涯，陨越无地。臣不任感戴欣忭之至。

（《全唐文》571卷）

类似的谢茶表还有武元衡《谢赐新火及新茶表》、韩翃《为田神玉谢茶表》、常衮《谢进橙子赐茶表》等。

5. 状

所谓状，是旧时叙述事件的文辞，如行状、诉状、供状等。唐代涉及茶事的状，如白居易《三月三日谢恩赐曲江宴会状》，反映了曲江宴中的茶事活动。文曰：

> 右，今日伏奉圣恩，赐臣等于曲江宴乐，并赐茶果者。伏以暮春良月，上巳嘉辰，获侍宴于内庭，又赐欢于曲水，蹈舞蹋地，欢呼动天。况妓乐选于内坊①，茶果出于中库。荣降天上，宠惊人间。臣等谬列近司，猥承殊泽，捧觞知感，终宴怀惭。肉食无谋，未展涓埃之效；素餐有愧，难胜醉饱之恩。以此兢惶，未知所报。谨奉状陈谢以闻，谨奏。

（《全唐文》卷 668）

白居易《谢恩赐茶果等状》云：

> 右，今日高品杜文清奉宣进旨，以臣等在院进撰制问，赐茶果梨脯等。曲蒙圣念，特降殊私，慰谕未终，赐赍旋及。臣等惭深旷职，宠倍惊心。述清问以修词，言非尽意；仰皇慈而受赐，力岂胜恩？徒激丹诚，讵酬元造，无任欣戴忭跃之至。

（《全唐文》卷 668）

《又谢赐茶酒状》云：

> 右，臣某等言。伏以大庆吉辰，荣沾锡宴，鸿恩继至，王人荐临。旨酒名茶，玉食仙果，来于御府，莫匪天慈。适口忘忧，已满小人之腹；杀身粉骨，难酬圣主之恩。臣无任感恩忭跃之至。

（《全唐文》卷 750）

其他还有崔致远《谢新茶状》、常衮《社日谢赐羊酒海味及茶等状》等。

6. 奏

奏是封建时代臣子对皇帝陈述意见或说明事情的应用文体，如奏议、奏疏、奏折、奏本、奏对等。如《禁园户盗卖私茶奏》就是一篇颇有史料价值的唐代茶法专论。盐铁司于开成五年（840）十月奏上。全文是：

> 伏以江南百姓营生，多以种茶为业，官司量事设法，惟税卖茶商人，但于店铺交关，自得公私通济。今则事须私卖，苟务隐欺。皆是主人、牙郎中里诱引，又被贩茶奸党分外勾率，所由因此为奸利，皆追收搅扰。一人犯罪，数户破残。必在屏除，使安法理。其园户私卖茶犯十斤至一百斤，征钱一百文，决脊杖二十。至三百斤，决脊杖二十，征钱如上。累犯累科，三犯已后，委本州上历收管，重加徭役，以戒乡间。此则法不虚施，人安本业，既惧当辜之苦，自无犯法之心。条令既行，公私皆泰。若州县不加把捉，纵令私卖园茶，其有被人告论，则又砍园失业，当司察访，别具奏闻。请准放私盐例处分。

（《全唐文》卷967）

此奏分析园户卖私茶的原因是：税茶法仅针对茶商，由于茶商、经纪人的诱

---

① 内坊：皇太子东宫所属官署之一，管理宫内事务。

惑和中介，园户也不惜冒"连坐法"而出卖私茶。这道奏疏提出了对茶农卖私茶的处罚方案，后也被裴休"茶法十二条"所采纳，并为五代、宋初的茶法所借鉴。

张滂，德宗朝官盐铁使。他的《请税茶奏》颇为有名，史书上说中国征茶税自滂始。文曰：

> 伏以去秋水灾，诏令减税，今之国用，须有供备。伏请出茶州县，及茶山外商人要路，委所由定三等时估，每十税一价钱，充所放两税。其明年已后所得税外收贮，若诸州遭水旱，赋税不办，以此代之。①

《全唐书》卷612

其他如《禁商人盗贩私茶奏》《群臣乞假观霄请量赐茶药奏（《全唐文》卷612）》《赐朝臣茶药奏（天成四年五月四日，度支）》等，皆是此类的妙文。

---

① [宋]王溥：《唐会要》卷84《杂锐》，上海古籍出版社，1991年版。

第十章 茶与艺术

疏香皓齿有余味
更觉鹤心通杳冥

第一节 茶与绘画艺术

中国茶画指以茶事为题材的绘画作品。茶画是中华茶文化重要的表现形式，读历代茶画可以感受中华茶文化发展史中的许多方面。

唐代茶画并不多，堪称经典的有唐人阎立本的《萧翼赚兰亭图》、张萱的《明皇和乐图》、佚名《宫乐图》、周昉的《调琴啜茗图》等。留存下来的茶书法，比较有影响的有唐人怀素的《苦笋贴》。

介绍唐代茶画如次。

一、《萧翼赚兰亭图》

《萧翼赚兰亭图》纵27.4厘米，横64.7厘米，绢本，工笔着色，无款印，辽宁省博物馆藏。辽宁省博物馆所藏是北宋摹本，台北"故宫博物院"还藏着一幅《萧翼赚兰亭图》是南宋摹本。

《萧翼赚兰亭图》取材于现实生活，反映了唐太宗李世民命台御史萧翼往会稽（今浙江绍兴）向僧人辩才智取晋代书圣王羲之《兰亭集序》真迹的故事。这是世界上最早的茶画。相传作者为阎立本（约601—673），唐代画家，雍州万年（今陕西西安）人。曾任主爵郎中、工部尚书，唐总章元年（668）拜右丞相，封博陵县公。是当时最负盛名的画家，时有"右相驰誉丹青"之誉。取法张僧繇[1]、郑法士[2]而更"变古象今"，笔力圆劲雄浑，画风严谨，造型准确生动，神形兼备，代表了初唐中原地区的风格。阎立本善画台阁、车马、肖像，尤长于重大题材的历史人物画和风格画。代表作有《历代帝王图》《步辇图》等。

萧翼计赚"兰亭序"确有其事。《隋唐嘉话》下云："王右军[3]兰亭序，梁乱出在外，陈天嘉中为僧永所得。至太建中，献之宣帝。隋平陈曰，或以献晋王（杨广），王不之宝。后僧果从帝借榻。及登极，竟未从索。果师死后，弟子僧辩才得之。（唐）太宗为秦王日，见榻本惊喜，乃贵价市大王书兰亭，终不至焉。乃知在辩师处，

---

[1] 张僧繇：吴（苏州）人。梁天监中为武陵王侍郎，直秘阁知画事，历右军将军、吴兴太守。苦学成才，长于写真，并擅画佛像、龙、鹰，多作卷轴画和壁画。成语"画龙点睛"的故事即出自于有关他的传说。

[2] 郑法士：北周末隋初画家。吴（今江苏苏州）人。北周为大都督左员外侍郎、建中将军，封长社县子，入隋授中散大夫。师法张僧繇，善画人物，仪表风度，冠缨佩带，无不有法。画迹有隋朝宫本《摛卢明像》《阿育王像》《北齐畋游像》等卷，著录于《贞观公私画史》；又《游春苑图》《读碑图》等十件，著录于《宣和画谱》。

[3] 王右军：即王羲之，中国东晋书法家，有书圣之称。历任秘书郎、宁远将军、江州刺史。后为会稽内史，领右将军，人称"王右军""王会稽"。其子王献之书法亦佳，世人合称为"二王"。

萧翼赚兰亭图

使萧翼就越州求得之,以武德四年入秦府。"① 后来演绎此事的故事越编越奇。

贞观年间,唐太宗以听政之暇,锐志习书,临右军真草书帖,购募备尽,唯未得兰亭。后来得知此书在僧辩才处,遂敕追其入内道场供养,恩赐优厚,善诱无所不至,但辩才称丧乱坠失,不知所在。放归越中后,唐太宗知兰亭确在辩才处,又三次敕追其入宫,始终不得。宰相房玄龄②推荐监察御史萧翼③奉敕谋取兰亭。他伪为潦倒书生,以琴、棋、文史等,博得僧辩才的信任,乘机获取了兰亭序。《兰亭始末记》中也讲到僧辩才"设缸面药酒茶果等"招待奉唐太宗敕令来取王羲之兰亭的萧翼。

画为绢本工笔着色。画面上共五人:八旬高僧辩才、长须飘洒的萧翼、侍僧、烹茶的老者和侍者。辩才手执拂尘坐于禅榻之上,居于画面中心,萧翼袖手躬身坐于长方木凳,这一僧一儒有了共同关心的话题:聊聊书圣王羲之的传世绝品《兰亭序》。他们以茶助清谈,烹茶老者蹲坐蒲团,手持茶铛置于风炉之上煮水,侍僮手捧茶托、茶碗等待注水烹茶,右下角绘一方形茶桌,上置茶托、茶碗、茶碾、茶罐……这幅画不仅记载了古代僧人以茶待客的史实,而且再现了唐代烹茶、饮茶所用的茶器茶具以及烹茶方法和过程。

《萧翼赚兰亭图》中,茶盏下有茶托,据学者研究,唐以前已有茶托,画上有茶托,也属可能。至于过去以李匡乂《资暇集》所载唐代宗时蜀相崔宁之女发明茶托,为茶托出现之始,来否定此画,似无必要。

但是,此画的作者究竟是谁,却说法不一。有人认为它是唐初著名画家阎立本所画。可是(唐)朱景玄撰《唐朝名画录·神品下·阎立本》和(唐)张彦远撰《历代名画记》卷9《阎立本传》,均只讲到他画《秦府十八学士》及《凌烟阁二十四功臣图》等,未说曾画《萧翼赚兰亭图》。

唐太宗弥留之际,希望将他钟爱终身的兰亭陪葬,诸书记载相同。

---

① [唐]刘餗:《隋唐嘉话》,中华书局,1979年版。
② 房玄龄:唐代初年著名良相、杰出谋臣,大唐"贞观之治"的主要缔造者之一。
③ 萧翼:江南大姓萧家出身,梁元帝的曾孙。唐贞观年间曾任谏议大夫,监察御史。

二、张萱《明皇和乐图》

作者张萱，生卒年不详，京兆（今西安）人。唐代画家，开元间（713—741）任史馆画直。擅长绘仕女儿童、鞍马。用笔精细、色彩富丽、人物形体丰满。传世作品有后人摹本《捣练图》和《虢国夫人出游图》。《明皇和乐图》是一幅帝王饮茶图，画中唐明皇安卧御榻，二女侍立榻侧，另二宫女有一人捧茶食、茶具，像明皇饮茶已毕，令撤茶食、茶具。茶盘内有水注。画所表现的"和乐"气氛，说明茶事在唐明皇时代已从单纯的口腹之欲升华为一种精神享受。

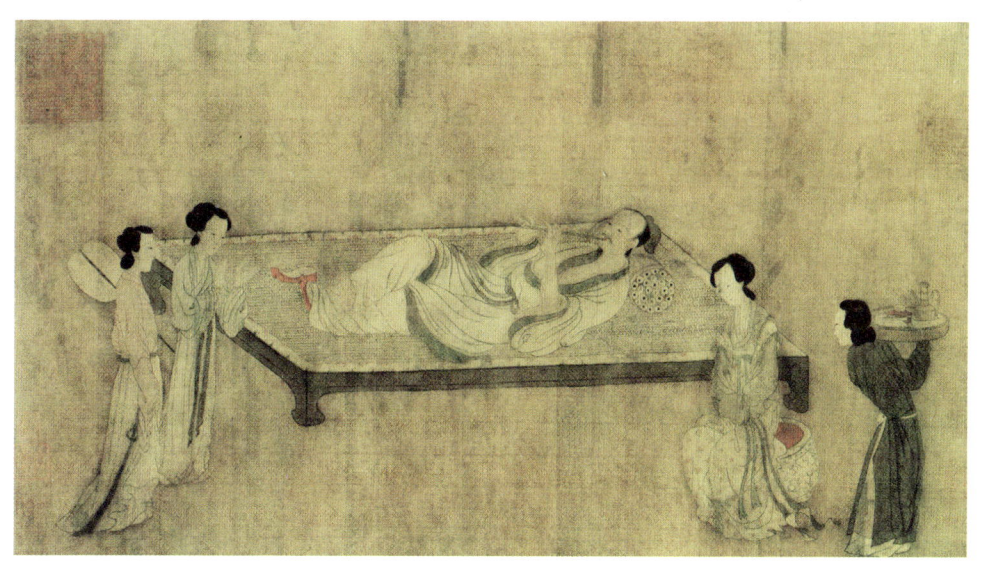

张萱《明皇合乐图》

三、佚名《宫乐图》

绢本设色，纵48.7厘米，横69.5厘米，台北"故宫博物院"收藏。

佚名氏作。画中12人，画面中有豪华的长案、精美的绣座，案上有茶和茶具。宫人们各有所事，饮茶、舀茶、取茶点、摇扇、弄笙、吹箫、弹琵琶、吹笛、调琴、放茶碗、端茶碗。出现的茶具有盆，侈口、带提耳、高圈足，上置分茶用的长柄勺，有漆盒6只，小碟放置在每个人面前。为表现气氛的闲适，桌下画一安卧的小狗，目视前方。画面中的嫔妃宫女皆宽额广颐、美服高髻，反映了唐人以肥硕为美的艺术追求。画面描绘的是宫廷茶会的场面，这是一次高雅的茶会，边品茗边奏乐，借以打发宫廷寂寞的时光，这是宫廷茶文化的真实反映。若从茶艺角度看，她们饮的还是较为原始的庵茶，将茶末置入盆中，以汤沃之，以勺分之，以碗盛之，佐以茶点，而不是茶食一体浑而烹之。品茗伴以乐舞，获口腹与精神的双份享受。

宫乐图

四、周昉《调琴啜茗图》

《调琴啜茗图》是幅茶画，台北"故宫博物院"收藏。作者周昉，生卒年不详，唐代画家。字仲朗，又字景玄。长安人，出身世家。先后官越州、宣州长史。擅长表现贵族妇女、肖像和佛像，仕女人物画"水月观音"流行一时。相传《簪花仕女图》《挥扇仕女》《调琴啜茗图》等，是他的手笔。

饮茶汤所选在花园内，倚石于树下。画中描绘五位女性，其中三位系贵族妇女。一女坐在磐石上，正在调琴，左立一侍女，手托木盘，另一女坐在圆凳上，背向外，注视着琴音，作欲饮之态。又一女坐在椅子上，袖手听琴，另一侍女捧茶碗立于右边。画中贵族仕女曲眉丰肌、秾丽多态，反映了唐代尚丰肥的审美观。全画主题是品茶调琴，香茶加音乐是宫廷茶会最优雅的情调。唐代社会相当长一段时期经济繁荣、社会安定统一，一派歌舞升平的盛世气象，有钱又有闲的王公朝

周昉《调琴啜茗图》

韩熙载夜宴图

士及皇宫数千粉黛岂肯闷喝一气，茶会带乐舞无须提倡便自然成为时尚。

此外，在新疆吐鲁番地区的唐代墓葬中，曾出土过一幅《对弈图》，上面画着一个侍女，手捧茶托端着茶。

总体来看，唐代是茶画的开拓时期，对烹茶、饮茶具体细节与场面描绘比较具体、细腻，不过所反映的精神内涵尚不够深刻。但它毕竟开辟了茶文化的一个新领域，通过可视的艺术手段，不仅使人们认识茶的功用，而且开始注意其精神感受。

后世画家表现唐代茶风的作品有顾闳中①的《韩熙载夜宴图》，画面人物众多，形象生动，所绘的是大型茶宴场面，作者系五代南唐画家。南宋画家刘松年②绘有《卢仝煮茶图》，表现了卢仝《走笔》一诗的意境。元代画家赵原③绘有《陆羽品茶图》。明代画家文徵明④绘有《陆羽烹茶图》。明代画家顾炳有人物画《斗茶图》，系唐阎立本茶画之摹本，反映的是中唐至宋代的茗战之风。

第二节　茶与书法艺术

茶与书法结缘，最有力的证据是陆羽的《释怀素与颜真卿论草书》。

颜真卿是唐代著名书法家，他的"颜体"已成书道典范。大历七年（772），颜真卿刺湖州，邀陆羽参与修《韵海镜源》，二人自此结为至交。大历八年，颜真卿为答谢陆羽的帮助，出资在杼山建三癸亭，并刻碑记事，亲书《杼山妙喜寺碑铭》。

广德二年（764），陆羽铸风炉，上书27字，有："坎上巽下离于中""体均五行去百疾""圣唐灭胡明年铸""伊公羹，陆氏茶"，字体遒健古朴，不知是陆

---

① 顾闳中（910？—980？）：江南人，五代十国中南唐人物画家，曾任南唐画院待诏，用笔圆劲，设色浓丽，擅描摹人物神情意态，与周文矩齐名，唯一传世作品为《韩熙载夜宴图》。

② 刘松年（约1155—1218）：南宋孝宗、光宗、宁宗三朝的宫廷画家。钱塘（今浙江杭州）人。

③ 赵原：元末明初画家。生卒年不详。本名元，字善长，号丹林。莒城（今山东莒县人）人。善诗文书画，笔墨圆劲秀逸。有《合溪草堂图》《晴川送客图》《溪亭送客图》《陆羽烹茶图》等传世。

④ 文徵明（1470—1559）：字徵明。明代画家、书法家、文学家。长州（今江苏苏州）人。与祝允明、唐寅、徐真卿并称"吴中四才子"。在画史上与沈周、唐寅、仇英合称"吴门四家"。

羽所书，还是他人代庖，无考。

在顾渚山区的唐宋摩崖上留有唐代茶书六处：

第一处文曰："大唐州刺史臣袁高奉诏修贡茶，至□山最高堂，赋茶山诗。兴元甲子岁在春十日。"全文用八分隶书，三字一行，笔画遒劲豪迈。此处"茶"写作"荼"。袁高在建中二年（781）刺湖州。

第二处文曰："使持节湖州军事刺史于頔，遵奉诏命，诣茶院修贡毕，登西顾山最高堂，汲岩泉□□茶□□，观前刺史袁公留题刻茶山诗于石。大唐贞元八年岁在壬申春三月。"这说明袁高的《茶山诗》曾刻于摩崖。于頔是贞元七年（792）刺湖州。

第三处文曰："大中五年□□刺史樊川杜牧□□奉贡春三月。"

其他还有杨汉公[1]、斐汶、张文规等人涉及贡茶的摩崖石刻。

留存下来的茶书法作品有《苦笋帖》。

怀素本佛门弟子，李白《草书歌行》称他"吾师醉后倚绳床，须臾扫尽数千张。飘

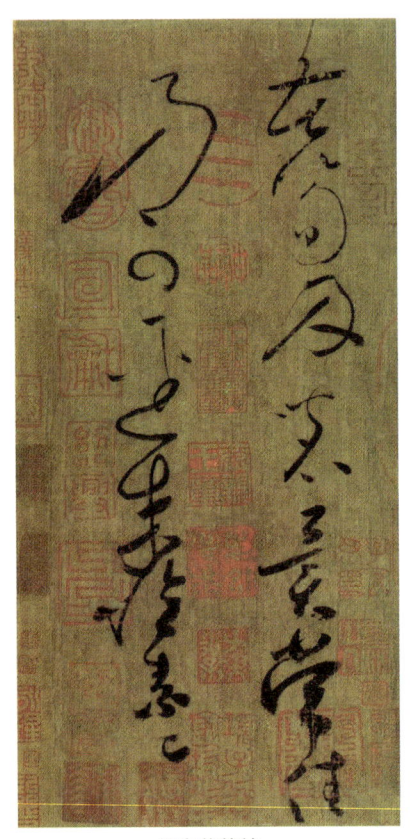

怀素苦笋帖

风骤雨惊飒飒，落花飞雪何茫茫。起来向壁不停手，一行数字大如斗。恍恍如闻鬼神惊，时时只见龙蛇走。左盘右蹙如惊电，状同楚汉相攻战"。世有"颠张醉素"之说。怀素亦嗜茶，留下传世名迹《苦笋帖》："苦笋及茗异常佳，乃可径来，怀素上。"两行十四字，用笔飞动圆转，尤以"茗"字更显气韵生动。这是最地道的"茶帖"。此帖绢本，长25.1厘米，宽12厘米，上海博物馆收藏。

第三节 茶与设计艺术

一、茶具设计

中国茶文化历史悠远，茶具作为茶文化的重要组成部分从我国古代流传至今。我国也是世界陶瓷的发源地，因此我们的祖先很早以前就用陶瓷茶具饮茶了，尤其是到了大唐盛世时期，茶文化得到了空前的发展，制作精美的茶具也应运而生。事实上，唐朝以前，食器和饮茶用具还没有完全分化开来，直到唐代，人们才开始讲究茶具的精巧、完备以及艺术美，以增加人们的感官享受，达到心地的调适和和谐。

---

① 杨汉公：字用义，唐虢州弘农（今河南省灵宝市境）人。历任户部郎中、史馆撰修，湖（今浙江省吴兴县境）、亳（今安徽省亳县境）、苏（今江苏省苏州市）三州刺史，旋升浙江观察使，转任户部侍郎，又任荆南节度使、工部尚书、国子祭酒、同州刺史，复升任宣武军节度使，后改任天平（今山东省东平县境）军节度使，死于任所。

我国茶具，直到陆羽《茶经》问世，才第一次有系统和完整的记述。陆羽对茶具、茶器的设计不仅讲究实用价值，且追求形式古朴典雅，给人以美的感受。尤其是王室饮茶，讲究毕其仪、美其器，这也直接促进了茶具的发展。

茶具按其狭义的范围是指茶杯、茶壶、茶碗、茶盏、茶碟、茶盘等饮茶用具。我国的茶具，种类繁多，造型优美，除实用价值外，也有颇高的艺术价值，因而驰名中外，为历代茶爱好者所青睐。由于制作材料和产地不同而分为陶土茶具、瓷器茶具、漆器茶具、玻璃茶具、金属茶具和竹木茶具等几大类。

宫廷茶具的质地、造型、材料是民间茶具不能相比的。1987年4月，在陕西扶风县法门寺的地宫中出土了一套唐代宫廷茶具，这套金碧辉煌、蔚为大观的金银、琉璃、秘色瓷茶具，是中国首次发现的唐代最全最高级的一套专用茶具，也是迄今为止中国乃至世界仅见留存的一套唐代宫廷茶具实物，距今已有1100多年的历史。

第十章 茶与艺术

唐代民间使用的茶具大多是由遍布大江南北的窑场烧造的，以陶瓷为主，茶具配套规模较小，像宫廷茶具成龙配套的则更少。唐代越窑生产的茶具主要有碗、瓯、执壶、杯、釜、罐、盏、盏托、茶碾等数种。

碗作为唐时最流行的茶具，造型主要有花瓣型、直腹式、弧腹式等种类，多为侈口收颈或敞口腹内收。晚唐时，制瓷工匠创造性地把自然界的花叶瓜果等物经过概括，保留其生动感人、形象逼真的特点，运用到制瓷业中，从而设计出葵花碗、荷叶碗等精美的茶具。

下面就几件制作精良的唐代茶具做一简单欣赏：

白瓷茶杯：此杯造型为敞口直腹，釉色白中泛黄，胎体坚致。装饰上重视胎质釉色质地之美，不加任何纹饰。

五瓣葵口秘色瓷茶碗：瓷茶碗通体高9.4厘米，口径21.4厘米，深7.0厘米，足高2.1厘米，底径9.9厘米。腹斜下收，素面无花纹。

青瓷荷叶茶盏、茶托：这套文物系唐代越窑烧制，系青瓷，由一盏一托组成。盏呈五瓣莲花状，口敞侈，深腹，有圈足。盏托呈四片卷边荷叶状，托中心部下凹形成一定深度，正好与盏的下腹部套合。通体一色青釉，犹如一朵盛开的荷花。

釉下彩茶壶：此壶高21.7厘米，口径8.0厘米，为灰白色胎，青黄色釉，撇口，矮颈，椭圆形腹，平底，低圈足。壶身通体彩绘，用褐绿相间的联珠纹组合成重叠山峦图案。

二、茶席设计

"席"，在中国文化概念里，指用芦苇、竹篾、蒲草等编成的坐卧垫具。（《中国汉字大辞典》）《诗·邶风·柏舟》有："我心匪席，不可卷也。"《韩非子·存韩》有："韩事秦三十余年，出则为杆蔽，入则为席焉。"[①] 两者都将席的质地、形状、作用说得十分清楚，后引申为座位，席位。

茶席的出现是伴随着茶文化的出现而出现的，自从有了茶就有了简单意义上的茶席。随着茶文化的不断深化发展与文明提升，茶席发展至今已经成为一个文化科学门类，受到越来越多的学者关注与研究。茶席实质上便是饮茶席位、空

① 韩非：《韩非子》，线装书局，2013年版。

间、物品的摆置。乔木森先生于2005年最早对茶席作了这样的定义："以茶为灵魂，以茶具为主体，在特定的空间形态中，与其他艺术形式相结合，共同完成的一个有独立主题的茶道艺术组合，是为茶席。"[①] 显然，这是从一个具象的艺术化角度提出的观点。

严格意义上的茶席始于我国唐朝。大唐盛世，四方来朝，威仪天下——茶，就在这个历史背景下，由一群出世山林的诗僧与遁世山水间的雅士，开始了对中国茶文化的悟道与升华，从而形成了以茶礼、茶道、茶艺为特色的中国独有的文化符号。至宋代，茶席不仅限于自然之中，宋人还把一些取型捉意于自然的艺术品设在茶席上，插花、焚香、挂画与茶一起更被合称为"四艺"，常在各种茶席间出现。在明代茶艺行家冯可宾的《茶笺·茶宜》中，更是对品茶提出了十三宜：无事、佳客、幽坐、吟咏、挥翰、徜徉、睡起、宿醒、清供、精舍、会心、赏览、文童，其中所说的"清供""精舍"，指的即是茶席的摆置。

在唐代茶文化篇章中，茶席概念是没有出现过的，但在大唐盛世普遍流行的茶宴茶会之中当是离不开茶席的。茶席，是近几年出现的新名词，日本韩国及中国台湾都有不同的说法。在日本，举办茶会的房间称茶室、茶席或者只称席；韩国，茶席为喝茶或喝饮料而摆的席。摆放各种茶、糖水、蜜糯汤、柿饼汁以外，还有海防蜜麻花（油蜜饼、梅果、饺子）、各种茶食、油果（江米条、米果），各类煎饼、熟食果（枣、栗丸、生姜片、栗子）、实果等；在我国台湾，"茶席"一词出现颇多，但多指茶会。如有一种主题茶会，就叫"露雪茶席"，实为茶会。而茶会中的茶席设置自是无法省略。

茶席设计在近几年内受到广泛关注，海内外多地进行茶席设计实践并举办茶席展览大赛，将茶席纳入茶文化中最新的一页。从"2002年金灶杯茶具组合大赛"到"2010茶文化空间·国际茶席展"，茶席设计不到十年的研究足迹，已逐渐将茶席设计原本固有的实用功能倾向向艺术审美功能偏移，使其进入到更高层次的领域。那么要对其追踪溯源，自是要归功于唐代茶文化丰富而又精深的发展空间，可以说今天的茶席设计在唐代已具雏形。事实上，现代意义上的茶席设计在唐代文献中也早有记载。唐代茶文化空前发展，唐代宫廷多以茶宴、茶会、酒宴的形式休闲娱乐。由于唐代生活的富裕繁荣，皇室的欢聚已不仅仅局限于吃喝，同时还以茶席来烘托宴会气氛、用以欣赏怡心。这便是隋唐时期，流行的"看席"。这种看席也叫"饾饤"（或曰"饤饾"）。汉典中对"饤饾"有着这样的解释：将食品堆迭在器皿中，摆设出来；指多杂的食品。唐代韩愈《喜侯喜至赠张籍张彻》诗云："呼奴具盘飧，饤饾鱼菜赡。"《南山诗》中也有"或如临食案，肴核纷饤饾"之句。可见"看席"，就是食物形制华美，寄有寓意，主要供食客观赏而并非吃的系列肴馔。既有观赏，亦定有设计意味。这一点似乎与现代意义上的纯粹审美性的茶席设计不谋而合。虽然在那个年代，设计没有被引起重视，但却为今天的茶文化发展奠定了坚实的基础，使唐代茶文化为后人开拓新领域提供了不可多得的宝贵理念与契机。在此，不做详尽分析，看看《宫乐图》中精细描画的茶席布置就足见一斑了。

---

① 乔木森：《茶席设计》，上海文化出版社，2010年版。

第四节 唐代茶与歌舞艺术

茶歌是以茶为主题的歌曲,有旋律有歌词,可以吟唱、独唱、合唱、对唱或一人领唱众人和之。

何谓"歌"?《尔雅》云:"声比于琴瑟曰歌。"《韩诗章句》称:"有章曲曰歌。"即谱上曲子可唱的诗词叫做"歌"。

回顾文学艺术史,从唐代的歌诗到宋词、元曲以及明人小令,以茶为题的甚多,而且都是有词有调,供歌者吟唱的。不过,这些古典茶歌,只剩下了词,而谱与调基本上失传了。

茶叶成为歌咏的内容,最早见于西晋孙楚的《出歌》,词曰:"姜桂茶荈出巴蜀",这里所说的"茶荈",就是指茶。

唐代陆羽的《六羡歌》中时人也称"歌",皮日休在《茶中杂咏·序》中说:"昔晋杜育有荈赋,季疵有茶歌。"唐代中期的茶歌,在《全唐诗》中还能找到,如皎然《饮茶歌诮崔石使君》《饮茶歌送郑容》、卢仝《走笔谢孟谏议寄新茶》、刘禹锡《西山兰若试茶歌》等。

茶歌的来源由诗而歌,大体上是文人的创作。

唐代诗人罗隐①《送雪川郑员外》诗云:

明时塞诏列分麾,东拥朱轮出帝畿。
铜虎贵提天子印,银鱼荣傍老莱②衣。
歌听茗坞春山暖,诗咏苹洲暮鸟飞。
知有掖垣③南步在,可能须待政成归。

(《全唐诗》卷 662)

"歌听茗坞春山暖"意为春暖花开时节,采茶姑娘一面采茶,一面唱茶歌,甜美的歌声回荡在一望无际的青山白云之间,充满诗情画意。也许诗人们在游览茶山,听过茶歌后,心灵受到震撼,灵感来潮,挥毫创作了不少脍炙人口的茶歌。

秦韬玉,字中明,京兆(今陕西西安)人。中和时进士,曾从僖宗至蜀,官工部侍郎。诗以七律见长,《贫女》较有名。明人辑有《秦韬玉诗集》。其《采茶歌》诗云:

天柱香芽露香发,烂研瑟瑟穿荻篾。
太守怜才寄野人,山童碾破团团月。
倚云便酌泉声煮,兽炭潜然蚌珠吐。
看著晴天早日明,鼎中飒飒筛风雨。
老翠香尘下才熟,搅时绕箸天云绿。
耽书病酒两多情,坐对闽瓯睡先足。

---

① 罗隐(833—909):字昭谏,新城(今浙江富阳市新登镇)人,唐代诗人。应进士试"十上不第"。黄巢起义后,避乱隐居九华山,光启三年(887),55岁时归乡依吴越王钱镠,历任钱塘令、司勋郎中、给事中等职。

② 老莱:相传春秋时楚国隐士老莱子,七十岁时还身穿五彩衣,模仿小儿的动作和哭声,以使父母欢心。后因以表示孝顺父母。

③ 掖垣:唐代称门下、中书两省。因分别在禁中左右掖,故称。后世亦用以称类似的中央部门。

现代仿唐茶歌

洗我胸中幽思清，鬼神应愁歌欲成。

（《全唐诗》卷670）

天柱香芽当指天柱茶芽。团团月当指圆形之饼茶。秦韬玉说太守因怜悯我的才华，把名茶天柱香芽寄给我。茶童碾破饼茶，用泉水煮茶，兽炭烧茶鼎，泉水在鼎中犹如飒飒的雨声，泛起了虾龙吐珠的茶沫，用茶芉搅动，如同秋云的绿茶汤翠绿的茶芽下沉鼎底。茶汤熟了，用闽地生产的瓷瓯盛茶汤。饮茶前先睡足了，以免饮后难以入眠。我多情于书籍和嗜酒，用茶汤洗涤我胸中块垒，幽思清了，诗歌写成了鬼神也应该发愁。

刘禹锡（772—842），字梦得，洛阳人。贞元九年（793）进士。《唐才子传》卷5云："公恃才而放，心不能平，行年益晏，偃蹇寡合，乃以文章自适。善诗，精绝，与白居易酬唱颇多。尝推为'诗豪'，曰：'刘君诗，在处有神物护持。'"有《刘梦得文集》。茶诗代表作是《西山兰若试茶歌》，唱的是佛教徒种茶、敬客、馈赠友人的心声。诗云：

　　山僧后檐茶数丛，春来映竹抽新茸。
　　宛然为客振衣起，自傍芳丛摘鹰觜。
　　斯须炒成满室香，便酌砌下金砂水。
　　骤雨松声入鼎来，白云满碗花徘徊。
　　悠扬喷鼻宿酲散，清峭彻骨烦襟开。
　　阳崖阴岭各殊气，未若竹下莓苔地。
　　炎帝虽尝未解煎，桐君① 有箓② 那知味。
　　新芽连拳半未舒，自摘至煎俄顷馀。

---

① 桐君：是中国古代早期的药学家。有关记载桐君的文献最早见于约在春秋时代写成的古史——《世本》一书中。其后，在历代医籍中虽然不乏对桐君的追述，但由于桐君其人的时代早在周代以前，当时尚无有关桐君传记的文字可考。

② 箓：簿籍。

木兰沾露香微似，瑶草①临波色不如。
僧言灵味宜幽寂，采采翘英为嘉客。
不辞缄封寄郡斋，砖井铜炉损标格②。
何况蒙山顾渚春，白泥赤印走风尘。
欲知花乳清泠味，须是眠云跂石人③。
　　　　　　　　（《全唐诗》卷356）

山僧种茶数丛，春天抽出新茶芽。为了招待客人，亲自采摘像鹰嘴那样又像没有完全舒展的拳头那样的新茶芽。很快就炒出了满室的茶香味。然后用金沙水，点火烧茶鼎，鼎中传出如同急雨松声，茶终于煎好了，从摘茶到煎茶只是一会儿工夫。倒在茶盅里，茶如同白云在徘徊，发出喷鼻的香气，使喝醉了的酒散去，彻骨的烦恼也解除了。刘禹锡认为炎帝虽然尝过茶，但不懂得煎茶，桐君尽管有符箓，哪里知道茶的味道。与茶相比，带露水的木兰的香气有点相似，瑶草在水中颜色也不如。僧人说茶的味道适宜清幽寂静，采茶为贵客，缄封茶叶寄给郡斋，砖井铜炉煎茶有损标格，更何况是蒙山、顾渚的名茶，想要知道茶花乳的清泠味道，必须是那些山林散淡之人。

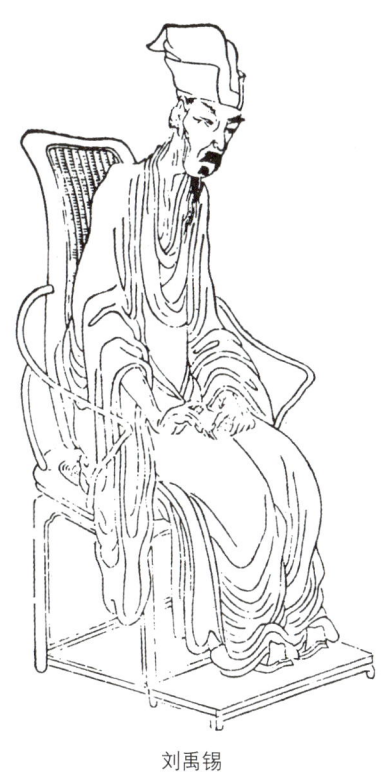

刘禹锡

温庭筠（约812—866），字飞卿，旧名岐，并州（今山西太原）人。数举进士不第，任过微职，却仕途坎坷，《花间集》中收录他多篇作品。所著《西陵道士茶歌》唱的是道教徒以茶读经的感悟。诗云：

乳窦溅溅通石脉，绿尘愁草春江色。
涧花入井水味香，山月当人松影直。
仙翁白扇霜乌翎，拂坛夜读黄庭经④。
疏香皓齿有余味，更觉鹤心⑤通杳冥。
　　　　　　　　（《全唐诗》卷577）

这首七言古诗描述了西陵道士煎茶和饮茶的情景。煎茶的水是带有涧花香的乳泉水，在乳窦溅溅春江色，涧花、水香、山月、松影的夜晚，一位鬓发皆白的道长手摇白羽扇，诵读《黄庭经》。稀疏的皓齿间，尚有茗汤的余香。他感到自己的心，已经与冥冥之中的神仙相通了。《西陵道士茶歌》写了道士烹茶伴读的情景，反映了茶与道教的关系。道家茶不同于佛家茶，佛门饮茶为参禅，道家饮

---

① 瑶草：传说中的仙草，如灵芝等，服之长生。
② 标格：风范、品格。
③ 跂石人：垂足而坐于石上的人。宋杨万里《雪后陪使客游惠山寄怀尤延之》诗："眠云跂石梁溪叟，恨杀风烟隔草堂。"
④ 《黄庭经》：是道教上清派的重要经典，也被内丹家奉为内丹修炼的主要经典，属于洞玄部。《黄庭经》首次提出了三丹田的理论，介绍了许多存思观想的方法。
⑤ 鹤心：高远之心，出尘之想。

茶为养生和修真养性。

崔珏,字梦之,大中进士。由幕府拜秘书郎,官淇县令,有惠政。崔珏的《美人尝茶行》则细腻地描绘了一位美女入睡后尝茶,并引出梦中的情景:

云鬟枕落困春泥,玉郎为碾瑟瑟尘。
闲教鹦鹉啄窗响,和娇扶起浓睡人。
银瓶贮泉水一掬,松雨声来乳花熟。
朱唇啜破绿云时,咽入香喉爽红玉。
明眸渐开横秋水,手拨丝簧醉心起。
台时却坐推金筝,不语思量梦中事。

(《全唐诗》卷591)

玉郎用茶碾碾茶,以银瓶所贮泉水煮(或煎)茶,如同松风雨声的煮(或煎)中,泛起了乳花,茶汤熟了。美人的朱红嘴唇喝破像绿云的茶汤,咽入喉中,全身感到清心爽快。明亮的眼睛渐渐睁开了,宛似一泓清澄的秋水。她手拨丝簧,坐在台前推开金筝,默默不言地想念梦中的事情。该诗描述了一个美女饮茶之事。诗中描写的茶艺很地道,美人春睡、玉郎煎茶、朱唇啜茶、抚琴品茗、回味梦境……把个茶事写得香艳迷离。

古代茶人喜好品茗抚琴、品茗递舞。见于茶画的如佚名的《宫乐图》、周昉的《调琴啜茗图》;见于唐诗的,如白居易的《夜闻贾常州、崔湖州茶山境会想羡欢宴因寄此诗》,诗中云"珠翠歌钟俱绕身""青娥递舞应争妙",即言品茶带歌舞,相当于今之音乐茶座。鲍君徽的《东亭茶宴》亦云"远眺城池山色里,俯聆弦管水声中"。别说茶会不离音乐,个人饮茶至尽兴时亦忍不住放歌,如皎然《饮茶歌诮崔石使君》内有"崔侯啜之意不已,狂歌一曲惊人耳",若崔君善舞,还能不足之舞之蹈之么?

皎然的《饮茶歌送郑容》《饮茶歌诮崔石使君》与刘禹锡的《西山兰若试茶歌》的诗词流畅有韵律感,是唐代的茶歌,配曲可唱;运用人体语汇加以表达,便成茶舞。

第十一章 茶学思想与茶书的撰写

疏香皓齿有余味
更觉鹤心通杳冥

茶之有书，始于陆羽。陆羽的《茶经》，是我国也是世界上最早的一部茶书，其问世，不但具有把茶提高为独立的学科这样划时代的意义，而且开创了我国为茶著书立说的先河。此后，不断有茶书推出，续写茶学新篇。陆羽除《茶经》以外，还有《茶记》《水品》二书，今已无存。唐时有陆羽的挚友皎然著《茶诀》三卷，张又新《煎茶水记》一卷，温庭筠《采茶录》一卷，苏廙《十六汤品》一卷，王敷《茶酒论》、裴汶《茶述》、五代时毛文锡《茶谱》，以及佚名《茶苑杂录》一卷、温从云等《补茶事》等共十余种。这些茶书建立了我国最早的传统茶学，比较全面、客观地反映了唐五代茶的产业与文化状态，其中大多散佚，但留存下来的几种著作，仍然保留了许多珍贵的茶史资料，是今天研究唐及其以前茶叶历史的重要根据。

第十一章　茶学思想与茶书的撰写

第一节　陆羽《茶经》

一、《茶经》其书①

学问如垒土，是堆积起来的。陆羽经过云游考察、督造贡茶和参与修《韵海镜源》，对于茶有了新的考量，一部千古名作《茶经》水到渠成。

《茶经》是在《茶记》的基础上完成的。两书内容应该有所不同，《茶记》重在资料性，旨在真实记录作者数十年间全国茶事考察的结果，《茶经》则是一部7000字的言简意赅的学术专著。

欧阳勋先生在《陆羽研究·陆羽生平大事年表》中写道："上元元年（760），（陆羽）28岁。初隐居苎山（余杭近郊），自称桑苎翁，著《茶记》一卷。""永泰元年（765），（陆羽）《茶经》脱稿，竞相传抄。"②

余杭的赵大川先生在《茶圣陆羽在余杭著〈茶经〉考》中写道："陆羽在上元初的上半年，即760年上半年隐居苎山，写成《茶记》一卷。因'刘展之反'，屯兵余杭，'更隐苕溪'，到余杭双溪陆羽泉'阖门著书'，写成《茶经》三卷。"③

又《封氏闻见记》说淮阴常伯熊于永泰元年（765）秋冬为李季卿表演茶艺之前，陆羽《茶经》已以手稿传抄方式流布江南，淮阴常伯熊"因鸿渐之论广润色之"；《茶经·四之器》中风炉一足有"盛唐灭胡明年铸"七个字，知此炉铸于广德二年（764），次年载于《茶经》；皎然大历二年（767）作《饮茶歌送

---

① 丁文：《陆羽〈茶经〉研究》，见《中华茶典》，陕西人民出版社，2010年版。
② 陆阳勋：《陆羽研究·陆羽生平大事年表》，湖北人民出版社，1989年版。
③ 赵大川：《茶圣陆羽在余杭著〈茶经〉考》，《农业考古》，2002年第4期。

郑容》，内有一句"楚人《茶经》虚得名"，知此书手稿已问世。

上元初在余杭著《茶记》似无分歧，且为学界认同。

何时何地著《茶经》？综合多方面的资料和一些学者的看法，应作如下表述：

（1）陆羽于上元元年（760）隐居余杭苎山，开始整理自天宝十三载（754）至乾元二年（759），在川东、陕南、鄂西、鄂东、赣北、皖北、皖南及江苏升州、扬州、润州、常州等地茶事考察的沿途采访笔记，完成《茶记》一卷；

（2）年轻气盛、雄心勃勃的陆羽在完成《茶记》后拟有更新的建树，计划在《茶记》的基础上提升自己的茶学研究，撰修中国第一部茶学专著，以"经"称之，名曰《茶经》；

（3）《茶经》毕竟只有7000字，只要资料充足，构思成熟，一气呵成，几日可就。所以，何时何地写《茶经》难以确指。大体言之，陆羽隐居余杭双溪开始写作《茶经》，他完成的仅是极不成熟的初稿。当时，他对全国茶区仅作了为时不长的5年考察，考察的范围局限于山南道、淮南道及浙西道的部分地区，足迹所至之处不到全国茶区的1/3。无论他当时的学识水平、资料的占有都不可能最终完成《茶经》的写作任务，而仅仅是极不成熟的初稿；

（4）安史之乱后，广德元年（763）春，隐居苕溪的陆羽精心设计铸造了一个新式煮茶风炉，并在这古鼎形风炉的炉脚上书"盛唐灭胡明年铸"七个字的铭文，篆体。次年，即广德二年（764）陆羽对《茶经》进行了修改，将风炉铭文写入《茶经》，是为二稿，并以手抄本形式在社会上广泛流传。皎然先生严格要求陆羽，对他的操之过急有所批评，在《饮茶歌送郑容》一诗中对陆羽有所指责；

（5）大历十年（775），陆羽43岁，在参与修撰《韵海镜源》之后，修订《茶经》三卷，是为三稿。

（6）建中元年（780），陆羽48岁。历时28年之久的努力，考察了全国32个州，查阅了大批资料，引证了《吴志》《晋书》《宋录》《后魏录》《南齐世祖武皇帝遗诏》及《永嘉图经》《茶陵图经》《夷陵图经》中有关茶的史料，左思、张载、王微、鲍令晖等文学家的作品及《尔雅》《方言》《世说》《吴兴记》《神异记》《续搜神记》《孺子方》《枕中方》《坤元录》等著作中有关茶的论述及轶闻趣事，最后一次修订《茶经》，是为四稿。这年《茶经》付梓。

陆羽的《茶经》是一部关于茶叶生产的历史、源流、现状，以及制茶工艺、饮茶艺术、茶德茶风、茶之文化的综合性著述，有"茶业百科全书""茶叶文化宝库""世界茶叶的经典"之称（陈彬藩语）。该书文字精练，内容丰富，具有很高的学术价值。据农史学家们研究，国外流传的《茶经》藏本有39种，仅存于日本的版本就有22种。国内外《茶经》藏本共有109种。南宋时期外传日本。淳熙十四年（1187）四月二十五日，日本荣西禅师第二次来中国天台山万年寺和宁波天童寺学佛品茶，至宋光宗绍熙二年（1191）七月在天童寺领得佛衣、祖印归国，同时将陆羽的《茶经》带回日本。荣西禅师研究《茶经》而用汉字写作《吃茶养生记》，为日本最早的茶书。荣西禅师因此而有"日本国的陆羽"之美誉（日本森鹿三《中国茶传入日本》）。

《茶经》全书分3卷、10章，原著为7211字。目次为：一之源、二之具、三之造、四之器、五之煮、六之饮、七之事、八之出、九之略、十之图。《茶经》叙述的茶叶产地涉及8道43州,即今之川、鄂、湘、赣、皖、苏(包括上海市)、浙、闽、粤、桂、黔、陕、豫等地。《茶经·七之事》辑录上古至唐代茶事48条,征引书(篇)目46种。这是一部富有创意的划时代茶学专著,是一部文学品位很高的茶文化发轫之作。美国威廉·乌克斯在1935年出版的《茶叶全书》中指出:"中国学者陆羽著述第一部关于茶叶之书籍,于是在当时中国农家以及世界有关者,俱受其惠。""故无人能否认陆羽之崇高地位。"《新唐书》云:"羽嗜茶,著《经》三篇,言茶之源、之法、之具尤备,天下益知茶矣。时鬻茶者至陶羽形置炀突间,祀为茶神。"诗人皮日休在《茶中杂咏序》中云:"自周以降,及于国朝茶事,竟陵子陆季疵言之详矣。然季疵以前,称茗饮者,必浑以烹之,与夫瀹蔬而啜者无异也。季疵始为经三卷,由是分其源,造其具,教其造,设其器,命之煮,饮之者除痟而去疠,虽疾,医者不若也。其为利也,于人岂小哉。"诗人耿湋和陆羽联句,称陆羽"一生为墨客,几世作茶仙。"北宋诗人陈师道在《茶经序》中说:"夫茶之著书,自羽始。其用于世,亦自羽始。羽诚有功于茶者也!"宋代诗人梅尧臣说:"自从陆羽生人间,人间相学事新茶。"

《茶经》的著者陆羽是科学家又是文学家,他以科学家的求实精神和诗人的生花妙笔写了一部文采斐然的茶学专著,为茶学添一经典,为文苑增一佳作。

古往今来,诸文学大家对《茶经》的文笔颇为称誉。论其文风,可用四字概括:

(1)严:结构严谨,无懈可击。以"茶者,南方之嘉木也"发端,结尾以"于是《茶经》之始终备焉"收煞,照应前文。全文十章,依次叙茶之源、具、造、器、煮、饮、事、出、略、图,一章一题,一题一议,次第分明,整体结构显得匀称,不枝不蔓,不离不散,各有侧重却又浑然一体。

(2)简:行文简约,篇无赘句,句无赘字,字字珠玑,一以当十。在古代文献中,陆羽7000字的《茶经》和老子5000字的《道德经》是文苑中两枝奇葩,都是智慧的浓缩,博大精深却又惊人的简短。在古圣者看来,他们既然"吐词为经",便不容许多一赘句多一浮字了。《茶经》无论科苑或文苑,都是为文的典范。

(3)丽:指辞采瑰丽。全文用词力求准确雅致,无俗字,无僻字。行文流畅,如诗之语言,如歌之行板,有韵味,有节奏感,读来上口。数十处确切而生动传神的比喻既富表现力,又使文章形象生动。

(4)奥:指言近而旨远。在唐人散文书中,《茶经》的文字是较通俗的,千余年后的今人读它也不觉费解,但藏于字列行间的深意须用心思去琢磨,悟一悟。

陆羽48岁《茶经》付梓后,作为茶学研究告一段落,晚年或重登仕途,或隐居,或著书。陆羽事实上也没有停止他的前进脚步,让生命的光辉黯然失色,而是在其他学术领域,如方志、地理方面尚有发展。美国威廉·乌克斯在《茶叶全书》中说:"陆羽晚年,处境甚佳,为唐皇所器重,以后再寻求生命之玄奥,至775年成为隐士。"我认为陆羽晚年基本如此,说他"再寻求生命之玄奥"也可,说他再造辉煌也可。

二、学术界对陆羽及其《茶经》的评价[1]

晚唐的张又新在《煎茶水记》中引湖州刺史李季卿语:"陆君善于茶,盖天下闻名矣。"书中记载陆羽《名水榜》及其获得经过,还有刘伯刍和他自己对天下名水的排名,由此曾引发了一场历时千余年之久的名水之争。

关于陆羽及所著《茶经》,历史上有许多精当的评价——

《新唐书·陆羽传》:

> 羽嗜茶,著经三篇,言茶之原、之法、之具尤备,天下益知茶矣。时鬻茶者至陶羽形置炀突[2]间,祀为茶神……其后尚茶成风。时回纥入朝,始驱马市茶。

唐《国史补》载:

> 竟陵僧于水边得婴儿者,育为弟子。稍长,自筮得"蹇"之"渐",繇曰:"鸿渐于陆,其羽可用为仪。"乃姓陆氏,字鸿渐,名羽。有文学,多意思,耻一物不尽其妙。最晓茶。巩县为瓷偶人号"陆鸿渐",买十器,得一"鸿渐"。市人沽茗不利辄注灌之。

唐赵璘《因话录》云:

> 陆羽有文学,多奇思,无一物不尽其妙,茶术最著。始造煎茶法,至今鬻茶之家,陶其像,置炀突间,祀为茶神,云:宜茶足利。巩县为瓷偶人,号"陆鸿渐",买十茶器得一"鸿渐",市人沽茗不利,辄灌注之。复州一老僧是陆僧弟子,常诵其《六羡歌》,且有《追感陆僧》诗。

约比陆羽晚出生一个世纪的大唐诗人皮日休,在《茶中杂咏序》中写道:

> 自周以降,及于国朝茶事,竟陵子陆季疵言之详矣。然季疵以前称茗饮者,必浑以烹之,与夫瀹蔬而啜者无异也。季疵之始为《经》三卷,由是分其源,制其具,教其造,设其器,命其煮。俾饮之者除痟,而去疠,虽疾医之未若也。其为利也,于人岂小哉。余始得季疵书,以为备矣,后又获其《顾渚山记》二篇,其中多茶事。后又太原温从云、武威段碣之,各补茶事十数节,并存于方策。茶之事由周而至于今,竟无纤遗矣。

王谠《唐语林》云:

> 江南有驿官,以干事自任,白刺史曰:"驿中已理,请一阅之。"初至为酒库,诸醖毕熟,其外画神,问:"何也?"答曰:"杜康。"刺史曰:"功有余也。"一室曰茶库,诸茗毕贮,复有神,问:"何也?"曰:"陆鸿渐。"刺史益喜。

北宋诗人陈师道[3]以家藏《茶经》版本为基础,参照毕、王、张氏版本,整理校正,成书后作《茶经·序》云:

> 夫茶之著书自羽始,其用于世亦自羽始。羽诚有功于茶者也。上

---

[1] 丁文:《陆羽及所著〈茶经〉的历史评价》,《茶魂》,陕西旅游出版社,2004年版。
[2] 炀突:灶和烟囱。
[3] 陈师道(1053—1102):北宋官员、诗人。字履常,一字无己,号后山居士。彭城(今江苏徐州)人。元祐初苏轼等荐其文行,起为徐州教授,历任太学博士、颍州教授、秘书省正字。一生安贫乐道,闭门苦吟,有"闭门觅句陈无己"之称。陈师道为苏门六君子之一,江西诗派重要作家。亦能词,其词风格与诗相近,以拗峭惊警见长。著有《后山先生集》,词有《后山词》。

自宫省，下逮邑里，外及异域遐陬①，宾祀燕享，预陈于前；山泽以成市，商贾以起家，又有功于人者特可谓智矣。《经》曰："茶之否臧，存之口诀。"则书之所载，犹其粗也。夫茶之为艺下矣，至其精微，书有不尽；况天下之至理，而欲求之文字纸墨之间，其有得乎？昔者先王因人而教，因欲而治，凡有益于人者，皆不废也。

北宋陶谷（903—971），字秀实，邠州新平（今陕西彬县）人，历仕后晋、后汉、后周，入宋后历官兵部、吏部侍郎，礼部、刑部、户部尚书。其《清异记·茗荈录·甘草癖》云：

> 宣城何子华邀客于剖金堂，酒半，出嘉阳严峻画陆鸿渐像，子华因言："前代惑骏逸者为马癖，泥贯索者为钱癖，子者为誉儿癖，耽于褒贬者为《左传》癖，若此叟溺于茗事，将何以名其癖？"杨粹仲曰："茶至珍，盖未离乎草也，草中之甘，无出茶上者，宜追目陆氏为甘草癖。"一座称佳。

元人方回②在《瀛奎律髓汇评》卷18《茶类》中云：

> 茶之兴，自唐陆羽始。今天下无贵贱，不可一晌不啜茶。

元代传记文学家辛文房③将陆羽传记编入《唐才子传》。

陆羽是半个和尚，儿时长在寺院，向积公学习煮茶技术，又交了许多僧人做朋友，他对佛教文化是很熟悉的；他宗老庄，做隐士，隐于山林。明人冯时可④说他"逃名于茶"，所著《茶录》有一段话，曰：

> 鸿渐伎俩⑤磊块⑥著是《茶经》，盖以逃名⑦也。示人以处其小，无志于大也，意亦与韩康市药⑧事相同。不知者，乃谓其宿名。夫羽恶用名，彼用名者且经六经，而经茶乎？张步兵⑨有云："使我有身后名，不如生前一杯酒。"夫一杯酒可以逃名也，又恶知一杯茶之欲以逃名也。

明人李维贞⑩，隆庆二年进士，官至礼部尚书。温陵人林明甫出任竟陵知县的

---

① 遐陬：边远一隅。
② 方回（1227—1305）：字万里，别号虚谷。徽州歙县（今属安徽）人。元朝诗人、诗论家。善论诗文，为江西诗派殿军。南宋理宗时登第，任严州（今浙江建德）知府。元兵至望风迎降，得任建德路总管，不久罢官。方回罢官后，致力于诗，选唐、宋近体诗，加以评论，取名《瀛奎律髓》，共49卷，今有上海古籍出版社2005年版。
③ 辛文房：字良史，西域人，曾官省郎。能诗，与王执谦、杨载齐名。有《披沙诗集》，已佚。
④ 冯时可：字元成，号文所，约生于嘉靖二十年左右，约卒于天启初年。他出生于松江华亭，是隆庆五年的进士。先后任过广东按察司金事、云南布政司参议、湖广布政司参议、贵州布政司参政。一生淡泊名利，著述甚富，文学造诣颇高，与邢侗、王稚登、李维桢、董其昌被誉为晚明文学"中兴五子"。
⑤ 伎俩：手段。
⑥ 磊块：比喻郁积在胸中的不平之气。
⑦ 逃名："法真名可得而闻，身难得而见；逃名而名我随，避名而名我追。"后遂以"逃名"指逃避声名而不居。
⑧ 韩康市药：《后汉书逸民·韩康传》：韩康字伯休，一名恬休，京兆霸陵人。常采药名山卖于长安市，口不二价三十余年。时有女子从康买药，康守价不移。女子怒曰："公是韩伯休耶，乃不二价乎？"康叹曰："我本欲避名，今小女子皆知有我，何用药为？"乃遁入霸陵山中。
⑨ 张步兵：晋张翰的别称。张翰字季鹰，吴郡吴人。有清才，善属文，而纵任不拘，时人号为"江东步兵"。
⑩ 李维贞：明万历时画家、绘墨模名手。生卒年不详。曾和丁云鹏、吴左千等，当时著名墨工程君房、方于鲁，合作绘制《程氏墨苑》和《方氏墨谱》。纹式精巧，细入毫发。上自符玺、圭璧，下迄杂佩，各尽其妙。

第三年重刻《茶经》，李维贞作《茶经·序》云：

> 陆羽所著《君臣契》三卷，《源解》三十卷，《江表四姓谱》八卷，《南北人物志》十卷，《占梦》三卷，不尽传而独传《茶经》，岂他书人所时有此其特长，易于取名耶？如承蜩、养鸡、解牛、飞鸢、弄瓦、削鐻①之属，惊世骇俗耶？……太史公曰："富贵而名磨灭不可胜数，惟倜傥非常之人称焉。"鸿渐穷厄终身，而遗书遗迹，百世下宝爱之，以为山川邑里重，其风足以廉顽立儒，胡可少哉。

宋人童承叙②《题〈陆羽传〉后》云：

> 余尝过竟陵，憩羽故寺，访燕桥，观茶井，慨然想见其为人。夫羽少厌髡缁③，笃嗜坟素④，本非忘世者。卒乃寄号桑苎，遁迹茗雪，啸歌独行，继以痛哭，其意必有所在。时乃比之接舆，岂知羽者哉。至其性甘茗荈，味辨淄渑⑤，清风雅趣，脍炙今古。张颠之于酒也，昌黎以为有所托而逃，羽亦以是夫。

明人朱权（1378—1448），明太祖朱元璋第十七子，晚号臞仙、涵虚子、丹丘先生。洪武二十四年（1391）封宁王。作《茶谱》自序云：

> （茶）始于晋，兴于宋，惟陆羽得品茶之妙，著《茶经》三篇。蔡襄⑥著《茶录》二篇。盖羽多尚奇古，制之为末，以膏为饼。

明人鲁彭，祖籍竟陵，正德年间举人，官广东乐会县知县。作《刻〈茶经〉序》云：

> 夫茶之为经，要矣。行于世，脍炙千古。乃今见之《百川学海》集中。兹复刻者，便览尔。刻之竟陵者，表羽之为竟陵人也。按羽生甚异，类令尹子文。人谓子文贤而仕，羽虽贤，卒以不仕。又谓楚之生贤，大类后稷云。今观《茶经》三篇，其大都曰源、曰具、曰造、曰饮之类，则固具体用之。学者其曰"伊公羹、陆氏茶"，取而比之，实以自况。所谓易地皆然者，非欤？……厥后茗饮之风，行于中外。而回纥亦以马易茶，由宋迄今大为边助。则羽之功，固在万世，仕不仕奚足论也。

明人陈文烛，嘉靖年间进士，累官至大理寺卿。作《茶经》序云：

> 人莫不饮食也，鲜能知味也。稷树艺五谷而天下知食，羽辨水煮

---

① 鐻（jù）：古代的一种乐器，夹置钟旁，为猛兽形，本为木制，后改用铜铸。同虡（jù）。

② 童承叙：字汉臣，一字士畴，明代湖北沔城漕河人，学者、史学家、文学家，长于诗和古文，嘉靖皇帝老师。明正德十五年（1520）进士，授翰林，与茶陵张治、蒲圻廖道南，号称楚三才，而承叙尤俊。选为庶吉士，后任编修、国子司业、左庶子兼翰林院侍讲。所撰《沔阳志》与康海的《武功志》、王九思的《户县志》，被誉为海内三名志，著有《内方集》。

③ 髡缁：指僧尼。僧人穿黑衣，故称。

④ 坟素：泛指古代典籍。《三国志·魏志·管宁传》："敷陈坟素，坐而论道。"

⑤ 淄渑：渑水与淄水的并称。战国时属齐。传说二水相合，齐桓公臣易牙能辨别其味。清徐乾学《感遇》诗："汲水辨渑淄，染丝别黑白。"

⑥ 蔡襄（1012—1067）：字君谟，原籍福建仙游枫亭乡东垞村，后迁居莆田蔡垞村，天圣八年（1030）进士，先后在宋朝中央政府担任过馆阁校勘、知谏院、直史馆、知制诰、龙图阁直学士、枢密院直学士、翰林学士、三司使、端明殿学士等职，出任福建路转运使，知泉州、福州、开封和杭州府事。卒赠礼部侍郎，谥号忠。主持建造了中国现存年代最早的跨海梁式大石桥泉州洛阳桥。蔡襄为人忠厚、正直，讲究信义，且学识渊博，书艺高深，书法史上论及宋代书法，素有"苏、黄、米、蔡"四大书家的说法，蔡襄书法以其浑厚端庄，淳淡婉美，自成一体。

茶而天下知饮。羽之功不在稷下，虽与稷并祀可也。及读《自传》，清清冷冷起四座，所著《君臣契》等书不行于世，岂自悲遇不若禹稷哉？窃谓禹稷、陆羽，易地则皆然。昔之刻《茶经》，作郡志者，岂未见兹篇耶？今刻于经首，次《六羡歌》，则羽之品流概见矣。

明人孙大绶，字伯苻，新都（今浙江淳安）人，生平不详。辑《茶谱外集·茶赋》云：

清文既传于杜育，精思亦闻于陆羽。

明人陈继儒（1558—1639），字仲醇，号眉公，松江华亭（今上海松江）人。万历二十三年（1595）前后著《茶话》，对陆羽的功绩评价云：

昔人以陆羽饮茶，比于后稷树谷，及观韩翃书云：吴王礼贤，方闻置茗；晋人爱客，才有分茶。则知开创之功非关桑苎老翁也。

明人张谦德（1577—1643），一名丑，字叔益、青父，号米庵、蘧觉生，昆山（今上海）人。著《续茶经》云：

古今论茶事者，无虑数十家，要皆大闇小明，近鬯①远泥②。若鸿渐之《经》，君谟之《录》，可谓尽善尽美矣。

明人徐同气，竟陵人，陆羽乡人，官至光禄寺置丞。作《茶经·序》序云：

余曾以屈、陆二子之书付诸梓③，而毁于燹④，计再有事，而屈，郡人；陆，里人。故先镌《茶经》。客曰："子之于《茶经》奚取？"曰："取其文而已。陆子之文奥质奇离，有似《货殖传》者，有似《考工记》者，有似《周王传》者，有似《山海》《方舆》诸记者。其简而赅，则《檀弓》也；其辨而纤，则《尔雅》也。亦似之而已，如是以为文，而能无取乎？"客曰："其文遂可为经乎？"曰："经者以言乎其常也。水以源之盈竭而变，泉以土脉之干涩而变，瓷以壤之脆坚、焰之浮烬而变，器以时代之刓削、事功之巧利为变，其鹜为经者，亦以其文而已。"

客曰："陆子之文，如《君臣契》《源解》《南北人物志》及《四悲歌》《天之未明赋》诸书，而蔽之以《茶经》，何哉？"曰："诸书或多感愤，列之经传者犹有豭⑤冠、伧父⑥气。《茶经》则杂于方伎，迫于物理，肆而不厌，傲而不忤，陆子终古以此显，足矣。"

客曰："引经以绳茶，可乎？"曰："凡经者可例百世，而不可绳一时者也。孔子作《春秋》，七十子惟口授传其旨，故《经》曰：'茶之臧否，存之口诀'，则书之所载，犹其粗者也，抑取其文而已。"

客曰："文则美矣，何取乎茶乎？"曰："茶何所不取乎？神农取其悦志，周公取其解酲，华佗取其益意，壶居士取其羽化，巴东人取其不眠，而不可慨于经也。陆子之经，陆子之文也。"

---

① 鬯：古时祭祀用的酒，用郁金草酿黑黍而成。同"畅"。
② 泥：固执，死板，拘泥。
③ 梓：雕刻印书的木版。
④ 燹（xiǎn）：野火。多指兵乱中纵火焚烧。
⑤ 豭（jiā）：公猪。
⑥ 伧父：泛指粗俗、鄙贱之人，犹言村夫。

明人许次纾[1]（1549—1604），嗜茶之品鉴，并得吴兴姚绍宪指授，故深得茶理。明万历二十五年著《茶疏》，清人厉鹗评价甚高，称"丁未夏日社弟许世奇才甫撰""深得茗柯之理，与陆羽《茶经》相表里"（厉鹗[2]《东城杂记》）。《茶疏·小引》云："余谓然明曰，鸿渐《茶经》，寥寥千古，此流堪为鸿渐益友，吾文词则在汉魏间，鸿渐当北面矣。然明曰，聊以志吾嗜痂之癖[3]，宁欲为鸿渐功匠也。"

明人屠本畯，字田叔，号豳叟，官至福建盐运司同知。万历三十四年（1606）之前著《茗笈》，内云：

> 昔人以陆羽饮茶，比于后稷树谷，然哉。及观韩翃谢赐茶启云：吴王礼贤，方闻置茗；晋人爱客，才有分茶。则知开创之功，虽不始于桑苎，而制茶自出，至季疵而始备矣。嗣后名山之产灵草，渐繁人工之巧，佳名日著，皆以季疵为墨守，即为开山之祖可也。其蔡君谟以下为传灯之士。[4]

清人曾元迈，清代竟陵人，康熙戊戌进士，官至御史。有王子闲者刻印《茶经》，曾元迈作序云：

> ……饮之为道，酒正著于《周礼》，茶事详于季疵……茶之事，由来已久，而茶之著书，始于我竟陵陆子，其利用于世，亦始于陆子。由唐迄今，无论宾祀宴享，宫省邑里，荒陬穷谷，脍炙千古。民国常乐，竟陵寺僧，民国八年刻印《茶经》，作序云：邑之胜在西湖，西湖之胜在西塔寺。寺藏蕻芦杨柳芙蓉中，境邃且深焉。寺东桑苎庐，陆子旧宅，野竹萧森，莓苔蚀地，幽为犹最也。游者无不憩，憩者无不问《茶经》。……

千余年来，学界对于陆羽著《茶经》给予充分的肯定，认为这是茶史上划时代的事件。自此以后，他所创造的煎茶法广为传播，如《封氏闻见记》所言：

> 楚人陆鸿渐为《茶论》，说茶之功效并煎茶、炙茶之法，造茶具二十四事以都笼贮之。远近倾慕，好事者家藏一副。有常伯熊者，又因鸿渐之论广润色之，于是茶道大行，王公朝士无不饮者。

很显然，"茶道大行"是陆羽著《茶经》的直接结果。但陆羽的功劳不止于此。此后出现的贡茶制，第一个"国营"茶厂，产、供、销一条龙的经营方式，还有榷茶制和茶马交易，都与陆羽的参与有直接或间接的关系。此后，茶的用途扩大了，并成为大唐社会最重要的流通商品之一，成了重要的农业生产门类，成了国库重要的财源之一。例如：

《旧唐书·李钰传》载：

> 茶为食物，无异米盐，于人所资，远近同俗，既祛竭乏，难舍斯须，田闾之间，嗜好尤甚。

---

[1] 许次纾（1549—1604）：字然明，号南华，家在钱塘，是明朝的茶人和学者。许次纾因为有残疾没有走上仕途，终其一生不过做个布衣。他的诗文创作甚富，可惜失传大半，只有《茶疏》传世。

[2] 厉鹗（1692—1752）：字太鸿，又字雄飞，号樊榭、南湖花隐等。钱塘（今浙江杭州）人，清代文学家，浙西词派中坚人物。性耽闲静，爱山水，尤工诗馀，著有《宋诗纪事》《樊榭山房集》等。

[3] 嗜痂之癖：原指爱吃疮痂的癖性，后形容怪癖的嗜好。出处《南史·刘穆之传》："邕性嗜食疮痂，以为味似鳆鱼。"

[4] [明]屠本畯：《茗笈》，见叶羽编著：《茶书集成》，黑龙江人民出版社，2001年版。

由以上史料可看出，陆羽对中国茶道的创立和发展的贡献是巨大的。

数个世纪里，陆羽行踪成为人们追寻的圣迹。陆羽第一故乡湖北天门（竟陵）有关陆羽的遗迹多达十余处。竟陵龙盖寺创于晋代，名显于支遁（支道林），因陆羽而声名益显。今寺左侧为支工祠，右侧为陆公祠，文学泉凿其后，寺东500步处为古雁桥，寺北500步"三眼井"为陆羽的"品茶真迹"。其他如有涵碧堂、陆羽亭、陆子井、陆子泉、雁叫关等14处之多。湖州有苕溪草堂、青塘别业、三癸亭、陆羽坟，江西上饶有陆鸿渐宅，苏州虎丘有陆羽楼，广州有陆羽轩。一个作古的名人拥有如此多的纪念性景点或者纪念性建筑物，古今能有几人！个人生前足迹所到之处竟成为后世之人的凭吊之处，非杰出者无此殊荣！

三、宋元明清诗人对《茶经》的评价

北宋苏轼①《寄周安孺茶》云（《全宋诗》卷805）："赋咏谁最先？厥传惟杜育。唐人未知好，论著始于陆。"苏轼指出最早吟咏茶事的是晋人杜育，作有《荈赋》，唐代人对饮茶的好处不够了解，后来陆羽著了《茶经》。诗人对陆羽在茶学界的地位作出肯定。

北宋苏轼《送南屏谦师并引》（《全宋诗》卷814）："先生有意续《茶经》，会使老谦名不朽。"一位善于烹茶的南屏谦师按陆羽《茶经》中的方法为苏轼烹了茶，使苏轼感到很高兴。苏轼认为谦师的烹茶技艺很高是因为学习了陆羽《茶经》的结果。

北宋梅尧臣②《宋著作寄凤茶》（《全宋诗》卷241）："陆氏经不经，周公梦不梦。"在饮茶中，作者悟出一点饮茶之道，但又配不上陆羽《茶经》，思睡又睡不着。

北宋邹浩③《次韵答詹成老谢密云龙之什》（《全宋诗》第35部）："仰惟笔削到《茶经》，亟以将诚归许与。"

宋代释永颐《食新茶》（《云泉诗集》）："《茶经》犹挂壁，庭草积已众。"该诗讲他的煎茶是采用《茶经》所述的方法。虽然庭院有些荒芜，但陆羽的《茶经》仍挂在壁上。宋代茶人对陆羽《茶经》是多么重视！仍按《茶经·十之图》所言："陈诸座隅""目击而存"。

北宋韦骧④《和道中咏怀》（《全宋诗》卷732）："酒轶刘伶颂，茶高陆羽经。庶几延笑语，何事驻长亭。"晋刘伶⑤有《酒德颂》、唐陆羽有《茶经》。作者于

---

① 苏轼（1037—1101）：北宋文学家、书画家。字子瞻，号东坡居士。四川人，一生仕途坎坷，学识渊博，天资极高，诗文书画皆精。著有《苏东坡全集》和《东坡乐府》等。

② 梅尧臣（1002—1060）：字圣俞，世称宛陵先生，北宋著名现实主义诗人。宣州宣城（今属安徽）人。初试不第，以荫补河南主簿。50岁后，于皇祐三年（1051）始得宋仁宗召试，赐同进士出身，为太常博士。以欧阳修荐，为国子监直讲，累迁尚书都官员外郎，故世称"梅直讲""梅都官"。曾参与编撰《新唐书》，并为《孙子兵法》作注，所注为孙子十家著（或十一家著）之一。有《宛陵先生集》60卷，有《四部丛刊》影明刊本等。词存二首。

③ 邹浩（1060—1111）：字志完，常州晋陵（今江苏常州）人。元丰五年（1082）进士，调扬州颍昌府教授。历任右正言、兵部侍郎。学者称道乡先生。著《道乡集》四十卷，《四库总目》传于世。

④ 韦骧（1033—1110）：字子骏，钱塘人。工诗文，著有文集十八卷，赋二十卷。

⑤ 刘伶：魏晋时期沛国（今安徽淮北市濉溪县）人，字伯伦。"竹林七贤"之一。平生嗜酒，曾作《酒德颂》，宣扬老庄思想和纵酒放诞之情趣，对传统礼法表示蔑视。

长亭（长亭：古每十里所置之驿站）停留休息与人谈笑中，便谈及这两位古代的贤人。

北宋张商英①《留题慧山寺》（《全宋诗》卷934）："《茶经》旧说慧山泉，海内知名五十年。"该诗说《茶经》提到的天下名水惠山泉在海内知名已50年了。这从一个侧面说明了陆羽在茶界的权威，举足为法，吐词为经，惠山泉亦因载入《茶经》而闻名。

南宋周李《悦川碾茶》（《宋诗纪事》卷42）："独抱遗经舌本干，笑呼赤脚碾龙团。""遗经"指陆羽《茶经》，意为前朝遗存下来的经典之作。

南宋徐照②《谢薛总干惠茶盏》（《永嘉四灵诗集·芳兰轩诗集（卷中）》）："入经思陆羽，联句待弥明。"朋友赠与的茶盏真是一件无价之宝，这只茶盏应当写入《茶经》中，于是作者思念起陆羽来。还可以找一位像弥明（著名的唐代诗篇《石鼎联句》的作者之一轩辕弥明）那样的人在一块品茶联句。

明代谭元春③《谷雨前三日催僧采茶》（《谭友夏合集》卷22）："晴有云不采，吾闻诸季疵。贵精兼贵少，莫得叶舒时。"诗句多出自陆羽《茶经·三之造》，该诗表明作者以陆羽《茶经》为准则来掌握采茶的方法和采茶的时间。

明代吴宽④《爱茶歌》（《鲍翁家藏集》卷4）云："《茶经》续编不借人，《茶谱》补遗将脱手。"汤翁应是作者自指。由诗可知，汤翁爱茶之深已达到无以复加的程度。汤翁写了《〈茶经〉续编》和《〈茶谱〉补遗》等书。

明代徐祯卿⑤《煎茶图》云："惠山秋净水泠泠，煎具随身挈小瓶。欲点云腴还按法，古藤花底阅《茶经》。"惠山的秋天水格外干净和清凉，煎茶者带着煎茶的器具来到古藤花下，翻开《茶经》，根据《茶经》所示的方法进行煎茶。

明代史谨⑥《谢郭公子送桂花佳茗》（《独醉集》卷中）云："小山有赋缘招隐，陆羽无官合著经。"该诗后四句写对人生的看法。作者认为隐者不出山但写得好诗赋，陆羽无官做但著了《茶经》，同样能闻名于后世。

清代孙枝蔚⑦《与汪汝为坐江深阁》（《溉堂集·溉堂后集》卷3）："看花但恨眼初昏，且把《茶经》共讨论。"据作者自注，江深阁乃茶肆阁名。作者与汪汝为均爱好饮茶，所以他们一同坐在茶馆里研讨《茶经》。

---

① 张商英（1043——1121）：北宋蜀州（四川崇庆）新津人。字天觉，号无尽居士。
② 徐照（？—1211）：南宋诗人。字道晖，永嘉（今浙江温州）人。家境清寒，一生未仕，布衣终身，以诗游士大夫间。
③ 谭元春（1586—1637）：明代文学家。字友夏，湖广竟陵（今湖北天门市）人。天启间乡试第一，与同里钟惺同为竟陵派创始人。论文重视性灵，反对摹古，提倡幽深孤峭的风格，所作亦流于僻奥冷涩，有《谭友夏合集》。
④ 吴宽（1435—1504）：明代诗人、散文家、书法家。字原博，世称鲍庵先生。直隶长州（今江苏苏州）人。成化八年进士第一，状元，会试、廷试皆第一，授修撰。侍讲孝宗东宫。孝宗即位，迁左庶子，预修《宪宗实录》，进少詹事兼侍读学士。官至礼部尚书。其诗深厚醲郁自成一家，著有《鲍庵集》。
⑤ 徐祯卿（1479—1511）：字昌谷，吴县（今江苏苏州）人。明代文学家，被人称为"吴中诗冠"，是吴中四才子（亦称江南四大才子）之一。
⑥ 史谨（约公元1367年前后在世）：字公谨，昆山人。卖药自给，以诗画终其身。撰有《独醉亭集》三卷。
⑦ 孙枝蔚（1620—1687）：清初著名诗人，字豹人，陕西三原人。康熙十八年（1679）举"博学鸿儒"科，因年老不能应试，特旨偕邱钟仁等七人授内阁中书。枝蔚工诗词，多激壮之音。

清代冯景①《月夜与诸寓公步观我轩拈令品茶石榴花下》(《解春集诗钞》卷2)："博学贾逵成酒令，逸情陆羽著《茶经》。"贾逵是东汉人，所著有经传义诂及论难百余万言。酒令是饮酒时助兴取乐的游戏，推一人为令官，余人听令轮流吟诗词，或做其他游戏，违令或负者罚饮。诗借称"茶令"，即诗题中所说的"拈令"。贾逵主酒令，有闲情逸致的陆羽著了《茶经》，当然该由他主茶令。

第二节　张又新《煎茶水记》

张又新，字孔昭，深州(今河北深县)人。唐时，他应试博学宏辞科名列第一，又考中京兆府解头。元和九年(814)状元及第，故时号"张三头"。应征召任广陵府从事，又入朝任补阙之职。李逢吉任山南东道节度使时，表奏张又新为司马，坐田伾事贬为汀州刺史。李逢吉之子李训专政，张又新重新被重用，归朝任刑部郎中，又坐事贬为申州刺史，后迁温州刺史。《唐才子传》卷6言他"喜嗜茶，恨在陆羽后，自著《煎茶水记》一卷"。此书大约著于唐穆宗长庆五年(825)前后，比陆羽的《茶经》晚出40余年。

该书内容包括：

(1) 列举刘伯刍②的"名水榜"，刘伯刍把各地之水列为七等，以扬子江南零水第一至淮水第七；

(2) 列举陆羽的"名水榜"，陆羽把各地之水列为二十品，以庐山康王谷水帘水第一至雪水第二十；

(3) 发表个人见解：认为浙江也有好水，如桐庐严子滩溪水和永嘉的仙岩瀑布水，均不比南零水差。并自述游历桐庐严子陵钓台，说此地"溪色至清，水味甚冷"，用来煎茶，即便"以陈黑坯茶泼之，皆至芳香。又以煎佳茶，不可名其鲜馥也"。实则为严子滩溪水鸣不平，要定其为水状元；

(4) 张又新讲了一个陆羽为李季卿鉴定真假南零水的故事。

《煎茶水记》影响较大，原因有如下数端：这是继《茶经》之后一部专论水的茶著，敢于非议陆羽，似乎有意挑起一场茶学界的百家争鸣，这种气魄已令人瞩目。围绕金山中泠泉是否"天下第一泉"，引起了一场历时千年之久的名泉之争，迨至宋代并形成品水两派："美恶派"和"等次派"。这桩"品水公案"直到清代，由乾隆皇帝用"称水法"一锤定音，确认北京玉泉为"天下第一泉"，并亲撰《玉泉山天下第一泉记》。

由《煎茶水记》不难看出，陆羽在茶学界的巨大影响，事实上，早在唐代茶学已成"陆学"，后世茶人只是诠释《茶经》，或作些补充发挥，如同士子对于儒学，只有注经、说经的份，谁还能越雷池一步超越四书五经？当然，陆羽还不能与孔夫子相提并论，孔子究天人之际，学海无边，而陆羽还只是茶学一个方面的泰斗。

---

① 冯景（1652—1715）：字山公，浙江钱塘人。国子监生。性嗜读书，善属文。康熙十七年诏举博学鸿儒。著有《樊草》十二卷，《樊中集》十卷，《解春集》十四卷。其作品有《奇奴传》。

② 刘伯刍（755—815）：字素芝，今陕西洛川人，累官刑部侍郎左散骑常侍。工书，善八分。

第三节　苏廙《十六汤品》

苏廙，生卒年不详。所著《十六汤品》原卷为其《仙芽传》第9卷中的一篇短文。《仙芽传》早佚。此文见于公元970年成书的《清异录》卷4《茗荈部》，著者陶谷[①]。估计《十六汤品》成文于公元900年，即唐王朝寿终正寝之时。

《十六汤品》主旨是论述煮水、冲泡、盛器、燃料与茶汤品质的关系，对《茶经》中的"茶艺"部分发表了作者的见解。

苏廙将茶汤分为若干品级，认为：

（1）煎茶汤的时间要适中，根据开水滚沸情况可分三品。陆羽在《茶经·五之煮》中讲"三沸判定"法时亦强调"已上水老不可食也"，苏廙对此有新的见解以补充《茶经》。这三品是："第一，得一汤：火绩已储，水性乃尽，如斗中米，如秤上鱼，高低适平，无过不及为度。盖一而不偏杂者也，天得一以清，地得一以宁，汤得一可建汤勋。第二，婴汤：薪火方交，水釜才炽，急取旋倾，若婴儿之未孩，欲责以壮夫之事，难矣哉。第三，百寿汤：人过百息，水逾十沸，或以话阻，或以事废，始取用之，汤已失性矣。敢问皤鬓苍颜之大老，还可执弓抹矢以取中乎？还可雄登阔步以万远乎？"

（2）冲泡缓急不当以致影响茶汤汤品发挥的也有三品，即："第四，中汤：亦见夫鼓琴者也，声合中则失妙，亦见磨墨者也，力合中则失浓；声有缓急则琴亡，力有缓急则墨丧，注汤有缓急则茶败。欲汤之中，臂任其责。第五，断脉汤：茶已就膏，宜以造化成其形，若手颤臂䐊[②]，惟恐其深瓶嘴之端，若存若亡，汤不顺通，故茶不匀粹。是犹人之百脉，气血断续，欲寿奚可，恶毙宜逃。第六，大壮汤：力士之把针，耕夫之握管，所以，不能成功者，伤于粗也。且一瓯之茗，多不二钱，茗盏量合宜，下汤不过六分。万一快泻而深积之，茶安在哉。"

（3）燃料优劣以致影响茶汤汤品好坏的有五品，即"第十二，法律汤：凡木可以煮汤，不独炭也。惟沃茶之汤，非炭不可，在茶家亦有法律，水忌停，薪忌熏，犯律逾法，汤乖则茶殆矣。第十三，一面汤：或柴中之麸火，或焚余之虚炭，木体虽尽而性且浮，性浮则汤有终嫩之嫌。炭则不然，实汤之友。第十四，宵人汤：茶本灵草，触之则败。粪火虽热，恶性未尽，作汤泛茶，减耗香味。第十五，贼汤，一名贱汤：竹筱树梢风日干之，燃鼎附瓶，颇甚快意，然体性虚薄，无中和之气，为茶之残贼也。第十六，魔汤：调茶在汤之淑慝，而汤最恶烟。燃柴一枝，浓烟蔽室，又安有汤耶？苟用此汤，又安有茶耶？所以为大魔。"

此外，茶汤盛器对茶汤品质也有影响，苏廙认为金银最佳，但昂贵，不能广用，铜铁铅锡腥苦且涩，以瓷瓶盛茶为佳。据此分为五品：金银茶具叫"富贵汤"，用石料茶具叫"碧玉汤"，用瓷茶具叫"压一汤"，用铜锡茶具叫"缠口汤"，用陶茶具叫"减价汤"。

在《茶经·四之器》中对饮茶器有较详细的论述，陆羽主张用瓷碗盛茶，且以越瓷为上，文中云："越州瓷、岳瓷皆青，青则益茶。"唐宫茶具崇金贵银，

[①] 陶谷（903—970）：五代至北宋人，字秀实，邠州（今陕西彬县）人。本姓唐，避后晋高祖石敬瑭讳而改姓陶。祖唐彦谦，历任慈、绛、澧三州刺史，有诗名，自号鹿门先生。

[②] 䐊（duǒ）：病症名，见于中医经典《内经》。症见肢体疲困，全身迟缓无力，或瘫痪。

法门寺地宫的"五哥茶具"就是适例。但苏廙认为金银茶具最佳就不科学了，也与《茶经》的见解相背，不足取。

苏廙的《十六汤品》是学习《茶经》的心得之作，对煮水老嫩、注汤缓急、茶具选择、燃料选择的论述有一定学术价值，值得茶学家参考借鉴。

第四节 王敷《茶酒论》

1900年6月22日，在甘肃敦煌的佛教圣地莫高窟中，发现了一个近三米见方的密室，内藏了近六万卷写本文献以及彩色绢画、金铜法器等宝物，其中即有《茶酒论》。

作者王敷是唐代一名乡贡进士，他的《茶酒论》久已不传，自敦煌变文及其他唐人手写古籍被发现后，才得以重新为人们所认识。

《茶酒论》以对话的方式、拟人手法，广征博引，取譬设喻，以茶酒之口各述己长，攻击彼短，意在承功，压倒对方。其文用寓言手法写茶与酒坐而争锋，谁为尊？谁有功勋？茶先出言，极夸自己尊贵："我乃百草之首，万木之花，贵之取蕊，重之摘芽，呼之茗草，号之作茶。贡五侯宅，奉帝王家，时新献入，一世荣华。"酒旋即回击，振振有词："可笑说辞！自古至今，茶贱酒贵。单醪投河，三军告醉。君王饮之，叫呼万岁。群臣饮之，赐卿无畏。和死定生，神明气清。"茶与酒唇枪舌剑，难分伯仲。最后是"水"夫子自道，打个圆场，结论是茶与酒各有用场，相辅相成，才能"酒店发富，茶坊不穷"，更好地发挥效果。《茶酒论》辩诘十分生动，且幽默有趣。茶与酒的争论针锋相对，难分胜负，使读者清楚地明白了两者的长与短。茶与酒相比，茶更显出宁静、淡泊、隐幽，酒更显得热烈、豪放、辛辣，二者体现着人不同的品格性情，体现着人不同的价值追求。如明代文学家、著名茶人陈继儒总结说："热肠如沸，茶不胜酒；幽韵如云，酒不胜茶。酒类侠，茶类隐；酒固道广，茶亦德素。"

王敷是个儒者，他的《茶酒论》代表了儒家对茶与酒的义理解读。纵横古今，发散开来，深长思之，还颇有意思。

附：《茶酒论》（唐）王敷 撰

窃见神农曾尝百草，五谷从此得分。轩辕制其衣，流传教示后人。仓颉①制其文字，孔丘阐化儒因。不可从头细说，撮其枢要之陈。暂问茶之酒，两个谁有功勋？阿谁即合卑小，阿谁即合称尊？今日各须立理，强者光饰一门。

茶乃出来言曰："诸人莫闹，听说些些，百草之首，万木之花。贵之取蕊，重之摘芽。呼之茗草，号之作茶。贡五侯宅，奉帝王家。时新献入，一世荣华。自然尊贵，何用论夸！"

酒乃出来："可笑词说！自古至今，茶贱酒贵。单醪投河，三军告醉。

---

① 仓颉：史皇氏，陕西省渭南市白水县人。《说文解字》记载：仓颉是黄帝时期造字的史官，被尊为"造字圣人"。

君王饮之,叫呼万岁。群臣饮之,赐卿无畏。和死定生,神明歆气。酒食向人,终无恶意。有酒有令,人(仁)义理智。自合称尊,何劳比类!"

茶为(谓)酒曰:"阿你不闻道:浮梁歙州,万国来求。蜀山蒙顶,其(骑)山蓦岭。舒城太湖,买婢买奴。越郡余杭,金帛为囊。素紫天子,人间亦少。商客来求,舡①车塞绍②。据此踪由,阿谁合少?"

酒为(谓)茶曰:"阿你不闻道,剂酒③乾和④,博⑤锦博罗。蒲桃⑥九酝⑦,于身有润。玉酒琼浆,仙人杯觞⑧。菊花竹叶⑨,君王交接。中山赵母,甘甜美苦。一醉三年,流传今古。礼让乡间,调和军府。阿你头恼,不须干努⑩。"

茶为(谓)酒曰:"我之茗草,万木之心。或白如玉,或似黄金。名僧大德,幽隐禅林。饮之语话,能去昏沉。供养弥勒,奉献观音。千劫万劫,诸佛相钦。酒能破家散宅,广作邪淫。打却三盏已后,令人只是罪深。"

酒为(谓)茶曰:"三文一瓮,何年得富?酒通贵人,公卿所慕。曾遣赵主弹琴,秦王击缶。不可把茶请歌,不可为茶交(教)舞。茶吃只是腰疼,多吃令人患肚。一日打却十杯,肠胀又同衙鼓。若也服之三年,养虾蟆得水病苦。"

茶为(谓)酒曰:"我三十成名,束带巾栉。蓦海骑江,来朝今室。将到市廛,安排未毕。人来买之,钱财盈溢。言下便得富饶,不在明朝后日。阿你酒能昏乱,吃了多饶啾唧。街中罗织⑪平人,脊上少须十七。"

酒为(谓)茶曰:"岂不见古人才子,吟诗尽道:渴来一盏,能生养命。又道:酒是消愁药。又道:酒能养贤。古人糟粕,今乃流传。茶贱三文五碗,酒贱中(盅)半七文。致酒谢坐,礼让周旋。国家音乐,本为酒泉。终朝吃你茶水,敢动些些管弦!"

茶为(谓)酒曰:"阿你不见道,男儿十四五,莫与酒家亲。君不见猩猩鸟,为酒丧其身。阿你即道:茶吃发病,酒吃养贤。即见道有酒廣酒病,不见道有茶疯茶癫。阿阇世王为酒杀父害母,刘零(伶)为

---

① 舡:船,俗作舡。
② 塞绍:紧密连续拥塞貌。
③ 剂酒:即齐酒。祭祀时供神的酒。《周礼·天官·酒正》:"大祭三贰,中祭再贰,小祭壹贰,皆有酎数;惟齐酒不贰,皆有器量。"郑玄注:"齐酒不贰,为尊者质,不敢副益也。"
④ 乾和:酒名。唐贞观年间,国运昌盛,酒业大进。杏花村人在名酒"汾清"的基础上,采用熟料拌曲、乾和入瓮发酵、蒸馏制酒,酿出了清澈如水、酒香醇厚的中国酒史上第一家蒸馏白酒。酒名传进朝内,试饮绝佳,令州进贡。因其酿造技术新奇,故定名为《乾和》。
⑤ 博:交易。
⑥ 蒲桃:即葡萄酒。
⑦ 九酝:一种经过重酿的美酒。《西京杂记》卷一:"汉制,宗庙八月饮酎,用九酝、太牢。皇帝侍祠,以正月旦作酒,八月成,名曰酎,一曰九酝,一名醇酎。"
⑧ 觞:饮,喝,向人敬酒,或为古代酒器。
⑨ 菊花竹叶:酒名,即菊花酒、竹叶酒。
⑩ 干努:白使劲。
⑪ 罗织:无中生有地编造、构陷。

酒一醉三年。吃了张眉竖眼,怒斗宣拳。状上只言粗豪酒醉,不曾有茶醉相言。不免求首(守)杖子,本典索钱。大枷磕项,背上抛橡。便即烧香断酒,念佛求天,终身不吃,望免迍邅①。"

两个正争人我,不知水在旁边。

水为(谓)茶酒曰:"阿你两个,何用匆匆?阿谁许你,各拟论功!言词相毁,道西说东。人生四大,地水火风。茶不得水,作何相貌?酒不得水,作甚形容?米曲干吃,损人肠胃。茶片干吃,砺破喉咙。万物须水,五谷之宗。上应乾象②,下顺吉凶。江河淮济,有我即通。亦能漂荡天地,亦能涸煞鱼龙。尧时九年灾迹,只缘我在其中。感得天下钦奉,万姓依从。由自不说能圣,两个何用争功?从今已后,切须和同。酒店发富,茶坊不穷。长为兄弟,须得始终。若人读之一本,永世不害酒癫茶风(疯)。"

(录自《中国古代茶叶全书》)

第五节　温庭筠《采茶录》

温庭筠(约812—866),唐代诗人。字飞卿,旧名岐,并州(州治晋阳,在今山西太原市西南)人,宰相温彦博③之孙。少聪颖,有奇才,能走笔成万言。善鼓琴吹笛。善写浓艳词曲,与李商隐齐名,时号"温李"。《唐才子传》卷6载:温庭筠"才情绮丽,尤工律赋。每试,押官韵,烛下未尝起草,但笼袖凭几,每吟一咏而已,场中曰'温八吟'。又谓八叉手成八韵,名'温八叉.'"然仕途不顺,官终国子助教。著作甚丰,但多散佚,后人辑有《温庭筠诗集》《金奁集》。存词60余首,在唐词中数量最多,大都收入《花间集》。温庭筠涉足茶学,于宣宗大中十四年(860)著《采茶录》一文,约失传于北宋,仅存辨、嗜、易、苦、致五类六则,记事文字不足400字,内容是:

辨:叙述陆羽辨别南零水;

嗜:讲陆龟蒙嗜茶,写品茶诗一首;

易:讲刘禹锡与白乐天易茶醒酒;

苦:叙述士大夫苦于王濛请喝茶,"遭水厄"即言其事;

致:刘琨与弟群书要真茶;

一则:讲煎茶要活火(有焰之火),烹茶有三沸,始、中、终之沸,可用"声辨"之法确定。

这段文字涉及茶艺之"精茶、真水、活火"及茶功,内容未脱《茶经》范围,虽为正宗"茶文",但无创见,不过辑录了作者的一些见闻。④

---

① 迍邅(zhūn zhān):难行貌。
② 乾象:天象,旧以为天象变化与人事有关。
③ 温彦博:字大临,生于北周建德二年,初仕隋,后被罗艺招纳,唐兴,随罗艺投唐,为一代名相。卒于唐贞观十一年,谥曰恭,陪葬昭陵。有文集二十卷,《两唐书志》传于世。
④ 丁文:《大唐茶界名人录》,见《茶魂》,陕西旅游出版社,2004年版。

第六节　封演《封氏闻见记》

封演，天宝末进士，任御史台幕僚。著《封氏闻见记》10卷。《饮茶》一节不过700字，然已成研究唐代茶学的珍贵史料。文虽简，内容却很丰富，涉及茶史、茶功、茶禅、茶俗、茶店、茶贸、茶事（6则），对唐代饮茶时尚形成的原因、经过和现状叙述尤详。其文对陆羽作了全面介绍，包括他的《茶经》、茶具及茶艺表演。文中出现"茶道"一词，文曰："有常伯熊者，又因鸿渐之论广润色之，于是茶道大行，王公朝士无不饮者。"由此说明，唐代"茶道"在中唐渐见雏形。《封氏闻见记》是笔记体，实事实录，史料翔实，茶学家对此深信不疑。封演之鼎鼎大名便频繁出现在各种茶书中。凡研究唐代茶学几乎是"言必称封演"。

附：唐·封演《封氏闻见记》卷六《饮茶》

茶，早采者为茶，晚采者为茗。《本草》云："止渴，令人不眠。"南人好饮之，北人初不多饮。开元中，太山灵岩寺有降魔师大兴禅教，学禅务于不寐，又不夕食，皆恃其饮茶。人自怀挟，到处煮饮。从此转相仿效，逐成风俗。起自邹、齐、沧、棣，渐至京邑城市。多开店铺，煎茶卖之，不问道俗，投钱取饮。其茶自江淮而来，舟车相继，所在山积，色类甚多。楚人陆鸿渐为《茶论》，说茶之功效并煎茶炙茶之法，造茶具二十四事，以都统笼贮之。远近倾慕，好事者家藏一副。有常伯熊者，又因鸿渐之论广润色之。于是茶道大行，王公朝士无不饮者。御史大夫李季卿宣慰江南，至临怀县馆，或言伯熊善茶者，李公请为之。伯熊著黄衫，戴乌纱帽，手执茶器，口通茶名，区分指点，左右刮目。茶熟，李公为歠①两杯而止。既到江外，又言鸿渐能茶者，李公复请为之。鸿渐身衣野服，随茶具而入。既坐，教摊如伯熊故事。李公心鄙之，茶毕，命奴子取钱三十文酬煎茶博士②。鸿渐游江介③，通狎胜流④，及此羞愧，复著《毁茶论》。伯熊饮茶过度，遂患风气，晚节亦不劝人多饮也。吴主孙皓每宴群臣，皆令尽醉。韦昭饮酒不多，皓密使茶茗以自代。晋时谢安诣陆纳，纳无所供办，设茶果而已。按此，古人亦饮茶耳，但不如今人溺之甚，穷日尽夜，殆成风俗。始自中地，流于塞外。往年回鹘入朝，大驱名马，市茶而归，亦足怪焉。《续搜神记》云："有人因病能饮茗一斛二斗，有客欢饮过五升，遂吐一物，形如牛肺。置柈中，以茗浇之，一斛二斗。客云此名茗瘕。"

---

① 歠（chuò）：饮；喝；吸。
② 茶博士：早期白话中指茶馆的伙计。
③ 江介：江左。指长江以东之地。
④ 通狎胜流：与名流交往亲近。

第七节 裴汶《茶述》

裴汶，元和六年（811）授澧州刺史，八年十一月除常州刺史。中晚唐时期，曾任湖州刺史多年，颇有政绩。在长兴顾渚山麓唐贡茶院附近，至今犹有几处当年湖州刺史们在修贡时留下的摩崖石刻，其中一处曰："……湖州刺史裴汶、河东薛迅、河东裴宝方元和八年二月二十三日同游。"据说近处还有斐汶的茶诗石刻，现已难以找见了。而正因为在湖州为官的经历，让他得以充分接触、了解茶事活动，从而撰写了《茶述》这样的著作。有研究者说，古时茶坊间奉陆羽为茶神，常将裴汶、卢仝配享两侧。斐汶《茶述》原书已佚，仅清代陆廷灿《续茶经》卷上存数百字，叙茶功和茶品。斐汶在《茶述》中说："茶，起于东晋，盛于今朝。其性精清，其味淡洁，其用涤烦，其功效和。参百品而不混，越众饮而独高……"这是对茶叶和饮茶之道的至高评价和精深认识，意思是说茶性清味淡，涤烦致和，和而不同，品质独高。

第八节 毛文锡《茶谱》

毛文锡，唐末五代时人，字平珪，高阳（今属河北）人，一作南阳（今属河南）人。年十四，登进士第。已而入蜀，从王建，官翰林学士承旨，进文思殿大学士，拜司徒，蜀亡，随王衍降唐。未几，复事孟氏，与欧阳炯等五人以小词为孟昶所赏。《花间集》称毛司徒，著有《前蜀纪事》《茶谱》，词存三十二首，今有王国维辑《毛司徒词》一卷。毛文锡著有《前蜀纪事》2卷《茶谱》1卷。其事迹见《十国春秋·前蜀》。另据当代学者考证，毛文锡实死于后蜀建立之前。

毛文锡词大都是供奉内廷之作，内容多写歌舞冶游，成就不高。毛文锡于935年前后撰《茶谱》。熊蕃《宣和北苑贡茶录》说："伪蜀词臣毛文锡作《茶谱》。"晁氏说："记茶故事，其后附以唐人诗文。"全书今佚。但其他书中辑有该书片断。

《茶谱》全书除绪论外，分十六则。在其绪论中，简洁地道出了茶事是雅人之事，用以修身养性，绝非白丁可以了解。"盖羽多尚奇古，制之为末，以膏为饼。至仁宗时，而立龙团、凤团、月团之名，杂以诸香，饰以金彩，不无夺其真味。然天地生物，各遂其性，莫若叶茶。烹而啜之，以遂其自然之性也。予故取烹茶之法，末茶之具，崇新改易，自成一家。"标意甚明，书中所述也多有独创。

首先指出茶的功用有"助诗兴""伏睡魔""倍清淡""中利大肠，茶谱去积热化痰下气""解酒消食，除烦去腻"的作用。《茶谱》记载的饮茶器具有炉、灶、磨、碾、罗、架、匙、笕、瓯、瓶等。《茶谱》从品茶、品水、煎汤、点茶四项谈饮茶方法。

附：《茶谱》辑录

彭州有蒲村、堋口、灌口，其园名仙崖、石花等。其茶饼小，而布嫩芽如六出花者尤妙。

眉州洪雅、昌阖、丹棱，其茶如蒙顶制饼茶法。其散者叶大而黄，味颇甘苦，亦片甲、蝉翼之次也。

邛、数邑茶，有火前、火后、嫩绿、黄芽号。又有火番饼，每饼重四十两，入西蕃、党项，重之。如中国名山者，其味甘苦。

蜀州晋原、洞口、横源、味江、青城，其横源雀舌、鸟嘴、麦颗，盖取其嫩芽所造，以其芽似之也。又有片甲者，即是早春黄茶，芽叶相抱，如片甲也；蝉翼者，其叶嫩薄，如蝉翼也。皆散茶之最上也。

雅州百丈、名山二者尤佳。

泸州之茶树，夷獠常携瓢置，穴其侧。每登树采摘芽茶，必含于口，待其展，然后置于瓢中，旋塞其窍。归必置于暖处。其味极佳。又有粗者，其味辛而性熟。彼人云：饮之疗风。通呼为泸茶。

建州方山之露芽及紫笋，片大极硬，须汤浸之，方可碾。治头痛，江东老人多味之。

鄂州之东山、蒲圻、唐年县皆产茶，黑色如韭叶，极软，治头疼。

长沙之石楠，其树如棠楠，采其芽谓之茶。湘人以四月摘杨桐草，捣其汁拌米而蒸，犹蒸麋之类，必啜此茶，乃其风也。尤宜暑月饮之。潭邵之间有渠江，中有茶，而多毒蛇猛兽。乡人每年采撷不过十六七斤。其色如铁，而芳香异常，烹之无滓也。

南平县狼猱山，茶黄黑色，渝人重之，十月采贡。

容州黄家洞有竹茶，叶如嫩竹，土人作饮，甚甘美。

按：以上各条据宋乐史《太平寰宇记》。

1. ［荆州］当阳县青溪山，仙人掌茶。李白有诗。（《事类赋注》卷一七）按：《太平寰宇记》卷八三引《茶谱》云："绵州尤安县生松岭关者，与荆州同。"

2. 峡州：碧涧、明月。（《全芳备祖后集》卷二八）有小江园、明月、碧涧、茱萸之名。（《事类赋注》卷一七）按：后条不云产地。与前条互参，应为峡州事。

3. 涪州出三般茶：宾化最上，制于早春；其次白马；最下涪陵。（《事类赋注》卷一七）按：以上山南东道三州。

4. ［渠州］渠江薄片，一斤八十枚。（《事类赋注》卷一七）按：以上山南西道一州。

5. 扬州禅智寺，隋之故宫，寺枕蜀冈，有茶园，其味甘香，如蒙顶也。（《事类赋注》卷一七，《苕溪渔隐丛语后集》卷一一后三句作"其茶甘香，味如蒙顶焉"。）按：《太平寰宇记》卷一二三扬州江都县蜀冈条下引《图经》云："今枕禅智寺，即隋之故宫。冈有茶园，其茶甘香，味如蒙顶。"《图经》殆即据《茶谱》。

6. 寿州：霍山黄牙。（《全芳备祖后集》卷二八）

7. 舒州。（详附按）按：《太平寰宇记》卷九三引《茶谱》云："杭州临安、于潜二县生天目山者，与舒州同。"知《茶谱》叙及舒州。

以上毛文锡《茶谱》辑考，复旦大学陈尚君编《茶谱》辑存。

第九节 其他涉茶的文史著作

一、皎然《茶诀》

从古到今茶学界都认为诗僧、茶僧皎然著有《茶诀》三卷，早已失传，这种认定是因为历史上的蛛丝马迹。例如：

有学者说唐代茶人及诗人陆龟蒙在顾渚山下置有茶园，还亲自进行茶叶生产实践，自己亲自经营，陆龟蒙的茶学知识与他看过皎然《茶诀》三卷本有关。陆龟蒙参考《茶诀》《茶经》还撰写了《品茶书》，即陆龟蒙的《茶书》，可惜后来也失传。

唐朝有很多诗人都看过此书，唐代很多典籍还引用过《茶诀》，比如《百丈清规》《禅林清规》《五灯会元》等，更有明代著名茶史专家陈师《茶考》指出："陆龟蒙作《品茶》一书，继《茶经》《茶诀》之后。……《茶经》陆季疵撰，即陆羽也。羽字鸿渐，季疵或其别字也。《茶诀》今不传。及览事类赋，多引《茶诀》。此书间有之，未广也。"

陈师，钱塘（杭州）人，明嘉靖年间会试副榜，官至永昌知府。普遍认为，陆羽《茶经》一书中提及的许多茶事、茶理引自《茶诀》。

以上说法虽然是查无实据却事出有因，姑且存疑待考。

二、温从云、段碣之《补茶事》

唐代皮日休《茶中杂咏序》云："自周已降，及于国朝茶事，竞陵子陆季疵言之详矣。……后又获其《顾渚山记》二篇，其中多茶事；后又太原温从云、武威段碣之，各补茶事十数节，并存于方策，茶之事由周至今，竟无纤遗矣。"

三、佚名《茶苑杂录》

检索唐代有关茶文化的资料，多处提及唐代佚名《茶苑杂录》，但此书失传，内容已无从知晓。

四、杨晔《膳夫经手录》

唐代杨晔《膳夫经手录》全四卷（但今仅存残本）。这是唐代的烹饪书。书中介绍了26种食品的产地、性味和食用方法，此外还概述了饮茶的历史，介绍了各地的茗茶。所谓"膳夫"是指朝廷中主掌皇帝饮食的官吏。该书本来可能是为了收集有关唐朝饮食的资料而作的。现已收入《中国食经丛书》。

附：《膳夫经手录·茶》

茶，古不闻食之，近晋宋以降，吴人采其叶，煮是为茗粥。至开元、天宝之间，稍有茶，至德、大历遂多，建中已后盛矣。茗丝盐铁，管榷存焉。今江夏以东，淮海之南，皆有之。今略举其尤处，别为二品总焉。

新安茶，今蜀茶也。与蒙顶不远，但多而不精，地亦不下，故析而言之，犹必以首冠。诸茶春时所在吃之，皆好。及将至他处，水土不同，或滋味殊于出处。惟蜀茶，南走百越，北临五湖，皆自固其芳香，滋味不变。由此重之，自谷雨已后，岁取数百斤，散落东下，其为功德也。

如此饶州浮梁茶，今关西、山东，间阎村落，皆吃之。累日不食，犹得不得一日无茶也。其于济人百倍于蜀茶，然味不长于蜀茶。

蕲州茶、鄂州茶、至德茶，已上三处出处者，并方斤厚片，自陈蔡已北，幽并已南，人皆尚之。其济生、收藏、榷税，又倍于浮梁矣。

衡州衡山团饼而巨串，岁收千万。自潇湘达于五岭，皆仰给焉。其先春好者，在湘东，皆味好。及至滋味悉变，虽远自交趾之人，亦常食之，功亦不细。

潭州茶、阳团茶粗恶、渠江薄片茶由油苦硬、江陵南木香茶凡下、施州方茶苦硬，已上四处，悉皆味短而韵卑。惟江陵、襄阳，皆数千里食之。其他不足记也。

建州大团，状类紫笋，又若今之大胶片。每一轴十斤余，将取之，必以刀刮，然后能破。味极苦，唯广陵、山阳两地人好尚之，不知其所以然也，或曰疗头痛，未详。已上以多为贵。

蒙顶自此以降言少而精者，始蜀茶，得名蒙顶，于元和以前，束帛不能易一斤先春蒙顶，是以蒙顶前后之人竞栽茶，以规厚利。不数十年间，遂新安草市，岁出千万斤。虽非蒙顶，亦希颜之徒。今真蒙顶，有鹰嘴牙白茶供堂，亦未尝得。其上者，其难得也。如此又尝见书，品论展陆笔工，以为无等可居第一蒙顶之列。茶间展陆之论，又不足论也。

湖顾渚，湖南紫笋茶，自蒙顶之外，无出其右者。

陕州茱萸簝，得名近，自长庆稍稍重之，亦顾渚之流也。自是碧涧茶、明月茶、陕中香山茶，皆出其下。

夷陵又近有小江源茶，虽所出至少，又胜于茱萸簝矣。

舒州天柱茶，虽不峻拔遒劲，亦甚甘香芳美，可重也。

岳州浥湖所出亦少，其好者，可企于茱萸簝。此种茶，惟有异，唯宜江水煎得，井水煎即赤色而无味。

蕲州蕲水团黄团薄饼，每斤至百余斤，率不甚麓弱，其有露消者，片尤小而味甚美。

寿州霍山小团，其绝好者，止于汉，美所阙着，馨花颖脱。

睦州鸠坑茶，味薄，研膏绝胜霍山者。

福州生黄茶，不知在彼味峭。上下及至岭北，与香山明月为上下也。

崇州宜兴茶，多而不精，与鄂州团黄为列。

宣州鹤山茶，亦天柱之亚也。

东川昌明茶，与新安含膏争其上下。

歙州、婺州、祁门、婺源方茶，制置精好不杂木叶，自梁宋幽并间，人皆尚之。赋税所入，商贾所贵，数千里不绝于道路。其先春含膏亦在，顾渚茶品之亚列，祁门所出方茶，川源制度略同差小耳。

五、李肇《唐国史补》

李肇，唐朝人（约公元813年前后在世），字里居。累官尚书左司郎中，迁左补阙，入翰林为学士。元和中，坐荐柏耆，自中书舍人左迁将作监。肇著有《翰林志》一卷，《唐国史补》三卷（《新唐书志》及《宋史志》并传于世）。《唐国史补》记载茶人茶事虽只有几则，但史料价值大，广为引用。

附：《唐国史补》有关茶人茶事的记载

韩晋公滉，闻奉天之难，以夹练囊缄盛茶末，遣健步以进御。至发军食，常自负米一石登舟，大将已下皆运，一日之中，积载数万斛，后大修石头五城，召补迎驾子弟，亦招物议也。

……

竟陵僧有于水滨得婴儿者，育为弟子，稍长，自筮，得《寒》之《渐》，繇①曰："鸿渐于陆，其羽可用为仪。"乃令姓陆名羽，字鸿渐。羽有文学，多意思，耻一物不尽其妙，茶术尤著。巩县陶者多为瓷偶人，号陆鸿渐，买数十茶器得一鸿渐，市人沽茗不利，辄灌注之。羽于江湖称"竟陵子"，于南越称"桑苎翁"。与颜鲁公②厚善，及玄真子张志和③为友。羽少事竟陵禅师智积，异日在他处闻禅师去世，哭之甚哀，乃作诗寄情，其略云："不羡白玉盏，不羡黄金罍。亦不羡朝入省，亦不羡暮入台。千羡万羡西江水，曾向竟陵城下来。"贞元末卒。

……

风俗贵茶，茶之名品益众。剑南有蒙顶石花，或小方，或散牙，号为第一。湖州有顾渚之紫笋，东川有神泉、小团、昌明、兽目，峡州有碧涧、明月、芳蕊、茱萸簝，福州有方山之露牙，夔州有香山，江陵有南木，湖南有衡山，岳州有浥湖之含膏，常州有义兴之紫笋，婺州有东白，睦州有鸠沉，洪州有西山之白露。寿州有霍山之黄牙，蕲州有蕲门团黄，而浮梁之商货不在焉。

……

江南有驿吏，以干事自任。典郡者初至，吏白曰："驿中已理，请一阅之。"刺史乃往，初见一室，署云"酒库"，诸酝毕熟，其外画一神。刺史问："何也？"答曰："杜康④。"刺史曰："公有余也。"又一室，署云"茶库"，诸茗毕贮，复有一神。问曰："何？"曰："陆鸿渐也。"刺史益善之。又一室，署云"菹库"。诸菹毕备，亦有一神。问曰："何？"吏曰："蔡伯喈⑤。"刺史大笑曰："不必置此。"

……

常鲁公使西蕃，烹茶帐中，赞普问曰："此为何物？"鲁公曰："涤

---

① 繇：古同"谣"，歌谣。
② 颜鲁公：颜真卿的别名。
③ 张志和（730—810）：字子同，婺州（今浙江金华）人，自号"烟波钓徒"，又号"玄真子"。唐代著名道士、词人和诗人。十六岁参加科举，以明经擢第，授左金吾卫录事参军，唐肃宗赐名为"志和"。因事获罪贬南浦尉，不久赦还。自此看破红尘，浪迹江湖，隐居祁门赤山镇。著有《玄真子》集。
④ 杜康：据历史资料记载，杜康，东周时期人，杜康是春秋时用粮食酿酒的鼻祖。
⑤ 蔡伯喈：蔡邕字伯喈，陈留圉（今河南省开封市圉镇）人，东汉文学家、书法家。权臣董卓当政时拜左中郎将，故后人也称他"蔡中郎"。后汉三国时期著名才女蔡琰（蔡文姬）之父。

烦疗渴，所谓茶也。"赞普曰："我此亦有。"遂命出之，以指曰："此寿州者，此舒州者，此顾渚者，此蕲门者，此昌明者，此氵邕湖者。"

第十节　其他涉茶的医学著作

唐人涉茶的医学著作较多，一般言茶功，即把茶当治病的药物使用，与流行的饮茶文化不是一回事。

唐人陈藏器在《本草拾遗》中竟夸大其词地称"诸药为各病之药，茶为万病之药"，陈藏器还说："茗（茶），苦，寒破热气，除瘴气，利大小肠……久食令人瘦，去人脂，使不睡。"

在《本草拾遗》中，陈藏器还记载了一种似茶非茶的皋芦木，并先后转引东晋裴渊《广州记》、南朝陈代沈怀远《南越志》对皋芦的记述："皋芦叶，味苦平。作饮止渴，除痰不睡，利水明目，出南海诸山。叶似茗而大，南人取作当茗，极重之。《广州记》说:新平县出皋芦。皋芦，茗之别名也，叶大而涩。又《南越志》曰:龙川县出皋芦，叶似茗，味苦涩，土人为饮。南海谓之过罗，或曰物罗，皆夷语也。"皋芦，《茶经》称瓜芦，很多古籍记载其产于广东、四川、贵州等地，似茶非茶，近代少有记述，至今没有定论。一说即是大叶茶，一说是一种大叶冬青。当代苦丁茶一般指大叶冬青,属冬青科植物,叶片大而厚,味较苦(竺济法《陈藏器〈本草拾遗〉载茶功》,《茶博览》2011年第1期)。不知是否一物。

苏敬①撰的《唐本草》第一次将茶列为药品，归入"木部中品"，其词条为："茗，苦荼。茗，味甘、苦、微寒、无毒。主瘘疮、利小便，去痰、热渴，令人少睡。春采之。苦荼，主下气，消宿食，作饮加茱萸、葱、姜等良。"苏敬对茶的药功认识是准确的，其用法是制成茶饮，这与唐人日常饮茶区别不大。在医家看来，饮茶即服药。

药王孙思邈是唐代人，所著《千金要方》以茶为单方治厥头痛，文曰："治卒头痛如破，非中冷又非中风，是痛是膈中痰厥气上冲所致，名为厥头痛，吐之即差。单煮茗作饮二三升许，适冷暖饮二升，须臾即吐。吐毕又饮，如此数过。剧者须吐胆乃至，不损人。"这是一种不加佐料的煮茶法，这种饮法在唐代提出是超前了数百年。不过孙思邈让患者"饮驴"或"灌匏"，不头痛如裂谁肯自讨苦吃？

孙思邈的学生孟诜②是我国第一位食疗专家，他很重视老师的创造，将单茗方收入《食疗本草》，用于治腰痛难转，倒不"灌匏"，仅饮五合，但要加醋二合炖服之，茶中加醋一般饮者大概不会去领教。《食疗本草》载："茗叶利大肠，去热解痰，煮取汁，用煮粥良。又茶主下气，除好睡，消宿食，当日成者良。"③

《新修本草》所载即陆羽《茶经·七之事》所引《本草·木部》内容："茗,

---

① 苏敬：中国唐代药学家，主持编撰世界上第一部由国家正式颁布的药典《新修本草》（又名《唐本草》）。
② 孟诜（621—713）：唐汝州人，少好医药及炼丹术，尝师事孙思邈学习阴阳、推步、医药。
③ [唐]孟诜：《食疗本草》，见王竹星主编：《千金要方白话精解》，天津科学技术出版社，2010年版。

苦茶，味甘苦，微寒无毒，主瘘疮，利小便，去痰热渴，令人少睡。春采之。""苦茶，主下气，消宿食。作饮，加茱萸、葱、姜良。"

综上所述，唐代医生对于茶药用功能的认识见于苏敬的《新修本草》(《唐本草》)、陈藏器的《本草拾遗》、孟诜的《食疗本草》、孙思邈的《千金要方》和《千金翼方》等，其功效主要有：

（1）少睡：《新修本草》和《千金翼方》均称茶"令人少睡"。

（2）明目：《本草拾遗》云茶可"明目"。

（3）去暑：《千金翼方》称茶可治"热渴"，有止渴生津之效。

（4）清热：《食疗本草》称茶可"去热"。

（5）解毒：《本草拾遗》称茶可"除瘴气"。

（6）减肥：《本草拾遗》云茶"久食令人瘦"。

（7）消食：《新修本草》称茶可"消宿食"。

（8）利便：《本草拾遗》利茶"利大小肠"。

（9）治痢：《食疗本草》云："治热毒下痢，好茶一斤，炙，捣末，浓煎一二盏服。久患痢者，亦宜服。"

（10）去痰：《千金翼方》称茶可"去痰"。

第十二章 唐代茶的传播

疏香皓齿有余味
更觉鹤心通杳冥

第一节　唐代茶对外传播的条件

全球公认最早种茶、制茶、喝茶的是中国，中国是茶叶的发源地，其他国家的茶树、种茶及制茶技术和品饮方式都是直接或间接从我国传入的。世界各国均尊称中国为"茶的祖国"。

唐代是我国古代国力最强盛、经济最发达、文化最繁荣的时代，作为当时一个世界性的大国，唐王朝的政治、经济、文化影响远远超出国界，唐代茶的传播和巨大影响就是例证。

一、社会生态为茶的外传提供了政治保障

唐朝的社会生态是健康有序、繁荣昌盛的，政治、经济、文化空前发展，国家统一、稳定、繁荣，这为唐代茶的对外传播提供了政治保障。简言之可概括为四点：首先，唐朝国家统一为茶文化在全国推广创造了有利条件；其次，皇室崇茶并设立贡茶制度，在更深层面上提升了茶叶的精神消费内涵，扩大了民间茶习俗消费的文化意蕴；再次，唐朝多种形式的政府行为进一步扩大了茶的影响，刺激了茶业的发展。例如，唐代皇室把茶叶作为祭祀、礼佛、赏赐之物，实行禁酒令抑酒扬茶，种种制度安排皆有利于进一步刺激民间群体对茶叶的消费，更推动了民间茶业的发展。第四，唐朝活跃的对外交流促进了茶文化向外传播。这种自上而下的饮茶、种茶风尚，全方位地遍及社会的角角落落，这便为唐茶的外传提供了政治保障，也构建了社会基础。①

二、茶产业发展为茶的外传奠定了物质基础

唐代茶叶产区基本形成。根据《茶经·八之出》所载，唐朝茶叶产区分布在8道43州44县，遍及今河南、浙江、安徽、江西、福建等13省。但根据唐朝诗歌传记等史料，显然《茶经》所刊产区不全，特补充26州，即：扬州、升州、温州、庐州、池州、江州、饶州、信州、永州、朗州、岳州、溪州、潭州、辰州、归州、施州、洋州、夔州、忠州、渝州、涪州、嘉州、利州、茂州、资州、封州。合计应为69州。假如每个州有3县产茶，那就是200多个县了，已经形成了区域化格局。也就是说，凡是适宜于种茶的地方，唐人都栽种了茶树。

唐朝茶叶产区不但广泛，形成了区域化，而且重点产区形成了专业化，如在徽州、湖州、睦州、雅州、泸州、建州、蕲州等。徽州祁门县，"邑之编籍

---

① 参考贾跃千；宝贡敏，朱建清：《再论唐代茶文化兴盛的表象与成因》，《茶叶科学》，2009第1期P75。

五千四百余户……山且植茗，高下无遗土，千里之内，业于茶者七八矣，由是给衣食，供赋役悉恃此"（《全唐文》）。茶叶专业户建立家庭手工制茶作坊，除全家参加劳动外，还雇工采制贩卖，如"唐天宝中有刘真清者与其徒二十人于寿州作茶，人致一驮为货"（《太平广记》）。茶叶生产区域化和专业化是唐代茶叶商品化生产的重要标志。① 主要是唐朝安史之乱前后，北方人口大量南迁，为南方茶叶生产提供了必要的劳动力条件。而在南方茶区，带有资本主义萌芽色彩的兼营茶叶生产或专门从事茶叶生产的茶园户应运而生，标志着茶叶商品生产已有了较为坚实的基础。

唐代茶叶的产量迅速增加。茶叶产量，史无记载。"按793年得税钱四十万缗计算，茶叶总值为四百万缗。如以每斤五十文计算，当时产茶量至少为八十万担。"（吴觉农②《茶经述评》）可见吴老是按税钱计算其产量的。除此之外，尚有贡茶、礼茶、自饮茶、私贩茶未包括在内。如果吴老的测算是准确的话，那么唐朝的茶叶产量应在4万吨以上。据吕振羽③著《简明中国通史》载：肃宗乾元二年（759），唐朝全国169州，除逃亡隐漏正税户口外，总户数为3107716户，总人口为31609973人。按茶叶总产量4万吨计算，平均每户占有茶12.87公斤，每人占有茶1.76公斤，说明唐朝茶叶确实有了飞跃发展。

到德宗建中元年（780），全国茶叶产量已达100万老担（约10万吨），茶税收入40万贯，茶叶产值突破400万贯。《全唐文》卷772李商隐《为京兆公乞留泸州刺史洗宗礼状》说："泸州所管五县，……郡连戎玻，地接巴黔，作业多仰于茗茶，务本不同于秀麦。"当地人的收入主要依赖于外销茶叶。在江浙一带，茶叶产品更是覆盖远近。《全唐诗》卷522杜牧《题茶山》有云："山实东吴秀，茶称瑞草魁……泉嫩黄金涌，芽香紫璧裁。"《樊川文集》卷11《上李太尉论江贼书》说："茶熟之际，四远商人，皆将锦绣缯缬、金钗、银钏，入山悉交易。"由于唐代茶叶生产发展，销售旺盛，市场广阔，这便给唐代茶叶的外销提供了充足的货源。

唐代茶文化甚至传播到唐岭南僮族地区。咸通四年（863）七月初一日，唐懿制令："如闻溪洞之间，悉籍岭北茶、药，宜令诸道，一任商人兴贩，不得禁止往来"（《旧唐书卷19上《懿宗纪》）。

另外，唐代茶叶栽培技术的完善，对茶的生物学特性、茶品种的进一步认识，茶园管理经验的积累，茶叶采摘与焙制技术日趋成熟等等，生产技术进步加速了茶叶商品生产的向前发展，而且为茶叶的外传提供了厚实的技术支撑和物质保障。

三、茶文化繁荣使茶叶成为中国形象的典型代表

唐代是我国封建社会经济、文化极为发达的鼎盛时期，特别是开元、天宝年间，物质基础及精神文明都达到了一个新的高峰，从而促进了茶叶生产的发展和饮茶风习的盛行。尤其是唐陆羽《茶经》的诞生，标志着大唐茶文化以及大唐

---

① 吕维新：《茶"兴于唐而盛于宋乎"》，《茶叶通讯》，2002第2期。
② 吴觉农（1897—1989）：浙江上虞丰惠人，原名荣堂，是我国著名的农学家、茶叶专家和社会活动家，也是我国现代茶叶事业复兴和发展的奠基人。
③ 吕振羽：湖南省武冈（今属邵阳）人。撰写了大量史学理论建设的论文，辑入《史学研究论文集》《史论集》《吕振羽史论选集》。

茶道的正式形成与确立。据唐人封演《封氏闻见记》卷6《饮茶》记载：开元中从山东、河北的部分地区，直到当时的首都长安，"城市多开店铺，煎茶卖之，不问道俗，投钱取饮。其茶自江淮而来，舟车相继，所在山积，色额甚多。……古人亦饮茶耳，但不如今人溺之甚，穷日尽夜，遂成风俗。始自中地，流于塞外，往年回纥入朝，大驱名马市茶而归"。又据《唐会要》卷84《杂税》载，长庆元年（821）右拾遗李珏奏："茶为食物，无异米盐。人之所资，远近同俗，既祛渴乏，难舍斯须，田间之间，嗜好尤切。"由此不仅使我们得知，唐时饮茶之风习，已由南方传到北方，并且远传至西北各地。茶叶已成为人们生活中普遍喜爱的饮品，而且使我们看到江淮上众多航船由南向北载运茶叶的一片繁荣景象。当时江淮一带的重要产茶区有江苏、浙江、安徽、江西、湖南、湖北、广东、福建等省，而"舟船之盛，始于江西"，江西是当时南方航船聚集和商品贸易的中心。浮梁，即今江西景德镇市，已是当时茶叶贸易的重要集散地。①

唐代由于饮茶之风兴盛，与之相辅相成的茶文化也随之形成并得到进一步发展。唐代茶文学、茶艺术作品大量涌现。唐代茶人主体是活跃在唐代文坛的诗人和散文家，还包括画家、书法家、音乐家、舞蹈家。唐代茶诗堪称经典的如卢仝《走笔谢孟谏议寄新茶》、皮日休、陆龟蒙唱和的《茶中杂咏》、袁高《茶山歌》、李白《答族侄僧中孚赠玉泉仙人掌茶》、刘禹锡《西山兰若试茶歌》、白居易《睡后茶兴忆杨同州》和《山泉煎茶有怀》等文学作品都集中表现了唐代茶文学的昌盛。与此同时，茶歌、茶戏、茶舞等艺术品类也很盛行。茶文化著作相继出现，其中影响较大的有张又新《煎茶水记》、温庭筠的《采茶录》、苏廙的《十六汤品》等。尤其是陆羽《茶经》，不仅全面总结了唐代以及唐前期我国劳动人民在茶树栽培、茶叶加工及饮用贮藏方面的宝贵经验，在理论上进行了科学阐述，被誉为世界上第一部茶业经典专著。自《茶经》问世，方有茶道，时间自中唐始。大唐茶文化自中唐后发生了很大变化：制茶、煎茶已非一般操作技艺，成为一门文化艺能；茶文化业已成为一门实实在在的学问；唐代茶文化吸收了唐代多种文化，茶事融汇了三教文化；茶事已成"道"的载体，饮茶已成修养教化的手段；进而形成了四个茶文化圈和茶道流派。总之，大唐茶文化已得到空前的大发展，进到一个新阶段，形成了唐茶道，使茶文化成为中国形象的典型代表。

四、交通发达为茶的外传打开了众多渠道

唐朝在扩展对外交通方面无疑是极为成功的。唐代中外交通的空前发达，不仅与邻邦有着积极的文化交流，而且有着广泛的贸易往来。虽然茶叶在当时还不作大宗商品外销，但随着对外交流的扩大和交通的发展，茶叶的种植方法和饮茶习俗已影响传播到邻近的国家和少数民族地区。

唐代的对外贸易主要通过丝绸之路与其他国家交流，对外贸易的商品种类及数量比较丰富，中国的对外贸易此时进入繁荣时期。据苏莱曼《中国印度见闻录》记载，唐末在广州从事贸易活动的外国人有一个时期竟达12万人以上，他们带着香料、药物和珠宝，换取中国的丝织品、茶叶、瓷器等物。

长安的东西两市是商业区，东市有220个行业，邸肆鳞次栉比，"四方珍奇，

---

① 王潮生：《浅议唐代的饮茶习俗》，《农业考古》，1995年第2期。

皆所积集"。西市的繁华比东市还盛，这里居住着许多西域胡①商，还有大食②、波斯③商人，他们开办了收买各种宝物的店铺，定期往返于中国与他们本国之间。洛阳是仅次于长安的大城市，也是唐代对外贸易的商品集散中心之一，有三市，仅南市就有120行、3000多个货摊、400多个店铺，货物堆积如山。这么多的行业、货摊、店铺，能少得了茶行、茶肆、茶店么？何况唐代茶业是一个规模庞大的新兴产业，商家能不趋之若鹜！

通过丝绸之路不仅扩大了唐代贸易，带来了经济的繁荣，同时也是茶与茶文化外传的主要途径。

五、外交活跃为茶的外传起到了促进作用

唐代是一个对外交流发达的伟大时代，随着唐代的对外交流，茶与茶文化得以向外广泛传播和交流。唐代结交的国家和地区多，据史书记载当时与唐交往的国家和地区先后有"七十二国"或"七十余蕃"；互访使臣多，唐朝先后向印度、朝鲜半岛、日本等国家和地区派遣使臣，外国使臣来访的也日趋频繁。当时高丽赴唐的使节有21次，百济20次，新罗104次，日本19次，林邑37次，真腊15次，诃陵13次，五天竺26次，罽宾21次，宁远25次，勃律15次，吐火罗30次，波斯35次，拂菻6次，大食37次；交往的渠道、方式、类型多，有官方和民间的，外国使者来唐的道路有水路和陆路两种；外国人在唐求学供职、经商、定居者多。唐代活跃的对外交流不仅带动了经济的繁荣和文化的发展，而且为茶的外传提供了众多的传播途径。

唐朝国力强盛、政治开明、文化先进，四方纷纷来朝觐见。为彰显国恩，皇上举办宫廷茶宴招待四方使节，朝廷、官府也将茶作为高级礼品赏赐或馈赠给来访的外国使节、嘉宾。《通典·边防典》中列举了与中国发生联系的189个国家、政权和部族，与唐发生联系的国家和地区有三百多个。通过这些交往进一步加快了茶与茶文化的向外传播。

六、僧人互访为茶的外传开辟了新的途径

唐茶的广泛传播也得力于唐代佛教的发展与繁荣，当时僧众不但种茶自用，还常办茶宴招待香客与外来僧人。南海诸国是当时许多中国僧人前往印度求法取经的重要中转站。义净④在《大唐西域求法高僧传》中，收录了从唐初贞观十五年（641）至天授二年（691）年间前往印度求法的61位唐朝僧人的情况。

长安作为隋、唐时代的首都，是对外政治、经济、文化交流的中心，所谓"万国衣冠拜冕旒"，前来中国的外国商人、政界人士、文化界人士、宗教传教士等多云集于此，当时侨居长安的外国人多时数以万计，唐王朝与数以百计的国家和地区有交往、联系。长安地区是中国佛教的核心地区，不少来华僧人受唐代茶风

---

① 胡：古代泛指居住在北方和西方的少数民族，泛指古代来自北方和西方少数民族的东西，也泛指来自国外的东西，如胡琴、胡椒、胡豆等。
② 大食：中国唐、宋时期对阿拉伯人、阿拉伯帝国的专称和对伊朗语地区穆斯林的泛称。
③ 波斯：是伊朗在欧洲的古希腊语和拉丁语的旧称译音。波斯兴起于伊朗高原的西南部。直到1935年，欧洲人一直使用波斯来称呼这个地区和位于这一地区的古代君主制国家。
④ 义净（635—713）：中国唐代僧人，旅行家，中国佛教四大译经家之一。俗姓张，字文明，祖籍范阳（今河北涿县），一说齐州（今山东济南）。

的熏陶，成为传播唐代茶文化的使者。

美国威廉·乌克斯编著的《茶叶全书》（1935年出版）记载"茶树栽培和饮茶习惯布于中国和日本，乃由于佛教僧侣推广，僧倡以茶节欲"。

唐代众多国家的僧侣尤其是朝鲜半岛、日本的僧侣在到中国学佛的同时，传去了茶叶、茶文化。茶是僧人修行打坐的必需品，海外僧人回国时，大多会带回茶叶或茶籽。可见唐时期中国茶叶的生产技术与饮茶艺术、饮茶风尚等茶文化随着佛教的交流而被传播到国外的佛教寺院，后逐渐普及民间，进而进入平民的生活，并日益兴盛。

茶文化的出现把人类的精神和智慧带到了更高的境界，提高了人们的文化修养和艺术欣赏水平。唐代茶文化以其深厚的底蕴和蓬勃生命力，对周边少数民族地区及海外诸国的文化艺术、习俗礼仪等方面产生了深刻影响。从此，中国茶及古老的中华茶文化进入了世界文明，中国茶成为人类的文明饮料，中华茶文化成为世界文化的重要组成部分。唐代创造了茶文化的第一个高峰，物质的输出加上文化的渲染，中国的唐朝获得了世界人民的广泛认同和赞誉，"唐人"[①]作为中国人的文化符号至今熠熠生辉。

第二节　唐代茶文化在周边少数民族地区的传播及影响

清人王夫之，学者称船山先生，杰出的思想家、哲学家、明末清初大儒，其《读通鉴论》卷28有一段说茶史的文字，曰：

> 茶者，古所无也，无茶而何税也？周礼仅有六饮之制。孟子亦曰："冬则饮汤，夏则饮水"而已。至汉王褒《僮约》，始有武都买茶之文，亦仅产于蜀，唯蜀饮之也。六代始行于江南，而河北犹斥之曰"酪奴"。唐乃遍天下以为济渴之用，而不能随地而有，唯蜀、楚、闽、粤依山之民，畦种而厚得其利，其利也，有十倍于耕桑之所获者矣。[②]

王夫之的概括是相当精到的。

唐代是继汉代以来又一个昌盛的朝代，这不仅表现在中原地区的发展水平上，更体现在与周边民族关系的融洽、经济的繁荣等方面。随着唐代茶逐渐进入普通民众的生活，以至于与唐关系密切的北方草原族群以及西部高原民族也养成了饮茶的习惯，所谓"其后尚茶成风，时回纥入朝，始驱马市茶"。唐代茶文化在周边少数民族地区的传播范围广、影响大，兹简述如后。

一、茶入吐蕃

青藏高原不产茶，吐蕃兴起于青藏高原后，大力吸取周边地区的先进文化，唐人饮茶之习也被传入吐蕃，逐渐成为上层人士和寺院僧侣的风习。唐人陆羽

---

① 唐人：原指的是唐朝人，唐朝时期中国空前强盛，海外影响巨大，称当时的中国人为唐人。唐朝覆亡后，由于唐对世界经济、文化的影响，外国人对中国人称为"唐人"的习惯一直未变，从宋元直至明清都是如此。《明史·真腊传》中说："唐人者，诸蕃呼华人之称也，凡海外诸国尽然。"，老一辈的华侨仍喜欢自称"唐人"，至于华侨聚居的地方称为"唐人街"，这几乎举世皆知。

② 王夫之：《读通鉴论》，中华书局，2013年版。

文成公主进藏

《茶经》记载：茶在唐代有五种名称，"一曰茶，二曰槚，三曰蔎，四曰茗，五曰荈"。"其味甘，槚也；不甘而苦，荈也；啜苦咽甘，茶也。"藏语称茶为"槚"，显然是借用了唐时汉人对茶的称呼。可证茶叶是唐时开始大量输入藏区的。

茶传入吐蕃之初，仅仅是被作为一种珍贵的医疗保健品在吐蕃王室中使用，并未作为一种日常饮料。藏文史书《藏汉史集》中有个关于茶叶治病的传说：吐蕃王都松芒布杰得了一场重病，静养之时，王宫屋顶的栏杆角上飞来一只从来没有见过的美丽小鸟，口中衔着一根树枝，枝上有几片叶子，在屋顶上婉转啼叫。吐蕃王派人查看，将小鸟衔来的树枝取来放到卧榻上。他发现这是一种以前没有见过的树枝，于是摘下树叶放入口中品尝其味，顿觉清香，加水煮沸，竟是上好饮料。于是派出众大臣及百姓去寻找这种奇妙的树，历尽艰辛终于在汉地找到了，原来这就是茶树。

西藏茶风的形成主要得益于唐朝的和亲政策。唐人陈陶《陇西行》诗曰："自从贵主和亲后，一半胡风似汉家。"说的就是唐王朝的和亲所带来的政治硕果。

唐王朝最著名的两次和亲，一是唐太宗贞观十五年（641），文成公主嫁给松赞干布；二是唐中宗景龙四年（710），雍王李守礼之女金城公主嫁给吐蕃赞普尺带珠丹。这两次和亲促进了唐朝茶文化在西藏地区的传播。

强悍猛勇的吐蕃王松赞干布并非一介赳赳武夫，他对唐文化很崇拜。早在唐贞观八年（634）即派使臣入唐都长安，对唐文化进行观摩，受到唐太宗李世民的优礼，吐蕃知有茶叶大约在此时。[①] 此后，唐朝与吐蕃间使臣不断，吐蕃遣使至唐曾达125次之多，贸易往来十分频繁。贞观十五年（641）文成公主嫁给吐

---

① 李烈辉：《吐蕃王朝之与茶叶》，《农业考古》，1991年第2期。

唐蕃古道地图

蕃松赞干布，带去了茶叶。由于吐蕃生活在高寒地带，以畜牧为业、乳酪为生，而饮茶恰有止渴生津、解油腻、助消化之功能，故而一开始就备受上层贵族的欢迎。

景龙四年（710年），金城公主西嫁赞普尺带珠丹，带有绵缯绸缎数万匹以及江南名茶等物作陪嫁，并有乐队和技术人员随行。由于金城公主也虔诚信佛且素受宫廷教育熏陶，故将小昭寺之佛祖真像隆重地迎接到了大昭寺，同样也安排汉僧专事寺院管理，而她自己则每天以高洁的茶汤供奉佛祖。据《汉藏史集》记载，随金城公主入土蕃的工匠还根据神话传说中的鸟衔茶枝入蕃、用茶汤治好蕃王疾病的故事，将鸟衔茶枝图画在所制的上等茶碗上（茶碗分三等）。这是吐蕃有专用茶碗之始。在金城公主30年的和亲历程中，力促甥舅会盟。《汉藏史集》云：

> 玄宗开元十六年（728），"吐蕃又请交马于赤岭①，互市于甘松岭②。宰相裴光庭曰：'甘松中国阻，不如许赤岭。'乃听以赤岭（今青海湖东面的日月山）为界，表以大碑，刻约其上。"③

公元743年，唐蕃会盟，立碑于"赤岭"，建立了"茶马互市"。为了交换茶叶，吐蕃曾派专人经营藏、汉茶叶贸易，称为"汉地五商茶"。为此，唐朝专门成立了"茶马司"④，负责与吐蕃之间的茶马贸易。因为边贸的频繁，西藏获得茶叶的

---

① 赤岭：即现今青海省境内的日月山，初唐时名赤岭。位于湟源县西南，在青海湖东南，既是湟源、共和两县的交界处，又是青海农区和牧区的分界线，海拔3520米，是进入青藏高原的必经之地，故有"西海屏风""草原门户"之称。据说当年文成公主入藏途经此山，她怀揣宝镜，登峰东望，不见长安故乡，悲从心起，空镜下滑坠地，一分为二，一半化为金日，一半化为银月，日月交相辉映，照亮着西去的征程。此地成为唐朝和吐蕃实行物资交流和两地使者往来的中转站。现在山隘上尚立有"日月山"三字的青石碑。

② 甘松岭：亦称甘松山，又名松叶岭、松子岭，以产干松得名，在四川松潘县境。唐开元十九年（731）吐蕃请交马于赤岭，互市于甘松岭，即此。

③ 达仓宗巴·班觉桑布：《汉藏史集》，西藏人民出版社，1986年版。

④ 茶马司：官署名。以茶易马，是我国历代统治者长期推行的一种政策。即在茶叶产地和靠近边境少数民族聚居区的交通要道上设立关卡，制定"茶马法"，专司以茶易马的职能。即方便边区少数民族用马匹换取他们日常生活必需品的国家机构。

唐蕃古道

机会多了起来。《唐国史补》中说：

> 常鲁公使西蕃，烹茶帐中，赞普问曰："此何物也？"公曰："涤烦止渴，所谓茶也。"赞普曰："我此亦有。"遂命出之，以指曰："此寿州者，此舒州者，此顾渚者，此蕲门者，此昌明者，此㴩湖者。"

自文成公主、金城公主西嫁后，先是贵族，后是百姓，吐蕃饮茶之风便逐渐盛行起来，不少上层人士不仅拥有茶，而且品类很多。

史籍中有关于吐蕃王室储存汉地各种名茶的记载。在藏文的《汉藏史集》中，有两章（《茶叶和碗在吐蕃出现的故事》《茶叶的种类》）专门介绍茶是如何从汉地传入吐蕃的情况。书中写道：

> 对于饮茶最为精通的是汉族的和尚，此后赤松德赞向和尚学会了烹茶，米札衮布又向噶米王学会了烹茶。这以后依次传了下来。
> 鉴别汉地茶叶好坏的知识篇为《甘露之海》。

在西藏，藏人喝的茶可分为酥油茶、甜茶、清茶，其制作方法也各不相同。而藏人最喜欢喝的是从吐蕃时期就已开始流传的酥油茶。

吐蕃人流行饮茶，其习俗有可能来自三个方面：一是来自于唐王朝上层人士的饮茶风气；二是来自于吐蕃北面的游牧族群回纥人的饮茶习俗；三是来自青唐和甘松一带（今青海和甘南地区）原属于唐王朝的当地居民的生活习惯。由此可知，青藏高原上的人们尽管可能在唐代早期就认识了茶，上层人士在唐代中期就拥有茶并可能会偶尔喝茶，但作为"可以一日无盐，不可一日无茶"的藏区饮茶习俗来说，其形成应该在唐末以后。①

---

① 孙华：《第四讲·文化线路及线性遗产》，北京大学文化遗产保护研究中心。

茶马古道上的运输

二、茶入回纥

在唐朝，随着南方地区茶叶产量的增加、全国饮茶习俗的普及和茶马互市的建立，西北诸多少数民族和汉族展开茶马贸易，其中回纥也算得上一个代表。

唐代封演的《封氏闻见记》记载：

> 古人亦饮茶耳，但不如今人溺之盛，穷日尽夜，殆成风俗，始自中地，流于塞外。往年回纥入朝，大驱名马，市茶而归。

其后，封氏的这种说法被《新唐书》及以后的《文献通考》等史籍沿用。

明代对西北茶马互市做出重要贡献的杨一清[①]也认为："自唐世回纥入贡，已以马易茶。"这种说法更被清代学者所接受。

安史之乱后，"回纥有助收西京功，代宗厚遇之，与中国婚姻，岁送马十万匹，酬以缣帛百余万匹"（《新唐书·食货志》）。后来才渐渐被茶叶替代。在唐代中叶边民入朝，便有了以马易茶的开端，为茶叶传播到边疆少数民族地区开创了先河。

茶马古道形成的必要前提之一，是因为我国北部与西部边疆少数民族地区不产茶，但处于边疆非产茶区各少数民族在日常生活中却需要大量饮茶。边疆少数民族中流传着"宁可三日无油盐，不可一日不喝茶"，"一日无茶则滞，三日无茶则病"等谚语，足见茶是边疆少数民族日常生活必需品。少数民族的大多数人们一旦养成饮茶习俗，其对茶的需求就必须依靠内地农区输入。茶马古道的形成还要有另外一个前提，就是内地农区需要藏区的马。在唐王朝早期，需要茶叶的

---

① 杨一清（1454—1530）：字应宁，号邃庵，别号石淙。南直隶镇江府丹徒（今属江苏）人。成化八年进士，曾任陕西按察副使兼督学。弘治十五年以南京太常寺卿都察院左副都御史的头衔出任督理陕西马政。后又三任三边总制。历经成化、弘治、正德、嘉靖四朝，为官五十余年，官至内阁首辅，号称"出将入相，文德武功"，才华堪与唐代名相姚崇媲美。

回纥王国,都是自己利用入朝等时机,驱赶马匹到唐王朝腹地贩卖,然后自己又购买茶叶带回去,当时还没有唐王朝与回纥官方茶马贸易的现象。回纥的商业活动能力很强,长期在长安的就有上千人,《新唐书·陆羽传》中载:

> 羽嗜茶,著经三篇,言茶之源、之法、之具尤备,天下益知饮茶矣……其后尚茶成风,时回纥入朝,始驱马市茶。

回纥将用马匹换来的茶叶等,除了饮用外,还用一部分茶叶与土耳其等国家进行交易,从中获取可观的利润。

唐代茶文化甚至传播到唐岭南僮族地区。咸通四年(863)七月初一日,唐懿制令:"如温溪洞之间,悉籍岭北茶、药,宜令诸道,一任商人兴贩,不得禁止往来"(《旧唐书》卷19上《懿宗纪》)。

茶马贸易在唐代并没有大规模地发展起来,因为还不具备大规模发展的条件,所以,茶马贸易在与各民族的贸易交往中也无法占据主要地位。但是初级的茶马古道却是唐与少数民族进行政治往来、经济交流与文化传播的绝对通途。正是唐代在各方面的积累,才为宋代茶马贸易的大规模兴盛做了很好的铺垫。

第三节 茶与丝绸之路

中国古代有三样重要的商品,一种是丝绸,一种是瓷器,一种是茶叶——三样商品往往结伴而行,成为唐代外贸的主体,有"三位一体"之说。

当时的外贸主干线有两条:一条是古丝绸之路,一条是茶马古道。丝绸之路主要通向遥远的海外诸国,"茶马古道"的传播主要通向周边少数民族地区。

古代丝绸之路是连接亚、欧、非三大洲的国际交通大动脉,也是东西方进行

唐代丝绸之路

政治、经济、文化交流的纽带。丝绸之路主要有三条：[1]

第一条向西。以长安为起点，经陇西高原沿河西走廊西行，一直通向中亚细亚，最后到达地中海东岸。这是条陆路通道，大约形成于汉唐时期。汉代张骞[2]出西域走的就是这条路；

第二条向南。起于东南沿海通向东南亚、非洲等地。这是通常所说的海上丝绸之路。这条丝绸之路于唐代初步形成，到了12世纪，中国人发明了指南针并将其应用于航海，海上丝绸之路得到了发展；

第三条向东。自中原经辽西、丹东市境过鸭绿江入朝鲜半岛直至日本。这条丝绸之路多半以朝贡、外交为主，素有"贡道"之称。

一、陆上丝绸之路与茶叶的外传

中国茶叶的外传，基本上是与古代的丝绸之路相辅而行，而后期的茶叶贸易又远超过丝绸，所以中国丝绸之路亦可称"茶之路"。

我国茶叶的外传路线，从日本《植物和文化》1973年第九号桥木实《茶的传播史》一文也得到证实，桥木实认为陆路传播路线有四条：一条由我国产茶地向长安集中，然后以新疆地区为中继地，经天山南北路通向中亚、西亚和地中海及东欧；另一条以我国内蒙古和蒙古人民共和国为中界地通向俄国；第三条由东北传入朝鲜；第四条是直接由产茶地在边疆地带传入南亚诸国。

具体情况细说如次：

向南传播，从四川、云南经西藏，延伸到不丹、尼泊尔、印度境内，直到抵达西亚、西非，形成著名的茶马古道。时间至迟在西汉以前，盛于明清。茶马古道原是边地相互沟通土产的人畜小道，开始是由人畜长期行走而自然形成，后因唐宋时期的茶马互市而大兴。茶马古道所经过的周边地区，特别是青藏高原属高寒地区，海拔都在三四千米以上，在当地生活的藏民，需要摄入含热量高的脂肪，以抵抗高山严寒，糌粑、奶类、酥油、牛羊肉是藏民的主食。但却没有什么蔬菜，过多的脂肪在人体内不易分解，必

梅岭——唐代海上丝绸之路的陆路枢纽

---

[1] 袁黎明：《简论唐代丝绸之路的前后期变化》，《丝绸之路》，2009年第6期。

[2] 张骞（约公元前164—前114）：字子文，汉中郡城固（今陕西省城固县）人。汉代卓越的探险家、旅行家与外交家，开拓汉朝通往西域的南北道路——丝绸之路，并从西域诸国引进了汗血马、葡萄、苜蓿、石榴、胡麻等等。

须依赖茶叶分解脂肪，防止燥热。在长期的生活中，藏民创造了喝酥油茶的生活习惯，但藏区不产茶。而在汉族内地，民间役使和军队征战都需要大量的骡马，而藏、川、滇则盛产良马。于是，具有互补性的茶马互市应运而生。这样，藏区和川、滇出产的骡马、毛皮、药材等和内地出产的茶叶、布匹、盐和日用器皿等，在横断山区的高山深谷间南来北往，川流不息，形成一条中外著名的茶马古道。

向西传播，延续古代的丝绸之路到波斯等国。丝绸之路是由张骞在西汉建元三年（前138）出使西域后开辟的。以长安（今西安）为起点，经甘肃、新疆到中亚、西亚，连接地中海各国的陆上贸易通道。应该说明的是，在张骞通西域之前，丝绸之路就早已存在。其起始的时间目前学术界仍有争议。还需要指明的是，丝绸之路的鼎盛时期是汉唐时期，其标志性的现象，是大批阿拉伯商人专程来中国购买丝绸、瓷器、茶叶等，经新疆，远销至波斯等国家。

向北传播，从湖北经河南、陕西、山西、河北、内蒙古、蒙古直至俄罗斯的大通道。时间至迟在明代。

在茶叶外传的四条通道中——

向东到日本、韩国的茶主要以佛教为媒介传入，还谈不上以茶为贸易，也不是专门的茶叶贸易通道。

向南到不丹、尼泊尔、印度的茶，是唐宋时期官方以茶换取战马开辟的茶马古道。元代和清代，入主中原的统治者是北方少数民族，他们并不缺少战马，这条"茶马古道"就改为民间商业通道，主要从事少数民族的边境贸易，是一条从事多种土特产品（包括茶叶）经营的古道。

向西随丝绸之路外运的茶，是中西贸易中的重要货物之一，但这条通道主要的是运送丝绸和瓷器，茶叶只是副产品。在这条路上曾有过茶马互换的专用场所，那只是封建王朝因战事需要而开设的临时场地，还谈不上是专门的茶叶贸易通道。

向北外运的茶，是专门为茶叶贸易而开通的通道。这条通道要经过自然条件非常恶劣的区域，又没有现存的通道可借用，必须开辟专门的通道。这条路因茶叶贸易而开辟，又因茶叶贸易而兴盛，最后因茶贸易衰败而废弃，可以说是一条严格意义上的茶叶贸易大通道。——要说明的一点是，茶运俄罗斯虽然不是在唐代发生的事，但沿此路将茶输往北方少数民族地区是不可否认的历史事实。

陆上丝绸之路成为当时中国西南通往境外的通商官道，史上曾在沿途设置一些郡县及邮亭。可见，唐代的丝绸之路，它不但对国内各民族的经济文化发展起到了重要作用，而且对整个中华民族和世界文明的发展作出了巨大的贡献。中国的丝绸、瓷器、茶叶输出国外，而国外的琉璃、宝石和翡翠输入内地。因此，丝绸之路不仅联系起了中国和其他文明古国，而且对于茶叶的向外传播也起到了桥梁的作用，在唐代兴盛了很长一段时间。

二、海上丝绸之路与茶叶的外传

海上丝绸之路是古代海道交通大动脉。自汉朝开始，中国与马来半岛就已有接触，尤其是唐代之后，来往更加密切。作为往来的途径，最方便的当然是航海，而中西贸易也利用此航道做交易之道，这就是我们称之的海上丝绸之路。

海上丝绸之路主要有三条：一条由浙江直通日本；另一条则是从福建、广州通向南亚诸国，然后经马来半岛、印度半岛、地中海走向欧洲和非洲；第三条是从广州、上海直接越太平洋通往美洲各地。

　　唐代（618—907）开始从广州起航的南海航路，是海上丝绸之路的重要通道。这条南海丝绸之路对促进各国之间的物质和文化的相互传播和影响，起到了重要的媒介作用。茶叶在此时还没有形成贸易规模，只是有幸通过此途向外传播，渐渐地使国外认识、了解中国茶。

第四节　唐代茶文化在日本的传播及影响

　　唐朝是6—9世纪世界上最先进的国家，繁荣的经济造就了灿烂的文化，也造就了丰富多彩的饮食文化，其中包括别具一格的茶道。宏伟壮丽的首都长安是世界文明的中心，来自亚洲诸国的留学生和学问僧集聚长安，尤其是日本派遣了一批又一批遣唐使①携留学生、学问僧前往长安。他们在求法过程中，受到中国寺院茶文化的熏陶，回国时把佛教文化和饮茶文化同时带回了日本，他们充当了中日茶文化交流的主要媒介和使者。

　　中国茶何时传入日本？据文献记载，隋文帝开皇年间，日本圣德太子时代（593—710），在药师寺药草园中发现有栽茶的痕迹，在弥生②后期发掘的文物中有出土茶籽，说明飞马时代日本已经种茶了（陈椽《茶业通史》）。

日僧荣西从中国带回茶种，由弟子慧明播种在日本拇尾山

---

　　① 遣唐使：从公元七世纪初至九世纪末的约两个半世纪里，日本为了学习中国文化，先后向唐朝派出十几次遣唐使团。其次数之多、规模之大、时间之久、内容之丰富，可谓中日文化交流史上的空前盛举。遣唐使对推动日本社会的发展和促进中日友好交流做出了巨大贡献，结出了丰硕的果实，成为中日文化交流的第一次高潮。

　　② 弥生：弥生文化是由发现弥生式陶器的东京都文京区弥生町而得名弥生时代。

日本奈良时代[1]，圣武天平元年（729），即我国唐玄宗开元十七年。根据是日本《古事根源》和《奥仪抄》二书的记载，日本圣武天皇天平元年（729）"御诏百僧于禁廷，使其讲大般若经，赐茶众僧"。这年四月八日召100个僧侣入禁廷，讲《大般若经》四天，第二天有行茶仪式，以茶赐百僧。这大概是日本茶道史上第一次规模较大的聚饮，是"禅宗茶道"的"初级阶段"。高僧行基[2]（658—749）一生建筑寺院不少，书中有"在寺院中种茶"之语。

鉴真大师塑像

日本饮茶文化历史悠久，但它最早的源头在中国唐代。从唐贞观五年（631）至唐昭宗乾宁元年（894）的260多年间，日本多次派出遣唐使、留学生和留学僧来华。他们既是政治使节，又是文化使节。在政治、文化、佛教以及茶文化方面进行了广泛的交流。

谁最早向日本传播唐朝饮茶风尚，有学者认为功劳应归功于唐朝高僧鉴真大师。据史载，唐开元二十二年（734）日僧荣睿、普照来中国学佛，后于公元742年专程到扬州请鉴真和尚东渡弘扬佛法。鉴真[3]五次东渡均遭失败，终于在公元753年12月第六次东渡成功，登上了日本国土。由鉴真创立的唐招提寺[4]内设"茶所""茶室"。鉴真大师带去了大量的中国佛教经典、雕刻、绘画、医药、书法等文化艺术品，同时将中国的饮茶风尚传到了日本，这个结论是有历史依据的。日本森本司朗《茶史漫话》引言中也说："作为文化之一的饮茶风尚，由鉴真和尚和传教大师带到了日本。"[5] 中国茶文化传到日本的最早时间，距今已有1240年了，要比一般茶书上说的日僧最澄、空海将中国茶籽带回日本的时间，恰好早了半个世纪。

---

[1] 奈良时代：710年，日本天皇迁都平城京（今奈良），开始日本历史上知名的"奈良时代"（710—794）。此期间，历代天皇注重农耕，兴修水利，奖励垦荒，社会经济得到大力发展。此时受中国盛唐文化的影响，又通过唐朝接受到印度、伊朗的文化，从而出现了日本第一次文化全面昌盛的局面。于794年，天皇迁都到平安京标志"奈良时代"结束，开始"平安时代"。

[2] 行基：行基是日本奈良时代的高僧。向道昭、义渊学法，后巡游诸国，架桥，筑堤，教化民众，被称为行基菩萨。协助建造东大寺和大佛。

[3] 鉴真（688—763）：中国唐朝僧人，律宗南山宗传人，日本佛教律宗开山祖师，著名医学家。日本人民称鉴真为"天平之甍"，意为他的成就足以代表天平时代文化的屋脊（意为高峰）。

[4] 唐招提寺：著名古寺院，位于日本奈良市西京五条街，公元759年中国唐朝高僧鉴真所建。最盛时曾有僧徒3000人。有金堂、讲堂、经藏、宝藏以及礼堂、鼓楼等建筑物。其中金堂最大，以建筑精美著称。有鉴真大师坐像。金堂、经藏、鼓楼、鉴真像等被誉为日本国宝。

[5] [日]森本司朗著，孙加瑞译：《茶史漫话》，农业出版社，1983年版。

唐代茶和茶文化传入日本，日本和尚起了最为重要的作用，他们是茶文化的积极学习者和给力的传播者。公元803年，日本遣藤原葛野麿等入唐，这是日本第17次派遣唐使。这些人中有最澄、空海、圆仁等留学僧。《空海奉献表》《日本后记》《拾芥抄》《经国集》《与海公饮茶送归山》《答澄公奉献诗》《和出云巨太守茶歌》等诗文和书中记载了他们研习茶道之事。他们"虚至实归"，不仅带回去先进的经济和文化，而且也把种茶技术和饮茶文化带回日本。

一、唐茶传日的重要人物及茶事①

永忠——

约在公元777年，日本高僧永忠来华，20年后与空海、最澄同年归国。约30年的留学生活使永忠成为日本国第一茶僧。他归国后掌管崇福寺和梵释寺，率先引进中国的寺院茶礼。永忠在唐学习了三十多年，因此有专家认为：是永忠将中国的佛教思想和唐代种茶、制茶、煮茶之技传给了最澄。由最澄创立的睿山延历寺北面临琵琶湖的地方所植的茶树，也是在永忠的旨意下栽种的。永忠在804年回到日本后，受到了天皇的器重，当嵯峨天皇游幸路过他掌管的寺院时，永忠献上了一碗茶，作为对天皇的盛情招待。据《日本书纪》弘仁六年（815）四月的一项记载：(译文)"癸亥，嵯峨天皇②游幸③近江国滋贺韩崎港，路过崇福寺。永忠和尚率众僧奉迎于寺。天皇下乘后进佛堂礼拜。之后又到梵释寺，下乘赋诗。皇太弟及群臣和者众。永忠亲手煎茶献与天皇。"据《日本书纪》的另一项记载，当嵯峨天皇喝到这种美妙滋味的茶汤时，兴奋无比。嵯峨天皇于两个月后（815年6月）命令京畿内地区及近江、播磨等地种植茶叶，以备每年进贡用。这就是日本的"御茶园"。永忠的非凡之举为日后茶成为日本国饮立下头功。

最澄——

俗姓三津首，幼名广野，日本近江国滋贺郡人。少从近江国师行表高僧出家，后赴南部，在鉴真生前弘法的东大寺受具足戒，并学习鉴真和思托带来的天台宗经籍。唐贞元二十年（804）四月，最澄奉诏随遣唐使入唐交流，与弟子义真于唐德宗贞元二十年（804）乘遣唐使船到达明州（宁波），后赴长安学佛。延历二十三年（805）九月一日，最澄自长安出发去台州，乃从道邃④大师学《摩诃止观》等。后往参天台山，礼国清寺并至佛陇寺从座主行满学习其他天台教义。行满在当佛陇寺座主之前，曾是佛陇寺所属的智者塔院的茶头。茶头的职责是为佛龛献茶，为僧僚主持茶仪，为客人供茶。在天台山，每个寺院都配有茶头，广义的茶

---

① 丁文：《古代旅华的外国友人》，见《茶魂》，陕西旅游出版社，2004年版。
② 嵯峨天皇：日本第52代天皇，在位时间自809年（大同4年）5月8日至823年（弘仁14年）5月29日。嵯峨天皇的名字是神野，在位期间大力推行"唐化"，从礼仪、服饰、殿堂建筑一直到生活方式都模仿得惟妙惟肖。嵯峨天皇不恋权位，反倒寄情琴棋书画，倘徉山水之间，是位无为而治的信奉者，他迷恋汉学，在诗赋、书法、音律方面都有相当的造诣。
③ 游幸：指帝王或后妃出游。
④ 道邃：唐代僧。中国天台宗第七祖。长安人，俗姓王。早岁住宫，官至监察御史，后舍荣位出家，二十四岁受具足戒，入湛然门下，习天台教观。其后，讲说于江东。贞元十二年（796）登天台山，居国清寺九年，讲授法华三大部，指导众僧。贞元二十年，移住浙江龙兴寺。翌年，传授日僧最澄天台止观，并授予大乘菩萨戒。后，圆寂于国清寺。世称止观和尚。师之门下有守素、广修、干淑等人。著述有《大般涅槃经疏私记》十卷、《维摩经疏私记》三卷、《摩诃止观记中异义》一卷（干淑集）。

头即是寺院的礼宾司长，是寺院中最懂茶的人。最澄从师行满虽仅仅三十日，但很难想象彼此之间没有茶事。也许正是由于行满的影响，最澄才在回国时带去了天台山的茶籽。天台山是一个茶的盛产地，最澄在天台山体验植茶、饮茶之事是完全可推定的。805年春，最澄辞别天台，随遣唐船回日本。台州刺史陆淳召集台州地区的官人、名儒、名僧为最澄饯行。本次饯行会以茶代酒，可称得上是饯行茶会。台州司马吴颉写《送最澄上人还日本国序》中言："三月初吉，退方景浓，酌新茗以饯行，劝春风以送远。"805年5月，最澄回到日本，开创了日本天台宗，同时还把从天台山带回的茶籽播种在位于京都比睿山麓的日吉神社，结束了日本列岛无茶的历史。至今，在日吉神社的池上茶园仍矗立着"日吉茶园之碑"，碑文中有"此为日本最早茶园"之句，其周围仍分散着几株一人高的茶树。行丸著于1575—1577年的《日吉社神道秘密记》中写道："日吉茶园之碑为传教大师最澄所立，其周围有茶树簇拥，其茶籽是最澄传教大师从唐土带来，归国后播此地。"①

最澄回国以后，812年，最澄与弟子泰范一起，拜空海为师，接受了空海的灌顶，成为空海的受法弟子。可是后来，最澄的弟子泰范被空海的学识所吸引，转向从师空海。由此，最澄与空海的关系便疏远起来，甚至不相往来。最澄为使泰范改过，回到自己的身边来，给泰范寄了10斤茶，用以感化泰范。此历史事件发生在816年的春夏之交，距最澄回国已有约10年之久，这十年中也没有日本遣唐史的往来，其上述中的10斤茶不可能是中国茶。这说明在816年前后，日本已有了一定规模的茶园，也说明在平安时代②的寺院里，茶已开始成为一种必需品、常用品。最澄在传播中国佛教文化和饮茶文化的过程中，还得到了当时日本的最高统治者嵯峨天皇的大力支持，嵯峨天皇《和澄上人韵》中说的"羽客亲讲席，山精供茶杯"两句便涉及了饮茶。(滕军《中日茶文化交流史》)最澄是唐朝与日本文化交流的友好使者，传播唐代茶文化的先驱。

空海——

日本赞岐（今香川）人。15岁入平安（今京都）学汉学，后信奉佛教。谥号弘法大师，密号遍照金刚。31岁时空海大师于公元804年（唐贞元二十年，即陆羽《茶经》问世后24年）随日本遣唐使入唐求法。空海入唐时，陆羽的《茶经》已问世24年，陆羽种茶、制茶、饮茶的学说在中国已传播开来，饮茶已成比屋之饮。这些日本僧人入乡随俗，耳濡目染，亦成茶僧。804年8月10日空海一行在福建省霞浦县赤岸村（唐代为长溪县赤岸镇）海口登陆。空海等人在赤岸逗留了41天，在这段时间，空海除协助大使忙于人员休整、修理船舶和联系唐官员外，还顺路到过"八闽第一古刹"的建善寺朝拜。建善寺地处现霞浦城东华峰山麓，寺院周围是红壤山地，树林茂密，山上可能有茶树栽培。《新唐书·地理志》记载唐代长溪已是福州茶叶生产的重要产地。晋代温麻县已有饮茶

---

① [日]祝著行九：《日吉社神道秘密记》，转引自滕军：《中日茶文化文流史》，（北京）人民出版社，2004年版。

② 平安时代：是日本古代的最后一个历史时代，从794年桓武天皇将首都从奈良移到平安京（现在的京都）开始，到1192年源赖朝建立镰仓幕府一揽大权为止。平安时代日本与中国有非常紧密的交往，在日本儒学得到推崇，同时佛教得到发展。

西安青龙寺空海纪念碑

习俗，到唐代长溪栽茶、饮茶已达盛时。长溪县官员与民众在招待礼仪中，一定烹茶招待空海等人，空海大师41天时间在长溪县必然接触到茶，有可能在长溪县内对茶树栽培与制茶产生兴趣。空海在长溪吃过红籼米，饮过龙首茶，了解了茶叶采制技术，这个阶段应该是空海入唐学习华夏茶文化的起始点。空海等人于贞元二十年十二月到达京都长安，历程三个多月时间里，空海等人历经了唐陆羽《茶经》记载的茶叶产地，岭南的福州（福建闽侯）、建州（福建南平、建瓯）、浙西的杭州、淮南的扬州等茶区。空海等人一路徒步或乘船，经名城、入茶乡，领略了唐代兴盛的茶文化，亦考查了茶区风情风貌。

空海804年8月入唐后，没有与最澄同上天台山，而是跟随遣唐使转辗4个多月抵达长安求学。空海经人介绍来到青龙寺从惠果受法，受密宗嫡传。在长安期间，空海应召去宫廷讲法，皇上以茶招待并赐茶以示奖掖。806年，空海带着新译佛经、法器、佛像、诗文、字帖等回到日本，将其与带回的茶籽并献给了嵯峨天皇。至今，在空海回国后住持的第一个寺院——奈良宇陀郡的佛隆寺里，仍保存着由空海带回的碾茶用的石碾及茶园的遗迹。美国威廉·乌克斯《茶叶全书》记载："僧侣弘法大师（名空海）从中国研究佛学归去，亦对茶树非常爱好，且见邻国（即中国）皇室及寺院中茶文化发达之情形，深表羡慕，故极思在其本国内造成同样或更伟大之地位。彼亦携多量茶籽，分植各地，并将制茶常识传布国内。"另载"日本寺院对于栽茶一事显然获得相当成功。弘仁六年（815）嵯峨天皇巡游至滋贺之梵释寺，寺僧献茶，皇饮之大悦，乃在首都附近五县广种茶树"。空海经常应邀出入天皇的宫廷，奉敕举行求雨、攘灾的法事，与嵯峨天皇论经酌茶。

嵯峨天皇《与海公饮茶送归山》（海公即空海）诗云："道俗相分经数年，今秋晤语亦良缘，香茶酌罢日云暮，稽首伤离望云烟。"这里说，嵯峨天皇与空海不忍分开，他们共酌香茗，互道惜别之情（滕军《中日茶文化交流史》）。

空海是806年回国，835年圆寂的，其间大约有30年。在这30年里，空海一直以茶为伴。空海在谢嵯峨天皇寄茶的书简中这样写道："思渴之次，忽惠珍茗，香味俱美，每啜除疾"（空海《高野杂笔集》）。813年，39岁的空海在他的一首感怀诗的序文中这样写道："曲根为褥，松柏为膳，茶汤一碗，逍遥亦足。"814年，他还在《献梵字及杂文表》中写到他淡泊的日常生活："窟观余暇时习印度之文，茶汤坐来，乍阅振旦①之书。"意思是说，在主持法事之余，抓紧时间学习梵文佛典，翻阅中国书籍，茶是陪伴他读书写作的伴侣。空海不仅自己饮茶爱茶，还积极地向周围的友人推荐茶饮。从五位下（日本平安时代的一种官位）的仲雄王在《谒海上人》中写与空海一起饮茶的情景："石泉洗钵童，炭煎茶孺……瓶口插时花，瓷心盛野芋"（《凌云集》）。在当时日本非常有名的一位学者小野岑守（778—830）在寄予空海的诗中也有言："野院醉茗茶，溪谷饱兰芷"（《经国集》）。另有空海在给元兴寺护命僧正的八十岁贺寿诗中亦有"聊与二三子，设茶汤淡会，期醍醐淳集"（《性灵集》）的诗句。通过对以上零星史料的考察，可以得知：空海在从大唐回国后，一直积极地实践、宣传、推广饮茶，他不仅自饮，还与天皇、贵族、朋友同饮，对弘仁茶风的形成起到了积极的推动作用（滕军《中日茶文化交流史》）。

日本的茶道与空海的关系是极为密切的。空海为中日茶文化交流作出巨大贡献，成为中日茶文化交流的友好使者。

圆仁——

日本学问僧慈觉大师圆仁及徒惟正、惟晓、侍役丁雄万等一行四人在唐文宗开成三年（838）随遣唐大使藤原常嗣一行"入唐求法"，于唐开成五年八月到达长安。在长安从元政、义真学密宗，又从在长安的南天竺宝月学

当代日本茶道

---

① 振旦：古代印度对中国的称呼。唐玄应《一切经音义》卷十八："振旦，或作震旦，或言真丹，皆一也。旧译云汉国。经中亦作脂那，今作支那。"

梵文。在长安历时9年7个月，于大中元年（847）离开长安踏上归途。归国时带回经典800余部及佛像多尊。回国后，著有日记体裁的《入唐求法巡礼行记》4卷，书中对他们一行抵达扬州府后，经淮安、登州、青州、淄州、齐州、德州、冀州、赵州、五台山、忻州、太原、绛州，由龙门渡过黄河，经朝邑到长安的沿途见闻，记述颇详。在他的笔谈中保存了从小城市到穷乡僻壤的种种茶事消息，重现了一千二三百年前从长江之滨到八百里秦川的饮茶风尚，这是极为可贵的历史证言。

现在，先看看圆仁在农村是怎样吃茶的。

"到如皋"，去"茶店暂停"；"到黄县界"，"斋后行十里，到乔村王家吃茶"；到莱州，"到潘村潘家断中"，"就主人乞菜、酱、醋、盐，不得。遂出茶一斤买得酱菜"；到镇州节度府，"向正北行二十里，到南接村刘家断中"，主人"长设斋饭"，"入宅不久，便供饭食。妇人出来慰客数遍，斋了吃茶"；"到长白山东南"，"于仙人台前不村史家吃茶……史家宿。竟夜狗吠，恐惧不眠"；到郑州，"行十五里，回头望西，见辛长史，走马赶来……遂于土店里吃茶，语话多时"。

再看看圆仁在城市的茶事活动。

在扬州，"新罗译语刘慎言细茶十斤，松脯赠来"；在平县，"参见使君，邀上厅里吃茶"；到唐县，"西行二十里，到乘夫馆吃茶"；到登州，"赴肖判官请，到宅吃粥，汤药茗茶周足"，"尚书赐给布三端，茶六斤"，"行前，向节度使张员外道别"，"员外唤入衙里，给茶饼食，啜茶"。圆仁离开长安回归时，"出府到万年县"，大理卿中散大夫御史中丞杨敬之遣使来问："何日出城，取何路去，兼赠团茶一串。"又"李侍卿相送到春明门外，吃茶"。职方郎中杨鲁士送"潞绢二匹，蒙顶茶二斤，团茶一串"。

唐代茶的传播

最后，看看圆仁在各地佛寺的茶仪。

在扬州开元寺，登阁上，相公及监军并州郎中、郎官、判官等，皆椅子上吃茶，见僧等来，皆起立作手，并礼唱且坐，即俱坐椅上"啜茶"；在扬州延光寺，"当寺庆僧正入寺，屈诸寺老宿于库头官茶官饭，百种周足，兼设音声"；午到拟入开元寺，缘者（另本作统者）门人不放入，"移住崔家禅院，遣惟正慰问，兼赠细茶等"；在宿城，"未时到兴国寺"，"寺主煎茶"，"行廿里，到心净寺"，"啜茶之后，便向县家去"；"文登县清宁乡赤山村，山里有寺，名赤山法花院"，"偶谒寺家，诸僧等三十有余，相看吃茶。夜宿闲房"；到长山县，"六日早朝，主人施粥。正西入谷，方得到醴泉寺果园吃茶"；到行唐县，"向西北行廿五里，到黄山八会寺断中，吃茶饭"；"常有饭粥，不论僧俗，来即便宿，有饭即与"；在五台山竹林寺，"堂中傍壁，次第安列七十二贤圣画像"，以"花灯、名香、茶、药食，供养贤圣"，"吃茶之后，入涅槃道场，礼拜涅槃相，于双林树下右胁而卧"；在蓝田县，"从三月八日至十五日，设无碍茶饭，十方僧俗尽来吃"；会昌三年（843年）正月廿八日，"青龙寺南天竺三藏宝月等五人，兴善寺北天竺三藏难陀一人，慈恩寺狮子国僧一人，资圣寺日本国僧三人，诸寺新罗僧等……都计廿一人，同集左神策军军容衙院吃茶。吃茶后，见军容，军容亲慰安存"。

另外，开成五年（840）六月六日，圆仁在五台山，正好看到唐皇"敕使"给十二大寺敕送衣钵香花，"寺中众僧尽出迎候"的盛况。在圆仁写下的一长串礼单中,有"茶一千斤"。这位日本高僧虽是说着他在入唐求法途中所过农村、城镇、官衙、寺庙见到的一些生活小事,而正是这短短的话语,作为信史材料见证了唐代日本高僧学习中国茶文化的史实。

中国茶唐代东传的功臣排名是:鉴真、永忠、最澄、空海,还有嵯峨天皇。

正是由于上述几位留唐高僧的主动引进、积极栽培、大力宣传及嵯峨天皇的极力倡导,日本在很短的时间内便形成了饮茶的热潮。京都宫城的东北角建起了官营茶园,有的贵族也开始在自己的宅院中种植茶树,僧人、贵族之间互赠茶叶。这一时期的茶文化,是以嵯峨天皇、永忠、最澄、空海为主体,以弘仁年间(810—824)为中心而展开的,这一段时间构成了日本古代茶文化的黄金时代,学术界称之为"弘仁茶风"。

嵯峨天皇时代骤然兴起的饮茶文化,因和尚们的提倡而兴起,尚处于从中国直接引进、移植模仿阶段。茶叶还主要依赖从中国输入,尚属一种极为稀缺的资源。饮茶范围还仅限于宫廷贵族、留唐僧人等阶层,未能普及民间。茶事活动还只是上层社会模仿唐朝的一种风雅之举。当时沿用的是中国唐代流行的饼茶煎饮法。《经国集》有一首题为《和出云巨太守茶歌》,茶歌中叙述的日本当时的植茶、饮茶法与唐代陆羽《茶经》中所叙述的完全一样。

《经国集》第14卷《和出云巨太守茶歌》诗云:

山中茗、早春枝,萌芽采撷为茶时,
山傍老、爱为宝,独对金炉炙令燥。
空林下、清流水,纱中漉仍银枪子,
兽炭须臾炎气盛,盆浮沸浪花。……
吴盐①和味味更美,物性由来是幽洁。
深岩石髓不胜此,煎罢余香处处薰。
饮之无事卧白云,应知仙气日氤氲。

这首汉诗的作者惟良氏是嵯峨天皇身边的女侍从。诗中描写当时的煎茶程序:将茶饼放在火上炙烤干燥("独对金炉炙令燥"),然后碾成末,汲取清流,点燃兽炭("兽炭须臾炎气盛"),待水沸腾起来("盆浮沸浪花"),加入茶末,放点吴盐,味道就更美了("吴盐和味味更美")。煎好的茶,芳香四溢("煎罢余香处处薰")。这是典型的唐代饼茶煎饮法。

这首诗所叙述的饮茶过程不仅与《茶经》中所叙述的相同,其中一些对茶的比喻和对与茶相关事物的描写都与中国唐代的茶诗相差无几。如"银枪子""兽碳""浪花""吴盐"等处。另外,当时在烤茶饼时,要产生一些烟气,古代的日本人对这一景象做了特别的描述,如《凌云集》载嵯峨天皇茶诗《秋日皇太弟池亭赋天字》中就有"萧然幽舆处,院里满茶烟"。《本朝丽藻》中《秋日游东光寺各成四韵》里也有关于茶烟的描写"茶烟才出山厨寂,松月迟升岫岰垂",与唐代诗人杜牧《题禅院》中的"今日鬓丝禅榻畔,茶烟轻飏落花风"异曲同工。因为饮茶之风的出现,《凌云集》《文华秀丽集》《经国集》等汉诗集中出现许

---

① 吴盐:江淮一带所晒制的散末盐称吴盐。此盐色白而味淡,古人食水果如杨梅、橙子之类,多喜佐以吴盐,渍去果酸。唐宋诗词中每见之。

多咏茶诗（滕军《中日茶文化交流史》）。日本茶人有一点与大唐茶人的理解是一致的：饮茶不仅仅为了止渴，更应有所寄托，茶是欣赏对象。

二、解读圆仁《入唐求法巡礼行记》

日本学问僧慈觉大师圆仁在唐文宗开成三年（838）随遣唐大使藤原常嗣一行"入唐求法"，历时9年7个月，于大中元年（847）离开长安踏上归途。回国后，著有日记体裁的《入唐求法巡礼行记》4卷，书中对他们一行抵达扬州府后，经淮安、登州、青州、淄州、齐州、德州、冀州、赵州、五台山、忻州、太原、绛州，由龙门渡过黄河，经朝邑到长安的沿途见闻，记述颇详。

圆仁《入唐求法巡礼行记》被称为"世界三大游记"之一，该书于日本承和十四年(847)成书，220余年后的宋熙宁五年(1072)，由圆仁的后辈成寻携带入宋并直接进呈于宋朝廷，此为该书中国流布之嚆矢①。

在传播中国茶文化中，日本高僧圆仁功不可没。可是，长期以来，他的事迹没有得到应有的重视。在人们论述中国茶外传日本时，经常提及的只有唐代的日僧永忠、最澄、空海，宋代的荣西等，鲜有涉及圆仁者。

圆仁《入唐求法巡礼行记》解读如次。

1. 圆仁入唐并到长安所经历的茶事

在圆仁所撰一书中，以日记文体，详细记载了作为请益僧的他，随日本朝贡使于日本仁明朝承和五年，即唐文宗开成三年（838）六月十三日，上船过海，七月二日抵达大唐扬州海陆县白潮镇桑田乡东梁丰村，后经杨、楚、海、登、青、淄、齐、德、沛、冀、赵、镇、代、忻、汾、晋、绛等州，及太原、河中府和五台山，到达大唐国都——长安，足迹及于今江苏、山东、河南、河北、山西和陕西等省市。沿途巡礼佛教圣迹，寻师问道，绘画金刚界和胎藏界两部曼荼罗、佛像，搜集、抄写释典，观摩行香等法事，耳闻目睹大唐政治、经济、文化和风土人情等，较真实地反映了唐文宗、武宗时宗教历史和文化等重要内容，后因遭遇唐武宗"会昌毁佛"②，圆仁等外国宗教徒被遣归本国。唐宣宗大中元年（847）九月二日，圆仁等从登州赤浦（治今山东蓬莱）渡海回日本，历时凡十载零二个月。

圆仁等踏上大唐领土的第18天，到扬州海陵县如皋镇"茶店暂停"③，开始与茶结缘。如皋镇这样的江南小镇，都有专门出售茶的商店，是唐文宗时饮茶之风浓厚的反映。

十一月十八日，扬州节度使李德裕于开元寺瑞像阁约见入唐日僧圆仁等。日僧登阁，见"相公（李德裕）及监军，并州郎中、郎官、判官等皆椅子上喝茶，铜陵僧等来，皆起立作手，并礼唱且坐，即俱坐椅子吃茶"（《入唐求法巡礼行记》卷1）。开成二年（837）五月，唐文宗授李德裕"扬州大都督府长史、淮南节度

---

① 嚆矢（hāo shǐ）：响箭。因发射时声先于箭而到，故常用以比喻事物的开端。犹言先声。

② 会昌毁佛：唐武宗李炎在位期间（840—846），推行一系列灭佛政策，以会昌五年（845）四月颁布的敕令为高峰，而会昌六年唐武宗逝世，唐宣宗即位又重新尊佛，灭佛就此结束。这一事件使佛教在中国受到严重打击，史称"唐武宗灭佛"或"武宗灭佛"。因武宗年号"会昌"，故佛教徒又称之为"会昌法难"，将它与之前的北魏太武帝灭佛、北周武帝灭佛和后来的后周世宗灭佛并称为"三武一宗"。

③ [日]圆仁撰，顾承甫、何泉达点校：《入唐求法巡礼行记》卷1，上海古籍出版社，1986年版。

副大使、知节度使事,代牛僧孺……五年正月(唐)武宗即位。七月,召德裕于淮南"。《新唐书》卷8《李德裕传》亦云:"迁淮南节渡使,代牛僧孺。"可知李德裕任扬州节度使时间为开成二年五月至五年正月,与《入唐求法巡礼行记》所记吻合。李德裕是晚唐著名政治家,出将入相,此时正任当地最高军政长官,在佛教寺院约见入唐外国僧人,开元寺的僧人待李德裕以茶礼,同时也以茶招待日本客人。

开成四年(839)闰正月三日,扬州延光寺庆祝:唯在一都督管内(《入唐求法巡礼行记》卷1),即管领扬州都督府诸寺及僧的僧官——僧正①来寺。"屈诸寺老宿于库头②官茶官饭",诸寺的高僧大德都来参谒之(《入唐求法巡礼行记》卷1)。所谓"官茶官饭",可能是由官府埋单。"百种周足",食物丰盛,"兼设音声",歌舞助兴。茶是宴会上不可或缺的饮料,为唐人以茶代酒佐证。

三月三日,天台山禅林寺僧敬文从扬州来,拟入开元寺,门人拒之,移住崔家禅院。扬州是唐代最为繁华的商业城市,时有"扬一益二"之誉,扬指扬州,益指益州,今四川成都。扬州是唐代江南地区物资集散中心,也是掌管转运江南物资入京的重镇。茶叶是物资的重要组成部分。扬州城中商业繁荣,交易兴隆。《封氏闻见记·饮茶》云:"其茶自江淮来,舟车相继,色额甚多,所在山积。"圆仁"遣惟正慰问,兼赠细茶等"(《入唐求法巡礼行记》卷1)。他很快学会了以茶为礼赠人的唐风,可谓入乡随俗也。细茶当从当地市场购买。所谓细茶,《东溪试茶录》云:"茶之名有七……四月细茶,细叶比柑叶圆薄,树高者五、六尺,芽短,生沙溪山中,盖土薄则不茂",唐代已是进贡的名茶。唐以后五代十国时,细茶生产更加兴盛。吴越王钱镠献"细茶"等。后唐庄宗同光二年(924)三月淮南杨溥进贡"细茶五百斤"等(《五代史补考》)。淮南杨溥后为五代十国南吴睿帝。将细茶当做贡品,进献给后唐庄宗,当是茶中精品。

三月二十三日,早晨,请益僧将"沙金大二两,大阪腰带,送与新罗译语(翻译)刘慎言"。次日,刘慎言回赠圆仁"细茶十斤"等(《入唐求法巡礼行记》卷1)。他是在唐淮南道等地从事翻译的新罗侨民。沙金即砂金,唐市头"秤定(为)一大两七钱,七钱准当大二分米,价九贯四百文"(《入唐求法巡礼行记》卷1)。(《新唐书》卷54《食货志四》,一贯为一千文,这是常制,仅唐昭宗末年,"京师用钱八百五十为贯")则砂金大二两,合唐铜钱一万八千八百文。一次回赠细茶十斤之多,他的细茶从何来不得而知。

四月七日,圆仁等到海州(治今江苏连云港市)兴国寺,"寺主煎茶"(《入唐求法巡礼行记》卷1)。这位主持寺务的僧人,用煎茶招待日本僧人。可见陆羽创自中唐的煎茶法,在晚唐唐文宗时的唐朝东南边陲——海州的寺院仍在行用。

圆仁等雇驴而行20里至心净寺(尼寺),拜见在此等候"勾当③蕃客④"的海州押衙兼左二将军、将四县都游奕使、朝议郎、试左金吾卫张实。"啜茶之后,

---

① 僧正:僧官名。十六国后秦始立,统管秦地僧尼。南朝历代亦设。唐以后于州立僧正管理地方僧尼事务。
② 库头:职位,司寺内之出纳者。
③ 勾当:办理;处理。
④ 蕃客:古代对外国商旅的泛称。蕃,通"番"。

便向县家去"(《入唐求法巡礼行记》卷1)。押衙又称押牙,为唐代藩镇属官,主管藩镇内部侍卫等事务。朝议郎为唐朝正六品上文散官,金吾卫为唐代禁军十六卫之一,分左、右二金吾卫,试者为非正式官员。这是地方官员以茶礼接待外国僧人。

六月八日,圆仁等到文登县青宁乡赤山村,新罗①人张保皋②所建赤山法花院,"诸僧等卅(三十)有余,相看啜茶"(《入唐求法巡礼行记》卷2)。

所幸新罗侨民寺院,在保持本国佛教之同时,又深受大唐释氏的影响,新罗僧人待圆仁等的茶礼,当源自大唐。啜茶即喝茶。

开成五年(840)三月三日,早朝。圆仁等"参见使君,邀上厅里啜茶"(《入唐求法巡礼行记》卷2)。

三月四日国忌日,登州(治今山东蓬莱)州县长官等入开元寺行香,"使君、判官等库头吃茶,唤求法僧等赐茶,问本国风俗"(《入唐求法巡礼行记》卷2)。地方长史入寺行香,寺院待以茶礼。借花献佛,叫圆仁等同吃,问话。库头,以圆仁所记"如库头无柴时,院中僧等,不论老少,尽出担柴去"(《入唐求法巡礼行记》卷2)来看,库头可能与寺院中设置的水头、炭头等职一样,是掌管库房的僧人。库中无柴了,僧众都去担柴,这是中唐以后禅宗"普请"清规的体现。可是,从"使君、判官"等库头吃茶来看,寺僧岂能在库头那里请刺史等地方大官吃茶。再者从监视僧方起等"于库头设空饭"(《入唐求法巡礼行记》卷1)来看,这库头成为吃饭之处。因此库头之意作何解,尚待研究。

三月十三日,圆仁等在登州黄县(今山东黄县)"乘夫馆吃茶"(《入唐求法巡礼行记》卷2),即名乘夫,又在村落之间,可在此歇脚吃茶,它可能为旅店、茶馆之类。

三月十四日,圆仁等到莱州(治今山东掖县)乔村王家吃茶(《入唐求法巡礼行记》卷2)。这是一位普通村民,以茶待客。或许他较为富裕,平时家中有茶自吃,来客则敬之。

三月十七日,圆仁等在掖县潘村潘家断中,乞菜酱醋盐,主人不给。"遂出茶一斤,买得酱菜,不堪吃"(《入唐求法巡礼行记》卷2)。唐代交易有以物易物的方式。圆仁等以一斤茶换取普通酱菜,多少不知,他们的茶当为价格不高的一般茶。

三月二十三日,早朝,圆仁等赴青州(治今山东益都)节度使"萧判官请,到宅吃粥,汤药、茗茶周足"(《入唐求法巡礼行记》卷2)。节度使判官,为节度使属官。主食为粥,汤药和茶则足吃足喝。茗、茶二名而一义。在家里请圆仁等吃饭,较为随便。

三月二十五日,圆仁等向节度副使张员外进状,乞求粮食,状说从登州至青

---

① 新罗(前57—935):朝鲜半岛国家之一,从传说时代起,立国达992年。公元503年开始定国号为"新罗"。新罗最初由辰韩朴氏家族的朴赫居世西干创建。660年和668年,新罗联合唐朝先后灭亡百济和高句丽。670—676年唐朝新罗战争后,新罗统一了朝鲜半岛大同江以南地区,称为统一新罗。9世纪末期,统一新罗分裂成"后三国"。935年,"后三国"被高丽统一。

② 张保皋:杜牧撰《张保皋、郑年传》记载:"张保皋,新罗人,仕唐为徐州小将,'善斗战',后张保高回新罗任镇清海使,继升宰相。"

州,三、四年来蝗灾严重,官私饥穷,乞食不得。张员外施给粳米、面、粟各三斗。唐代量具分斛(一说石)、斗、升、合等。

四月一日,"尚书赐给布三端、茶六斤"(《入唐求法巡礼行记》卷2)。尚书指姓韦的青州节度使。次日,圆仁等入青州节度副使张员外院辞别(《入唐求法巡礼行记》卷2)。官员在衙门请客,主食为饼,饮料为茶。这里讲到的节度使、节度副使,《旧唐书·职官志三·节度使》云:"节度使天宝中,缘边御戎之地,置八节度使。受命之日赐之旌节,谓之节度使,得以专制军事。行则建节符,树六纛①外任之重,无比焉。至德以后,天下用兵,中原刺史亦循其例,受节度使之号,节度使一人,副使一人。"青州节度使就是刺史受节度使之号。副使居节度使麾下诸属官之首。

四月五日,圆仁等在淄州(治今山东淄博市)长山县长白山仙人台前"不村史家吃茶"(《入唐求法巡礼行记》卷2),这位姓史的村民能以茶招待外国和尚,本人平时当饮茶。

次日,圆仁等西行十五里,"到醴泉寺果园吃茶"(《入唐求法巡礼行记》卷2)。该寺是"举国敬重"的志公②外寺,虽已衰落,犹有"寺庄园十五所"于今不少(《入唐求法巡礼行记》卷2)。寺院经济力量相当雄厚。即待客以茶,寺僧平时可能也饮茶。

四月二十二日,圆仁等到镇州(治今河北正定,元和十五年恒州改名镇州)南接村刘家,主人热衷佛法,长设斋饭,供养师僧,不限多少。圆仁等入宅不久,便供饭食,"妇女出来慰客数遍,斋了吃茶"(《入唐求法巡礼行记》卷2)。能够长期斋饭供养僧人,又很讲究礼仪,斋后犹敬茶,当是富有的乡绅居士,饮茶之人。

翌日,"到黄山八会寺断中,吃茶饭"(《入唐求法巡礼行记》卷2)。茶饭者,有茶有饭也。此寺又称上房普通院。从此寺到代州(治今山西代县)五台山,沿途有刘使、两岭、果菀、鲜、塘城、龙泉、茶铺、角诗和停点等著名的普通院,"长有饭粥,不论僧俗,来集便僧宿,有饭即与,无饭不与,不妨僧俗赴宿,故曰普通院"(《入唐求法巡礼行记》卷2)。它当为到五台山拜谒文殊菩萨及朝山进香的僧俗食宿而设置的"接待处"。其中的茶铺,可能是附设在普通院的吃茶点,或在那里开设的茶店。因为唐代出卖茶水的,有茶铺、茶店和茶肆等名称。

五月五日,在竹林寺阁院铺严道场供养七十二贤圣③。院主僧常钦,通知其他五院共同邀请圆仁等观看佛礼法事。堂中安列七十二贤圣画像,"花灯、名香、茶、药食,供养贤圣"(《入唐求法巡礼行记》卷2)。唐代僧人开设道场做法事时,茶是供养贤圣的祭品之一。

---

① 纛:古时军队或仪仗队的大旗。
② 志公:尊称南朝梁高僧宝志(一作"保志")。南朝梁慧皎《高僧传·神异下·保志》:"今上即位,下诏曰:'志公迹拘尘垢,神游冥寂,水火不能燋濡,蛇虎不能侵惧,语其佛理则声闻以上,谈其隐伦则遁仙高者,岂得以俗士常情,空相拘制。'"《南史·隐逸传·释宝志》:"虽剃须发而常冠帽,下裙纳袍,故俗呼为志公。"
③ 七十二贤圣:《史记·孔子世家》记载:"孔子以诗、书、礼、乐教,弟子盖三千焉,身通六艺者七十有二人。""孔门七十二贤",是孔子思想和学说的坚定追随者和实践者,也是儒学的积极传播者。

五月十六日，圆仁等在五台山大华严寺涅槃院，顺便面谒志远和尚。"吃茶之后，入涅槃道场"（《入唐求法巡礼行记》卷2）。此寺十五院，以志远座主为首座，从"不受施利，日唯一餐，六时礼师，不阙常修"，"法华三昧①，一心三观②"。从讲《摩诃止观》来看，当属天台宗。该寺僧人修行止观，坐禅，又不夕食，吃茶以解饥困，是顺理成章之事。

五月二十日，圆仁等出大华严寺西行七里许，"到王子寺吃茶"（《入唐求法巡礼行记》卷3）。

次日，斋后，"却到中台菩萨寺吃茶"（《入唐求法巡礼行记》卷3）。

又次日，圆仁等到东台"入（供养）院吃茶"（《入唐求法巡礼行记》卷3），这几座寺院都以茶招待圆仁等。

六月六日，唐文宗派遣的敕使来到五台山③，众僧尽出迎候。"常例，每年敕送衣钵、香花等。"其中"茶一千斤"（《入唐求法巡礼行记》卷3），布施给十二大寺。这是大唐皇帝崇佛的表现之一。每年一千斤茶，数量不菲，这就是为什么凡来拜谒五台山文殊菩萨的中外僧人及朝山进香的俗人，都能得到五台山诸寺僧人敬献香茗的物质基础。五台山的僧众平日可能也饮茶，这不仅是修行的需要，而且这一年一千斤的赐茶，平均每月有八十三斤多，茶源可谓足矣。

七月一日，圆仁结束在五台山的巡礼，与相送到山门外的五台山僧众，"含泪执手别矣"（《入唐求法巡礼行记》卷3），前往唐朝京城长安。同行者有回归汾州（治今山西汾阳）的唐头陀僧义圆等。到保磨镇国金阁寺坚固菩萨院，院僧设"茶语"（类似今之"茶话会"）。又开金阁，礼拜所奉的金刚顶瑜伽五佛像，"斯乃不空三藏为国所造，依天竺那兰陀寺样作"（《入唐求法巡礼行记》卷3）。不空三藏为唐代著名开元三大士之一的密宗高僧。《宋高僧传》卷1《不空传》云其梵名阿月佉跋折罗，华言不空金刚。本北天竺婆罗门族，幼年入唐。大历五年（770），唐代宗"诏请（不）空往五台山修公德"。金阁寺为不空以天竺（古代印度）最著名寺院——那兰陀寺为蓝本为唐朝皇帝修建的。圆仁等经代州（治今山西代县）、忻州（治今山西沂县）定襄县，七月十三日到太原府（治今山西太原市），"一路已来，勾当粥饭茶，无所阙少"（《入唐求法巡礼行记》卷3）。由于在这一带颇有影响的头陀僧义圆的关照，吃饭和吃茶都不缺乏，这一带佛寺的僧人，平时也可能吃茶。

七月二十七日，与义圆分别后，圆仁等于两天后到太原文水县李家断中，因主人是"义圆头陀亲门徒，饭食如法"（《入唐求法巡礼行记》卷3），即同样不乏粥饭茶。

八月二日早朝，圆仁等到义圆头陀僧另一门徒——汾州（治今山西汾阳）"何押衙宅茶语，押衙设断中，斋后发"（《入唐求法巡礼行记》卷3）。吃早茶，晤谈，

---

① 法华三昧：天台宗立有四种三昧，其中之半行半坐三昧又分为方等三昧、法华三昧等两种。

② 一心三观：乃天台宗之观法，为天台宗基本教义之一。又称圆融三观、不可思议三观、不次第三观。一心，即能观之心；三观，即空、假、中三谛。知一念之心乃不可得、不可说，而于一心中圆修空、假、中三谛者，即称一心三观。

③ 五台山：位于中国山西省东北部，距省会太原市230公里。与四川峨眉山、安徽九华山、浙江普陀山共称"中国佛教四大名山"。

吃完中午斋饭后，再上路。

从八月三日以后，圆仁等经汾州灵石县，晋州（治今山西临汾）汾西、霍邑、赵城、洪洞、襄陵五县，绛州（治今山西新绛）太平、稷山、龙门、宣鼎、临晋五县过黄河经河中府河西朝邑县到同州（治今陕西大荔）冯翊县，在半个月时间里，无论在佛寺，或俗人家设斋、断中，均无吃茶记载，原因是这里遭受了严重蝗灾，如稷山县，"黄（蝗）虫满路，吃粟谷尽，百姓忧愁"。洛河西谷苗蝗虫吃尽，村乡百姓愁极，当地收入不好粮食紧缺，哪有余力备茶。

会昌元年（841）三月八日至十五日，长安荐福寺开佛牙供养。蓝田县从八月十五日，"设无碍茶饭，十方僧俗尽来吃"（《入唐求法巡礼行记》卷3）。无碍茶饭当是不论僧俗，均可享用的饮料、茶和饭食。茶饭也可能指加了盐等佐料、煎得较稠的茶汤，吃它几碗，可当饭食。

2. 圆仁所经历的会昌法难及其茶事

会昌三年（843）正月二十八日，在唐武宗"会昌毁佛"开始加紧实施时，京城左右街诸寺外国僧"青龙寺南天竺三藏宝月等五人"，兴善寺北天竺三藏难陀一人，慈恩寺狮子国僧一人，资圣寺日本僧三人，诸寺新罗僧等，更有龟兹国僧，不得其名也，都计廿一人，同集左神策军军容衙院。吃茶后，见军容。"军容亲慰安存，当日各归本寺"（《入唐求法巡礼行记》卷3）。左神策军军容衙院，在大明宫含元殿南（清·徐松《唐两京城坊考》卷1）。《大明宫》云：含元殿之前廊有翔鸾阁、栖凤阁，阁下即东西朝堂，有肺石、登闻鼓，金吾左右仗院。军容是指"仇军容"，左街功德使、护军中尉、开府仪同三司、知内侍省事、上将军仇士良，权势煊赫的大宦官。《新唐书》卷207载："仇士良，字匡美，循州兴宁人，大宦官，唐文宗时，擢左神策军中尉兼左街功德使，会昌三年'进观军容使，兼统左右军'，故有仇军容"。功德使是掌管天下僧事的朝廷官员。把这些外国僧人招来，是为了暂时安抚他们因"会昌毁佛"带来的压力，因为再过四个月，唐武宗就开始命贴勘诸寺外国僧入唐来由、年月、艺好。

会昌五年（845）四月十一日，唐武宗又敕令："外国等（僧人）荐无祠部牒者，亦勒还俗，递归本国者。"北天竺僧难陀、宝月兼弟子四人，新罗僧和日本僧圆仁等，都"无唐国祠部牒"，"功德使准敕，配入还俗例"（《入唐求法巡礼行记》卷3）。(《唐六典·尚书礼部·祠部郎中》云：祠部属唐朝中央的礼部属下的机构，掌官"道佛之事"。"凡道士、女道士、僧、尼之簿籍亦三年一造，其籍一本送祠部，一本送鸿胪，一本留于州县。"祠部给牒，才算正式道士、女道士，外国僧人入唐，也须祠部给牒才算合法。）毁佛的灾难就到他们头上了。他们齐聚军容衙院受到茶礼招待。这是唐人将茶用于外交场合的实例。尽管与会的南北天竺、狮子国、新罗和日本等外国僧人，今新疆境内地方政权龟兹国僧此前在大唐已知茶、吃茶，但这是在正式的外交场合吃茶，内涵就不可同日而语了。在他们被遣送回国后必将可能有意无意扩大了唐人吃茶的影响。

会昌五年五月十三日，圆仁等脱了僧服，换上俗衣。次日，入京兆府请公验回国。由于他们在大唐，尤其是在长安期间，与不少僧人和俗人（包括官吏）和谐相处，交谊较深，这些人以不同方式前往慰问，馈赠礼物，依依惜别。

大理卿杨敬之,来问圆仁等何日出长安城,取何路去,"兼赐茶一串"(《入唐求法巡礼行记》卷3)。《唐六典·大理寺》云"大理卿是唐朝掌邦国折狱详刑之事"的机构,大理寺的最高长官,从三品。侍御史李元佑,云栖(圆仁等所住长安资圣寺讲《维摩百法》座主已奉令裹头,著俗衣还俗)送圆仁等"到(长安)春明门外吃茶"(《入唐求法巡礼行记》卷4)。长安城外,从开元年间以后,就有茶馆之类,供行旅之人卖吃。圆仁的记载说明,直到唐武宗时,这里仍有茶馆。职方郎中杨鲁士,派人送书来并赠"潞绢二匹、蒙顶茶二斤、团茶一串、钱两贯文"《入唐求法巡礼行记》卷3)。有学者讲,《日本茶业发达史》援引日本古文献说,唐文宗开成五年(840),日本慈贵大师圆仁(784—864),出使中国,从长安归国时,大唐皇帝赠给他的礼物中,即有"蒙顶茶二斤、团茶一串"。皇上钦赐,必是贡品,天子之礼自然是"国礼",蒙顶茶在1100多年前已成为国之"礼茶"。由圆仁《入唐求法巡礼行记》中当时的实际情况来看,唐武宗正在毁佛,圆仁和其他外国僧人都是奉命被强制遣送回国的,不可能赐茶。日本古文献记载有误。赠蒙顶茶二斤、团茶一串的人是职方郎中杨鲁士,而不是唐朝皇帝唐武宗,这是作者本人的记载,是可信的。蒙顶茶出自雅州蒙山(今四川雅安蒙山),有"名蒙顶石花,或小方,或散牙,号为第一"(《唐国史补》卷下),为大唐名茶之冠,赠此名贵之茶,足见二人交情之深。

六月九日,圆仁等到郑州,州长史辛文昱,原在长安做官时,对圆仁等"长供饭直,情分甚殷勤"。此次危难中重逢,"悲喜交驰",请至宅中吃饭休息,馈赠绢等。当圆仁等已去十五里,辛长史又走马赶来,"遂于土店里吃茶"(《入唐求法巡礼行记》卷4)。郑州城外乡间都有茶店,以茶代酒送客,表明这儿吃茶之风较为浓厚。

七月九日,圆仁等到泗州(治今江苏盱眙)涟水县新罗坊(新罗侨民聚居的街区),与曾有一面之交的原曾任新罗清海镇兵马使的新罗人崔晕第十二斡旋,请求长官允许停此觅船归国日本。"长官相见哀恤,唤只承人处分,令勾当茶饭饮食"(《入唐求法巡礼行记》卷4)。长官见圆仁等因天子毁佛,被遣送回国,相见时深表悲哀,慰问,命承办接待的人员为他们操办茶饭。

七月十七日,从海州(治今江苏连云港市)向北行,经怀仁县,密州(治今山东诸城)茗县,莱州(治今山东掖县)高密、即墨、昌阳三县,至登州(治今山东蓬莱),沿途山野草深,寸步过泥,蚊虻雨路行极苦,"山村县人,食物粗硬,爱吃盐茶粟饭,涩吞不入,吃即胸痛"(《入唐求法巡礼行记》卷4)。在唐东南沿海一带偏远山村的百姓,晚饭的食物坚硬,喜欢吃用盐、茶煮的谷子饭,也许这种谷子饭外地人吃不惯。但圆仁说它干涩吃不下去,吃了胸腔便疼痛,则令人难以置信了。

3. 圆仁入唐巡礼所历大唐茶事的研究

(1)圆仁入唐巡礼所见唐文宗、武宗时期茶事,较真实地反映了它的历史面貌,可弥补文献记载之不足。例如,唐朝皇帝赐佛寺茶,僧人以茶供奉贤圣,自饮,以茶接待外来云游僧及拜佛进香的俗人、官员。俗人以茶待客,以茶代酒,以茶馈赠。有蜀茶、细茶等名品,团茶,数量称串、斤。饮茶法为煎茶、煮茶,茶中加盐，称茶、茗或茶饭、啜茶、吃茶，不少州县在茶店、茶铺有茶出售，外交场合也待客以茶礼。这些茶事，与有关唐代茶事的文献记载是完全吻合的。

（2）吃茶者有僧人、官员和百姓等。从圆仁记载来看，吃茶最盛者首推寺院的僧人。圆仁巡礼所到寺院，如扬州开元寺、延光寺，海州兴国寺，登州开元寺，赤山法花院，淄州醴泉寺，五台山大华严寺、王子寺、菩萨寺、供养院、金阁寺，镇州黄山八会寺，代州竹林寺等，都受到了茶礼招待。这与封演所记的唐代饮茶之风，首先兴于寺院，不谋而合。各地各级官员吃茶居第二位。官员到寺院视察，寺院待以茶礼。圆仁等人到官府或官吏私宅拜谒或办事，如青州节度副使张员外、判官萧度中、海州押衙张实、汾州何押衙、登州州县官、左金吾卫衙院官员等都待以茶礼。乡村较富裕的民家，如莱州掖县乔村王家、淄州长山县不村史家、镇州南街村刘家等，平日饮茶，客来待以茶礼。唐代饮茶之风在穷乡僻壤也较兴盛，偏远山村之民，也喜吃茶饮。

（3）吃茶地区广泛。圆仁足迹所到之处，无不啜茶。如扬州、海州，登州蓬莱县、黄县，莱州海陵县、掖县，青州，淄州长山县，镇州，代州，京兆府蓝田县，长安大明宫，长安春明门外，郑州城郊，泗州涟水县，密州澄莱等，除扬州外，这些地方大体上属于黄河流域的北方，不见于陆羽《茶经·八之出》所载的茶区。圆仁所见的茶，所吃的茶，不是当地所产，而是从市场上购买的，或皇帝所赐。这种状况，与《封氏闻见记·饮茶》所记"南人好饮之，北人初不多饮""其茶自江、淮而来，舟车相继，所在山积，色额甚多"，"城市多开店铺煎茶卖之，不问道俗，投钱取饮"，也是相符合的。

（4）圆仁踏上大唐不久就接触到了茶，对他来说，这是一个新事物。此后的十个春秋，在从扬州到长安，又从长安至登州的长途跋涉中，他品尝过一次又一次的茶饭，啜饮过一碗又一碗的茶汤。这样长期频繁地吃茶，按一般常理，他应当对这种芳香可口的饮料有较深的体会。可是，圆仁在他的《入唐求法巡礼行记》中，只是客观地叙述了一下饮茶的过程，没有一次像当时唐代茶人那样对饮茶作艺术性的评述，没有一次记载他品茗的感受。以他入唐学习的僧人身份、学识、文笔和悟性，是完全可以做到的。说明他只是把茶当作如同吃饭、饮水那样充饥解渴的食物，没有提升到文化的层面上去欣赏玩味，更没有像唐代禅宗僧人那样以茶辅助修行。这也许与圆仁当时的处境有密切关系。因为第一，他入唐的目的是学习中国佛教，对茶事并不十分在意；第二，在入唐巡礼过程中，圆仁等的生存所需，除向朝廷官府请求资助外就是依靠各地寺院僧人的接待，向沿途百姓乞讨。因此，对圆仁等来说，有吃，有饮料，是他完成巡视目标，乃至保障生命的需要，有时连这种需要都难以维持，书中有大量详细记述。在这样的氛围中，自然缺乏品茗、赏茶的闲情逸致；第三，文化的差异。圆仁入唐前，虽学过一些中国文化，但毕竟有限，入唐虽长达十年之久，却没有很好地融入唐文化圈。从圆仁以茶换酱菜、馈赠友人等来看，他从市场上买过一些茶，数量多少是否还有剩余不得而知。一些官员等馈赠他茶，有时一次竟有七斤之多。特别是从长安回国时唐朝僧俗友人多次馈赠茶，数量也不少。圆仁于会昌五年五月十三日离开长安，至九月二日从赤浦渡海归国仅三个月时间，沿途还有茶吃，友人所赠的茶肯定没有吃完，加上他在市场上所买茶，其他友人所赠，带回日本的中国茶不会没有，相反必定不少。这些茶除他本人饮用外，当以珍贵的礼物馈赠亲友，使更多的人知道了中国茶。

圆仁所记唐文宗、武宗时茶事，是中国茶文化史上的第一手文献资料，弥足珍贵。他不仅向日本人较早地介绍了一千多年前唐代遍及广大城乡的饮茶的风土人情，而且随着这本被誉为世界三大游记之一的名著在世界的广泛流传，扩大了中国茶文化的影响，功不可没。

第五节　唐代茶文化在朝鲜半岛的传播及影响

朝鲜半岛与中国唇齿相邻，自古以来和中国就有着政治、经济和文化的联系。茶文化是源远流长的文化交流内容之一。

朝鲜半岛在4—7世纪中叶，是高句丽、百济和新罗三国鼎立时代。据传6世纪中叶，已有植茶，其茶种是由华严宗智异禅师在朝鲜建华严寺时传入，至7世纪初饮茶之风已遍及全朝鲜。后来，新罗在唐朝的帮助下，逐渐统一了全国。隋唐时期，中国与百济、新罗的往来比较频繁，经济和文化的交流关系也比较密切。特别是新罗，在唐朝有通使往来120次以上，是与唐通使往来最多的邻国之一。在6世纪和7世纪，新罗为求佛法前往中国的僧人中，载入《高僧传》的就有近30人，他们中的大部分是在中国经过10年左右的专心修学，尔后回国传教的。他们在唐土时，当然会接触到饮茶，并在回国时将茶和茶籽带回新罗。

金地藏——

唐代费冠卿[①]《九华山创建化城寺记》载：

> 唐开元末（719）有金地藏者，新罗国王金氏近属，名乔觉……毅然抛弃王族生活，祝发为僧，携白犬善听，从新罗航海来华，初抵江南，卸舟登陆，睹前山于云端，自千里而径进，得谷中之地，面阳而地平，遂证道[②]于斯。相传九华原为青阳居士闵公让和旧地，菩萨因向其乞一袈裟地，不料展衣后竟遍复九峰，闵公喜而舍，遂居矣。后闵公父子也相继皈依，至今殿中圣像，随侍左右者即闵公父子也。

金地藏生活的8世纪，新罗与唐朝有密切关系。在新罗人纷纷涌入唐求法、求学的历史潮流的推动下，金地藏毅然抛却王室生活，落发、涉海、慕道入唐。金地藏所植之茶后世人称"金地佛茶"。《青阳县志》载：

> 金地茶，相传为地藏自西域携来者，今传梗空筒者是。[③]

《九华山志》载：

> 金地茶，梗心如筱，相传金地藏携来种……在神光岭之南，云雾滋润，茶味殊佳。

[①] 费冠卿（约813年前后在世）：字子军，池州人。屡试不第，元和中，登第而母卒，乃叹曰："千禄欲以养亲。今得禄而亲丧，何以禄为！"遂隐池州九华山。长庆中召拜右拾遗，不赴。著有诗集一卷。

[②] 证道：犹悟道。证乃求证之意，普通的求证有很多，如以第三方为参照物来求证自身思索的正确与否，或用实践结果证明所思非虚。以科学观来讲就是：先有理论，再用实践证明理论。

[③] 安徽省青阳县地方志编纂委员会：《青阳县志》，黄山书社，1992年版。

金地藏不仅善于种茶，对佛教茶道也颇有领悟。他经常邀请道侣，谈经论道。例如，在"煎茶峰"，"金地藏招道侣于峰前汲泉烹茗"。在金地藏的事业中，一是佛事，二是茶事，两者相辅相成，并行不悖。其茶诗《送童子下山》诗云："添瓶涧底休招月，烹茗瓯中罢弄花。"

大廉、善德王——

唐文宗大和二年（825），新罗来中国的使者大廉由唐带回茶籽，种于智异山下的华岩寺周围，从此朝鲜开始了茶叶的种植。《三国史记·新罗本纪·兴德王三年》载：

> 冬十二月，遣使入唐朝贡，文宗召对于麟德殿，宴赐有差。入唐回使大廉持茶种子来，王使命植于地理山。茶自善德王有之，至于此盛焉。

> 前于新罗第二十七代善德女王时，已有茶。唯此时方得盛行。

高丽时代金富轼《三国史记·新罗本纪》载：

> 茶自善德王有之。（新罗第二十七代善德女王公元632—647年在位）

高丽时代普觉国师一然《三国遗事》中收录的金良鉴所撰《驾洛国记》记：

> 每岁时酿醪醴，设以饼、饭、茶、果、庶羞等奠，年年不坠。

这是驾洛国金首露王的第十五代后裔新罗第三十代文武王即位那年（661），首露王庙合祀于新罗宗庙，祭祖时所遵行的礼仪，其中茶作祭祀之用。由此可知，朝鲜半岛饮茶不会晚于7世纪中叶，兴于9世纪初的兴德王时期。

新罗统一初期，开始引入唐朝的饮茶风俗。接受唐朝茶文化，是新罗茶文化的萌芽时期，但那时饮茶仅限于王室成员、贵族和僧侣，且用茶祭祀、礼佛。新罗统一后期，是新罗全面输入中国茶文化时期，同时也是茶文化发展时期。饮茶由上层社会、僧侣、文士向民间传播、发展，并开始种茶、制茶。在饮茶方法上借鉴仿效于唐代的煎茶法。新罗当时的饮茶方法是采用唐代流行的饼茶煎饮法，茶经碾、罗成末，在茶釜中煎煮，用勺盛到茶碗中饮用。

崔致远——

字孤云、海云，新罗宪安王元年（857）生于京都沙梁部。自幼聪慧好学，公元868年，年仅12岁的新罗国少年崔致远秉承父命到大唐求学，唐乾符元年（874），18岁中进士，转东都洛阳研读汉文，不久补授溧水县尉，此后一直在中国为官。公务之余，专心从事文学创作，写诗词文赋5卷，结集成书，名《中山覆篑集》，"中山"是溧水县的别号。该书是韩国文学史上第一部个人文集，对后世影响深远。崔致远嗜茶，每获新茶必为文，言其喜悦之情，以茶供禅客或遗羽客，或自饮以止渴，或以之忘忧。有一次得到上级赐给他的新茶，专门写了一篇《谢新茶状》（见《全唐文》），其中有段写道：

> 始只采撷之功，方就精华之味；所宜烹绿乳于金鼎，泛香膏于玉瓯。若非精辑禅翁，即是闲邀羽客，岂其仙贶①，猥及凡儒，不假梅林，自能愈渴，免求仙草，始得忘忧。

---

① 贶：赐赠之物。

其中描写的便是煎茶法。也看得出，他对唐代烹茶技艺是相当熟悉的，也是很有感情的。恰崔致远于唐僖宗时在唐，正是唐代煎茶法盛行之时，因此，当他于唐僖宗中和四年（884）回国时，有书函称其携中国茶及中药回归故里。新罗当时的饮茶方法是采用唐代流行的饼茶煎饮法，茶经碾、罗成末，在茶釜中煎煮，用勺盛到茶碗中饮用。回国之后，崔致远必然是一位热衷推广饮茶活动的人士，据说他还写了《茶谱》一书，可惜已失传。

另有崔致远为创建双溪寺的新罗国真鉴国师（755—850）撰写的碑文中记：

> 复以汉茗为供，以薪爨石釜，为屑煮之曰："吾未识是味如何？惟濡腹尔！"守真忤俗，皆此之类也。

真鉴国师曾于公元804—830年在唐留学，"为屑煮之"乃将茶碾罗成末煎之，且用石釜煎茶。此文亦为煎茶之法的记载。

在日僧圆仁的《入唐求法巡礼行记》中，记述圆仁在中国求法巡行时，曾受到不少新罗人的帮助，这些新罗人有的是做官的，有的是僧人，如新罗人李元佐在圆仁离开万年县时，曾送他蒙顶茶二斤、团茶一串。可见，在这一时期，从中国输入茶叶，饮茶已成朝鲜寺院礼规。圆仁也常与新罗僧人一块品茶，《入唐求法巡礼行记》记载："会昌三年（843）正月廿八日，青龙寺南天竺三藏宝月等五人，兴善寺北天竺三藏难陀一人，慈恩寺狮子国僧一人，资圣寺日本国僧三人，诸寺新罗僧等……都计廿一人，同集左神策军军容衙院吃茶。吃茶后，见军容，军容亲慰安存。"

据宁波市文物考古研究所林士民先生研究，唐代朝鲜半岛已出现经营茶叶的商团。"在朝鲜半岛南端的莞岛清海镇港，是唐代张保皋商团的驻地。张保皋商团从中唐晚期开始活动，与明州商帮团一起，是构筑东亚贸易圈的主要海运商团。"①

茶的传入促进了新罗饮茶的发展。在宫廷，新罗大多数国王及王子与茶相依，茶为祭祀品中至要之物。三十五代景德王（741—765年在位）每年三月初三集百官于大殿归正门外，置茶会，并用茶赐臣民。在宗教界，与陆羽同时代的僧忠谈精于茶事，每年三月初三及九月初九在庆川的南山三花岭于野外备茶具向弥勒世尊供

唐代"中韩交流第一人"崔致远塑像

---

① 林士民：《宁波："海上茶路"的启航地》，《茶博览》，2008年第3期。

当代韩国茶礼

茶,忠谈曾煎茶献于景德王。仙界人物花郎饮茶以为练气之用,花郎有四仙人在镜浦台室外以石灶煮茶。跟儒佛仙思想有密切关系的花郎们,随同身心的修炼,喜欢茶生活,这方面的遗迹可以举江陵的寒松亭四仙的茶遗迹。新罗时代有献茶仪式,在寺院给佛献茶自不必说,就是在各种仪礼上也都用了茶。文武王时,有了在金首露王的时祭上献茶的宗庙茶礼,宗教的茶礼有华严信徒的献茶和弥勒信徒的献茶,进而出现了结盟时的回饮礼。《三国遗事》里出现华严宗的信徒花郎[①]徒们给文殊菩萨献花的故事。信文王的王子宝川和孝明兄弟,为了脱离俗世,上了五台山,而追随两个王子的一千多花郎彷徨而回到徐罗伐(庆州)。俩兄弟在五台山盖了庙宇修道,每天挑水熬茶供养门守菩萨。另外,《三国遗事》的"景德王忠谈师表训大德"组里,记有弥勒信徒的忠谈在重三和重阳给弥勒佛献茶。据《三国遗事》第5卷"月明师兜率歌"中所记,景德王十九年庚子(760)4月2日,两个太阳并排出来不消失时,王叫月明僧做祈祷文。月明根据王的要求,唱祈求弥勒慈悲的兜率歌,即至诚撒花并唱供奉远处兜率佛弥勒座主,驱除妖魔。对此,有了王为嘉奖而给了一套茶具和修正念珠108粒的记录。

  概括新罗时代的茶文化,可以认为茶能令人头脑清醒,驱赶睡眠,适合于冥想,所以主要为修道僧、花郎、贵族之所好,为祖先的茶礼、供佛的茶礼等仪式茶成为主流,露天饮茶也盛行一时。[②]

---

① 花郎:也称花郎徒、郎家、风流徒、国仙徒、风月徒。是朝鲜三国时期新罗封建贵族阶级的青少年团体组织,创立于新罗真兴王三十七年,其目的是组织年轻人一起进行武艺锻炼,灌输封建道义和宣传爱国主义精神,培养出很多忠君爱国、英勇顽强的武士。而花郎不仅仅是武艺高强的战士,在举行盛大仪式时,花郎还要负责演奏乐器,绘画等。花郎的指导者(教练)称为国仙、花郎、源花(或原花)、花主、风月主等,但是一般称之为花郎。

② 丁文:《古代旅华的外国茶人》,见《茶魂》,陕西旅游出版社,2004年版。

第六节　唐代茶文化在其他国家和地区的传播及影响

　　威廉·乌克斯的《茶叶全书》有关"中国茶叶贸易史"的相关内容说，5世纪时，土耳其商人到蒙古边境与中国商人以货易茶。5世纪的土耳其应属东罗马帝国，中亚以西直到中东附近为萨珊朝波斯帝国①控制的区域。乌克斯将茶叶输入西亚的时间提前到南北朝时期，或许没有多少史料的支持，但其后三四百年的中唐时期，唐帝国开始了大规模的茶叶种植，茶风流于塞外，茶传西亚有极大可能性。当时，茶叶大量输入回鹘、吐蕃，回鹘的贸易大量掌握在中亚商人粟特②人之手，粟特人是茶叶传播的最好中介人。840年回鹘汗国灭亡，部众四散，一部迁河西走廊定居，一部迁吐鲁番，一部迁天山北路及葱岭以西地区，"不可一日无茶"的回鹘人给西亚诸国带去他们业已养成的根深蒂固的饮茶习惯是理所当然的。

　　唐代对西域的经营，为东西文化的交流、商贸的发展创造了极为有利的条件，而且使唐朝势力直接达到中亚的广大地区，大大提高了中华文化的辐射力。随着唐朝在西域、中亚活动程度的加强，茶叶这种中原人民的生活必需品，必随出征的将士，南来北往的商旅，络绎不绝的使者一起带到西域、中亚甚至更远的地方。而且751年，唐将高仙芝在怛罗战役③中为大食（阿拉伯帝国）所败，不少唐兵被俘，唐文化借以传入阿拉伯。茶叶知识也有可能通过这种方式传入。

　　通过丝绸之路，大批西域、中亚商人、外国使节涌入唐朝。如波斯萨珊王朝为大食所灭后，许多波斯人流亡到中国，在中国落户，足迹遍于各地，长安、洛阳、扬州、广州等城市中都有波斯商人开的店。扬州是外商荟萃的通衢之地，刘展之乱时，田神功至扬州，"商胡波斯被杀者数千人"（《旧唐书》卷124《田神功传》），可见人数之众。大食更是派出遣唐使36次之多，商人到中国的也不少。当时唐朝茶叶生产发达，商品化程度高，这些西亚、中亚的商人大作丝绸和瓷器生意，茶叶亦是首选商贸物资之一。因为他们入乡随俗学会了喝茶，何况还有暴利可图，怎能不趋之若鹜（陶德臣《汉唐时期茶在周边国家和地区的传播》）。

　　阿拉伯地区的茶为"Chay"音，最早是从陆上丝绸之路传入的。

　　20世纪80年代，在阿拉伯国家阿曼苏哈尔要塞城堡，发掘出中国晚唐五代至清大量瓷器，其中晚唐长沙窑生产的釉下彩瓷碗十分珍贵，具有很高的学术价

第十二章　唐代茶的传播

---

　　①　萨珊朝波斯帝国：古代伊朗王朝萨珊王朝（226—650），是波斯在公元3世纪至7世纪的统治王朝，亦是波斯自阿契美尼德帝国之后的首次统一，被认为是第二个波斯帝国。当时萨珊王朝与中亚的印度贵霜王朝及欧洲的罗马帝国并称，三国雄霸欧亚。萨珊王朝在最强盛之时，曾多次威胁比邻的贵霜王朝及东罗马帝国。后来由于阿拉伯帝国的兴起以及王朝连续两位国王被刺杀，帝国中心崩溃，末代国王伊嗣埃三世的儿子俾路斯东逃至唐朝，任右武卫将军，当时唐朝由唐高宗当朝。

　　②　粟特人：原是生活在中亚阿姆河与锡尔河一带操中古东伊朗语的古老民族，从我国的东汉时期直至宋代，往来活跃在丝绸之路上，以长于经商闻名于欧亚大陆。

　　③　怛罗战役：即怛罗斯之战，唐玄宗时唐朝的势力与来自现在阿拉伯、信奉伊斯兰教什叶派的阿拔斯王朝（即黑衣大食）的势力在中亚诸国相遇而导致的战役。怛罗斯之战是一场当时世界上最强大的东西方帝国间的碰撞，具有十分重大的历史意义。怛罗斯战役的发生地还未完全确定，但应在大诗人李白的出生地，唐朝安西四镇之一的碎叶城附近，接近哈萨克斯坦的塔拉兹附近地区。高仙芝（高句丽遗民）于公元747年（天宝六年）被玄宗任命为行营招讨使，率步骑一万进行长途远征。怛罗战役的发生时间在751年7月、8月间（唐玄宗天宝十年），阿拔斯王朝（即黑衣大食）胜利。

值。据学者研究，长沙窑是唐代著名外销窑之一。该窑出土的陶瓷制品中，发现"茶碗""岳麓寺茶碗"等题记。长沙窑生产的瓷碗中，90%是茶碗[1]。阿曼苏哈尔出土的晚唐长沙窑釉下彩瓷碗，当为茶碗。就是说，唐代的茶碗，已传到阿曼，茶的概念，已经进入了阿曼人的视野。

阿曼的哈兹姆城堡，是始建于公元337年，用石头垒成的防御工事，内有士兵住室、俘房审讯室，祷告室、武器库、烧茶和煮咖啡之处。烧茶的年代虽不清楚，阿曼人饮茶则可以肯定。

茶叶传播的另一重要途径是通过海路。当时波斯湾到中国东南沿海的海上运输为中国商船所独占。广州、泉州、明州（宁波）是著名的对外贸易港口，尤其是广州更见重要。为了管理贸易，李隆基于开元二年（714）在广州特设市舶司[2]管理商务，当时茶是商买商卖，豪商经营者甚多，阿拉伯、波斯等国外商人常把茶运回各国。大历五年（770），外国商船到达广州的有40多艘。唐末在广州居住的外国商人多达万计，泉州也有不少外商居住。9世纪到过中国和印度的阿拉伯商人苏莱曼，在《中国印度见闻录》（851）中描写了广州阿拉伯人的居住情况、中国的瓷器和茶叶，他是最早提到中国有茶的西亚人，文称：

> 国王本人的主要收入是全国的盐税以及泡开水喝的一种干草税。在各个城市里，这种干草叶售价很高，中国人称这种草叶叫"茶"（Sakh）。此种干草叶比苜蓿的叶子还多，也略比它香，稍有苦味，用开水冲喝，治百病。

（穆根来、汶江、黄倬汉译《中国印度见闻录》）

该段文字表明，中国人饮茶非常普遍，对茶的特征及功能的描绘也比较正确。由此可见，阿拉伯商人对茶已有相当的知识。这段文字还无法说明茶是否已传到阿拉伯。但阿拉伯帝国横跨二洲，贸易十分发达，来唐的商人更多，所以茶由广州等地大量输往也属正常。同时，茶的输入是符合阿拉伯伊斯兰教要求的。伊斯兰教严禁饮酒，《古兰经》规定：

> 众信[3]的人们哪敢饮酒、赌博、求签，只是一种秽行，只是恶魔的行为，故当远离，以便你们成功，恶魔唯愿你们因饮酒和赌博而互相仇恨。

禁酒的理由很简单，就是为了预防丧失理智、犯罪、失职，预防相互仇视，预防沉溺酒色、道德沦丧、危害健康，等等，那么以茶代酒无疑是件最好的事情，所以，茶便成了穆斯林日常生活中必不可少的重要饮料。

南方丝绸之路在张骞出使西域时为"蜀身毒道"[4]。巴蜀茶通过东南亚转向身毒（印度）流向中亚，应该有一定道理。671年从扬州到广州转苏门答腊的巨港（室利佛逝）赴印度求法的高僧义净，曾把茶带到印度作为平时饮用的养生之物。

---

[1] 周世荣：《从唐诗中的饮茶用器看长沙窑出土的茶具》，《农业考古》1995年第2期。

[2] 市舶司：是中国古代管理对外贸易的政府机关。

[3] 众信：共为忠信。《汉书·贾谊传》："岂如今定经制，令君君臣臣，上下有差，父子六亲各得其宜，奸人亡所几幸，而群臣众信，上不疑惑。"

[4] 蜀身毒道：南方丝绸之路，是一条起于现今中国四川成都，经云南，到达印度的通商孔道。其总长有大约2000公里，是中国最古老的国际通道之一。

"若患热者，即熟煎苦参汤，饮之为善，茗亦佳也"，并很有效果。他感慨地说："自离故国，向二十余年，但以此疗身，颇无他疾。"①"蜀身毒道"由成都出发分两条路入云南，其中一条由成都出发，途经乐山、宜宾、昆明等地，名为"朱提道"。两条路在楚雄会合后经大理、保山、瑞丽到缅甸八莫，沿布拉马普特拉河谷进入印度，再到南亚、西亚各国（刘盛龙《宜宾盐茶马道》及黄桂枢《云南普洱茶史及茶文化考》）。乐山、宜宾、昆明皆是唐代茶叶产区，茶叶生产兴盛。云南普洱茶已运销西藏，"西蕃之用普茶，已自唐时"（光绪《普洱府志》卷19《食货志》）。茶叶沿北路输出在所难免。这样茶叶对外贸易又扩大到南亚、东南亚、西亚等国。

公元679年，唐朝在越南设安南都护府，直到906年越南封建主曲承裕乘唐末大乱，自立为节度使止，这么多年间饮茶传到了越南，且可能已有植茶业的产生。史载：湖南衡山茶"自潇湘②达于五岭③"，"交趾之人，亦常食之"，交趾即今越南，唇齿相依的邻国。交州④又是重要的国际贸易港口，交州外贸非常繁荣，是至南洋、西亚和东非各国航线的起点，经过的国家就有门毒（越南归仁）、罗越（马来半岛南）、佛逝（苏门答腊）、诃陵（爪哇）、狮子国（斯里兰卡）、南天竺、婆罗门、乌剌、大食（阿拉伯）等。交州输出物中已有茶叶，因此越南及南洋诸国有可能获得唐朝的茶叶。

应该说，我国早期陆上与海上两条丝绸之路均担负着茶叶外输的历史使命，从某种意义上讲，丝绸之路亦可称丝茶之路。

---

① [唐]义净著，王邦维注：《南海寄归内法传校注》，中华书局，1995年版。
② 潇湘：是湖南的代称，潇，指湖南省境内的潇水河；湘，指的是横贯湖南的河流湘江。潇湘一词，最早见于《山海经·中山经》："澧沅之风交潇湘之浦。"
③ 五岭：大庾岭，骑田岭，都庞岭，萌渚岭，越城岭，或称南岭，横亘在江西、湖南、两广之间。
④ 交州：古地名，包括今天越南北、中部和中国广西的一部分。

后记

编写《中华茶史·唐代卷》，把它作为《中华茶史》的一个重要组成部分，是我们多年的夙愿。

1987年以前，在今浙江、江苏、河北、河南、湖南和西安等省市，先后出土了青瓷、白瓷、陶瓷、鎏金银、银和石等质地的唐代茶碾、茶盏、茶碗、茶托、茶瓶和茶则等茶具，使我们对唐人茶具和饮茶方式有所了解。由于这些茶具毕竟数量较少，仅占陆羽《茶经》所说茶具二十四事四分之一左右，零碎，难以令人形成连贯的完整概念，未能引起海内外茶学界、特别是史学界的足够重视，并进行深层次的思考与研讨。

1987年4月3日，法门寺地宫出土的供奉佛祖的系列茶具，震惊了世界。因为它是迄今为止人类茶文化史上年代最早、价值最高的茶具，是中国茶之为饮盛于唐、唐代宫廷茶道大行的标志。当人们将这系列茶具与陆羽《茶经》比照，惊奇地发现二者在茶具和饮茶方式上何其相似，同时引发诸多遐想：那茶槽子碾子所碾茶当是饼茶。饼茶贮于焙篓器结条笼子。以"茶罗"筛出的茶末置于龟盒里。从盐台取盐投入煎煮茶末的汤中，这种加盐而不加姜等佐料乃是陆羽新创清淡煎茶法。煎出的茶汤，注入琉璃茶碗柘子，自饮或招待客人，使人油然想起唐人诗中经常一唱三叹的饮一碗茶至七碗感觉如何如何心旷神怡之类。茶具上鎏刻的"五哥"表明它原为唐僖宗自用，《物账碑》也说此茶具是"新恩赐"的，即唐僖宗所赐的。品级至高无上，其金银、琉璃的质地，精美的纹饰，则显示了宫廷茶道穷奢极侈的特征。再联系到封演《封氏闻见记·饮茶》所云开元年间(713—741)，泰山灵岩寺降魔师大兴禅教，允许学禅者饮茶，民间效之，茶道大行，从内地以至边陲盛行的饮茶之风，使尘封岁久的唐代茶文化之独特文化景观豁然浮出水面，雄辩地证实了唐代存在博大精深的茶文化和茶道，陆羽《茶经》在皇室及社会上影响深广。具有得天独厚条件的法门寺博物馆，于1994年、1998年和2004年，连续成功地举办了三届高层次的大型国际茶文化学术研讨会。茶史与茶文化齐举，学问与友谊俱进。历经十易寒暑锲而不舍的筚路蓝缕，撰写了数以百计的学术论文，十计的专著和论文集，唐代乃至中国茶文化的研究出现了空前欣欣向荣的新局面。

当然，我们也清醒地看到，已取得的可喜成绩已成为历史，今后可谓任重而道远。就唐代茶文化而言，要做的事情还很多，还有许多研究较少甚至尚未涉及的课题，尤应加强研究。例如唐代茶文化的界定、特点和分期。唐玄宗开元时与唐交往的外国和国内少数民族政权多达七十多个，除茶在日本、新罗、吐蕃的传播有所研究外，茶与其余六十余国家和地区的关系的研究几乎是空白。唐人李肇《唐国史补》讲到的唐代名茶二十三种，今人已有较多研究成果的仅剑南（治今四川成都）蒙顶、湖州（治今浙江吴兴）顾渚紫笋和常州（治今江苏常州）义兴紫笋等少数名茶，其余的大多数名茶——剑南的小方，散牙，东川（治今四川三台）的神泉、小团、昌明、兽目，峡州（治今湖北宜昌）的碧涧、明月、芳、茱萸，福州（治今福建福州）的方山之露（一作生牙），夔州（治今四川奉节东）的香山，江陵（今属湖北）的南木，今湖南的衡山，岳州（治今湖南岳阳）的湖含膏，婺州（治今浙江金华）的东白，睦州（治今浙江淳安）的鸠，洪州（治今江西南昌）的西山白露，寿州（治今安徽寿县）的霍山黄牙，蕲州（治今湖北蕲春）的蕲门团黄等名茶，仅有学者提及其名品等，尚乏深入专论。人们所讲唐代佛教茶文化，主要是指禅宗，尤其是禅宗南宗僧人的种茶、制茶、饮茶及其文化。唐代是中国佛教的鼎盛时期，除禅宗外，还有天台宗、法相宗、三论宗、华严宗、律宗、净土宗、密宗和三阶教等，它们与茶的关系究竟如何，若明若暗，或偶被涉及，多被掺入禅宗茶文化圈，应分宗一一深入研究。只有把研究工作做得更全面，更细致，更扎实一些，才能将有唐一代290年丰富多彩的茶文化讲得一清二楚。同时，唐代茶史的研究要与时俱进，不断创新，才能有所发现，有所创造，有所前进。

经过多年的努力，初稿完成。我们多方求教、吸纳有关专家学者意见，不断发掘新资料，提出新看法，特别是将唐代茶史的研究放在大的时代背景下考察，与唐代历史、文化（如典章制度等）相联系，努力发掘唐代茶史的丰富内涵，精心修改，终于有了这部《中华茶史·唐代卷》。在编写过程中，得到法门寺博物馆韩生先生的专著《法门寺地宫茶具与唐代饮茶艺术》中的大量资料和图版，同时也得到丁文、余悦、沈冬梅先生等诸多专家学者的鼎力帮助，杨晓华女士参加了图文编辑，特别是陕西师范大学出版总社刘东风社长、侯海英主任给予了多方支持，在此表示衷心感谢！

唐朝，中国历史上一个散发出阵阵茶香的皇朝。唐朝，是我国历史上最特殊的时代，而唐文化，也是中国历代文化中最有特色的文化。彼时，其国力之强盛，经济之繁荣，思想之兼容，文化之融合，为文化发展营造了一个极其有利的外部环境，海纳百川的国家风貌也造就了当时中国人的广博心胸和开拓进取的精神。唐代茶文化是对古代茶文化思想的继承和发展的基础上的一种创新，它具有高度的完整性、系统性和可操作性。它创造了完整的茶艺形式，使单纯的饮茶活动一变而为精神的活动。它是物质与精神的完美结合。它对后世产生了深刻影响，直至今天。唐代茶文化具有极大的开放性和驱动性。诚如盛唐文化一样，唐代茶文化具有广泛的包容性，不同思想，不同文化的优秀成分都融合在茶文化之中。这种强烈的兼容性，使唐代茶文化具有强大的生命力。正是因为有了这种开放性，在不同时期，不同情况下，它都获得新的活力和生机。唐代茶文化具有很强的国际性和辐射性。茶树、饮茶虽然是中国的特产，但茶文化的产生和最后形成体系，则完全是中国本土儒道文化与外来佛教文化结合的产物。当它形成后，又与中国文化一起传遍世界。因此、本书负有重要的历史责任。由于我们水平所限，本书还存在诸多问题，敬望方家、读者大德批评指正。

作者

2013年9月